Lebenswelten 2 – Quellen zur Geschichte der Menschen in ihrer Zeit

Alteuropa (800 bis 1800)

Übersicht über die Reihe „Lebenswelten":

Band 1:   Die Antike (bis 800)

Band 2:   Alteuropa (800–1800)

Band 3:   Das 19. Jahrhundert (1800–1914)

Band 4:   Das 20. Jahrhundert/1 (1900–1949)

Band 5:   Das 20. Jahrhundert/2 (1945–2000)

Lebenswelten 2

Quellen zur Geschichte der Menschen in ihrer Zeit

Alteuropa
800 bis 1800

herausgegeben von
Gerhard Fouquet und
Ulrich Mayer

Lebenswelten 2 „Alteuropa" (800 bis 1800)

Herausgeber des Bandes: Gerhard Fouquet und Ulrich Mayer

Bearbeiter/Bearbeiterinnen dieses Bandes:
Anke Christensen (AC)
Gerhard Fouquet (GF)
Bernd Fuhrmann (BF)
Tanja Jaschkowitz (TJ)
Marion Kobelt-Groch (MK-G)
Heike Johanna Mierau (HJM)
Felicitas Schmieder (FS)
Corinna Schröder (CS)
Matthias Steinbrink (MS)
Gabriel Zeilinger (GZ)

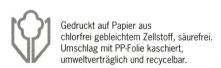
Gedruckt auf Papier aus
chlorfrei gebleichtem Zellstoff, säurefrei.
Umschlag mit PP-Folie kaschiert,
umweltverträglich und recycelbar.

1. Auflage   A 1 ⁵ ⁴ ³ ² ¹ I 2005 2004 2003 2002 2001

Alle Drucke dieser Auflage können im Unterricht nebeneinander
benutzt werden, sie sind untereinander unverändert.
Die letzte Zahl bezeichnet das Jahr des Druckes.
© Ernst Klett Verlag GmbH, Stuttgart 2001.
Internetadresse: http://www.klett-verlag.de
Alle Rechte vorbehalten.

Redaktion: Karl-Heinz Holstein, Rodenbach
Mediengestaltung: Edeltraud Wais, Stuttgart
Einbandgestaltung: Klett Marketing Service
Druck: SCHNITZER DRUCK GmbH, 71404 Korb
ISBN 3-12-490520-2

Zur Einführung

Mit dem fünfbändigen Quellenlesebuch zur Kulturgeschichte „Lebenswelten. Quellen zur Geschichte der Menschen in ihrer Zeit" präsentieren wir eine Quellensammlung für den Geschichtsunterricht in den Sekundarstufen I und II. Sie enthält erläuterte und kommentierte Quellen, die den gesamten zeitlichen Rahmen von der Antike bis in die jüngste Vergangenheit abdecken. Allen fünf Bänden liegt eine gemeinsame kulturgeschichtliche Konzeption und ein einheitliches Gliederungsprinzip zugrunde, das von Beate Wagner-Hasel entwickelt und durch die anderen Herausgeberinnen und Herausgeber für die einzelnen Epochen bearbeitet und modifiziert wurde.

Die konzeptionelle Ausrichtung des Quellenlesebuchs „Lebenswelten" entspricht den Anforderungen, die sich aus der aktuellen Diskussion in Geschichtswissenschaft und Geschichtsdidaktik ergeben.

Diese richtet ihre Aufmerksamkeit auf Formen und Inhalte der Geschichtsbetrachtung, die meist unter der Bezeichnung „Kulturgeschichte" zusammengefasst werden. An diese Diskussion anknüpfend haben wir folgende Schwerpunktsetzungen zugrunde gelegt:

- Unser Interesse gilt den Wahrnehmungsweisen der Menschen vergangener Epochen: Das bedeutet, dass weniger die überindividuellen Ereignisketten (z. B. politischer Art) oder Strukturen (z. B. wirtschaftlicher Art) akzentuiert werden als vielmehr die jeweiligen Selbst- und Fremddeutungen der zeitgenössischen Menschen in ihrer Bedeutung für das Geschehen, das man im Nachhinein „Geschichte" nennt.

- Wir verteilen die Aufmerksamkeit gleichmäßig auf Kontinuitäten und Wandlungsprozesse: Dominierte bislang das historische Interesse an Phänomenen des politischen oder sozio-ökonomischen Wandels, so halten wir historische Kontinuitäten bzw. jeweils zeittypische Mischungsverhältnisse zwischen Kontinuität und Wandel (Stichwort: Gleichzeitigkeit des Ungleichzeitigen) für gleichermaßen geschichtswürdige Themen.

- Wir belassen den verschiedenen historischen Epochen und Zusammenhängen ihre Vielfältigkeit, ihre Ambivalenzen und ihre Widersprüche: Statt die Vergangenheit interpretierend „auf eine Linie zu bringen" und von dem abzusehen, was sich in diese lineare Geschichtskonstruktion nicht fügen will, geht es uns darum, Vergangenheiten im Plural auszuleuchten.

Wir haben uns bemüht, diesen Gesichtspunkten, die auch von Lehrerinnen und Lehrern aus der Praxis heraus eingefordert werden, gerecht zu werden, ohne sie zu verabsolutieren; die alltags-, sozial- und kulturgeschichtlichen Perspektiven herrschen vor, ohne dass konventionellere Quellen völlig vernachlässigt werden. D. h. neben genuin kulturgeschichtlichen Themen – etwa der Wahrnehmung des Fremden und Anderen – finden sich auch Sachgebiete aus den traditionellen Bereichen Politik, Wirtschaft und Gesellschaft; die wiedergegebenen Quellen spiegeln diese vielfach aus der Sicht der Zeitgenossen mit den damaligen heterogenen und widersprüchlichen Akzenten.

Die Auswahl der Quellen ermöglicht sowohl einen Einblick in Makro- als auch in Mikrostrukturen und schlägt den Bogen von der Wahrnehmung von „Welt" und den Raum- und Zeitstrukturen eines Zeitalters über die gesellschaftlichen Gruppenbildungen und Machtverhältnisse, Konfliktfelder und konsensstiftenden Rituale hin zu den individuellen Lebensperspektiven und Aspekten des täglichen Lebens.

Die Einführungen zu den einzelnen Kapiteln benennen Frage- und Themenstellungen, nach denen die Quellen bearbeitet werden können. Die Einleitungen zu den einzelnen Quellen und Quellengruppen liefern, soweit erforderlich, die notwendigen allgemeinen Hintergrundinformationen.

Ein weiteres Kriterium für die Auswahl der Quellen war, dass sie die Phantasie der Schülerinnen und Schüler anregen sollen: Auch wenn man sich in vergangene Zeiten nicht buchstäblich hineinversetzen kann, beruht das Verständnis historischer Zusammenhänge nicht nur auf rationalen Erwägungen, sondern ebenso auf einer entwickelten Imaginationskraft. Nicht zuletzt aus diesem Grund sind auch einige längere Quellentexte in diese Auswahl aufgenommen worden.

Wenn es dieser neuen Quellensammlung gelingt, etwas von der intellektuellen und emotionalen Herausforderung zu vermitteln, die die Beschäftigung mit vergangenen Gegenwarten darstellt, und von dem Vergnügen, das darin liegt, sich auf sie einzulassen, dann hat sie ihr Ziel erreicht.

Die Herausgeberinnen und Herausgeber

Einleitung zu Band 2

Die Quellenauswahl für diesen Band folgt der Konzeption der Reihe (siehe „Zur Einführung"). Im Zentrum steht die Kulturgeschichte des 9. bis 18. Jahrhunderts. ‚Lebenswelten' und ‚Lebensformen', mithin die in Zeit, Raum und Gemeinschaft situierte „Menschennatur" (A. Borst) im dauernden Wandel sozialer, wirtschaftlicher und politischer Bedingheiten, sind gleichsam die Signaturen historischen Verstehens.

Kapitel 1: „Räume, Städte, Regionen, Grenzen" sondiert in drei Schritten die Grundvoraussetzungen menschlicher Wahrnehmungs- und Reaktionsweisen. Das erste Unterkapitel „Weltbilder und Zeitvorstellungen" handelt vom Zeitgefühl und Weltwissen der Menschen. Jenseitsvorstellungen – Paradies, Himmel, Hölle – beeinflussten in entscheidendem Maße das Handeln der Menschen bis weit in das 18. Jahrhundert hinein. Erst seit dem 14. Jahrhundert setzte sich in den kartografischen Bildern von der Welt reales Raumwissen gegenüber der heilsgeschichtlichen Orientierung durch. Dagegen stand im zweiten Teil die „Bewältigung und Nutzung von Räumen" zumindest in der lebensweltlichen Praxis immer in enger Beziehung zu dem Humanum: Die Menschen nahmen bei der Vermessung von Welt mit Klafter, Fuß und Elle Maß an ihrem Körper; sinnlich erfahrbare Schüttmaße wie das Malter bestimmten das Gewicht der Realien, regionale Mark- und Pfundgewichte waren in ganzzahligen Vielfachen und damit in unmittelbarer Erfahrbarkeit aufeinander bezogen. Der letzte Abschnitt „Wirtschaftliche und kulturelle Schwerpunktbildungen: Städte und Regionen" berichtet von der Verortung menschlichen Handelns und Wirtschaftens vornehmlich auf dem Land. Obwohl die Verstädterung im Laufe des Mittelalters ständig voranschritt, lebten selbst im „bürgerlichen Zeitalter" des 16. Jahrhunderts nur rund 15 % der Menschen in Städten. Darunter waren viele Kleinstädte, die sich in ihrer Lebensweise kaum von den Dörfern unterschieden.

Kapitel 2: „Politik, Herrschaft und Rituale" bietet wiederum in drei Abschnitten Zugänge zu dem hochdifferenzierten Spannungsverhältnis zwischen menschlichen Handlungshorizonten und den sich verändernden herrschaftlich–staatlichen Grundbedingungen der Zeit von 800 bis 1800. Trotz der freien Verfügbarkeit über die eigene Arbeitskraft, die um 1300 gleichsam eine Achsenzeit in der Geschichte der Arbeitsverfassung beschreibt, und des Aufkommens der Kommune (um 1100 in Italien, um 1200 in Deutschland) blieben die feudalen Rahmenverhältnisse bis zu der amerikanischen und französischen Revolution (1776/1789) nahezu konstant. In dem Unterkapitel „Symbole, Festkultur und Gemeinschaftshandeln" werden zum einen politische, rechtliche, soziale, zeremonielle und inszenatorisch-administrative Zusammenhänge dargeboten, in denen sich Politik und Herrschaft den Menschen darstellten. Zum anderen geht es um das Medium und die kulturelle Ausprägung, in welchen sich Herrschaft und Macht in besonderer Weise den Beherrschten vorgestellt haben, um den Hof und die ritterlich-höfische Kultur. Der zweite Teil „Machtausübung, Machtteilhabe und Machtbegrenzung, Regulierungen und Konflikte" geht von den Grundeinheiten menschlicher Vergesellschaftung aus: von der Kernfamilie und dem Haus, führt dann über Nachbarschaften und städtische Gemeinschaften hin zu den größeren Rechts- und Lebensgemeinschaften, zu den feudalen Herrschaften, die sich in der Frühen Neuzeit zu Staaten entwickelten. Der letzte Abschnitt „Kriege, Widerstände und Aufstände" macht mit einem Strukturproblem herrschaftlich-staatlicher Entwicklung der feudalen Zeitperiode bekannt: Das gebrochene herrschaftliche Gewaltmonopol und die mangelnde Souveränität des Staates erzeugten hohe Gewaltbereitschaft und dauernde Friedlosigkeit.

Kapitel 3: „Lebensphasen und Lebensformen" erschließt die Menschennatur in Form des Lebenslaufes. Auch hier wandelte sich unter dem Eindruck der sich im Nacheinander der Zeit verändernden gesellschaftlichen Bedingungen die Wege von Individuen und Gemeinschaften gleichsam von der Wiege bis zur Bahre, wie die Quellenzeugnisse des ersten Abschnittes „Aufwachsen, Erwachsenenleben, Alter" zeigen. Das zweite Unterkapitel „Alltag: Arbeit, Nahrung und Muße, Vergnügungen und Konsum" verdeutlicht, dass auch die scheinbar banalen Erfahrungen des häuslichen und familiären Alltags zwischen 800 und 1800 höchst unterschiedlich waren. Die soziale und wirtschaftliche Lage, die regionalen und zeitlichen Gegebenheiten, aber auch die individuellen Gewohnheiten und Möglichkeiten gaben Richtung und Ziel von Arbeitserfahrungen, von Ernährungsmöglichkeiten, von Hausen, Wohnen und Residieren, von Hygiene und Reinlichkeit, von Kleideraufwand vor. „Sorge und Vorsorge", die Bereiche des dritten Abschnitts, blieben trotz des mittelalterlichen Almosen- und Stiftungswesens bei der mangelnden, erst ab dem 16. Jahrhundert stärker einsetzenden herrschaftlich–staatlichen Sozialfürsorge noch sehr individuell geprägt.

Kapitel 4: „Das Eigene, das Fremde und das Andere" zeigt, dass Andersartigkeit und Fremdheit stets menschliche Reaktionen auslösen, die als Neugier und Faszination, Annäherung, Überlegenheitsgefühl, Distanzierung, Angst und Abwehr beschrieben werden können. Der erste Abschnitt „Fremd- und Selbstbilder: Faszination und Distanzierung" versammelt Quellenzeugnisse vornehmlich über die europäische Erfahrung fremder Völker. Dabei wurden bekannte Bilder gewählt, um das Fremde – Aussehen und Verhaltensweisen – in das gewohnte Menschenbild einzuordnen. Durch diesen Vergleich entstanden hinter den Fremdbildern immer auch Selbstbilder. Im zweiten Teil „Die soziale Praxis: Konfrontation und Ausgrenzung, Assimilation und Integration" werden charakteristische Bereiche der Beobachtung von Andersartigkeit – Frauen, Kleidung, Speisen und Religion – dazu genutzt, einsetzende Konfrontation und Integration im abweichenden Verhalten von Minderheiten zu verdeutlichen. Das dritte Unterkapitel „Bessere und andere Welten: Weltflucht, Utopie und Ideologie" steht endlich für die Hoffnungen und Träume der Menschen, aber auch für ihren Willen, eine bessere und gerechtere Zukunft ohne Not und Entrechtung zu gestalten.

Entsprechend der Konzeption der gesamten Reihe sind die zwölf Unterkapitel jeweils durch Einleitungstexte zunächst thematisch erläutert. Daran schließt sich ein kommentierender Überblick über die Quellenzeugnisse an. Allen Unterkapiteln liegen folgende Prinzipien der Quellenauswahl zugrunde:
• Lehrplanrelevante Themen sind berücksichtigt.
• Beachtet wird die Vielfalt und Unterschiedlichkeit der Wahrnehmungsweisen der Zeitgenossen, verschiedene Text- und Bildsequenzen machen dies deutlich.
• Angestrebt ist die gleichmäßige Beachtung des gesamten Zeitraums; bei der großen zeitlichen Vielfalt ist dies allerdings nicht bei jedem thematischen Zugriff möglich.
• Den Schwerpunkt bildet die deutsche Geschichte in ihren europäischen und außereuropäischen Kontexten.

Bei den schriftlichen Quellenzeugnissen handelt es sich in der Regel um Auszüge; Auslassungen innerhalb des Textes sind durch (...) markiert. In den Übersetzungen sind Rechtschreibung und Zeichensetzung nach den heutigen Regeln normiert. Lediglich in den teilweise im Original wiedergegebenen Texten des 17. und 18. Jahrhunderts ist die alte Schreibweise beibehalten worden.

Die Quellen sind innerhalb der Unterkapitel durchnummeriert, wobei jeder Quelle ein kurzer Einleitungstext vorangestellt ist. Er bietet Informationen zur Quelle selbst, auch zu den handelnden Personen, den inhaltlichen Zusammenhängen und den zeitlichen Umständen. Erklärungsbedürftige Begriffe, auch Personen und Orte innerhalb der Quellentexte werden gesondert in Fußnoten am Ende der jeweiligen Quelle erläutert. Am Ende der Texte finden sich auch die bibliografischen Angaben zu den Fundstellen von Text und Bild.

Den Schluss des Bandes bilden:
• knappe Literaturhinweise zu jedem Unterkapitel mit Empfehlungen für vertiefende Lektüre;
• ein Personenregister, das biografische Kurzinformationen enthält, sofern sie nicht an Ort und Stelle bereits gegeben worden sind.

Ohne die engagierte Gemeinschaftsarbeit der zehn Bearbeiterinnen und Bearbeiter wäre dieser Band nie entstanden: Anke Christensen (AC), Gerhard Fouquet (GF), Bernd Fuhrmann (BF), Tanja Jaschkowitz (TJ), Marion Kobelt-Groch (MK-G), Heike Johanna Mierau (HJM), Felicitas Schmieder (FS), Corinna Schröder (CS), Matthias Steinbrink (MS) und Gabriel Zeilinger (GZ) haben nicht nur ihre Signaturen in dem Manuskript hinterlassen. Daneben ist Frau Heide Ceulemans für ihre unermüdliche Schreib- und Organisationsarbeit sowie den Kieler Studierenden zu danken, die über Jahre hinweg ihren Anteil an dem Zustandekommen des Werkes hatten: Olaf Bröcker, Margit Dahm, Andrea Dücker, Jasper Kock und Gunnar Meyer. Harm von Seggern stand mit Rat und Tat zur Seite.

Kiel und Kassel, Juni 2001
Gerhard Fouquet, Ulrich Mayer

Inhaltsverzeichnis

1	**Räume, Städte, Regionen, Grenzen**	17
1.1	**Weltbilder und Zeitvorstellungen**	17
1.1.1	Erfahrene und bemessene Zeit	18
1.1.1.1	Was ist Zeit?	18
1.1.1.2	Zeitplanung in der Gesellschaft	18
1.1.1.3	Der Kalender	19
1.1.1.4	Leben nach der Uhr	19
1.1.1.5	Zeitmessung	21
1.1.1.6	Zeitklage	21
1.1.2	Weltvorstellungen	21
1.1.2.1	Beschreibung der Erde	21
1.1.2.2	Kartenskizzen von der Erde	21
1.1.2.3	Gottes Schöpfung	22
1.1.2.4	Das Paradies	23
1.1.2.5	Die Hölle	24
1.1.2.6	Die Hure Welt	24
1.1.2.7	„Was wir alles haben" – „Neu-Atlantis": die Insel Utopia	26
1.1.2.8	Die eigene Stadt als Darstellungsobjekt	27
1.1.2.9	Die Rezeption des Ptolemäischen Weltbildes	28
1.1.3	Gott und die Welt	28
1.1.3.1	Gibt es einen Gott?	28
1.1.3.2	Gott schuf die Welt nach Gesetzen	29
1.1.4	Religiöse Bewegungen	30
1.1.4.1	Leben wie eine Heilige	30
1.1.4.2	Ketzer wider den wahren Glauben?	31
1.1.4.3	Hexenverfolgung	32
1.1.4.4	Klerus- und Kirchenreform	32
1.1.4.5	Die Reformation – Ende des Zölibats	33
1.1.4.6	Reaktionen auf die Lehren Martin Luthers	34
1.1.5	Säkularisierte Welten	35
1.1.5.1	Der Mensch	35
1.1.5.2	Der Mensch als Ebenbild Gottes	36
1.2	**Bewältigung und Nutzung von Räumen**	37
1.2.1	Macht euch die Erde untertan	38
1.2.1.1	Landwirtschaft	38
1.2.1.2	Der Nutzen verschiedener Pflanzen für den Menschen	38
1.2.1.3	Die Nutzung des Waldes	39
1.2.1.4	Der Wald: furchterregend oder zur Muße einladend	39
1.2.1.5	Berge als Hindernis für Reisende	40
1.2.1.6	Beschreibung einer Bergbesteigung	40
1.2.1.7	Der Berg als Schatzkammer	42
1.2.2	Auf nach Osten	42
1.2.2.1	Die Pommernmission	42
1.2.2.2	Besiedlung Preußens	44
1.2.3	Reisen in Nah und Fern	45
1.2.3.1	„Nördlicher als er wohne kein Mensch": Ottars Reiseberichte vom Weißen Meer	45
1.2.3.2	Pilgerfahrt nach Santiago de Compostella	46
1.2.3.3	Marco Polos China-Expedition	46
1.2.3.4	Der Westweg nach Indien	47
1.2.3.5	Der Ausgang ist ungewiss!	48
1.2.4	Verkehrsmittel	48
1.2.4.1	Binnenschifffahrt	48
1.2.4.2	Personenbeförderung auf dem Rhein	49
1.2.4.3	Seerechtsbestimmungen	49
1.2.4.4	Freiheit auf königlichen Straßen	50
1.2.4.5	Gütertransport auf der Straße	50
1.2.5	Die europäische Wirtschaft und die Entgrenzung des Raumes	50

1.2.5.1	Die Hanse	50
1.2.5.2	Ludovico di Varthema	51
1.2.5.3	„Wollpass"	52
1.3	**Wirtschaftliche und kulturelle Schwerpunktbildungen: Städte und Regionen**	**53**
1.3.1	Städtewesen – Lübeck	53
1.3.2	Heinrich Schickhardt: ein realistisches Projekt	54
1.3.3	Wohnquartiere, Nachbarschaften – Hermann Weinsberg	54
1.3.4	Thomas Platter d. Jüngere und die Metropole Europas – Paris	56
1.3.5	Stadt und Land – Chronik des Burkard Zink	57
1.3.6	Markt Marburg	57
2	**Politik, Herrschaft und Rituale**	**58**
2.1	**Symbole, Festkultur und Gemeinschaftshandeln**	**58**
2.1.1	Der König ist tot, es lebe der König!	58
2.1.1.1	Totenfeierlichkeiten, Bestattungsriten	58
2.1.1.1.1	Der König ist tot! Der ideale König – der schlechte König	58
2.1.1.1.2	Was man von sterbenden ‚heiligen' Königen lernen kann!	59
2.1.1.1.3	Der schöne Tod: Das Sterben Kaiser Maximilians I. (12. Januar 1519)	60
2.1.1.1.4	Der öffentliche Tod: Der König ist tot – es trauert die Natur.	62
2.1.1.1.5	Der hässliche Tod: Das Sterben Kaiser Maximilians I. (12. Januar 1519)	62
2.1.1.1.6	Der Trauerzug mit der Leiche Maximilians I. durch Wels	63
2.1.1.2	Die Wahl des Königs als Gemeinschaftshandeln und Ritual	63
2.1.1.2.1	Die Wahl Maximilians I. zum Römischen König (1486)	63
2.1.1.2.2	Darf es etwas mehr sein? Die ‚Verehrungen' an die Kurfürsten für die Wahl Karls V. (1519)	64
2.1.1.3	Die Aachener/Frankfurter Krönung – als Fest im ‚Schlaraffenland'	65
2.1.1.3.1	Wein, Ochsen, Geld – der neugekrönte König und die Symbole des Schlaraffenlandes	65
2.1.1.3.2	Krönung und Fest in der Neuzeit: Kaiser Joseph II. in Frankfurt (1764)	65
2.1.1.3.3	Die Kaiserkrönung Friedrichs II. in Rom (1220)	67
2.1.1.4	Die zwei Körper des Königs: die Heiltumsschau in Nürnberg	67
2.1.1.4.1	Ein Nürnberger Chronist berichtet über die Heiltumsschau (1469)	67
2.1.1.4.2	Dem König zeigt man die Reichskleinodien, wenn er zum ersten Mal nach Nürnberg kommt: Friedrich III. auf Krönungsfahrt (1442)	68
2.1.2	Ritter und Damen – die ritterlich-höfische Kultur	69
2.1.2.1	Der königliche und fürstliche Hof	69
2.1.2.1.1	Die Anfänge des Höfischen I: Ein Herr, wie er im Buche steht: Karl der Große	69
2.1.2.1.2	Die Anfänge des Höfischen II: Und noch ein bedeutender und vorbildlicher Herr: König Alfred der Große von Wessex	70
2.1.2.1.3	Der Fixstern am Himmel der ritterlich-höfischen Kultur des Spätmittelalter: Herzog Karl der Kühne von Burgund und sein Hof	70
2.1.2.1.4	Was macht denn ein Fürst den lieben langen Tag? – Aus der Hofordnung Herzog Wilhelms V. von Bayern (1589)	71
2.1.2.1.5	Eine neugierige Dame am markgräflichen Hof in Ansbach (1475)	73
2.1.2.1.6	Die Leiden der Jungfern am Hof der Herzogin Sophie von Mecklenburg (1614)	74
2.1.2.2	Adlige Lebensformen, Feste und Festmähler, Turniere und Jagd	75
2.1.2.2.1	Der Krieg ist sein Leben! – Wilwolt von Schaumberg	75
2.1.2.2.2	Ach die Geschäfte, lasst uns feiern! – Feste und adlige Zerstreuung auf dem Reichstag von Worms (1521)	75
2.1.2.2.3	Ein höfischer Dichter über ein adliges Festbankett	76
2.1.2.2.4	„Ein Essen für Herren gemacht, dass man sich die Händ' danach schleckt"!	77
2.1.2.2.5	Turnier I: „Hussa, Hussa"! – Die wilden Turniere des 12. und frühen 13. Jahrhunderts: Vorbereitungen und Aufwand	77
2.1.2.2.6	Turnier II: „Genug, greift an, ich mag nicht länger warten!"	78
2.1.2.2.7	Turnier III: Das ‚gezähmte' Turnier des Spätmittelalters	79
2.1.2.2.8	Turnier V: Mit dem fremden Blick – ein Turnier in Schaffhausen (1436)	79
2.1.2.2.9	Adliges Jagdvergnügen: Ein Kaiser verliert die Hosen	81
2.1.2.2.10	Der junge Weißkunig auf Gemsenjagd – Jägerlatein vom Hof Maximilianus I.	81
2.1.2.2.11	Adliges Vergnügen – bäuerliche Plage: Kritik an der Jagd	82
2.1.2.2.12	Beschwerden der Nürnberger Bauernschaft gegen die adlige Jagd (1525)	82
2.1.2.2.13	Humanistische Kritik am Jagdtreiben	83

Inhalt

2.1.3	Untertanen und verkehrte Welt: Fastnacht	83
2.1.3.1	Lüpft eure Masken – das disziplinierte Volksfest: eine Nürnberger Polizeiordnung des 15. Jahrhunderts	83
2.1.3.2	Adel, Adel, edel? – ein Mummenschanz über die Großen dieser Welt	84
2.1.4	Urbane Festlichkeiten	86
2.1.4.1	Feste im Jahreskreis – mit dem Kölner Hermann Weinsberg durch den Kölner Festkalender des 16. Jahrhunderts	86
2.1.4.2	Auch Bürger übten sich im Turnier – das Magdeburger Gralsfest (1280)	87
2.1.4.3	Ein „Glückshafen" in Erfurt (1477)	87
2.1.4.4	Städtische Spielhäuser – Orte des Lasters	88
2.1.5	Wider die Sittenverderbnis und Sauferei – Tänze und Kirchweihfeste auf dem Lande	89
2.1.5.1	Die „tumben" Bauern und ein winterliches Tanzvergnügen der jungen Leute	89
2.1.5.2	Eine Kirchweihschlacht im 18. Jahrhundert	89
2.2	**Machtausübung, Machtteilhabe und Machtbegrenzung, Regulierungen und Konflikte**	**91**
2.2.1	Haus, Familie und Nachbarschaft	92
2.2.1.1	Frauen und Männer in Haus und Familie – zwischen Patriarchat und Partnerschaft	92
2.2.1.1.1	„Im Haus regiert die Frau" – die ideale Hausfrau	92
2.2.1.1.2	Anleitungen zur Führung eines mittelalterlichen Haushalts	92
2.2.1.1.3	„Denk' daran!", „Vergiss nicht!" – Vorschriften eines Ehemanns um 1400	93
2.2.1.1.4	„Mein Burkard, gehab dich wol" – Arbeit und Haushalt bei kleinen Leuten im 15. Jahrhundert	93
2.2.1.1.5	Kölner Frauen und Männer im 16. Jahrhundert: Weisgin Ripgin und Hermann Weinsberg	94
2.2.1.1.6	Der ‚wagende' Kaufmann – und seine Hausfrau – der Briefwechsel zwischen Balthasar und Magdalena Paumgartner	94
2.2.1.1.7	„Der natürliche Wirkungskreis des Weibes ist das Hauswesen" – Texte aus der Hausväterliteratur	95
2.2.1.2	Zusammenleben, Recht, Wirtschaft und Moral: das Geflecht der Nachbarschaft	97
2.2.1.2.1	Nachbarschaft und Genossenschaft – die Dorfordnung von Maikammer	97
2.2.1.2.2	Die Stadt als Gemeinschaft	98
2.2.1.2.3	Städtische Quartiere und die lieben Nachbarn: Von Zaubereien in einem Nachbarhaus und von der Nachbarschaft überhaupt	98
2.2.2	„Auf dass blühet Handwerk und Gewerbe!"	99
2.2.2.1	Gleiche ‚Nahrung' für alle? – das Handwerk	99
2.2.2.1.1	Handwerk, Gilde, Zunft und Obrigkeit – drei Handwerksordnungen aus acht Jahrhunderten	99
2.2.2.1.1.1	Die Pflichten von Handwerkern in Pavia (um 1027)	100
2.2.2.1.1.2	Die Gärtner, Obster und Lebensmittelhändler in Basel erhalten von dem Basler Bischof Heinrich III. ihren Zunftbrief (1264/69)	100
2.2.2.1.1.3	Handwerksordnung der Drahtzieher im fränkischen Roth 1786	101
2.2.2.1.2	„Lehrjahre	103
2.2.2.1.2.1	„Lehrjahre sind keine Herrenjahre" I	103
2.2.2.1.2.2	„Lehrjahre sind keine Herrenjahre" II	103
2.2.2.1.2.3	„Lehrjahre sind keine Herrenjahre" III: Lehrherr und Lehrjunge – ein ‚Nachtbild' aus dem späten 18. Jahrhundert	103
2.2.2.1.3	Das Wandern ist nicht nur des Müllers Lust – die Gesellen	104
2.2.2.1.3.1	„Ich bin gewandert viele Jahre und habe dabei auch etwas gelernt"	104
2.2.2.1.3.2	Man schlägt sich durch – auf der „Walz" mit dem Schneidergesellen J. C. Haendler	104
2.2.2.1.4	Frauen und Handwerk	105
2.2.2.2	Die Stadt als Markt: der „gerechte" Preis, Marktzeiten, Fürkaufverbote, Preisregulierungen	107
2.2.2.2.1	Bischof Berthold von Würzburg erlässt für die Stadt eine Markt- und Gewerbeordnung.	107
2.2.2.2.2	Brot und Preis – eine Augsburger Bäckerordnung (1606)	108
2.2.2.2.3	Auch Wirtshäuser haben eine Ordnung	110
2.2.2.3	Vom rechten Umgang mit Maß und Gewicht	110
2.2.3	‚Staatliche' Gewalt und die ‚Freiheiten' der Untertanen	111
2.2.3.1	Von Recht und Gericht – Textbeispiele aus einem Jahrtausend	111
2.2.3.1.1	Der König setzt Recht – aus dem Kapitulare von Herstal (779)	111
2.2.3.1.2	Einer von vielen Landfrieden im Mittelalter – der Friede König Friedrichs I. von 1152	112
2.2.3.1.3	Pflügen und Säen, Haus und Vieh – dörfliche Rechtsbestimmungen aus dem ‚Sachsenspiegel' des Eike von Repgow	113
2.2.3.1.4	Aus dem ‚peinlichen' Recht des 16. Jahrhunderts – Kindsmord in der Bamberger Ordnung	114

2.2.3.1.5	Die Peinliche Halsgerichtsordnung Kaiser Karls V. (1532)	115
2.2.3.1.6	Alt und neu: die Anwendung der Peinlichen Gerichtsordnung Kaiser Karls V. bei einem Diebstahlsprozess in Schwaben (1548)	115
2.2.3.1.7	Nach Henkers Art	117
2.2.3.2	Delinquenz, Kriminalität, Kriminalisierung und obrigkeitliche Gewalt	118
2.2.3.2.1	Hunger und Mord im Prag des Jahres 1282	118
2.2.3.2.2	Die Hinrichtung eines Patriziers in Nürnberg	119
2.2.3.2.3	Ein vorgeblicher Adliger wird als Kirchenräuber mit dem Rad gerichtet (1484)	120
2.2.3.2.4	Sodom und Gomorrha in Köln (1484)	120
2.2.3.2.5	„Hoßho" und „Owe" – die Gewalt der Männer: der Basler Ulman (Ulin) Mörnach misshandelt eine Frau auf seiner Wiese vor dem Steinentor (1498).	121
2.2.3.2.6	„So seyen sie arme diernen" – das städtische Frauenhaus in Nördlingen	122

2.3 Kriege, Widerstände und Aufstände ... 124

2.3.1	Der Krieg: ‚Vater aller Dinge'	124
2.3.1.1	Stolze Heidenkämpfer und verzweifelte Bauersfrauen – Peter Suchenwirts Gedicht von der Preußenfahrt Herzog Albrechts III. von Österreich (1377)	124
2.3.1.2	Nürnberg und der Markgrafenkrieg (1449/50)	125
2.3.1.2.1	Der schmutzige Krieg – ein Bericht aus einem Monat	125
2.3.1.2.2	Endlich ein großes Hauen – die Schlacht bei Pillenreut	126
2.3.1.3	Die schreckliche Kriegsfurie – der Dreißigjährige Krieg (1618–1648)	126
2.3.1.3.1	Ein namenloser Söldner erinnert sich – Lebensbericht eines schreibkundigen Soldaten von 1627 bis 1633	127
2.3.1.3.2	Krieg, Seuche und Hunger – der Odenwald im Dreißigjährigen Krieg aus den Schilderungen des Pfarrers M. Johann Daniel Minck in Großbieberau	129
2.3.1.4	Kriege des 18. Jahrhunderts – zwei Pfälzer Bauern haben ihre Erfahrungen aufgeschrieben	131
2.3.2	Der Große Bauernkrieg der Jahre 1524 bis 1526	133

3 Lebensphasen und Lebensformen ... 135

3.1 Aufwachsen, Erwachsenenleben, Alter ... 135

3.1.1	Ins Leben treten: die ‚heile' Kinderwelt	136
3.1.1.1	Kindheiten – Lebenserinnerungen aus sieben Jahrhunderten	136
3.1.1.1.1	„Der verächtliche Wurm" – Guibert von Nogent (1115)	136
3.1.1.1.2	Kaiser Karl IV. (1316–1378)	137
3.1.1.1.3	Die Stiefmutter – Kindheitserinnerungen des Burkard Zink	138
3.1.1.1.4	„Oho, Tomillin, nun wirst nit mer waxen!" – die Kindheit des Thomas Platter im Wallis zu Beginn des 16. Jahrhunderts	138
3.1.1.1.5	Behütete Kinderwelt im 18. Jahrhundert – Johann Ludwig Huber erinnert sich	139
3.1.1.2	Geburt, Kleinkindalter, Kindersterblichkeit	140
3.1.1.2.1	Das Nicht- und Neugeborene, der Säugling – der Knabe – die Amme: aus einem ‚Lexikon' des 13. Jahrhunderts	140
3.1.1.2.2	Über die Knaben: aus einem ‚Fürstenspiegel' des späten 13. Jahrhunderts	142
3.1.1.2.3	Leben und Sterben eines Kindes – aus dem Briefwechsel zwischen Balthasar und Magdalena Paumgartner am Ende des 16. Jahrhunderts	143
3.1.1.3	Kinderspiel und Spielzeug	145
3.1.1.3.1	Spiel und Bewegung an der frischen Luft – Ansichten des Konrad von Megenberg (14. Jahrhundert)	145
3.1.1.3.2	Der schöne, lustige Garten – Martin Luther an sein Hänschen, den vierjährigen Sohn (1530)	145
3.1.1.3.3	„Wenn wir groß sind" – ein Kinderlied aus dem späten 18. Jahrhundert	146
3.1.1.3.4	Ein ‚Ewigkeits'-Spiel aus dem späten 18. Jahrhundert	146
3.1.1.4	Kinderarbeit	147
3.1.1.4.1	Kinderarbeit im spätmittelalterlichen und frühneuzeitlichen Köln – bei den Riemenschneidern (1444) und den Weinsbergs (1528)	147
3.1.1.4.2	Selten ganze Zehen – Thomas Platter erinnert sich an seine Kindheit als Hütebub in den Walliser Alpen zu Beginn des 16. Jahrhunderts	148
3.1.2	Kindliche und jugendliche Erfahrungswelten: Erziehung, Schule und Universität	149
3.1.2.1	Wie sollen Kleinkinder erzogen werden?	149
3.1.2.1.1	Der Nachahmungstrieb von Kleinkindern – aus der ‚Ökonomik' des Konrad von Megenberg (1352)	149

Inhalt

3.1.2.1.2	Von Märchen, Gespenstern und Strafen – aus einer Erziehungslehre des 15. Jahrhunderts	150
3.1.2.2	„Mit sieben Jahren ist das Kind zur Wissensvermittlung und sittlichen Bildung bereit" – Lehrer und Schüler	151
3.1.2.2.1	„Wir Jungen bitten dich, Lehrer, dass du uns richtig Latein reden lehrst" – ein Gespräch zwischen dem Lehrer und seinen Schülern aus dem 10. Jahrhundert	151
3.1.2.2.2	Schülerleben – Johannes Butzbach ‚Odeporicon' (1506)	152
3.1.2.2.3	Auf der Wanderschaft nach Bildung – Burkhard Zink	153
3.1.2.2.4	Streben nach der Kaufmannschaft – Lucas Rem und sein unehelicher Sohn	154
3.1.2.2.5	Eine behütete Schulzeit im Hause – Johann Wolfgang Goethes ‚Dichtung und Wahrheit'	155
3.1.2.3	Ordnung – Regeln: Erziehungsinstruktionen	156
3.1.2.3.1	Eine protestantische Schulordnung aus der Kurpfalz (1556)	156
3.1.2.3.2	„Wegen der Mademoiselle und der Weibsleuten Zucht" – weibliche Erziehung in einem adligen Haus des 18. Jahrhunderts	157
3.1.2.4	Universitäten	159
3.1.2.4.1	Der Studienbetrieb aus den ältesten erhaltenen Statuten der Juristen-Universität Bologna (1317/47)	159
3.1.2.4.2	Eine Stiftung für Studenten – aus dem Testament des Lübeckers Hinrik Rapesulver (1439)	160
3.1.2.4.3	Szenen aus dem Studium des Hermann Weinsberg an der Universität Köln (1537–1543)	160
3.1.3	Mitten im Leben: Eheanbahnung – Verlobung – Hochzeit	161
3.1.3.1	Heiraten im Adel – nicht „nach eigenem Appetit und Begehr"	161
3.1.3.1.1	Heirate nicht unter deinem Stand – ein Brief des Adligen Rudolf von Zeiskam (1471)	161
3.1.3.1.2	Ein ungeheures Fest – die Landshuter Fürstenhochzeit (1475)	161
3.1.3.2	Bauernhochzeit: Schnaphahns Vermählung – ‚Meier Helmbrecht' (1250/80)	163
3.1.3.3	Hochzeiten in den Städten	164
3.1.3.3.1	Auch Hochzeiten wollen ihre Ordnung haben: Hochzeitsordnung für die Stadt Nürnberg (15. Jahrhundert)	164
3.1.3.3.2	Die Hundeschlägerin und der Schelmschinder halten Hochzeit in Nürnberg (1506)	166
3.1.3.3.3	Der Kölner Hermann Weinsberg freit Weisgin Ripgin (1548)	166
3.1.4	Sexualität vor und außerhalb der Ehe: Jugendliche ‚Helden' und Ehebrecher	167
3.1.4.1	„In Liebe zu diesem Mädchen vollkommen entflammt" – Sexualität vor und außerhalb der Ehe: Abaelard und Heloise	167
3.1.4.2	„Eine brennende Liebe" – die betrogene Magd Anna Schöchin (1535)	168
3.1.5	„Mitten im Leben sind wir vom Tod umgeben!": Leben, um zu sterben	169
3.1.5.1	„Mein Leib ist vom Alter nichtig geworden": Alter und Tod in einem Lied	169
3.1.5.2	Sich auf den Tod vorbereiten – das Testament der Margarethe von Oldendorp aus Göttingen (1485)	170
3.1.5.3	Das ewige Leben kaufen – Ablässe und Stiftungen des Nürnberger Patriziers Niklas Muffel (gest. 1469)	171
3.1.5.4	Pest und Sterben – der Tod wird privat: die Zeitgenossen Giovanni Boccaccio aus Florenz und Fritsche Closener aus Straßburg (um 1350)	172
3.1.5.4.1	Es ist die Pest!	172
3.1.5.4.2	Pest, Sterben und Geißler – ein spätmittelalterlicher ‚Totentanz'	173
3.1.5.4.3	Das Sterben eines Menschen an der Pest – Köln im Jahre 1564	175
3.2	**Alltag: Arbeit, Nahrung und Muße, Vergnügungen und Konsum**	**176**
3.2.1	„Mit der Hände Arbeit": Arbeitswelten	177
3.2.1.1	Bäuerliche Arbeitswelt	177
3.2.1.1.1	„(...) dieses sklavische und elende Volk" – das Leben der Bauern zu Beginn des 16. Jahrhunderts	177
3.2.1.1.2	Ein gelehrter Bauer: Johann Ludwig in Cossebaude bei Dresden (1756)	177
3.2.1.2	Handwerker und Gesinde	178
3.2.1.2.1	In der ‚Peunt', dem städtischen Bauhof Nürnbergs – aus Endres Tuchers Baumeisterbuch (1464–1475)	178
3.2.1.2.2	Knechte und Mägde sind frech und gehen müßig – die Gesindeordnung des Kurfürsten Ernst von Sachsen (1466)	179
3.2.1.2.3	Als Handwerker und Laienbruder in einem Kloster – Johannes Butzbach im Kloster Johannisberg (1506)	180
3.2.1.2.4	„Wenig Fleisch und viel Kraut und Rüben" – in einer Würzburger Hofschreinerei (1716)	181
3.2.1.3	Arbeit und Erwerbslosigkeit, Armut und Bettel	182
3.2.1.3.1	„Wir armen Leute" – der Tagelöhner Hans Günther bittet den Leipziger Rat um die Freilassung seiner wegen Bettelns ins Zuchthaus gebrachten Tochter (1705)	182
3.2.1.3.2	Wie man zum Betteln kommt	182
3.2.2	„... sollst du dein Brot verdienen": Ernährung	184
3.2.2.1	Völlerei und Hungertod	184

3.2.2.1.1	Aus einer Predigt des Franziskaners Berthold von Regensburg (1250–1264)	184
3.2.2.1.2	„… die Trachten fraßen sie wie die Säu, darauf soffen sie wie die Kühe" – Grimmelshausens Geschichten aus ‚Der abenteuerliche Simplicissimus' (1668)	185
3.2.2.1.3	„Mit großem Jammergeschrei" – Hunger und Sterben im Augsburg der Jahre 1570/71	185
3.2.2.2	„Ich trinke mäßig!" – der Kölner Hermann Weinsberg über Essen und Trinken im Alltag (1578)	187
3.2.2.3	„Wenn einer eine Reise macht" – Ein Italiener über die Ernährungsweise der Oberdeutschen (1517/18)	188
3.2.2.4	Ernährung und Norm	188
3.2.2.4.1	Was wünscht der Herr zu speisen? – Die Küchen- und Speiseordnung des Speyerer Bischofs Matthias von Rammung	188
3.2.2.4.2	Was kostet mich Essen und Trinken? – Überschlag der jährlichen Kosten für einen Haushalt in Überlingen (um 1580)	190
3.2.2.4.3	Dienstbotenkost	190
3.2.2.4.4	Ein ländlicher Speisezettel (1618)	192
3.2.2.5	Aus deutschen Kochbüchern: „Wer eine gute Speise haben will, der braucht siebenerlei Sachen: du musst Milch haben, Salz und Schmalz, Zucker, Eier und Mehl, Safran dazu, dann wird es gehl"	192
3.2.2.5.1	Ein nicht ganz ernst gemeintes Rezept (1460)	192
3.2.2.5.2	Hauptsache – bunt!: Ein Essen in verschiedenen Farben (1553)	192
3.2.2.5.3	Rumfordsuppe – das 18. Jahrhundert	193
3.2.3	„und Dein Haus bestellen": Wohnwelten	193
3.2.3.1	Leben auf den Burgen um 1200 und zu Beginn des 16. Jahrhunderts	193
3.2.3.1.1	Mit Parzival in der Gralsburg	193
3.2.3.1.2	Wie lebt ein kleiner Landadliger – der Literaturbrief des Ulrich von Hutten an den Nürnberger Willibald Pirckheimer (1518)	193
3.2.3.2	Urbanität	194
3.2.3.2.1	Wohnen am Blaubach: Die Weinsbergs in Köln und ihre Häuser	194
3.2.3.2.2	Johann Wolfgang Goethe beschreibt in ‚Dichtung und Wahrheit' das elterliche Haus in Frankfurt am Main	197
3.2.3.3	Wie wohnen die Deutschen denn? – Ansichten zweier Reisenden aus dem 16. Jahrhundert	198
3.2.3.3.1	Keine Wanzen und Ungeziefer – die sauberen deutschen Betten (1517/18)	198
3.2.3.3.2	Man liegt gut und sie sind sauber – der Franzose Michel de Montaigne und die Herbergen in Oberdeutschland (1580)	198
3.2.4	Hygiene und Sauberkeitsvorstellungen	199
3.2.4.1	Städtischer Rat und öffentliche Hygiene: Abwasserkanäle, Brunnen, totes Vieh, Mist, Dreck und Schweine – aus den Nürnberger Polizeiordnungen des 14. und 15. Jahrhunderts	199
3.2.4.2	Schrecklicher, tödlicher Gestank: Die Kloake des Nürnberger Dominikanerklosters (1469)	201
3.2.4.3	Badehäuser und Badefahrten	202
3.2.4.3.1	Eine Badestubenordnung aus Nürnberg (15. Jahrhundert)	202
3.2.4.3.2	Ach, wie angenehm ist das Baden! – in den berühmten Bädern zu Baden im Aargau	202
3.2.4.3.3	Was hat man beim Baden zu beachten?	203
3.2.4.3.4	Baden im 17. Jahrhundert	203
3.2.4.4	Persönliche Toilette und Reinlichkeit	204
3.2.4.5	Die große Wäsche – Sehe auf reine Kleider!	204
3.2.5	Machen Kleider wirklich Leute?	205
3.2.5.1	Kleidung und höfisches Leben im Hochmittelalter – Die Damen in arabischen Stoffen und das herrliche Jagdgewand Siegfrieds	205
3.2.5.2	Von der passenden, der angemessenen Kleidung – Der ‚Bauer' Karl der Große und seine feinen Höflinge (776)	205
3.2.5.3	Mode, Mode, Mode	206
3.2.5.4	Ein Leben in Kleidern – Kleider machen Männer	207
3.2.5.4.1	Von meiner Kleidung	207
3.2.5.4.2	Kleidung und Lebensalter: Fünf Stationen aus dem Leben des Matthäus Schwarz	207
3.2.5.4.3	Mann wird man durch Hosen	210
3.3	**Sorge und Vorsorge**	**211**
3.3.1	Einkommensverhältnisse	211
3.3.1.1	Einkünfte im Handel	212
3.3.1.1.1	Der Kaufmann Lucas Rem (1494–1541) und sein Gewinn	212
3.3.1.1.2	Man treibe nur ein Gewerbe	212
3.3.1.2	Festgelegte Handwerkerlöhne	213
3.3.1.3	Bäuerliche Einkommen	214

3.3.1.4	„Wider den Müßiggang"	215
3.3.2	Sparen und Altersvorsorge– die Kreditaufnahme des Marburgers Johannes Burck	215
3.3.3	Gemeinschaft und Daseinsvorsorge	216
3.3.3.1	Brunnen in Nürnberg	217
3.3.3.2	Feuer als ständige Bedrohung	217
3.3.3.2.1	Stadtbrände – Das Beispiel Frankenberg	218
3.3.3.3	Müll und Abfall – obrigkeitliche Umweltpolitik	219
3.3.3.3.1	Unrat, Mist und Jauche in den Fluss!	219
3.3.3.4	Städtische und staatliche Krankheits- und Sozialfürsorge	219
3.3.3.4.1	Städtische Krankheits- und Sozialfürsorge	220

4 Das Eigene, das Fremde und das Andere ... 222

4.1 Fremd- und Selbstbilder: Faszination und Distanzierung ... 222

4.1.1	„Sie sind ganz normale Menschen"	223
4.1.2	„Ihre Nahrung besteht aus allem, was man essen kann"	224
4.1.3	Gefährlich oder lächerlich? Türken im 16. Jahrhundert	226
4.1.3.1	„Schweinefleisch essen die Türken gar nicht"	226
4.1.3.2	„Die Weiber in der Türkei sind nicht so frei wie in der Christenheit"	226
4.1.4	„Die Jungfrauen gehen völlig nackt und fühlen keinerlei Scham"	227
4.1.5	König und Ritter verkleiden sich als Tartaren	228
4.1.6	„(…) da doch die Konstitution der Frauen schwach ist"	228
4.1.7	Von der Ehrbarkeit der türkischen Frauen	230

4.2 Die soziale Praxis: Konfrontation und Ausgrenzung, Assimilation und Integration ... 231

4.2.1	Kleidung unterscheidet – fünf Kleiderordnungen aus sieben Jahrhunderten	231
4.2.1.1	Eine bäuerliche ‚Kleiderordnung' (um 1150)	232
4.2.1.2	Und noch einmal: Bäuerliche Kleidung im Bayerischen Landfrieden (1244)	232
4.2.1.3	Ehrbare Frauen und Jungfrauen haben dies anzuziehen – eine Nürnberger Kleiderordnung (15. Jahrhundert)	232
4.2.1.4	Das haben die Frankfurterinnen und Frankfurter gefälligst zu tragen	233
4.2.2	„weil sich mit den äußerlichen Veränderungen zugleich auch die Sitten wandeln"	234
4.2.3	„Was ihr über die Hosen wissen wollt, halten wir für überflüssig"	235
4.2.4	„wenn ich nicht den Widerspruch fürchtete"	237
4.2.5	„Die Juden sollen sich von den Christen in der Kleidung unterscheiden"	237
4.2.6	„Da etliche Juden ihre Zeichen nicht tragen"	238
4.2.7	Kompromiss oder Verzicht – als Jude im christlichen Umfeld	238
4.2.7.1	„Andernfalls dürften wir niemals mehr Fleisch essen"	238
4.2.7.2	„Eine solche Prozedur ist streng verboten"	239
4.2.8	„Wie es die Juden mit dem Fleischkauf halten sollen"	239
4.2.9	„Über die üblen Gerüchte und das Unglück der Juden in verschiedenen Ländern und Regionen"	240

4.3 Bessere und andere Welten: Weltflucht, Utopie und Ideologie ... 242

4.3.1	Lust und Last des geistlichen Lebens	242
4.3.1.1	Hildegard von Bingen an die auf Abwegen wandelnden Nonnen von Zwiefalten	242
4.3.1.2	Wie ein Franziskaner zu leben hat	243
4.3.1.3	„Wölfe und Wölfinnen kamen unter meine Schäflein" – Schwestern werden gewaltsam aus dem Kloster geholt	244
4.3.2	Rufe nach Reformen	245
4.3.2.1	Die aufrührerische Botschaft des Pfeifers von Niklashausen	245
4.3.2.2	Missstände über Missstände – der „Oberrheinische Revolutionär" klagt an	246
4.3.2.3	Ein Schiff voller Narren	247
4.3.3	Wir fangen neu an	248
4.3.3.1	Aufruf der Täufer, nach Münster zu kommen	248
4.3.3.2	Stephan Gerlachs Besuch bei den Hutterern in Mähren	248
4.3.3.3	Wofür das Banner der wahren Leveller weht oder Den Menschensöhnen zur Kenntnis, wie die Dinge im Lande stehen.	250
4.3.3.4	Die ‚Statuten von 1727' der Herrnhuter Brüdergemeinde	251
4.3.4	Frauen melden sich zur Wort	252
4.3.4.1	Gertrud die Große und ihre Begegnungen mit Christus	252
4.3.4.2	Christine de Pizans Stadt der Frauen	253

4.3.4.3	Über die Vorzüglichkeit der Frauen und die Mängel der Männer	254
4.3.4.4	Anna Louisa Karsch berichtet aus ihrem Leben	255
4.3.5	Aufklärung und Fortschritt	256
4.3.5.1	Jean-Jacques Rousseaus Vorstellungen einer idealen Gesellschaft	256
4.3.5.2	„Regierung – Gouvernement" – ein Blick in Diderots Enzyklopädie	258
4.3.5.3	Immanuel Kant beantwortet die Frage: Was ist Aufklärung?	258

Personenregister 260
Weiterführende Literatur 263

1 Räume, Städte, Regionen, Grenzen

1.1 Weltbilder und Zeitvorstellungen

Das Zeitgefühl der Menschen des Mittelalters und der frühen Neuzeit war eingebettet in den Weltlauf nach christlichem Heilsplan zwischen Schöpfung und Jüngstem Gericht. Als markante Einschnitte, die wesentliche Veränderungen brachten, wurden die Gesetzgebung durch Moses und die Geburt Christi angesehen. Ob es vor der Schöpfung Zeit gab, wurde diskutiert, die Ewigkeit nach dem Ende dieser Welt hat man als Auflösung der Zeit verstanden, Vergangenheit, Gegenwart und Zukunft bedurften einer definitorischen Abgrenzung (1.1.1.1). Innerhalb des Jahreslaufs wurden Abschnitte durch die Natur vorgegeben (1.1.1.3). Das geschichtliche Zeitgefühl war annalistisch geprägt oder an den Regierungszeiten weltlicher und geistlicher Herrscher orientiert. Die Zählung der Jahre „nach Christi Geburt" gewann erst nach 1000 an Popularität. Die übergreifende Erfassung von Jahrhunderten als Einheit erschien am Ende des Mittelalters. Zur Datierung von historischen Ereignissen und Rechtsgeschäften wurden die Regierungsjahre weltlicher und geistlicher Herrscher angegeben. Bis in die frühe Neuzeit waren immerwährende Kalender nach dem Vorbild der römischen Monatseinteilung üblich, deren Benutzung auf Spezialisten beschränkt war, wie die Aufbewahrung in historischen oder astronomischen Handschriften verdeutlicht (1.1.1.3).

Die Kalenderreform Gregors XIII. passte 1582 die Verschiebungen zum astronomischen Kalender an. Die Weltverachtung der Mönche führte nicht zur Zeitlosigkeit, vielmehr war gerade das religiöse Leben stark zeitlich fixiert (1.1.1.2). Fest- und Fastenzeiten wurden von der Gesellschaft eingehalten und beeinflussten den Lebensalltag. In der agrarischen Gesellschaft sorgten Aussaat und Ernte, Schlachttermine etc. für einen festen Rhythmus. Die Stunden wurden nach der Sonne gemessen. Daneben waren Kerzen- und Wasseruhren sowie astronomische Geräte in Gebrauch (1.1.1.4, 1.1.1.5). Besonders in wirtschaftlichen Zentren mit hoher Bevölkerungszahl spielte die Zeitmessung eine wichtige Rolle, was seit dem 14. Jahrhundert zunehmend zu öffentlichen Großuhren führte; Taschenuhren konnten erst seit dem Ende des 16. Jahrhunderts gebaut werden.

Wie die Zeitvorstellungen basierten auch die mittelalterlichen und frühneuzeitlichen Bilder vom Universum auf der Vermischung von antikem Gelehrtenwissen und biblischem Weltbild (1.1.2.1, 1.1.2.2, 1.1.2.9). Die Schöpfungsgeschichte und ihre bildliche Darstellung in Kirchen sorgten für eine Verbreitung dieses Wissens in der Bevölkerung (1.1.2.4). Die Darstellung der Erde als Globus wurde in Nürnberg, dem führenden Zentrum der Kartografie, am Ende des 15. Jahrhunderts erprobt. Die Erde galt bis zu den Forschungen des Nikolaus Kopernikus als Mittelpunkt der Welt. Seine mit wissenschaftlicher Eleganz begründete Konstruktion wurde von Rom akzeptiert. Erst Galileo Galilei (1564–1642) wandte sich klar gegen das geozentrische Weltbild, seine Schriften standen bis 1835 auf dem Index.

Neben diesseitsorientierten geografischen Weltbildern beeinflussten die mittelalterlichen und in immer noch erheblichem Maße auch die frühneuzeitlichen Menschen jenseitige Vorstellungen vom Paradies, von Himmel und Hölle (1.1.2.4, 1.1.2.5). Geleitet vom christlichen Erlösungsglauben sorgte man sich sehr um den eigenen Platz im ewigen Leben (1.1.2.6). Man wagte es aber auch, nach Gottesbeweisen zu fragen (1.1.3.1). Die Rekonstruktion des Schöpfungsaktes ist eine Folge empirischen Wissenschaftsstrebens seit Beginn der Neuzeit (1.1.2.7, 1.1.3.2).

Die geografische Orientierung beim Reisen erfolgte im Mittelalter nur selten anhand von Karten, die im Christentum meist geostet, nicht wie heute genordet waren. Reiseberichte mit Wegschilderungen waren stärker verbreitet. In schwierigem Gelände kam Reiseführern eine wesentliche Rolle zu (1.2.1.5, 1.2.2.1). Entscheidend für die sichere Reise war mündliche Kommunikation. Erst im Spätmittelalter wurden für den Bereich des Mittelmeers Seekarten üblich. In der frühen Neuzeit setzte sich die kartografische Darstellung der Welt und einzelner Herrschaftsgebiete durch. Beschreibungen von Städten und Ländern wurden erst spät auf die reine Topografie beschränkt.

Die Religiosität der vormodernen Gesellschaft spiegelt sich im hohen Anteil der Kleriker, Mönche und Nonnen wider. Im Adel war es üblich, zumindest ein Kind dem geistlichen Stand zu weihen, oft waren es jedoch mehrere. Söhne konnten wählen zwischen Weltklerikertum, das den Aufstieg bis zum Bischof oder Kardinal ermöglichte, oder dem Eintritt in monastische Gemeinschaften. Töchter wurden aus dynastischen oder finanziellen Erwägungen nicht verheiratet, sondern Frauenkonventen übergeben. Religiöse Bewegungen brachten immer wieder Menschen dazu, ein Leben im Dienste Gottes unter erheblichen Entbehrungen zu wählen (1.1.4.1).

Die Vernachlässigung der Kirchenzucht wurde im Spätmittelalter heftig kritisiert, Reformen sind bereits vor Martin Luther angestrebt worden (1.1.4.4, 1.1.4.5, 1.1.4.6). Ketzerei entstand nicht aus Ablehnung des Christentums, sondern durch abweichende Interpretation der Bibel und radikalen Bezug auf die Urkirche. Derartige Differenzen stellten die Einheit der Kirche in Frage, weshalb die Amtskirche mit Verfolgungen und Liquidationen reagierte (1.1.4.2, 1.1.4.6), die auch bei Hexerei und Aberglauben praktiziert wurden (1.1.4.3).

Der Mensch galt unangefochten als Krönung der Schöpfung, auf den hin alles ausgerichtet war (1.1.4.5, 1.1.5.1, 1.2.1.2). Dennoch musste er sich um sein Seelenheil sorgen (1.1.2.6, 1.1.4.1). Die Sicht des Menschen veränderte sich zu Beginn der Neuzeit drastisch, was sich einerseits in den künstlerischen Darstellungen manifestierte, aber auch theoretisch formuliert wurde (1.1.5.1, 1.1.5.2).

1.1.1 Erfahrene und bemessene Zeit

1.1.1.1 Was ist Zeit?

Der Kirchenvater Augustinus († 430) wurde im gesamten Mittelalter viel gelesen. In den letzten 3 Büchern der ‚Bekenntnisse' behandelt er den Anfang des Alten Testaments. Die Schöpfungsgeschichte inspiriert ihn zu der Frage, in welchem Verhältnis Vergangenheit, Gegenwart und Zukunft stehen.

Was ist also ‚Zeit'? Wenn niemand danach fragt, weiß ich es; will ich einem Fragenden es erklären, weiß ich es nicht. Aber zuversichtlich behaupte ich zu wissen, dass es vergangene Zeit nicht gäbe, wenn nichts verginge, und nicht künftige Zeit, wenn nichts herankäme, und nicht gegenwärtige Zeit, wenn nichts seiend wäre.
Diese beiden Zeiten, Vergangenheit und Zukunft, wie sollten sie seiend sein, da das Vergangene doch nicht mehr ‚ist', das Zukünftige noch nicht ‚ist'? Die Gegenwart hinwieder, wenn sie stetsfort Gegenwart wäre und nicht in Vergangenheit überginge, wäre nicht mehr Zeit, sondern Ewigkeit. Wenn also die Gegenwart nur dadurch zu Zeit wird, dass sie in Vergangenheit übergeht, wie können wir dann auch nur von der Gegenwartszeit sagen, dass sie ist, da ihr Seinsgrund eben der ist, dass sie nicht sein wird? Rechtens also nennen wir sie Zeit nur deshalb, weil sie dem Nichtsein zufließt.
Und dennoch sprechen wir von langer Zeit und kurzer Zeit, freilich nur mit Bezug auf Vergangenheit und Zukunft. Hundert Jahre vor heute zum Beispiel nennen wir eine ‚lange Zeit' nach rückwärts, so auch hundert Jahre nach heute eine ‚lange Zeit' nach vorwärts, und ‚kurz vergangen' sagen wir, wenn etwa erst zehn Tage um sind, und ‚kurz bevorstehende Zeit', wenn etwas nach zehn Tagen sein wird. Doch wie kann denn lang oder kurz sein, was nicht ‚ist'? Die abgelaufene Zeit ‚ist' ja nicht mehr, und die kommende ‚ist' noch nicht. (…)
Sind hundert Jahre Gegenwart ein lange Zeit? Sieh erst zu, ob hundert Jahre überhaupt ‚gegenwärtig' sein können. Nehmen wir an, das erste davon sei im Lauf, so ist es, eben als dieses ‚gegenwärtig', aber neunundneunzig sind erst im Kommen und ‚sind' darum noch nicht. (…) Hundert Jahre können nicht gegenwärtig sein.

Joseph Bernhart (Bearb.), Augustinus. Bekenntnisse, Frankfurt a. M., Insel Verlag, 1987, S. 627–631.

HJM

1.1.1.2 Zeitplanung in der Gesellschaft

Menschliches Zusammenleben erfordert eine Abstimmung von Tagesabläufen. In der Abgeschlossenheit eines mittelalterlichen Klosters, in dem alle Mitglieder des Konvents gemeinsamen Gottesdienst und gemeinsames Leben praktizieren, ist die Einhaltung eines festen Zeitplans besonders wichtig. In der seit dem 8. Jahrhundert maßgeblichen Benediktregel werden Bestimmungen getroffen, die einen Eindruck vom Tagesablauf zu den verschiedenen Jahreszeiten vermitteln. Die Nichteinhaltung stand unter Strafe.

c. 8 Der Gottesdienst in der Nacht
Zur Winterzeit, das heißt vom ersten November bis Ostern, wird man bei vernünftiger Überlegung zur achten Stunde der Nacht aufstehen. So können die Brüder etwas länger als die halbe Nacht schlafen und dann ausgeruht aufstehen. Was nach den Vigilien[1] an Zeit noch übrig bleibt, sollen die Brüder, die es brauchen, auf das Einüben der Psalmen und Lesungen verwenden.
Von Ostern bis zum erwähnten ersten November wird die Zeit, wie folgt, festgesetzt: an die Feier der Vigilien schließt sich nach kurzer Pause, in der die Brüder für die leibliche Notdurft hinausgehen können, alsbald die Morgenfeier an, die bei Tagesanbruch zu halten ist.
c. 16 Der Gottesdienst unter Tage
Wie der Prophet sagt: „Siebenmal am Tag singe ich dein Lob."[2] Diese geheiligte Siebenzahl erfüllen wir dann, wenn wir in der Morgenfrühe sowie zu den Stunden der Prim, Terz, Sext, Non, Vesper und Komplet unseren schuldigen Dienst leisten. (…)
c. 41 Die Zeiten für das Essen
Vom heiligen Ostern bis Pfingsten nehmen die Brüder die Hauptmahlzeit zur sechsten Stunde und den Imbiss am Abend ein. Von Pfingsten an fasten die Brüder während des ganzen Sommers am Mittwoch und Freitag bis zur neunten Stunde, wenn sie keine Feldarbeit haben oder die Sommerhitze nicht zu drückend ist. An den übrigen Tagen nehmen sie die Hauptmahlzeit zur sechsten Stunde ein. Die Hauptmahlzeit wird zur sechsten Stunde (am Mittwoch und Freitag) beibehalten, wenn Feldarbeiten zu verrichten sind oder die Sommerhitze sehr drückend ist. Darüber entscheidet der Abt. Er muss alles so anordnen und regeln, dass es den Seelen zum Heil dient und die Brüder ohne Grund zum Murren ihre Arbeit tun können.
Vom vierzehnten September bis zum Beginn der Fastenzeit ist die (einzige) Mahlzeit immer zur neunten Stunde.
Während der Fastenzeit bis Ostern ist die (einzige) Mahlzeit gegen Abend. Die Abend-Hore[3] jedoch werde so gehalten, dass man bei Tisch kein Lampenlicht braucht, sondern noch bei Tageslicht mit allem fertig wird. (…)
c. 48 Die tägliche Handarbeit
Müßiggang ist der Feind der Seele. Deshalb sollen sich die Brüder zu bestimmten Zeiten mit Handarbeit, zu bestimmten Stunden dagegen mit heiliger Lesung beschäftigen.
Wir glauben also, dass durch folgende Ordnung die Zeit für beides geregelt werden kann: Von Ostern bis

zum ersten Oktober verrichten die Brüder in der Frühe nach der Prim[4] bis etwa zur vierten Stunde die notwendigen Arbeiten. Von der vierten Stunde bis zur Zeit, da sie die Sext halten, sind sie frei für die Lesung. Wenn sie nach der Sext vom Tisch aufstehen, ruhen sie unter völligem Schweigen auf ihren Betten; falls aber einer für sich lesen will, lese er so, dass er keinen anderen stört. Die Non wird früher gehalten, etwa um die Mitte der achten Stunde. Dann verrichtet man bis zur Vesper die anfallenden Arbeiten.

Wenn die Brüder jedoch wegen der Ortsverhältnisse oder infolge ihrer Armut die Ernte selbst einbringen müssen, dürfen sie nicht verdrossen sein; denn erst dann sind sie wirklich Mönche, wenn sie von der Arbeit ihrer Hände leben, wie unsere Väter und die Apostel. Doch muss alles mit Maß geschehen wegen der Kleinmütigen.

Vom ersten Oktober bis zum Beginn der Fastenzeit sind sie bis zum Ende der zweiten Stunde frei für die Lesung. Nach der zweiten Stunde wird die Terz gehalten; dann verrichten alle bis zur Non die ihnen zugewiesene Arbeit. Beim ersten Zeichen zur Non bricht jeder seine Arbeit ab und hält sich bereit, bis das zweite Zeichen ertönt. Nach Tisch sind sie frei für ihre Lesungen oder für die Psalmen.

Während der Tage der Fastenzeit sind die Brüder vom Morgen bis zum Ende der dritten Stunde frei für ihre Lesung und verrichten dann bis zum Ende der zehnten Stunde die ihnen aufgetragene Arbeit. Für diese Tage der Fastenzeit erhält jeder aus der Bibliothek ein Buch, das er von Anfang bis Ende ganz lesen soll. Diese Bücher werden zu Beginn der Fastenzeit ausgeteilt. Vor allem muss man unbedingt zwei oder drei ältere Brüder bestimmen, die zur Zeit, in der die Brüder für die Lesung frei sind, im Kloster herumgehen. Sie sollen nachsehen, ob sich kein Bruder findet, der an geistiger Trägheit leidet und sich dem Müßiggang oder dem Geschwätz überlässt, statt aufmerksam zu lesen, und nicht nur sich selbst schadet, sondern auch andere ablenkt. Falls man – was Gott verhüte – einen solchen fände, werde er einmal und ein zweites Mal zurechtgewiesen; bessert er sich nicht, dann verfällt er der Strafe der Regel und zwar so, dass die anderen Furcht bekommen. Auch darf kein Bruder mit einem anderen Bruder zu einer Zeit verkehren, zu der es nicht gestattet ist.

Auch am Sonntag sollen sich alle der Lesung widmen, mit Ausnahme von denen, die für die verschiedenen Dienste bestimmt sind.

Basilius Steidle, Die Benediktregel, lateinisch – deutsch, Beuron, Beuroner Kunst-Verlag, 1980, S. 91, 101, 133–134, 145–147.

1 Vigilien: Nächtliche Gebetsversammlungen (Nachtwachen)
2 Psalm 118, 164
3 Abend-Hore: Abend-Stundengebet
4 Prim: Die erste der kanonischen Stunden, die den Tag teilten

HJM

1.1.1.3 Der Kalender

Die Kalenderrechnung erfolgte bis zum Ausgang des Mittelalters nach dem antiken Vorbild mit Kalenden, Nonen und Iden. Die Kalender wurden nicht für einzelne Jahre, sondern allgemeingültig abgefasst. Der Wochentag eines Datums konnte für ein bestimmtes Jahr mithilfe der sog. Sonntagsbuchstaben ermittelt werden. Die Heiligentage, die in unterschiedlichen Regionen verschiedentlich Feiertage waren, und die Feste des Kirchenjahres bestimmten den Monatslauf. Das abgebildete Dezemberblatt wurde mit dem Martyrium des am 21. Dezember verehrten Apostels Thomas, dem Tierkreiszeichen des Steinbocks und der Darstellung der in diesem Monat üblichen Schweineschlachtung geschmückt.

Dezemberblatt eines in Hildesheim um 1230–1240 entstandenen Kalenders. – s. S. 20

New York, Sammlung Bernhard H. Breslauer; Abb. in: Jochen Luckhardt und Franz Niehoff (Bearb.), Heinrich der Löwe und seine Zeit 1, München, Hirmer Verlag, 1995, S. 527.

HJM

1.1.1.4 Leben nach der Uhr

Bis ins 13. Jahrhundert erfolgte die Tageseinteilung in Mitteleuropa nach der Sonne. Die 24 Stunden des Tages waren unterschiedlich lang. Mechanische Uhren, wie Wasser- oder Sanduhren, wurden erst im Laufe des Mittelalters zahlreicher. Räderuhren blieben bis weit in die Neuzeit rare Wertstücke. Für die gesamte Bevölkerung wurden seit dem letzten Drittel des 14. Jahrhunderts Uhren an Kirchen oder Rathäusern öffentlich sichtbar angebracht oder Türmer für die akustische Verbreitung der Tageszeit angestellt.

Florenz, St. Maria del Fiore, Paolo Uccello, Uhr von 1443.

HJM

Räume, Städte, Regionen, Grenzen

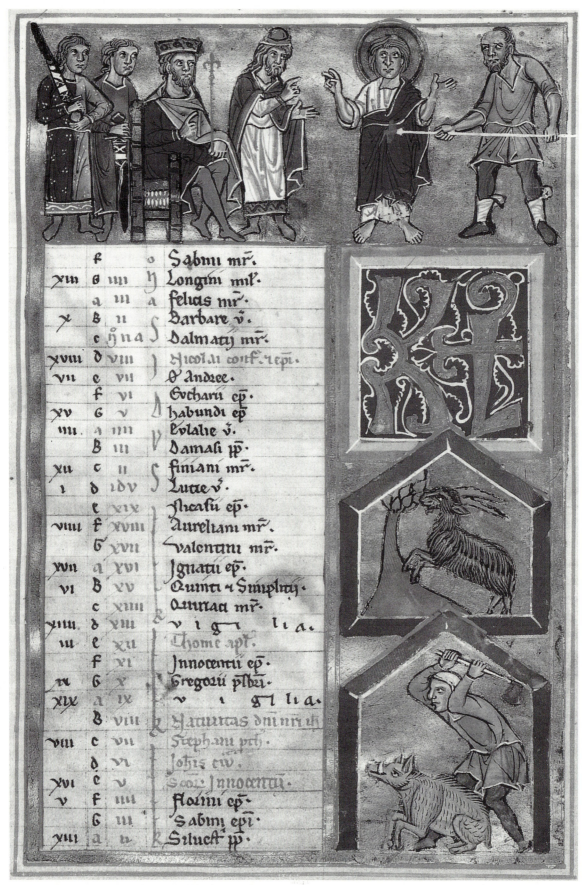

1.1.1.3 Dezemberblatt eines in Hildesheim um 1230–1240 entstandenen Kalenders.

1.1 Weltbilder und Zeitvorstellungen

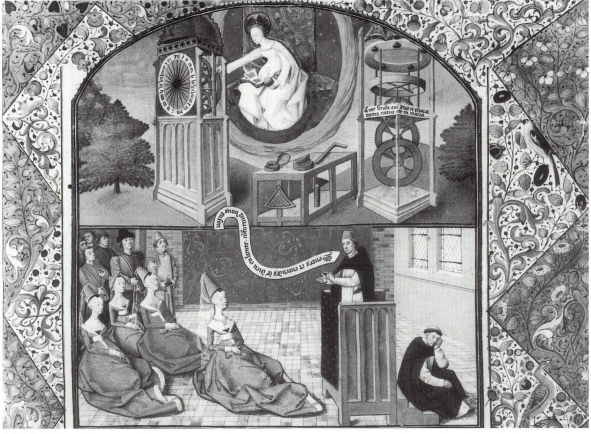

1.1.1.5 Zeitmessung.

1.1.1.5 Zeitmessung

Die Abbildung zeigt Maria thronend im Himmel, wie sie an den Rädern einer mit Glocke und Ziffernblatt ausgestatteten Standuhr dreht, also den Zeitlauf beeinflusst. Dem entspricht die lateinische Aufschrift auf der zweiten Räderuhr, die Maria als Mutter Gottes ausweist. Auf dem mittleren Tisch liegen tragbare Sonnenuhren und andere Instrumente zur Zeitbestimmung. Die Miniatur steht in einer in Paris um 1470 entstandenen Handschrift am Beginn einer Predigt, also in einem religiösen, nicht in einem wissenschaftlichen Kontext.

Wien, ÖNB Cod. 2574 Bl 2r, Horloge de sapience (um 1470).

HJM

1.1.1.6 Zeitklage

Der Nürnberger Meistersinger Hans Folz (um 1435/ 40–1513), als Barbier und Wundarzt tätig, war einer der produktivsten Dichter des Mittelalters. Zur Veröffentlichung seiner Werke unterhielt er als Zeitgenosse der Erfindung des Buchdrucks eine eigene Druckerei. Die Zeitklage entstammt dem religiösen Mahnlied „O schlimmes Elend", das am Ende zur Lobpreisung Gottes aufruft.

O schlimmes Elend in dieser Zeit,/ o dumme Welt, auf was richtet sich/ dein Rühmen und Schallen?/ Jeder sehe sich um und merke:/ Die Welt ist genau wie ein Ameisenhaufen,/ und sie gleicht einem Ball,/ ferner einer Sanduhr/ und einem brennenden Haus./ (…) Eine Sanduhr muss aus Glas sein,/ darinnen viele kleine Sandkörner,/ die mit den Stunden dahineilen./ Wenn man sie umdreht,/ dann wird das Häufchen auf dem Boden größer,/ bis (die Sandkörner) ihr Zeitmaß angezeigt haben./ In solcher Weise vergehen Augenblick, Zeit und Moment,/ Tage, Wochen, Monate und Jahre./ Alter und Krankheit stellen sich ein,/ zuletzt der Tod: nehmt es wahr!/ Erhält das Uhrglas einen Stoß,/ so ist das Spiel zu Ende/ in einem einzigen Augenblick.

Ulrich Müller u. Gerlinde Weiss (Bearb.), Deutsche Gedichte des Mittelalters, Stuttgart, Reclam, 1993, S. 471–473.

HJM

1.1.2 Weltvorstellungen

1.1.2.1 Beschreibung der Erde

Die Erde galt seit der Antike als Mittelpunkt der Welt. Die Kontinente Amerika und Australien waren noch nicht entdeckt. Die Antike kannte sowohl die Zwei- als auch die Dreiteilung der Ökumene, im Mittelalter

Räume, Städte, Regionen, Grenzen

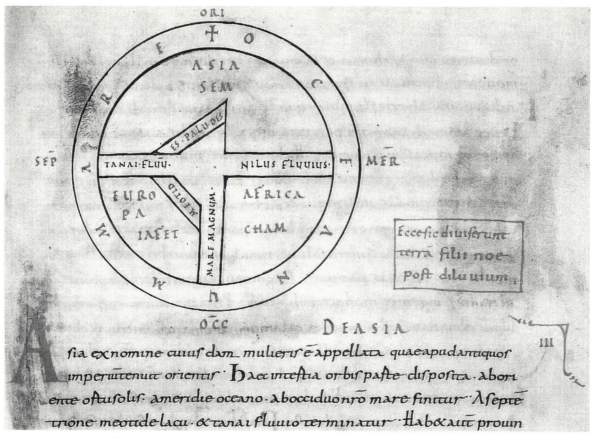

1.1.2.2 Isidor von Sevilla († 636). „Etymologiae": Darstellung der Erde.

wurde die Dreiteilung zumindest in bildlichen Darstellungen favorisiert.

Asien heiße ich hier nicht jenes Teilstück, das nur eine Provinz des größeren Asiens ist, sondern Gesamtasien, wie man es nennt, in dem manche den einen von zwei Teilen, die meisten jedoch den dritten Teil des Erdkreises erblicken, sodass man also Asien, Europa und Afrika unterscheidet, die freilich nicht von gleicher Größe sind. Denn der Asien benannte Weltteil erstreckt sich von Süden her über den Osten bis zum Norden, Europa aber von Norden bis Westen, Afrika im Anschluss daran von Westen bis Süden. So bilden, wie es den Anschein hat, die eine Hälfte des Erdkreises ihrer zwei, nämlich Europa und Afrika, dagegen Asien allein die andere Hälfte. Man hat aber jene zwei Teile unterschieden, weil zwischen beide vom Ozean her die Gewässer eingedrungen sind, die die Länder bespülen und unser großes Meer bilden. Teilt man den Erdkreis in zwei Teile, Orient und Okzident, so liegt Asien in dem einen, Europa und Afrika in dem anderen.

Wilhelm Thimme (Bearb.), Augustinus. Vom Gottesstaat, München, dtv, 3. Aufl. 1991, Bd. 2, S. 312.

HJM

1.1.2.2 Kartenskizzen von der Erde

Die Erde wird in der bedeutendsten Enzyklopädie des Mittelalters, die Bischof Isidor von Sevilla († 636) unter dem Titel „Etymologiae" verfasst hat, nicht nur mit Worten beschrieben, sondern in vielen Abschriften des Textes auch in bildlicher Darstellung gezeigt. Die Erdteile wurde mit den drei Söhnen Noahs Cham, Sem und Japhet identifiziert.

Isidor von Sevilla († 636). „Etymologiae": Darstellung der Erde.

St. Gallen, Cod. Sang. 236, S. 89 (nach 850).

HJM

1.1.2.3 Gottes Schöpfung

Im Gegensatz zu gelehrten Vorstellungen, die in Büchern überliefert nur wenigen zugänglich waren, wirkten Schöpfungsdarstellungen, die zur Ausschmückung von Kirchen dienten, auf alle Menschen.

Giusto de' Menabuoi, Fresko von circa 1376 in der Kathedrale von Padua.

HJM

1.1 Weltbilder und Zeitvorstellungen

1.1.2.3 Giusto de' Menabuoi, Fresko von circa 1376 in der Kathedrale von Padua.

1.1.2.4 Das Paradies

Die Verachtung des Diesseits prägt das Christentum des Mittelalters. Die Welt nach dem Jüngsten Gericht im Paradies oder in der Hölle spielt deshalb im Denken der mittelalterlichen Menschen eine sehr große Rolle.

Mein Söhnchen Mernoc war Verwalter bei den Armen Christi; er floh vor meinem Angesicht und wollte Einsiedler sein. Er fand eine Insel bei einem Berg von Stein, Köstliche Insel mit Namen. Lange danach wurde mir berichtet, dass er mehrere Mönche bei sich habe und Gott durch ihn viele Wunder wirke. So machte ich mich auf, mein Söhnchen zu besuchen. Als ich nach drei Tagesreisen ankam, eilte er mir mit seinen Brüdern entgegen, denn Gott hatte ihm mein Kommen offenbart. Als wir auf dieser Insel landeten, liefen uns aus verschiedenen Klausen die Brüder wie ein Bienenschwarm entgegen. Denn ihre Wohnungen waren zerstreut, doch einmütig war ihr Lebenswandel in Glaube, Hoffnung und Liebe, vereint aßen sie, gemeinsam war immer ihr Gottesdienst. An Nahrung wird ihnen nichts als Obst, Nüsse, Wurzeln und andere Kräuter gereicht. Nach dem Abendgebet blieb jeder in seiner Klause bis zum Hahnenschrei oder zum Glockenläuten. Nachdem ich übernachtet und die ganze Insel durchwandert hatte, führte mich mein Söhnchen zum Meeresstrand gen Westen, wo ein Kahn lag, und sagte zu mir: Vater, steig ins Schiff, wir wollen zum Westland hinüberfahren, zu der Insel, die Land der Verheißung für die Heiligen genannt wird; Gott wird sie unseren Nachfolgern am Ende der Zeiten geben. Wir stiegen ein und fuhren los; da kam von allen Seiten so dichter Nebel über uns, dass wir kaum mehr Heck oder Bug des Schiffchens sehen konnten. Fast eine Stunde war vergangen, als uns gewaltiger Lichtschein umgab und Land in Sicht kam, weiträumig, mit Wiesen und viel Obstbäumen. Das Schiff wurde festgemacht, wir stiegen aus und machten uns auf den Weg.

Fünfzehn Tage lang durchstreiften wir diese Insel und konnten ihr Ende nicht finden. Wir sahen keine Wiese ohne Blumen, keinen Baum ohne Früchte. Sogar die Steine dort sind von kostbarer Art. Endlich am 15. Tag fanden wir einen Fluss, dessen Lauf von Ost nach West ging. Wir betrachteten das alles, wussten nicht, was wir tun sollten, und wären gern durch den Fluss gestiegen, aber wir warteten auf Gottes Rat. Wie wir das noch überlegten, erschien plötzlich vor uns ein Mann in hellem Glanz. Er nannte uns sogleich bei unseren Namen, begrüsste uns und sprach: „Vortrefflich, gute Brüder! Der Herr hat euch dies Land enthüllt, das er seinen Heiligen geben wird. Die Mitte der Insel ist hier bei diesem Fluss. Weiter dürft ihr nicht gehen. Kehrt also um, dorthin, woher ihr kamt". Als er das sagte, fragte ich ihn gleich, woher er komme und welches sein Name sei. Er sagte: „Warum fragst du mich nach Herkunft und Namen? Warum nicht nach dieser Insel? Wie du sie jetzt siehst, so liegt sie seit Beginn der Welt. Brauchst du etwas zu essen, zu trinken oder anzuziehen? Ein ganzes Jahr bist du hier auf dieser Insel und hast noch nichts von Speis und Trank gekostet. Nie überkam dich Schlaf, nie bedeckte dich Nacht. Denn hier ist immer Tag, nicht blindes Dunkel. Unser Herr Jesus Christus ist das Licht hier".

Unverzüglich machten wir uns auf den Weg, und besagter Mann kam mit uns bis zum Strand, wo unser Kahn lag. Als wir einstiegen, verschwand er vor unseren Augen, und wir gelangten durch den erwähnten Nebel zur Köstlichen Insel. Wie aber die Brüder uns sahen, frohlockten sie sehr über unsere Ankunft und klagten sehr über unsere lange Abwesenheit; sie sagten: „Ihr Väter, warum liesset ihr in diesem Wald eure Schafe ohne Hirten herumirren? Wir wissen, dass uns unser Abt oft verlässt, aber wohin er geht, wissen wir nicht, und dort bleibt er einen Monat, zwei Wochen, eine Woche, einmal länger, einmal kürzer." Ich hörte es und begann sie zu trösten: „Denkt euch nichts Schlechtes dabei, Brüder. Euer Lebenswandel vollzieht sich ohne Zweifel vor dem Tor zum Paradies. Hier in der Nähe liegt die Insel, die man Land der Verheißung für die Heiligen nennt; dort bricht die Nacht nicht ein, der Tag geht nicht zu Ende. Dorthin fährt euer Abt Mernoc oft. Ein Engel des Herrn bewacht sie. Merkt ihr nicht am Duft unserer Kleider, dass wir im Paradies waren?" Da antworteten die Brüder und sprachen: „Abt, wir wissen, dass Du in Gottes Paradies warst, in der Weite des Meeres, aber wo es liegt, wissen wir nicht. Oft haben wir den Duft in den Kleidern unseres Abtes bemerkt, nach vierzig Tagen, wenn er von dort zurückkam." Zwei ganze Wochen blieb ich noch dort bei meinem Söhnchen und brauchte nicht Speise und Trank. So gesättigt fühlten wir uns, dass die anderen meinten, wir hätten uns mit Most gefüllt. Nach vierzig Tagen empfing ich den Segen der Brüder und des Abtes und bin mit meinen Gefährten zurückgekommen; morgen will ich zu meiner Zelle gehen.

Carl Selmer (Bearb.), Navigatio Sancti Brendani (Abfassungszeit ungeklärt, älteste Handschriften aus dem 10. Jh.), Notre Dame (Ind.), University-Press 1959, S. 4–8.

HJM

1.1.2.5 Die Hölle

Um die Menschen zu einem gottgefälligen Leben anzuhalten, wurden die Darstellungen der Hölle immer differenzierter und plastischer.

Florenz, Museo di San Marco: Fra Angelico, Das Jüngste Gericht, um 1430–1433 (105 x 210 cm), Ausschnitt.

HJM

1.1.2.6 Die Hure Welt

Nicht das Glück im Diesseits, sondern das ewige Leben nach dem Tod und einen Platz im Paradies sollten die Menschen des Mittelalters anstreben, wie der in Basel lebende Dichter Konrad von Würzburg († 1287) schreibt.

Ihr Liebhaber dieser Welt, hört folgende Geschichte an, wie es einem Ritter erging, der von morgens bis abends nach irdischem Lohn strebte. (…) Er war durchaus in der Lage, seinen Ruhm überall zu vermehren; in Taten und Reden war sein Leben so vollkommen, dass man von ihm in ganz Deutschland nur das beste dachte. (…) Wie wir aus Büchern erfuhren und ich es von ihm selbst aufgeschrieben fand, war sein Name: Herr Wirnt von Grafenberg[1]. Während seines ganzen bisherigen Lebens hatte er sich nur mit weltlichen Dingen befasst. Er verlangte insgeheim und auch vor aller Augen leidenschaftlich nach der Minne. Einst saß der viel gepriesene Herr in seinem Gemach (…). Er hielt ein Buch in der Hand, in dem Liebesgeschichten erzählt wurden. (…) Er hatte große Freude an den köstlichen Erzählungen, die er las. Als er so dasaß, da kam eine Frau zu ihm, ganz nach seinem Verlangen geschaffen. Sie war in Vollkommenheit geschmückt und sah so lieblich aus: niemals hat es eine schönere Frau gegeben. Ihre Schönheit übertraf bei weitem die aller Frauen, die heute leben. (…) Ich verbürge mich dafür, so wahr ich getauft bin, dass sie noch weit schöner war als Venus oder Pallas Athene und all die Göttinnen überhaupt, die sich vormals der Liebe geweiht hatten. (…)

1.1 Weltbilder und Zeitvorstellungen

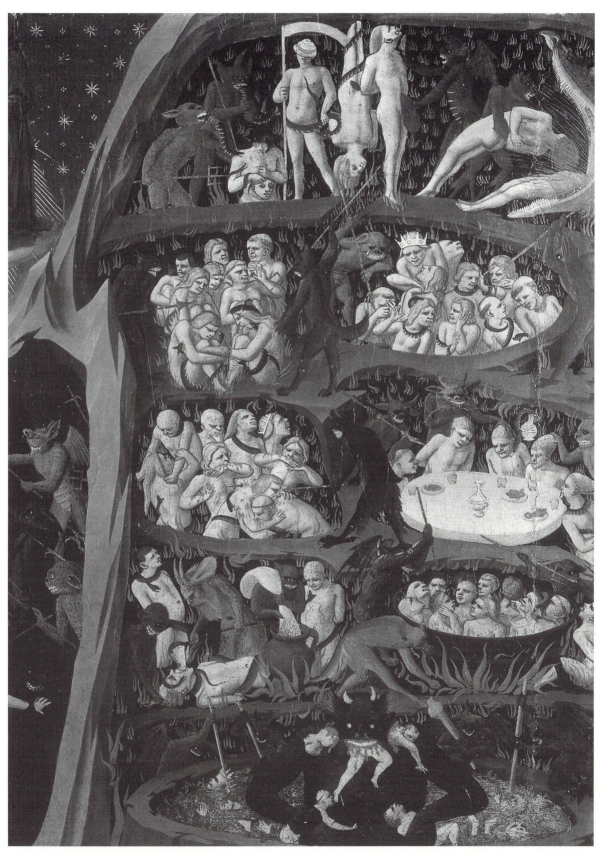

1.1.2.5 Die Hölle: Fra Angelico, Das Jüngste Gericht, um 1430–1433 (105 x 210 cm), Ausschnitt.

Herr Wirnt von Grafenberg erschrak sehr heftig vor ihr, als sie auf ihn zuschwebte. (…) Der edle Mann sprang verwirrt und bleich auf und empfing die liebenswerte Dame so zuvorkommend, wie er es nur vermochte. (…) Darauf erwiderte die Dame mit höflichem Anstand: „Liebster Freund, Gott lohne dir deine Worte! Doch erschrick nicht so heftig vor mir: Ich bin doch eben die Dame, der du noch jetzt bereitwillig dienst und der du immer schon gedient hast. (…) Den überaus reichen Lohn und Nutzen, den du von mir für deinen edlen Dienst empfangen kannst, den sollst du jetzt mit eigenen Augen erblicken. Es drängt mich, dich sehen zu lassen, welcher Lohn dir zukommen wird. Denn du hast mir überaus gute Dienste geleistet.

Der vornehme und tugendhafte Herr wunderte sich sehr über die Worte dieser Dame; denn obwohl der jugendliche Mann sie noch nie gesehen hatte, behauptete die Dame dennoch, er sei ihr Diener gewesen. Er sagte: „(…) An auserwählten Vorzügen reiche Gebieterin, habt die Gnade, mir etwas davon kundzutun: (…) welcher Ort gibt Euch den Namen oder wie nennt man Euch? Euren Namen und Euer Heimatland nennt mir bitte jetzt, damit ich sicher weiß, ob ich je in meinem Leben von Euch gehört habe." Darauf gab ihm die Herrin mit wohlgesetzten Worten Bescheid: „Liebster Freund, das soll geschehen. Mit Freuden will ich dir nun meinen vielgerühmten Namen nennen. Nie brauchst du dich zu schämen, dass du mir zu Diensten bist. Mir dient ja alles, was es auf Erden an Schätzen und Gütern gibt; ich bin so erhaben, dass selbst Kaiser und Prinzen unter meiner Herrschaft stehen; Grafen, Freiherren und Herzöge haben ihr Knie vor mir gebeugt und befolgen alle mein Gebot. Ich fürchte niemanden außer Gott, der allein Macht über mich hat. Die *Welt* werde ich genannt, die du nun so lange schon begehrt hast. Du sollst von mir belohnt werden, wie ich dir jetzt sogleich erweisen werde. Sieh, wie ich mich dir nun zeige."

Damit kehrte sie ihm den Rücken zu; der war über und über behängt und bedeckt mit Gewürm und Schlangen, mit Kröten und Nattern; voller Blattern war ihr Körper und mit hässlichen Geschwüren übersät. Fliegen und Ameisen saßen in Unmengen darin; die Maden zerfraßen ihr Fleisch bis auf die Knochen. Sie war dermaßen voll Unrat, dass von ihrem gebrechlichen Körper ein derart abscheulicher Gestank ausging, dass niemand ihn ertragen konnte. Ihr kostbares Seidenkleid wurde übel zugerichtet: Es wurde in einen armseligen Tuchfetzen verwandelt; ihr Antlitz, sonst von hellem Glanz, wurde so sehr entstellt, dass es aschfahl wurde. Hiermit schritt sie davon. Verflucht sei sie von mir und allen Christen! Als der vornehme und adelige Ritter diese wundersame Verwandlung sah, gestand er sich auf der Stelle ein, dass ein jeder ganz und gar verflucht sein müsse, der sich dazu hergeben wollte, dieser Frau zu dienen. Von seiner Frau und seinen Kindern nahm er sofort Abschied. Er heftete das Kreuz sich ans Gewand, fuhr über das gefahrvolle Meer und half dem edlen Heer der Christen im Kampf gegen die Heiden. Dort tat der rechtschaffene Ritter unablässig Buße. Und so arbeitete er stets darauf hin, dass ihm, als er starb, seine Seele im Jenseits gerettet wurde. (…) Ich Konrad von Würzburg gebe euch allen diesen Rat: Wendet euch von der Welt ab, wenn ihr eure Seele retten wollt.

Heinz Rölleke (Bearb.), Konrad von Würzburg. Der Welt Lohn, Stuttgart, Reclam, 1996, S. 51–65.

1 Autor des Artusromans „Wigalois".

HJM

1.1.2.7 „Was wir alles haben" – „Neu-Atlantis": die Insel Utopia

Der englische Wissenschaftler Francis Bacon (1561–1626) beschreibt in seiner Schrift „Neu-Atlantis" eine christlich geprägte, utopische Gesellschaft, die sich auf einer fernen Insel entwickelt hat. Europäische Schiffsreisende, von Peru aus in den Stillen Ozean unterwegs nach China, werden durch widrige Winde von ihrem Kurs abgebracht und erreichen mit knapper Not eine Insel. Von den Bewohnern werden die fremden Besucher umfassend über den Aufbau der Inselgesellschaft unterrichtet. Neben vielem anderen schildert und erläutert man ihnen auch die Forschungsstätten des Staates „Neu-Atlantis".

Wir haben große unterirdische Höhlen von verschiedener Tiefe. Die tiefsten von ihnen sind bis zu sechshundert Klafter[1] vorgetrieben. Einige davon sind unter hohen Bergen ausgegraben, so dass, wenn man die Tiefe der Grube mitberechnet, manche von ihnen eine Gesamttiefe von drei Meilen haben. (…) Diese Gruben nennen wir die Region der Tiefe. Wir brauchen sie zu allen Vorgängen des Gerinnens, Verhärtens, Abkühlens und Konservierens von Körpern. Wir bedienen uns ihrer auch, um natürliche Minerale nachzubilden, sowie zur Erzeugung neuer künstlicher Metalle aus Stoffen und Steinen, die wir dort herrichten und auf viele Jahre vergraben. Wir brauchen sie auch manchmal – so seltsam es klingt – zur Heilung gewisser Krankheiten, sowie zur Verlängerung des Lebens einiger Einsiedler, die dort leben wollen und die über alle einschlägigen Fragen bestens unterrichtet sind; sie bleiben tatsächlich außerordentlich lebenskräftig, und wir lernen vieles von ihnen.

Wir haben auch noch andere Beerdigungsstätten für natürliche Stoffe und Körper und zwar nicht in Höhlen, sondern in dem angrenzenden Erdreich selbst, wo wir viele Erdarten zubereiten wie die Chinesen ihr Porzellan. Wir aber besitzen dies in größerer Verschiedenartigkeit, und einiges davon ist feiner als das chinesische Porzellan. Wir verfügen ferner auch über eine große Mannigfaltigkeit an Dünger und Treibstoffen, ferner an weiteren Massen und Mitteln, die die Erde fett und fruchtbar machen.

Wir haben auch sehr hohe Türme (…). Die Türme benutzen wir, je nach ihrer verschiedenen Höhe und Lage, zu Bestrahlungen, Abkühlungen, Konservationen und zu Beobachtungen der verschiedenen Wettererscheinungen, wie der Winde, Regen- und Schneefälle, Hagelschläge und einiger Feuererscheinungen. Auch hier gibt es an einigen Stellen auf den Türmen Wohnungen von Einsiedlern, die wir bisweilen besuchen und obendrein anweisen, was sie beobachten sollen. (…)

40 Wir haben auch viele Brunnen und künstliche Quellen zur Nachahmung natürlicher Sprudel und Bäder, durchsetzt mit Vitriol, Schwefel, Stahl, Sauerstoff, Blei, Natron und anderen Mineralien. Außerdem haben wir Brunnen und kleinere Behälter, in denen das Wasser,
45 natürlich das fließende, die Eigenschaften der Körper besser und nachhaltiger als in Gefäßen und Retorten annimmt. Darunter sind solche, in denen das Wasser, das wir ‚Paradieswasser' nennen, hergestellt wird; es wird durch bestimmte Vorkehrungen außerordentlich
50 heilkräftig und wirksam zu Gesundheit und Langlebigkeit gemacht.

Wir haben auch weite und geräumige Gebäude, in denen wir Nachahmungen und Vorführungen der Wettererscheinungen anstellen, so etwa Schneefälle,
55 Hagel, Regen, künstliche Regenfälle aus nicht mit Wasser gemischten Stoffen, Donner, Blitz, Wetterleuchten und fliegende Insekten- und Kleintierschwärme wie zum Beispiel Frösche, Mücken, Heuschrecken und andere. (…)

60 Wir haben auch Käfige und Gehege für Säugetiere und Vögel aller Art. Diese halten wir nicht so sehr ihrer Sonderlichkeit und Seltenheit wegen als zu Sektionen und anatomischen Versuchen, um dadurch so weit wie möglich auch Einblick in den menschlichen
65 Körper zu gewinnen. Dabei haben wir viele wunderbare Entdeckungen gemacht, so etwa über die Fortdauer des Lebens, nachdem einige Teile, die ihr für lebenswichtig haltet, abgestorben sind oder entfernt wurden, über die Wiederbelebung einiger, die schein-
70 tot waren und Ähnliches. Wir machen an diesen Tieren Versuche mit allen Giften, Gegengiften und anderen Heilmitteln, sowohl auf medizinische als auch auf chirurgische Weise, um den menschlichen Körper besser schützen zu können. Wir machen auch die ei-
75 nen künstlich größer und länger, als sie von Natur aus sind, andere wieder umgekehrt zwergenhaft klein und nehmen ihnen ihre natürliche Gestalt. Außerdem machen wir die einen fruchtbarer und mehrbäriger, als sie ihrer Natur nach sind, die anderen umgekehrt un-
80 fruchtbar und zeugungsunfähig. Auch in Farbe, Gestalt und Gemütsart verändern wir sie auf vielerlei Art und Weise. Wir sorgen ferner für Kreuzungen und Verbindungen von Tieren verschiedener Arten, die neue Arten hervorbringen, die trotzdem nicht unfruchtbar
85 sind, wie die allgemeine Ansicht ist. Auch züchten wir viele Arten von Schlangen, Würmern, Mücken und Fischen, aus verwesenden Stoffen; von diesen reifen einige zu vollkommenen Gattungen wie Vögeln, Vierfüßlern oder anderen Fischen, die auch zwei-
90 schlechtig werden und sich selbstständig fortpflanzen. Jedoch tun wir das nicht aufs Geratewohl, sondern wir wissen genau, welches Tier aus welchem Stoff hervorgebracht werden kann. (…)

Wir haben auch Laboratorien (…) zur Herstellung von
95 Heilmitteln. Es ist leicht zu begreifen, dass dort, da wir euch in Europa an Menge und Mannigfaltigkeit der Pflanzen und Tiere so weit voran sind (…), um so verschiedenartigere und vielfältigere Heilmittel wie auch medizinische Ingredienzien vorhanden sein müssen.
100 Wir haben dort auch Heilmittel verschiedenen Alters und von langer Haltbarkeit. Was aber die Zubereitung der Heilmittel betrifft, so haben wir nicht nur ausgezeichnete Destillations- und Scheideverfahren, vor allem durch langsame Erhitzung und Filtrierung durch verschiedene Leinen- und Wolltücher, Holz und sogar 105 noch festere Stoffe, sondern noch viel großartigere Zusammensetzungsmethoden, durch die wir eine so enge Verbindung der Bestandteile zuwege bringen, dass sie fast wie natürliche Elemente erscheinen. (…)

Wir haben auch Öfen verschiedener Art, die verschie- 110 dene Grade von Hitze erzeugen und halten (…). Vor allem aber erzeugen wir Wärme zur Nachahmung der Sonnen- und Sternenstrahlung; diese durchdringt vielfältige Stoffe unter mannigfachen Veränderungen gleichwie Wellen, Kreisen und periodischen Stößen; 115 dadurch bringen wir die wunderbarsten Erscheinungen hervor. (…)

Wir haben auch eine Mechanikerwerkstatt, wo es Maschinen und Werkzeuge für jede Art von Triebwerken gibt. Dort versuchen wir raschere Antriebe zu erzeu- 120 gen, als ihr sie bei euch habt (…). Ebenso versuchen wir die Triebwerke leichter und zweckmäßiger zu gestalten, indem wir ihre Kraft durch Räder und andere Mittel vervielfachen. Ferner erzeugen wir stärkere und mächtigere Bewegungen, als ihr sie mithilfe eurer 125 größeren Geschütze und Schleudermaschinen hervorruft. Wir fertigen Steinschleudern und Kriegsmaschinen jeder Art an. Wir kennen neuartige Mischungen von Pulver, griechisches Feuer, das im Wasser brennt und unverlöschbar ist, Wurffeuer jeder Art, sowohl 130 zum Vergnügen als auch zur Verwendung im Kriege. Wir ahmen dort auch den Vogelflug nach und haben gewisse Stufen und Startplätze, um gleich geflügelten Tieren durch die Luft fliegen zu können.

Klaus J. Heinisch (Bearb.), Der utopische Staat, Reinbek bei Hamburg, Rowohlt, 1960, S. 205–212.

1 Klafter: Altes Längenmaß: Spannweite der seitwärts ausgestreckten Arme, zwischen 1,7 und 2,5 m.

HJM

1.1.2.8 Die eigene Stadt als Darstellungsobjekt

Die realistische Abbildung von Landschaft und Siedlungsformen ist vor dem 15. Jahrhundert nicht verbreitet. Neben Landschaftsabbildungen im Hintergrund von Altarbildern, die für viele deutsche Städte die ersten Darstellungen bieten, treten selbstständige Stadt- und Landschaftsbilder (s. S. 28).

Florenz, Museo Firenze Com'era: Darstellung von Florenz aus dem 15. Jahrhundert.

HJM

1.1.2.8 Darstellung von Florenz aus dem 15. Jahrhundert.

1.1.2.9 Die Rezeption des Ptolemäischen Weltbildes

Seit der Mitte des 15. Jahrhunderts wurden zahlreiche Abschriften des wieder entdeckten Werkes von Ptolomäus hergestellt, das auch sofort in den Buchdruck gelangte. Die zeitgenössische Kartografie, hier eine Karte aus der Chronik des Hartmann Schedel († 1514), wurde davon stark beeinflusst.

Hartmann Schedel, Weltchronik, die 1493 in Nürnberg gedruckt wurde, fol. XIII.

HJM

1.1.3 Gott und die Welt

1.1.3.1 Gibt es einen Gott?

Thomas von Aquin (1225/1226–7.3.1274) war der bedeutendste Philosoph und Theologe des Mittelalters. Der aus Italien stammende Dominikaner hatte in Köln bei Albertus Magnus studiert und lehrte dann unter anderem in Paris und Rom. Er formulierte die Berechtigung des Wissens neben dem Glauben und kämpfte für den Wert einer Philosophie mit eigenen Methoden gegenüber der Theologie. Nur beide zusammen könnten die ganze christliche Weisheit bilden. Deshalb stellte er einen natürlichen Gottesbeweis neben die göttliche Offenbarung.

Dass Gott ist, kann auf fünf Wegen bewiesen werden. Der erste und deutlichste Weg ist der, der von der Veränderung (Motus) ausgeht. Es ist nämlich gewiss und steht durch Wahrnehmung fest, dass einiges in dieser Welt der Veränderung unterliegt. Alles aber, was sich verändert, wird von einem anderen verändert. Denn etwas unterliegt der Veränderung nur, sofern es im Verhältnis der Möglichkeit (in potentia) zu dem steht, zu dem seine Veränderung führt. Etwas verändert aber, sofern es wirklich (in actu) ist. Verändern heißt nämlich nichts anderes, als etwas von der Möglichkeit in die Wirklichkeit überführen. Aus der Möglichkeit kann aber nur zur Wirklichkeit überführt werden durch etwas, was wirklich (ens actu) ist, wie das Feuer, das wirklich heiß ist, bewirkt, dass das Holz, das heiß sein kann, wirklich heiß wird, und dadurch verändert sich das Holz. Es ist aber nicht möglich, dass etwas in derselben Hinsicht zugleich wirklich und möglich ist, sondern nur in den verschiedenen Hinsichten, denn was wirklich heiß ist, kann nicht zugleich der Möglichkeit nach heiß sein; der Möglichkeit nach ist es vielmehr gleichzeitig kalt. Es ist also unmöglich, dass irgend etwas in derselben Hinsicht und auf dieselbe Weise zugleich das Verändernde und das Veränderte ist oder dass es sich selbst verändert. Also muss alles, was der Veränderung unterliegt, von einem anderen verändert werden. Wenn also das, von dem es verändert wird, selbst der Veränderung unterliegt, muss auch es von einem anderen verändert werden, und jenes wieder von einem anderen.
Hier kann man aber nicht ins Unendliche fortgehen, weil es dann kein erstes Veränderndes (primum mo-

1.1 Weltbilder und Zeitvorstellungen

1.1.2.9 Weltchronik, die 1493 in Nürnberg gedruckt wurde.

vens) und infolgedessen auch kein anderes Veränderndes gäbe, weil die an zweiter Stelle Verändernden nur dadurch verändern, dass sie verändert werden vom ersten Verändernden, so wie ein Stock nichts in Bewegung versetzt, wenn er nicht durch die Hand bewegt wird. Also muss man zu einem ersten Verändernden kommen, das von keinem anderen verändert wird. Und das verstehen alle unter ‚Gott'.

Kurt Flasch (Bearb.), Thomas von Aquin. Summa theologica, in: Geschichte der Philosophie in Text und Darstellung 2: Mittelalter, Stuttgart, Reclam, 1982, S. 319–320.

HJM

1.1.3.2 Gott schuf die Welt nach Gesetzen

Der französische Philosoph René Descartes (1596–1650) setzte in seiner Schrift ‚Über die Methode des richtigen Vernunftgebrauches' die übliche Beschreibung des Kosmos und der Natur als Schöpfung Gottes nicht außer Kraft. Dies hätte eine Befreiung von der scholastischen Tradition bedeutet, die von der Inquisition nicht gebilligt worden wäre. Das Gedankenspiel einer zweiten Schöpfung nach den gleichen Naturgesetzen entspringt einer mechanistischen Naturauffassung.

Und dennoch darf ich sagen, dass ich rücksichtlich der gewöhnlichen Hauptprobleme der Philosophie nicht bloß ein Mittel gefunden habe, das mir Genüge leistet, sondern dass ich auch gewisse Gesetze beobachtet, welche Gott in der Natur so fest begründet und von denen er unseren Seelen solche Begriffe eingeprägt hat, dass wir bei einiger Aufmerksamkeit nicht zweifeln können, dass sie in allem, was in der Welt ist oder geschieht, genau befolgt werden. Indem ich dann die Reihenfolge dieser Gesetze betrachtete, entdeckte ich, wie mir schien, mehrere Wahrheiten, fruchtbarer und bedeutender als alles, was ich ehedem gelernt oder auch nur zu lernen gehofft hatte. Aber weil ich die hauptsächlichsten davon in einer Abhandlung zu entwickeln versucht habe, die ich aus mancherlei Gründen nicht veröffentlichen kann, so weiß ich sie nicht besser darzutun, als indem ich hier summarisch ihren Inhalt angebe. Ich wollte darin alles zusammenfassen. Deshalb wollte ich darin nur meine Theorie vom Licht recht umfassend auseinander setzen, dann bei Gelegenheit einiges von der Sonne und den Fixsternen hinzufügen, weil das Licht fast nur von diesen Körpern ausgeht, dann von den Himmelsgewölben, weil sie es durchlassen, von den Planeten, den Kometen und der Erde, weil sie es reflektieren, und insbesondere von allen Körpern auf der Erde, weil sie entweder farbig oder durchsichtig oder leuchtend sind, und endlich vom Menschen, weil er alle diese Objekte betrachtet. Um aber alle diese Dinge etwas in

29

der Schwebe zu lassen und meine Ansichten freier aussprechen zu können, ohne die herkömmlichen Meinungen der Gelehrten entweder annehmen oder widerlegen zu müssen, entschloss ich mich, diese ganze Welt hienieden ihren Kathederkriegen zu überlassen und bloß davon zu reden, was in einer neuen geschehen würde, wenn Gott jetzt irgendwo in imaginären Räumen genug Materie, um sie zu bilden, schüfe und die verschiedenen Teile dieser Materie mannigfach und ohne Ordnung hin und her bewegte, sodass er daraus ein ebenso verworrenes Chaos machte, wie die Poeten nur erdichten können, und dann der Natur lediglich seine gewöhnliche Mitwirkung zukommen und sie nach den von ihm festgestellten Gesetzen wirken ließe. So beschrieb ich zuerst diese Materie und suchte so darzustellen, dass es nach meinem Bedünken in der Welt nichts Klareres und Begreiflicheres gab, ausgenommen was eben[1] von Gott und der Seele gesagt worden. Denn ich setze ausdrücklich voraus, dass es darin keine jener Formen oder Qualitäten, worüber man in den Schulen streitet, noch überhaupt etwas gäbe, dessen Erkenntnis unseren Seelen nicht so natürlich wäre, dass man die Unkenntnis nicht einmal fingieren könnte. Außerdem zeigte ich, welches die Naturgesetze wären, und ohne meine Gründe auf ein anderes Prinzip als die unendliche Vollkommenheit Gottes zu stützen, suchte ich alle irgendwie zweifelhaften zu beweisen und als solche darzutun, sodass, selbst wenn Gott mehrere Welten geschaffen hätte, es keine geben könnte, wo diese Gesetze aufhörten, befolgt zu werden. Dann zeigte ich, wie der größte Teil dieser chaotischen Materie sich infolge jener Gesetze ordnen und nach einer gewissen Form einrichten würde, wie unterdessen einige ihrer Teile eine Erde und einige wieder Planeten und Kometen und einige andere Sonne und Fixsterne bilden müssen.

Und hier verbreitete ich mich nun über das Thema des Lichts und entwickelte sehr ausführlich, welches Licht sich in der Sonne und den Fixsternen befinden müsse und wie es von dort in einem Augenblick die unermesslichen Himmelsräume durchlaufe und wie es sich von den Planeten und Kometen nach der Erde hin reflektiere. Ich fügte noch manches hinzu, betreffend die Substanz, die Lage, die Bewegungen und alle verschiedenen Beschaffenheiten dieser Himmel und Gestirne, sodass ich gerade genug sagte, um verstehen zu lassen: in den Himmeln und Gestirnen dieser Welt mache sich nichts bemerkbar, das nicht in der von mir beschriebenen Welt ganz ähnlich erscheinen müsse oder wenigstens könne.

Dann kam ich im besonderen auf die Erde zu sprechen: wie, obwohl ich ausdrücklich angenommen, dass Gott gar keine Schwere in die Materie gelegt habe, doch alle Teile genau nach dem Mittelpunkt unablässig streben; wie bei der mit Wasser und Luft bedeckten Oberfläche die Richtung der Himmel und Gestirne, hauptsächlich des Mondes, dort eine Ebbe und Flut verursachen müsste, der Ebbe und Flut unserer Meere in allen Umständen ähnlich, und außerdem eine gewisse von Osten nach Westen gerichtete Bewegung, sowohl des Wassers als der Luft, wie man die auch in den Tropen bemerkt; wie die Gebirge, die Meere, die Quellen und Ströme sich dort auf naturgemäße Weise bilden und die Metalle in die Gruben kommen, die Pflanzen auf den Feldern wachsen und überhaupt alle gemischten oder zusammengesetzten Körper sich erzeugen könnten. Und weil ich außer den Gestirnen nichts Licht Hervorbringendes in der Welt kannte als das Feuer, so bemühte ich mich, alles, was zu seiner Natur gehört, deutlich darzutun: wie es entsteht, wie es verschiedene Farben und verschiedene andere Beschaffenheiten in verschiedene Körper einfügen kann, wie es einige Körper einfügen kann, wie es sie fast alle verzehren oder in Asche und Rauch verwandeln, endlich wie es bloß durch die Gewalt seiner Tätigkeit aus dieser Asche Glas bilden kann. Denn diese Verwandlung der Asche in Glas schien mir so bewundernswürdig wie irgendeine Metamorphose in der Natur, und deshalb machte es mir ein besonderes Vergnügen, sie zu beschreiben.

Doch wollte ich aus alledem nicht etwa den Schluss ziehen, dass die Welt tatsächlich auf die von mir dargestellte Art und Weise geschaffen worden sei, denn es ist bei weitem wahrscheinlicher, dass sie Gott gleich im Anfang so gemacht hat, wie sie sein musste. Aber es ist gewiss und eine auch bereits unter den Theologen geläufige Meinung, dass die erhaltende Tätigkeit Gottes ganz dieselbe ist wie seine schaffende. Wenn also der Welt im Anfange Gott auch nur die Form des Chaos gegeben, aber zugleich die Gesetze der Natur feststellte und ihr seinen Beistand lieh, um in ihrer Weise zu wirken, so kann man überzeugt sein, ohne dem Wunder der Schöpfung Eintrag zu tun, dass dadurch allein alle bloß materiellen Dinge sich mit der Zeit in die Verfassung hätten bringen können, in der wir sie jetzt sehen; und ihre Natur ist weit leichter zu begreifen, wenn man sie auf diese Weise allmählich entstehen sieht, als wenn man alle nur als fertig betrachtet.

Kuno Fischer (Bearb.), René Descartes. Abhandlung über die Methode des richtigen Vernunftgebrauchs, Stuttgart, Reclam, 1993, S. 39–43.

1 Im vorausgehenden Text.

HJM

1.1.4 Religiöse Bewegungen

1.1.4.1 Leben wie eine Heilige

Das Streben nach einem gottgefälligen Leben führte seit dem frühen Mittelalter zu Konversionen unterschiedlichster Art. Persönliche Armut, eremitisches Leben oder Inklusentum sind allein mit religiösen Motiven zu erklären. Die Entscheidung zu einem Leben im Kloster erfolgte vielfach auch aus wirtschaftlichen Gründen. Der nachfolgende Text stammt aus der Lebensbeschreibung der Einsiedlerin Wilbirg († 1289) im oberösterreichischen Augustinerchorherrenstift St. Florian, verfasst von ihrem langjährigen Beichtvater Einwik.

Nachdem Machthildis und Wilbirgis einige Zeit von ihrer Wallfahrt nach Compostella in Spanien sich ausgeruht hatten, schlug Machthildis eine Wallfahrt zu den Apostelgräbern des heiligen Petrus und Paulus nach Rom vor. (…) Wilbirgis ging jedoch nicht darauf ein; sie fürchtete auf der Reise für ihre Keuschheit. Dafür bat sie die Machthildis, sie solle ihr durch die Verwendung ihrer Verwandten bei dem Propst einer Kirche einen Platz in deren unmittelbarer Nähe erwirken. Da möchte sie sich ein eigenes Häuschen bauen lassen, sodass sie von niemand mehr in ihren Andachtsübungen gestört werden könnte. Der Wunsch der Wilbirgis wurde erfüllt, und nun sprach sie zu ihrer Freundin: „Hier wirst du mir eine ganz verschlossene Zelle einrichten; in dieser will ich, wie es längst mein Herzenswunsch war, Gott zeit meines Lebens dienen." (...) Man richtete also solch eine Wohnung her. So ließ sich Wilbirgis am Feste der Himmelfahrt des Herrn in dieser Zelle in Gegenwart des Konvents von St. Florian[1] und des Volkes mit der herkömmlichen Feierlichkeit einmauern. Machtildis aber diente in aller Treue bis zum Tage ihres Hinscheidens. An dem Tage also, da Gott mit Frohlocken gen Himmel aufstieg, führte der Herr seine Braut in die Einsamkeit der Klause, damit er hier vertrauter zu ihrem Herzen spreche und sie zu dem unermesslich wonnigen Jubel seiner Süßigkeit rufe.

Wilbirgis erwog nun in Herz und Sinn, wie sich Gott ihrer Kindheit und Jugend erbarmt habe und sie, ohne irgendwelche Verdienste ihrerseits, den Weg der Tugend geführt hätte. Sie warf sich nun ganz in Gott und betrachtete mit voller Hingabe ihres Gemütes, wie sie diesen vielen großen Wohltaten, wenn auch nicht nach dem Maße ihrer Verpflichtung, so doch nach bestem Können entsprechen möchte. Sie ergab sich also ganz dem Fasten, dem Gebet und Nachtwachen und verherrlichte Gott demütigen und zerknirschten Herzens für das, was er früher an ihr getan, und diente täglich eifrigst Christus um künftigen geistlichen Trost. Je weiter sie vom Weltgeräusch entfernt war, desto vertrauter, und je vertrauter, desto süßer, und je süßer, desto mehr diente sie Gott.

Johannes Bühler (Bearb.), Klosterleben im Mittelalter, Leipzig, Insel-Verlag, 1923, ND Frankfurt a. M. 1989, S. 335–336.

1 In Oberösterreich bei Linz.

HJM

1.1.4.2 Ketzer wider den wahren Glauben?

Die Dogmatisierung der christlichen Lehre führte immer wieder dazu, dass abweichende Auslegungen der biblischen Texte von der Amtskirche als Ketzerei gebrandmarkt und strafrechtlich verfolgt wurden. Dabei kam es während der 1230er-Jahre in Marburg und Umgebung zu Exzessen der Diffamierung, die den gesellschaftlichen Konsens in Frage stellten.

Im Jahre des Herrn 1231 begann die Verfolgung der Häretiker in ganz Deutschland; die meisten wurden innerhalb von drei Jahren verbrannt. Urheber und Haupt dieser Verfolgungen war der Magister Konrad von Marburg. Seine Helfer waren ein gewisser Konrad mit Beinamen Tors und ein Johannes, dem ein Auge und eine Hand fehlten. Diese beiden sollen bekehrte Ketzer gewesen sein. Der Magister Konrad ist durch seine vielen Predigten von allem bei denen berühmt, die mit dem Kreuz gezeichnet wurden; er hatte sich großes Ansehen beim Volk erworben; er wollte, indem er sich in die Visitation der Kleriker und Nonnen einmischte, sie an die Befolgung der Regel und an die Mäßigung binden; er vertraute auf die apostolische Autorität[1] und war mit Beständigkeit des Geistes versehen, er war so mutig, dass er niemanden fürchtete und ihm ein König oder Bischof so viel galt wie ein armer Laie. Mit ihm und seinen oben genannten Helfern arbeiteten die Prediger in den einzelnen Städten zusammen; und so groß war der Eifer aller, dass von keinem, sobald er nur angezeigt worden war, Entschuldigungen, Einspruch, Protest oder Zeugenaussage zugelassen und ihm keine Gelegenheit zur Verteidigung zugestanden wurde. Man gab aber auch keine Frist zur Überlegung; sondern es wurde sofort verlangt, dass der Angeklagte entweder sich schuldig bekannte und zum Zeichen der Buße kahl geschoren wurde oder das Verbrechen leugnete und verbrannt wurde. Darüber hinaus musste jeder, der geschoren worden war, seine Komplizen verraten, sonst musste er ebenfalls verbrannt werden. Viele nämlich gestanden aus Liebe zum irdischen Leben und zu ihren Erben, dass sie etwas gewesen wären, was sie nicht waren, und zum Anklagen gezwungen, klagten sie an, was sie nicht wussten und wen sie nicht wollten. In letzter Zeit ist sogar entdeckt worden, dass Ketzer einige der Ihren angestiftet hatten, die gelobten, sich gleichsam zur Buße scheren zu lassen, und dann Katholiken und Unschuldige anklagten. Drei von ihnen sind bei Mainz aufgegriffen worden. Und es gab niemanden mit so reinem Gewissen, der nicht gefürchtet hätte, in diesen Strudel zu geraten. Keiner wagte es auch, für die Angeklagten, ich sage ja nicht einzutreten, sondern auch nur etwas Milderndes auszusagen, weil man sofort als Ketzerverteidiger angesehen wurde. Denn gegen Verteidiger und Unterstützer von Ketzern war dasselbe Urteil verhängt worden, das gegen die Ketzer selbst vom Herrn Papst verhängt worden war. Ferner wurde jeder, der einmal dieser Ruchlosigkeit abgeschworen hatte, unweigerlich ergriffen und verbrannt, wenn es hieß, er sei wieder in sie zurückgefallen. (...)

Daher verfolgten die oben erwähnten Eiferer für den heiligen katholischen Glauben die Ketzer aufs heftigste und fuhren fort, auch Reiche und Mächtige anzugreifen, während sie eine unzählige Menge von Bauern beiderlei Geschlechts durch Zerstörung und Niederbrennen in verschiedenen Orten zugrunde gerichtet hatten. Als sie unter anderem den Grafen Heinrich von Sayn angriffen, war es verwunderlich, dass jener Graf, der von großer Grausamkeit gewesen sein soll, das ihm vom Magister Konrad geschickte Ladungsschreiben mit Gleichmut aufnahm und sofort zur Versammlung des Klerus, der Mönche, des Königs und der Bischöfe eilte. Was weiter? Abgehalten wurde die Versammlung der Bischöfe und Fürsten mit König Heinrich (VII.) bei Mainz am Fest des heiligen Jakob[2], wo, als der Graf erschien, der Magister Konrad in der Verhandlung den Mut sinken ließ, Ankläger und Zeugen sich zurückzogen, die einen gestanden, unter Zwang gegen den Grafen Übles ausgesagt zu haben, und die anderen anmaßend von dem Verhassten beschimpft wurden. Der König wollte, dass ein neuer

Räume, Städte, Regionen, Grenzen

Termin zur gründlicheren Behandlung des Falles festgesetzt werde. Der Graf bat aber immer inständiger, dass man zum Ende der Verhandlung komme, und der Erzbischof von Trier sagte bestimmt zum Grafen: „Mein Herr König will, dass diese Verhandlung verschoben wird", und zum Volk: „Ich erkläre Euch, dass sich der Graf von Sayn von hier als katholischer und unbesiegter Mann zurückzieht." Und der Magister Konrad sagte insgeheim murmelnd: „Wenn er besiegt wäre, wäre es etwas anderes". Als der Magister Konrad diese Versammlung verließ und nach Hause zurückkehren wollte, verschmähte er das Geleit des Königs und des Bischofs von Mainz, und er wurde zusammen mit seinem Gehilfen, einem gewissen Gerhard, unterwegs erschlagen. Er wurde nach Marburg überführt und neben dem Grab der heiligen Witwe Elisabeth, die einst die Frau des Landgrafen (von Thüringen) gewesen war[3], beigesetzt, die wenige Jahre zuvor gestorben und ebendort begraben war und wegen mehrerer Wunder verehrt wurde. Von da an hörte jene stürmische Verfolgung auf, und die äußerst gefahrenträchtigen Zeiten, denen seit den Tagen des häretischen Kaisers Konstantius und des abtrünnigen Julian keine anderen ähnlich waren, begannen in heiterer Milde zu atmen; und jener Graf von Sayn war eine Mauer für das Haus des Herrn, damit nicht weiter die ungestüme und triefende Tollwut fortschreite, die sich in gleicher Weise Schuldige und Unschuldige erwählt und Bischöfe, Fürsten, Gottesfürchtige und Rechtgläubige in gleicher Weise wie Bauern und Ketzer heimsucht.

Wilfried Hartmann (Bearb.), Deutsche Geschichte in Quellen und Darstellung 1: Frühes und hohes Mittelalter 750–1250, Stuttgart, Reclam, 1995, S. 413–416.

1 Papsttum.
2 Fest des heiligen Jakob: 25. Juli 1233.
3 Gestorben 1231 in Marburg. Verkörperte die von den Franziskanern verbreitete religiöse Armutsbewegung in Thüringen. Konrad von Marburg war ihr Beichtvater.

HJM

1.1.4.3 Hexenverfolgung

Den Glauben an magische Kräfte übernahm das Mittelalter aus der Antike. Er wurde als Aberglaube bekämpft. Zaubereien wurden vor allem dann hart bestraft, wenn sie Dritten schadeten. Seit 1350 kam es zu etlichen Verfahren in Frankreich und in der Schweiz. Schwerpunkte der Verfolgungen lagen in den Jahren 1455–1460 und 1480–1485. Im sog. Hexenhammer, einem im Jahr 1486/87 verfassten, für Hexenverfolger konzipierten Handbuch, wird die Frage untersucht, warum vor allem Frauen der Hexerei verfallen. Das Frauenbild des späten Mittelalters tritt dabei deutlich hervor. Ein Ende nahmen die Verfolgungen erst im Zuge der Aufklärung in der zweiten Hälfte des 18. Jahrhunderts.

Bezüglich des ersten Punktes, warum in dem so gebrechlichen Geschlechte der Weiber eine größere Menge Hexen sich findet als unter den Männern, frommt es nicht, Argumente für das Gegenteil herzuleiten, da außer den Zeugnissen der Schriften und glaubwürdiger Männer die Erfahrung selbst solches glaubwürdig macht. (…)

Einige Gelehrte nämlich geben diesen Grund: sie sagen, es gebe dreierlei in der Welt, was im Guten und Bösen kein Maß zu halten weiß: die Zunge, der Geistliche und das Weib, die vielmehr, wenn sie die Grenzen ihrer Beschaffenheit überschreiten, dann eine Art Gipfel und höchsten Grad im Guten und Bösen einnehmen; im Guten, wenn sie von einem guten Geiste geleitet werden, daher auch die besten (Werke) stammen; im Bösen aber, wenn sie von einem schlechten Geiste geleitet werden, wodurch auch die schlechtesten Dinge vollbracht werden.

(…) Andere führen noch andere Gründe an, weshalb sich die Weiber in größerer Zahl als die Männer abergläubisch zeigen; und zwar sagen sie, dass es drei Gründe seien: der erste ist der, dass sie leichtgläubig sind; und weil der Dämon hauptsächlich den Glauben zu verderben sucht, deshalb sucht er lieber diese auf. (…) Der zweite Grund ist, weil sie von Natur wegen der Flüssigkeit ihrer Komplexion leichter zu beeinflussen sind zur Aufnahme von Eingebungen durch den Eindruck besonderer Geister. (…) Der dritte Grund ist, dass ihre Zunge schlüpfrig ist, und sie das, was sie durch schlechte Kunst erfahren, ihren Genossinnen kaum verheimlichen können und sich heimlich, da sie keine Kräfte haben, leicht durch Hexenwerke zu rächen suchen. (…)

Hören wir noch von einer anderen Eigenschaft: der Stimme. Wie nämlich die Frau von Natur lügnerisch ist, so auch beim Sprechen. Denn sie sticht und ergötzt zugleich: daher wird auch ihre Stimme dem Gesange der Sirenen verglichen, welche durch ihre süße Melodie die Vorübersegelnden anlocken und dann töten. Sie töten, weil sie den Geldbeutel entleeren, die Kräfte rauben und Gott zu verachten zwingen.

J. W. R. Schmidt (Bearb.), Jakob Sprenger/Heinrich Institoris. Hexenhammer, München, dtv, 1982, S. 93–105.

HJM

1.1.4.4 Klerus- und Kirchenreform

Kirchliche Visitationen zur Wiederherstellung der kirchlichen Zucht und religiösen Lebensweise im Klerus und in den Klöstern prägten eine Reformbewegung, die sich im 15. Jahrhundert vor allem gegen Privateigentum, weltlichen Lebenswandel und Auflehnung gegen die kirchliche Obrigkeit wandte. Ein Visitationsbericht wurde in Form eines Zwiegesprächs niedergeschrieben.

Diejenigen, welche die Visitationen vornehmen wollen, sollen fürs erste sehen, dass sie die nötigen Briefe mit allen Vollmachten für die Oberen und die Klostermitglieder haben. Dann zweitens, dass sie von kirchlichen Strafen lossprechen und dispensieren können. Das war uns recht nützlich in den nichtreformierten Klöstern; wir zogen dadurch nämlich die an uns, die ihre Geheimnisse sonst nicht geoffenbart hätten; z. B. Mönche, die Mitbrüder tätlich angegriffen hatten, oder andere, die ohne Erlaubnis der Oberen im Kloster Waffen trugen, oder solche, welche leichtfertig das

Ordenskleid ablegten und trotzdem die Messe lasen und so der Ausschließung aus der Kirche verfielen. (…) Drittens müssen die Visitatoren auch darauf achten, dass sie in aller Form sichere Geleitschreiben von den Landesherren, den Fürsten und Behörden haben.
Der Jüngling: Hattest du mit deinen Kollegen in allen Ländern genügend sicheres Geleit? Deine Kollegen waren doch die ehrwürdigen Väter Lorenz, Abt von Maria-Zell, und P. Johannes Slitpacher von Weilheim, beide Magister artium (…)
Der Greis: Gewiss. In Österreich, Steiermark und Kärnten tat uns das sichere Geleite des Herrn Friedrich, der jetzt Kaiser ist, gute Dienste. In Oberbaiern das des Herrn Albert, Herzog von Baiern, der sich in München aufhielt; in Niederbaiern das des Herrn Herzog Ludwig. Der war schwieriger als alle mit der Gewährung des Geleitbriefes, und an dem Tage, an dem er ablief, verließen wir sofort sein Land, sonst wären wir länger dort geblieben.
Der Jüngling: Was hätte es euch denn geschadet, wenn ihr nicht sicheres Geleit gehabt hättet?
Der Greis: Wir wären auf dem Wege nicht sicher gewesen, auch hätten sich bei der Fortsetzung der Visitation Schwierigkeiten eingestellt, wie ich es dann vom St. Georgskloster an seinem Orte berichten werde.
Der Jüngling: Nachdem du das Nötige über die Vorbereitungen zur Visitation vorausgeschickt hast, berichte mir nun Näheres über den Verlauf derselben.
Der Greis: Wir waren zu dritt und teilten uns in die Obliegenheiten. Mein Amt war es, die Ansprachen an die zu Visitierenden zu halten; das des Abtes von Maria-Zell, den Gang der Visitation zu leiten: die einzelnen zu verhören, Prozesse zu führen und den Schlussentscheid im Visitationsrezess[1] zu geben. Der Dritte hatte aufzuzeichnen, was an uns gebracht wurde, und dies dann vor den Prälaten und den Konventen vorzulesen. (…)
Der Jüngling: Wart ihr den Klöstern nicht mit eurer großen Gefolgschaft lästig?
Der Greis: Es war festgesetzt, dass jeder von uns sich nur von zwei Personen begleiten lassen durfte. So hatte ich von Anfang an einen Kaplan und einen Diener bei mir und nur ein Pferd. Mein Pferd ging ein, mein Kaplan wurde krank, und ich schickte ihn ins Kloster zurück, so blieb ich einen großen Teil des Jahres allein mit dem Diener. Ähnlich war es auch bei den übrigen.
Der Jüngling: Mit welchem Kloster habt ihr begonnen; wenn du dort etwas Merkwürdiges erfahren hast, so teile es mir mit.
Der Greis: Wir begannen in Göttweig[2] und visitierten dort vier Wochen lang, zur Zeit der Hundstage; doch hatten wir unter der Hitze nicht zu leiden. Es ging immer ein frischer Luftzug, und das Kloster liegt hoch oben auf einem Berge. Der Jüngling: Sag mir nun deine Beobachtungen auf der Visitationsreise.
Der Greis: Von Kremsmünster reisten wir nach Steiermark. An einem Freitage verließen wir die Stadt Kirchdorf, ohne eine Messe gehört zu haben; dies taten wir selten. Gegen Mittag strauchelte das Pferd, auf dem ich saß, als wir über eine Brücke wollten. Ich flog kopfüber auf die Brücke und von da in den Fluss. Ich wollte mich im Wasser aufrichten, fiel aber von einer Seite auf die andere. Wäre mir die Gnade Gottes nicht ganz besonders beigestanden, ich wäre wohl ein Kind des Todes gewesen. (…)
Der Jüngling: Jetzt kommt aber die Geschichte der Nonnen von St. Georg[3], auf die du schon oben bei der Erwähnung des sicheren Geleites hingewiesen hast.
Der Greis: Wir kamen zum Kloster der Nonnen von St. Georg, legten Hand an die Reform und begannen sie fester einzuschließen und einige Fenster zu vermauern. Da kamen einige Adelige, die dort Töchter, Verwandte und Freundinnen hatten, und sprachen: „Ins Angesicht wollen wir jenen Mönchen widerstehen, die unsere Töchter ganz einschließen wollen." Wir bekamen Furcht und wandten uns an den Landeshauptmann von Kärnten, der damals in St. Veit[4] war, und wiesen auf unseren Geleitbrief des damaligen römischen Königs, des jetzigen Herrn Kaisers hin. Der Landeshauptmann war ein bescheidener Mann, kam zu uns, sah den Geleitbrief ein und sprach zu den Adeligen: „Meine Brüder, sehet zu, was ihr jenen Männern, die euch nicht bekannt sind, tut. Sie haben ein sicheres Geleite in der und der Form", und zeigte es ihnen. Wie sie das gehört hatten, kamen sie zu uns und sagten: „Geht vor, wie ihr wollt, wir werden euch nun in keiner Beziehung mehr hindern, ja wenn ihr in etwas unsere Hilfe braucht, sind wird gern dazu bereit, euch nach den Weisungen unseres erlauchten Herrn, unseres Königs der Römer zu helfen."

Johannes Bühler (Bearb.), Klosterleben im Mittelalter, Leipzig, Insel-Verlag, 1923, ND Frankfurt a. M. 1989, S. 208–213.

1 Visitationsrezess: Urteilsspruch über die Visitationen.
2 Göttweig: Benediktinerkloster bei Krems.
3 St. Georgen am Längsee.
4 St. Veit an der Glan.

HJM

1.1.4.5 Die Reformation – Ende des Zölibats

Ein wesentlicher Kritikpunkt der Kirchenreformer im 15. Jahrhundert waren die Verstöße gegen das Gebot für Priester, Mönche und Nonnen, im Zölibat (Ehelosigkeit) zu leben. Martin Luther setzte dieser Diskussion ein Ende, indem er das Zölibat abschaffte. In seinen ‚Tischreden' äußerte er sich u. a. auch zu dieser Frage.

Es hatte Lukas Cranach der Ältere Doktor Martin Luthers Hausfrau abkonterfeit. Als nun das Bild an der Wand hing und der Doktor das Gemälde ansah, sprach er: Ich will einen Mann dazu malen lassen und solche zwei Bilder gen Mantua auf das Konzil schicken, und die heiligen Väter, allda versammelt, fragen lassen, ob sie lieber haben wollen den Ehestand oder den Zölibat, das ehelose Leben der Geistlichen. – Nun fing Doktor Martin Luther darauf an, den Ehestand zu preisen und zu loben: dass er Gottes Ordnung wäre, und ohne den Stand da wäre die Welt vorlängst gar öde und wüst geworden. Und alle anderen Kreaturen wären auch ganz vergeblich und umsonst geschaffen gewesen; denn sie sind alle um des Menschen willen erschaffen; da wären gar keine Ordnungen und Stände in der Welt gewesen.

Im ersten Jahre des Ehestandes hat einer seltsame Gedanken. Wenn er über Tisch sitzt, so gedenkt er: vorhin warst du allein, nun aber bist du selbander; im Bette, wenn er erwacht, sieht er ein paar Zöpfe neben sich liegen, die er vorhin nicht sah. (…)

Ich habe ein Weib genommen auch darum, dass ich wider den Teufel trotzen könne, zu Schanden der Hurerei im Papsttum. Und wenn ich keine hätte, so wollte ich doch nun in meinem Alter eine nehmen, ob ich gleich wüsste, dass ich keine Kinder könnte mit ihr zeugen; nur allein dem Ehestand zu Ehren und zu Verachtung und Schande der schändlichen Unzucht und Hurerei im Papsttum, die sehr groß und greulich ist.

Ludwig Marcuse (Bearb.), Ein Panorama europäischen Geistes 2, Zürich, Diogenes, 1984, S. 187.

HJM

1.1.4.6 Reaktionen auf die Lehren Martin Luthers

Die Diskussionen über die rechte christliche Lebensform, die bereits das 15. Jahrhundert geprägt hatte, wurde durch die Thesen von Wittenberg verschärft. Missstände und Auswüchse wurden nicht nur von Martin Luther, Calvin und den übrigen Reformatoren gebrandmarkt. Deshalb erhoben sich Stimmen, die den Umgang der päpstlichen Seite mit den evangelischen Neuerern kritisierten. Der bedeutende humanistische Gelehrte Erasmus von Rotterdam (1466/1469 – 12.7.1536) forderte in seinem Brief an Kardinal Albrecht von Mainz vom 19. Oktober 1519 eine unpolemische, rationale Auseinandersetzung mit den neuen Thesen, ohne diese zu unterstützen.

Zunächst muss ich vorausschicken, dass ich weder mit Reuchlins[1] noch mit Luthers Sache irgend etwas zu tun gehabt habe. (…) Luther ist mir vollkommen unbekannt; seine Bücher konnte ich noch nicht lesen, nur stückweise habe ich einiges als Kostprobe genossen. Hat er gut geschrieben, so gebührt mir kein Lob; im anderen Falle kann man mich nicht verantwortlich machen. Ich sehe, dass die Guten an seinen Schriften keinen Anstoß nehmen; vermutlich nicht, weil sie alles billigen, sondern weil sie ihn lesen wie wir den Cyprian[2] und Hieronymus[3], ja den Petrus Lombardus[4], d. h. indem sie zu Vielem ein Auge zudrücken. (…)
Ich möchte wünschen, dass ein Herz, das gewisse edle Funken der evangelischen Lehre zu haben scheint, nicht stillgestellt, sondern zurecht gebracht wird und dann zur Verkündigung der Ehre Christi berufen wird. Jetzt ermahnen weder gewisse Theologen, die ich kenne, Luther, noch lehren sie ihn; nur mit wahnsinnigem Schreien geben sie den Menschen vor dem Volke dem Spott preis und reißen ihn mit den grausamsten und giftigsten Eifersüchteleien herunter, nur Ketzerei und Ketzer haben sie dabei im Munde. Es lässt sich nicht leugnen, dass hier vor dem Volke aufs gehässigste von denen geschrien wurde, die Luthers Bücher noch nicht gelesen haben. Es steht fest, dass einige mit Namen verdammten, was sie gar nicht verstanden hatten. Zum Beispiel: Luther hatte geschrieben[5], wir brauchten nur offenbare Todsünden zu beichten, und er verstand darunter solche, die dem Beichtenden bekannt wären. Das deutete ein Theologe aus dem Karmeliterorden so, wie wenn 'offenbare' Sünden öffentlich gestattet wären, und erhob in seltsamer Weise ein Geschrei in einer Sache, die er gar nicht verstanden hatte. Es steht fest, dass diese Leute in den Büchern Luthers Dinge als häretisch[6] verurteilten, die man bei Bernhard von Clairvaux[7] und Augustin[8] als orthodox[9], ja, als fromm liest. Ich habe sie anfänglich ermahnt, mit derartigen Schreiereien zurückzuhalten, vielmehr mit Schriften und Disputationen in dieser Sache vorzugehen. Erstlich dürfte man nicht öffentlich verdammen, was man nicht gelesen, ja, nicht erwogen habe; denn ich möchte nicht sagen: nicht verstanden habe. Sodann zieme es sich nicht für Theologen, deren Urteil großes Gewicht haben sollte, etwas tumultuarisch zu behandeln. Endlich dürfe man nicht leichthin eifern gegen jemand, dessen Leben von allen gebilligt würde. Kurz, es sei vielleicht nicht geraten, derartige Dinge vor der Menge zu berühren, in der Viele sind, denen die Beichte geheimer Sünden missfällt. (…)
In erster Linie muss man die Quellen dieses ganzen Unglücks ins Auge fassen. Die Welt ist belastet mit menschlich allzu menschlichen Einrichtungen. Sie ist beschwert von scholastischen Meinungen und Dogmen. Ist beschwert von der Tyrannei der Bettelorden; sie sind Trabanten des römischen Stuhles, haben aber so an Macht und Anzahl gewonnen, dass sie selbst dem römischen Papste und manchen Königen furchtbar sind. Wenn der Papst ihnen nach ihrem Willen willfährt, ist er mehr als Gott; bei Dingen gegen ihren Vorteil ein bloßer Schemen. Ich verurteile nicht Alle, aber die meisten dieser Art beschweren aus Gewinnsucht und Tyrannei absichtlich die Gewissen der Menschen. Und schon hatten sie die Stirne, unter Beiseiteschiebung von Christus nur ihre neuen und immer unverschämter werdenden Lehren zu verkünden. Über die Ablässe redeten sie so, dass es selbst Idioten unerträglich war. Dadurch und durch vieles andere dieser Art schwand allmählich die Kraft evangelischer Lehre. Es würde immer schlimmer werden und schließlich der Funke christlicher Frömmigkeit an dem sich die erloschene Liebe wieder entzünden könnte, gänzlich erstickt werden. Die Hauptsache der Religion droht zu mehr als jüdischen Zeremonien[10] zu werden. Darüber seufzen und jammern alle Guten. Das gestehen auch die Theologen, die nicht Mönche sind, auch einige Mönche, im Privatgespräch.
Diese Dinge, glaube ich, haben Luther bewogen, zuerst zu wagen, sich der unerträglichen Unverschämtheit gewisser Leute entgegenzustemmen. Denn was sollte ich sonst annehmen von einem Manne, der weder nach Ehren geizt, noch Geld begehrt? Über die Sätze, die man Luther vorwirft, streite ich jetzt nicht, nur über Art und Ursprung. Luther hat es gewagt, die Ablässe anzuzweifeln, aber Andere hatten darüber früher allzu unverschämte Behauptungen aufgestellt. Er hat es gewagt, maßvoller von der Gewalt des römischen Papstes zu reden, aber jene hatten früher allzu maßlos darüber geschrieben, namentlich drei Dominikaner: Alvaro Pelayo[11], Silvester Prierias[12] und Cajetan[13]. Er hat es gewagt, die Sätze des Thomas von Aquino zu verachten, aber die Dominikaner ziehen sie fast den Evangelien vor. Er hat es gewagt, in der Frage der Beichte einige Bedenken zur Diskussion zu

stellen, aber die Mönche verstricken endlos die Gewissen der Menschen darin. Er hat es gewagt, scholastische Lehrsätze zum Teil beiseite zu schieben, aber sie selbst überschätzen dieselben und sind dabei nichtsdestoweniger untereinander uneins; wenn sie schließlich mitunter etwas ändern, so führen sie an Stelle der entfernten alten Lehrsätze neue ein.

Fromme Herzen quälte es, wenn sie hörten, dass in den Schulen kaum von der Lehre des Evangeliums die Rede ist, und jene heiligen, von der Kirche seit langem anerkannten Autoren für veraltet gelten, ja, dass man im Gottesdienst sehr wenig von Christus, fast nur von der Gewalt des Papstes, von den Meinungen der modernen Theologen etwas hört; dass die ganze Predigt Gewinnsucht, Schmeichelei, Ehrgeiz und Phantasterei verrät. Diese Leute, glaube ich, sind schuld daran, wenn etwa Luther in seinen Schriften über das Maß hinausging. Wer der Lehre des Evangeliums anhängt, ist ein Anhänger des römischen Papstes, der dessen erster Künder ist, während die übrigen Bischöfe ebenfalls Künder sind. Alle Bischöfe sind Stellvertreter Christi, aber unter ihnen ragt der römische Bischof hervor. Von ihm muss man annehmen, dass er nichts mehr zu fördern sucht als die Ehre Christi, dessen Diener er zu sein sich rühmt. Einen sehr schlechten Dienst leistet ihm, wer schmeichlerisch ihm etwas zuschreibt, was er selbst nicht anerkennt und was der christlichen Herde nicht nützt. Und doch tun das manche Urheber dieser Skandale nicht aus Eifer für den Papst, vielmehr missbrauchen sie seine Gewalt für ihre Gewinnsucht und Tyrannei.

Walther Köhler (Bearb.), Erasmus von Rotterdam. Brief an Albrecht von Mainz vom 19. Oktober 1519, hrsg. von Andreas Flitner, Darmstadt, Wissenschaftliche Buchgesellschaft, 1986, S. 260–265.

1 Johannes Reuchlin, deutscher Humanist (1455–1523).
2 Kirchenlehrer, gestorben 258.
3 Kirchenlehrer, gestorben 420.
4 Scholastischer Theologe, gestorben 1160. Sein Sentenzenwerk war theologisches Schulbuch.
5 Sermo de poenitentia 1518.
6 Häretisch: ketzerisch.
7 Einflussreicher Zisterzienserabt, 1090–1153.
8 Siehe oben Nr. 1.1.1 und 1.2.1.
9 Orthodox: rechtgläubig.
10 Alttestamentarische Gebräuche.
11 Spanischer Franziskaner, Vorkämpfer der päpstlichen Gewalt, gestorben 1352.
12 Dominikaner, verfasste eine Antwort auf die Thesen Martin Luthers.
13 Thomas Vio von Gaeta (1470–1534), General der Dominikaner, Kardinal.

HJM

1.1.5 Säkularisierte Welten

1.1.5.1 Der Mensch

Die Beschäftigung der Humanisten mit der antiken Philosophie veränderte die Vorstellungen vom Menschen. Die Loslösung vom altchristlichen Weltbild wurde in Italien von Giovanni Pico della Mirandola (1463–1494) gefordert. In Konflikt mit der Kurie geriet er, als er seine Thesen in Rom öffentlich diskutieren wollte. Seine geplante Eröffnungsrede „De hominis dignitate (Über die Würde des Menschen)" wurde deshalb nie gehalten. Mächtige Gönner stützten ihn nach der päpstlichen Bannung.

Schon hatte Gottvater, der höchste Baumeister, dieses Haus, die Welt, die wir sehen, als erhabensten Tempel der Gottheit nach den Gesetzen verborgener Weisheit errichtet. Den Raum über den Himmeln hatte er mit Geistern geschmückt, die Sphären des Äthers mit ewigen Seelen belebt, die kotigen und schmutzigen Teile der unteren Welt mit einer Schar Lebewesen aller Art gefüllt. Aber als das Werk vollendet war, wünschte der Meister, es gäbe jemanden, der die Gesetzmäßigkeit eines so großen Werkes genau erwöge, seine Schönheit liebte und seine Größe bewunderte. Daher dachte er, als schon alle Dinge (wie Moses und Timaios[1] bezeugen) vollendet waren, zuletzt an die Erschaffung des Menschen. Es gab aber unter den Archetypen keinen, nach dem er einen neuen Spross bilden konnte, unter den Schätzen auch nichts, was er seinem neuen Sohn als Erbe schenken konnte, und es gab unter den Plätzen der ganzen Erde keinen, den der Betrachter des Universums einnehmen konnte. Alles war bereits voll, alles den oberen, mittleren und unteren Ordnungen zugeteilt. Aber es hätte nicht seiner Weisheit entsprochen, bei der letzten Schöpfung gewissermaßen aus Erschöpfung zu verzagen; es hätte nicht seiner Weisheit entsprochen, aus Ratlosigkeit in einer unumgänglichen Angelegenheit unschlüssig zu sein; nicht hätte es seiner wohltätigen Liebe entsprochen, dass der, der die göttliche Großzügigkeit an den anderen loben sollte, gezwungen wäre, sie in Bezug auf sich selbst zu verurteilen.

Endlich beschloss der höchste Künstler, dass der, dem er nichts Eigenes geben konnte, Anteil habe an allem, was die einzelnen jeweils für sich gehabt hatten. Also war er zufrieden mit dem Menschen als einem Geschöpf von unbestimmter Gestalt, stellte ihn in die Mitte der Welt und sprach ihn so an: „Wir haben dir keinen festen Wohnsitz gegeben, Adam, kein eigenes Aussehen noch irgendeine besondere Gabe, damit du den Wohnsitz, das Aussehen und die Gaben, die du selbst dir aussiehst, entsprechend deinem Wunsch und Entschluss habest und besitzest. Die Natur der übrigen Geschöpfe ist fest bestimmt und wird innerhalb von uns vorgeschriebener Gesetze begrenzt. Du sollst dir deine ohne jede Einschränkung und Enge, nach deinem Ermessen, dem ich dich anvertraut habe, selber bestimmen. Ich habe dich in die Mitte der Welt gestellt, damit du dich von dort aus bequemer umsehen kannst, was es auf der Welt gibt. Weder haben wir dich himmlisch noch irdisch, weder sterblich noch unsterblich geschaffen, damit du wie dein eigener, in

50 Ehre frei entscheidender, schöpferischer Bildhauer dich selbst zu der Gestalt ausformst, die du bevorzugst. Du kannst zum Niedrigeren, zum Tierischen entarten; du kannst aber auch zum Höheren, zum Göttlichen wieder geboren werden, wenn deine See-
55 le es beschließt."
Welch unübertreffliche Großtat Gottvaters, welch hohes und bewundernswertes Glück des Menschen! Dem gegeben ist zu haben, was er wünscht, zu sein, was er will. Die Tiere tragen gleich bei der Geburt aus
60 dem Beutel ihrer Mutter, wie Lucilius[2] sagt, mit sich fort, was sie besitzen werden. Die höchsten Geister waren entweder von Anfang an oder bald danach, was sie bis in alle Ewigkeit sein werden. Im Menschen sind bei der Geburt von Gottvater vielerlei Samen und Kei-
65 me für jede Lebensform angelegt; welche ein jeder hegt und pflegt, die werden heranwachsen und ihre Früchte in ihm tragen. Sind es pflanzliche, wird er zur Pflanze, sind es sinnliche, zum Tier werden. Sind es Keime der Vernunft, wird er sich zu einem himmli-
70 schen Lebewesen entwickeln; sind es geistige, wird er ein Engel sein und Gottes Sohn. Wenn er sich nun, mit keinem Los der Geschöpfe zufrieden, ins Zentrum seiner Einheit zurückgezogen hat, wird er, ein Geist mit Gott geworden, in der einsamen Dunkelheit des über
75 allem stehenden Vaters alles überragen. (...)
Denn nicht die Rinde macht die Pflanze aus, sondern ihr verstandloses und nichts fühlendes Wesen, das Tier nicht das Fell, sondern die vernunftlose und sinnesabhängige Seele, den Himmel nicht der kreisrunde Kör-
80 per, sondern die genaue Gesetzmäßigkeit; nicht die Trennung vom Körper, sondern das geistliche Erkenntnisvermögen macht den Engel aus. Wenn du nämlich einen Menschen siehst, der seinem Bauch ergeben auf dem Boden kriecht, dann ist das ein Strauch, den du
85 siehst, kein Mensch; wenn einen, der blind in den nichtigen Gaukeleien der Phantasie, wie denen der Kalypso[3], verfangen, durch verführerische Verlockung betört und seinen Sinnen verfallen ist, so ist das ein Tier, das du siehst, kein Mensch. Wenn einen Philoso-
90 phen, der in rechter Abwägung alles unterscheidet, kannst du ihn verehren: er ist ein himmlisches Lebewesen, kein irdisches. Wenn du aber einen reinen Betrachter siehst, der von seinem Körper nichts weiß, ins Innere seines Geistes zurückgezogen, so ist der kein
95 irdisches, kein himmlisches Lebewesen; er ist ein erhabeneres, mit menschlichem Fleisch umhülltes göttliches Wesen.

Norbert Baumgarten (Bearb.), G. Pico della Mirandola († 1494), Über die Würde des Menschen, hrsg. und eingeleitet von August Buck, Hamburg, Felix Meiner Verlag, 1990 (Philosophische Bibliothek 427), S. 5–9.

1 De anima mundi 99 D, dem Pythagorer Timaios von Lokroi zugeschrieben.
2 Röm. Satiriker (ca. 180–102 v. Chr.), Sat 623.
3 In der griechischen Mythologie die Tochter des Atlas, von der Odysseus sieben Jahre lang gefangen gehalten wurde.

HJM

1.1.5.2 Der Mensch als Ebenbild Gottes

Albrecht Dürer (1471–1528), der bereits seit jüngster Jugend mehrfach sein eigenes Ich gemalt hatte, wählte für das Selbstbildnis aus dem Jahr 1500 einen Bildaufbau, der für Christusdarstellungen geläufig war.

Albrecht Dürer (1471–1528), Selbstbildnis (1500).
München, Alte Pinakothek.

HJM

1.2 Bewältigung und Nutzung von Räumen

Die Frage nach dem Raum wurde in der Vormoderne nur von Gelehrten abstrakt gestellt. Im täglichen Leben stand das Raumbewusstsein immer in enger Beziehung zum Menschen. Am anschaulichsten verdeutlichen dies Längenmaße wie Klafter, Fuß und Elle oder Entfernungsangaben in Tagesreisen. Bei der Nutzung und Bewältigung von Räumen bestand ein großer Unterschied zwischen dem kleinräumigen Lebensumfeld des Einzelnen und der Fremde. Für das Empfinden von Fremdheit war die messbare geografische Entfernung nur ein Aspekt neben der Unwirtlichkeit der Gegend und fremden Besitzrechten, die auch bei relativer Nähe eine Raumnutzung vermeiden ließen oder behinderten (1.2.1.5, 1.2.3.1). In der eigenen Lebenswelt konzentrierte sich die Raumwahrnehmung auf die Erträge und den Nutzen. Dem Ackerbau und der Viehzucht musste große Aufmerksamkeit geschenkt werden, da die Erträge gering waren (1.2.1.1). Der Nutzen für den Menschen stand auch beim Rückgriff auf natürliche Ressourcen im Vordergrund (1.2.1.2). Die Dreifelderwirtschaft ist Resultat jahrhundertelanger Bemühungen um die Intensivierung bäuerlicher Wirtschaft. Bevölkerungswachstum führte zur Nutzung zuvor nicht bewirtschafteter Gebiete, die neu erschlossen wurden, was Rodungen erforderlich machte (1.2.1.3). Bevölkerungseinbrüche und veränderte Lebensgewohnheiten sorgten im Spätmittelalter für Wüstungsprozesse. Landbesitz wurde in Tagewerken bemessen; die Fruchtbarkeit der Böden war ein wesentliches Merkmal. Die Fastenbestimmmungen begründeten einen erheblichen Fischkonsum, der sowohl aus den Binnengewässern als auch durch Import von Ostseehering gedeckt wurde. Mühlen an fließenden Gewässern dienten zur Energiegewinnung (1.2.2.2). Zier-, Nutz- und Urwald lösten unterschiedliche Assoziationen aus (1.2.1.3, 1.2.1.4). Die Ausschöpfung der natürlichen Ressourcen zum Nutzen der Menschen erfolgte im Bergbau (1.2.1.7, 1.2.2.2). Die Verhüttung von Erzen war für die Waffenproduktion notwendig. Silber-, Gold- und andere Edelmetallförderung hatten wirtschaftliche Bedeutung. Wichtige Bergbauregionen im Reich waren der Harz, der Schwarzwald, Böhmen und die Tiroler Alpen.

Neben der Binnenkolonisation suchte man neue Siedlungsgebiete zu erschließen. Bevor die Menschen in die Neue Welt aufbrachen, wurde die Ausweitung nach Osten betrieben (1.2.2.1, 1.2.2.2). Die Mobilität war gemessen an der relativ schlechten Infrastruktur erstaunlich hoch. Trotz des hohen Zeitaufwandes bei Fortbewegung zu Fuß (1.2.1.6, 1.2.3.2, 1.2.3.3), per Esel bzw. Pferd (1.2.1.5), Karre und Wagen (1.2.4.5) oder per Schiff (1.2.4.2) galt Reisen als selbstverständlich. Im Adel steigerten Fernreisen das Ansehen. Die Könige waren aufgrund von Kriegszügen und der Herrschaftsausübung im eigenen Land ständig unterwegs (1.2.1.5, 1.2.4.1). Anziehungspunkte für die gesamte Bevölkerung bildeten sowohl die bedeutenden Wallfahrtsplätze des Christentums in Jerusalem, Rom, Santiago de Compostella und Köln/Aachen als auch regionale Wallfahrtsstätten (1.2.3.2). Bereits sehr früh entwickelte sich die Logistik für Reisen zu diesen Zielen, auch wenn die Fahrt für jeden Einzelnen dennoch zum kostspieligen und gefährlichen Abenteuer werden konnte (1.1.4.1). Durch die Kreuzzüge seit 1096 wurden die Jerusalem-Fahrten intensiviert (1.2.3.2). Reisen jenseits des Bekannten waren im Mittelalter und in der frühen Neuzeit problematisch (1.2.3.1, 1.2.3.3, 1.2.3.4, 1.2.3.5). Durch die seetechnischen Neuerungen gelang es, die Kenntnis über weitere Kontinente auf der Erdkugel zu erwerben. In fremden Regionen war der Rückgriff auf regionale Systeme lebenswichtig (1.2.2.1, 1.2.3.3). Neben zweckorientierten Fahrten, zu denen Kriegszüge, Handelsreisen (1.2.3.1, 1.2.3.3) und Pilgerfahrten (1.2.3.3) zu zählen sind, tritt in der Renaissance der Tourismus (1.2.1.6).

Das Reisen erfolgte nicht im Rechtsvakuum. Geleitschreiben waren lebensnotwendig (1.2.3.3, 1.2.3.4). Das Verkehrsrecht wurde schriftlich fixiert (1.2.4.3) und um Straßennutzungsrechte wurde gestritten (1.2.4.4). Zwischen den verschiedenen Herrschaftszentren gab es zum Teil regen Austausch über Schnellboten, lange bevor der Ausbau des Postsystems für die allgemeine und öffentliche Kommunikation sorgte. Das Wegesystem war effizient angelegt und diente mit geschickter Trassenführung der Vermeidung unnötiger Anstrengungen. Der Floß- und Schiffsverkehr hatte einen sehr hohen Stellenwert beim Transport von Lasten (1.2.4.1, 1.2.4.3); Reiterei und Flotte waren von hohem militärischen Interesse. Der Traum vom Fliegen konnte trotz der Bemühungen Leonardo da Vincis nicht verwirklicht werden.

Für lange Jahrhunderte bildeten der Mittelmeerhandel und der Export orientalischer Güter in die Verbrauchszentren auch nördlich der Alpen den Welthandel. Im Norden, auf Nord- und Ostsee gelang es der Hanse, im West-Ost-Handel vorübergehend eine dominante Stellung einzunehmen, bevor die erwachende Konkurrenz deren Privilegien mit zunehmendem Erfolg angriff und selbst in den bei allen Gefahren ertragreichen Fernhandel eingriff. Ein wichtiger Text aus der Frühphase der Hanse ist das von Heinrich dem Löwen 1161 ausgestellte Privileg (1.2.5.1).

Für den Fernhandel eigneten sich besonders Güter mit einer günstigen Gewicht-Preis-Relation, da der Transport ohnehin nicht gefahrlos und besonders außerhalb der Seewege kostenintensiv war (1.2.4.1, 1.2.4.3, 1.2.4.5). Den Handel mit den Gütern des Orients, besonders Gewürzen, beherrschten die oberitalienischen Seestädte, in erster Linie Venedig. Von hier aus zogen die Karawanen über die Alpen in die Handelsstädte zunächst Süddeutschlands, zuerst nach Regensburg, dann folgten Nürnberg, Augsburg und weitere Städte.

Neue Orientierungen entstanden durch die vermehrte Durchsegelung der Straße von Gibraltar, eine Intensivierung des Seehandels um Westeuropa in die Häfen Brügge, später Antwerpen und Amsterdam. Im Reich stiegen die Frankfurter Fasten- und Herbstmessen vor allem im 15. Jahrhundert zum wichtigsten Waren- und Geldmarkt auf, nieder- und oberdeutsche Händler tätigten hier ihre Geschäfte.

Die bedeutendsten Handelsgesellschaften besaßen Faktoreien an den zentralen Plätzen Europas. Nützlich waren nicht zuletzt Kenntnisse über regionale Markt- und Währungsentwicklungen sowie über den Gold- bzw. Silbergehalt der Vielzahl umlaufender Münzen. Bereits seit dem späten 14. Jahrhundert wagten sich portugiesische Seefahrer immer weiter nach Süden an Afrikas Küste entlang (1.2.5.2). Die Entgrenzung des Raumes wirkte sich auf die Wirtschafts- und Handelswege aus. Neue Zentren entstanden und vorhandene Kenntnisse mussten erneuert und erweitert werden, selbst wenn die bekannten Handelsbeziehungen nicht sofort ihre Bedeutung einbüßten. Im Zeitalter des Merkantilismus finden sich dann stärkere staatliche Eingriffe in das Wirtschaftsgeschehen auch des flachen Landes (1.2.5.3), Ziel war die Förderung des eigenen Territoriums.

1.2.1 Macht euch die Erde untertan

1.2.1.1 Landwirtschaft

Die agrarische Gesellschaft der Vormoderne lebte von der Landwirtschaft; diese bestimmte das tägliche Leben und war, da die Ackergeräte sehr einfach blieben, mit schwerer körperlicher Arbeit verbunden. Die Erträge waren gering und reichten bei schlechter Wetterlage nicht immer zur Versorgung der Bevölkerung. Die sorgsame Pflege des Garten- bzw. Ackerbaus war deshalb von besonderer Bedeutung, wie es im Werk ‚Hortulus' des Benediktinermönches und Abtes auf der Insel Reichenau Walafried Strabo (808/809–849) zum Ausdruck gebracht wird.

I. Vom Gartenbau
Was für Land du immer besitzest, und wo es sich finde, sei's, dass auf sandigem Strich nur Steine unfruchtbar lasten, oder es bringe aus fetter Feuchte gewichtige Früchte, liegend auf ragenden Hügeln erhöht oder günstig im weiten, niedrigen Feld oder lagernd geschmiegt an die Lehne des Tales – nirgends weigert es sich, die ihm eigenen Gewächse zu zeugen. Wenn deine Pflege nur nicht ermattet in lähmender Trägheit, nicht sich gewöhnt zu verachten den vielfachen Reichtum des Gärtners törichterweise, und nur sich scheut, die schwieligen Hände bräunen zu lassen in Wetter und Wind und nimmer versäumet, Mist zu verteilen aus vollen Körben im trockenen Erdreich. Dies entdeckte mir nicht landläufiger Rede Erkenntnis und nicht allein Lektüre, die schöpft aus den Büchern der Alten: Arbeit und eifrige Neigung vielmehr, die ich vorzog der Muße, Tag für Tag, haben dies mich gelehrt durch eigene Erfahrung.

II. Schwierigkeit des Gartenbaus
Wenn der Winter, dies Abbild des Alters, des jährlichen Kreislaufs Magen, der gierig die reichen Früchte der Arbeit verzehrt, durch das Kommen des Frühlings vertrieben, sich birgt in der Erde tiefstem Versteck, und der Lenz der verwüsteten Jahrzeit auszutilgen beginnt im Wiedererwachen des Lebens, und der ermatteten Flur ihre Schönheit zu bringen – Frühling, du Anfang des kreisenden Jahrs und Schmuck deines Laufes! Wenn dann reinere Lüfte die heiteren Tage eröffnen, Kräuter und Blumen, vom Zephyr[1] geweckt, ihre schüchternen Triebe aus den Wurzeln senden zum Licht, die im finsteren Schoße lang sich verbargen, scheuend und hassend die eisigen Fröste, wenn die Wälder mit Laub und die Berge mit üppigen Kräutern, lachende Wiesen schon grünen mit Gras, eine Weide der Augen, dann haben Nesseln den Raum überwuchert, der vor meiner Türe östlich zur Sonne sich wendet als Garten auf offenem Vorplatz, und auf den Flächen des Feldchens ist übles Unkraut gewachsen, Pfeilen vergleichbar, verderblich bestrichen mit ätzendem Gifte.

Hans-Dieter Stoffler (Bearb.), *Der Hortulus des Walafrid Strabo. Aus dem Kräutergarten des Klosters Reichenau*, Sigmaringen, Thorbecke, 1996, S. 124–127.

1 Antike Bezeichnung für den Westwind.

HJM

1.2.1.2 Der Nutzen verschiedener Pflanzen für den Menschen

Pflanzen und Tiere wurden gemäß der Schöpfungsgeschichte mit Blick auf den Nutzen für den Menschen gesehen. Es wurde ermittelt, welche Stoffe in welcher Weise auf den menschlichen Körper wirken. Hildegard von Bingen (1098–1179), eine Nonne, hat ihr Wissen darüber aufgezeichnet.

Bei Erschaffung des Menschen aus der Erde wurde eine andere Erde genommen, welche den Menschen darstellt, und alle Elemente waren ihm untertan, weil sie fühlten, dass Leben in ihm war, und sie halfen ihm in allen seinen Bemühungen und er ihnen. Und die Erde spendete ihre Kraft nach dem Geschlecht, nach der Natur, nach der Lebensweise und dem ganzen Verhalten des Menschen. Denn die Erde zeigt mit den nützlichen Kräutern das Verhalten der feineren Sitten des Menschen, sie in den Grenzen zu unterscheiden, aber in den unnützen Kräutern offenbart sie seine nichtsnutzigen, teuflischen Eigenschaften.
Es gibt einige Kräuter, welche mit bestimmten Speisen gekocht werden, diese fördern die Verdauung des Menschen, sie sind leicht, weil sie den Menschen nicht viel beschweren, und sind ähnlich dem Fleische des Menschen. Der Saft der Obstbäume ist ungekocht schädlich, gekocht nützlich, er ist dem Blute des Menschen zu vergleichen. Die nicht fruchttragenden Bäume, welche sich nicht fortpflanzen, sind Hölzer und keine Bäume, sie haben wohl Blätter, welche den

Menschen zur Speisebereitung nichts taugen, sodass sie weder viel schaden noch nützen, sie sind dem Dahinwelken des Menschen zu vergleichen. Was aber in den Bäumen und Hölzern ist, woraus die Taue gefertigt werden, gleicht den Adern des Menschen. Auch die Steine der Erde können mit Knochen des Menschen gleichgehalten werden und die Feuchtigkeit der Steine dem Mark des Knochen, weil der Stein mit Feuchtigkeit zugleich Wärme hat. Die Steine jedoch, mit denen die Dächer gedeckt werden, gleichen den Nägeln der Menschen an Händen und Füßen. Einige Pflanzen wachsen in der Luft, auch diese sind zuträglich für die Verdauung des Menschen und heiterer Natur, sodass sie auch den Menschen, welcher sie genießt, fröhlich stimmen, und sie gleichen den Haaren des Menschen, weil diese selbst immer leicht und luftig sind. Andere Pflanzen hingegen sind windig, weil sie durch den Wind wachsen; daher sind sie auch trocken und schwer für die Verdauung und von strenger Natur, sodass sie den Menschen beim Genuss traurig machen; sie gleichen oder ähneln dem Schweiß des Menschen. Der Saft der ungenießbaren Kräuter ist giftig, weil sie selbst giftig und dem Auswurf des Menschen vergleichbar sind.

Auch die Erde hat Schweiß, Feuchtigkeit und Saft. Denn der Schweiß bringt die nutzlosen Kräuter hervor, ihre Feuchtigkeit die nützlichen, essbaren und auch zum anderweitigen Gebrauch des Menschen dienenden Kräuter. Der Saft erzeugt die Weinbeere und die lebenspreißenden Bäume. Die Pflanzen, welche des Menschen Mühe sät, werden allmählich emporkommen und wachsen wie die Haustiere, sie verlieren durch die Anstrengung des Menschen beim Ausstreuen und Säen die Herbe und Bitterkeit ihrer Säfte, sodass die Feuchtigkeit ihrer Säfte die Qualität des Saftes des Menschen etwa erreicht und sie ihm zu Speise und Trank einigermaßen zusagen.

Die Pflanzen aber, welche sich freiwillig ohne des Menschen Zutun säen und rasch und unvermutet wie die ungezähmten Tiere wachsen und emporkommen, sind für die Menschen ungenießbar, weil der Mensch durch Saugen, durch Speise in gemessener Zeit ernährt wird, was bei den genannten Pflanzen nicht der Fall ist. Demnach aber gleichen einige derselben als Medizin die schädlichen und kranken Säfte in den Menschen aus.

Jede Pflanze ist aber entweder kalt oder warm und wächst so, weil die Wärme der Pflanzen die Seele, die Kälte den Körper bedeutet, und dann entwickeln sie sich nach ihrer Art, indem sie mehr Wärme oder mehr Kälte haben. Denn wenn alle Pflanzen warm wären und gar keine kalt, so würden sie bei denen, welche sie anwenden, das Gegenteil bewirken. Wenn aber alle kalt wären und keine warm, so würden sie in derselben Weise den Menschen Unbehagen bereiten, weil die warmen der Kälte, die kalten der Wärme des Menschen Widerstand leisten. Einige Pflanzen haben die Kraft der stärksten Gewürze, die Strenge der bittersten Gewürze in sich. Deshalb beschwichtigen sie auch die meisten Übel, weil die bösen Geister diese verursachen und zu Schaden wirken lassen. Es gibt aber auch einige Pflanzen, welche gleichsam den Schaum der Elemente in sich haben, aus denen die Menschen, von Täuschung befangen, ihre Schicksale zu erforschen suchen; diese liebt der Teufel und gesellt sich ihnen zu.

Peter Riethe (Bearb.), Hildegard von Bingen. Naturkunde, Salzburg, Otto Müller Verlag, 1959, 3. Aufl. 1980, S. 15–17.

HJM

1.2.1.3 Die Nutzung des Waldes

Mitteleuropa war bis zum 12. Jahrhundert von Urwäldern überzogen. Da es sich zu einem hohen Anteil um Eichenwälder handelte, wurden sie zur Schweinemästung wirtschaftlich genutzt. Als die Bevölkerung so stark anwuchs, dass die bisherigen „Siedlungskammern" nicht mehr ausreichten, wurden große Flächen durch mühsame Rodung für Siedlungen und Ackerbau nutzbar gemacht. Der Adel gestattete jedoch keine unerlaubten Aktionen, wie der ‚Erlass des Landgrafen Ludwig von Thüringen gegen wilde Rodungen' zeigt.

Landgraf Ludwig[1] dem Anführer der Waldroder Heil. Wir wollen Dich ermahnen, möglichst schnell die bewaldeten Gegenden aufzugeben und sie mit Deinen, Dir untergebenen Waldrodern zu verlassen. Wenn ihr das auch nur kurze Zeit noch hinausschiebt, werde ich selbst zu Euch kommen und alles, was Euch gehört, mit Feuer und Plünderung und unter Lebensgefahr für Euch verwüsten lassen.

Günther Franz (Bearb.), Quellen zur Geschichte des deutschen Bauernstandes im Mittelalter (Ausgewählte Quellen zur deutschen Geschichte des Mittelalters. Freiherr vom Stein-Gedächtnisausgabe, Bd. 31), Darmstadt, Wissenschaftliche Buchgesellschaft, 1967, S. 193.

1 Ludwig II. (1140–1172)

HJM

1.2.1.4 Der Wald: furchterregend oder zur Muße einladend

Als unseres Lebens Mitte ich erklommen
Befand ich mich in einem dunklen Wald,
Da ich vom rechten Wege abgekommen.

Wie schwer ist's, zu beschreiben die Gestalt
Der dichten, wilden dornigen Waldeshallen,
Die, denk ich dran, erneun der Furcht Gewalt!

Kaum bittrer ist es in des Todes Krallen;
Des Guten wegen, das er mir erwies,
Bericht ich, was im Wald sonst vorgefallen.

Ich weiß nicht recht mehr, wie auf ihn ich stieß;
War ich doch zu der Zeit so schlafbenommen,
Zu der die wahre Straße ich verließ.

Als ich zu eines Hügels Fuß gekommen,
Der als ein Abschluss aus dem Boden trat
Des Tales, drin die Angst mich mitgenommen,

Schaut ich empor und sah des Berges Grat
Bereits in des Planeten Strahlenkleide,
Der recht uns führt auf einem jeden Pfad. (…)

Zu streifen lüstern schon im Gotteshag
20 Und seiner dichten, immergrünen Zelle,
Durch die gedämpft nur drang der neue Tag,

Verließ ich ohne Aufenthalt die Schwelle
Und zog gemächlich durch die ebenen Gründe,
Darin es duftete an jeder Stelle.

25 Ein Luftzug traf auf meine Stirne linde,
Der stets der gleiche war in dieser Welt,
Von keiner größeren Kraft als sanfte Winde,

Durch den das Laub, aufs Zittern eingestellt,
Sich pflegte jener Seite zuzuneigen,
30 Wohin des Berges erster Schatten fällt;

Doch nicht so fern der Lage, die ihm eigen,
Um in den Wipfeln davon abzubringen
Die Vöglein, ihre ganze Kunst zu zeigen.

Im Laube hört ich, wie sie da empfingen
35 Des Tags Beginn mit Jubel und Applaus,
Und zum Gesang ließ es den Brummbass klingen;

So tönt von Ast zu Ast auch das Gebraus
Im Pinienwalde bei Chiassis Strande[1]
Wenn Aeolus lässt den Scirocco aus.

Wilhelm G. Hertz (Bearb.), Dante. Göttliche Komödie, München, dtv, 1978, 7. Aufl. 1994, S. 7.

1 Wald in der Nähe des heutigen Classe, 7 km südöstlich von Ravenna, wo Dante lebte.

HJM

1.2.1.5 Berge als Hindernis für Reisende

Die Beschreibung Lamperts von Hersfeld, wie Heinrich IV. im Jahre 1077 nach Canossa zog, verdeutlicht die Schwierigkeiten und Gefahren, die mit einer Alpenüberquerung im Winter verbunden waren.

Daher verließ Heinrich IV. wenige Tage vor Weihnachten Speyer und machte sich mit seiner Gemahlin und seinem kleinen Sohn auf den Weg. (…)
Auf der Reise nach Italien feierte König Heinrich
5 Weihnachten in Burgund an einem Ort namens Besançon, ziemlich glänzend für seine damalige missliche Lage empfangen und aufgenommen von einem Verwandten seiner Mutter, dem Grafen Wilhelm, der in jener Gegend weite, blühende Besitzungen hatte.
10 Dass er aber nicht den direkten Weg einschlug, sondern nach Burgund ging, dafür lag der Grund darin, dass er zuverlässig erfahren hatte, die Herzöge Rudolf, Welf und Berthold hätten alle nach Italien führenden Wege und Pässe, die man gewöhnlich Klausen nennt,
15 vorher mit Wächtern besetzt, um ihm dort jede Möglichkeit des Übergangs zu nehmen.(…)
Nachdem er so mit Mühe die Erlaubnis zur Durchreise erhalten hatte, erhob sich sofort eine neue Schwierigkeit. Der Winter war äußerst streng, und die sich
20 ungeheuer weit hinziehenden und mit ihren Gipfeln fast bis in die Wolken ragenden Berge, über die der Weg führte, starrten so von ungeheuren Schneemassen und Eis, dass beim Abstieg auf den glatten, steilen Hängen weder Reiter nach Fußgänger ohne Gefahr einen Schritt tun konnte. Aber die Nähe des Jahrestages, 25 an dem der König in den Bann getan worden war, duldete keine Verzögerung der Reise, denn er kannte ja den gemeinsamen Beschluss der Fürsten, dass er, wenn er bis zu diesem Tage nicht vom Bann losgesprochen war, verurteilt werde und den Thron ohne jede 30 Möglichkeit einer künftigen Wiedereinsetzung verloren habe.
Daher mietete er um Lohn einige ortskundige, mit den schroffen Alpengipfeln vertraute Eingeborene, die vor seinem Gefolge über das steile Gebirge und die 35 Schneemassen hergehen und den Nachfolgenden auf jede mögliche Weise die Unebenheiten des Weges glätten sollten. Als sie unter deren Führung mit größter Schwierigkeit bis auf die Scheitelhöhe des Berges[1] vorgedrungen waren, da gab es keine Möglichkeit 40 weiterzukommen, denn der schroffe Abhang des Berges war, wie gesagt, durch die eisige Kälte so glatt geworden, dass ein Abstieg hier völlig unmöglich schien. Da versuchten die Männer, alle Gefahren durch ihre Körperkraft zu überwinden: sie krochen 45 bald auf Händen und Füßen vorwärts, bald stützten sie sich auf die Schultern ihrer Führer, manchmal auch, wenn ihr Fuß auf dem glatten Boden ausglitt, fielen sie hin und rutschten ein ganzes Stück hinunter, schließlich aber langten sie doch unter großer Lebensgefahr 50 endlich in der Ebene an. Die Königin und die anderen Frauen ihres Gefolges setzte man auf Rinderhäute, und die dem Zug vorausgehenden Führer zogen sie darauf hinab. Die Pferde ließen sie teils mithilfe gewisser Vorrichtungen hinunter, teils schleiften 55 sie sie mit zusammengebundenen Beinen hinab, von diesen aber krepierten viele beim Hinunterschleifen, viele wurden schwer verletzt, und nur ganz wenige konnten heil und unverletzt der Gefahr entrinnen. Als sich in Italien die Kunde verbreitete, der König sei ge- 60 kommen und stehe nach dem Übergang über das wilde Gebirge bereits auf dem Boden Italiens, da strömten alle Bischöfe und Grafen Italiens um die Wette zu ihm, empfingen ihn, wie es sich für die königliche Würde geziemt, mit höchsten Ehren. 65

Adolf Schmidt (Bearb.), Lampert von Hersfeld. Annalen, (Ausgewählte Quellen zur deutschen Geschichte des Mittelalters. Freiherr vom Stein-Gedächtnisausg. Bd. 13) Darmstadt, Wissenschaftliche Buchgesellschaft, 1962, S. 393 f.

1 Mont Cenis.

HJM

1.2.1.6 Beschreibung einer Bergbesteigung

Petrarca, ein bedeutender Humanist des 14. Jahrhunderts, bestieg den Mont Ventoux in der Provence aus dem Wunsch heraus, die Fernsicht zu genießen. Oben angekommen, denkt er über sein bisheriges Leben nach, wie er in einem Brief vom 26. April 1336 an Francesco Dionigi von Borgo San Sepolcro schildert.

Den höchsten Berg dieser Gegend, den man nicht zu Unrecht Ventosus, den Windigen, nennt, habe ich am heutigen Tag bestiegen, allein vom Drang beseelt, diesen außergewöhnlich hohen Ort zu sehen. Viele Jahre lang hatte mir diese Besteigung im Sinn gelegen; seit meiner Kindheit habe ich mich nämlich, wie Du weißt, in der hiesigen Gegend aufgehalten, wie eben das Schicksal mit dem Leben der Menschen sein wechselvolles Spiel treibt. Dieser Berg aber, der von allen Seiten weithin sichtbar ist, steht mir fast immer vor Augen. (…)

Zuerst stand ich, durch den ungewohnten Hauch der Luft und die ganz freie Rundsicht bewegt, einem Betäubten gleich da. Ich schaue zurück nach unten: Wolken lagen zu meinen Füssen, und schon wurden mir der Athos und der Olymp weniger sagenhaft, wenn ich schon das, was ich über sie gehört und gelesen, auf einem Berg von geringerem Ruf zu sehen bekomme. Ich wende dann meine Blicke in Richtung Italien, wohin mein Herz sich stärker hingezogen fühlt. Die Alpen selber, eisstarrend und schneebedeckt – über die einst jener wilde Feind des römischen Volkes stieg, der, wenn wir der Überlieferung glauben dürfen, mit Essig sich durch die Felsen den Weg brach[1] – sie zeigten sich mir ganz nah, obwohl sie weit entfernt sind. Ich seufzte, ich gestehe es, nach italischer Luft, die mehr dem Geist als den Augen sich darbot, und ein unwiderstehliches, brennendes Verlangen erfasste mich, sowohl Freund als Vaterland wieder zu sehen (…)

Ein neuer Gedanke nahm mich darauf in Beschlag und führte mich von der Betrachtung des Raumes hin zu der der Zeit. Ich sagte nämlich zu mir selbst: „Heute erfüllt sich das zehnte Jahr, seit du nach Abschluss der jugendlichen Studien Bologna verlassen hast, und – o unsterblicher Gott! o unwandelbare Weisheit! – wie viele und wie große Änderungen deiner Sitten hat doch die Zwischenzeit gesehen! Dabei übergehe ich, was noch nicht endgültig ist. Denn noch bin ich nicht im Hafen, dass ich sorglos mich vergangener Stürme erinnern dürfte. (…)

So durchging ich in Gedanken das vollendete Jahrzehnt. Dann aber ließ ich meine Sorgen ums Vergangene fahren und fragte mich selbst: „Wenn es dir vielleicht gelänge, durch zwei weitere Lustren[2] dieses flüchtige Leben weiter zu führen und im Verhältnis zur Zeitdauer ebenso weit dich der Tugend anzunähern, wie du in diesen zwei Jahren durch den Kampf des neuen Willens gegen den alten von deinem früheren Starrsinn abgekommen bist, könntest du dann nicht, wenn auch nicht mit Sicherheit, so doch voller Hoffnung, im vierzigsten Jahr deines Lebens dem Tod entgegengehen und auf den Rest des ins Greisenalter schwindenden Lebens gelassen verzichten?"

Diese und ähnliche Gedanken liefen in meiner Brust hin und her, Vater. Ich freute mich über meinen Fortschritt, beweinte meine Unvollkommenheit und beklagte die allgemeine Wandelbarkeit des menschlichen Tuns; und an welchen Ort und aus welchem Grund ich gekommen war, schien ich irgendwie vergessen zu haben. Ich ließ meine Sorgen fahren, für die ein anderer Ort passender sein mochte, wandte mich um und blickte zurück gegen Westen – man hatte mich nämlich gemahnt und gleichsam geweckt, ich solle zurückblicken und sehen, was zu sehen ich gekommen war, die Zeit zum Aufbruch dränge, da die Sonne sich schon neige und der Schatten des Berges wachse.

Der Grenzwall der gallischen Lande und Spaniens, der Kamm der Pyrenäen, ist von dort nicht zu sehen, nicht weil, soviel ich weiß, irgendein Hindernis dazwischen träte, nein, allein infolge der Schwäche der menschlichen Sehkraft. Die Berge der Provinz von Lyon hingegen zur Rechten, zur Linken sogar der Golf von Marseille und der, der an Aigues-Mortes brandet, waren ganz deutlich zu sehen, obwohl dies alles einige Tagereisen entfernt ist. Die Rhone lag geradezu unter meinen Augen. Während ich dies eins ums andere bestaunte und bald an Irdischem Geschmack fand, bald nach dem Beispiel des Körpers die Seele zu Höherem erhob, kam ich auf den Gedanken, in das Buch der Bekenntnisse des Augustinus hineinzuschauen, eine Gabe, die ich deiner Wertschätzung verdanke. Ich bewahre es auf zur Erinnerung an den Verfasser wie an den Geber und habe es stets zur Hand: ein faustgroßes Werklein, von winzigstem Format, aber voll unendlicher Süße. Ich öffne es, um zu lesen, was mir gerade vor die Augen treten würde. Was denn könnte mir wohl vor die Augen treten außer Frommem und Gottergebenem? Zufällig aber bot sich mir das zehnte Buch dieses Werkes dar. Mein Bruder stand voller Erwartung, durch meinen Mund etwas von Augustinus zu hören, mit gespitzten Ohren da. Gott rufe ich zum Zeugen an und ihn eben, der dabei war, dass an der Stelle, auf die ich zuerst die Augen heftete, geschrieben stand: „Und es gehen die Menschen hin, zu bewundern die Höhen der Berge und die gewaltigen Fluten des Meeres und das Fließen der breitesten Ströme und des Ozeans Umlauf und die Kreisbahnen der Gestirne - und verlassen sich dabei selbst"[3].

Ich war betäubt, ich gestehe es, und ich bat den Bruder, der darauf brannte, weiter zu hören, er solle nicht in mich dringen, schloss das Buch, zornig auf mich selber, dass ich jetzt noch Irdisches bewunderte, ich, der ich schon längst selbst von den Philosophen der Heiden hätte lernen müssen, dass nichts bewundernswert ist außer der Seele: Im Vergleich zu ihrer Größe ist nichts groß.

Dann aber wandte ich, zufrieden, vom Berg genug gesehen zu haben, die inneren Augen auf mich selbst, und von jener Stunde an konnte keiner mich reden hören, bis wir ganz unten angelangt waren; jenes Wort hatte mir genügend stumme Beschäftigung gebracht. (…)

Wie oft, glaubst Du, habe ich an diesem Tag auf dem Rückweg mich umgewendet und den Gipfel des Berges betrachtet, und er schien mir kaum die Höhe einer Elle zu haben im Vergleich zur Höhe menschlicher Betrachtung, wollte man sie nur nicht in den Schmutz irdischer Gemeinheit eintauchen. Und auch das kam mir Schritt für Schritt in den Sinn: wenn es nicht einen verdross, so viel Schweiß und Strapazen auf sich zu nehmen, damit nur der Leib dem Himmel etwas näher wäre, welches Kreuz, welcher Kerker, welche Folter dürfte dann die Seele erschrecken, die sich Gott nähert und dabei den aufgeblasenen Gipfel der Überheblichkeit und die Geschicke der Sterblichkeit mit Füßen tritt? Ferner: Wie vielen wird es überhaupt gelingen, dass sie von diesem Pfad, sei es aus Furcht vor harten Bewährungen, sei es aus Begierde nach behaglichem Leben, nicht abschweifen? Oh, überglücklich ist ein solcher Mensch – wenn es je einen solchen gibt! An ihn hat, glaube ich, der Dichter gedacht: Selig, wer es vermochte, das Wesen der Welt zu ergründen, wer so all die Angst und das unerbittliche Schicksal unter die Füße sich zwang und des gierigen Acheron Tosen![4] Ach, mit welchem Eifer müssen wir uns anstrengen, nicht um ein höher gelegenes Stück Erde unter den Füßen zu haben, sondern die von irdischen Trieben entfesselten Begierden!

Unter solchen Bewegungen meines aufgewühlten Herzens kehrte ich in tiefer Nacht, ohne den mit spitzen Steinen besäten Weg wahrzunehmen, zu jener kleinen, bäuerlichen Herberge zurück, von wo ich vor dem ersten Sonnenstrahl aufgebrochen war, und der Mond erwies uns Wanderern die ganze Nacht hindurch seinen willkommenen Dienst. Während das Bereiten des Mahls die Diener in Beschlag nahm, ging ich unterdessen allein in einen abgelegenen Teil des Hauses, um Dir dies in hastiger Eile und aus dem Stegreif zu schreiben, damit nicht, wenn ich es aufschöbe, durch den Ortswechsel sich die innere Stimmung vielleicht entsprechend ändere und der Vorsatz zum Schreiben verglühe.

Kurt Steinmann (Bearb.), Francesco Petrarca. Die Besteigung des Mont Ventoux, Stuttgart, Reclam, 1995, S. 5 und 17–29.

1 Livius, Ab urbe condita 21, 37, 2.
2 Zeitraum von fünf Jahren.
3 Augustinus, Confessiones, 10, 8, 15.
4 Vergil, Georgica 2, 490–492. Acheron ist der Fluss der Unterwelt in der griechischen Mythologie.

HJM

1.2.1.7 Der Berg als Schatzkammer

Die Gewinnung von Metallen durch Bergbau erfuhr im Mittelalter einen erheblichen Innovationsschub, der mit einer Differenzierung des Bergrechts einherging.

Kuttenberger Bergordnung, Miniatur, Abb. in: Franco Cardini, Europa 1492, München, Südwest-Verlag, 1992.

HJM

1.2.2 Auf nach Osten

1.2.2.1 Die Pommernmission

Die Christianisierung Mitteleuropas erfolgte in mehreren Schüben. Die Sachsenmission Karls des Großen und die Slawenkriege der Ottonenzeit verdrängten die heidnischen Slawen bis zur Elbe. Pommern blieb deren Rückzugsgebiet, bis Bischof Otto von Bamberg in der ersten Hälfte des 12. Jahrhunderts mit Unterstützung des Papstes und der angrenzenden Herrscher das Christentum predigte.

Inzwischen entbrannte die Brust des frommen Otto von solcher Begier zu Pilgerfahrt und Predigt, dass er das Land der heidnischen Pommern zu besuchen beschloss, um diese von ihrem Irrtum abzubringen und zum Weg der Wahrheit und Erkenntnis Christi, des Sohnes Gottes zu führen. Als er vom Papst Kalistus II. seligen Angedenkens die Erlaubnis zur Predigt erhalten (…) hatte, machte er sich im Jahre 1124 (…) auf den Weg und gelangte (…) nach Böhmen. Hier wurde er von dem ehrwürdigen Bischof der Stadt und von allen Geistlichen und Laien mit ungeheurer Ehre und ungeheurem Jubel aufgenommen, und hier wie in allen Kirchen, in die er kam, bis nach Gnesen wurde zum Empfang des apostolischen Priesters das Responsorium[1] von den Aposteln gesungen: Die Bürger der Apostel und die Hausgenossen Gottes sind heute angekommen, Frieden bringend und die Heimat erleuchtend, den Heiden Frieden zu geben und das Volk des Herrn zu befreien. Das geschah deshalb, damit man sehe, dass er mit den seligen Aposteln nicht nur das Amt, sondern auch die Lobpreisungen gemein habe. Dann machte er sich auf, sagte seinen Freunden und Getreuen, die gekommen waren, ihn zu geleiten, Lebewohl, verließ das böhmische Gebiet und richtete seinen Weg gen Polen. Endlich war die Reise vollendet, und er wurde von dem Herzog Bolezlaus von Polen ehrenvoll empfangen. Denn dieser freute sich damals über die Ankunft eines so großen Gastes ebenso sehr, als wenn er den Heiland selbst als Gast aufgenommen hätte. Er nahm ihn aber nicht nur mit Ergebenheit auf, sondern behielt ihn auch gütig bei sich, solange er konnte, und behandelte ihn freundlich. Als er schließlich weiter zog, zeigte er sich ihm so freundlich und beflissen, dass er sowohl ihn wie die Seinen auf allen Reisestationen bis an die äußersten Grenzen seines Herzogtums freigebig verpflegte und ihn so durch eifrige Männer mit schuldiger Ehrerbietung zu dem Grafen Paulus von Zutoch geleiten ließ. Dieser sollte ihn dann ehrenvoll zu dem Herzog Bratislaus von Pommern weiter geleiten. Paulus empfing den Bischof und geleitete ihn möglichst schnell etwa mit 60 Kriegern zu dem Herzog, der seinerseits auf die Kunde von der Ankunft des Bischofs diesem freudig mit nicht weniger als 300 Bewaffneten an dem Flusse Wurta entgegenkam. Bratislaus hatte nämlich schon früher dem Götzendienst entsagt und die Grundlagen des wahren Glaubens angenommen. Daher hasste ihn das Barbarenvolk, das unter seiner Herrschaft stand, aus Neid gegen den Namen Christi. Er freute sich deshalb wunderbar über die Ankunft des Bischofs, der das Volk aus der Finsternis des Unglaubens befreien und zum Glauben führen sollte. Sogleich bestimmte er zwei Krieger, die früher selber auch gläubig geworden waren, zu seinem Dienst, mit dem Auftrag, den heiligen Priester des Herrn durch die unbekannten Gegenden zu geleiten und gegen Überfälle der Ungläubigen zu schützen. (…)

Schon hatte er das äußerste Grenzgebiet Pommerns betreten, wo er zunächst auf die Stadt Petris stieß. Kaum hatte der Bischof zu predigen begonnen, da strömten, von göttlicher Eingebung ergriffen, einige Leute, die unweit der Stadt wohnten, um die Wette zusammen, um die Gnade der heiligen Taufe zu empfangen. Das geschah nach dem tiefen Rate Gottes, damit er von dem guten Anfang die Hoffnung auf noch besseren Ausgang gewönne, wenn er merkte, dass die von göttlicher Gnade erfassten Heiden fähig zur Aufnahme des Wortes wären (…) Diesen gab er eine Vorschrift, wie sie den Glauben halten sollten, und kam dann mit des Herrn Hilfe zu einer anderen Stadt, die Kammin heißt. Während er hier volle 3 Monate

1.2 Bewältigung und Nutzung von Räumen

1.2.1.7 Kuttenberger Bergordnung, Miniatur.

predigte, bekehrte er 3585 Menschen beiderlei Geschlechts zum Herrn.

Adolf Hofmeister (Bearb.), Das Leben des Bischofs Otto von Bamberg, (Geschichtschreiber der deutschen Vorzeit 96), Leipzig, Verlag der Dykschen Buchhandlung, 1928, S. 28–31.

1 Liturgischer Gesang.

HJM

1.2.2.2 Besiedlung Preußens

Seit dem Beginn des 13. Jahrhunderts lag die Christianisierung im Nordosten des heutigen Polen in der Hand des Deutschen Ordens. Die Rechtsgrundlage für die Besiedlung bildet die sog. Kulmer Handfeste von 1233.

Bruder Hermann von Salza, Hochmeister des Ordenshauses vom Spital St. Marien der Deutschen zu Jerusalem, und Bruder Hermann Balk, Gebieter dieses Ordens im Slawenland und in Preußen, und der ganze Konvent dieses Ordens entbieten allen Christgläubigen, die dieses Schriftstück ansehen, Heil im wahren Heil. Je mehr und je größeres Ungemach die Bewohner des Kulmer Landes und besonders Unserer Städte Kulm und Thorn zum Schutz der Christenheit und zur Förderung unseres Hauses erleiden, um so fleißiger und wirksamer werden Wir in allen Dingen, wo es die Gerechtigkeit zulässt, ihnen helfen wollen und sollen.
(1) So kommt es, dass Wir diesen Städten für immer die Freiheit gewährt haben, dass ihre Bürger sich in diesen Städten jährlich besondere Richter wählen, die unserem Orden und den Stadtgemeinden unterstehen. Diesen Richtern haben Wir für immer ein Drittel der gerichtlichen Bußgelder überlassen, die für die große Schuld verhängt werden, wobei Wir die Strafe für geringere Vergehen (die so genannte alltägliche), d.h. 12 Pfennige und darunter, ihnen ganz überlassen, in der Weise jedoch, dass alles, was der Richter auf dem Richterstuhl erlässt, also 4 Schilling und darunter, auch von Seiten unseres Ordens erlassen ist, aber bei größerer Schuld (und zwar: Totschlag und Blutvergießen und dergleichen) soll der Richter nichts verfügen ohne die Zustimmung unserer Brüder. Wir verpflichten Uns auch, niemanden die Anteile, die Uns bei diesem Gericht gebühren, zu verkaufen oder zu verleihen.
(2) Wir haben also der Stadt Kulm zu ständigem freiem Besitz 300 flämische Hufen gegeben: unten am Berg und oberhalb des Berges zur gemeinsamen Nutzung durch die Stadt als Wiese, Weiden und Gärten, auch die Weichsel eine Meile oberhalb der Stadt und unterhalb eine weitere Meile mit aller Nutzung (ohne die Inseln und die Biber), zu gemeinsamer Nutzung der Bürger und Fremden, zu freiem Besitz für immer und ewig.
(3) Der Stadt Thorn aber glaubten Wir übereignen zu sollen: den Strom oberhalb bei der großen Insel namens Liske unterhalb von Nassau, auf zwei Meilen flussabwärts mit den Inseln Liske, Gurske, Werbzke und zwei weiteren Zubehörstücken mit aller Nutzung (ohne die Biber), zur gemeinsamen Nutzung der Bürger.
(4) Wir haben auch festgesetzt, in diesen Städten bei allen Urteilen das Magdeburger Recht für immer und ewig zu beachten, jedoch mit der Vergünstigung: Wenn ein Angeklagter in Magdeburg mit 60 Schilling bestraft werden müsste, soll er hier mit 30 Schilling Kulmer Münze büßen; dasselbe Verhältnis soll bei anderen Bußgeldern entsprechend angewandt werden. Wenn aber in diesen Städten ein Zweifel auftaucht über die Gerichtsbarkeit oder über Urteile nach dem Gerichtsrecht, soll dieser Rechtsfall von den Ratleuten der Stadt Kulm erfragt werden, denn Wir wollen, dass diese Stadt die Hauptstadt für die anderen ist, sobald noch welche in diesem Land errichtet werden.
(5) Wir haben auch festgesetzt, dass die Fähre bei diesen Städten frei sein soll für immer und ewig. (…)
(8) Wir haben ferner festgesetzt: Wenn einmal gegen jemanden eine Klage aufkommt wegen seiner Güter, und wenn der Besitzer seine Nachbarn und andere Landsleute, denen bekannt ist, dass es sich so verhält, zu Zeugen seines rechtmäßigen Besitzes hat, soll er eher seine Güter behalten, als dass derjenige, der ihn anficht, ihm diese Güter entfremdet.
(9) Wir haben auch die genannten Bürger von jeglichen ungerechten Steuern befreit, von den erzwungenen Beherbergungen und anderen ungebührlichen Forderungen, wobei Wir diese Huld auf alle ihnen gehörenden Güter ausdehnen (…).
(10) Ja, Wir haben diesen unseren Bürgern die Güter verkauft, die sie von unserem Ordenshaus offensichtlich besitzen, zu flämischem Erbrecht, wobei sie und ihre Erben beiderlei Geschlechts diese mit allen Erträgen frei für immer und ewig besitzen sollen, doch ohne die Dinge, die Wir unserem Ordenshaus im ganzen Land glaubten behalten zu sollen.
(11) Wir behalten also unserem Ordenshaus auf ihren Gütern alle Seen, die Biber, Salzadern, Gold- und Silbergruben und jegliches Erz außer Eisen, so jedoch, dass der Finder des Goldes oder der, auf dessen Grundstück es gefunden wird, dasselbe Recht haben soll, das im Land des Herzogs von Schlesien bei derartigem Fund solchen Leuten gewährt wurde. Der Finder von Silber aber oder der, auf dessen Äckern es gefunden wird, soll an diesem Fund das Freiberger Recht[1] für immer und ewig besitzen. (…)
(13) Ferner: wenn ein Fluss die Äcker eines Bürgers berührt, soll es dem Besitzer der Äcker erlaubt sein, darauf eine einzige Mühle zu bauen, wenn aber dieser Strom für mehrere Mühlen geeignet ist, soll unser Ordenshaus beim Bau der anderen ein Drittel der Erträge von den errichteten als Anteil erhalten. (…)
(17) Wir bestimmen sodann: Jeder, der 40 Hufen oder mehr von unserem Ordenshaus kauft, muss mit vollständiger Ausrüstung und einem gepanzerten Ross, das für solche Ausrüstung geeignet ist, sowie zumindest zwei weiteren Pferden – wer aber weniger Hufen hat, mit Plattenharnisch und anderen leichten Waffen sowie einem Pferd, das für solche Ausrüstung geeignet ist, mit unseren Ordensbrüdern, sooft er von ihnen aufgeboten wird, auf Heerfahrt ziehen gegen die Preußen, die mit vollem Namen Pomesanen heißen, und gegen alle Störenfriede seiner Heimat. Sobald aber diese Pomesanen in dem Kulmer Land durch das

Walten Gottes künftig wirklich nicht mehr zu fürchten
sind, sollen alle genannten Bürger von allen Heerfahrten befreit sein außer der Landesverteidigung, wie gesagt, gegen jegliche Störenfriede.

(18) Auch setzen Wir fest: Jedermann, der ein Erbgut von unserem Ordenshaus hat, soll unseren Ordensbrüdern künftig einen Kölner Pfennig[2] zahlen oder statt dessen fünf Kulmer Pfennige und ein Gewicht von zwei Mark Wachs als Anerkennung der Herrschaft und zum Zeichen, dass er diese Güter von unserem Hause hat und unserer Rechtsprechung zu unterstehen hat, und Wir müssen ihn huldvoll unterstützen und gegen alle, die ihm Unrecht zufügen, nach Kräften unsere Hilfe zuteil werden lassen. Den genannten Zins aber sollen sie alle Jahre am St. Martinstag[3] zahlen oder bis zum 15. Tag danach. (…)

(21) Wir wollen auch, dass von den Gütern dieser Bürger für jeden deutschen Pflugacker ein Scheffel Weizen und einer Roggen nach dem Leslauer Maß, das gemeinhin „Scheffel" heißt, und für einen polnischen Pflugacker, der Haken heißt, ein Scheffel Weizen nach demselben Maß alljährlich dem Diözesanbischof als Zehnt abgeliefert wird. Wenn aber dieser Bischof diese Leute zu anderen Zehntleistungen verpflichten will, ist unser Haus gehalten, für sie einzustehen.[4]

(22) Schließlich setzen wir fest: Es soll eine einzige Münze für das ganze Land gelten, und die Pfennige sollen aus reinem und lauterem Silber geprägt werden; diese Pfennige sollen auch für immer und ewig solchen Wert behalten, dass 60 Schilling von ihnen eine Mark wiegen, und diese Münze soll nur einmal in jedem Jahrzehnt erneuert werden; und jedes Mal, wenn sie erneuert wird, sollen 12 neue für 14 alte getauscht werden; und jedermann darf frei jede beliebige Ware kaufen, die gewöhnlich zum Verkauf auf den Markt gebracht wird.

(23) Ferner haben wir bestimmt, das Maß der Hufen solle nach flämischer Sitte gerechnet werden.

(24) Auch haben Wir dieses ganze Land von jeder Zollzahlung befreit.

Und damit die vorgenannten Bestimmungen, Zusagen und Abmachungen von keinem Unserer Nachfolger gebrochen oder abgeändert werden können, haben Wir vorliegendes Schriftstück abfassen lassen und es mit dem Anhängen Unserer Siegelbullen bestätigt. (…)

Lorenz Weinrich (Bearb.), Quellen zur Deutschen Verfassungs-, Wirtschafts- und Sozialgeschichte bis 1250 (Ausgewählte Quellen zur deutschen Geschichte des Mittelalters. Freiherr vom Stein-Gedächtnisausgabe, Bd. 32) Darmstadt, Wissenschaftliche Buchgesellschaft, 1977, S. 439–447.

1 Das Recht des Finders ist innovativ im Freiberger Recht, einem der einflussreichsten Bergrechte des Mittelalters.
2 Leitmünze für den Fernhandel bis zum Ende des 13. Jahrhunderts.
3 11. November.
4 D. h. den Rechtsschutz übernehmen.

HJM

1.2.3 Reisen in Nah und Fern

1.2.3.1 „Nördlicher als er wohne kein Mensch": Ottars Reiseberichte vom Weißen Meer

Die Beschreibung Ottars über seine Schiffsreisen entlang der skandinavischen Küsten ist eingefügt in die Übersetzung der Weltchronik des Orosius (417/418), die um 875 im Umkreis des literarisch interessierten englischen König Alfreds des Großen entstand. Sie ist als Informationsschrift und nicht als Reiseführer gedacht.

Ottar erzählte seinem Herrn, dem König Alfred, dass er von allen Normannen am weitesten nördlich wohne. Er sei, sagte er, am Lande entlang durch die Westsee nordwärts gefahren und berichtete, das Land erstrecke sich dort sehr weit gegen Norden, sei aber ganz wüst außer an wenigen Plätzen, wo hier und da Finnen hausen, um im Winter Jagd und im Sommer Fischfang zu treiben.

Einmal habe er, wie er erzählte, feststellen wollen, wie weit das Land im Norden reiche oder wohin man im Norden der Wüstenei käme. Deshalb steuerte er nahe dem Lande genau nach Norden. Auf dem ganzen Wege ließ er 3 Tage lang das wüste Land zur Rechten, die offene See zur Linken liegen. Dann befand er sich so weit im Norden, wie die Walfischfänger zu gehen pflegen. Er aber fuhr weiter nach Norden, so weit, wie er in abermals 3 Tagen gelangen konnte. Dann wandte sich das Land nach Osten oder die See ins Land hinein – das wusste er nicht. Wohl aber wusste er, dass er dort auf West- oder Westnordwestwind wartete.[1] Darauf segelte er nahe dem Lande nach Südosten so weit, wie er in 4 Tagen segeln konnte. Dort musste er weiter auf reinen Nordwind warten, weil sich das Land nach Süden umwandte oder die See ins Land hinein - das wusste er nicht. Dann segelte er nahe dem Lande genau südwärts so weit, wie er in 5 Tagen kommen konnte. Dort führte ein großer Fluss aufwärts ins Land hinein. Er lief in den Fluss ein, weil sie aus Besorgnis vor Feindseligkeiten nicht darüber hinaus zu segeln wagten, denn auf der anderen Seite des Flusses war das Land völlig bewohnt. Seitdem er sein eigenes Heim verlassen hatte, war er bebautem Lande nicht mehr begegnet, denn auf der ganzen Reise war das Land zur Rechten nur von Fischern, Vogelstellern und Jägern bewohnt gewesen, und diese waren sämtlich Finnen. Zur Linken aber hatte er stets offene See gehabt. (…)

Hauptsächlich wandte er sich hierher, weil er einmal das Land erforschen wollte, dann aber auch wegen der Walfische und Walrosse, weil diese in ihren Hauern sehr gutes Elfenbein haben.[2] Einige von diesen Hauern brachte er dem König mit. Auch eignet sich ihre Haut sehr gut zu Schiffstauen. Dieser Walfisch ist viel kleiner als die anderen Wale. Er ist nicht länger als 7 Ellen. Aber in seiner eigenen Heimat ist der beste Fang von Walfischen; sie werden 48 Ellen lang, die größten 50 Ellen. Von ihnen haben sie, wie er sagte, zu 6 Mann 60 Stück in 2 Tagen erlegt.

Er berichtete, das Normannenland sei lang und sehr schmal. Alles, was beweidet oder bepflügt werden könne, liege an der See. An manchen Stellen gebe es

45

aber viel Bergland, und längs des angebauten Landes liege weiter oberhalb wildes Ödland. In den Einöden hausten Finnen (Lappen). Das angebaute Land sei gegen Osten am ausgedehntesten und werde im Norden immer schmaler. (…) Und auf der Backbordseite liege während der ganzen Fahrt Norwegen. Südlich von Sciringssal gehe ein großes Meer ins Land hinein, das breiter sei, als dass es ein Mensch überblicken könne. Und auf der anderen Seite liege oben davor Jütland und weiterhin Sillende[3]. Dieses Meer gehe viele hundert Meilen weit ins Land hinein. Von Sciringssal aus ist er seiner Angabe nach in 5 Tagen nach dem Hafen gesegelt, den man at Haethum[4] nennt. Er liegt zwischen Wenden, Sachsen und Angeln und steht unter dänischer Herrschaft. Als er von Sciringssal aus dorthin segelte, hatte er auf der Backbordseite Dänemark, auf der Steuerbordseite ein 3 Tagereisen breites Meer. Und während der anderen 2 Tage, ehe er nach Haethum kam, habe er auf der Steuerbordseite Jütland, Sillende und viele Inseln gehabt. In diesen Gegenden wohnten die Angeln, bevor sie in unser Land gelangten. Und in denselben 2 Tagen hatte er die zu Dänemark gehörenden Inseln auf der Backbordseite.

Richard Hennig (Bearb.), Terrae incognitae. Eine Zusammenstellung und kritische Bewertung der wichtigsten vorcolumbischen Entdeckungsreisen an Hand der darüber vorliegenden Originalberichte I (200–1200) Leiden, E. J. Brill, 1950, S. 202–205.

1 Die Kenntnis der Winde ist für die vormoderne Schifffahrt quasi lebenswichtig.
2 Walzähne waren statt des Elefanten-Elfenbein in Europa ein beliebtes Objekt zur Anfertigung von kostbaren Schnitzarbeiten, etwa für Gefäße oder Buchdeckel.
3 Dem Land Schleswig entsprechend.
4 Haithabu an der Schlei, wichtiger Umschlagplatz für den nordeuropäischen Handelsverkehr des frühen Mittelalters.

HJM

1.2.3.2 Pilgerfahrt nach Santiago de Compostella

Pilgerfahrt war als peregrinatio (Wallfahrt) zur Erlangung von Heil und als Bußstrafe für Sünden eigentlich kein Abenteuer zur Erkundung der Welt. So steht im sog. Liber Sancti Jacobi:

Ausrüstung und Verhalten der Pilger
Nicht ohne Grund empfangen die Pilger, die zu den Stätten der Heilgen streben, in der Kirche den Pilgerstab und die geweihte Tasche. Wenn wir sie nämlich um der Buße Willen zum Sitz der Heiligen schicken, geben wir ihnen nach kirchlichem Brauch die geweihte Tasche mit den Worten: „Im Namen unseres Herrn Jesus Christus empfange diese Tasche, die zur Tracht deiner Pilgerschaft gehört, damit es dir vergönnt sei, geläutert und gereinigt zum erstrebten Grabe des hl. Jacobus zu gelangen, und damit du nach vollbrachter Pilgerreise wohlbehalten und freudevoll zu uns zurückkehren kannst. Das gewähre jener, der als Gott herrscht und regiert in alle Ewigkeit. Amen."
Ebenso sagen wir bei der Überreichung des Pilgerstabes: „Empfange diesen Stab als Stütze für deine Reise und die Mühsale deiner Pilgerfahrt, auf dass du alle Scharen des bösen Feindes besiegen kannst und sicher zum Grabe des hl. Jacobus gelangst und auf dass du nach Vollendung deiner Reise freudevoll zu uns zurückkehrst, nach dem Willen dessen, der als Gott lebt und regiert in alle Ewigkeit. Amen."
Die Tasche (pera) aber (…) bedeutet die Freigebigkeit der Almosen und die Abtötung des Fleisches. Die pera ist ein enger Beutel aus der Haut eines toten Tieres, der immer oben offen steht und nicht mit Schnüren verschlossen ist. Die pera als enger Beutel bedeutet, dass der auf Gott vertrauende Pilger nur einen bescheidenen Lebensunterhalt mitnehmen darf. Dass sie aus der Haut eines toten Tieres ist, bedeutet, dass der Pilger sein Fleisch mit Lastern und Gelüsten in Hunger und Durst, in vielem Fasten, in Kälte und Nacktheit, in Schmähungen und vielen Mühsalen abtöten soll. Dass die pera nicht mit Bändern verschlossen, sondern oben immer offen ist, bedeutet, dass der Pilger zuallererst sein Gut gemeinsam mit den Armen ausgibt und daher immer zum Nehmen und Geben bereit sein muss. Den Stab empfängt der fromme Pilger gleich einem dritten Fuß, als seine Stütze. Dies deutet hin auf den Glauben an die heilige Dreifaltigkeit, auf die er standhaft bauen soll. (…)
In ähnlicher Weise führen nicht ohne Grund die von Jerusalem zurückkehrenden Pilger Palmzweige und die vom Grabe des hl. Jacobus kommenden Muscheln mit sich. Der Palmzweig aber ist ein Siegeszeichen, die Muschel bedeutet gute Werke.

Hans-Wilhelm Klein und Klaus Herbers (Bearb.), Libellus Sancti Jacobi (Jakobs-Studien 8) Tübingen, Gunter Narr Verlag, 1997, S. 50.

HJM

1.2.3.3 Marco Polos China-Expedition

Durch die Kreuzzüge hatte sich der westeuropäische Kontakt zum Orient erheblich verstärkt. Die Kenntnis Asiens verbesserte sich durch den Handel. Dies brachte die Kaufleute Nicolò und Maffeo Polo, Marco Polos Vater und Onkel, aus Venedig in eine neue Welt.

Da die Straßen infolge dieses Ereignisses (einer Schlacht zwischen Alau und Barkas Truppen) für Reisende unsicher geworden waren, konnten es unsere Venezianer nicht wagen, auf dem Weg, den sie gekommen waren, zurückzukehren. Als einzige Möglichkeit, Konstantinopel zu erreichen, wurde ihnen empfohlen, auf einer wenig besuchten Straße, die an den Grenzen von Barkas Gebiet entlangführte, nach Osten zu reisen. Also nahmen sie ihren Weg nach Oukaka, einer Stadt, die an den Grenzen des Königreichs der westlichen Tataren liegt. Als sie diesen Ort verlassen hatten und weiterwanderten, setzten sie über den Tigris, einen der vier Flüsse des Paradieses, und kamen in eine Wüste, die sich siebzehn Tagereisen weit ausdehnte und in der sie weder Stadt noch Burg, noch sonst ein festes Gebäude fanden, sondern nur Tataren mit ihren Herden, die in Zelten oder auf dem freien Felde lagerten. Nachdem sie durch diese Wüste gezogen waren, erreichten sie endlich eine gut gebaute Stadt, Bokhara genannt, in einer Provinz desselben Namens, die zum Reich Persien gehörte, jedoch einem Fürsten unterstand, der Barka-Khan hieß.

1.2 Bewältigung und Nutzung von Räumen

Es begab sich aber, dass zu dieser Zeit ein Mann von großem Ansehen und außerordentlichen Gaben in Bokhara eintraf. Er war als Gesandter des schon erwähnten Alau auf dem Weg zum Großkhan, dem obersten Fürsten aller Tataren, der Kublai-Khan hieß und seinen Herrschersitz am äußersten Ende des Festlandes hatte, in einer Richtung zwischen Nordosten und Osten. Der Gesandte hatte zuvor noch nie Gelegenheit gehabt, Leute aus italienischen Landen zu sehen, und war daher sehr erfreut, unsere Reisenden, die sich jetzt einigermaßen in der tatarischen Sprache verständigen konnten, kennen zu lernen und sich mit ihnen zu unterhalten. Nachdem er mehrere Tage in ihrer Gesellschaft geweilt und diese höchst angenehm gefunden hatte, schlug er ihnen vor, sie sollten ihn zum Großkhan begleiten, der über ihre Anwesenheit an seinem Hof sehr erfreut sein würde, weil auch er bis jetzt noch nicht von Leuten aus ihrem Lande besucht worden war. Er gab ihnen die Versicherung, sie würden ehrenvoll empfangen und reich beschenkt werden. Überzeugt, dass sie sich bei der Rückkehr in ihre Heimat unterwegs den größten Gefahren aussetzen würden, willigten sie in sein Anerbieten ein und setzten, sich dem Schutz des Allmächtigen empfehlend, ihre Reise im Gefolge dieses Gesandten fort, begleitet von mehreren christlichen Dienern, die sie aus Venedig mitgebracht hatten. Sie schlugen die Richtung zwischen Nordost und Nord ein, doch es verging ein ganzes Jahr, bis sie die kaiserliche Residenz erreichten, weil Schnee und Überschwemmungen der Flüsse sie nötigten abzuwarten, bis der Schnee geschmolzen und die Fluten sich wieder verlaufen hatten. (…)

Als die Reisenden dem Großkhan vorgestellt wurden, empfing dieser sie mit der Huld und Leutseligkeit, die seinem Charakter eigen war, und da sie die ersten Italiener waren, die in seinem Land erschienen, wurde ihnen zu Ehren ein Fest gegeben. (…)

Es sei seine Absicht, sagte Kublai-Khan, Seine Heiligkeit den Papst zu bitten, dass er ihm hundert gelehrte Männer schicke, die sowohl in den Grundsätzen der christlichen Religion als auch mit den sieben freien Künsten – der Grammatik, Logik, Rhetorik, Arithmetik, Geometrie, Musik und Astronomie – vertraut seien und die Fähigkeit besäßen, den Gelehrten seines Reiches mit klugen und überzeugenden Beweisgründen darzulegen, dass der Glaube, zu dem sich die Christen bekannten, höher stehe und auf tieferer Wahrheit beruhe als jeder andere und dass die Götter der Tataren und die Götzenbilder, die in ihren Häusern verehrt würden, nichts anderes seien als böse Geister und dass die Tataren ebenso wie alle anderen Völker des Ostens einem Irrtum verfallen seien, wenn sie sie als Gottheiten verehrten. Ferner sagte er den beiden Venezianern, welche Freude es ihm bereiten würde, wenn sie ihm bei ihrer Rückkehr etwas von dem heiligen Öl aus der Lampe mitbringen wollten, die ewig über dem Grab unseres Herrn Jesus Christus brennt, für den er hohe Verehrung hege und den er als den wahren Gott anerkenne. Als sie diese Befehle vom großen Khan vernommen hatten, warfen sie sich vor ihm nieder und erklärten, sie wollten gehorchen und seien augenblicklich bereit, unter Einsatz ihrer ganzen Kraft auszuführen, was sein kaiserlicher Wille ihnen auferlegt habe. Darauf befahl er, dass in seinem Namen Briefe in tatarischer Sprache an den Papst in Rom abgefasst und den beiden Brüdern übergeben würden. Auch ließ er ihnen eine goldene Tafel, Kinpai genannt, aushändigen, auf der das kaiserliche Zeichen eingegraben war; gemäß dem Brauch, den die Majestät des Großkhans eingeführt hatte, wurde der, dem er diese Tafel verlieh, mit seinem Gefolge von den Gouverneuren aller Orte in den kaiserlichen Ländern sicher von Station zu Station geleitet und war während der Zeit seines Aufenthalts in jeder Stadt berechtigt, Lebensmittel und andere Dinge, deren er zu seiner Bequemlichkeit bedurfte, von den Behörden zu fordern. Nachdem sie diesen ehrenvollen Auftrag erhalten hatten, nahmen sie ihren Abschied vom Großkhan und machten sich auf die Reise. Doch kaum hatten sie zwanzig Tagesreisen zurückgelegt, als ihr Gefährte, der Offizier Khogatal, schwer erkrankte. Die beiden Brüder berieten sich in dieser unangenehmen Lage mit ihren Gefährten und mit dem Offizier selbst; mit seiner Zustimmung ließen sie ihn zurück. Bei der Reise kam ihnen die kaiserliche Tafel sehr zustatten, die ihnen überall, wohin sie kamen, die beste Aufnahme sicherte. Was sie auch brauchten, wurde ihnen kostenlos geliefert, und stets wurden ihnen Führer und Begleiter mitgegeben.

Theodor A. Knust (Bearb.), Marco Polo. Von Venedig nach China, Tübingen, Edition Erdmann, 1972, S. 25–29.

HJM

1.2.3.4 Der Westweg nach Indien

Die seetechnischen Neuerungen des 15. Jahrhunderts und die Entdeckungsfahrten vor allem der Portugiesen führten zu der Überlegung, Indien nicht über Land, sondern aufgrund der Kugelgestalt der Erde mit dem Schiff über den Westweg zu erreichen. Nach der Unterwerfung der Mauren durch die Katholischen Könige Ferdinand und Isabella von Spanien wurde 1492 Christoph Kolumbus, der sich lange Zeit vergeblich für dieses Unternehmen eingesetzt hatte, unterstützt und finanziert. Dies bringt der folgende Geleitbrief zum Ausdruck:

Allen Erlauchten und Hochberühmten Königen und deren Nachfolgern, Blutsverwandten und unseren liebwerten Freunden entbieten Ferdinand und Isabella, von Gottes Gnaden König und Königin von Kastilien usw. Glück und Gesundheit. Dasselbe auch allen erlauchten, achtbaren, edlen, ausgezeichneten Personen, Herzögen, Marquisen, Grafen, Vizegrafen, Baronen, Landherren und sonstigen Herren, den uns befreundeten und wohlgeneigten Personen, den Kapitänen, Schiffseignern aller Schiffe mit zwei oder drei Ruderern und jeden anderen Schiffes, das vertragsgemäß fährt, sowie auch allen unseren Beamten und Untertanen irgendeines Amtes, Grades, Einflusses, Ansehens, Ranges oder Berufes sowie allen und jedem von den Personen, die diesen Brief sehen.

Wir schicken den edlen Mann Christoph Kolumbus mit drei ausgerüsteten Karavellen durch die ozeanischen Meere nach Indien zwecks einiger Unterhandlungen zur Verbreitung des göttlichen Wortes und rechtmäßigen Glaubens als auch zum Nutzen und

Räume, Städte, Regionen, Grenzen

Vorteil unserer selbst. Und wenn wir auch glauben, dass Ihr um unserer Sache und Freundschaft willen ihm Schutz gewähret, wenn er zufällig durch Gewässer, Häfen, Strandgebiete, Ländereien, Städte und verschiedene andere Teile Eurer Königreiche, Fürstentümer, Herrschafts- und Rechtsprechungsgebiete kommen müsste, so bitten wir doch sehr, dass er gute Behandlung für sich und seine Schiffe, Leute, Waffen, Hab und Gut und alles, was er mit sich führt, genießen möge. Daher bitten wir auch inständig, Erlauchteste und Hochberühmte Könige und Eure Nachfolger und alle Personen von Rang und Ruf, den vorgenannten Christoph Kolumbus, wenn er in Eure Gebiete, Küsten, Länder, Städte und Gerichtsbarkeitsbezirke kommt, aufzunehmen mitsamt seinen drei Karavellen und seinem Gefolge, uns zu Gefallen als unseren Abgesandten und ihm nicht nur in Eure Königreiche, Fürstentümer, Städte, Garnisonen, Häfen und Strandgebiete Zugang zu gewähren, sondern ihn auch frei mit seinen Karavellen und anderen Fahrzeugen ziehen zu lassen mitsamt den bei sich geführten Waren und Gütern. Auch möget Ihr ihm Eure Hilfe, Euren Rat und Beistand angedeihen lassen und ihm durch Eure gütige Erlaubnis es erleichtern, sich und seine erwähnten Schiffe mit allen Lebensnotwendigkeiten auf eigene Rechnung zu versehen, und ihm Führung und Schutzgeleit zur ungehinderten Fortsetzung seines Weges geben.

Durch all dies werdet ihr uns, wie wir hoffen, große Genugtuung bereiten, und wenn es eintreten sollte, dass Eure Untertanen zu uns übers Meer kommen, so werden wir sie als besonders Empfohlene betrachten, nicht nur weil das bei uns Sitte ist, sondern auch weil wir Euch besonders hochschätzen. Und Ihr, unsere Beamte und Untertanen, werdet es genauestens erfüllen und keinerlei Strafen auf Euch ziehen, die wir den Zuwiderhandelnden kraft unseres Amtes und Willens näher bezeichnet haben.

Gegeben in der Stadt Granada am 17. April im Jahre des Herrn 1492.

Ich der König   Ich die Königin
Im Auftrage des Königs und der Königin
Juan de Coloma

Ludwig Marcuse (Bearb.), Ein Panorama europäischen Geistes 2, Zürich, Diogenes, 1984, S. 111–112.

HJM

1.2.3.5 Der Ausgang ist ungewiss!

Auch nachdem die königliche Unterstützung für das Unternehmen gesichert war, blieben zahlreiche Schwierigkeiten für die Expedition. Neben Schäden an den Schiffen sorgte sich Kolumbus auch um seine eigene Freiheit. Am 9. August 1492 notierte er in das Bordbuch:

Meine Berechnung, dass wir nicht mehr weit von den Kanarischen Inseln entfernt sein könnten, erwies sich als richtig. Heute konnten wir Gran Canaria anlaufen. Meine Hoffnung, ich könnte die ‚Pinta' durch ein anderes Schiff ersetzen, erfüllte sich nicht. So bleibt kein anderer Weg als der Versuch, ein neues Steuerruder anfertigen zu lassen. Pinzón glaubt, dass er das zuwege bringen wird. Auch die Dreieckssegel der ‚Niña' will ich ersetzen, durch runde, damit das Schiff sicherer arbeiten kann und nicht zurückbleibt.

Es gibt für den Seefahrer keinen größeren Feind als den Aberglauben. Als wir Teneriffa passierten, konnten wir gerade einen Ausbruch des Vulkans beobachten. Der Rauch und die Flammen, die glühenden Lavamassen, das dumpfe Getöse, das aus dem Erdinneren kam, versetzten die Mannschaft in panische Schrecken. Ein böses Omen – was sonst? Ich erzählte ihnen vom Ätna und anderen Vulkanen, fand aber nur taube Ohren. Sie glaubten, dass der Vulkan nur deshalb ausgebrochen sei, weil wir diese Fahrt unternehmen. Das bereitet mir gewisse Sorge, aber noch mehr beunruhigt mich die Nachricht, die ein von Ferro kommendes Schiff brachte. Angeblich sollen in der Nähe drei portugiesische Karavellen kreuzen, welche den Auftrag haben, mich gefangen zu nehmen und meinem Unternehmen so ein Ende zu setzen. Der Weg von La Rábida bis Cordoba ist weit und der von Palos bis Lissabon noch weiter. Dennoch weiß der König von Portugal schon, dass ich in See gestochen bin. Er braucht mich nicht mehr, nachdem Diaz den östlichen Weg nach Indien gefunden hat, und will mir dennoch den Westweg verwehren. Wenn es mir gelingt – und das wird mir gelingen –, das Meer zu gewinnen und Gegenden zu erreichen, wohin sich andere Schiffe nicht wagen, werden Joãos Karavellen unverrichteter Dinge nach Lissabon zurückkehren. Die Zeit, die mir immer zu rasch verronnen ist, verrinnt mir nun zu langsam. Erst in drei Wochen wird die ‚Pinta' wieder seetüchtig sein.

Robert Grün (Bearb.), Christoph Kolumbus. Das Bordbuch. 1492. Leben und Fahrten des Entdeckers der Neuen Welt in Dokumenten und Aufzeichnungen, Stuttgart, Erdmann Verlag, 1970, S. 80–81.

HJM

1.2.4 Verkehrsmittel

1.2.4.1 Binnenschifffahrt

Vor Erfindung von Eisenbahn, Automobil und Flugzeug war die Binnenschifffahrt für den Gütertransport von großer Bedeutung. Neben den noch heute schiffbaren Flüssen wurden auch viele kleinere Gewässer als Wasserstraßen benutzt; die Kapazität der benutzten Schiffe war sehr begrenzt. Behinderungen für die Schifffahrt stellten Zollstationen dar. Das königliche Recht, Zoll für den Transport zu erheben, wurde usurpiert, was den König zu Gegenmaßnahmen zwang. Diese werden in einem Reichsspruch Kaiser Friedrichs I. über die Mainzölle vom 6. April 1157 angeordnet:

Daher möge das gegenwärtige Zeitalter aller Getreuen von Christus und Unserem Reich und auch deren künftige Nachwelt wissen: Als Wir mit der gütig schenkenden Gnade Gottes nach Erlangung von Krone und Würde der Stadt Rom und des Erdkreises aus Italien zurückkehrten und dabei nach Würzburg kamen, eilte Uns eine besonders große Klage der Bürger und Kauf-

1.2 Bewältigung und Nutzung von Räumen

1.2.4.2 Meister der Kleinen Passion (Köln, 1411).

leute darüber entgegen, dass von Bamberg bis Mainz auf dem Main an recht vielen Stellen neue, nicht herkömmliche und jeden Rechts entbehrende Zölle von den Kaufleuten gefordert und bei dieser Gelegenheit die Kaufleute recht häufig ausgeplündert werden.

Weil es daher dank der Aufgabe der übernommenen Amtsgewalt Unsere Pflicht ist, denen, die Unrecht leiden, Hilfe zuteil werden zu lassen, haben Wir aufgrund eines Rechtsspruchs der anwesenden Fürsten, wobei der Pfalzgraf Hermann bei Rhein den Rechtsspruch verkündete, geboten, am nächstkommenden Weihnachtsfest sollten alle, die in diesem Fluss Zoll zu erheben pflegten, sich Unserem Antlitz stellen und beweisen, dass ihr Zoll aufgrund von Schenkungen der Kaiser und Könige durch vorgelegte Freibriefe ihnen verliehen worden sei; diejenigen Zölle aber, die keine Bevollmächtigung aufgrund kaiserlicher oder königlicher Schenkung hätten, sollten durch Unseren Rechtsspruch für immer und ewig beseitigt werden.

Auf diesem Hoftag nun haben Wir, da sich keiner von denen Unserem Antlitz stellte noch seinen Zoll mit den zuvor genannten Rechtsbelegen beglaubigte, aufgrund eines Rechtsspruchs der Fürsten alle Zölle von Bamberg bis Mainz für immer und ewig verurteilt – ausgenommen drei, von denen einer zu Neustadt[1] immer im Monat August 7 Tage vor St. Mariä Himmelfahrt und 7 Tage danach liegt, und von allen neuen Schiffen sollen jeweils 4 Pfennig gegeben werden; und zu Aschaffenburg ebenso. Der dritte Zoll liegt zu Frankfurt, dieser ist kaiserlich. Um daher jeglichen Vorwand zu nicht herkömmlichem Zoll und alle Ungesetzlichkeit freventlicher Erhebung zu beseitigen, verfügen Wir kraft kaiserlicher Vollmacht, dass sich niemand herausnehmen soll, die Kaufleute, die mainaufwärts fahren oder auf dem Flussufer (das bekanntlich ein königlicher Weg ist) ein Treideltau ziehen, jemals unter dem Vorwand eines Zolls oder sonst wie zu behindern.

Lorenz Weinrich (Bearb.), Quellen zur Deutschen Verfassungs-, Wirtschafts- und Sozialgeschichte bis 1250 (Ausgewählte Quellen zur deutschen Geschichte des Mittelalters. Freiherr vom Stein-Gedächtnisausgabe, Bd. 32) Darmstadt, Wissenschaftliche Buchgesellschaft, 1977, S. 237–239.

1 Königl. Benediktinerabtei zwischen Lohr und Burg Rothenfels.

HJM

1.2.4.2 Personenbeförderung auf dem Rhein

Die spätmittelalterliche Darstellung des Martyriums der Hl. Ursula vor Köln vermittelt einen Eindruck vom Schiffsverkehr auf dem Rhein in der Zeit der Bildherstellung. Am unteren Bildrand ist Fischfang dargestellt. Die Darstellung Kölns ist baugeschichtlich und topografisch ziemlich genau.

Meister der Kleinen Passion (Köln, 1411), abgebildet in: Stefan Lochner, Meister zu Köln. Herkunft, Werke, Wirkung, Köln, Lochner-Verlag 1993, S. 315.

HJM

1.2.4.3 Seerechtsbestimmungen

Die Schifffahrt auf Nord- und Ostsee, die von Hansekaufleuten betrieben wurde, barg erhebliche Gefahren in sich. Es bedurfte deshalb der rechtlichen Regelung, wie beispielsweise bei Schiffbruch zu verfahren sei.

Die Ratmänner der Stadt Hamburg in reiner Treue und beständiger, wohlwollender Dienstbereitschaft an den Herrn Vogt und an die Ratmänner der Stadt Lübeck, kluge und ehrwürdige Männer.

Vor uns sind Eure Ratmänner, Herr Heinrich von Wittenburg und Herr Alwin Husen, erschienen und haben vorgebracht, dass das Schiffsrecht (...) in der Art der Handhabung durch die Stadt Hamburg ihnen außerordentlich schädlich erschiene. Wir haben darauf erwidert, unsere Rechtsprechung sei folgende: Wo auch immer ein Kaufmann von einem Schiffer ein Schiff und einen Kahn, both genannt, mietet, und wohin dieser mit dem Schiff segelt, wenn es aus unvermuteter Ursache in solche Gefahr auf dem Meer gerät, was als supra vorende bezeichnet wird, sodass die Besatzung das Schiff verlassen und mit dem Boot an Land gehen muss, und die Kaufleute, die vruchtlude (Befrachter) genannt werden, wegen des Ladegutes, ausgenommen Silber und Gold, die Seeleute auffordern: Helft uns, die Ladung zu retten, und wir werden Euch dafür geben, was billig ist. Wenn das geschieht, was invorende[1] genannt ist, dann ist es recht, die 30. Mark zu geben. Wenn aber an einem reve (Riff), wie es genannt wird, dann soll die 20. Mark gegeben werden, und wenn das Gut auf hoher See verloren geht, dann soll die 10. Mark gezahlt werden. Wenn nämlich weniger für die Arbeit der Gehilfen festgesetzt wird, dann befürchten wir, dass sie auch weniger bereitwillig die Güter bergen. Über Silber und Gold ist keine Bestimmung erlassen, da die Kaufleute noch keine derartigen Güter auf dem Seeweg zu transportieren pflegten, als dies statuiert wurde. Es steht Euch daher frei, für Silber und Gold das festzusetzen, was Euch angemessen und vernünftig erscheint.

Weiter, wenn ein Schiff auf dem Meer zum Schutz des Lebens Ladegüter über Bord wirft, soll das vom Schiffer mit den Kaufleuten Mark für Mark abgegolten werden. Ferner, wenn irgendwo jemand einen anderen unter Segeln beschädigt (…) und der Geschädigte ihn des Vorsatzes beschuldigt, und dieser bereit ist, auf die Reliquien zu schwören, dass es ohne Vorsatz geschehen sei, soll er den halben Schaden ersetzen, sofern der Geschädigte ihn mit guten und glaubwürdigen Männern nachweisen kann. Wenn der Schädiger jedoch nicht schwören will, so soll er den von ihm angerichteten Schaden in voller Höhe begleichen.

Jochen Goetze (Bearb.), Schreiben der Stadt Hamburg an Lübeck (vor dem 21. Dezember 1259), in: Rolf Sprandel (Bearb.), Quellen zur Hansegeschichte (Ausgewählte Quellen zur deutschen Geschichte des Mittelalters. Freiherr vom Stein-Gedächtnisausgabe, Bd. 36), Darmstadt, Wissenschaftliche Buchgesellschaft, 1982, S. 395.

1 Bei der Hafeneinfahrt

HJM

1.2.4.4 Freiheit auf königlichen Straßen

Das Wegerecht gehörte zu den königlichen Rechten. Streitigkeiten, die den Transport betrafen, waren vor dem König zu entscheiden, wie in diesem Fall 1224 vor Heinrich VII.

Kann oder darf etwa irgendjemandes Leuten Reise, Zug und Weg auf königlichen Straßen, was das Mitführen von Handelswaren oder das Abhalten von Geschäften anlangt, durch den Landesherrn oder jemand anderen untersagt werden? Es erging also der Rechtsspruch der Fürsten: Dies ist niemandem erlaubt, und keiner darf sie bei ihrem Handel und Geschäft behindern.

Lorenz Weinrich (Bearb.), Quellen zur Deutschen Verfassungs-, Wirtschafts- und Sozialgeschichte bis 1250 (Ausgewählte Quellen zur deutschen Geschichte des Mittelalters. Freiherr vom Stein-Gedächtnisausgabe, Bd. 32) Darmstadt, Wissenschaftliche Buchgesellschaft, 1977, Nr. 103, S. 405.

HJM

1.2.4.5 Gütertransport auf der Straße

Der Transport von Waren auf dem Landweg war sehr mühsam. Entweder wurden sie in Körben oder mit Stangen von Menschen getragen oder auf Esel geladen. Daneben wurden Karren bzw. Wagen benutzt. Die Warenmengen blieben gering.

Wandernde Händler. Holzschnitt „Aesop", Ulm 1476/77
Mittelalterlicher Kleinhändler. Holzschnitt aus „Aesop". Ulm 1470
Händler mit zweirädrigem Karren. Holzschnitt aus „Aesop". Ulm 1476/77
Vierrädriger Frachtwagen. Ausschnitt aus einem Holzschnitt in „Vergil". Straßburg 1502

Aesop, Fabeln, Ulm 1476/77; Vergil, Werke, Straßburg 1502.

HJM

1.2.5 Die europäische Wirtschaft und die Entgrenzung des Raumes

1.2.5.1 Die Hanse

Ein Privileg Heinrichs des Löwen, Herzog von Sachsen und Bayern, von 1161 besiegelte einen Frieden zwischen Deutschen und Bewohnern der Insel Gotland in der Ostsee und regelte die zeittypische Wechselseitigkeit der Rechtsstellung von Deutschen und Gotländern. Heinrich hatte wenige Jahre zuvor die Hafenstadt Lübeck erworben. Kurze Zeit nach der Erteilung des Privilegs schlossen sich die deutschen Gotlandfahrer (universi mercatores Imperii Romani Gotlandiam frequentantes) zusammen, wohl in Form einer Schwurgemeinschaft. Dieser Vereinigung gehörten nicht nur lübische, sondern auch westfälische und sächsische Kaufleute an.

(…) und dass wir auch die mannigfachen Übel, nämlich Hassausbrüche, Feindschaften und Morde, die aus der Uneinigkeit beider Völker (gentes) entstanden sind, unter helfender Gnade des Heiligen Geistes in ewiger Beständigkeit des Friedens beigelegt und dadurch die Gotländer wohlwollend in die Gnade unserer Versöhnung aufgenommen haben. Daher bestätigen wir den Gotländern die Rechts- und Friedensbeschlüsse, die ihnen einst von dem erlauchten Römischen Kaiser, Herr Lothar seligen Angedenkens, unserem Großvater, gewährt worden sind (…). Die Gotländer sollen im Gebiet unserer ganzen Macht einen festen Frieden haben, sodass sie an dem, was sie an Schaden an ihren Gütern oder an Unrecht innerhalb der Grenzen erlitten haben, volle Gerechtigkeit aus unserer richterlichen Macht und Genugtuung erhalten, wobei wir ihnen die Gnade hinzufügen, dass sie in allen unseren Städten vom Zoll[1] frei sein sollen. Wenn irgendein Gotländer in einer unserer Städte, wo wir eidlich den Frieden gesichert haben, getötet werden sollte, so soll der angeklagte Täter mit dem Todesurteil bestraft werden. Wenn aber jemand durch Waffen verletzt oder verkrüppelt wird, so soll nach unserem Entschluss dem angeklagten Täter die Hand abgeschlagen werden. (…) Wenn ebenso aber auch ein Gotländer auf der An- und Rückreise in einem außerordentlichen Rechtsverfahren getötet wird, so soll der Täter mit den Erben und Verwandten des Getöteten einen Vergleich über 40 Mark in der Währung jener Provinz, in der der Frevel begangen worden ist, abschließen. Auch wenn einer von ihnen in einer unserer Städte stirbt, so soll dessen Erbe oder Verwandter, falls er zufällig anwesend ist, die Güter erhalten und sich ihrer in tiefem Frieden erfreuen; an-

1.2 Bewältigung und Nutzung von Räumen

1.2.4.5 Wandernde Händler. Holzschnitt „Aesop", Ulm 1476/77.

1.2.4.5 Mittelalterlicher Kleinhändler. Holzschnitt aus „Aesop". Ulm 1470.

1.2.4.5 Händler mit zweirädrigem Karren. Holzschnitt aus „Aesop". Ulm 1476/77.

1.2.4.5 Vierrädriger Frachtwagen. Ausschnitt aus einem Holzschnitt in „Vergil". Straßburg 1502.

dernfalls aber sollen jene Güter in derselben Niederlassung, in der jener starb, ein Jahr und einen Tag unzerteilt aufbewahrt werden; wenn sie aber innerhalb dieser Zeit niemand beansprucht haben wird, so soll sie der Richter der Stadt in Empfang nehmen[2]. Endlich haben wir für alle Gotländer dieselbe Gunst und Rechtssatzung wie für unsere Kaufleute beschlossen, und wir haben festgesetzt, dass dies für immer fest und unumstößlich gelten soll, vorausgesetzt die Gotländer gewähren unseren Leuten in dankbarer Wechselseitigkeit dasselbe; im übrigen sollen sie uns und unser Land in Zukunft häufiger aufsuchen und unseren Lübecker Hafen öfter frequentieren.

Rolf Sprandel (Bearb.), Quellen zur Hansegeschichte (Ausgewählte Quellen zur deutschen Geschichte des Mittelalters. Freiherr vom Stein-Gedächtnisausgabe, Bd. 36), Darmstadt, Wissenschaftliche Buchgesellschaft, 1982, S. 173–175.

1 Der Begriff Zoll umfasst hier auch eine Abgabe für die Bereitstellung der Marktinfrastruktur sowie Transitzölle.
2 Es handelt sich um eine für die Zeit moderne Erbschaftsregelung.

BF

1.2.5.2 Ludovico di Varthema

Genauere Kenntnisse über Asien erhielt man in Europa erstmals im 13. Jahrhundert durch die Reiseberichte des Johannes von Plano Carpini, des Wilhelm von Rubruk und des Marco Polo. Dabei ist Marco Polos Aufenthalt in China mittlerweile umstritten. Doch erst im 15. Jahrhundert intensivierte man die Suche eines Seeweges nach Indien. Dieses Vorhaben wurde insbesondere von den Königen und Prinzen Portugals gefördert. Ziele waren die direkte Beteiligung am ertragreichen Gewürzhandel unter Ausschaltung des Zwischenhandels der Araber und Türken sowie die Beschaffung von Edelmetallen.
Der aus Bologna stammende Ludovico di Varthema bereiste ab 1503 Ägypten, den Nahen Osten, die Arabische Halbinsel, Persien und gelangte über Indien vermutlich bis zu den Molukken[1], bevor er 1507 zurückreiste. Seine Informationen über die dortige Inselwelt gab er an die Portugiesen weiter, die in den folgenden Jahren eine Vormachtstellung ausbauten. Der Reisebericht wurde bereits 1510 in Rom erstmals gedruckt und anschließend in mehrere europäische Sprachen übersetzt, so auch 1515 ins (Ober-)Deutsche.

Am nächsten Tag schifften wir uns in Richtung einer Stadt, die Malakka genannt wird, ein. Sie liegt in südöstlicher Richtung und wir erreichen sie nach acht Tagen. In der Nähe der Stadt fanden wir einen mächtigen Strom[2], wie wir noch keinen gesehen haben, er heißt Gaza und ist offensichtlich mehr als 15 Meilen[3] breit. Und auf der anderen Seite des Flusses liegt eine große Insel, genannt Sumatra. Nachdem wir in der Stadt Malakka angekommen waren, wurden wir sofort dem Sultan vorgeführt. Er ist ein Maure wie (fast) alle seine Untertanen. Die Stadt liegt auf dem Festland und zahlt Tribut an den König von China.[4] Er hat vor ungefähr siebzig Jahren diese Stadt errichten lassen, weil sich dort ein guter Hafen befindet, der wichtigste am Ozean. Und ich glaube tatsächlich, dass hier mehr Schiffe einlaufen, als sonst wo auf der Erde, vor allem weil hier alle Arten von Gewürzen und unglaubliche Mengen anderer Waren eintreffen.

Das Land selbst ist nicht sehr fruchtbar, doch baut man dort Getreide und Viehfutter in kleinen Mengen an. Auch gibt es Wald und Vögel wie in Calicut[5], außer den Papageien, die hier schöner sind. Man findet eine große Menge Sandelholz und Zinn, ferner sehr viele Elefanten, Pferde, Schafe, Kühe und Büffel, Leoparden und Pfauen in großer Zahl. Einige Früchte ähneln denen in Ceylon.

Es ist nicht notwendig, hier mit anderen Waren Handel zu treiben als mit Gewürzen und Seidenstoffen.

Die Leute hier haben eine olivfarbene Haut und tragen lange Haare. Ihre Kleidung ist von der Art, wie sie in Kairo getragen wird. Sie haben breite Gesichter, runde Augen und eine plattgedrückte Nase. Bei Dunkelheit hier herumzuspazieren ist unmöglich, denn sie bringen einander um wie die Hunde, und alle Händler, die hier ankommen, schlafen auf ihren Schiffen. Die Einwohner gehören zum Volk der Javaner. Der König (von Siam) unterhält zwar einen Gouverneur, der für die Rechtsprechung über die Ausländer zuständig ist, aber die Leute des Landes üben Selbstjustiz, und sie sind die übelste Rasse, die auf Erden erschaffen wurde. Das Klima hier ist sehr gemäßigt[6]. Aber die Christen in unserer Begleitung ließen uns wissen, dass man hier nicht lange bleiben sollte, weil die Bevölkerung ein bösartiger Menschenschlag sei.

Die Weiterreise führt nach Pedir, einer Hafenstadt auf Sumatra.

Im Lande Pedir wachsen große Mengen von einer Pfeffersorte, die von länglicher Form ist und molaga genannt wird[7]. Die Art Pfeffer ist dicker als jene, die zu uns gelangt und auch deutlich heller; innen ist sie hohl und ebenso scharf wie unser Pfeffer und wiegt sehr wenig; man verkauft sie mit dem Hohlmaß so wie bei uns das Getreide. Man muss dazu wissen, dass in diesem Hafen jedes Jahr achtzehn oder zwanzig Schiffe mit Pfeffer beladen werden, die alle nach Cathay[8] fahren.

Folker Reichert (Bearb.), Ludovico de Varthema. Reisen im Orient, Sigmaringen, Jan Thorbecke Verlag, 1996, S. 216–219, 220 f.; auch in: Eberhard Schmitt (Bearb.), Die großen Entdeckungen. Dokumente zur Geschichte der europäischen Expansion, Bd. 2, München, Verlag C.H.Beck, 1984, S. 229 f.

1 Es bleibt umstritten, ob Varthema über die westindische Küste weiter nach Osten vorgedrungen ist oder ob er dort seine relativ detaillierten Kenntnisse über die südostasiatische Inselwelt durch Gespräche erwarb.
2 Es handelt sich um die Straße von Malakka.
3 In der Ausgabe von 1510 steht 25 Meilen.
4 Oder an den König von Siam.
5 Bedeutende Hafenstadt in Ostindien.
6 Ein wichtiger Hinweis für die mögliche Anlage eines Stützpunktes.
7 Langer Pfeffer (Piper longum).
8 (Nord-)China.

BF

1.2.5.3 „Wollpass"

Hessen wurde in der frühen Neuzeit zu einem wichtigen Wollexporteur, zum Teil auf Kosten der Weiterverarbeitung im Land selbst. Der Gewinn versprechende (Groß-)Handel war strikt reglementiert, die Händler mussten sich so genannte ‚Wollpässe' ausstellen lassen; ein großer Teil der aufgekauften Wolle floss dann über Fernhändler in die Niederlande.

Wir Moritz[1], von Gottes Gnaden Landgraf zu Hessen, Graf zu Katzenelnbogen, Dietz, Ziegenhain und Nidda verkünden hiermit unter Berücksichtigung der von unserem geliebten Herrn Vater[2], Gott sei seiner gnädig, erlassenen Ordnung über den Wollhandel[3] in unserem Fürstentum, und auf die untertänige Frage und Bitte unseres Untertanen[4] und Bürgers in Homburg, Hans Ellenberger, dass wir diesem gnädig vergönnen und erlauben, in unserem Fürstentum Wollhandel zu treiben. Dass wir nicht nur die Ordnung unseres geliebten, gottseligen Herrn Vaters hiermit beibehalten und angewandt, sondern auch dem Ersuchen unseres genannten Untertans gnädiglich stattgegeben haben. Wir befehlen deswegen allen und jedem, besonders unseren Herren Beamten und Untertanen, dass sie dem genannten Ellenberger den Wollhandel gestatten und ihn fördern, doch soll er sich der genannten Wollordnung gemäß verhalten, zumal er diese unseren Schultheiß zu Homberg geloben und beschwören soll; ihm diese Pflichtleistung abzunehmen haben wir dem genannten Schultheiß damit befohlen. Zur Verkündung haben wir unser fürstliches Sekretsiegel aufdrucken und [den Pass] zu Kassel ausstellen lassen, am achtzehnten Monatstag des Februar im Jahre des Herrn 1594.

Hessisches Staatsarchiv Marburg, Bestand 17 f, LXIX Nr. 1 aa.

1 Moritz v. Hessen-Kassel (1572–1632, Resignation 1627).
2 Wilhelm IV. von Hessen(-Kassel) (1532–1592).
3 Von 1572.
4 Nicht im Sinne des 19. und 20. Jahrhunderts zu verstehen.

BF

1.3 Wirtschaftliche und kulturelle Schwerpunktbildungen: Städte und Regionen

Bis weit in die Neuzeit hinein lebte die überwiegende Mehrheit der Menschen auf dem Lande. Gegen Ende des 15. Jahrhunderts waren wohl höchstens 15 % der Bevölkerung Deutschlands in Städten ansässig. Zudem war der Übergang von mancher der Städte, die ohnehin nur Klein- oder Kleinststädte waren, zu einem größeren Dorf durchaus fließend. Das Städtewesen war nicht sehr ausgeprägt. Im rechtsrheinischen Gebiet existierten bis ins 10. Jahrhundert hinein keine Städte, und auch an Rhein und Donau gab es keine kontinuierliche Entwicklung der römischen Zentren bis ins Früh- und Hochmittelalter.

Sowohl Herrscher wie auch Regionalherren erkannten die Möglichkeiten, die ihnen aus der Anlage von Städten erwuchsen (1.3.1). Sie konnten neben den finanziellen Vorteilen, die diese boten (Abschöpfung des Handels durch Steuern, Zölle etc.), als organisatorische Zentren für das Umland genutzt werden. Häufig wurden Städte in Anknüpfung an bestehende Ortschaften wie Marktsiedlungen oder kleinen Niederlassungen an verkehrsgünstig gelegenen Plätzen „gegründet". Dabei machte sich zunehmend eine Konkurrenz zwischen den Städtegründern bemerkbar, die manches Projekt nicht zur gewünschten Entfaltung kommen ließ. Daneben zeigten viele Städte einen Drang zu verstärkter Autonomie oder zumindest zu mehr Eigenständigkeit gegenüber dem Stadtherren.

Verstärkt seit dem 15. Jahrhundert sind Reiseberichte und Beschreibungen aus der Feder der zumeist aus adliger oder städtischer Oberschicht stammenden Autoren über die von ihnen besuchten Städte überliefert. Ihnen kann man ein plastisches Bild der Kommunen entnehmen, auch wenn nicht jede Detailangabe vertrauenswürdig ist. Oft wurden bestehende (Vor-)Urteile verstärkt (1.3.4). Auch die mittelbare Umgebung war beschreibungswürdig (1.3.3). Bereits die so genannten „Gründungsstädte" des Hochmittelalters ließen Gesichtspunkte einer Planung erkennen. Überlegungen zu einer konsequenten Stadtplanung gibt es erst in der frühen Neuzeit in nennenswertem Umfang. Allerdings werden sie in deutlich geringerem Ausmaß verwirklicht (1.3.2).

Von den Städten gingen wichtige ökonomische und, wie von den entstehenden Höfen, auch kulturelle Fortschritte aus. In wirtschaftlicher Hinsicht zeigen sich früh Bestrebungen der Kommunen, das Umland zu dominieren, auch als entscheidend für das Stadt-Land-Verhältnis. Allerdings blieben die Städte auf den Zuzug ländlicher Bevölkerung angewiesen und bezogen vom Land den Großteil der benötigten Lebensmittel (1.3.5). Daneben wurden besonders in verdichteten Gewerbezentren das Umland in die Produktion einbezogen (Verlagswesen, Textilherstellung) (1.3.6).

1.3.1 Städtewesen – Lübeck

Nach der Gründung Lübecks 1143 im Zuge der Binnenkolonisation und Ostsiedlung erlebte die Siedlung einen raschen Aufschwung. Allerdings unterbrach Heinrich der Löwe, der eigene Interessen gefährdet sah, die Entwicklung. Er ließ 1156 den Markt sperren. Eine eigene Neugründung unweit Lübecks scheiterte an der ungünstigen Lage und schließlich gelang es Heinrich, Lübeck von dem unterlegenen Grafen Adolf II. von Schauenburg und Holstein zu erwerben. Autor der zeitgenössischen Chronik ist der Geistliche Helmold von Bosau.

Eines Tages sprach der Herzog (Heinrich d. Löwe) den Grafen mit den Worten an: „Schon seit geraumer Zeit wird uns berichtet, dass unsere Stadt Bardowik durch den Markt zu Lübeck zahlreiche Bürger verliert, weil die Kaufleute alle dorthin übersiedeln. Ebenso klagen die Lüneburger, dass unsere Saline zu Grunde gerichtet sei wegen des Salzwerks, das ihr zu Oldesloe angelegt habt. Darum ersuchen wir Euch, uns die Hälfte eurer Stadt Lübeck und des Salzwerks abzutreten, damit wir die Verödung unserer Stadt leichter ertragen können. Sonst werden wir verbieten, dass weiter zu Lübeck Handel getrieben wird...". Als nun der Graf ablehnte, da ihm solche Übereinkunft unvorteilhaft schien, verordnete der Herzog, dass zu Lübeck kein Markt mehr stattfinden und keine Gelegenheit zu Kauf oder Verkauf mehr sein dürfe, außer für Lebensmittel. Gleichzeitig ließ er auch die Salzquellen zu Oldesloe verstopfen. (…)

Um jene Zeit wurde die Stadt Lübeck von einer Feuersbrunst verzehrt[1], und die Kaufleute und die übrigen Einwohner schickten zum Herzog und ließen sagen: „Lange dauert es schon, dass der Markt zu Lübeck auf euren Befehl verboten ist. (…) Nachdem aber nun unsere Häuser verbrannt sind, erscheint es sinnlos, an einem Ort wieder aufzubauen, wo kein Markt sein darf. Gib uns also Raum für die Gründung einer Stadt an einem Orte, der dir genehm ist." Daraufhin bat der Herzog den Grafen, ihm Hafen und Werder in Lübeck abzutreten. Das wollte dieser nicht tun. Da errichtete der Herzog eine neue Stadt jenseits der Wakenitz, nicht weit von Lübeck, im Lande Ratzeburg, und begann zu bauen und zu befestigen. Und er nannte sie nach seinem Namen ‚Löwenstadt', also Stadt des Löwen[2]. Weil dieser Platz aber sowohl für einen Hafen wie für eine Festung wenig günstig und nur mit kleinen Schiffen erreichbar war, nahm der Herzog Verhandlungen mit dem Grafen Adolf über Werder und Hafen von Lübeck nochmals auf und versprach viel, falls er seinem Wunsch nachgebe. Endlich gab der Graf nach, tat, wozu die Not ihn zwang, und trat ihm Burg und Werder ab. Alsbald kehrten auf Befehl des Herzogs die Kaufleute freudig zurück, verließen die ungünstige neue Stadt und begannen, Kirchen und Mauern der Stadt wieder aufzurichten. Der Herzog aber sandte Boten in die Hauptorte und Reiche des Nordens, Dänemark, Schweden, Norwegen und Russland, und bot ihnen Frieden, dass sie freien Handel in seiner Stadt Lübeck hätten. Er verbriefte dort auch eine Münze, einen Zoll und höchst ansehnliche Stadtfreiheiten. Von dieser Zeit an gedieh das Leben in der Stadt, und die Zahl ihrer Bewohner vervielfachte sich.

Heinz Stoob (Bearb.), Helmold von Bosau. Slawenchronik (Ausgewählte Quellen zur deutschen Geschichte des Mittelalters Freiherr vom Stein-Gedächtnisausgabe, Bd. 19), 5. Aufl., Darmstadt, Wissenschaftliche Buchgesellschaft, 1990, S. 213, 265, 303 ff.

1 Herbst 1157.
2 Anfang 1158; die genaue Lage der Anlage ist bisher nicht bekannt.
BF

1.3.2 Heinrich Schickhardt: ein realistisches Projekt

Feuersbrünste boten bei allen Belastungen für die Betroffenen eine Gelegenheit, auch Kleinstädte planmäßig neuzubauen. Der württembergische (Landes-)Baumeister Heinrich Schickhardt (1558–1634) hinterließ in seinen Aufzeichnungen Berichte über mehrere derartige Projekte.

Schiltach[1] ist am 26. August 1590 bis auf den Boden verbrannt, nur ein kleines, mit Brettern beschlagenes Häuschen auf der Stadtmauer blieb verschont. Am 13. Oktober 1590 fertigte Herzog Ludwig[2] den Kammerrat Isac Schwartz, Georg Behren und mich, Heinrich Schickhardt, nach Schiltach ab. Der Herr Kammerrat ließ die gesamte Gemeinde zusammen fordern, sagte ihnen, dass Ir. F. G.[3] nicht nur großes Mitleid mit ihnen habe, sondern väterliche Sorge trage, und Ir. F. G. wolle ihnen sofort mit Brot, Getreide, Geld, auch mit Eichen- und Tannenholz helfen; die meisten haben darüber vor Freude geweint und alles lief gut an. Weil aber die Stadt vorher vollkommen planlos (willkürlich) gebaut gewesen war, ist der Gemeinde gesagt worden, dass die beiden Baumeister Ir. F. G., Georg Behren und ich, darum nach hier gesandt worden sind, dass wir die Gassen abstecken und vorgeben, wo gebaut wird. Obwohl es ihnen nicht allen gefallen hat, so haben sie es doch befolgt.
Als ich ungefähr zwei Jahre später wieder dorthin kam, fand ich die Stadt planmäßig erbaut und der Bürgermeister Legeler berichtete mir, dass er bei seinem Eid der Meinung wäre, dass nicht ein Bürger ärmer sei als vor der Feuersbrunst, und obwohl sie nur ungern nach den Vorgaben gebaut hätten, dankten sie jetzt Gott und all denen, die dazu geholfen hätten: Denn anstelle alter baufälliger und schlecht geordneter Gassen und Häuser haben sie nun wohl geordnete Gassen und Häuser.

Wilhelm Heyd (Bearb.), Handschriften und Handzeichnungen des herzoglich württembergischen Baumeisters Heinrich Schickhardt, Stuttgart, Verlag. W. Kohlhammer, 1902, S. 348 f.

1 Schiltach liegt etwa 20 km südlich von Freudenstadt.
2 1568–1593.
3 Ihre Fürstliche Gnaden.
BF

1.3.3 Wohnquartiere, Nachbarschaften – Hermann Weinsberg

Der nicht zur städtischen Oberschicht gehörige Kölner Bürger und Ratsherr Hermann Weinsberg (1518–1591) verfasste ab 1555 bis zu seinem Tod Aufzeichnungen, die neben den politischen Vorgängen gerade auch die persönlichen Lebensumstände reflektieren. Der folgende Text beinhaltet eine Beschreibung seines Wohnquartiers, eines typischen spätmittelalterlich-frühneuzeitlichen Häuserblocks, den Weinsberg zudem noch selbst gezeichnet hat[1] (siehe S. 55).

Von A, der Hofstatt.
– eine unbebaute Hofstatt, ist in meiner Erinnerung zu jeder Zeit als Gemüse- oder Krautgarten gebraucht worden. (…) Diese Hofstatt oder das Höfchen hatten Gottschalk und Marie[1], meines Vaters Eltern, vorher gemietet, und als Marie Witwe wurde um die Zeit meiner Geburt, hat es Maes van Bracht zu den 'Zwei Tauben' (Haus) hinter meiner Frauen her ihr aus den Händen gemietet und gebraucht, und von Maes ist es bei seinem Sohn Lenhart von Bracht geblieben, der es ca. 1560 meiner Schwester Marie und ihrem Mann Peter Ordenbach überlassen hat, gib jährlich sechs Mark Zins. Nachfolgend hat es meine Schwester Marie von den Kirchmeistern zu St. Laurentz für 2 Rädergulden erblich angenommen und Siegel und Brief davon bekommen und benutzt es als Erbschaft. (…)
Vom D oder Paulus Haus
Ist, anno 1518 – Conrad von Eupen und Greten zugehörig gewesen, und als Conrad geisteskrank wurde und gestorben ist, hat Paulus von Cube die Witwe Gret Conrads geheiratet und ohne Kinder ihr Gut testamentsweise behalten und nach ihrem Tod Weisgin Ripgin[2] geheiratet, sie hatten zwei Söhne, das Haus repariert, einen neuen Keller darin gebaut und St. Paulus auf das Brett gemalt, weswegen es zu meiner Zeit Paulus Haus genannt worden ist; und haben Teppiche (schartzen[3]) gemacht, Teppichzeichen zu Frankfurt verkauft und sich ernährt. Und als er decollationis 1547[4] gestorben, (…), habe ich Weisgin Ripgin von Neuß zur Ehe bekommen, das Haus zwei Jahre bewohnt, danach an Johann von Worringen, Teppichweber (schartzeweber) und Trine Cluden, auch Peter vom Rhade, Teppichweber, und Feie, Eheleute, vermietet, die noch darin wohnen. (…)
Von J oder zu Zwei Tauben
Anno 1518 hat es Maes von Bracht, Blaufärber, Ratsmann und Kirchmeister als Eigentum besessen und bewohnt – und es dann auf seinen Sohn Lenhart von Bracht vererbt, von dem das Eigentum auf meinen Bruder Gottschalk und seine Hausfrau gekommen ist wegen Nichtbezahlung seiner Renten (faren), denn der genannte Lenhart Blaufärber war alt und nahrungslos und verdarb, es lebten auch keine Kinder bei ihm. (…)
Von S oder dem Haus neben dem Kronenberg
Mit diesem Haus S endet St. Peters Kirchspiel und Schrein – ist vor Zeiten, als ich geboren, ein besonderes, vom Kronenberg abgesondertes Haus gewesen, dem alten Arnt Schoben, Schneider, zugehörig, den ich gekannt habe, als er blind war. Jetzt ist es der Vorbau (gaddum) und Stube von dem Haus Kronenberg. (…) Das Haus gehört jetzt mir.

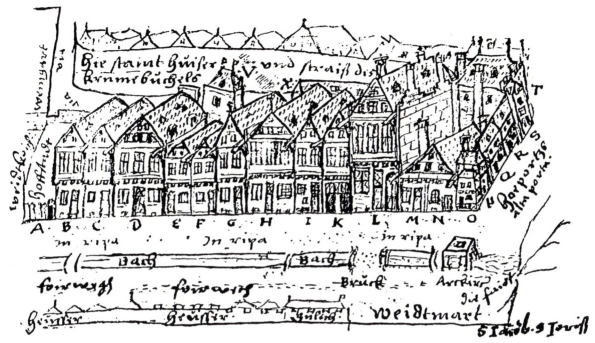

Das Haus Weinsberg und seine Nachbarhäuser.
Federzeichnung von Weinsbergs eigener Hand im Liber Senectutis, fol. 13.
Das Haus L ist das Geburtshaus des Chronisten. Im Hause Cronenberg (T) lebte er in den letzten Jahrzehnten seines Lebens, und dort entstand der größte Teil seines Werkes.

1.3.3 Wohnquartiere, Nachbarschaften – Hermann Weinsberg.

Vom T oder Kronenberg
Dieses Haus T steht etwas zurück längs dem Buckel hinten an dem Hof zu Weinsberg anschließend, hat nicht viele Zimmer – denn es ist nicht groß, wenn das S nicht zusätzlich gebraucht würde, könnte man sich nur schlecht darin behelfen. Ich hab dieses T und S von der Witwe Barbara erworben und bewohne sie beide. (…)

Von der Wohnung
Zum Kronenberg auf den Hohen Pforte in Köln habe ich jetzt meine Wohnung. Es reicht hinten an das Haus Weinsberg, wo ich aus- und eingehe, es zum Teil mit benutze. Dieser Kronenberg ist nicht groß, hat einen geräumigen Keller, so groß wie das Haus, ein Vorhaus, dadurch gehen mein Bruder und meine Schwestern, wenn sie wollen. Es hat vorne an der Straße unten eine Kammer, oben eine Stube, hinten eine Küche, da geht man durch, daneben eine kleine Stube, darin sitze ich im Winter. Oben auf dem ersten Boden ist mein Gemach, in der Mitte ein Saal, in dem ich auf- und abgehe, der ist reichlich verziert mit schönen Fenstern, einem Bett, Tafel, Tresor[5], da liegen meine Kleider. Vom Saal geht man zu einer Kammer mit einem Bett. Von dieser Kammer kann ich über die Hohe Pforte und Pannensmit, über den Waidmarkt längs St. Jacob und St. Jorien sehen, ist meine kourkammer[6]. Hinter dem Saal liegen zwei Kammern, eine zum Buckel zu, ist meine Schreibkammer und Studierzimmer; die andere ist abgelegen ruhig, ist meine Schlafkammer, worin ich mit dem Jungen jeder für sich schlafe, hat einen Herd oben. (…)

Von den Beiwohnern
Auch wenn ich meine eigene Wohnung habe, so halte ich mich doch in meines Bruders Haus auf und mein Bruder bei mir, so hab ich ihn und seine Hausfrau zur Gesellschaft, sein Gesinde ist mein Gesinde und meins seins. Bei mir wohnt jetzt Anfang anno 1578 mein Neffe Hermann von Weinsberg und Magister Dederich Linde, sein Lehrer und mein Diener. Meine Schwester Sibille wohnt hinten am Weinsberg in meiner Behausung zum Turm auf dem Buckel, sie ist gelegentlich bei mir im Haus. Elisabethgin Horn, die Nichte meines Bruders, und zwei junge Frauen von Delft aus Holland, Hadwich und Marie, Bürgermeistertöchter, bezahlen alle drei die Kost, auch lebt sein verheirateter Sohn Peter, auch er hat zwei Mägde, Marie und Lisbet, bei sich, sodass ich in ausreichender Menge Gesprächsmöglichkeiten und genügend Gesellschaft habe.

Josef Stein (Bearb.), Das Buch Weinsberg. Kölner Denkwürdigkeiten aus dem 16. Jahrhundert, Bd. 5, Bonn, P. Hanstein Verlag, 1926, S. 110–116, 118 f.

1 Gottschalk von Schwelm (gestorben 1502) und Maria Keppel (gestorben 1540).
2 Gestorben 1557.
3 Schartzen: Decklaken, seit dem 14. Jahrhundert auch Teppiche und Tapeten.
4 Decollatio Johannis baptiste, 29. August 1547.
5 Hier wohl: Kleidertruhe.
6 Wahrscheinlich: Lieblingskammer.

BF

1.3.4 Thomas Platter d. Jüngere und die Metropole Europas – Paris

Der spätere Basler Stadtarzt Thomas Platter d. J. (1574–1628) unternahm nach je eineinhalbjährigem Studium in Montpellier und ärztlicher Praxisausübung in Uzès eine ausgedehnte Bildungsreise durch Westeuropa, die ihn im Sommer 1599 nach der französischen Metropole Paris führte.

Diese Stadt Paris achtet man bis auf den heutigen Tag nicht alleine für die Hauptstadt des Königreichs Frankreich, sondern auch mit Ausnahme von Konstantinopel, wo der türkische Kaiser Hof hält, für die vornehmste in Europa. Und man nennt sie ein unbewegliches Wunderwerk und hell leuchtenden Stern auf Erden, wegen der Hofhaltung des christlichsten Königs, des machtvollen Parlements[1] und der weitberühmten Hohen Schule[2], schließlich auch wegen der unglaublichen Größe, der Zierde öffentlicher und sonstiger Gebäude, vielen großen Herren, Edelleuten, Kaufleuten und der Menge von Studenten, wegen des Umlandes und der Flüsse, alles in und bei dieser Stadt zu finden. Da so viele Menschen dort wohnen, kann man es nicht ohne Grund eine kleine Welt, auch unvergleichbares Paris nennen. In dieser Stadt und darum heran, in den königlichen Schlössern und Palästen verbrachte die Mehrzahl der französischen Könige ihr Leben, wie auch noch heute. Denn dort ist die königliche Schatzkammer, wohin die Einnahmen aus ganz Frankreich fließen (…).

Zusammenfassend und bündig: Dieser Ort ist der Punkt oder die Mitte Frankreichs, auf die alles ausgerichtet ist. Selten ist in der Christenheit eine Stadt zu finden, wo alle Umstände so gut sind wie dort. (…)

Um die Stadt Paris liegen viele ummauerte Städte und große, volkreiche Dörfer und Flecken, sodass man sagen kann, die Vorstädte der Stadt Paris erstrecken sich zehn Meilen herum. Neben den genannten Orten gibt es auch unsagbar viele Paläste und Lusthäuser mit schönen Gärten, Tier- und Baumgärten, Weihern, auch andere schöne Einrichtungen, sodass man nichts zu tadeln hat. (…) Außerdem wohnen stets viele Fremde, sowohl Franzosen als auch Ausländer in Paris, die dort jährlich sehr viel Geld ausgeben, weil die Wohnungen, Lebensmittel und Kleider recht teuer sind und viele pflegen dort vornehm aufzutreten. (…)

Zur Zeit König Karls VI. im Jahr 1400 hat man errechnet, dass damals in der Stadt Paris 872000 Hausgesessene und mehr waren[3], ohne Geistlichkeit, Studenten und andere, die unzählbar sind. Jedoch zählte man damals 30000 Studenten in der Stadt.

Andere meinen, dass es etwa 500 bis 600 Gassen, 18000 Häuser, 12000 in der Stadt und nicht weniger in den Vorstädten zu Paris gibt, darin mindestens 500000 Personen wohnen sollen.

Und man schreibt, dass durchschnittlich an jedem Tag in Paris 200 Ochsen, 2000 Hammel, 1000 Kälber sowie 70000 Hühner und Tauben verbraucht werden, und dieses täglich, ausgenommen an den Fastentagen, an denen so viele Meer- und Süßwasserfische, frisch oder gesalzen, verbraucht werden, dass man diese nicht zählen kann. (…)

Die Insel, la Cité genannt, ist von der Seine umgeben und ist mit der Universität durch drei Brücken, mit der großen Stadt durch zwei Brücken verbunden; sie sind aber so erbaut, dass sie nicht Brücken, sondern Straßen zu sein scheinen. Und es stehen zwei kunstreiche, große Gebäude darauf, die zu höchster Verwunderung anregen. Das eine ist Unser Frauen Kirche und das andere der Palais oder der Palast, in dem die Rechtsstreitigkeiten verhandelt werden. (…) Und innen sind vier Gänge ohne den mittleren, sowohl in der Kirche als auch unter der Erde. Dazu 45 Kapellen und Altäre. Im Chor sind die bedeutendsten Geschichten aus beiden Testamenten abgemalt. (…)

Große Üppigkeit wird jederzeit in dieser Kirche geübt, denn die Kuppler und Kupplerinnen gehen bei dem Chor spazieren und bieten den Fremden ihre Dienste an.

Eine gewisse Zeit lang habe ich Betten an den großen Säulen der Kirche hintereinander stehen sehen, darin lagen kleine, junge Findelkinder, die man auf den Straßen sammelt und zu bestimmten Orten trägt. An Festtagen legt man sie in die Betten, damit sie vielleicht Geschenke erhalten, oder auch, falls sich der eine oder der andere findet, der sie aufziehen will, den lässt man gewähren; diese haben die Wahl unter vielen. Und manchmal nimmt jemand sein eigenes Kind dort auf, weil es die Verwandten nicht merken sollen. Wie denn derartiger wunderlicher Sachen viele in Paris geschehen. Und weil man alle Kinder aufnimmt, solches zu Paris nichts neues ist, verursacht dies eventuell bei Einzelnen ein derartiges Verhalten.

Alljährlich zu Karfreitag gehen Bürgermeister und das ganze Parlament miteinander in diese Kirche und singen das Te Deum laudamus, weil die Stadt Paris von den Engländern erlöst worden ist. (…)

Vorne neben der Kirche zur linken Hand, wenn man hinauskommt, liegt das große und schöne Spital, l'Hostel Dieu[4] genannt, in welchem immer viele Kranke versorgt werden. (…)

In der langen großen Gasse St. Denis sind (…) sehr viele Wirtshäuser, Garküchen, Gasthäuser und Pastetenbäcker, auch Häuser, in denen man lebendige Vögel, Wachteln, Tauben, Feldhühner, Fasane und anderes Federvieh jederzeit bekommen kann. Wenn nun jemand ein Bankett ausrichten und sein Geld dafür verwenden will, bekommt er, was sein Herz begehrt, lebendig, gerupft, gespickt, halb oder ganz gebraten, wann und wie viel er will. An Fischen, Gewächsen, Konfekt und köstlichen Getränken besteht ebenfalls kein Mangel; es kann sich niemand entschuldigen, wenn ein Gast, ja der König selbst ohne Anmeldung käme, weil man in einer halben Stunde, wenn man es will, jederzeit ein fürstliches Bankett anrichten kann. (…)

Und damit man nachts um so sicherer in der Stadt gehen, fahren oder reiten kann, wie auch ein stetiges Geräusch die ganze Nacht nicht aufhört, besonders wenn irgendwo große Tanzfeste veranstaltet werden, fährt man bei diesen mit Kutschen an und ab (…). Deswegen hängen in allen Gassen viele Laternen an Seilen (…) und in jegliche Laterne stellt man abends eine ganze Kerze, zündet diese bei Anbruch der Nacht an und lässt sie brennen. Sie erlöschen etwa zwei Stunden nach Mitternacht und dann muss man sich vorsehen. (…)

1.3 Wirtschaftliche und kulturelle Schwerpunktbildungen: Städte und Regionen

Unangesehen dieser Vorteile geschehen doch viele unrühmliche Dinge, dass man nachts in den Gassen ausgeraubt, verletzt und gelegentlich sogar ermordet wird. Und man kann schreien wie man will, es kommt kein Bürger aus seinem Haus heraus, um dem Bedrängten zu helfen. Wenn nicht die Wache, die zu Pferde, eingeteilt nach Revieren, gelegentlich in der Stadt umherreitet, dazu kommt, muss man dran glauben. Es ist viel sicherer, nachts in einem wilden Wald zu reisen, als sich nachts spät in den Gassen von Paris zu befinden, besonders wenn die Kerzen in den Laternen verbrannt sind.

Rut Keiser (Bearb.), Thomas Platter d. J. Beschreibungen der Reisen durch Frankreich, Spanien, England und die Niederlande 1595–1600, II. Teil (Basler Chroniken 9/II), Basel-Stuttgart, Schwabe & Co. Verlag, 1968, S. 551, 554, 558 ff., 592 f., 594 f.

1 Oberstes Gericht.
2 Universität.
3 Es waren deutlich weniger. Für 1328 geht man von höchstens 200 000 Einwohnern aus, die Zahl für 1400 dürfte niedriger anzusetzen sein.
4 Hôtel-Dieu: Das alte Spital bestand bis 1880 und wurde durch einen Neubau auf der anderen Platzseite ersetzt.

BF

1.3.5 Stadt und Land – Chronik des Burkard Zink

Die Beziehungen der Stadt zum Umland waren sicherlich nicht immer von harmonischer Natur, auch wenn man gegenseitig aufeinander angewiesen blieb; gerade die großen Städte zielten auf eine (wirtschaftliche) Beherrschung der ländlichen Umgebung. Besonders in Krisenzeiten konnten Territorialherren auch mächtige Reichsstädte schwächen, wenn sie, wie im folgenden Beispiel, ihr Gebiet für Getreidetransporte sperrten.

Von dem Korn, das man aus Österreich holte
Um großer Not vorzubeugen, überlegten die vorsichtigen und weisen Ratgeber hier zu Augsburg, welchen Ausweg es gäbe, damit die armen Leute Korn erhielten und nicht am Hunger sterben müssten. Sie sandten zwei Bürger[1] (…) nach Wien in Österreich, denn in diesem Land gab es zur Zeit genügend Korn, das auch billig war. Auch im Mertherland[2] war das Korn ausreichend vorhanden und billig, dieses wurde nach Wien gebracht. Die beiden Bürger kauften etwa 2000 Schaff[3] Roggen und Weizen und weitere 30 Schaff Erbsen. Dies lud man in Wien auf ein Schiff und brachte es auf dem Wasserweg nach Landshut. Dort entlud man das Schiff und schaffte das Getreide in die Stadt auf die Kornböden, wo man es umschaufelte (…), damit das Korn nicht verdirbt. Man hätte es gerne schnell nach Hause gebracht, denn hier herrschte sicherlich großer Getreidemangel. Doch Herzog Ludwig, der alte Herr, erlaubte es den Augsburgern nicht, dass sie das Getreide durch sein Land führten. Er hatte auch nicht zugestanden, es auf dem Wasserweg weiter zu transportieren, denn wenn er dies erlaubt hätte, hätte man die Schiffe in Landshut nicht entladen brauchen, man hätte es auf dem Wasserweg über Ingolstadt und Rain nach Wörth gebracht und von Wörth[4] nach Hause; dies wäre der Stadt Augsburg wohl 1000 Gulden billiger gekommen. Um dieses Geld brachte uns der untreue Fürst, man sollte immer daran denken und es dem Fürsten nicht vergessen. Man sah nun ein, dass man Korn nicht schnell, aber mit hohen Kosten, großer Mühe und viel Arbeit nach Augsburg bringen musste, und ließ es zunächst in Landshut liegen. Bei den weiteren Überlegungen zum Transport, kam man zu dem Schluss, dass es gelegentlich hierher geschickt werden sollte, unter Umgehung von Herzog Ludwigs Land, und auch nicht alles auf einmal, sondern jeweils etwa 30 bis 40 Schaff, bis alles hier ist. Man begann und brachte das Korn auf die erwähnte Art herbei, und es wurde alles um Herzog Ludwigs Land herumgefahren. Es waren dafür weite Strecken sowie viel Mühe und Arbeit einzukalkulieren, und es dauerte lange, bis alles durch Gottes Gnade ankam; Gott sei gelobt, Amen[5].

C. Hegel (Bearb.), Chronik des Burkard Zink (= Die Chroniken der deutschen Städte vom 14. bis ins 16. Jahrhundert 5; Die Chroniken der schwäbischen Städte, Augsburg 2), Leipzig, Hirzel, 1866, ND Göttingen, Vandenhoeck & Ruprecht, 1965, S. 159 f.

1 1437/38.
2 Vermutlich Mähren.
3 1 Schaff entspricht 205,3 l, das Gewicht variiert bei den verschiedenen Getreidesorten. Bei Roggen sind dies knapp 150 kg für Weizen ist ein etwas höheres Gewicht je Schaff anzunehmen.
4 Donauwörth.
5 Zink schätzt, dass durch das Verbot Herzog Ludwigs die Gesamtkosten um etwa ein Drittel gestiegen sind.

BF

1.3.6 Markt Marburg

Die zum Teil strikte Arbeitstrennung zwischen Stadt und Land wurde gerade auf Jahrmärkten durchbrochen, doch auch hier entstanden Konkurrenzsituationen. Ziel des Marburger Rates war die ausreichende Versorgung mit Lebensmitteln.

Als die Meister des Bäckerhandwerks sich beklagen, dass die Dorfbäcker seit heute mit Brot und Wecken in die Stadt kommen, am Handel teilnehmen wollen und sich auf die Freiheit des Elisabethmarktes berufen, was ihnen (den Stadtbäckern) schade, bitten sie, dass ihnen der Verkauf auf dem Markt nicht gestattet werden möge. Man hat ihnen beschieden, weil es ein freier Jahrmarkt sei und das (Markt-)Fähnlein[1] acht Tage vorher und acht Tage nachher[2] aufgehängt sei, könnte man ihnen nicht verbieten, in dieser Zeit ihre Waren anzubieten, wie es auch anderen Krämern und weiteren Personen gestattet werden müsse.

Hessisches Staatsarchiv Marburg, Bestand 330, Stadtarchiv Marburg, Abteilung A, I, 18, Ratsprotokolle, 1578 XI 13.

1 Als deutlich sichtbares Symbol des freien Jahrmarktes.
2 Also je acht Tage vor und nach St. Elisabethtag.

BF

2 Politik, Herrschaft und Rituale

2.1 Symbole, Festkultur und Gemeinschaftshandeln

Die Quellenzeugnisse, die in diesem Unterkapitel geboten werden, kreisen zum einen um die politischen, rechtlichen, sozialen, zeremoniellen und inszenatorisch-administrativen Zusammenhänge, in denen sich Politik und Herrschaft den Menschen vom 8. bis zum 18. Jahrhundert darstellten. Zum anderen geht es um das Medium und die kulturelle Ausprägung, in welchen sich Herrschaft und Macht in besonderer Weise den Beherrschten dargeboten und vorgestellt haben, um den Hof und die ritterlich-höfische Kultur. Deutlich werden sollen die je verschiedenen, auch sich innerhalb der langen Zeitphase wandelnden Wahrnehmungsweisen und Wertvorstellungen.

Regiment und Politik waren in der dokumentierten Periode, sieht man von dem Sonderfall der unabhängigen Städte ab, auf die feudale Adelsherrschaft gegründet, in die auch die Reichskirche einbezogen war. Die Spitze dieses Systems nahm der König ein (2.1.1.1.1–2.1.1.1.2). Obwohl das Reich seit dem 10. Jahrhundert eine Wahlmonarchie war, blieb das Herrscheramt seit dem Jahre 1438, von der Ausnahme Karls VII. (1743–1745) abgesehen, in der Familie der Habsburger. Im Grunde waren es nur wenige Hochadelsgeschlechter, die unter sich die Besetzung des Königbzw. Kaisertums ausmachten und sich ihre Zustimmung immer teuer bezahlen ließen (2.1.1.2.2). Seit dem frühen 13. Jahrhundert gab es als bevorzugte Königswähler die Kurfürsten, die sich im Laufe des 15. Jahrhunderts als Kolleg verstanden und die Wahl des Königs als Ausdruck ihres Gemeinschaftshandelns ausgestalten ließen (2.1.1.2.1). Der König hatte einen irdischen vergänglichen Leib, das Königtum dagegen dauerte fort. Diesem zweiten Leib des Königs wurde eine besondere Sakralität zugeschrieben, die im Mittelalter in der Nürnberger Heiltumsschau ihren sinnfälligen Ausdruck fand (2.1.1.4.1–2.1.1.4.2) und im Absolutismus zum Gottesgnadentum überhöht werden sollte. Deswegen ‚musste' ein König nicht nur ideal leben, sondern auch ‚schön' sterben. In der öffentlichen Propaganda der Habsburger wurden Tod und Sterben Kaiser Maximilians I. in besonderer Weise als Schauspiel des Königtums gerade im Hinblick auf die schwierige Königswahl Karls V. inszeniert und instrumentalisiert (2.1.1.1.3–2.1.1.1.6).

Träger der feudalen Herrschaft war der in sich sozial differenzierte, seit dem 12. Jahrhundert mit dem Entstehen von Reichsfürstenstand und Niederadel zusehends auch rechtlich gestufte Adel. Zentrum und Medium adliger Herrschaft waren der königliche Hof und die fürstlichen Höfe, wo sich seit dem Hochmittelalter eine besonders verfeinerte Kultur nach dem Ideal christlicher Ritterschaft ausbildete. Die Quellenauswahl verdeutlicht die Entwicklung der höfischen Kultur (2.1.2.1.1–2.1.2.1.2), zeigt einen der Fixsterne des 15. Jahrhunderts, den Hof Karls des Kühnen von Burgund, aus der Sicht eines fränkischen Adligen (2.1.2.1.3) und versucht aus unterschiedlichen Perspektiven Alltagsszenen von den Höfen dieser Zeit einzufangen (2.1.2.1.4–2.1.2.1.6). Die ritterlich-höfische Kultur des Spätmittelalters, deren Bedeutung die folgenden Zeugnisse dokumentieren sollen, zeigt sich beispielhaft in ihren ‚Helden' (2.1.2.2.1) und Festen (2.1.2.2.2–2.1.2.2.4), in den Turnieren (2.1.2.2.5–2.1.2.2.8) und dem adligen Jagdvergnügen, das in ganz besonderer Weise die Kritik der Zeitgenossen, insbesondere der Bauern, hervorgerufen hat (2.1.2.2.9–2.1.2.2.13).

Die Untertanen machten sich ihren Reim auf die Welt der feudalen und städtischen Herrschaft. Man inszenierte, spielte Gegenwelten in der Fastnacht (2.1.3.1–2.1.3.2). Auf der anderen Seite dienten urbane wie dörfliche Festlichkeiten, vom Neujahr bis zum Weihnachtsfest, von den Glückshäfen und Lotterien, von den Kirchweihfesten, Tanzvergnügen bis zu den städtischen Spielhäusern (2.1.4.1, 2.1.4.3–2.1.4.4, 2.1.5.1–2.1.5.2) u.a. dazu, Herrschaft zu befestigen und zu verstetigen, sei es durch Förderung und obrigkeitliches Verbot, sei es auch, dass sich die herrschenden städtische Patriziate im Turnier übten und in adligen Formen feierten (2.1.4.2).

2.1.1 Der König ist tot, es lebe der König!

2.1.1.1 Totenfeierlichkeiten, Bestattungsriten

2.1.1.1.1 Der König ist tot! Der ideale König – der schlechte König

Die 1121 im Kloster Peterborough geschriebene Fassung der altenglischen ‚Angelsächsischen Chronik' meldet den Tod König Wilhelms des Eroberers von England (am 9. September 1087) und fährt fort, indem sie den Verstorbenen als idealen König schildert:

Ach, wie eitel und unstet ist der Wohlstand dieser Welt! Er war vorher ein reicher König und Herr über manches Land; nun besaß er von all dem Land nur noch sieben Fußbreit. Er war zuvor mit Gold und Edelsteinen bekleidet; nun lag er zugedeckt mit Erde. Er hinterließ drei Söhne. Robert hieß der älteste, der wurde nach ihm Graf der Normandie. Der zweite hieß Wilhelm (II.), der trug nach ihm den Königshelm in England. Der dritte hieß Heinrich (I.), dem vermachte der Vater unsägliche Schätze. Wenn einer wissen möchte, was für ein Mensch er war, welche Würde er besaß, wie viele Länder er beherrschte, dann wollen wir ihn so beschreiben, wie wir ihn kannten; denn wir sahen ihn und wohnten eine Zeit bei seinem Gefolge.

König Wilhelm, von dem wir reden, war ein sehr kluger Mann, sehr reich und würdevoller und stärker als alle seine Vorgänger. Er war milde zu den guten Menschen, die Gott liebten, und über alle Maßen streng zu den Menschen, die seinem Willen widersprachen. An derselben Stelle, wo ihm Gott gewährte, dass er (1066) England eroberte, baute er ein großes Münster, siedelte Mönche dort an und gab ihm reiche Güter[1]. Zu seinen Zeiten wurde das große Münster in Canterbury gebaut (seit 1067) und sehr viele andere Kirchen in ganz England. Dieses Land war auch sehr reich an Mönchen, die ihr Leben nach Sankt Benedikts Regel führten. Und der Christenglaube war in seinen Tagen so angesehen, dass jedermann, zu welchem Stand er auch gehörte, ihn befolgen konnte, wenn er wollte. Er war auch sehr würdevoll. Dreimal jährlich trug er seinen Königshelm, wenn er gerade in England war: an Ostern trug er ihn in Winchester, an Pfingsten in Westminster, an Weihnachten in Gloucester. Und dann umgaben ihn alle die reichen Männer von ganz England: Erzbischöfe und Bischöfe, Äbte und Grafen, Edle und Ritter. Er war auch so streng und unerbittlich, dass niemand etwas gegen seinen Willen zu tun wagte. Er hielt Grafen in Fesseln, die gegen seinen Willen gehandelt hatten. Er nahm Bischöfen ihre Bistümer und Äbten ihre Abteien und legte Edle ins Gefängnis. Und schließlich schonte er seinen eigenen Bruder nicht, der Odo hieß. Der war ein sehr reicher Bischof in der Normandie – in Bayeux war sein Bischofssitz – und der erste Mann nach dem König; er hatte eine Grafschaft in England (Kent) und war Meister in diesem Land, wenn der König in der Normandie war. Auch ihn legte er ins Gefängnis (1082). Unter anderen Dingen soll nicht der gute Friede vergessen werden, den er in diesem Land hegte, sodass ein Mann, der etwas bedeutete, unbehelligt mit ganz viel Gold am Leibe durch sein Reich reisen konnte. Und niemand wagte, einen anderen zu erschlagen, gleichgültig, wie viel Böses ihm der andere angetan hatte. Und wenn ein Mann bei einer Frau gegen deren Willen lag, verlor er gleich die Glieder, mit denen er das Spiel getrieben hatte. Er war Herrscher über England und durchsuchte es in seiner Schläue so genau, dass es keine einzige Hufe innerhalb Englands gab, von der er nicht wusste, wer sie besaß und was sie wert war; und dann hielt er das schriftlich fest[2]. Wales war ihm untertan, und da baute er Burgen und hatte dieses Volk völlig in der Gewalt. Auch Schottland unterwarf er sich durch seine große Stärke (1072). Das Land Normandie war sein angestammtes Erbe. Er herrschte auch über die Grafschaft, die Maine genannt wird (seit 1073). Und wenn er nur zwei Jahre länger gelebt hätte, hätte er durch seine Klugheit ohne alle Waffengewalt Irland gewonnen. Wahrlich, in seinen Zeiten hatten die Menschen große Mühsal und sehr viel Ungemach. Burgen ließ er bauen und arme Leute schwer bedrücken. Der König war gar streng und nahm von seinen Untertanen viele Mark in Gold und viele hundert Pfund in Silber. Das nahm er von seinem Volk nach Gewicht, mit viel Unrecht und wenig Bedürfnis. In Geiz war er verfallen und lebte völlig in Habgier. Einen großen Wildbann verordnete er und erließ Gesetze darüber: Wer Hirsch oder Hindin erlegte, musste geblendet werden. Er verbot die Jagd, wie auf Hirsche, so auch auf Eber. Er liebte das Hochwild so sehr, als wäre er dessen Vater. Auch dass Hasen frei herumlaufen sollten, befahl er. Seine reichen Leute beklagten das, und die Armen jammerten darüber. Aber er war so starrsinnig, dass ihn ihrer aller Groll nicht kümmerte. Völlig mussten sie des Königs Willen befolgen, wollten sie Leben, Land, Güter und seine Gunst behalten. Wehe, dass ein Mensch sich so hochmütig benehmen und über alle Menschen erhaben dünken konnte! Der allmächtige Gott schenke seiner Seele Barmherzigkeit und vergebe ihm seine Sünden.

Cecily Anderson Clark (Bearb.), The Peterborough Chronicle 1070–1154, 2. Aufl., Oxford, University Press, 1970, S. 11–14; übersetzt von Arno Borst, Lebensformen im Mittelalter, 4. Aufl., Frankfurt/M.-Berlin, Propyläen, 1973, S. 461–463.

1 Battle Abbey, 1097.
2 Domesday Book, 1086.

GF

2.1.1.1.2 Was man von sterbenden ‚heiligen' Königen lernen kann!

In dem 1614 erschienenen Flugblatt: „Der heilig König Ludouicus in Franckreich" wird im Stil der schon seit dem Hochmittelalter bekannten ‚Fürstenspiegel' die Vorstellung eines idealen Königs und seiner Herrschaft entworfen. In diesem fiktionalen Text wendet sich König Ludwig IX. der Heilige (1226–1270), als er sein Ende nahen fühlt, an seinen Sohn und Nachfolger Philipp III. (1270–1285).

Der heilig Koenig Ludovicus in Franckreich / so nach Christi geburt gelebt/ Da mann zehlet 1210 (1270), Jar/Ließ vor seinem seligen abscheyden/seynen erstgebornen Sohn Philipps/disen (wie noch heutigs tags vorhanden) geschriebnen underschicht zur letzte/etc.
I. Mein hertzgeliebster Sohn/vor allen dingen so lasse dir/dass GOTT deinen Herren von hertzen lieb habest am allerhöchsten angelegen sein/ Dann niemandts kan und mag selig werden/Er liebe dann Gott. (...)
VII. Gegen den Armen und betrübten Menschen/sey eines freundlichen und Barmhertzigen Gemüths/Hilff/ gib und rathe ihnen souil dir möglich ist/so wirstu bey Gott auch Barmhertzigkeit erlangen. (...)
XI. Von hertzen lieb das Gut/und hasse das Böse /komm den Irrthummen und Ketzereyen beyzeiten vor.
XII. Gestatte und sihe nicht zu/das in deiner gegenwart was ärgerlichs/so andern zu Sünden ursach geben möchte/geredet werde/und du rede von keinem nichts arges/so ihme zu schmälerung seiner Ehren reichen möchte. (...)
XV. In handhabung der Gerechtigkeit/erzeige dich auffrecht und Ernstlich/was dir die Geystlichen und Keyserlichen rechten fürschreiben/deren gebrauch dich gegen deinen Underthanen/und lasse dich mit nichten/weder zur gerechten noch lincken biegen. Höre deß Armen klag mit gantzem fleiß/auff dass du den rechten grund und gewisse warheit wol erfahrest.
XVI. Hat jemands gegen dir ein klag/oder ist sonst mit dir strittig/so gib dir alsbald/biß du die sachen recht erfahrest/nicht selbst recht/damit machest du dass deine Räth dörffen urtheilen was recht ist.

XVII. Hastu frembde Güter inhändig/Unangesehen dass sie also von deinen Vorfahren an dich kommen sind/so gibe sie unverzogenlich dem/so sie von rechtswegen gebüren wider/sonderlich wan es dir bewisst: Wo aber nit/so lasse die Verständigen mit fleiß darnach fragen. Damit also diejenigen/so under deinem Zepter/sonderlich die Geystlichen/wohnen/sich deß lieben frids und der Gerechtigkeit haben zugetrösten. (…)

XIX. Ohne hochwichtige ursachen/fang keinen Krieg wider einen deiner mit Christen an/und im Fall das dich die grosse Noth darzu treibt/so verschone vor allen dingen der Kirchen und Unschuldigen. Ehe und dann du der Geystlichkeit oder Kirchen was entzichen wöllest/Ehe lass es dir an deinem gut abgehen.

XX. Ist sach dass dir und deinen Underthanen/Krieg und Stritt zuhanden kommen/so befleisse dich/dass du es in der güten vertragen könnest. (…)

XXI. Schau fleissig auff dein Haußhaltung/und dass du in deinem Land/gute und getrewe Amptleut habest/frag und forsche mit fleiß/wie sie sich gegen deinen Unterthanen verhalten. (…)

XXIV. Und zu dem Beschluss/bitt und vermahn ich dich mein lieber Sohn/ist es sach/dass ich vor dir sterbe/so lass in dem ganzen Königreich/Gott für mich bitten/und meiner armen Seele allenthalben in dem H(eiligen)Ampt der Messe gedencken.

Darauff mein hertzlieber Sohn/was ein frommer Vatter seinem lieben Sohn guts kan erbitten/dass wünsch ich dir. Die heilige unzertheilte Dreyfaltigkeit/alle lieben Heilige Gottes/bewahren dich vor allem übel/GOTT der HERR gebe dir Gnad und segen/damit du allzeit thust was seinem heiligen Göttlichen willen gefällig ist. GOTT der HERR werde durch dich geehret/auff dass wir beyde mit einander nach disem zergänglichen Leben/dorten/Gott mögen loben und anschauen/von ewigkeit zu ewigkeit/Amen.

Wolfgang Harms (Bearb.), Deutsche illustrierte Flugblätter des 16. und 17. Jahrhunderts, Bd. I, Wolfenbüttel Teil 1: Ethica, Physica, Tübingen, Max Niemeyer Verlag, 1985, S. 143.
GF

Zentralbild aus dem Flugblatt: König Philipp III. empfängt von seinem Vater Ludwig IX. von Frankreich letzte Ermahnungen. (s. S. 61)

Wolfgang Harms (Bearb.), Deutsche illustrierte Flugblätter des 16. und 17. Jahrhunderts, Bd. I, Wolfenbüttel Teil 1: Ethica, Physica, Tübingen, Max Niemeyer Verlag, 1985, S. 143
GF

2.1.1.1.3 Der schöne Tod: Das Sterben Kaiser Maximilians I. (12. Jänner 1519)

Der Augsburger Dominikanergeneral, Hofprediger und Rat Kaiser Maximilians I. Johann Faber hielt am 16. Januar 1519 anlässlich der Leichenfeier in Wels eine Leichenrede. Bestreben Fabers war es, den Trauergästen mit rhetorischem Glanz Sterben und Tod des Kaisers als Beispiel eines christlichen Todes vor Augen zu führen: Maximilian, der ständig seinen Sarg mit sich führte, fühlte seinen Tod nahen, ordnete Haus und Reich, bewahrte die geforderte Haltung im Sterben im Kreis seines Hofes, verrichtete die vorgeschriebenen Gebete und starb friedlich. Normen und Vorstellungen christlichen Sterbens, wie sie Faber referiert, weichen teilweise von den eher auf nüchterne Schilderung der Ereignisse angelegten Augenzeugenberichten ab.

(…) Am 8. Jänner beichtete der Kaiser zum zweitenmal. Am darauf folgenden Tag empfing er das Heilige Abendmahl unter Tränen und mit solcher Demut, dass alle von den vielen, die hierbei anwesend waren (denn er wollte, dass all die Seinen zugegen sein mögen), weinend von tiefer Bewegung ergriffen wurden. Trotz seiner großen Schwäche verfasste und vollendete er seinen letzten Willen unter Beiziehung gottesfürchtiger vornehmer Männer. Wie ich höre, verfügte er vieles, das, ich hoffe es zuversichtlich, zu Gottes Lob gereicht, den Menschen aber, besonders den Armen, zu sehr großem Nutzen. Am 11. Jänner erhielt er auf seine dringende Bitte die Letzte Ölung. Darnach las der Abt von Kremsmünster, der damals stets bei ihm verblieb, an seinem Krankenlager die Messe. Der Kaiser folgte der heiligen Handlung trotz seiner Schwäche mit tiefer Demut. Er schlug über sich das Kreuz und nahm von allen Anwesenden Abschied. Als der Kaiser ihr Schluchzen bemerkte, sprach er: „Was beweint ihr mich, da ich als Mensch doch sterben muss! Euch ruft die Pflicht! Euch Männern ziemen nicht Weibertränen!" Da er abermals in Ohnmacht fiel, glaubte man wiederholt, er sei schon gestorben. Doch aus eigenem Antrieb ergriff er die christlicher Sitte gemäß neben ihn gestellte Sterbekerze. Die anwesenden Geistlichen baten ihn, sich Gott, der heiligen Jungfrau und dem heiligen Georg, seinem stets besonders verehrten Schutzpatron, zu empfehlen und gegen seine unsichtbaren Feinde ebenso tapfer zu streiten, wie er zu Lebzeiten oft gegen die sichtbaren gekämpft habe. Da er wieder zum Bewusstsein gekommen war, antwortete er deutlich so gut er konnte: „Von ganzem Herzen, von ganzer Seele ersehne ich es und verlange aufrichtigst darnach." Nach ganz kurzer Zeit wandte er sich wieder an sie: „Habe ich alles vollbracht, was einem sterbenden Christen geziemt oder was bleibt mir noch zu tun übrig?" Sie antworteten: „Alles haben Eure Majestät zur Gänze erfüllt." Darauf gab er sogleich die geweihte Sterbekerze, die er bisher in der Hand gehalten hatte, mit ausgestrecktem Arm den Anwesenden zurück. Von der 7. Stunde dieses Tages an wurde seinem Wunsche gemäß laut gebetet. Er verlangte Bußpsalmen und die Gebete der heiligen Brigitta und wollte, dass ihm ununterbrochen laut der Tod und das Leiden Christi sowie die Evangelien vorgelesen werden. Viele waren hierbei anwesend, besonders Geistliche; unter ihnen der Abt von Kremsmünster, der Kartäuser aus Freiburg, die Hofkapläne und fast sämtliche Hausleute. Thomas Krieger und Wilhelm Waldner[1] lasen ihm andauernd das Leiden und den Tod Christi vor. Um die 8. Stunde wurde er so schwach, dass ihn fast schon die Kräfte verließen. Da sagte der Kaiser zu seinem Kammerdiener Georg Vogel: „In kurzer Zeit werde ich abreisen." Auf Georgs Frage, wohin er zu reisen gedenke, antwortete er: „Zu Gott, meinem Herrn Jesus Christus, werde ich

2.1 Symbole, Festkultur und Gemeinschaftshandeln

Der heilig König Ludouicus in Franckreich/ so nach Christi geburt gelebt/ Da mann zehlet 1210. Jar/ Ließ vor seinem seligen abscheyden/ seinen erstgebornen Sohn Philippo/ disen (wie noch heutigs tags vor handen) geschriebnen vnderricht zur letze/ ꝛc.

I.
Mein hertzgelichster Sohn/ vor allen dingen so lasse dir/ daß du GOTT deinem Hertzen von hertzen lieb habest am allerhöchsten angelegen sein/ Dann niemandts kan vnd mag selig werden/ Er liebe dann Gott.

II.
Hüt dich mein lieber Sohn/ damit du nimmermehr kein Todsünde begehest/ sonder setze dir für/ Ehe vnd dann du wider Gott Sündigen wöllest/ Ehe wöllest du vil lieber alle Pein vñ Marter diser Welt leyden.

III.
Wann dir was widerwertiges zustehet/ so leyde es gedultig vñ gedenck du habst es wol verschuldt/ so wirdt dir solche Gedult grossen nutz bringen.

IV.
So es dir glücklich vnd wol gehet/ sag Gott auff demütigem Hertzen danck/ vnd vberheb dich dessen nit / Damit also die wolthaten Gottes/ dir zum guten vnd nit zum argen gerathen.

V.
Deine begangne Sünde befleisse dich offtermahls zu Beichten/ vnd schaw dir nach einem verständigen gelehrten Beichtuatter vmb / der dich was nothturfft wisse zu lehren vnd zu vnderweisen/ was du fortan thun vñ meyden sollst/ demütige dich dermassen vor jhme/ daß er dich von deinen begangnen Sünden wegen straffen dörffe.

VI.
Auff das H. Göttlich ampt der Messe/ merck vñ hab acht fleissigklich/ alles vnnütze geschwetz vnd Gedancken/ vermeyde: Lasse deine Augen darunder nit hin vnd wider schiessen/ sonder mit dem Mund bette / vnd mit dem Hertzen gedenck allein an Gott/ sonderlich nach der Wandlung.

VII.
Gegen den Armen vnnd betrübten Menschen/ sey eines freundlichen vnnd Barmhertzigen Gemüths/ Hilff/ gib vnd rathe jhnen souil dir möglich ist/ so wirstu bey Gott auch Barmhertzigkeit erlangen.

VIII.
Hastu in deinem Hertzen/ ein heimlich Anligen/ so klag es entweders deinem Beichtuatter/ oder sonst einem vertrawten fromen Menschen/ das wirdt deinem Hertzen ein grosse Ringerung geben.

IX.
All dein Gemeinschafft halte mit frommen Gottsförchtigen/ Auffrechten/ Geystlichen vnd Weltlichen Menschen/ gebrauch dich offt seiner Christlichen gespräch mit jhnen/ aber aller Gottlosen Leut gesellschafft meyde.

X.
Wo mann Gottes wort offentlich vnnd heimlich Predigt vnnd handlet/ Allda höre von Hertzen zu/ Ablaß/ vergebung vnd nachlassung deiner Sünden begere vnd bitte allzeit fleissig.

XI.
Von hertzen lieb das Gut/ vnd hasse das Böse/ kom den Irrthummen vnd Ketzereyen bey zeiten vor.

XII.
Gestatte vnd sihe nicht zu / das in deiner gegenwart was ärgerlichs/ so andern zu Sünden vrsach geben möchte/ geredet werde/ vnnd du rede von keinem nichts arges/ so jhme zuschmälerung seiner Ehren reichen möchte.

XIII.
Leyde nicht dz jemands von Gott vnd seinen lieben Heiligen/ was spöttlichs vñ Gottslästerlichs rede/ vnd so du erfährest/ lasse es vngestrafft nicht hingehe.

XIV.
Vmb alle der erzeigte Wolthaten/ sag GOTT deinem Hertzen trewlichen danck/ so wirdt er dir vber das noch mehrers mittheilen.

XV.
In handhabig der Gerechtigkeit/ erzeige dich auffrecht vnnd Ernstlich/ was dir die Geystlichen vnnd Keyserlichen rechten fürschreiben/ deren gebrauch dich gegen deinen Vnderthanen/ vnd lasse dich mit nichten/ weder zur gerechten noch lincken biegen. Höre deß Armen klag mit gantzem fleiß auff / daß du den rechten grund vnd gewisse warheit wol erfahrest.

XVI.
Hat jemands gegen dir ein klag / oder ist sonst mit dir strittig / so gib dir alsbald / biß du die sachen recht erfahrest/ nicht selbst recht/ damit machest du daß deine Räth dörffen vrtheilen was recht ist

XVII.
Hastu frembde Güter zuhändig/ vnangesehen daß sie also von deinen Vorfahren an dich kommen sind/ so gibe sie vnuerzogenlich dem/ so sie von rechtswegen gebüren wider/ sonderlich wan es beweist: Wo aber nit/ so lasse die Verständigen mit fleiß darnach fragen. Damit also die jenigen/ so vnder deinem Zepter/ sonderlich die Geystlichen/ wohnen/ sich deß lieben frids vnd der Gerechtigkeit haben zugetrösten.

XVIII.
Deinen lieben Eltern bistu schuldig/ Lieb/ Ehrerbietung/ Gehorsam. Die Geystlichen Beneficia verleyhe allein denen so deren würdig/thu solches mit rath guter frommer gelehrter Leut.

XIX.
Ohne hochwichtige vrsachen / fang keinen Krieg wider einen deiner mit Christen an/ vnd im fall das dich die grosse Noth darzu treibt/ so verschone vor allen dingen der Kirchen vnd Vnschuldigen. Ehe vnnd dann du der Geystligkeit oder Kirchen was entziehen wöllest/ Ehe laß es dir an deinem gut abgehen.

XX.
Ist sach daß dir vnd deinen Vnderthanen/ Krieg vnd Stritt zuhanden kommen/ so befleisse dich/ daß du es in der güten vertragen könnest.

XXI.
Schaw fleissig auff dein Haußhaltung/ vnd daß du in deinem Land/ gute vnd getrewe Amptleut habest/ frag vnd forsche mit fleiß/ wie sie sich gegen deinen Vnterthanen verhalten.

XXII.
Der heiligen Catholischen/ Römischen Kirchen/ vnnd jhrem Obristen Bischoff/ dem sey als deinem Geystlichen Vatter vnterthänig vnnd gehorsam zu allen zeiten.

XXIII.
Wann du deinen Vnterthanen was aufflegen must/ so thu es mit bescheydenheit vnd mässigklich.

XXIV.
Vnd zu dem Beschluß/ bitt vnd vermahn ich dich mein lieber Sohn/ ist es sach/ daß du vor mir stirbest/ so laß in dem gantzen Königreich / Gott für mich bitten/ vnd meiner armen Seele allenthalben in dem H. Ampt der Messe gedencken.

Darauff mein hertzlieber Sohn / was ein frommer Vatter seinem lieben Sohn guts kan erbitten/ daß wünsch ich dir. Die heilige vnzertheilte Dreyfaltigkeit/ alle liebe Heiligen Gottes / bewahren dich vor allem übel/ GOTT der HERR gebe dir Gnad vnd segen/ damit du allzeit thust was seinem heiligen Göttlichen willen gefällig ist. GOtt der HERR werde durch dich geehrt/ auff daß wir beyde mit einander nach disem zergänglichen Leben/ dorten/ Gott mögen loben vnd anschawen/ von ewigkeit zu ewigkeit/ Amen.

Zu Augspurg bey Mar:in Wörle Brieffmahler vnd Illuminierer im Stern gässlin. Anno 1614.

2.1.1.1.2 Zentralbild aus dem Flugblatt: König Philipp III. empfängt von seinem Vater Ludwig IX. von Frankreich letzte Ermahnungen.

reisen, denn zu dieser Reise bin ich durch Gottes große Gnade vollkommen bereit." Dann verfiel er ein Weilchen in einen schlafartigen Zustand, wie er dem Tode bisweilen vorangehen kann. Zur dritten Stunde nach Mitternacht, als eben laut das Leiden Christi vorgelesen wurde und man gerade bei der Stelle war, dass Christus nach den Worten Johannes sein Haupt neigte und den Geist aufgab, empfahl der Kaiser in tiefer Demut Gott seine Seele und hauchte nach wenigen Augenblicken sein Leben aus. Bei all seiner Schwäche sei er von solcher Geduld gewesen, dass er niemals durch ein Wort noch durch ein Zeichen oder einen Wink Ungeduld verriet. Er hatte ein so feines Unterscheidungsvermögen, dass er bis zu seinem letzten Atemzug alle erkannte und alles verstand, was um ihn gesprochen wurde. Selbst in seiner Todesstunde, als ihn viele Geistliche umgaben, bat er sie durch Zeichen, nicht zu stehen, sondern sich niederzusetzen. Denn schon bei Lebzeiten pflegte er aus Bescheidenheit die Priester nie vor sich stehen zu lassen, sondern hieß sie sich niedersetzen (...).

Alphons Lhotsky (Bearb.), Robert Ritter Srbik: Maximilian I und Gregor Reisch, in: Archiv für österreichische Geschichte 122 (1959); Heft 2, Wien, Rudolf M. Rohrer Verlag, S. 64–77.

1 Hofkaplan.

GF

2.1.1.1.4 Der öffentliche Tod: Der König ist tot – es trauert die Natur.

Nach den Vorstellungen der Volksfrömmigkeit über den idealen Tod zeigten Naturerscheinungen das Nahen der Sterbestunde an. So soll in der Todesnacht Maximilians I. ein feuriger Habicht um die Burg in Wels geflogen sein, worin sich der Kaiser zum Sterben niedergelegt hatte. In ähnlicher Weise aber, wie sich nach dem Neuen Testament beim Tod Jesu ein Erdbeben erhob, so durfte auch kein großer König sterben, ohne dass sich die Natur aufs tiefste bewegt zeigte. Darüber hinaus konnten die Königreiche in tiefe Krisen, in Not und Verderben gestürzt werden. Der Kleriker und Arzt Petrus von Eboli nimmt diese Vorstellungen in seiner am Ende des 12. Jahrhunderts entstandenen Verschronik beim Tod König Wilhelms II. von Sizilien (1198) auf.

Nach deinem Hinscheiden, Schöner, hast Du keinen Erben, der das Szepter führt/und regiert, von eigenem Blut.
Weder setzest Du einen Erben ein, noch wählst Du einen Nachfolger./Ohne Testament zollst Du der Erde ihren Tribut. (...)
Nach schlimmen Krankheiten, nach der traurigen Notlage des Königs/regnete es in dunkler Nacht, die Sonne hatte sich verborgen.
Nachdem der König, ein Wesen höchster Schönheit, die Welt verlassen hat,/verdoppeln sich Kriege, Beutezüge, Hungersnöte.
Verbrechen, Verderben, Seuchen, Streit, Meineid und Mord/plündern das unglückliche Königreich.
Die Sonne der Menschen stirbt, die Himmlischen erleiden eine Finsternis./Der Mond Englands beweint verwaist das Tageslicht Siziliens.
Gen Westen verfinstert sich der Erdkreis erschüttert./Die Götter weinen, die Sterne trauern, es weint das Meer, es klagt die Erde.

Theo Kölzer/Marlis Stähli (Bearb.), Petrus de Ebulo. Liber ad honorem Augusti sive de rebus Siculis. Codex 120 II der Burgerbibliothek Bern, Eine Bilderchronik der Stauferzeit, Sigmaringen, Thorbecke Verlag, 1994, S. 41.

GF

2.1.1.1.5 Der hässliche Tod: Das Sterben Kaiser Maximilians I. (12. Januar 1519)

Im Gegensatz zu den stilisierenden und idealisierenden Darstellungen des Sterbens der Herrscher stehen unvoreingenommere Berichte von Zeitgenossen, die den Tod realitätsnäher schilderten. Kurz nach dem Tod Maximilians I. schreibt der Nürnberger Gesandte am Kaiserhof, Hans Löchinger, dem Rat seiner Vaterstadt:

Erhabene, Ehrbare und Weise! Mein williger, bereiter Dienst sei Eurer Ehrbarkeit mit allem Fleiß zuvor zugesagt. Günstige, gebietende, liebe Herren! Als Herr Lienhart Groland und Christof Kress[1] am letzten Montag nach Dreikönig (10. Januar) ihren Abschied vom kaiserlichen Hof genommen hatten, ist zu derselben Zeit die kaiserliche Majestät hochlöblichen Gedächtnisses mit tödlicher und unstetig auftretender schwerer Krankheit sehr hart beladen gewesen, und er (der Kaiser) hat sie je länger je mehr gefühlt, auch zu Zeiten viel große Ohnmachtsanfälle gehabt. Das hat den Montag und den Dienstag nach Dreikönig (10./11. Januar) gewährt und am angezeigten Dienstag hat man etliche Herren der Landstände in den kaiserlichen Erblanden, die anwesend gewesen waren, vor Ihre Majestät gefordert, aber Ihre Majestät hat nichts mit ihnen geredet. Da sind sie alle mit weinenden Augen wieder hinausgegangen. Also ist Ihre Majestät am Dienstagnacht die ganze Nacht hindurch im Todeskampf gelegen und gegen Tagesanbruch verschieden. Gott, der Allmächtige, möge der Seele gnädig und barmherzig sein! (...)

Joseph Baader, Kaiser Maximilians I. Hinscheiden, in: Anzeiger für Kunde der deutschen Vorzeit NF 17 (1870), Nr. 1, Nürnberg, Verlag der literarisch-artistischen Anstalt des Germanischen Museums, Sp. 15 u. 16.

1 Patrizische Gesandte Nürnbergs.

GF

2.1 Symbole, Festkultur und Gemeinschaftshandeln

2.1.1.1.6 Der Trauerzug mit der Leiche Maximilians I. durch Wels

Am 20. Januar 1519 brach der Leichenzug vom Sterbeort Maximilians I., Wels auf, um den Leichnam nach Wiener Neustadt zu überführen. Diesen verhältnismäßig unprätentiösen Zug über Land schildert der Hofkaplan Wilhelm Waldner in einem undatierten Brief aus Wels, den er kurz nach der Leichenfeier an den Abt des Klosters St. Mang bei Füssen richtete:

Weiter, wo du jetzt den nächstvergangenen Sonntag bei uns zu Wels gewesen wärst und hättest gesehen, wie man Seine Majestät zur Kirche getragen hat, du hättest auch Mitleid gehabt; denn es wohl so erbärm-
5 lich zugegangen. Denn als man S.M. zur Kirche getragen hat, sind zuerst gegangen alle Zünfte, auch (der) Bürgermeister und (der) Rat zu Wels mit brennenden Kerzen. Auf dieselben sind hernach gegangen die Barfüßermönche, dann die Schüler und (die) Priester-
10 schaft. Danach der Abt von Thannbach und der von Kremsmünster unter ihren Mitren. Hierauf die Kapläne, (sie) haben gesungen, ich glaube mehr geweint. Danach ist gegangen der Herold in seinem schwarzen Wappenrock und das Stäblin unter sich kehrend.
15 Dann Herrn Georg von Frundbergs Sohn mit einer großen geflochtenen Kerze, die dann (früher) I.M. in seiner Hand gehabt hatte. Hierauf der Marschall mit (dem) unter dem Rock eingesteckten Schwert, von dem nur das Kreuz und der Knopf sichtbar war. Dann
20 die Bahre. Die haben getragen 24 Grafen, Freiherren und Ritter. Die Bahre ist überzogen gewesen mit schwarzer Wolle und einem weißen Kreuz. Darauf ist gelegen Szepter, Krone, Apfel und das Goldene Vlies der Niederländischen Gesellschaft. Nach der Bahre
25 gingen der Kardinal, Ritter, Herren und Knechte unter Weinen und traurigem Sehen. Ich glaube, wo es ein Heide gesehen, er hätte Mitleid haben müssen.

Alphons Lhotsky (Bearb.), Robert Ritter Srbik, Maximilian I. und Gregor Reisch, in: Archiv für österreichische Geschichte 122 (1959); Heft 2, Wien, Rudolf M. Rohrer Verlag, S. 82–83.

GF

2.1.1.2 Die Wahl des Königs als Gemeinschaftshandeln und Ritual

2.1.1.2.1 Die Wahl Maximilians I. zum Römischen König (1486)

Über das Wahlgeschehen zu Frankfurt vom 16. Februar 1486, als der Habsburger Maximilian, Sohn Kaiser Friedrichs III., zum römisch-deutschen König gewählt wurde, hat Johannes Kremer, der Diener des Frankfurter Stadtschreibers, ein Gedächtnisprotokoll verfasst. Kremer stand auf dem Lettner der Stiftskirche zu St. Bartholomäus und beobachtete von dort aus das Geschehen. Was er nicht wusste und nur vom Hörensagen kannte, war der Umstand, dass sich die Kurfürsten, schon bevor sie sich in Frankfurt versammelten, auf Maximilian geeinigt hatten. Es war eine diploma-tische, mit üppigen Zugeständnissen und Schmiergeldern verbundene Meisterleistung Kaiser Friedrichs III. und seiner Gesandten, insbesondere den widerstrebenden pfälzischen Kurfürsten Philipp und den alten Markgrafen Albrecht Achilles von Brandenburg von der Wahl des Kaisersohnes zu überzeugen. Der König von Böhmen war zum Frankfurter Tag nicht geladen worden.

Anno Domini 1486 hat unser allergnädigster Herr, der Römische Kaiser[1], den Kurfürsten und anderen Fürsten und Herren des Reichs einen Hoftag auf Sebastiani (20. Januar) zu Frankfurt angesetzt und ausschreiben
5 lassen, und sind diese hernach benannten Fürsten und Herren daraufhin zur oben genannten Zeit nach Frankfurt gekommen zur Kaiserlichen Majestät in den Nürnberger Hof in seine Herberge, auch sonst sind die Fürsten und Herren alle Tage zueinander geritten
10 und haben beratschlagt etc. (…).
Item auf den nächsten Donnerstag danach[2] (16. Februar) sind die genannten Kurfürsten mit der Kaiserlichen Majestät und anderen Fürsten um 8 Uhr in die Pfarrkirche zu St. Batholomäus in den Chor gekommen.
15 Und ging die Kaiserliche Majestät mit den Kurfürsten und Seiner Gnaden Sohn, Herzog Maximilian, in die Sakristei und legten ihre liturgischen Gewänder an. Dann gingen sie wieder heraus bis an den Altar auf derselben Seite (des Chores). Da war eine Tribüne
20 bereitet worden, vier oder fünf Treppenstufen hoch. Dort saß die Kaiserliche Majestät zu oberst, auf der rechten Seite der Erzbischof von Mainz, danach der Pfalzgraf (Philipp bei Rhein) und Herzog Maximilian, auf der linken Seite der Erzbischof von Köln, Herzog
(Ernst) von Sachsen und Markgraf (Albrecht Achilles) 25
von Brandenburg. Dabei saß der Erzbischof von Trier auf einem erhöhtem Stuhl über Eck gegenüber der Kaiserlichen Majestät, der (Marschall) von Pappenheim hielt das bloße Schwert, der Herr von Weinsberg das Szepter, der (…)[3] den Reichsapfel. Und es wurden 30
die Chorschranken geschlossen, auch die Kirchentüren blieben an demselben Morgen zu und wurden durch viele Bewaffnete bewacht. Auch wurde an demselben Morgen keine Messe gesungen.
Da begannen die Kleriker auf dem Lettner[4] an zu sin- 35
gen „Veni sancte spiritus" (Komm, Heiliger Geist) und danach das Officium „De sancto spiritu" (Heiliger Geist). Auf der Orgel spielte eine Blinder, der war Mitglied des pfalzgräflichen Hofes, und es war gar lieblich anzuhören. Der Weihbischof von Mainz sang die 40
Messe, und es ging die Kaiserliche Majestät mit den Kurfürsten zum Opfer. Als das Evangelium verlesen wurde, nahm der Erzbischof von Trier das Evangelienbuch und brachte es der Kaiserlichen Majestät, damit sie es küsse. Und vor dem Friedenskuss wendete sich 45
der Weihbischof vor dem Altar um, las etliche Gebete und beschloss dies mit „per omnia secula seculorum, Pax Domini" etc. (von Ewigkeit zu Ewigkeit, der Friede des Herrn). Der Erzbischof von Trier brachte der Kaiserlichen Majestät den Friedensgruß, ein goldenes 50
Kreuz, um es zu küssen.
Als die Messe gesungen und vorüber war, hob der Succentor[5] an: „Veni sancte spiritus" (Komm, Heiliger Geist). Die Kurfürsten gingen vor den Altar und schworen auf das Evangelium, wie es die Goldene 55

63

Bulle[6] vorschreibt. Danach gingen die Kaiserliche Majestät und die Kurfürsten allein in die Sakristei, um den König zu wählen. Darüber waren sie zuvor schon einer Meinung geworden, wie die Rede war. Und als sie eine gute Weile darinnen waren, kam Markgraf Jakob von Baden. Er hatte einen weißen Stab in der Hand und befahl etlichen Fürsten und Grafen, in die Sakristei zu gehen. Als die auch eine ganze Weile darinnen waren, wurde Herzog Maximilian, der sich währenddessen allein auf der Chortribüne aufgehalten hatte, freilich seine Fürsten und Herren um sich, auch hineingebeten. Was und wie in der Sakristei vorgenommen wurde, dabei bin ich nicht gewesen.

Kurz danach gingen die Fürsten und Herren aus der Sakristei und die Erzbischöfe von Mainz und Köln führten Herzog Maximilian dicht an den Hochaltar. Die anderen Kurfürsten standen um ihn herum und der Kaiser dicht vor ihm. Da setzten sie ihn auf den Altar. Von Stund an sang man „Te deum laudamus" (Gott wir loben Dich). Als dies gesungen war, hoben sie ihn wieder herunter und setzten ihn dem Altar gegenüber zur Kaiserlichen Majestät und die Kurfürsten um ihn. Der Weihbischof las etliche Gebete und warf Weihwasser über ihn (Maximilian). Danach stieg Dr. Pfeffer, der Kanzler des Erzbischofs von Mainz, auf den Stuhl, worauf der Erzbischof von Trier gesessen war. Er rief den durchlauchten, hochgeborenen Fürsten und Herrn Maximilian, Erzherzog zu Österreich und Burgund, den Sohn der Kaiserlichen Majestät, zum Römischen König und zukünftigen Kaiser mit vielen weitläufigen Worten aus. Er las dabei einen von Kaiser Friedrich ausgegangenen Brief vor, was der für einen Inhalt hatte, konnte ich nicht hören.

Item als die Kurfürsten den König wieder von dem Altar hoben, da traten Herr Engelbrecht von Nassau, Propst zu St. Bartholomäus, der Scholaster und zwei Stiftsherren, auch der oberste Glöckner hinzu und zogen dem König den Überrock aus, der bestand aus rotem Samt und war weiß gefüttert. Der gebührt dem Glöckner, wie dies alter Brauch ist.

Item als der König gewählt war, da waren auf dem Lettner die Trompeter des Kaisers, des Königs, des Herzogs von Sachsen und des Pfalzgrafen versammelt und pfiffen und bliesen alle durcheinander – eine Weile und dann nochmals. Ich stand dabei und war halb benommen geworden, denn es scholl sehr wunderlich durcheinander.

Danach wurden die Kirchentüren geöffnet und die Fürsten gingen von dannen. Das währte von acht Uhr an bis halb eins. Und es war ein klarer, freundlicher Tag (…).

Inge Wiesflecker-Friedhuber (Bearb.), Quellen zur Geschichte Maximilians I. und seiner Zeit (Ausgewählte Quellen zur deutschen Geschichte der Neuzeit, Bd. 14), Darmstadt, Wissenschaftliche Buchgesellschaft, 1996, Nr. 8, S. 41–43.

1 Kaiser Friedrich III.
2 Gemeint ist der Donnerstag nach dem Sonntag Invocavit.
3 Der Name fehlt.
4 Sängerbühne zwischen Klerikerchor und dem Langhaus der Laien
5 Sänger der Antworten in der Messliturgie.
6 Das Gesetzbuch über die Regelung der Königswahl etc. von 1356.

GF

2.1.1.2.2 Darf es etwas mehr sein? Die ‚Verehrungen' an die Kurfürsten für die Wahl Karls V. (1519)

Nach dem Tod Kaiser Maximilians I. bewarben sich sowohl der französische König Franz I. als auch Karl, König von Spanien und Herr der Niederlande, der Enkel des Kaisers, um die Nachfolge. Unter dem Einsatz riesiger, vor allem durch das Augsburger Handelshaus Fugger zur Verfügung gestellter Geldmittel wurden die Kurfürsten für die Sache des Hauses Habsburg gewonnen. Nach Ablegung einer seine Befugnisse begrenzenden Wahlkapitulation wählten die Kurfürsten Karl V. am 26. Juni 1519 zum Kaiser. Nach der Wahlkostenrechnung, die der kaiserliche Einnehmer Johann Lukas im Jahre 1520 vorlegte, hatten von den 851 918 Goldgulden und 54 Kreuzer die Fugger allein 543 585 Gulden 34 Kreuzer aufgebracht. 143 333 Gulden 20 Kreuzer steuerte die gleichfalls in Augsburg beheimatete Handelsfirma der Welser hinzu. An die Kurfürsten wurden folgende Schmiergelder und Handsalben gezahlt:

Zuerst den Kurfürsten und anderen Fürsten, ihren Kanzlern, Räten, Sekretären, Kammerdienern und ihren anderen Bediensteten, wie hernach folgt:
Dem Kardinal und Erzbischof von Mainz:
Für seine Fürstlichen Gnaden eigene Person beim ersten Mal: 79 000 Gulden
Beim zweiten Mal: 4000 Gulden
Beim dritten Mal: 20 000 Gulden
Summa für seine Fürstlichen Gnaden eigene Person: 103 000 Gulden
Für die Räte und Diener des genannten Erzbischofs von Mainz: 10 200 Gulden.

Dem Erzbischof von Köln
Für seine Fürstlichen Gnaden eigene Person: 40 000 Gulden
Summa per se: 40 000 Gulden
Für seine Räte und Diener: 12 800 Gulden.

Dem Erzbischof von Trier:
Für seine Person: 22 000 Gulden
Für seine Räte und Diener: 18 700 Gulden

Dem König von Böhmen für seiner Königlichen Gnaden Leute: 41 031 Gulden 18 Kreuzer.

Dem Pfalzgrafen und Kurfürsten Ludwig:
Für seine Person: Erstens wegen den Landvogteien Hagenau und Ortenau und wegen anderer Gebiete und Herrschaften, die einst zur Kaiserlichen Majestät gehörten. Damit sich der genannte Pfalzgraf und sein Bruder dieser Gerechtigkeiten entledigen, mochten sie haben: 80 000 Gulden
Darüber hinaus dem Pfalzgrafen zu einer Verehrung: 30 000 Gulden.
Ferner wegen 1000 Pferde, damit der Graf von Renneberg drei Monate lang bestellt wurde, der diese Anzahl Pferde bis in die Pfalz geführt hat. Und wollte sich der genannte Pfalzgraf damit nicht zufrieden geben, bis dass ihm die kaiserlichen Kommissare zuvor zusagten, ihn zu befriedigen und der Bezahlung der

1000 Pferde zu entheben. Und er zeigt an, dass er dieselben Pferde hat lassen kommen zum Nutzen und wegen der Königlichen Majestät. Und aus diesen Gründen hat man sich mit ihm vertragen um: 24 000 Gulden.
Ferner ist ihm für eine halbjährliche Pension, die verfallen war, ehe diese Pension durch die Städte Antwerpen und Mechen akzeptiert worden ist (gezahlt worden): 4000 Gulden.
Ferner dem Pfalzgrafen, so ihm einst die Kaiserliche Majestät als Zuschuss zum Bau eines neuen Schlosses und Jägerhauses zu geben versprochen hat. Das ist eine Meile von Worms gelegen und wurde ihm durch den Landgrafen von Hessen verbrannt: 1000 Gulden.
Summa für seine Person: 13 9000 Gulden
Für seine Räte und Diener: 8000 Gulden.

Herzog Friedrich von Sachsen, Kurfürst:
Obwohl er für seine Person weder ein Geschenk noch eine Ehrung hat haben wollen, nichts desto weniger hat man ihm etwas gegeben für die Bezahlung der Hälfte seiner Schulden, die sich beläuft auf: 32 000 Gulden
Summa per se: 32 000 Gulden
Für seine Räte und Diener: 8100 Gulden.

Markgraf Joachim von Brandenburg, Kurfürst:
In seine Kanzlei für das Dekretsiegel, zu Händen des Sekretärs Gregor Wum: 100 Gulden.

Herzog Friedrich, Pfalzgraf[1]:
Summa für den genannten Pfalzgraf Friedrich und seinen Hofmeister: 37 108 Gulden.

Markgraf Kasimir von Brandenburg:
Summa für den genannten Markgrafen und seine Leute: 25 735 Gulden 28 Kreuzer

Summa summarum desjenigen (Geldes), das den Kurfürsten, auch Herzog Friedrich, Pfalzgraf, und Markgraf Kasimir von Brandenburg gegeben worden ist: 498 274 Gulden 46 Kreuzer.

Alfred Kohler (Bearb.), Quellen zur Geschichte Karls V. (Ausgewählte Quellen zur deutschen Geschichte der Neuzeit, Bd. 15), Darmstadt, Wissenschaftliche Buchgesellschaft, 1990, Nr. 10, S. 63–70.

1 Der Bruder des regierenden Pfalzgrafen und Kurfürsten Ludwigs V.

GF

2.1.1.3 Die Aachener/Frankfurter Krönung – als Fest im ,Schlaraffenland'

2.1.1.3.1 Wein, Ochsen, Geld – der neugekrönte König und die Symbole des Schlaraffenlandes

Nach der Krönung zu Aachen hatte sich der König im Spätmittelalter freigiebig zu erweisen. Die „largitas", die Freigiebigkeit, war eine der hervorragenden Herrschertugenden. In dem Bericht des Klerikers und Notars Johannes Bürn von Mohnhausen über die Krönung Friedrichs III. zu Aachen im Jahre 1442 wird der herrschaftliche Gestus der Speisung des anwesenden ,Volkes' geschildert: unermessliche ,Fleischberge', nie versiegende ,Weinseen' – der neue König als Künder von Glück und Heil:

Ferner briet man auf dem Markt vor der Unterkunft des Königs einen ganzen Ochsen (dem war nur das Fell abgezogen), in dem Ochsen (briet man) ein Kalb, in dem Kalb eine Gans, in der Gans ein Huhn und in dem Huhn ein Ei etc.
Der Ochse wurde von den „Freiheiten" (Unterschichtengruppen, die sich als Träger etc. verdingten) und Pilgern zerrissen und gegessen. Außerdem warf man viel Gebratenes aus der Unterkunft des Königs heraus zu dem Ochsen. Es wurde auch eine Rohrleitung durch eine Mauer aus einem Haus herausgelegt. Da floss von morgens um die sechste Stunde bis nachmittags um die vierte Stunde ununterbrochen Wein heraus.

Hermann Herre (Bearb.), Deutsche Reichstagsakten unter Kaiser Friedrich III. Zweite Abteilung 1441–1442 (RTA 16), Stuttgart, Friedrich Andreas Perthes, 1928 (ND Göttingen, Vandenhoeck & Ruprecht, 1957), Nr. 109, S. 200.

AC/GF

2.1.1.3.2 Krönung und Fest in der Neuzeit: Kaiser Joseph II. in Frankfurt (1764)

Als 15jähriger hat Johann Wolfgang Goethe in seiner Vaterstadt Frankfurt die Wahl (27. März) und Krönung (3. April 1764) Kaiser Josephs II. erlebt. In seinen Lebenserinnerungen ,Dichtung und Wahrheit' hielt er diesen Festtag in der Geschichte Frankfurts fest. In den Schilderungen werden am Ende des Alten Reiches noch einmal Elemente des Krönungszeremoniells, insbesondere die Dienstleistungen der Kurfürsten, lebendig, wie sie schon in der ,Goldenen Bulle' von 1356 festgehalten worden waren. Auch das Beraubungsrecht der Menge entspricht noch mittelalterlichen Gewohnheiten.

Der Krönungstag brach endlich an, den 3. April 1764; das Wetter war günstig und alle Menschen in Bewegung. (…) Mit dem frühesten begaben wir uns an Ort und Stelle, und beschauten nunmehr von oben, wie in der Vogelperspektive, die Anstalten, die wir tags vorher in näheren Augenschein genommen hatten. Da war der neuerrichtete Springbrunnen mit zwei großen Kufen rechts und links, in welche der Doppeladler auf dem Ständer weißen Wein hüben und roten Wein drüben aus seinen zwei Schnäbeln ausgießen sollte. Aufgeschüttet zu einem Haufen lag dort der Haber, hier stand die große Bretterhütte, in der man schon einige Tage den ganzen fetten Ochsen an einem ungeheuren Spieße bei Kohlenfeuer braten und schmoren sah. Alle Zugänge, die vom Römer[1] aus dahin, und von andern Straßen nach dem Römer führen, waren zu beiden Seiten durch Schranken und Wachen gesichert. (…)
Bei alledem herrschte eine ziemliche Stille, und als die Sturmglocke geläutet wurde, schien das ganze Volk von Schauer und Erstaunen ergriffen. Was nun zuerst die Aufmerksamkeit aller, die von oben herab

den Platz übersehen konnten, erregte, war der Zug, in welchem die Herren von Aachen und Nürnberg die Reichskleinodien nach dem Dome brachten. (…)
Was in dem Dome vorgegangen, die unendlichen Zeremonien, welche die Salbung, die Krönung, den Ritterschlag vorbereiten und begleiten, alles dieses ließen wir uns in der Folge gar gern von denen erzählen, die manches andere aufgeopfert hatten, um in der Kirche gegenwärtig zu sein. (…)
Auf dem Platze war jetzt das Sehenswürdigste die fertig gewordene und mit rot, gelb und weißem Tuch überlegte Brücke (…). Nun verkündete der Glockenschall und nun die Vordersten des langen Zuges, welche über die bunte Brücke ganz sachte einherschritten, dass alles getan sei. (…)
Der von dem Markt her ertönende Jubel verbreitete sich nun auch über den großen Platz, und ein ungestümes Vivat erscholl aus tausend und aber tausend Kehlen, und gewiss auch aus den Herzen. Denn dieses große Fest sollte ja das Pfand eines dauerhaften Friedens werden, der auch wirklich lange Jahre hindurch Deutschland beglückte.
Mehrere Tage vorher war durch öffentlichen Ausruf bekannt gemacht, dass weder die Brücke, noch der Adler über dem Brunnen, Preis gegeben, und also nicht vom Volke wie sonst angetastet werden solle. Es geschah dies, um manches bei solchem Anstürmen unvermeidliche Unglück zu verhüten. Allein um doch einigermaßen dem Genius des Pöbels zu opfern, gingen eigens bestellte Personen hinter dem Zuge her, lösten das Tuch von der Brücke, wickelten es bahnenweise zusammen und warfen es in die Luft. Hierdurch entstand nun zwar kein Unglück, aber ein lächerliches Unheil: denn das Tuch entrollte sich in der Luft und bedeckte, wie es niederfiel, eine größere oder geringere Anzahl Menschen. Diejenigen nun, welche die Enden fassten und solche an sich zogen, rissen alle die Mittleren zu Boden, umhüllten und ängstigten sie so lange, bis sie sich durchgerissen oder durchgeschnitten, und jeder nach seiner Weise einen Zipfel dieses, durch die Fußtritte der Majestäten geheiligten Gewebes davongetragen hatte. (…)
Alles Volk hatte sich gegen den Römer gewendet, und ein abermaliges Vivatschreien gab uns zu erkennen, dass Kaiser und König an dem Balkonfenster des großen Saales in ihrem Ornate sich dem Volke zeigten. Aber sie sollten nicht allein zum Schauspiel dienen, sondern vor ihren Augen sollte ein seltsames Schauspiel vorgehen. Vor allen schwang sich nun der schöne schlanke Erbmarschall[2] auf sein Ross; er hatte das Schwert abgelegt, in seiner Rechten hielt er ein silbernes gehenkeltes Gefäß, und ein Streichblech in der Linken. So ritt er in den Schranken auf den großen Haferhaufen zu, sprengte hinein, schöpfte das Gefäß übervoll, strich es ab und trug es mit großem Anstande wieder zurück. Der kaiserliche Marstall war nunmehr versorgt. Der Erbkämmerer ritt sodann gleichfalls auf jene Gegend zu und brachte ein Handbecken nebst Gießfass und Handquehle zurück. Unterhaltender aber für die Zuschauer war der Erbtruchseß, der ein Stück von dem gebratnen Ochsen zu holen kam. Auch er ritt mit einer silbernen Schüssel durch die Schranken bis zu der großen Bretterküche, und kam bald mit verdecktem Gericht wieder hervor, um seinen Weg nach dem Römer zu nehmen. Die Reihe traf nun den Erbschenken, der zu dem Springbrunnen ritt und Wein holte. So war nun auch die kaiserliche Tafel bestellt, und aller Augen warteten auf den Erbschatzmeister, der das Geld auswerfen sollte. Auch er bestieg ein schönes Ross, dem zu beiden Seiten des Sattels anstatt der Pistolenhalftern ein paar prächtige, mit dem kurpfälzischen Wappen gestickte Beutel befestigt hingen. Kaum hatte er sich in Bewegung gesetzt, als er in diese Taschen griff und rechts und links Gold- und Silbermünzen freigebig ausstreute, welche jedes Mal in der Luft als ein metallner Regen gar lustig glänzten. Tausend Hände zappelten augenblicklich in der Höhe, um die Gaben aufzufangen; kaum aber waren die Münzen niedergefallen, so wühlte die Masse in sich selbst gegen den Boden und rang gewaltig um die Stücke, welche zur Erde mochten gekommen sein. Da nun diese Bewegung von beiden Seiten sich immer wiederholte, wie der Geber vorwärts ritt, so war es für die Zuschauer ein sehr belustigender Anblick. Zum Schlusse ging es am allerlebhaftesten her, als er die Beutel selbst auswarf, und ein jeder noch diesen höchsten Preis zu erhaschen trachtete.
Die Majestäten hatten sich vom Balkon zurückgezogen, und nun sollte dem Pöbel abermals ein Opfer gebracht werden, der in solchen Fällen lieber die Gaben rauben als sie gelassen und dankbar empfangen will. In rohern und derberen Zeiten herrschte der Gebrauch, den Hafer, gleich nachdem der Erbmarschall das Teil weggenommen, den Springbrunnen, nachdem der Erbschenk, die Küche, nachdem der Erbtruchseß sein Amt verrichtet, auf der Stelle Preis zu geben. Diesmal aber hielt man, um alles Unglück zu verhüten, so viel es sich tun ließ, Ordnung und Maß. Doch fielen die alten schadenfrohen Späße wieder vor, dass wenn einer einen Sack Hafer aufgepackt hatte, der andre ihm ein Loch hineinschnitt, und was dergleichen Artigkeiten mehr waren. Um den gebratnen Ochsen aber wurde diesmal wie sonst ein ernsterer Kampf geführt. Man konnte sich denselben nur in Masse streitig machen. Zwei Innungen, die Metzger und Weinschröter, hatten sich hergebrachtermaßen wieder so postiert, dass einer von beiden dieser ungeheure Braten zu Teil werden musste. Die Metzger glaubten das größte Recht an einen Ochsen zu haben, den sie unzerstückt in die Küche geliefert; die Weinschröter dagegen machten Anspruch, weil die Küche in der Nähe ihres zunftmäßigen Aufenthalts erbaut war, und weil sie das letztemal obgesiegt hatten; wie denn aus dem vergitterten Giebelfenster ihres Zunft- und Versammlungshauses die Hörner jenes erbeuteten Stiers als Siegeszeichen hervorstarrend zu sehen waren. Beide zahlreichen Innungen hatten sehr kräftige und tüchtige Mitglieder; wer aber diesmal den Sieg davon getragen, ist mir nicht mehr erinnerlich.
Wie nun aber eine Feierlichkeit dieser Art mit etwas Gefährlichem und Schreckhaftem schließen soll, so war es wirklich ein fürchterlicher Augenblick, als die bretterne Küche selbst Preis gemacht wurde. Das Dach derselben wimmelte sogleich von Menschen, ohne dass man wusste wie sie hinaufgekommen; die Bretter wurden losgerissen und heruntergestürzt, sodass man, besonders in der Ferne, denken musste, ein jedes werde ein paar der Zudringenden totschlagen.

In einem Nu war die Hütte abgedeckt, und einzelne Menschen hingen an Sparren und Balken, um auch diese aus den Fugen zu reißen; ja manche schwebten noch oben herum, als schon unten die Pfosten abgesägt waren, das Gerippe hin- und wiederschwankte und jähen Einsturz drohte. Zarte Personen wandten die Augen hinweg, und jedermann erwartete sich ein großes Unglück; allein man hörte nicht einmal von irgendeiner Beschädigung, und alles war, obgleich heftig und gewaltsam, doch glücklich vorübergegangen.

Erich Trunz, (Bearb.), Goethes Werke. Hamburger Ausgabe, Bd. IX: Autobiographische Schriften, Bd. 1, 7. Aufl., München, C.H. Beck, 1974, S. 199–206.

CS/GF

1 Rathausplatz.
2 Erbmarschall Friedrich Ferdinand Graf von Pappenheim.

2.1.1.3.3 Die Kaiserkrönung Friedrichs II. in Rom (1220)

Das ostfränkisch-deutsche bzw. römische Königtum erhob seit dem 10. Jahrhundert Ansprüche auf das Kaisertum, auf die Würde eines „Herrn der Welt". Bis in das 15. Jahrhundert hinein erwarben die römischen Könige die Kaiserwürde, mit der zumindest noch bis zum 14. Jahrhundert Herrschaftsrechte in Italien verbunden waren, durch die päpstliche Salbung und Krönung in Rom. Der Chronist Petrus von Eboli schildert die Zeremonie der Salbung Friedrichs II. im Jahre 1220. 232 Jahre später war Friedrich III. 1452 der letzte in Rom zum Kaiser gekrönte Herrscher. Maximilian I. nahm 1507 den Titel „Erwählter Römischer Kaiser" an. Er hatte damit Erfolg. Denn bei der nächsten Wahl im Jahre 1519 sprach kaum jemand noch von einer Königswahl. Alle Welt redete nun vielmehr von der Kaiserwahl.

Die kaiserliche Salbung
Als der Kaiser in die Stadt kam, um das Diadem zu empfangen,/jauchzte das ehrwürdige Rom in nie gesehenem Aufzug.
Zu Pferde gelangte er zur ehrwürdigen Peterskirche,/wo schon der Papst im Schmuck der Krone war.
Balsam, Weihrauch, Aloe, Myrrhe, Zimt, Narde/und der den Königen vertraute Amber, ein milder Duft, verbreiten Wohlgerüche durch Stadtviertel und Häuser und durchziehen die Stadt.
Würzigen Weihrauches Brand raucht überall.
Duftende Myrte schmückt vereint mit Zweigen vom Thyabaum den Weg,/Lilien prunken vereint mit gelben Rosen.
Der Eingangsbereich der Kirche ist mit Batist und Purpur ausgeschlagen,/die Flammen von Wachskerzen lassen Sterne leuchten.
Aber das Innere der Kirche, wo der Altar und das Lamm glänzen,/leuchtet purpurn, eine aufwendige Angelegenheit, an goldenem Ort.
Von Deinem Stellvertreter, Petrus, wird der fromme Held hineingeleitet:/der Berühmte macht vor den Stufen des Altares halt.
Zuerst weiht der Papst beide Hände mit heiligem Chrisma[1],/damit der als Sieger beide Testamente als Schild und Schwert führen kann.
Während er die Arme weiht und die Schultern und die Brust salbt, spricht er:/„Zum Gesalbten des Herrn salbt Dich Gott."
Danach greift er nach dem Reichsschwert und übergibt es ihm,/das Petrus nach dem Abschlagen des Ohrs auf Befehl wegtrug.
Das Schwert ist für beides tauglich: Ein Verteidiger der Kirche und des Reiches,/einerseits lenkt es die Kirche, andererseits richtet es die Welt.
Die herrscherlichen Rechte, das Gewicht der Frömmigkeit und Gerechtigkeit,/bezeichnet der Stab, der in die kaiserliche Hand gegeben wird.
Der Ring der Kirche, edles Unterpfand der Reiche,/wird Deinen Fingern, Oktavian, angesteckt.
Das Diadem einer goldenen Tiara, Caesar, das Du trägst,/bedeutet, dass Du Anteil an dem apostolischen Amt hast.
Danach kehrt er unter Hymnengesang zum Lager zurück/und ordnet an, dass jeder sich auf den Marsch nach Apulien vorbereite.

Theo Kölzer/Marlis Stähli (Bearb.), Petrus de Ebulo. Liber ad honorem Augusti sive de rebus Siculis. Codex 120 II der Burgerbibliothek Bern, Sigmaringen 1994, Thorbecke Verlag, S. 73.

1 Geweihtes Salböl.

GF

2.1.1.4 Die „zwei Körper" des Königs: die Heiltumsschau in Nürnberg

2.1.1.4.1 Ein Nürnberger Chronist berichtet über die Heiltumsschau (1469)

Im Jahre 1424 waren die Reichskleinodien der Obhut der Reichsstadt Nürnberg anvertraut worden. Nürnberg, seit den Tagen Kaiser Karls IV. (1346–1378) zu einer Art Hauptstadt ausgebaut, rückte damit zu einem kultisch-kulturellen Zentrum des spätmittelalterlichen Reiches auf. Kaiser Sigmund hat bei der Übertragung den Nürnbergern auch das Privileg erteilt, einmal im Jahr an Freitag nach Quasimodo geniti, dem zweiten Freitag nach Ostern, die im Heiliggeist-Spital verwahrten Reichskleinodien öffentlich zeigen zu dürfen und daran einen 14-tägigen Jahrmarkt anzuschließen. Von einem Holzgerüst herab wurden die wertvollen Reliquien des Reiches gezeigt. Diese Heiltumsschau fand jährlich statt. Seit 1431 war sie mit einer 24-tägigen Messe verbunden. Sie zog Scharen von Menschen aus der engeren wie weiteren Umgebung Nürnbergs an. Die Heiltumsschau war Wallfahrt, Ausdruck der spätmittelalterlichen Frömmigkeit, und Geschäft zugleich.
Johannes Müllner (1565–1634), Ratsschreiber der Stadt Nürnberg, berichtet in seinen zwischen 1598 und 1623 entstandenen ‚Annalen' sehr ausführlich von den Reichskleinodien und der Heiltumsweisung.

Es hat aber König Sigmund dem Rat zu Nürnberg wegen dieser Cleinodien, so er sein und des Reichs Heiltumb nennet, einen Übergabs-Brief gegeben, darin-

Politik, Herrschaft und Rituale

nen die Stuck alle und jede in nachfolgender Ordnung
erzählet werden: 1. König Carl Schwert[1]; 2. S. Mauritii Schwert; 3. die Kron S. Carl des Königs mit Edelgesteinen und Perlen, darin viel Heiltumb versetzt[2]; 4. Von der Krippen Gottes, in einer langen Beheltnus, gezieret mit Edelgesteinen; 5. drei Glieder von S. Peter, S. Pauls und S. Johannes Ketten, in einem silbernen vergultem Kestel; 6. S. Anna Arm in einer übergulten Beheltnuß; 7. S. Johannis des Evangelisten Rock in einem silbernen übergultem Ledel, darauf ein klein christallen Kreuz; 8. S. Johannis des Tauffers Zahn in einer christallinen Monstranczen, mit reinem Gold umbgeben; 9. das Speer Gottes, auf und in demselben ist angeheftet der Nägel einer, damit Christus ans Kreuz genagelt[3]; (…); 19. zween königliche silberne Scepter, einer übergult, der ander schlecht; 20. zween silberne Öpfel, übergult, auf jedem ein Kreuz; 21. S. Carls Apfel, außen gulden, inwendig hülzen, mit einem Kreuz und edeln Steinen und Perlen; (…); 27. S. Carls Gürtel in einem guldenen Porten, in Gürtel weiß mit Kneufen und Schellen. Dies alles hat König Sigmund dem Rat zu Nürnberg aus sonderbaren Gnaden übergeben. (…)

Sonsten ist diesmal nachfolgende Anordnung geschehen, die man folgende Jahr, nach Gelegenheit der Leuften bisweilem gemindert oder gemehret hat. (…)
12. Der Heiltumbs Stuhl und darauf der Tabernackel sein aufgemacht worden vor Albrecht Schopperin, nachmals N. Gundelfingerin Behausung gegen der Rinnen am Fischmarkt, aus welcher man auf den Stuhl[4] gehen können. Unter dem Tabernackel hat man vor Zeigung des Heiltumbs Meß gesungen, auch von dem Stuhl eine Vermahnung oder Predigt zu dem Volk getan, und niemand unter den Tabernackel gelassen worden, dann allein frembde Fürsten, Herren und Prälaten und die Herren Ältern sambt dem Alten Bürgermeister, so damals im Ambt gewest[5], deren jeder eine vergulte brennende Wachskerzen in der Hand getragen, und ist der Stuhl ringsherumb mit brennenden Wachskerzen besteckt und mit Tapezerei[6] gezieret gewest. Von Geistlichen hat man niemand auf den Stuhl gelassen, dann den Abt zu St. Egidien, die Pfarrer der beeden Pfarren, den Custor im Neuen Spital und einen Pfaffen aus S. Sebalds Kirch, so das Heiltumb ausgerufen[7], den Schulmeister sambt seinem Cantor und etlichen Schülern. Die übrigen Ratspersonen, außer den Herren Ältern, sein in der Schopperin Haus in der Stuben verblieben, von dannen sie auf den Stuhl sehen können. Wann auch fürstliche Weibspersonen zu dieser Heiltumbs Weisung gen Nürnberg kummen, hat man ihnen nach gehaltenem Actu[8] das Heiltumb in dieser Stuben gezeiget. Die Weisung des Heiltumbs hat man auf Zween Gäng (wie sie es genennet) verrichtet und zu jedem Gang vorher eine Verrufung und Vermahnung getan.
Solche Weisung des Heiltumbs ist nachfolgend alle Jahr geschehen, und sein dabei gewöhnlich etliche geistliche und weltliche Fürsten oder sonst vornehme Leut und ein unzählig Meng Volks von nahen und fernen Orten erschienen und hat solche Weisung gerad hundert Jahr gewähret, dann es anno 1524 das letztemal gezeiget worden (…).

Gerhard Hirschmann (Bearb.), Johannes Müllner. Die Annalen der Reichsstadt Nürnberg von 1623, 2 Bde. (Quellen zur Geschichte und Kultur der Stadt Nürnberg, 8 u. 11), Nürnberg, Selbstverlag des Stadtrats zu Nürnberg, 1972–1984, hier: Bd. 2, S. 243–250.

1 Das Schwert Kaiser Karls des Großen.
2 Die Kaiserkrone.
3 Die heilige Lanze.
4 Auf die errichtete Tribüne, von der aus das Heiltum gewiesen wurde.
5 Es handelt sich dabei um die so genannten Sieben Älteren Herren, das eigentlich entscheidende wichtigste Gremium des Kleinen Rates. Innerhalb des Ratsjahres wechselte sich in Nürnberg alle 28 Tage ein Bürgermeisterpaar ab, besetzt jeweils aus einem Älteren und einem Jüngeren Bürgermeister.
6 Wandteppiche.
7 Es handelte sich dabei allesamt um Kirchen und Einrichtungen im Nürnberger Stadtgebiet. Der Heiltumsausrufer benannte die zur Schau gestellten Reichskleinodien und wies mit einem Zeigestock auf sie hin.
8 Nach Beendigung der Heiltumsschau.

GF

2.1.1.4.2 Dem König zeigt man die Reichskleinodien, wenn er zum ersten Mal nach Nürnberg kommt: Friedrich III. auf Krönungsfahrt (1442)

Der designierte König Friedrich III. besuchte 1442 auf seiner Reise nach Frankfurt und Aachen zur Wahl und Krönung zunächst die Reichsstadt Nürnberg, wo er festlich begrüßt und von der Stadt gebührend bewirtet wurde. In diesem Rahmen wies der Nürnberger Rat, wie der unbekannte Chronist der Krönungsfahrt berichtet, Friedrich III. außerhalb des üblichen Termins der Heiltumsschau die Reichskleinodien.

Und es wurden gezeigt am Himmelfahrtstag (10. Mai 1442) Meinem Gnädigen Herrn (König Friedrich III.) und seiner Schwester[1] die ehrwürdigsten Reichskleinodien: der Speer, der unserem lieben Herrn (Jesu) in der Seite gewesen ist, ein Nagel, der ihm durch seine heilige Hand geschlagen worden war, ein Stück des heiligen Kreuzes, ein Schwert, das ein Engel Kaiser Karl dem Großen vom Himmel herab gebracht hat, fünf Dornen von der Krone, die unserem Herrn in sein heiliges Haupt gedrückt worden war, und andere bedeutende Reliquien wurden da gewiesen.

Joseph Seemüller, Friedrichs III. Aachener Krönungsreise, in: Mitteilungen des Instituts für Österreichische Geschichtsforschung 17 (1896), Wien-München, Oldenbourg, S. 584–665, hier: Nr. 34.

1 Margarethe von Österreich, die mit Herzog Friedrich von Sachsen verheiratet war. Bruder und Schwester hatten sich nach langen Jahren in Nürnberg zum erstenmal wieder getroffen.

GF

2.1.2 Ritter und Damen – die ritterlich-höfische Kultur

2.1.2.1 Der königliche und fürstliche Hof

2.1.2.1.1 Die Anfänge des Höfischen I: Ein Herr, wie er im Buche steht: Karl der Große

Einhard, ein Kleriker aus einem ostfränkischen Adelsgeschlecht, schrieb nach dem Tode Karls des Großen (Regierungszeit 768–814) in den Jahren um 830 eine monumentale Biografie des Kaisers („Das Leben Karls des Großen'). Einhard gehörte zur engeren Umgebung Karls. Er war Leiter der Bauten am Hof des Kaisers und zeitweilig auch Prinzenerzieher. Obwohl Einhard seinen verstorbenen Herrn als idealen Herrscher stilisiert, besitzt seine Biografie doch einen hohen Quellenwert. Einhard charakterisiert den Kaiser als Persönlichkeit und als Herrn seines Hofes.

Er (Karl der Große) war von breitem und kräftigem Körperbau, hervorragender Größe, die jedoch das richtige Maß nicht überschritt – denn seine Länge betrug, wie man weiß, sieben seiner Füße –, das Oberteil seines Kopfes war rund, seine Augen waren sehr groß und lebhaft, die Nase ging etwas über das Mittelmaß, er hatte schönes graues Haar und ein freundliches, heiteres Gesicht. So bot seine Gestalt im Stehen wie im Sitzen eine höchst würdige und stattliche Erscheinung, wiewohl sein Nacken feist und zu kurz, sein Bauch etwas hervorzutreten schien: das Ebenmaß der anderen Glieder verdeckte das. Er hatte einen festen Gang, eine durchaus männliche Haltung des Körpers und eine helle Stimme, die jedoch zu der ganzen Gestalt nicht recht passen wollte; seine Gesundheit war gut, außer dass er in den vier Jahren vor seinem Tode häufig von Fiebern ergriffen wurde und zuletzt auch mit einem Fuße hinkte. Aber auch damals folgte er mehr seinem eigenen Gutdünken als dem Rat der Ärzte, die ihm beinahe verhasst waren, weil sie ihm rieten, dem Braten, den er zu speisen pflegte, zu entsagen und sich an gesottenes Fleisch zu halten. Beständig übte er sich im Reiten und Jagen, wie es die Sitte seines Volkes war: man wird ja nicht leicht auf Erden ein Volk finden, das sich in dieser Kunst mit den Franken messen könnte. Sehr angenehm waren ihm auch die Dämpfe warmer Quellen; er übte sich fleißig im Schwimmen und verstand das so trefflich, dass man ihm keinen darin vorziehen konnte. Darum erbaute er sich auch zu Aachen einen Pfalz und wohnte in seinen letzten Lebensjahren bis zu seinem Tode beständig darin. Und er lud nicht bloß seine Söhne, sondern auch die Vornehmen und seine Freunde, nicht selten auch sein Gefolge und seine Leibwächter zum Bade, sodass bisweilen hundert und mehr Menschen mit ihm badeten.

Die Kleidung, die er trug, war die seiner Väter, d. h. die fränkische. Auf dem Leib trug er ein leinenes Hemd und leinene Unterhosen; darüber ein Wams, das mit einem seidenen Streifen verbrämt war, und Hosen; sodann bedeckte er die Beine mit Binden und die Füße mit Schuhen, und schützte mit einem aus Fischotter- oder Zobelpelz verfertigten Rock im Winter Schultern und Brust; dazu trug er einen blauen Mantel und stets ein Schwert, dessen Griff und Gehenk von Gold oder Silber war. Bisweilen trug er auch ein mit Edelsteinen verziertes Schwert, dies jedoch nur bei besonderen Festlichkeiten oder wenn Gesandte fremder Völker vor ihm erschienen. Ausländische Kleidung jedoch wies er zurück, mochte sie auch noch so schön sein, und ließ sie sich niemals anlegen, nur zu Rom kleidete er sich einmal nach dem Wunsch des Papstes Hadrian und ein zweites Mal auf die Bitte seines Nachfolgers Leo in die lange Tunika und Chlamys[1] und zog auch Schuhe nach römischer Art an. Bei festlichen Gelegenheiten schritt er in einem mit Gold durchwirkten Kleide und mit Edelsteinen besetzten Schuhen, den Mantel durch eine goldene Spange zusammengehalten, auf dem Haupte ein aus Gold und Edelsteinen verfertigtes Diadem, einher; an andern Tagen unterschied sich seine Kleidung wenig von der gemeinen Tracht des Volkes.

In Speise und Trank war er mäßig, mäßiger jedoch im Trank, denn Trunkenheit verabscheute er an jedem Menschen aufs äußerste, erst recht denn an sich und den Seinigen. Im Essen jedoch konnte er nicht so enthaltsam sein, vielmehr klagte er häufig, das Fasten schade seinem Körper. Höchst selten gab er Gastereien und nur bei besonderen festlichen Gelegenheiten, dann jedoch in zahlreicher Gesellschaft. Beim gewöhnlichen Essen wurden nur vier Gerichte aufgetragen außer dem Braten, den ihm die Jäger am Bratspieß zu bringen pflegten und der ihm lieber war als jede andere Speise. Während der Tafel hörte er einem Musikanten oder einem Vorleser zu. Er ließ sich die Geschichten und Taten der Alten vorlesen; auch an den Büchern des heiligen Augustinus hatte er Freude, besonders an denen, die ‚Vom Staate Gottes'[2] betitelt sind. Im Genuß des Weins und jeglichen Getränks war er so mäßig, dass er beim Essen selten mehr als dreimal trank. Im Sommer nahm er nach der Mahlzeit etwas Obst zu sich und trank einmal, dann legte er Kleider und Schuhe ab, wie er es bei Nacht tat, und ruhte zwei bis drei Stunden. Nachts unterbrach er den Schlaf vier- oder fünfmal, indem er nicht bloß aufwachte, sondern auch aufstand. Während er Schuhe und Kleider anzog, ließ er nicht allein seine Freunde vor, sondern wenn der Pfalzgraf von einem Rechtsstreite sprach, der nicht ohne seinen Ausspruch entschieden werden könne, so hieß er die streitenden Parteien sofort hereinführen und sprach nach Untersuchung des Falls das Urteil, als säße er auf dem Richterstuhl; und das war nicht das einzige, sondern was es für diesen Tag von Geschäften zu tun und einem seiner Diener aufzutragen gab, das besorgte er zu dieser Stunde.

Reinhold Rau (Bearb.), Quellen zur karolingischen Reichsgeschichte, Bd. I (Ausgewählte Quellen zur deutschen Geschichte des Mittelalters. Freiherr vom Stein-Gedächtnisausgabe), Darmstadt, Wissenschaftliche Buchgesellschaft, 1955 (ND 1993), Kapitel 20–22, S. 193–197.

1 Im antiken Griechenland üblicher halblanger Schultermantel aus einer lose fallenden, auf der Schulter mit einer Nadel gehaltenen Stoffbahn.
2 Augustinus; Heiliger und Kirchenlehrer (354–430). Die Schrift ‚De civitate Dei' entstand 413-426.

GF

Politik, Herrschaft und Rituale

2.1.2.1.2 Die Anfänge des Höfischen II: Und noch ein bedeutender und vorbildlicher Herr: König Alfred der Große von Wessex

Alfred der Große regierte 871 bis 899 Wessex, das mächtigste der englischen Königreiche. Eine lateinisch verfasste Biografie, die dem Mönchsbischof Asser von Sherborne zugeschrieben wird, schilderte ausführlich Persönlichkeit und vorbildliches höfisches Benehmen des Königs um 890.

Inmitten von Kriegen und häufigen Behinderungen des irdischen Lebens, inmitten heidnischer Angriffe und täglicher Leibesbeschwerden bemühte sich der König persönlich doch stets unablässig und nach Kräften darum, das Steuer des Reiches zu führen, jede Art des Waidwerks zu pflegen, alle seine Goldschmiede und Künstler sowie Falkner, Habichtwärter und Hundeführer anzuleiten, Bauwerke über alles Herkommen seiner Vorgänger hinaus durch neue Kunstgriffe ehrwürdiger und kostbarer zu gestalten, sächsische Bücher durch andere vorlesen und vor allem sächsische Lieder auswendig lernen zu lassen. Er pflegte auch täglich den Gottesdienst, das heißt die Messe zu hören, einige Psalmen, Gebete und die kanonischen Stundengebete für Tag und Nacht zu sprechen und häufig, wie schon gesagt, von seinem Gefolge unbemerkt des Nachts Kirchen zum Beten aufzusuchen. Ferner war er beim Almosengeben eifrig und freigebig gegen Bedürftige und Fremde aus allen Stämmen und brachte allen Menschen einzigartige Liebenswürdigkeit und Freundlichkeit entgegen; auch an der Erforschung unbekannter Dinge beteiligte er sich einsichtig.
Viele Franken, Friesen, Gallier, (skandinavische) Heiden, Briten, Schotten und Bretonen hatten sich seiner Herrschaft freiwillig unterworfen, und zwar Adlige und Nichtadlige; die alle regierte er seiner Würde gemäß wie seinen eigenen Stamm; er liebte und ehrte sie und machte sie reich an Geld und Macht. Oft hörte er emsig und aufmerksam die Heilige Schrift, ebenso Gebete von einheimischen Vorlesern oder, wenn sie zufällig anderswoher kamen, auch von ausländischen. In bewundernswerter Zuneigung liebte er ferner seine Bischöfe und den ganzen Priesterstand, seine Grafen und Edlen sowie die Dienstmannen und alle Angehörigen der Hofhaltung. Deren Söhne, die im königlichen Haushalt aufgezogen wurden, schätzte er nicht geringer als seine eigenen; neben allem anderen hielt er sie stets persönlich bei Tag und Nacht zu gutem Lebenswandel und literarischer Ausbildung an. Doch als fände er bei alledem keinen Trost und litte an keiner anderen Störung von innen und außen, klagte er bei Tag und Nacht, in Besorgnis und Trauer vor dem Herrn und allen, die ihm in vertraulicher Liebe verbunden waren, und seufzte ständig schwer darüber, dass ihn der allmächtige Gott ohne Kenntnis in der göttlichen Weisheit und den Freien Künsten gelassen habe. (…)
Er suchte immer, wenn er konnte, für seine guten Gedanken Helfer, die ihn in der gewünschten Weisheit unterstützen könnten, damit er das Begehrte erreiche. (…) Durch ihrer aller Gelehrsamkeit und Weisheit wurde das Verlangen des Königs unablässig gesteigert und erfüllt. Denn bei Tag und Nacht, immer wenn er etwas Zeit hatte, ließ er sich von ihnen Bücher vorlesen; stets musste er einen von ihnen um sich haben. Dadurch bekam er Kenntnis von fast allen Büchern, obwohl er selber in den Büchern doch nichts erkennen konnte. Denn er hatte noch nicht lesen gelernt.

William Henry Stevenson/Dorothy Whitelock (Bearb.), Asser's Life of King Alfred, 2. Aufl., Oxford, 1959, S. 59–63, übersetzt von Arno Borst, Lebensformen im Mittelalter, 4. Aufl., Frankfurt/M.-Berlin, Propyläen, 1987, S. 488–490.

GF

2.1.2.1.3 Der Fixstern am Himmel der ritterlich-höfischen Kultur des Spätmittelalters: Herzog Karl der Kühne von Burgund und sein Hof

Der fränkische Niederadlige Ludwig von Eyb d. J. (1450–1521) schrieb zu Beginn des 16. Jahrhunderts die so genannten ‚Geschichten und Taten Wiwolts von Schaumberg', die Biografie eines als ideal dargestellten ritterlichen Helden seiner Zeit. In dieser typischen ‚Ritterbiografie' werden die militärischen Leistungen Schaumbergs, das Turnierwesen, die Fehdetätigkeit, die ritterliche Minne, auch und gerade das Hofleben des ausgehenden Mittelalters in einem bunten Bilderbogen dargestellt. Wilwolt von Schaumberg (ca. 1446–1510), ein Schwager Eybs, diente zwischen 1473 und 1475 als Soldreiter Herzog Karl dem Kühnen von Burgund (1467–1477), dessen glanzvollen Hof Eyb in einer ‚Hofordnung' schildert.

Ordnung der Hofhaltung Herzog Karls von Burgund
Zum ersten hatte er (Karl der Kühne) einen obersten Kanzler, der nach ihm am höchsten geachtet und vor allen Fürsten und Hofdienern zu oberst am Tisch platziert wurde. Er erhielt über 20 000 Gulden an Jahrsold. Herzog Karl hielt und hatte auch stets oder gewöhnlich vier oder fünf Fürsten an seinem Hof, denen er nach ihrem Stand oder Dienst sechs-, acht- oder zehntausend Gulden zu Sold gab. Danach rangierten vier Hofmeister, jedem gebühren 4000 Gulden Jahrsold. Danach kommen 24 Kammerherren, des geringsten Jahrlohn machte 1 200 Gulden aus. 52 Tischdiener oder Vorschneider besaß er, außerdem ebenso viele, die ihm das Essen servierten, darüber hinaus die gleiche Maßzahl, die ihm das Getränk auftrugen, und die nämliche Anzahl, die ihm den Steigbügel hielten, wenn er aufsitzen und reiten wollte. Insgesamt waren dies 208 Personen, sie hießen die „Vier (großen) Hofämter", alles Herren vom Adel. Es musste jeder vier ausgerüstete Kriegspferde unterhalten. Dafür erhielt er 450 Gulden an Sold. Nun soll man mich nicht so verstehen, dass die (Funktionsträger) von den „Vier Ämtern" alle vor dem Tisch stehen, das Essen und Trinken auftragen durften oder den Steigbügel halten, sondern welcher unter ihnen allen sein Amt verrichtete, wenn es Zeit war, hatte alle anderen zu vertreten. Danach gab es 208 (Funktionsträger), die auch mit vier Pferden ausgerüstet sein mussten. Jeder erhielt pro Tag einen Gulden, und sie wurden die Ordonnanz(kompanien) oder das Hofgesinde genannt. Danach folgte die Garde, deren Mitglieder auch von Adel sein mussten und mindestens drei Pferde zu halten hatten. Für

die Garde war keine Zahl festgelegt¹, sie wurde nach dem Stand der Geschäfte alle Tage vermindert oder vermehrt. Der Sold der (Mitglieder der Garde) betrug 18 Stüber. Der Pfennigmeister (Generalrentmeister), der alle Geldzinse einnahm und ausgab, hatte an Sold jährlich 4 000 Gulden, ungeachtet aller anderen Rentmeister, die unter ihm standen und auch große Gehälter bezogen. Darüber hinaus hatte auch der oberste Jägermeister pro Jahr für seinen Dienst über 4000 Gulden. Man sagt, dass unter ihm Jäger, Falkner, Hundehetzer mit ihren Knechten, Hunde und Beizvögel mit einem Budget von über 10 000 Gulden dienten. Einem Profoß oblag es, die Übeltäter zu bestrafen. Er hatte pro Jahr 2000 Gulden von seinem Amt. Man kann sich auch denken, dass Kellner, Schenken, Küchenmeister, Köche, Bäcker, Metzger, Fischmeister und andere Ämter mit ihren Knechten nicht wenig verdienten. Es waren 50 Leibgardisten mit Hellebarten angewiesen, die Person (Karls des Kühnen) zu schützen, jeder von diesen musste auch ein Pferd haben. Dafür gebührte ihm pro Tag einen Gulden. Karl dem Kühnen wurden auch aus anderen Ländern die Kinder vieler Fürsten, Grafen und Herren als Knappen geschickt. Die hielt er köstlich, ließ sie herrlich, wie es ihnen gebührte, mit goldenen und samtenen Gewändern zieren. Dazu kamen noch sein Kaplan, die Sänger und andere solche Leute, die überallhin, wo er sich aufhielt, dem Hof folgen und bei ihm sein mussten. Die kosteten ihn (Karl den Kühnen), auch über 10 000 Gulden, wie er es selbst berechnet hat.

Adalbert von Keller (Bearb.), Die Geschichten und Taten Wilwolts von Schaumburg (Bibliothek des Litterarischen Vereins in Stuttgart, 50), Stuttgart, Bibliothek des Litterarischen Vereins in Stuttgart, 1859, S. 17f.

1 Erstmals in der burgundischen Hofordnung vom Februar 1474 wurde die Garde der 126 „gentilshommes" erwähne. Hinzu kamen ebenso viele Bogenschützen.

GF

2.1.2.1.4 Was macht denn ein Fürst den lieben langen Tag? – Aus der Hofordnung Herzog Wilhelms V. von Bayern (1589)

*Die Hofordnung des Herzogs Wilhelm V. von Bayern (1579–1597) zeigt verhältnismäßig früh, dass Formen des spanischen Hofzeremoniells von den deutschen Höfen übernommen worden sind. Werte und Verhaltensweisen sind geprägt von den Idealen des ‚Hofmanns', wie sie z. B. in der gleichnamigen Schrift des Baldassare Castiglione ihren Ausdruck fanden. Das Zeremoniell entrückte den Herrn des Hofes der unmittelbaren Annäherung seiner immer zahlreicher werdenden Höflinge und der Untertanen. Es wurde im 16. Jahrhundert zu einem Instrument der Machttechnik verfeinert. Zugleich gewährt die Hofordnung Einblicke in die medizinischen Vorstellungen und in den Hygienestandard des ausgehenden 16. Jahrhunderts.
(Die Kammerherren des Herzogs haben gemäß ihrer bevorrechtigten Stellung gegenüber dem anderen Hofgesinde fromm und gottesfürchtig zu leben, sie müssen alles daransetzen, der Person des Fürsten ehrenvoll und nach ihrem besten Vermögen zu dienen.)*

Weil sie, (die Kammerherren), vor unserem übrigen Hofgesinde geehrt, auch mit bestimmten Vortrittsrechten ausgestattet sein wollen und so auch billig gehalten werden, so gebührt ihnen, dass sie auch vor den anderen mit guten Tugenden, Höflichkeit und Freundlichkeit geziert und ausgestattet seien, damit keine Untugend oder böse Verhaltenseigenschaften ihnen an der Ehrerbietung, die ihnen sonst ihres Amtes halber zusteht, etwas abgeht (...) und dadurch auch Uns und unserer Kammer wie auch denen, so sich so verhalten, wie es sich gebührt, wegen eines eine Verkleinerung (ihrer Ehre) geschehe.
So sollen sie friedlich und einig wie Brüder und diejenigen miteinander leben, die im gleichen Stand die gleiche Bürde und die gleiche geistige Haltung haben (...). Anstelle von solcher Uneinigkeit oder anderer Übelstände und Vexierungen steht ihnen männliche Tapferkeit, feine Autorität gut an, davon alle Hoffart, Stolz und Übermut ausgeschlossen sei. (...)
(Danach folgt eine Beschreibung der Stellung und der Befugnisse der „Obrist Camerer".)

Das Ankleiden
Wenn wir dann damit beginnen, Uns anzukleiden und die Kammerherren dazu befohlen werden, sollen die Kammerherren ihre Röcke und Mäntel in der Vorkammer ablegen und so eingenestelt in ihre Koller¹ oder Röcklein mit anhängenden Degen und Säbeln zu Uns hineingehen und nach vorhergehender Ehrerweisung ohne jegliche Streitereien und (Eifersüchteleien um) den Vortritt, wie dies bisher geschehen ist, sondern untereinander mit Vertrauen ihren Dienst beginnen. (...)
Nämlich: es soll unser Oberster Kammerherr oder in seiner Abwesenheit der von Uns eingesetzte Vertreter und so keiner vorhanden ist, jederzeit dem Dienst nach der älteste oder auch ein anderer Kammerherr das Schlafhemd von Uns empfangen und alsbald unseren Leibbarbier oder in seiner Abwesenheit einer von den Kammerdienern unseren Leib mit Tüchern reiben und abstreichen. Währenddessen reicht Uns der Oberste Kammerherr den Kamm, damit wir Uns selbst das Haar und den Bart kämmen. Daraufhin soll unser Oberster Kammerherr das Hemd von dem Kammerdiener nehmen und Uns sowohl solches als auch hernach das Unterjäckchen² und das gestrickte Hemd geben. Danach soll uns einer von den Kammerherren die Leinensocken anlegen und darüber die Hosen, Schuhe und Pantoffel, die ihm die Kammerdiener unterschiedslos eins nach dem andern reichen sollen. Auf dasselbe soll uns das Tuch, so wir zum Waschen der Hände für Uns zu bereiten pflegen, gegeben werden und daraufhin soll einer unserer Kammerherren das Becken und die Kanne, ein anderer das Mundwasser nehmen und mit vorhergehender Kredenz das Wasser, der Oberste Kammerherr oder ein anderer Kammerherr aber das Tuch zum Abtrocknen reichen, welche also dann nach verrichtetem Händewaschen die Kammerdiener damit beauftragen sollen, das Handwasch- und Mundwasser auszuschütten, das Becken wiederum zu säubern und die genannten Handtücher zu nehmen.
Danach soll Uns unser Oberster Kammerherr das Wams reichen und es Uns anlegen. Einer von den

Kammerherren soll Uns den Nachtrock abnehmen und ihn einem von unseren Kammerdienern geben. Je zwei von den Kammerherren sollen Uns einnesteln³ und Uns darüber hinaus ganz und gar ankleiden. Zuletzt soll unser Oberster Kammerherr Uns den Mantel oder das Überkleid und, sofern es nötig ist, den Degen, das Barett und das Ordensabzeichen vom ‚Goldenen Vlies' geben.

Der Leibbarbier soll, wenn wir dies begehren, dem Obersten Kammerherrn, mit einem Tuch bedeckt, das Zahnpulver und die Handseife reichen (...).

Wenn wir dann alsbald aus unserer Kammer in die Vorkammer gehen, so sollen alle unsere Kammerherren voranschreiten, der Oberste Kammerherr aber stracks nachfolgen und Uns zu und von der Kirche bis zur Tafel geleiten. Da wir unsere Waffen im Zimmer nicht anlegen werden, soll sie Uns der Oberste Kammerherr und sonst niemand nachtragen.

Bei der Tafel

Wenn wir dann am Morgen oder abends in unserer Kammer essen, sollen Uns dort unsere Kammerpersonen und sonst niemand bedienen, und zwar folgendermaßen: unser Oberster Silberkämmerer soll zu gebührender Stunde zierlich und, wie es üblich ist, die Gießkanne, die Silberdiener aber ihm den Korb mit der ganzen Kredenz nachtragen, dieselbe auf dem Kredenztisch (Anrichte) sauber aufrichten, danach unsere Tafel ehrenvoll decken, das Brot, die Teller, das Brotmesser, Löffel und Gabel vor uns zu legen, danach die Kredenzbrote, Kredenzmesser und -gabeln, Servietten und alles, was zum Vorschneiden gehört, ordentlich und schön zurichten. (...)

Sobald wir dann um die angerichteten Speisen gehen wollen, sollen alle unsere Kammerherren und Kammerdiener, die nicht zum Vorkosten verwendet werden, ferner der Garderobier und der Leibbarbier samt den Kammer-Edelknaben für die Küche sich zur Verfügung halten, die Speisen aufzutragen. Der älteste Kammerherr soll von allen Speisen die Kredenz nehmen und dem Mundkoch geben, alsdann sollen die Kammerherren wie die Kammerdiener die Speisen auftragen und, wie es üblich ist, bei unserer Tafel dienen. Der Oberste Kammerherr und sein von Uns benannter Vertreter oder, wenn sie nicht vorhanden sind, der älteste Kammerherr soll Uns mit der Kanne Mundschenkdienste leisten und den Wein tragen, welchen er, falls er ihn aus der Flasche ausschenkt, dem Kellermeister zum Eingießen geben soll. Hernach soll er (den Wein) bei der Tafel, wie es üblich ist, selbst wieder einschenken, sodann mit Ehrerbietung Uns reichen und, während wir trinken, den Deckel des Glases mit einer Hand halten. Das Vorschneiden (des Fleisches) soll unter unseren Kammerherren wöchentlich alternieren. (...)

Wenn wir aber im Zimmer unserer geliebtesten Frau Gemahlin allein essen, so sollen dort unserer geliebtesten Frau Gemahlin und unsere Kammerdiener samt dem Zwerg und den Untersilberkämmerern und sonst niemand aufwarten.

Wenn wir in der Öffentlichkeit speisen, soll unser Oberster Kammerherr und andere Kammerherren, sobald wir Platz genommen haben, zu ihrer für sie zugerichteten Tafel gehen, sich an dieselbe mit Zucht und ihrer Ordnung nach setzen. An der Tafel sollen sie sich gänzlich jeglichen leichtfertigen und unzüchtigen Gesprächs, Gotteslästerung, Vexierens und Verspottens, besonders auch des übermäßigen Trinkens und der Völlerei enthalten und sich stattdessen eines ehrbaren, guten, ihrem Stand und Wesen gemäßen, auch solchen Gesprächs befleißigen, das ihnen selbst ehrbar, bei den Umstehenden ruhmvoll, auch nützlich und gut ist. Doch sollen sie sich beim Essen so beeilen, damit sie, wenn wir von der Tafel aufstehen, wiederum beim Dienst sind und Uns in unser Zimmer geleiten.

(Im Folgenden sieht die Hofordnung vor, dass nur Personen zur Tafel des Herzogs gebeten werden, die dem Fürsten „annemblich" sind und durch die seine Tafel „mehr geehrt als verclainert werde". Die für die Kammerherren erlassenen Vorschriften über ihr schickliches Verhalten gelten entsprechend auch für die Kammerdiener. Der Herzog untersagt seinem Hofpersonal Wirtshausbesuche, Zutrinken und dergleichen. Dem Hofpersonal wird auch das Glücksspiel untersagt. Die folgenden Regelungen der Hofordnung betreffen das Ausziehen und das Schlafengehen, die Verwahrung der Schlüssel und den Zugang zum Herzog. Das „Offenlich dienen" – also die Präsentation des Hofes etwa bei Prozessionen und Kirchgängen – wird im einzelnen berücksichtigt. Weitere Verordnungen betreffen die Arbeit der Kammerdiener und der Türhüter. Ferner geht die Hofordnung auf die Funktion der Leibärzte und ihre besondere Vertrauensstellung gegenüber dem Fürsten ein.)

Der Leibbarbier

(In der Hofordnung wird zunächst hervorgehoben, dass der Leibbarbier „Camerpersohn" ist und sich daher entsprechend verschwiegen verhalten muss.)

Er soll auch, wenn etwas Schwerwiegendes vorfällt, sich selbst nicht vertrauen, sondern mit dem Rat unserer Ärzte und also bedächtig und vorsichtig handeln. In gleicher Weise soll er es mit dem Aderlassen und Schröpfen, mit dem Baden, dem Haupt- und Füßewaschen, mit dem Haar- und Bartschneiden zu bestimmten Zeiten, die wir ihm oder unsere Leibärzte ihm vorschreiben werden, fleißig halten. Zuerst soll er gehalten sein, Uns an jedem Morgen, wenn wir aufstehen, und am Abend, wenn wir Uns entkleiden, aufzuwarten und jedes Mal unsere Fontanelle⁴ sauber pflegen und verbinden. Wenn er Uns das Haupt und Haar mit dem Kamm und den Tüchern berührt, putzt und abreibt, soll er fleißig wahrnehmen, ob er an unserem Mund den Atem schlecht, an den Zähnen oder an einer sonstigen Stelle des Leibs etwas besonderes fände, gleichfalls ob er an der Farbe der Hände oder sonst wo Geschwulste oder Veränderungen, also vom Stoßen, Greifen, Liegen, auch Entfärbungen, vernähme. Und das soll er uns untertänigst entdecken oder, so es vonnöten wäre, dem Obersten Kammerherrn oder unseren Ärzten dieses Wissen anvertrauen, doch, wie anderes, gegen (alle) anderen geheim und verschwiegen halten. (...) Ebenso soll er auch jedes Mal, wenn durch militärische Übungen, durch Schimpf und Scherz, durch Ritterspiele oder durch andere leibliche Übungen unser Leib in merklichem Schweiß oder in andere merkbare Veränderungen geraten werde, nahe bei der Hand sein, damit wir ihn zum Abtrocknen des Leibs oder auch zum Ab- und Anlegen der Kleider gebrauchen können.

(In der Hofordnung wird im Folgenden Wert darauf gelegt, dass der Herzog nicht mit Leuten in Kontakt kommen soll, die mit „Pestilenz" oder anderen ansteckenden Krankheiten behaftet sind. Der Leibbarbier soll auch einen Gesellen als Vertreter halten, wenn er seinem Dienst nicht nachkommen kann. Die Hofordnung schließt mit Hinweisen auf die besonderen Instruktionen für den Kammerknecht und weitere Bedienstete wie den Kammerkapellendiener, den Türhüter und den Garderobier. Streitereien unter dem Hofpersonal sind vor dem Obersten Kammerherrn auszutragen, der die Tatbestände je nach Sachlage dem Herzog zur Entscheidung vorträgt.)

Bernd Roeck (Bearb.), Gegenreformation und Dreißigjähriger Krieg 1555–1648 (Deutsche Geschichte in Quellen und Darstellungen, 4), Stuttgart, Philipp Reclam jun. Verlag, 1996, Nr. 11, S. 84–92.

1 Ärmelloses Hemd oder Oberkleid für Männer.
2 Das Unterjäckchen oder „Brustlatz" wurde mit Schnüren zusammengezogen.
3 Die Gewandschieße sollen zugemacht werden.
4 Eine künstlich offengehaltene Wunde.

GF

2.1.2.1.5 Eine neugierige Dame am markgräflichen Hof in Ansbach (1475)

Während des Reichskrieges gegen Herzog Karl den Kühnen von Burgund entspann sich zwischen Markgraf Albrecht Achilles von Brandenburg (1440–1486), seit 1470 Kurfürst und Führer der brandenburgischen Truppen, und seiner Gemahlin Herzogin Anna von Sachsen ein Briefwechsel. In ihm tauschte man sich weitgehend frei von Konventionen über den Alltag des Lebens im Feldlager sowie an den Höfen in Ansbach und auf der Cadolzburg aus. Die Briefe geben Aufschluss über die Beziehungen zwischen dem fürstlichen Ehepaar, über Fragen der Kindererziehung, über das Hofleben etc. In einem ihrer Briefe vom 3. April 1475 berichtet die Kurfürstin ihrem Eheherrn vom Besuch seiner Tante väterlicherseits, Dorothea, der Königin von Dänemark.

Stete Liebe mit ganzer Treue zuvor. Hochgeborener Fürst, mein herzlieber Herr und Gemahl! Ich lasse Euer Liebden wissen, dass die Königin von Dänemark bei mir gewesen und nicht länger als ein Tag in Ansbach geblieben ist[1]. Nachdem sie am Abend des Ostermontags (27. März) angekommen war, fuhr sie am Mittwoch nach Wassertrüdingen (sö. Dinkelsbühl). Da gab ich ihr Geleit bis Königshofen (Königshofen an der Heide, s. Ansbach) und veranstaltete für sie eine Jagd. Wir fingen einen Hirsch bei St. Sixtus am Weiher. Daran hatte sie großes Gefallen und hat mir zugesagt, sie wolle wiederkommen, wenn ihr unser Herr wieder von der Wallfahrt nach Hause helfe. Und sie hofft, falls Gott es will, Euer Liebden[2] möge daheim sein. Denn sie meint, gar viel mit Euer Liebden zu reden zu haben, und beklagt sich gar sehr über Euer Liebden. So habe ich ihr immer die Antwort gegeben, wenn euch der allmächtige Gott wieder zurück in dieses Land führt, so werde sich wohl Euer Liebden mit ihr vertragen. Auch wollte sie meinen Schmuck sehen. Da wollte ich ihr den Schmuck nicht zeigen. Ich sprach, ich hätte den Schmuck nicht bei mir, ich hätte ihn zum Aufbewahren weggegeben. Was sie sah, das wollte sie haben. Ich trug den grünen welschen, mit der Bewegung hin und her gleißenden Kopfputz. Den musste ich ihr geben. Ich musste ihn ihr aufsetzen und selbst einen samtenen Kopfputz anlegen. Und sie trat vor den Spiegel, und das gefiel ihr selbst sehr gut. Sie trat hinaus vor ihre Leute, die sollten sie auch sehen. Ich sah doch wohl, dass kein Alter vor Torheit schützt. Das prüfte ich an ihr, unserer aller Tante, und an mir wohl: wenn wir uns so hübsch dünkten, dass wir die Runzeln um die Augen an uns selbst nicht sehen. Und ich bitte Euer Liebden, dass ihr mich wolltet wissen lassen, wie es Euer Liebden geht, denn ich habe in vierzehn Tagen oder länger keine Botschaft von Euer Liebden empfangen. Mir will die Zeit gar lang werden, wenn ich keine Botschaft von Euer Liebden habe und ich sorge mich, Euch sei etwas zugestoßen. So lass ich Euer Liebden wissen, dass ich und alle unsere Kinder gesund sind durch Gottes Gnade. Dasselbe hörte ich gerne von Euer Liebden. Damit befehle ich Euch dem allmächtigen Gott, der behüte Euch vor allem Leid! Gegeben zu Ansbach am Montag vor St. Ambrosius. Anna, Markgräfin.

(Auf beiliegendem Zettel)
Mein herzlieber Herr! Ich habe Euch vorher doch von der Königin geschrieben. Sie verlegte sich darauf, was vorhanden war, das Euer Liebden gewesen ist, es wäre ein Ordensabzeichen oder ein Halsband, das alles an sich zu nehmen. Sie meint, sie hätte das Recht dazu. Mein Ordensschmuck hing an der Wand: da fragte sie, ob er aus Gold und Euer Liebden wäre. (Wenn ja), wollte sie ihn genommen haben. Auch habe ich ihr ein Überkleid geben müssen, das hat sie mit sich genommen. Sie sprach, ich hätte der Herzogin von Mecklenburg[3] ein Überkleid gegeben, ich müsse ihr daher auch eines schenken. Ferner haben wir ihre Frauen und Jungfrauen so lange beredet, dass sie auf dem Kopf gegangen sind. Dabei hat eine beinahe eine Auge verloren, sie verfehlte die Tür und traf die Stiege mit dem Kopf. Ich weiß Euer Liebden den Fortgang nicht zu sagen, nur das. Hörte ich etwas, so möchte ich es Euer Liebden auch nicht verschweigen.

(Auf beiliegendem Zettel)
Ferner, mein herzallerliebster Herr, so bitten wir Euer Liebden, ich und meine Jungfrauen, das Ihr bald kommt, denn uns scheint, Euer Liebden sei schon zu lange fort. Denn wenn alle dürr und ungeschlacht werden, so ist die Schuld Euer. Wir sehnen uns so sehr nach Euer Liebden, dass der Eglofsteinerin die Augen ganz krumm sind. Und die Regina ist so dürr, dass sie keiner halten kann. Darum bitten wir Euer Liebden, dass Ihr bald kommt, ehe wir ganz hässlich werden.

Georg Steinhausen (Bearb.), Deutsche Privatbriefe des Mit-

telalters, Bd. I: Fürsten und Magnaten, Edle und Ritter, Berlin, Weidmann, 1899, Nr. 198, S. 140f.

1 Dorothea von Dänemark befand sich auf einer Pilgerreise nach Rom.
2 Es handelte sich um eine Erbauseinandersetzung.
3 Dorothea, die Schwester Markgrafs Albrecht Achilles.

GF

2.1.2.1.6 Die Leiden der Jungfern am Hof der Herzogin Sophie von Mecklenburg (1614)

Diese ‚Frauenzimmerordnung' wurde von Sophie von Mecklenburg, der Witwe Johanns von Mecklenburg erlassen. Die Herzogin schrieb darin den Hofdamen und -jungfern genaue Verhaltensformen im Sinne eines Idealbildes höfischen Lebens vor. Umgangsformen und Etikette wurden erlernt, die höfische Hierarchie gab auch die Ordnung im Frauenzimmer vor. Das durch die Norm einer derartigen Hofordnung entworfene Frauenleben am Hof unterschied sich kaum von dem Dasein im Haushalt einer bürgerlichen Familie.

(…) Befehlen unser Hofmeisterin ernstlich, das sie diese hernachgesetzte Ordnung bei Vermeidung unser Ungnade in und mit unserm Frauenzimmer, sowoll Jungfrauen als Megden, halten und unser Gebott nicht übertretten soll.

Zum ersten sol unser Hof(e)meistern im Frauenzimmer gütt Regiment halten, die Jungfrauen zu guter Zucht und Erbarkeit errmahnen und sie fein unterrichten und unterweisen, das sie dasselbe, was sie nicht wißen oder verstehen, lernen mugen.

Zum andern sol die Hofemeisterin mit Ernst darzu verdacht sein, das sie den Jungfrauen keine Wildheit oder Frechheit keinesweges gestatte, und, wan etwa Junckern im Frauenzimmer sein, nicht nachgeben, das ein jeglicher im besondern Winckel, auch nicht allein, Gesprech halten, insonderheit wan es frembde Junckern sein, sondern sollen offentlich sich an den Tisch setzen neben der Hofemeisterin und sich aller leichtfertigen Geberden und Reden gentzlich enthalten (…).

Zum dritten sol auch die Hofemeisterin nichts gestaten oder leiden, das die Jungfern fur der Thuer, auf den Gengen oder Windelstein[1] mit Jungkern, Knechten oder Jungens oder sonst jemandts Gesprech halten, auch nicht gestaten, das sie ohn Erleubnus wohin lauffen und die eine hier, die ander auff den Böne[2] und in den Winckel sitzen, sondern sollen zusamen im Frauenzimmer bleiben und, was ihnen von uns zu nehen oder Sonsten zu thun befholen wirt, mit Fleiße verrichten; und wan sie nicht vor uns zu arbeiten haben, sollen sie sich doch zum Nehen halten oder Sonsten was vornehmen, und sol sie die Hofemeisterin gantz nicht ledig gehen lassen, sondern zur Arbeit vermahnen.

(…) und wen sie in dem Gemache, da wir eßen, so sol die Hofemeisterin ihn(en) nicht gestaten, das sie laut Gesprech halten, und, wenn sie ja etwas zu reden haben, solchs fein heimlich (thun) und nicht, das man es ubers gantze Gemach heren kan, auch nicht zu einem jeden Wort, was geredet wirt oder sie selbst reden, lachen, sondern sich ein fein ernsthafftig und stetig geberde annehmen, wen sie auch hinter uns gehen, nicht bei Hauffen lauffen, als sie erst zukommen, sondern ihrer Reige warten und zwen bei einander fein zuchtig gehen.

Zum vierdten sol auch die Hofemeisterin die Jungffern dahin halten, das sie fur allen Dingen in keinen Zanck oder Wiederwillen leben, sondern sich gegen einander fein eindrechtich und schwesterlich bezeigen. Und sol die Hofemeisterin sie auch vermahnen, das sie uns wie auch andern frembden furstlichen Persohnen oder Grawen die gebührende Ehre erzeigen und, inmaßen als ihnen geweiset, wan die Herrn vor ihnen (vor)ubergehen, auch wen sie fur uns vorübergehen, wie auch, wan furm Tische gebetet oder Tantz gehalten wirtt, es sey alhier zur Stete oder an andern Örtern, fein langsam, tieffe und zugleich sich neigen und nicht als die Klotze stehen.

(…) Es sol auch die Hofemeisterin nicht gestaten, das die Jungfern in der Kirch Gesprech halten oder schlaffen, sondern dass sie fleißig beten und die Predigt hören und, wan gesungen wirt, das sie sembtlich mitsingen und ihrem Schopfer loben sollen, und sich stets sagen lassen, was sie aus der Predigt behalten. So sol auch die Hofemeisterin daruber halten, das sie abend und morgen ihr Gebett thun und Psalmen singen und eine umb die ander, wen es die Zeit ist, in der Postille die Epistell und Evangelium mit der Außlegung oder sonst ein Capittel oder zwei aus den Büchern, die wir ihnen sonst gethan haben, lautt lesen, das die Megde mit zuhoren konnten. (…)

Es sol auch die Hofemeisterin die Jungffern dahin halten, das sie gute Achtung auf die Megde haben und das die Jungfern kein heimlich Sprechen oder Rhatschlegen mit den Megden halten. (…)

Wan wir zu Bette gehen, so sollen unsere Megde, wan das Gemach rein gemacht und die Glocke 10 ist, auch hingehen und des morgens, die Glocke 4 Uhr des Sommers, des Winters umb 5 Uhr, alzusamen aufstehen, erstlich lesen und beten und hernach unsere Arbeit, was wir ihnen befholen, mit getreuen Fleis warten. Es soll auch die Hofemeisterin nicht gestaten, das es unsauber im Frauenzimmer liget, besondern es sol eine jegliche Jungffer ihr Zeugk wegkhengken und verwahren, und sol die Jungfern(-) und (die) Hofemeisterinnenmagtt die Betten machen, die Stube und Cammer alle Tage kehren und alles reinlich halten, die Jungfern Cannen spuelen, Hantfaß[3] und Leuchter alle Tage rein machen, alle Sonnabend neben die andern Megde, ein umb die ander, das Frauenzimmer, Tische und Bencken scheuren und neben der Hofemeisterinnenmagtt der Hofemeisterin und Jungfern Zeugk waschen. (…)

Eß sol auch die Hofemeisterin die Thueren des Abends zuschließen, den Sommer zu 9, des Winters zu 8; es sey dan, das frembde Herrn oder ander hie sindt, so sol doch die Hofemeisterin, es sei, das sie schwach ist, nicht zu Bette gehen, ehe die Gemecher verschlossen und ein jeder an seinen Ortt ist.

Uber vorgemeltes alles sol die Hofemeisterin feste halten, und sollen die Jungffern, Frauen und Megde die Hofemeisterin furchten und als ihre Mutter in Ehren halten, wan sie von ihr gestraffet werden, ihr nicht ubers Maul fahren, sondern ihr geburlichen Gehorsamb leisten; dar(e)ntgegen sol die Hofemeisterin darzu verdacht sein, das sie keine Gunst oder Freundtschaft ansehe (…). Wen auch die Hofemeisterin vermerckede, das die Jungfern, sowol, die bei uns in der Cammer sein, als die andern, ihre Straffe nicht achten wolten, so sol sie es keineswegs verschweigen, sondern uns berichten: alsdan wollen wir sie nach gestalten Sachen ernstlich straffen. Kegen die aber, die sich gehorsam und demuetig bezeigen und verhalten werden, wollen wir uns widerumb gnedig verhalten. (…)

Bernd Roeck (Bearb.), Gegenreformation und Dreißigjähriger Krieg 1555–1648 (Deutsche Geschichte in Quellen und Darstellungen, 4), Stuttgart, Philipp Reclam jun. Verlag, 1996, Nr. 28, S. 175–179.

1 Wendeltreppe.
2 Speichern.
3 Ein Gefäß zum Waschen der Hände.

GF

2.1.2.2 Adlige Lebensformen, Feste und Festmähler, Turniere und Jagd

2.1.2.2.1 Der Krieg ist sein Leben! – Wilwolt von Schaumberg

Ludwig von Eyb d. J. (1450–1522) schildert in seiner zu Beginn des 16. Jahrhunderts entstandenen ‚Ritterbiografie' „Geschichten und Taten des Wilwolt von Schaumberg" die Belagerung des böhmischen Schlosses Saaz (Zatec) durch Markgraf Albrecht Achilles von Brandenburg. Wilwolt von Schaumberg verweilte von 1476 bis 1479 am Hof des Kurfürsten. Kriegerische Leistungen und Beutemachen zeichneten zwar den unverheirateten ritterlichen Helden der Zeit aus, aber adlige Ehre und Mut umfassten auch Treue und stete Hilfeleistung gegenüber Angehörigen des eigenen Geschlechts. Eyb zeigt die Bedeutung des adligen Hauses und der Verwandtschaft exemplarisch an dieser Episode.

Nun begann der Sturmangriff sehr ernsthaft, denn im Schloss waren viele edle und gute Gesellen, die männlich Widerstand leisteten und unter Schießen und (Steine)werfen Wunder vollbrachten. Neben anderen wurde dabei Lorenz von Schaumberg zu der Lauterburg, der Hofmeister des Markgrafen Johann Cicero von Brandenburg und ein Onkel Wilwolts war, zudem ein frommer, weiser und ernsthafter Kriegsmann, von einem aus dem hohen Burgturm (geschleuderten) Stein, den ein Mann gerade heben konnte, am Helm getroffen und von der Sturmleiter geworfen. Da lag er auf dem abgeschossenen Stein wie tot. Als aber dem ehrenhaften, teuren Wiwolt gesagt wurde, dass sein nächster Verwandter, den er einst wie für seinen Vater geachtet hat, also elend liege, begab er sich allen Vorteils und Gewinns, sprang zu dem Halbtoten, der gerade gewachsen und ein schwerer Mann war, und wollte ihn gern aus dem Geschosshagel in einen sicheren Unterstand bringen. Da er aber dies allein nicht zu tun vermochte, rief er etliche Genossen zu Hilfe. Die aber achteten den kurzfristigen Gewinn oder den Schaden, den sie dabei erleiden könnten, mehr als die ritterliche Ehre und die Hilfeleistung für einen solchen Mann. Danach bat er Hans von Weisselsdorf; der half ihm gerade, (Lorenz von Schaumberg) an den (Fuß des) Turmes zu ziehen, denn darüber gingen alle Schüsse und Würfe hinweg. Dort lehnte Wilwolt ihn, (seinen Onkel), an die Turmmauer und löste ihm vom Kopf seinen Schaller (Helm), aus dem ein Stück so groß wie eine Hand ganz herausgeschossen worden war. Auf einer Seite war er auch gänzlich zerspalten. Sofort schoss ihm, (Lorenz von Schaumberg), das Blut aus Mund und Nase, Ohren und Augen. Da machte er die Augen auf, konnte aber, kraftlos und sinnenlos wie er war, nicht reden und wurde so von seinem Neffen, bis der Sturmangriff vorüber war, in den Armen gehalten. Dies soll man erkennen: die große, mächtige Liebe und Treue hat alles Gewinnstreben, alle Furcht vor möglichem Schaden überwunden. Und obwohl Wilwolt noch unvermögend war, die anderen (Beute) gewinnen sah, ihm zudem die Zeit lange wurde und ihm wegen seiner (vorhergehend) geleisteten Mühe und Arbeit, wie berichtet, ein angemessener Gewinnanteil zugestanden hätte, stellte er doch die Rettung seines Verwandten über alles Gut.

Adalbert von Keller (Bearb.), Die Geschichten und Taten Wilwolts von Schaumburg (Bibliothek des Litterarischen Vereins in Stuttgart, 50), Stuttgart, Bibliothek des Litterarischen Vereins in Stuttgart, 1859, S. 44.

GF

2.1.2.2.2 Ach die Geschäfte, lasst uns feiern! – Feste und adlige Zerstreuung auf dem Reichstag von Worms (1521)

Vom Reichstag zu Worms schrieb Dietrich Butzbach, über den wir sonst nichts wissen, am 7. März 1521 einen Brief an seinen Schwiegersohn Georg.

Meinen Dienst zuvor, lieber Herr Nachbar! Ich möchte Euch gerne neue Nachrichten mitteilen, doch weiß ich nichts, außer dass eine große, bedeutende Menge Fürsten und Herren hier ist, deren Namen alle zu bezeichnen, das wäre allzu viel Aufschreibens. Ich will Euch nur die Zahlen anzeigen, wieviele hier sind: nämlich 80 Fürsten, 130 Grafen, 15 ehrbare Gesandte von Königen und Herren fremder Länder, viele Reichsstädte und eine unzählige, bedeutende Menge von Rittern, Edelleuten und Söldnern, auch ehrbare Kaufleute und Händler aus Spanien, aus den Niederlanden, aus Italien und aus den deutschen Landen. Es herrscht ein solches konkurrierendes eitles Gepränge und solche Kostbarkeit der Kleidung bei deutschen, spanischen und italienischen Herren, auch mit (…) Pferden vor, dass es mir nicht möglich ist, Euch dies zu schreiben. (…) (Landgraf Philipp von Hessen) hat eine gute Gesinnung und führt ein großes, bedeutendes und herrliches fürstliches Haus. Er sticht und bricht (Lanzen), hat an scharfen Rennen teilgenommen und sehr gut getroffen[1]. Er treibt sehr bedeutende Spiele mit allen Fürsten (mit Einsätzen) bis zu 1000 Gulden und hat beinahe vor allen Fürsten Preis und Lob für seine Trompeter, seine Kleider, sein Hofgesinde, seine Pferde, seine Stechen und für sein anderes Handeln. (…)

Der Kaiser gibt sich leutselig. Er reitet jeden Tag auf die Bahn, wo man sticht, und hat die schönsten Pferde, „Genetten" genannt; sie vollführen die schönsten Sprünge, die ich mein Lebtag gesehen habe, laufen schnell. Es ist der Kaiser so in Aktion (mit seinen Pferden), dass sich jedermann über ihn wundert. Er war an der Fastnacht so fröhlich, dass ich davon nichts schreiben kann. Es steht ihm all sein Tun sehr wohl an, und er ist höfisch. Allein das Maul entstellt ihn gar sehr, das tut mir herzlich leid um ihn.

Es ist eine Gesandtschaft hier aus der zuletzt neu entdeckten Insel (Dscherba). Der Gesandte trägt köstliche Seidenstoffe, aber um den Kopf ist er und seine Diener verschleiert wie eine Zigeunerin. Er hat einen Schleier auf, der ist ungefähr 10 Ellen lang. Dies habe ich Euch beim besten Willen nicht vorenthalten können, denn ich dränge mich allenthalben mit anderen Leuten in das kaiserliche Gemach, in die Ratsstuben der Fürsten, damit ich vor den anderen viel sehe und höre. Denn ich besitze viel Protektion von etlichen namhaften Leuten. (...)

Markgraf Joachim (von Brandenburg) hat als erster sein Lehen empfangen, es gab einen großen Aufzug. Ich bin unmittelbar dabei gestanden und habe Dinge gesehen und gehört, die ich mein Lebtag noch nicht erfahren habe. Der Markgraf ist vom Kaiser in großen Ehren gehalten worden, er hat auch große Kosten nicht gescheut.

Am Matthiastag (24. Februar) hat man den Geburtstag des Kaisers begangen, den ganzen Tag über wurden päpstliche Gnadenerweise und Ablassbriefe verteilt. Es ist aber wenig Andacht gewesen bei der Ablasserteilung, denn jedermann ist hier „Martinisch"[2]. (...)

Es empfiehlt sich hier in Worms bei Nacht nicht auszugehen. Denn es gibt selten eine Nacht, in der nicht drei oder vier Menschen ermordet werden. Es hat der Kaiser einen Profoß, der hat über 100 Menschen ertränkt, aufgehängt oder ermordet. Es geht ganz „auf Römisch" hier zu mit dem Morden und Stehlen. Schöne Frauen (Prostituierte) sitzen alle Gassen voll. Bei uns beachtet man keine Fastenzeit: man sticht, man hurt, man frisst Fleisch, Hammelfleisch, Hühner, Tauben, Eier, Milch und Käse. Es ist ein Wesen wie im Berg von Frau Venus.

(...) Auch wisst, dass hier viele Herren und fremde Leute sterben, die sich alle zu Tode getrunken haben an dem starken Wein. Gegeben zu Worms, am Donnerstag nach Oculi 1521.

Adolf Wrede (Bearb.), Deutsche Reichstagsakten unter Kaiser Karl V. (RTA. JR, 2), Bd. II, Göttingen, Vandenhoeck & Ruprecht, 1896 (ND 1962), Nr. 153, S. 815–817.

1 Der Landgraf hat an Einzelturnieren teilgenommen, bei denen sowohl mit stumpfen (Stechen) als auch mit scharfen Waffen (scharfe Rennen) gekämpft worden ist.
2 Anhänger Martin Luthers und seiner Lehren.

GF

2.1.2.2.3 Ein höfischer Dichter über ein adliges Festbankett

Der Sänger und Dichter Wolfram von Eschenbach verfasste um 1200/10 seinen Roman ‚Parzival'. Der Artusritter Gawan trifft auf der Suche nach dem Gral die Herzogin Orgeluse von Logroys, die ihren Minneritter wie alle anderen abschätzig und hochmütig behandelt. Um Gawan zu erproben, verwickelt sie ihn in etliche Abenteuer. Sein Hauptabenteuer besteht Gawan in der Wunderburg des Zauberers Clinschor und erlöst damit zahlreiche verzauberte Ritter und Damen. In diesem Zusammenhang beschreibt Wolfram von Eschenbach im 13. Buch ein höfisches Fest in der Zauberburg Clinschors.

Nun war es an der Zeit, viele blütenweiße Tischtücher und Brot in den Palast zu bringen, wo all die schönen Damen waren. Zum Essen fand eine Trennung statt: die Ritter nahmen an der einen Seite gesondert von den Damen Platz. Herr Gawan bestimmte die Sitzordnung: an seiner Seite nahm der Turkoyte Platz, während Lischoys mit Gawans Mutter, der schönen Sangive, die Mahlzeit einnahm. Die schöne Herzogin speiste mit der Königin Arnive, und seine beiden liebreizenden Schwestern ließ Gawan bei sich sitzen, und alle folgten seinem Geheiß.

Ich bin kein großer Küchenmeister, und meine Kenntnisse in dieser Kunst genügen nicht einmal, auch nur die Hälfte der Gerichte zu benennen, die man mit Anstand herbeitrug. Der Hausherr und die Damen wurden von lieblichen Mädchen bedient, die Ritter auf ihrer Seite von zahlreichen Knappen. Unter den Knappen herrschte solche Zucht, dass keiner sich beim Tafeldienst zwischen die Mädchen drängte. Ob sie Speisen oder Wein auftrugen, sie blieben stets gesondert voneinander, wie es der Anstand verlangt.

Es war ein wahrer Festschmaus, wie ihn die Damen und die Ritter nicht mehr kannten, seit Clinschors mächtige Zauberkunst sie in seine Gewalt gezwungen hatte. Obwohl alle in derselben Burg eingeschlossen waren, kannten Damen und Ritter einander nicht und hatten nie ein Wort gewechselt. Erst Herr Gawan hatte es vermocht, dass sie einander kennen lernten, und alle waren herzlich froh darüber. Auch Gawan war froh gestimmt, doch seine Blicke suchten immer wieder die schöne Herzogin, die sein Herz bezwungen hatte.

Allmählich neigte sich der Tag. Sein Licht war nahezu erloschen, und zwischen den Wolken zogen die funkelnden Sterne rasch herauf als Boten der Nacht, um ihr das Quartier zu bestellen. Nach ihren Bannerträgern kam die Nacht selbst herbei. Rings im Palast wurden an vielen kostbaren Kronleuchtern die Kerzen entzündet; auch auf die Tische stellte man zahlreiche Kerzen. Die Aventüre flicht hier ein, die Herzogin sei von so strahlender Schönheit gewesen, dass auch ohne das Licht der Kerzen in ihrer Nähe kein nächtliches Dunkel geherrscht hätte, denn ihre Schönheit leuchtete hell wie der Tag. Das wurde mir über die liebreizende Orgeluse erzählt. Um die Wahrheit zu sagen: Solch glücklichen Hausherrn wie Gawan habt ihr kaum je gesehen. Die Stimmung war heiter, Ritter und Damen suchten einander voll frohem Verlangen immer häufiger mit Blicken. Mir soll's nur recht sein, wenn sie, vorerst noch schüchtern, weil sie sich nicht kannten, allmählich immer vertrauter miteinander wurden.

Ihr seid wohl auch der Ansicht, dass sie nun genug gegessen haben, es wäre denn ein rechter Vielfraß unter

55 ihnen. Man trug also die Tische hinaus, und unser
Herr Gawan fragte, ob denn niemand die Fiedel spielen könne. Manch edler Knappe verstand sich auf das
Saitenspiel, doch ihre Kunst reichte gerade für alte
Tänze; denn von den vielen neuen, die aus Thüringen
60 zu uns gekommen sind, hatte man dort noch nichts
gehört. Ihr könnt dem Hausherrn dafür danken, dass
er ihnen die Lustbarkeit gönnte. Viele schöne Damen
sah er zum Tanze schreiten, und bald wurde der Reigen bunter, denn jetzt mischten sich die Ritter unter
65 die Damen. So feierten sie das Ende ihrer Trauer. Zwischen zwei Damen ging stets ein stattlicher Ritter einher, und man konnte ihre Fröhlichkeit schon begreifen. Schwang sich ein Ritter dazu auf, dass er um Liebeslohn zu dienen sich erbot, so wurde solche Bitte
70 nicht verworfen. Aller Sorgen ledig und voll Freude
vertrieb man sich die Zeit beim Plaudern mit manchem süßen Munde.

Wolfgang Spiewok (Bearb.), Wolfram von Eschenbach: Parzival, 2 Bde., Stuttgart, Ph. Reclam Jun. Verlag, 1981, hier: Bd. 2, S. 351–355.

GF

2.1.2.2.4 „Ein Essen für Herren gemacht, dass man sich die Händ' danach schleckt"!

Am 9. Januar 1466 erschien der neugewählte Speyerer Bischof Matthias von Rammung (1464–1478) zu seinem Antrittsbesuch in Speyer. Auf den offiziellen Einritt folgten ein Festzug, die Bewirtung des Volkes aus einem Weinbrunnen, eine Messe im Dom, die Huldigung der Bürger und schließlich ein Festmahl für rund 300 Gäste. In der ‚Speyerischen Chronik' schildert der unbekannte Chronist die Speisefolge.

Die erste Tracht[1]: eine gebratene Rehkeule mit Ingwer gewürzt und Wein dazu.
Die zweite Tracht: gesottene Wurst, ein grünes Mus und Senf, und Hühner in einer Mandelmilch mit Rosi-
5 nen gefüllt, sowie Fladen mit Zucker.
Die dritte Tracht: Wildbret von Wildschweinen, zubereitet als schwarzer Pfeffer,[2] und Preßkopf in Kümmelsauce, heißer, gesottenen Hecht und Gebackenes[3].
Die vierte Tracht: gebratener Kapaun und Kalbsbraten,
10 Reis mit Zucker, Schnittchen und Gebackenes, gefüllt mit Morcheln und Röhrlingen, Würzwein und Rotwein.
Die fünfte Tracht: Karpfen und Hecht in einer Galrey[4] mit Mandeln, Kuchen und Käse.
15 Ferner das Gracias: Zuckerkonfekt und Getränke.[5]
Und des Markgrafen Pfeifer[6], die pfiffen zu Tisch dazu.

Franz Joseph Mone (Bearb.), Quellensammlung der badischen Landesgeschichte, 4 Bde., Karlsruhe, Macklot, 1848–1863, Bd. I, S. 490, § 258.

1 Es handelte sich dabei um jeweils abgeschlossene Menuefolgen.
2 Eine Art Haché, stark gewürzt mit Pfeffer.
3 Krapfen mit verschiedenen Füllungen.
4 Eine warme Sülze, das luxuriöseste und beliebteste des mittelalterlichen Festmahls.
5 Möglicherweise Aquavit, gefeuerter Wein, Würzweine, Südweine oder andere teure Spezialitäten.
6 Die Pfeifer des Markgrafen von Baden.

GF

2.1.2.2.4 Gastmahl König Sigmunds zu Ulm (1430).

In: Alfred A. Schmid, Die Schweizer Bilderchronik des Luzerners Diebold Schilling 1513 (Sonderausgabe des Kommentarbandes zum Faksimile der Handschrift S. 23 fol. In der Zentralbibliothek Luzern), Luzern, Faksimile-Verlag, 1981, fol. 38r.

2.1.2.2.5 Turnier I: „Hussa, Hussa"! – Die wilden Turniere des 12. und frühen 13. Jahrhunderts: Vorbereitungen und Aufwand

*Das ritterliche Turnier ist zu Beginn des 12. Jahrhunderts in Nordfrankreich entstanden. In Deutschland wurde diese Form des bewaffneten adligen Kampfspiels erst am Ende des 12. Jahrhunderts verbreiteter. Anfangs gab es noch kaum Regeln, gefochten wurde auf riesigen Feldern, auf den Gemarkungsflächen zwischen zwei benachbarten Städten. Die Formen des Turniers waren noch wenig gesittet, es gab offenbar viele Tote und Verletzte, Beutemachen war wichtiger als ritterliches Verhalten. Zahlreich sind daher noch im 13. Jahrhundert die Turnierverbote, die vom Papsttum, von den Königen Frankreichs und Englands ausgesprochen worden sind.
Die erste Episode stammt aus dem zweiten Buch des um 1200/10 entstandenen Versromans ‚Parzival' des Wolfram von Eschenbach. Parzivals Vater Gachmuret, der jüngere und daher nicht erbberechtigte Sohn des*

Politik, Herrschaft und Rituale

Königs Gandin von Anschauwe (Anjou), zieht auf der Suche nach Abenteuer ins Morgenland. Zurückgekehrt von seiner Ritterreise, erringt Gachmuret in dem Turnier von Kanvoleis als Sieger die Hand und die Reiche der Königin Herzeloyde von Waleis (Valois).

Dies ereignete sich um die Mittagszeit, während Gachmuret noch in seinem Zelt ruhte. Als der König von Zazamanc vernahm, auf dem Turnierfeld seien die ritterlichen Kampfspiele schon in vollem Gange, be-
5 gab er sich gemächlich zum Kampfplatz, wobei er viele Lanzen mit hellen Fähnlein mit sich führte. Er wollte nämlich erst in aller Ruhe zusehen, wie sich die beiden Parteien im Kampf bewährten. Auf dem Feld, wo die Kämpfe wild durcheinander wirbelten und die
10 Pferde unter den Sporenstichen hell aufwieherten, breitete man seinen Teppich aus. Seine Knappen umgaben ihn als schützenden Ring, denn aus allen Richtungen hallte der Klingklang der Schwerter. Hell klangen die Schwerter derer, die begierig um Kampfes-
15 ruhm stritten, und darein mischte sich das wuchtige Dröhnen der Lanzenstöße. Gachmuret brauchte wirklich niemanden nach der Herkunft des Lärms zu fragen, denn das Gewühl der aufeinanderprallenden Kämpfer umgab ihn wie eine von Ritterfäusten errich-
20 tete feste Wand. Das ritterliche Treffen spielte sich unmittelbar beim Palast ab, sodass die Damen die Anstrengungen der Helden gut sehen konnten. Die Königin bedauerte, dass sich der König von Zazamanc nicht ins Gewühl gestürzt hatte, und sprach: „Ach, wo
25 bleibt denn der, von dem ich so Erstaunliches vernommen habe?" (…)
Auf dem Kampffeld vollbrachten indes auch viele tapfere, doch arme Ritter beachtliche Taten. Sie vermaßen sich freilich nicht, den von der Königin ausge-
30 setzten Preis – Hand und Reiche – erringen zu wollen. Dafür trachteten sie nach anderem Gewinn.
Gachmuret hatte nun die Rüstung angelegt, die seiner Gemahlin als Sühnegabe gesandt worden war. Friedebrant von Schottland hatte sie als Ersatz für allen Scha-
35 den bestimmt, den er bei seinem kriegerischen Einfall angerichtet hatte. Auf der ganzen Erde gab es keine solche Rüstung. Gachmuret betrachtete den Diamanthelm: Ja, das war ein Helm! Ein Anker wurde auf ihm befestigt, den große Edelsteine zierten – eine ge-
40 wichtige Last! Auch sonst wurde Gachmuret prächtig gekleidet. Wie sein Schild verziert war? Ein kostbarer Schildbuckel aus arabischem Gold war aufgehämmert, so schwer, dass Gachmuret sein Gewicht wohl fühlte. Er war so glänzend poliert, dass man sich darin
45 spiegeln konnte. Darunter war ein Anker aus Zobelpelz angebracht. Seine übrige Kleidung besäße ich gern selbst, denn alles war überaus wertvoll.
Sein Waffenrock war verschwenderisch großzügig geschnitten; er war so lang, dass er bis auf den Teppich
50 herabwallte. Ich glaube, so etwas Schönes hat später niemand mehr im Streit getragen. Ich kann ihn nur so beschreiben: er glänzte wie ein züngelndes Feuer in der Nacht.

Wolfgang Spiewok (Bearb.), Wolfram von Eschenbach. Parzival, nach der Ausgabe von Karl Lachmann, 2 Bde., Stuttgart, Ph. Reclam jun. Verlag, 1981, hier: Bd. 1, S. 120–133.
GF

2.1.2.2.6 Turnier II: „Genug, greift an, ich mag nicht länger warten!"

Eine der eindrücklichsten hochmittelalterlichen Turnierschilderungen stammt aus der Lebensbeschreibung des 1219 als Regent des Königreichs England gestorbenen Guillaume le Maréchal. Es handelt sich dabei um eine Art Reportage über ein Turnier in Lagny des Jahres 1183, eines der bedeutendsten Unternehmen der Zeit, zu dem 3 000 Ritter zusammengekommen waren. In der Dichte und der Art der Beschreibung trotz seiner Übertreibungen und der zu starken Isolierung des Helden von seiner Gruppe wird der Bericht auch von der großen zeitgenössischen Dichtung Chrétien de Troyes nicht übertroffen.

Großes Getöse und großer Lärm, alle strebten, sich gut zu schlagen. Dort hättet ihr hören können, wie so viele Lanzen splittern, dass die Bruchstücke, die zu Boden fielen und dort durcheinander lagen, die Pferde beim Angriff behinderten. Das Gedränge war groß
5 auf dem Platz. Jede Schar rief ihre Losung (…). Da sah man, wie die Ritter beim Zügel genommen wurden[1], und andere ihnen zu Hilfe kamen. Überall sah man Pferde laufen, von Angstschweiß bedeckt. Jeder müht
10 sich, wie er kann, seine Sache gut zu machen, denn darin zeigt und offenbart sich Heldenmut. Die Erde hättet ihr beben sehen, als der junge König[2] sprach: „Genug, greift an, ich mag nicht länger warten." Der König griff an (…). Jene, die beim König waren, setz-
15 ten sich mit solchem Ungestüm in Bewegung, dass sie auf den König nicht mehr Acht gaben. Sie stießen so weit vor, dass sie die anderen (die Gegenpartei) in die Flucht schlugen. Das war nicht Rückzug, sondern Flucht, als sie ihnen durch Weinberge und über Grä-
20 ben nachgestellt hatten. Zwischen Rebstöcken gingen sie voran, die dicht beieinander standen, und dort stürzten oft Pferde. Sogleich wurden die niedergetreten, die gefallen waren und verletzt. (…)
Graf Gottfried mit seinem Banner griff, als der König
25 kam, auf so eigenartige Weise an, dass all jene abgedrängt wurden, die bei ihm hätten sein sollen. Auch konnte der König, als er (Graf Gottfried) erschien, nirgendwo einen von ihnen erreichen, denn der Gegner zog sich zurück und wurde hart verfolgt von denen,
30 die ihre Tüchtigkeit zeigen wollten, und jenen, die nach Gewinn strebten. Da wurde der König ängstlich, da er sich so ganz allein befand. Zu seiner Rechten erblickte er einen Trupp von Gegnern. Mindestens 40 Ritter mochten es sein. Er nahm seine Lanze zur Hand
35 und rannte gegen sie, dass seine Lanze zerbrach, als sei sie aus Glas. Und jene, die zahlreich waren, hielten ihn bald am Zügel. Von überallher eilten sie herbei, während es ihm widerfuhr, dass von all seinen Leuten keiner bei ihm war, außer dem Marschall
40 (Guillaume le Maréchal), der im kurzen Abstand folgte, denn stets pflegte er in der Not ihm nah zu sein (…). Und außer Guillaume, jener (Herr) von Préaux, der an diesem Tag schon einmal gefangen worden war, der sich von seiner Gruppe getrennt hatte, unter
45 seinem Mantel verborgen ein Panzerhemd trug, und auf dem Kopf auch einen Eisenhut, nicht mehr und nicht weniger. Die anderen hielten in ihren Händen den König, jeder nach Kräften bestrebt, auf seinen

2.1 Symbole, Festkultur und Gemeinschaftshandeln

Helm einzuschlagen. Der Marschall stürmte voran und stürzte sich auf sie. So heftig stieß er, nach vorn und nach hinten, so deutlich bewies er ihnen seine Art, drückte so und zerrte so, dass er unter Aufbietung aller Kraft das Kopfstück am Zaumzeug von des Königs Pferd zerriss, mit dem ganzen Zügel und es mit fortzog (…). Die anderen wüteten derart, dass sie dem König seinen Helm vom Kopf rissen, was ihn sehr ärgerte und verletzte. Das Getümmel dauerte lange, und wild trieb es der Marschall, der ihnen zusetzte und harte Schläge austeilte.

(So geht das noch viele Verse fort, Guillaume le Maréchal hält sich tapfer gegen die Übermacht, und zum Schluss der Episode heißt es:) Auf ihn (Guillaume), wie in einer Schlacht, stürzen sie sich im Angriff, und er wehrt sich. Was er erreichen kann, das schlägt er entzwei, spaltet Schilde und zerbeult Helme. So tüchtig schlug sich der Marschall Guillaume, dass keiner von denen, die dabei waren, noch wusste, was aus dem König geworden war.

P. Meyer (Bearb.), L'Histoire de Guillaume le Maréchal, 3 Bde., Paris, Société de l'Histoire de France, 1891–1901, hier: Bd 1, 1891, S. 173–179, Verse 4799–4970; übersetzt von Georges Duby, Guillaume le Maréchal oder der beste aller Ritter, Frankfurt/M., Suhrkamp, 1986, S. 134–138.

1 Sie wurden auf diese Weise gefangengenommen und man forderte Beute von ihnen.
2 Heinrich III. von England.

GF

2.1.2.2.7 Turnier III: Das ‚gezähmte' Turnier des Spätmittelalters

Das Turnier des Spätmittelalters hatte nichts mehr mit dem tatsächlichen ritterlichen Kampf zu tun. Es war durch genaue Regeln geordnet und zivilisiert worden, die Ausrüstung wurde speziell für das Turnier angefertigt, für die Zwecke des Krieges wäre sie untauglich gewesen. Das Turnier wurde zu einem Sport, zum ritterlichen Spiel, zu einem wichtigen Element des höfischen Lebens der Zeit.
Wie ein ‚Junger vom Adel' das Turnieren erlernen soll, hat Marx Treitzsaurwein (um 1450–1527) am Beispiel des jungen ‚Weißkunig' dargestellt. Treitzsaurwein, seit 1501 Geheimschreiber Kaiser Maximilians I., hat mit dem Werk ‚Weißkunig', dessen Redaktion in seinen Händen lag, eine stark idealisierende Lebensbeschreibung des Kaisers mitverfasst.

Nachdem nun der junge Weißkunig das Fechten zu Roß und zu Fuß ausführlich erlernt hatte und darin mit allen geheimen Meisterstücken bekannt geworden war, da begann er, sich in den Ritterspielen zu üben, mit dem Rennen und Stechen[1], und befand, dass einer, der in den Ritterspielen berühmt wollte werden, sich mit Taten (in der Praxis) üben müsste und (das Turnieren) nicht aus den Turnierbüchern lernen könnte. Wie schnell hat dieser junge König mit Hilfe seines Verstandes die Technik des Ritterspiels begriffen und sich also (praktischer) Übungen unterzogen, fortschreitend vom Ringen zu den schweren Ritterspielen. Und er hat dabei stets den Siegespreis errungen. Als er erwachsen war, da übte er sich, im Hohen Zeug zu stechen[2], und übertraf alle anderen darin, mit welcher Geschicklichkeit er die Lanze selbst einlegte. Er hat auch in seinen Königreichen zuerst das Stechen über die Schranken eingeführt. Diese Art zu Stechen hat er in großer Zahl betrieben und darin immer vor allen anderen den Turnierpreis errungen.

Marx Treitzsaurwein, Der Weiß Kunig. Eine Erzehlung von den Thaten Kaiser Maximilian des Ersten, Wien, Kurzböck, 1775 (ND Weinheim, VCH Verlag, 1985), S. 95.

1 Den Gefechten mit scharfen (Rennen) und stumpfen (Stechen) Waffen.
2 Mit der kompletten Turnierrüstung.

GF

2.1.2.2.8 Turnier IV: Mit dem fremden Blick – ein Turnier in Schaffhausen (1436)

Ein kastilischer Adliger, der offenbar zur spanischen Gesandtschaft am Basler Konzil gehörte, beobachtete auf Fastnacht 1436 in Schaffhausen ein Turnier. Seine Aufzeichnungen gelten neben den Turnierbüchern als eine der genauesten und detailreichsten Schilderungen des ritterlichen Spiels im 15. Jahrhundert. Beschrieben werden die farbenprächtige Ankunft der Teilnehmer und der Damen, das Aufstellen ihrer Helme und Wappen, die Abendgesellschaften, die Probe des Turnierplatzes, das Vorgeplänkel und die Helmschau am Fastnachtsmontag,

Das Turnier wurde in Schaffhausen am Fastnachtsdienstag (21. Februar) abgehalten, und zwar auf folgende Weise. Seit dem Samstag vorher (18. Februar) waren die Kämpfer, an zweihundertundzehn, eingetroffen. Am Sonntagmorgen (19. Februar) wurden alle ihre Helme, mit den Abzeichen (Helmzierden) bekrönt, an den Fenstern zweier Edelleute der Stadt ausgestellt; das gab ein schönes Bild. Am gleichen Tage zogen viele Damen ein; einzelne fuhren in Wagen von denen die einen sehr schön mit Malereien geschmückt, andre mit Seide, freilich nicht allzu reich, bedeckt waren. Mit ihnen kamen Banden von Spielleuten. Die Herren ritten ihnen zum Empfang entgegen, und alle brachten Sänger und Sängerinnen mit, welche an den Kruppen der Pferde sangen; jeder machte das auf die Art, welche ihm gefiel, wie Leute, welche sich vor keinem Tadel fürchten. Andere Damen kamen zu Pferde mit flittergeschmückten Hüten auf dem Kopfe und in Tuchkleidern. So zog ein großer Teil der Damen, etwa hundert an diesem Tage ein; in Wagen kamen die Vornehmeren. Und mit dem Empfang der Damen und ihren gegenseitigen Besuchen verging der Tag. Auf den Abend versammelten sich alle Ritter, die Lehnsherren mit ihrem Gefolge und die Rittergesellschaften, in Gruppen von ungefähr zehn und zehn Rittern, je nach der Bedeutung der Herren oder der Gesellschaft, und ergingen sich in der Stadt vornehmlich in der Straße, wo die Helme ausgestellt waren. Von da begaben sie sich auf den Turnierplatz, um den zu besichtigen; dabei trug jedes Pferd auf der Stirne das Wappen seines Herrn. (…)
Folgenden Tags, am Montag (20. Februar), wurden

nach dem Mittagsmahl alle Helme in jenen Saal gebracht, und die ganze Gesellschaft begab sich dann zur Probe nach dem Kampfplatz. Die großen Herren kamen mit ihren Vasallen und wer über keine solchen gebot, kam allein oder mit zwei oder drei andern Edelleuten. Sie waren beritten und gerüstet wie zum Turnier, nur mit andern Helmen und Lanzen. Die Pferde sind sehr hoch und die Sättel so gebaut, dass der Reiter etwa zwei Handbreiten über dem Pferderücken sitzt. Für den Kampf tragen die Pferde zum Teil Brustharnische von der Art, wie sie der Autor hier bei einigen Rittern aus hiesiger Stadt sah, die auch dort waren. Die Kopfstücke sind aus Leder, und jeder sucht nach Kräften damit Staat zu machen; und wenn uns dieser Schmuck auch hier nicht angemessen schien, so nahm er sich doch in der Art, wie sie ihn anbrachten, recht gut aus. Es gab zwar keine seidenen Decken, aber wenn auch nicht von Seide, so hätte die Ausrüstung doch nicht hübscher sein können. Die Probe gefiel denn auch allen so gut, dass man fand, das Turnier könne nicht schöner sein. Die Menge schien noch größer als sie war, und das wurde dadurch bewirkt, dass die Pferde so groß waren und die Reiter so hoch saßen. (…) Nach der Probe kamen etwa fünfzehn Kämpfer, nicht mehr, zum Lanzenstechen wieder auf den Kampfplatz herein; sieben von ihnen wurden, weil ohne Tuch gefochten wurde[1], bei einer Wendung ihrer Pferde in den Sand geworfen. Ihr hättet gestaunt, wenn Ihr gesehen hättet, wie selten sie anrannten, ohne sich zu treffen und ohne dass Lanzen brachen und Rosse oder Reiter stürzten. (…) Wenn einer getroffen wird und fällt, so gilt er noch nicht als ein schlechter Ritter, sondern nur, wenn er schreit und klagt, er sei verwundet, und die Arme emporhält, bis man ihn aufhebt. (…)

Von dem Turnierplatz begab sich von den Damen, wer Lust hatte, in den Saal, um die Helme zu betrachten. Und da bezeichnete eine jede den Helm des Ritters, über den sie Klage zu führen hatte. (…) Nun teilten die Turnierwarte die Helme in zwei Hälften und jeder Ritter ließ den seinen dort holen und erfuhr so, zu welcher Partei er gehöre. (…)

An diesem Montag wurde in der Nacht durch einen Herold verkündet, dass den andern Tag um elf Uhr jedermann in den Schranken sein müsse und dass um zwölf Uhr das Turnier beginne. Am nächsten Tage, Dienstags (21. Februar), zur bestimmten Stunde hatten sich alle Kämpfer in den Schranken eingefunden. In der Mitte des Kampfplatzes waren die beiden Parteien durch zwei Seile geschieden, und als alle versammelt waren, wurden die Tore des Kampfplatzes geschlossen, und die Turniermeister und Einteiler ließen die Seile wegnehmen, und nun gingen die Parteien aufeinander los. Nachdem die ersten Zusammenstöße vorüber waren, mischten sich alle, und ein jeder begann nach denen auszuschauen, die gezüchtigt werden sollten. Ihr müsst nämlich wissen, wozu diese Turniere seit alten Zeiten eingeführt sind. Die Edelleute leben beständig in ihren Burgen und festen Häusern, und wenn sie sich nicht zu solchen Gelegenheiten versammeln könnten, so würden sie weder unter sich noch mit den Gesetzen des Rittertums bekannt. Ferner dienen die Turniere dazu, dass die Edelleute gezüchtigt werden, die ein schlechtes und unehrenhaftes Leben führen. Dann werden die Freundschaften geschlossen unter denen, die anderswo im Streit lagen. Da wird über Heiraten verhandelt und es werden solche abgeschlossen. Und endlich, weil sie zwischen verbündeten Städten sitzen, halten sie Rat darüber, wie sie leben und sich den Städten und den mächtigen Orten gegenüber verhalten sollten. Die Fälle, in denen eine Züchtigung eintritt, sind die folgenden: Ein Edelmann, der eine Niedere geehelicht hat, wird bis an sein Lebensende geschlagen und misshandelt, wenn und so oft er bei einem Turnier erscheint. Auch seine Söhne können niemals zu einem Turnier erscheinen, sie würden nicht zugelassen und dürften es nicht wagen, zu kommen. Gezüchtigt wird ferner, wer eine Dame, besonders eine Witwe, oder auch eine verheiratete Frau beleidigt; wer von einer Dame übel spricht oder sie verleumdet; wer sich dem Raube oder schlechtem Leben ergibt und die Turniere nicht mehr besucht, während sein Vater sich dazu eingefunden hatte; wer so weit gekommen ist, dass sein Vermögen nicht mehr ausreicht, um ihn zu erhalten, und er so seinen Stand verliert; wer Herolde oder Parlamentäre schlecht empfängt; auch noch aus andern Gründen, deren ich mich nicht entsinne, die aber alle ganz gerecht waren. Dann verfällt der Strafe auch, wer nicht mit seinem Weibe zusammenlebt. Allerdings sind die unglücklich Verheirateten häufiger als die gut Verheirateten; aber die Sache wird so verstanden, dass einer, wenn er andere Gesellschaft aufsucht, seine Frau nicht aus dem Hause weisen und sie dann doch damit plagen solle, dass sie zu ihm zurückzukommen habe, und dass, wenn er sich von ihr trennt, sie nichts tun solle, was gegen seine Ehre ginge. Ebenso wird gestraft, wer sich mit Städtern gegen Edelleute zusammentut. Wir wussten, wem solche Züchtigung wegen übeln Wandels bevorstand, und hatten ein Auge auf die. Wir dachten, dass die von einer Partei die ihnen Zugeteilten verteidigen würden; aber das sieht man hier nicht, sondern alle wandten sich gegen die Schuldigen. Und am übelsten wurde bei diesem Turnier denen von Basel mitgespielt. Unter diesen war der vornehmste Herr von allen, die dort zusammengekommen waren, ein Markgraf[3], der die meiste Zeit hier in dieser Stadt wohnt, ein wohlgestalter Mann mit guten Manieren; der lebt nicht mit seinem Weibe zusammen, sie schenkte ihm aber tausend Gulden, die sie ihm hierhersandte, damit er beim Turnier erscheinen könne, und sie selber kam dahin. Sie ist eine große Dame und gab ihm und allen seinen Begleitern einheitliche Kleidung, und sie wohnten in der gleichen Herberge. Er ist ein hübscher Mann, und sie eine Dame von sehr vornehmer Art, und als das, bei Gott, erwies sie sich auch; aber sie ist zum Verwundern weitherzig. Und da ihr Gott den ersten Mann nahm und sie einen zweiten heiraten sollte, wählte sie nicht den schlimmsten. Nicht genug darum an dem Geschenke und den Kleidern, die sie ihm gab, trat sie noch für ihn ein, und ihretwegen wurde ihm verziehen, wenn er auch schon starke Schläge erhalten hatte. Ein anderer Edelmann aus der Stadt hier, der mit ihm lebt, wurde bös verhauen, weil die Damen verlangten, dass man ihm zu Leibe gehe, und sagten, er sei ein Helfershelfer des Markgrafen. Ein anderer (…) wurde angepackt, aus dem Sattel gehoben und rittlings auf die Schran-

ken gesetzt; und da musste er nun zu seiner Schmach vor der Tribüne der Damen bleiben, weil er übel von einem Fräulein gesprochen und sie verleumdet hatte.(...)
Dann als es Abend wurde, begab man sich nach dem Saal, und während der Tanz begann, traten die Turniermeister und Richter ab, um über die Preise zu entscheiden: das waren sechs Ringe, wovon vier für die Besten im Turnier und zwei für die Besten im Lanzenstechen bestimmt. Als sie einig waren, wem sie den ersten gäben, wählten sie eine Dame, händigten ihr den Ring ein und sagten ihr heimlich, wem sie ihn zu geben habe. Dann gingen die ältesten und vornehmsten Herren, je zwei und zwei, mit Fackeln vor ihr her, und hinter ihnen schritt die Dame zwischen den Turniermeistern, alten Herren von ausgezeichnetem Adel, und hinter ihr kamen bei zwanzig Damen zu zwei und zweien. So durchschritten sie den Saal, bis sie den Sieger antrafen; und bis sie seiner gewahr werden, würden sie ihn niemals rufen, noch seinen Namen nennen. Als sie ihn dann gefunden hatten, sprach die Dame zu ihm: weil er für den Geschicktesten und Tapfersten gehalten werde, sei er solcher Ehre würdig; und sie steckte ihm den Ring an die Hand und tanzte mit ihm, unter Vortritt von Edelleuten mit Fackeln. Während dieses Tanzes traten die Preisrichter wieder zur Seite und beschlossen leise, wem sie den nächsten Ring geben wollten (...)

Karl Stehlin, Ein spanischer Bericht über ein Turnier in Schaffhausen im Jahre 1436, in: Basler Zeitschrift für Geschichte und Altertumskunde 14 (1915), Basel, Verlag der Historischen und antiquarischen Gesellschaft, Staatsarchiv, S. 145–176.

1 Die Pferde kamen wohl, weil die mit Tücher markierten Bahnen fehlten, aus der Richtung.
2 Markgraf Wilhelm von Baden-Hochberg, der in zweiter Ehe mit Elisabeth Gräfin von Montfort-Bregenz verheiratet war.

GF

2.1.2.2.9 Adliges Jagdvergnügen: Ein Kaiser verliert die Hosen

Die Jagd war im mittelalterlichen und frühneuzeitlichen Europa selbstverständlicher Teil adliger Lebensformen, gemäßer Ausdruck ritterlich-höfischer Kultur. Aus fürstlichen Tagebüchern gegen Ende des 16. Jahrhunderts z. B. ist ersichtlich, dass fürstliche und königliche Jäger durchaus einen Großteil des Jahres auf der Pirsch, der Hetzjagd oder der Beizjagd verbrachten. Die Regierungsgeschäfte wurden in Jagdschlössern, Klöstern, auch einfachen Wirtshäusern nebenher erledigt. Als ausgesprochenes höfisches Jagdvergnügen galten seit dem Frühmittelalter die Hetzjagden insbesondere auf Rot- und Schwarzwild mit ihren großen Hundemeuten, den Scharen der Treiber und zahlreichen Teilnehmern zu Pferd. Eine verfeinerte, an den europäischen Höfen gleichfalls sehr geschätzte Form des Weidwerks war die Beizjagd mit abgerichteten Greifvögeln und den Habichtshunden zum Aufstöbern des Flugwildes. Kaiser Friedrich II. (1212–1250) hat über die Jagd mit Vögeln ein großartig bebildertes Werk hinterlassen.

Hetzjagden waren offensichtlich schon am Hof Karls des Großen überaus beliebt. Der Dichter, Erzähler und Gelehrte Notker ‚der Stammler' von St. Gallen (ca. 840–912) berichtet von einem solchen Unternehmen, bei dem persische Gesandte zugegen waren, ein ganz besonderes Erlebnis.

Später „als die Morgenröte, das safranfarbene Lager des Tithonus verlassend, die Länder mit dem Lichte des Phöbus übergoss"[1], siehe da rüstete sich Karl, dem Ruhe und Muße unerträglich sind, zur Jagd auf Wisente und Auerochsen in den Wald zu ziehen und die Gesandten der Perser mit sich zu nehmen. Beim Anblick dieser gewaltigen Tiere ergriffen sie aber, von großem Schrecken erfasst, die Flucht. Aber Karl, der Held, erschrak nicht. Auf seinem feurigen Rosse sitzen bleibend, näherte er sich einem von ihnen, zog sein Schwert und wollte einem von ihnen den Kopf abhauen. Aber der Hieb misslang: das Tier zerfetzte dem König Schuh und Wadenbinde, riss ihm auch, freilich nur mit der Spitze des Horns, sein Bein auf und machte ihn so etwas gehemmter. Dann entfloh es, gereizt durch die ungefährliche Wunde, in eine sichere Schlucht, die durch Bäume und Felsen gedeckt war. Nun wollten fast alle ihrem Herrn zu Gefallen ihre Hosen ausziehen, aber er verhinderte es mit den Worten: „In solcher Verfassung muss ich vor Hildegard treten." Isambard aber, der Sohn Warins[2], (...) setzte dem Tier nach, warf seine Lanze, da er nicht wagte in größerer Nähe heranzukommen, traf es zwischen Hals und Schulter ins Herz und übergab es noch zuckend dem Kaiser. Dieser tat als bemerke er es nicht, überließ das Wild seinen Gefährten und kehrte nach Hause zurück. (...)

Reinhold Rau (Bearb.), Quellen zur karolingischen Reichsgeschichte (Ausgewählte Quellen zur deutschen Geschichte des Mittelalters. Freiherr vom Stein-Gedächtnisausgabe, Bd. 3, Darmstadt, Wissenschaftliche Buchgesellschaft, 1960 (ND 1992), S. 389.

1 Vergil, Aeneis, 4, 6, 585.
2 Isambard ist von 774 bis 779 als Graf im Thurgau (Nordostschweiz) bezeugt. Sein Vater Warin, aus moselfränkischem Geschlecht stammend, erscheint im gleichen Amt seit 754.

GF

2.1.2.2.10 Der junge Weißkunig auf Gemsenjagd – Jägerlatein vom Hof Maximilianus I.

Im ‚Weißkunig', der idealen Lebensbeschreibung Kaiser Maximilians I., dessen Redaktion in den Händen von Marx Treitzsaurwein (um 1450–1527) lag, wurde der Herrscher selbstverständlich als der größte Jäger seiner Zeit verherrlicht. Dies belegt die Bedeutung der Jagd in der höfischen Gesellschaft.

Ein jeder Mann, der am Hofe lebt, weiß, dass an einem mächtigen Königshof viele ritterliche und kunstfertige Leute vorhanden sind. Nun hatte der alte Weißkunig[1] auch an seinem Hof ritterliche Leute und großmächtige Herren, die in militärischen Auseinandersetzungen die Armbrust und den Bogen mit großer Fertigkeit zu gebrauchen wussten, und das auch bei der Pirsch, um das Wildbret zu erlegen. Dadurch wur-

Politik, Herrschaft und Rituale

de der junge Weißkunig auch dazu bewegt, das Schießen in solcher Weise zu erlernen, dass ihm hohes Lob gezollt wurde. Er übte sich darin so fleißig, hatte so besondere Freude daran und war in kurzer Zeit so meisterlich und kunstfertig im Schießen, und zwar sowohl zu Roß als auch zu Fuß, dass ihm am Hof keiner gleichkommen konnte. Und als der junge König erwachsen war, ist er mit der Armbrust und mit dem Bogen im Ernst der beste Schütze und der gewitzteste Pirschgänger auf Wildbret gewesen. Und es gab niemals einen, der ihm darin zu vergleichen gewesen wäre. Jedermann, der sein Schießen sah, hat es für ein Wunder genommen. Denn Anlegen und Abdrücken nach der Schützen Art sind allwegen eine Sache, die nicht jeder in der nämlichen Weise tun kann. Etliche Schießkünste will ich im folgenden anzeigen: Einst jagte der junge Weißkunig in Österreich in den steirischen Alpen nach Gemsen. Nun stand ein Gemsbock in einer sehr hohen Felswand, sodass kein Gemsjäger ihn mit dem Wurfspieß erreichen konnte. Als die Jagd zu Ende gegangen war, wurde der Steinbock in der hohen Felswand wieder gesehen. Der König hatte bei sich einen guten Büchsenschützen mit Namen Jorg Purgkhart, der konnte mit der Handbüchse exzellent gut schießen. Also hieß ihn der König, er möge mit seiner Büchse den Gemsbock schießen. Darauf gab er dem König zur Antwort, der Bock stünde zu hoch, und er könnte ihn daher mit der Büchse nicht erreichen. Da nahm der König seinen Bogen in die Hand und sagte: „Seht auf! Ich will den Gemsbock mit meinem Bogen schießen!" Und er schoss den Gemsbock mit dem ersten Schuss herab. Die dabei standen, nahmen dies für ein großes Wunder, denn der Bock hatte ungefähr hundert Klafter hoch gestanden. Danach ist dieselbe Felswand, wo der gemeldete wunderliche Schuss geschah, zum Gedächtnis ‚des Königs Schuss' genannt worden.

Marx Treitzsaurwein, Der Weiß Kunig. Eine Erzehlung von den Thaten Kaiser Maximilian des Ersten, Wien, Kurzböck, 1775 (ND Weinheim, VCH Verlag, 1985), S. 84.

1 Gemeint ist damit Kaiser Friedrich III. (1440–1493), der Vater Maximilians I.

GF

2.1.2.2.11 Adliges Vergnügen – bäuerliche Plage: Kritik an der Jagd

Im Mittelalter regten sich schon vereinzelt kritische Stimmen über das adlige Jagdvergnügen, doch nur selten wurden dabei auch die schädlichen Auswirkungen der Jagd auf die bäuerliche Bevölkerung hervorgehoben. Als einer von wenigen Gelehrten weist Johann von Salisbury in seinem ‚Policraticus' (1156/59) auf die Folgen des adligen Jagdvergnügens für die Landwirtschaft hin.

Bauern werden von ihren Feldern ferngehalten, damit die wilden Tiere frei weiden können. Um den Weidegrund für diese noch zu erweitern, werden den Bauern ihre Saatfelder weggenommen, den Pächtern ihre Grundstücke, den Rinder- und Schafhirten ihre Weiden. (…) Heute wird die Bildung der Adligen darin gesehen, dass sie sich auf die Jagd verstehen, dass sie sich in verdammenswürdiger Weise im Würfelspiel üben, dass sie der natürlichen männlichen Stimme durch Kunstgriffen einen weichlichen Ton verleihen, dass sie, uneingedenk ihrer Männlichkeit, durch Gesang und Instrumentalspiel vergessen, als was sie geboren sind.

C. Webb (Bearb.), Johannes von Salisbury. Policraticus, 2 Bde., London 1909, o. V. (ND Frankfurt a. M., Minerva, 1965), Bd. I, S. 31; übersetzt von Joachim Bumke, Höfische Kultur. Literatur und Gesellschaft im hohen Mittelalter, München, dtv, 1986, S. 584.

GF

2.1.2.2.12 Beschwerden der Nürnberger Bauernschaft gegen die adlige Jagd (1525)

Im großen Bauernkrieg der Jahre 1524 bis 1526 gehörten – wie in zahlreichen lokalen bäuerlichen Erhebungen zuvor – die Beschwerden der Landbevölkerung gegen die als adliges Vorrecht ausgeübte Jagd zu den Hauptbeschwerdeartikeln. Das Wild nahm überhand und schädigte die Felder. Im Frühjahr 1525 richtete auch die Bauernschaft, die in den Dörfern des großen Landgebietes der Reichsstadt Nürnberg lebte, über den Rat der Stadt an den benachbarten Markgrafen von Brandenburg die Beschwerde, für eine Regulierung des Wildbestandes zu sorgen.

(…) Nun ist durch Ihre fürstlichen Gnaden in Ihren Wildbännen trotz unserer seit langer Zeit eingereichten mannigfachen Beschwerden das Wild von Tag zu Tag dermaßen gehegt und so über die Maßen vermehrt worden, dass es an vielen Stellen in großen Rudeln von 60, 70 und 80 Stück auf einmal beieinander gesehen wird. Die Tiere durchlaufen ohne Scheu unsere Felder, weiden sie ab und zertreten Samen und Frucht. Die Wildschweine durchwühlen unsere Wiesen und Äcker in ähnlicher Weise. So sind etliche Getreidefelder dermaßen vom Wild verdorben worden, dass man sie, da sie des Schnitterlohns nicht wert sind, ohne jeglichen Gewinn wieder umgepflügt hat (…). Wir müssen solches Abfressen, Zertreten und Verderben des Unseren, das wir im Schweiße unseres Angesichts mit großer Arbeit und Kosten angebaut haben und darauf wir unsere Hoffnung zur Erfüllung der ausgestandenen Mühe und Sorge, auch zum Unterhalt unserer Frauen und Kinder setzen und unserem eigenen Vieh entziehen müssen, mit großer Herzensbetrübnis täglich vor unseren Augen geschehen sehen, welches auch ein tyrannisches Herz erweichen und zum Mitleid bewegen sollte. Und wenn sich einmal einer am Wildbret in geringer Weise vergriffen hat oder dessen mit böser Absicht unschuldig bezichtigt wurde, ist er deswegen festgenommen und gepfändet worden. Auch sind etliche, an denen keine Schuld gefunden worden ist, dermaßen gefoltert und verkrüppelt worden, als ob sie Menschen umgebracht hätten. (…)
So ernähren wir Arme nicht allein uns und die unseren von den Feldfrüchten, sondern reichen auch unseren Herren jährlich ihre Gülten und Zinse, in Notlagen leisten wir auch Kriegsdienste, zahlen Steuern

und haben in allen Fehden, die unsere Obrigkeit führt, an unsern Leibern und Gütern in Haus und Feld viel mehr als diejenigen, die in Städten, Schlössern und Märkten oder an anderen befestigten Flecken wohnen, Übergriffe und Schaden zu gewärtigen, dazu müssen wir das Brotgetreide, ohne das der Mensch nicht leben kann, größtenteils für andere anbauen, ganz zu schweigen davon, dass oftmals Unwetter unsere Frucht von Grund auf verderben, was uns allein schon Last genug wäre, auch zu schweigen von anderen harten Bedrückungen, die uns täglich widerfahren. Es ist erbärmlich und unchristlich, dass wir zu alledem diese unleidliche Beschwernis des Wildes, mit dem, wie wir gut wissen, die Türken und andere Ungläubige ihre armen Bauersleute nicht dermaßen bedrängen, fort und fort ertragen sollen. Denn an allen Orten müssen wir am hellen Tag von den unseren, die wir eigentlich zu anderer Arbeit benötigen, unsere Felder hüten und in der Nacht, so wir wie andere Menschen der Ruhe bedürfen, bewachen lassen, wenn wir das Wild die Frucht nicht völlig abfressen lassen wollen.

Weil wir aber zur Empörung, wie sie unter der Bauernschaft an vielen Orten im Schwange ist, überhaupt nicht geneigt sind, sondern zu Gott dem Allmächtigen die Hoffnung tragen, (...) (so bitten die Bauern den Nürnberger Rat und die Räte des Schwäbischen Bundes) mit unserem gnädigen Herrn, dem Markgrafen, ernsthaft folgendes zu verhandeln: Wenn Ihr Gnad das Wild haben will, so solle Ihr Gnad Ihre Ergötzlichkeit daran haben, aber den Wildbestand so verringern, dass wir vom Wild an dem Unsern schadlos bleiben und uns von unserer harten Arbeit ernähren können. Wenn Ihr Gnad solches nicht genügend zu leisten vermag, so möge uns dann erlaubt sein, dass wir, wenn wir das Wild zu unserem Schaden auf unseren Feldern und Früchten antreffen, es schießen. Doch sollte es so sein, dass die Amtleute Ihrer Gnaden das erlegte Wildbret an sich nehmen mögen, denn wir begehren es nicht zu genießen, sondern wir begnügten uns sehr wohl damit, wenn wir unsere angebaute Frucht vor dem Wild bewahren könnten. (...)

Günther Franz (Bearb.), Quellen zur Geschichte des Bauernkrieges (Ausgewählte Quellen zur deutschen Geschichte der Neuzeit. Freiherr vom Stein-Gedächtnisausgabe, 31 Darmstadt, Wissenschaftliche Buchgesellschaft, 1963, Nr. 98, S. 317–320.

GF

2.1.2.2.13 Humanistische Kritik am Jagdtreiben

Der bedeutende Humanist Erasmus von Rotterdam (1466/69–1536) übte in seiner 1508 verfassten Satire „Das Lob der Torheit" ironisch Kritik an der zeitgenössischen Gesellschaft. Die Schrift wurde zum Bestseller. Zur Jagd schreibt er Folgendes:

Zu dieser Art Mensch[1] sind auch jene zu zählen, die außer der Jagd auf wilde Tiere alles verachten und ein unvorstellbares Vergnügen zu genießen behaupten, wenn sie den Schrecken erregenden Ton des Jagdhorns und das Geheul der Hunde hören. Ich glaube sogar, dass ihnen der Kot der Köter wie Zimt in der Nase duftet. Welch ein Genuss ist es für sie, das erlegte Tier waidgerecht zu zerlegen; Ochsen und Hammel darf das einfache Volk auswaiden, aber das Wild auszunehmen ist ein Vorrecht des Vornehmen. Dieser entblößt sein Haupt, beugt seine Knie, zieht das Messer, das nur für diesen feierlichen Akt bestimmt ist – Jagdfrevel wäre es, ein beliebiges zu benützen –, und schneidet in frommer Andacht mit genau festgelegten Bewegungen nach genau feststehender Ordnung genau angegebene Teile des Tieres ab. Die Jagdgesellschaft, der dieser heilige Vorgang nicht neu ist, steht um ihn herum in schweigender Bewunderung, obgleich sie dieses Schauspiel mehr als tausendmal gesehen hat. Wem schließlich das Glück zuteil wird, ein wenig vom Wildbret kosten zu dürfen, der glaubt sich um einige Stufen in seinem Adel erhöht. So kommt es, dass jene Jäger, die ihr Leben lang viele Tiere erlegen und verspeisen, nichts anderes erreichen, als dass sie selbst zu Bestien werden, obgleich sie natürlich glauben, ein königliches Leben zu führen.

Uwe Schultz (Bearb.), Erasmus von Rotterdam, Das Lob der Torheit, Frankfurt, Insel-Verlag, 1979, S. 66–67.

1 Erasmus befasst sich mit den Wahnsinnigen.

HJM

2.1.3 Untertanen und verkehrte Welt: Fastnacht

‚Fastnacht' bezeichnet das der großen Fastenzeit vorausgehende Fest. Das Konzil von Benevent 1091 setzte als Beginn der Fastenzeit den Mittwoch nach dem Sonntag ‚Estomihi' fest. Die Tage vor dem Aschermittwoch, beginnend mit dem Donnerstag bis einschließlich ‚Estomihi' wurden im Mittelalter als kleine oder rechte Fastnacht bezeichnet. Dem stand die alte große Fastnacht gegenüber, die bis zu dem auf den Aschermittwoch folgenden Sonntag ‚Invocavit' reichte (heute nur noch in Basel). Zwischen 1450 und 1582 beschränkte sich die Zeit der Fastnacht zusehends auf die drei Tage vor Aschermittwoch. Der Fastnachtszeit mit ihrem ausgelassenen, sehr unterschiedlichen Brauchtum kam vielfach eine Ventilfunktion zu. Seit dem 15. Jahrhundert mehrten sich daher auch die Verbote: Das Tragen von Messern und Masken wurde untersagt, die Fastnachtsspiele hat man einer Zensur unterworfen, die Umzüge wurden untersagt, da diese als Kampfmittel bei sozialen Unruhen gebraucht werden konnten. Mit der Reformation wurde in den protestantisch gewordenen Ländern die Fastnacht und ihre Festlichkeit abgeschafft.

2.1.3.1 Lüpft eure Masken – das disziplinierte Volksfest: eine Nürnberger Polizeiordnung des 15. Jahrhunderts

Das Nürnberger Fastnachtsbrauchtum war vor der Reformation sehr vielgestaltig. Neben den Fastnachtsspielen und anderem Mummenschanz fand der Schembartlauf statt. Er gehörte zum ‚Zämertanz' der Metzger. In der zweiten Hälfte des 15. Jahrhunderts übernahmen die Patrizier die Regie und stellten die maskierten Läufer. Der Schembart wurde nun mit luxuriösem Kleideraufwand inszeniert. Doch noch im 15. Jahrhundert schritt der Rat gegen die Mummerei ein.

Wir, Bürgermeister und Rat der Stadt – gewichtige Gründe haben uns dazu bewogen – gebieten, dass sich in Zukunft niemand, weder Mannsbilder noch Frauen, zu irgendeiner Zeit im Jahr weder bei Tag noch bei Nacht mit irgendwelchen Kleidern oder Gewändern verkleiden, besonders ihr Gesicht mit Maskeraden unkenntlich machen. Sie sollen sich vielmehr so verhalten und erzeigen, dass sie gut kenntlich bleiben mögen. Hiervon ausgenommen sind die Knechte, die den Metzgern zum Schutz ihres üblichen Fastnachtstanzes[1] von uns abgestellt werden, und andere Personen, denen wir dies besonders erlaubt haben. Wer dieses Gebot bricht, der soll der Stadt als Buße 2 Pfund neue Heller[2] entrichten.
(…)
Wir haben auch allen Stadtknechten und Bütteln streng befohlen, dass sie alle diejenigen, die sie verbunden, verändert oder maskiert antreffen, es seien Frauen oder Mannsbilder, auffordern, ihr Angesicht zu öffnen und sich zu erkennen zu geben.
Wir gebieten auch, dass hier niemand, wer dies auch sei, den anderen weder mit Lohe, Asche, Federn oder anderen widerwärtigen Dingen, wie die auch geheißen werden mögen, weder auf den Gassen und in den Häusern damit bewerfen noch sonst damit belästigen soll, bei einer Buße von 5 Pfund neuer Heller, die ein Rat von jedem ohne Gnade eintreiben will, der deswegen gerügt oder angezeigt wurde und sich mit Recht nicht verteidigen kann.
(…)
In vergangenen Fastnachtszeiten haben etliche Personen in Spielen und Reimen viele leichtfertige, üppige, unkeusche und unziemliche Worte und Gebärden nicht allein in den Häusern, sondern auch sonst bei Tag und Nacht immer wieder gebraucht; das ist eine Sünde, ärgerlich und schändlich, und es ist unziemlich dies vor ehrbaren Leuten, insbesondere vor Jungfrauen und Frauen darzutun und zu üben. Um solchem Treiben zuvorzukommen, gebieten unsere Herren vom Rat ernst und fest, das künftig zu Zeiten, besonders in der Fastnachtszeit niemand, weder Mannsbilder noch Frauen, jung oder alt, wer der oder die auch seien, solche unzüchtigen und unziemlichen Worte und Gebärden in Reimen oder in anderer Weise üben oder gebrauchen darf in irgendeiner Weise, auch sich nicht nur beim Besuch der Häuser, sondern auch sonsthin allenthalben ehrbar, züchtig und ziemlich zu halten. Denn wer dieses Gebot übertritt und sich anders als in der gerade beschriebenen Weise verhält und sich der Tat, wofür er angeklagt wurde, nicht mit Recht verteidigen könnte, der soll gemeiner Stadt darum zu Buß verfallen sein, so oft dies geschehe, um drei Gulden.

Joseph Baader (Bearb.), Nürnberger Polizeiordnungen aus dem XIII. bis XV. Jahrhundert (Bibliothek des Litterarischen Vereins in Stuttgart, 63), Stuttgart, Bibliothek des Litterarischer Vereins in Stuttgart, 1861 (ND Amsterdam, Edition Rodopi, 1966, Nr. 9, S. 92–94.

1 Es handelte sich dabei um die Schembartläufer, die zum Schutz des Zämertanzes der Metzger aufgeboten waren.
2 Die Summe entsprach 12 Sommer-Tagelöhnen eines Maurergesellen.

GF

2.1.3.2 Adel, Adel, edel? – ein Mummenschanz über die Großen dieser Welt

Die Fastnachtsspiele waren die bedeutendste Darstellungsform des spätmittelalterlichen weltlichen Dramas. Sie wurden hauptsächlich in den Städten aufgeführt, und zwar ausdrücklich in Gebrauchssituationen. So haben die Mitglieder der Lübecker Patriziergesellschaften, die Gesellen der Zirkelgesellschaft und der Kaufleutekompanie, jeweils zu Fastnacht selbst solche Spiele gedichtet und sie während der Fastnachtsumzüge auf fahrbaren Bühnenwagen im Stadtgebiet aufgeführt. Ein weiteres wichtiges Zentrum der Fastnachtsspiele neben Lübeck war Nürnberg. Hier sind für das 15. und 16. Jahrhundert die Dichter und Meistersänger Hans Rosenplüt (um 1400-nach 1460), Hans Folz (1435/40–1513) und Hans Sachs (1494–1576) zu nennen. Mit Sachs wandelte sich das Fastnachtsspiel: Sexuelle Obszönitäten und andere fastnächtliche Grenzüberschreitungen traten in den Hintergrund, wichtig wurde die Didaxe, insbesondere die Ständedidaxe. Seit etwa 1550 löste sich das Fastnachtsspiel von dem Fastnachtstreiben auf den Gassen. Es wurden feste Spielstätten eingerichtet.
Das folgende Fastnachtsspiel aus dem oberdeutschen Raum ist undatiert; es dürfte in der zweiten Hälfte des 15. Jahrhunderts entstanden sein.

Vom Papst, dem Kardinal und den Bischöfen
Der Herold spricht:
Nun hört und schweigt still/und merkt, was ich euch sagen will./Und wer da beieinander ist,/der Papst, der Kaiser ohne Trug,/dazu der König und der Kardinal,/ Fürsten, Bischöfe und Grafen auf dem Saal,/dazu Ritter und auch Edelknechte,/die wollen hier alle Dinge schlecht machen./Geschieht das, so können wir alle schallend lachen.
Der erste Ritter:
Herr Papst, aufgemerkt, was ich Euch sage:/Vernehmt, was die Klage der Armen ist,/wie sie täglich verdorben werden durch Kriege und Unfrieden auf Erden./Dazu leisten Eure geistlichen Fürsten (die Bischöfe) Unterstützung,/sie helfen dabei, ihre Schäflein selbst zu verheeren./Das lasst Euch zu Herzen gehen/und solltet dem mit Gewalt widerstehen./Und richtet das Recht auf in kurzer Zeit,/da doch die Herrschaft bei Euch liegt.
Der Papst:
Herr Bischof, nun gebt Antwort,/denn Ihr habt die Klage wohl gehört,/dass Ihr Eure Schafe so oft scheret./Von welcher Stelle der Heiligen Schrift wollt Ihr das herleiten?/Und beraubt sie auch noch und brandschatzt sie./Ich kann es in keinem Kapitel erkennen,/dass Ihr Eure Herde behütet vor Not,/die Euch aufgrund meiner Gewalt übertragen ist./Eure Bischofsmütze glänzt von Stahl,/Euer Bischofsstab hat eine eiserne Spitze./Wo habt Ihr das in der Heiligen Schrift gelesen?/Ihr könntet nicht länger Bischof sein,/denn

ich habe dem Kaiser befohlen/und dazu meinem Legaten,/dass sie sollen solche Bischöfe absetzen,/die ihre armen Schafe derart verletzen.

Der Bischof anwortet:

35 Herr Papst, so hört mich hoch an!/Mein Verhalten ist nicht gar so frevelhaft,/wie man es Euch oft geschrieben hat./Will ich hier an der Regierung bleiben,/so muss ich mich mit den Fürsten verbünden,/die mir zu meiner Herrschaft verholfen haben./Denen muss ich
40 helfen, wenn sie meine Unterstützung begehren./Diesen Verpflichtungen wollte ich viel lieber enthoben sein./Euer Gnaden möge das billigerweise verstehen,/dass ich es mit den Fürsten halten muss.

Der Kardinal:

45 Hört, Herr König, das geht Euch an./Ihr sollt einem solchen Treiben Widerstand leisten/und Ihr sollt solchen Fürsten schreiben,/dass sie gefälligst bei dem Recht bleiben müssten./Und sie sollten niemand mit Krieg überziehen wider allen Rechts./Fürsten, Grafen,
50 Ritter oder Edelknechte,/die sollte ein König wohl bestellen./Das Recht des Kaisers soll dabei helfen./Und Ihr solltet solchem Unrecht widerstehen,/das hier den Armen getan wird.

Der König:

55 Herr Kaiser, hört, was man sagt,/wie man über die Fürsten klagt,/dass sie verheeren alle Land/mit Raub, Mord und Brand./Wenn sie auch leiden große Not,/ man bedrängt sie, legt sie gefangen und sticht sie zu Tode./Herr Kaiser, lasst Euch erbarmen!/Lasst uns zu
60 Hilfe kommen den Armen!

Der Graf:

Herr Kaiser, venehmt auch mich!/.Ich klage Euch ebenso mit Jammer,/dass dieser Fürst, der hier steht,/mich von meinem Land vertrieben hat/gegen
65 das Recht, dem soll sich Euer Gnaden widersetzen./Keine Ursache hatte er dazu./Ich habe ihm Recht und Ehrerweisung nie versagt,/das sei Euer Gnaden geklagt./Ich bin ein Graf, ich sollte mich schämen,/ wenn ich nicht Recht wollte geben und nehmen.

70 Der Kaiser:

Herzog, verantworte Dich, sofort,/denn große Klage hier auf Dich gelegt wird./Du hast Dich um die Geistlichkeit nicht gekümmert,/viele Bischöfe sind zu Räubern geworden./Das übertünchst Du mit süßen Wor-
75 ten/und bereitest den Armen große Unruhe./Wäre das mit Recht geschehen, dann hättest Du uns wohl geschrieben./Und hättest Deine Angelegenheiten vor uns gebracht,/du wärest mit allen Rechten ausgestattet worden,/hättest Du Deine Sache an uns gelegt.

80 Der Herzog:

Nun hört, Ihr edler Kaiser und Herr,/ich hätte Euch wohl viel mehr zu klagen,/das ich doch um der Kürze willen unterlassen möchte./Wir haben Ritter und manchen Lehnsmann,/denen oft ihr Recht nicht zugestan-
85 den wurde./Denen mussten wir beistehen./Auch können wir Euch nicht beständig schreiben,/wenn man Gewalt mit uns treiben will,/denn deswegen müssen wir uns doch hier aufhalten./Herr Kaiser, nun lasst Gott walten!/Die Bauern und die Städte würden zu
90 reich,/ließen wir sie friedlich sitzen.

Der dem Kaiser das Schwert vorträgt[1]:

Herr Kaiser, ich muss Euch die Wahrheit sagen,/ich habe nicht viele Lande gesehen,/in denen großes Glück heimisch ist./Denn in ihnen herrscht Unfrie-
de./Darum ist ein Herr zu loben, der den Seinen zu jeder Zeit den Frieden aufrechterhält./Seine Untertanen müssen ihm Steuern leisten/und täglich für sein Leben beten./Bei gutem Frieden wird man reich,/das solltet Ihr mir sicherlich glauben.

Der Ritter:

Nun hört, auch ich muss Euch raten gleich einem Tor,/doch ist davon ein Teil auch wahr./Sollte immer Friede herrschen,/die Bauern würden den Adel vertreiben,/sie würden hinterher so begierig,/dass sie unsere Burgen und Städte feilböten./Der Bauer will wie der Bürger leben,/der Bürger wie der Edelmann./Deswegen kommt uns der Krieg gerade richtig,/dass sie nicht über uns kommen./Sie müssen mit uns (ihre Erträge) teilen,/heute wie vor hundert Jahren.

Der Narr:

Ich bin ein Narr, das seht Ihr wohl,/doch ich kann auch nicht gänzlich schweigen./Der Adel möchte viel Ehre erjagen/im Stechen und Turnier, höre ich sagen./Dazu schöne Frauen und Spiel, das kostet sie Geld, und zwar viel./Darum versetzen sie Burgen und Land./Das ist für den Adel eine große Schande./Das wollen sie umsonst wieder haben,/so hebt sich dann ein Krieg an./Daher rate ich mit meiner Geschichte,/kauft ihnen nichts ab und leiht ihnen nichts,/(das ist mein Narrenrat)/wollt Ihr, dass fernerhin Friede herrscht.

Der Ritter:

Das Wort des Narren verdrießt mich./Man soll ihn mit Wasser begießen./Er schwatzt, er weiß selbst nicht, was./Ich meine, er hasst den Adel./Darum wollen wir ihn vom Hof verjagen/und wollen ihn ungefressen lassen./Besser wäre es, wir ließen ihn ertränken,/denn dass er uns an unserer Ehre weiter kränken soll.

Der Ausschreier:

Nun schweigt, ihr Herren, mit Gemach!/Bewegt hat man alle Eure Angelegenheiten./Dazu lässt man Euch nun sagen,/man habe mit Euch noch mehr Sträuße auszufechten./Und wisst, von heute an in einem Jahr,/so wollen wir wieder herkommen./Herr Wirt, wir wollen fort./Was wir schuldig sind, das schreibt uns an!/Wenn wir auf der (Fastnachts-)Fahrt wieder kommen,/dann haben wir vielleicht mehr Geld mit uns genommen,/so wollen wir Euch schon bezahlen,/als dann solche Gäste zu tun pflegen./Herr Wirt, gebt uns Euren Segen!/Wir scheiden von Euch: Gott soll Euch pflegen.

Adelbert Keller (Bearb.), Fastnachtspiele aus dem 15. Jahrhundert (Bibliothek des Litterarischen Vereins in Stuttgart, ohne Bandangabe), Stuttgart, Bibliothek des Litterarischen Vereins, 1853, Nr. 78, S. 642–647.

1 Es handelte sich dabei um den Kurfürsten und Herzog von Sachsen.

GF

Politik, Herrschaft und Rituale

2.1.4 Urbane Festlichkeiten

2.1.4.1 Feste im Jahreskreis – mit dem Kölner Hermann Weinsberg durch den Kölner Festkalender des 16. Jahrhunderts

Der Jurist, Weinhändler und Ratsherr Hermann Weinsberg (1518–1597), aus der oberen handwerklichen Mittelschicht Kölns stammend, führte seit dem Jahr 1561 ein Tage- und Erinnerungsbuch, das auf vielen Tausenden von Seiten bei aller individuellen Färbung Realitäten und Realien vermittelt: es ist daraus eine Art Handbuch über politische, soziale und wirtschaftliche Ereignisse, über alltägliche Umstände und Kuriosa im Köln des 16. Jahrhunderts entstanden. Es ist wohl das großartigste Zeugnis des bürgerlichen Lebens im deutschen Sprachraum. Hermann Weinsberg über den jahreszeitlichen Festreigen Kölns:

Neujahr
Anno 1581, den 1. Januar[1], hat mit der Gnade Gottes das vierte Jahr meines „Altertums"[2] begonnen. Und als ich an diesem Morgen im Chor von St. Jakob[3] die Predigt und Hochmesse gehört hatte (…), habe ich mich den Tag hindurch mäßig gehalten und am Abend mit etlichen Quart[4] Wein zusammen mit unserem Gesinde das neue Jahr angefangen[5].

Geburtstagsfest
Anno 1574, den 3. Januar, bin ich durch die Gnade Gottes 56 Jahre alt geworden. Habe anstatt meines Geburtstagsfestes mein Kränzchen unter den Kirchmeistern und Achten (Kirchenvorsteher) zu St. Jakob gehalten. Es waren bei mir im Haus ‚Cronenberg'[6] auf der Stube Dr. Martin Krudener, Gerhart Rommerskirch, Gerhart Lutzekirchen, die Kirchmeister, sowie Lenhart Main van Bracht, Jürgen Kaldenbach, Gottschalk, mein Bruder, Wilhelm Euskirchen, Johann van Lennep, Sixtus van Halden, Hans Gall, die Achten zu der Zeit. Nur Wilhelm van Swelhm war krank. Der Pastor und Kaplan, auch der Schulmeister gehörten nicht dazu, wurden auch nicht eingeladen. Der Opfermann (der Küster) half dienen bei Tisch. Zuerst wurden drei Stücke Kochfleisch angerichtet, dazu gab es Pfannkuchen. Danach wurden drei große Braten aufgetragen, daneben drei oder vier Hühner, Oliven. Zuletzt gab es Käse, Butter, daneben Äpfel, Nußkuchen und was da mehr war.

Fastnacht
Anno 1566, den 26. Februar, den letzten Fastabend (Fastnachtsdienstag) im Haus „zum Roich"[7] fröhlich gewesen mit unsern Kindern und Meister Bernt Goltsmit und Hilger, unserem Nachbarn; bin mit dem Schöffen Georg Volkwin und meinem Schwiegersohn Laurens zum Mummenschanz gegangen in Kruften oder Krudeners Haus in der Rheingasse ganz gegen meine Gewohnheit. Es kam aber daher: als Nachbar Hilger zu uns zum „Mummen" kam, schwätzten mich meine Schwiegersöhne in die Fastnachtskleider und wünschten, dass ich mitgehen sollte, aber ich band keine Maske vor, sondern tat nur ein wenig Zindel[8] vor die Augen.

Ostern
Anno 1550, den 6. April, auf Ostern habe ich zu St. Jakob das Hochfest gefeiert, obwohl ich unter dem Rathaus gewohnt, gegessen und geschlafen habe[9]. Am Ostermontag war ich beim Pastor, aß die Ostereier mit ihm und den Nachbarn und schenkte dazu ein Viertel Wein. Den Brauch habe ich gehalten bis auf den heutigen Tag. (…)
Anno 1583, den 31. März, war der heilige Ostertag. Da haben wir im Haus ‚Weinsberg' in der Pfarrkirche St. Jakob das Osterfest gehalten. In diesen Tagen hat man jährlich die Kammer am Hof des Hauses ‚Weinsberg'[10] hübsch mit seinen grünen geblumten Banklaken und den großen schwarz-weiß gemusterten Kissen geziert und die ölfarbene Tafel aufgeschlagen und Gemälde aufgehängt, sodass es schön in der Kammer war. Gleichfalls habe ich meinen Saal im Hause ‚Cronenberg'[11], meine Schwester Sibilla die dortige Stube und mein Bruder seine Gemächer im Haus ‚Weinsberg' ausgeschmückt. Diesen Zimmerschmuck ließ man gewöhnlich stehen bis nach Pfingsten, bis zum St. Jakobstag (22. Juni) oder St. Johannstag (24. Juni).

Pfingsten
Anno 1555, den 3. Juni, bin ich mit meiner Hausfrau Weisgin (Ripgin, die 1. Ehefrau) in ‚Gronenbergs Hof' zu Gast gewesen, dahin hatte uns Bartholomeus Durworter eingeladen. Es war Pfingstmontag, die Ämter (Zünfte) hielten ihre Schützenfeste ab und mein Schwager, der Umlauf (ein städtisches Amt), schoss den Vogel ab bei der Steinmetzen Gaffel ‚von der Windmühle' hinter St. Gereon. Und als er Schützenkönig war, machte er große Kosten und hielt sich gar herrlich. Alle Ämter hatten schnell ihre Schützenfeste beendet und zogen am Holzfahrtag (Donnerstag nach Pfingsten) einträchtig in die Stadt (…). Den Dienstag (nach Pfingsten) haben wir die Bürger im Harnisch im Haus ‚Weinsberg' gesehen, sind den Tag über bei meiner Mutter zu Gast geblieben. Den Mittwoch nach Pfingsten haben wir den Wein in dem Weihergraben (…) meinem Schwager, dem Schützenkönig, geschenkt. Den Donnerstag nach Pfingsten haben sich meine Mutter, Schwestern und Brüder den Einzug (der Ämter) auf dem Altenmarkt angesehen, waren dann bei mir unter dem Rathaus zu Gast[12].

Eine Bittprozession
Anno 1564, den 30. Juli, hat das Volk zu Köln in allen Kirchspielen ein Hochfest abgehalten, ich zu St. Lorenz, und man hat das Heilige Sakrament aus dem Dom nach St. Maria im Kapitol getragen, dort die Messe gehalten und ich habe dabei mein Gebet verrichtet, dass Gott die Pestilenz und das Sterben gnädig abwenden wollte und seinen Zorn und seine Strafe aufgebe. Denn die Epidemie begann sich heftig auszubreiten, und es war nötig, dass sich die Leute rechtzeitig darauf vorbereiteten.

Weihnachten
Anno 1580, den 24. Dezember (…). An diesem Weihnachtsabend habe ich nach altem Brauch Opfergeld ausgeteilt, und zwar folgendermaßen: meinem Bruder Gottschalk ein Ratszeichen, Elisabeth, der Frau meines Bruders, ein Ratszeichen, meiner Schwester Sibil-

le ein Ratszeichen[13], meinem Neffen Hermann Weinsberg drei Raderalbus (Kölner Münze), dem Zimmerer-
gesellen Gottschalk drei Raderalbus, Lisbetchen
Horns (eine Verwandte) drei Raderalbus, Lisbet, unserer alten Magd, drei Raderalbus, Sibille Schal, unserer
Magd, 16 Albus kurrant. Und ich habe Gott für das alte Jahr gedankt und ihnen allen ein glückseliges neues Jahr gewünscht.
Anno 1581 (1580), den 25. Dezember, auf den heiligen Christtag, der auf einen Sonntag fiel, ist bei uns
das neue Jahr angefangen. Das Christfest haben ich,
Hermann, mein Bruder, und seine Hausfrau sowie
meine Schwester Sibilla und das Gesinde zu St. Jakob
gehalten, und am Abend haben wir im Haus ‚Weinsberg' unter uns „das Kindlein gewiegt" und gesungen,
waren mit dem Jesulein fröhlich. Den Montag auf St.
Stephanstag (26. Dezember) haben wir unter uns still
verbracht. Den Dienstag, Johannis Evangelistentag
(27. Dezember), hat mein Bruder Jakob von Gusten,
Meister Johann, seinen Faßbinder, und dessen Sohn
Peter mit allen ihren Frauen zu Gast gehabt, und ich
habe ein Viertel Ratswein geschenkt.
(Die acht Tage zwischen Weihnachten und Neujahr
waren überhaupt ein einziger Feiertag), denn man verhält sich in der Christwoche müßig und hält sie frei von
Geschäften und ergötzt sich mit Singen und Freuden.

Konstantin Höhlbaum/Friedrich Lau/Josef Stein (Bearb.): Das Buch Weinsberg. Kölner Denkwürdigkeiten aus dem 16. Jahrhundert, 5 Bde. (Publikationen der Gesellschaft für rheinische Geschichtskunde, 3, 4 u. 16), Leipzig-Bonn, Alfons Dürr (Bd. 1–2), P. Hanstein (Bd. 3–5), 1886–1926, hier: Bd. V, S. 186; Bd. V, S. 94 f.; Bd. II, S. 143 f.; Bd. I, S. 336 f.; Bd. V, S. 222 f.; Bd. II, S. 76; Bd. II, S. 131; Bd. V, S. 184 f.

1 In Köln begann das neue Jahr schon an Weihnachten, dennoch wurde auch der 1. Januar gefeiert.
2 Hermann Weinsberg rechnete dazu Männer ab dem 60. Lebensjahr.
3 Zur Pfarrkirche St. Jakob gehörte Hermann Weinsberg mit seinem Haushalt.
4 1 Quart = ca. 1,4 Liter.
5 Gelegentlich wurde an Neujahr darüber hinaus noch Kuchen an Bekannte verschickt.
6 Das Haus ‚Cronenberg' war zu der Zeit das Wohnhaus Hermann Weinsbergs.
7 Es handelt sich dabei um das Haus von Drutgin Bars, der zweiten Ehefrau Hermann Weinsbergs.
8 Leichter Taftstoff aus Halbseide.
9 Der Vater Hermann Weinsbergs hatte zeitweise das öffentliche Amt des Burggrafen inne, so daß die Familie unter dem Rathaus Wohnung nehmen mußte.
10 Zu der Zeit war dies das Wohnhaus von Gottschalk, dem Bruder Hermann Weinsbergs.
11 Hier im Nachbarhaus zum Haus ‚Weinsberg' wohnte Hermann Weinsberg zu dieser Zeit.
12 Hermann Weinsberg war seit 1549 Burggraf unter dem Rathaus.
13 Mit einem solchen Zeichen, das die Bediensteten der Stadt als Teil ihrer Besoldung erhielten, konnte im Rathaus gratis eine bestimmte Menge Ratswein eingetauscht werden.

GF

2.1.4.2 Auch Bürger übten sich im Turnier – das Magdeburger Gralsfest (1280)

Landadel und städtisches Patriziat waren während des Mittelalters in ihren Lebensformen kaum unterscheidbar. Die Magdeburger Schöffen, die reichsten und vornehmsten Männer der Stadt, pflegten denn auch gleich dem Landadel festliche Spiele und Turniere zu veranstalten, und zwar stets an Pfingsten. War doch, wie man wusste, anlässlich der Krönung des sagenhaften Königs Artus ein großes Pfingstspektakel zu Caerleon abgehalten worden. Eingehend hat die ‚Magdeburger Schöppenchronik' ein solches im Zeichen des Grals stehendes Pfingstturnier des Jahres 1280 beschrieben. Nahezu alle darin aufscheinenden Rituale und Symbole gehen direkt auf die hochhöfische Literatur zurück – auch das Ritual der Herausforderung zum Turnier mit einem Schilderbaum. Im ‚Ywein' hat der Dichter Chrétien de Troyes einen solchen ‚perron', als Zeichen der Herausforderung beschrieben. Unter den Schöffen waren vier Männer für die Organisation der Pfingstereignisse verantwortlich. Die baten einen der ihren, Brun van Schönebeck ihnen ein Spiel zu dichten, „ein freudenreiches Spiel". Er verfasste eine Erzählung aus dem Grals-Mythos. Unter dem Motto dieser Inszenierung des ‚städtischen' Rittertums im Glanz des Grals gingen nun höfische Briefe, Einladungsschreiben, hinaus nach Goslar, Hildesheim, Braunschweig und in viele andere Städte.

Und sie luden zu sich alle Kaufleute, die die Ritterschaft ausüben wollten, dass sie zu ihnen kämen nach Magdeburg. Sie hätten auch eine „schöne Frau" (eine Prostituierte), die heiße Frau Feie, die wollte man demjenigen geben, der sie (als Turnierpreis) mit Zucht und Ehre erwerben sollte. Das begeisterte alle jungen Patrizier („alle jungelinge") in den Städten. Die von Goslar kamen mit verdeckten Rössern, die von Braunschweig kamen mit grünen Pferdedecken und Waffenröcken, und auch andere Städte hatten ihre besondere Wappen und Farben.
Als sie (auf das Feld) vor diese Stadt kamen, wollten sie nicht einreiten, es sei denn, man empfange sie mit einem lärmenden Umzug und Scheinduellen. Das geschah. Zwei Schöffen zogen aus, forderten sie zum Duell heraus und empfingen sie mit den Lanzen. Währenddessen war der Gral auf dem Marktplatz vorbereitet, auch viele Zelte und Pavillons aufgeschlagen worden. Dort auf dem Marktplatz wurde auch ein Baum aufgestellt. Daran hingen die Magdeburger Schöffen (…) ihre Schilde. Nachdem die Gäste am nächsten Tag die Messe gehört hatten und gegessen, zogen sie vor den Gral (vor den Schilderbaum) und schauten sich den an. Da wurde ihnen erlaubt, dass jeder einen der Schilde berühre: wessen Schild berührt werde, der Jüngling soll dann hervortreten und den Berührer zum Kampf herausfordern. Das widerfuhr ihnen allen.
Zuletzt verdiente sich Frau Feie ein alter Kaufmann aus Goslar; der nahm sie mit sich, verheiratete sie und gab ihr so viel Mitgift, dass sie ihr wildes Leben nicht mehr zu führen brauchte.

Magdeburger Schöppenchronik, in: Die Chroniken der niedersächsischen Städte 1 (Die Chroniken der deutschen Städte 7), Magdeburg/Leipzig, Hirzel Verlag, 1869, S. 168 f. GF

2.1.4.3 Ein „Glückshafen" in Erfurt (1477)

Lotterien waren nicht erst seit dem 18. Jahrhundert beliebt, es gab sie auch schon im späten Mittelalter. Überliefert sind solche ‚Glückshafen' beispielsweise aus Basel, Zürich, und eben auch aus Erfurt. Der

Chronist und Vikar an St. Severi zu Erfurt, Konrad Stolle (ca. 1430–1505), berichtet in seinem ‚Memoriale' über eine derartige Volksbelustigung.

Anno 1477 am Montag nach St. Jakobstag (28. Juli) und die Woche über war ein großer Schützenhof in Erfurt. Der Fürst, Herzog Wilhelm von Sachsen-Weimar, und Graf Heinrich von Schwarzburg der Alte mit seinem Sohn, Graf Ernst von Gleichen und andere Grafen und Städte im Land Thüringen kamen nach Erfurt und schossen drei Tage lang in der Lehmgrube vor dem Löbertor um 10 Siegtrophäen, silberne Becher und Schalen (…). Während des Schützenhofes organisierte der Erfurter Rat ein fröhliches Spiel. Man setzte Preise aus, darunter 16 silberne Becher (…) und Schalen, goldene Ringe, seidene Bordüren, Tuch wie Wollgewebe und Barchent[1]. Jeder, wer wollte, Fürst, Graf, Ritter und Edelknecht, Bürger und Bauer, Frau und Mann, Knecht und Magd, reich und arm, Bettler und Bettlerinnen, Schüler und allerlei Volk, Erfurter oder Fremde, konnte (ein Los) einlegen für einen neuen Groschen, für fünf, zehn oder zwanzig, auch für einen, zwei oder zehn Gulden, für drei oder vier: jeweils einen Loszettel für einen neuen Groschen und für einen Gulden 25 Lose. Und wenn jemand einen neuen Groschen einlegte, so stellte man einen Loszettel aus und schrieb den Namen des Betreffenden darauf und tat den Zettel in ein Fass. (…). Und ebenso viele Zettel, wie man mit den Namen der Leute beschriftet hatte, blieben unbeschrieben und die tat man auch in ein Fass. Dann wurden 16 Zettel vorbereitet, darauf schrieb man die Gewinne, und mengte sie unter die nicht beschrifteten Zettel. Man band die Fässer oben fest zu und verdingte einen Knecht, der nicht lesen und schreiben konnte. Der Knecht nahm die Zettel öffentlich auf dem Fischmarkt auf einer Tribüne, die der Rat dazu eigens aufstellen ließ, und in Gegenwart der Ratsherren, die dazu bestellt waren, (aus den Fässern) heraus. Und auf jeder Seite des Knechts stand ein Schreiber. Und jeder Schreiber nahm dem Knecht die Zettel, die auf seiner Seite gezogen wurden, aus der Hand. Der Schreiber an der Seite, wo die Loszettel mit den Namen waren, der las den Namen des Losinhabers vor. Der zweite Schreiber auf der anderen Seite sagte, wenn er einen unbeschriebenen Zettel fand: „Nichts!". Wenn er aber einen Loszettel bekam, worauf ein Gewinn verzeichnet war, so erschallten die Trompeten und man las die Zettel gegeneinander. Wessen Namen man dann fand, der gewann den Preis. (…) Der Allererste, den man erwischte mit einem Gewinnzettel, der errang zwei Gänse und ein Pfund Ingwer, der Letzte erhielt einen Gulden, und den gewann ein Stubenheizer vor der langen Brücke. Der hatte nicht mehr als einen neuen Groschen eingelegt (…). Und der Zettel waren so viele, dass die Ziehung fünf Tage dauerte (…). Mancher legte Geld ein, Dienstboten, Studenten, Bettler; hätten die sonst dem Rat einen Pfennig geben müssen, hätten sie es nicht getan. Der Rat erübrigte daraus etwas über die Kosten des Schützenhofes. Der Fürst hat anschließend über die Geschichte, als er nichts gewann, gelacht und gesagt: „Die von Erfurt sind bescheidene Leute. Sie besteuern niemanden, akzeptieren auch keinen Beiherrn in ihrer Pflege (ihrem städtischen Territorium). Die Leute geben es ihnen vielmehr freiwillig, und sie nehmen (Geld) von mir und von jedermann, der ihnen das gibt." (…).

Richard Thiele (Bearb.), Konrad Stolle. Memoriale, bis 1502, Halle, Verlag Otto Hendel, 1900, Nr. 317, S. 374–376.

1 Barchent ist ein Mischgewebe aus Leinen und Baumwolle.

GF

2.1.4.4 Städtische Spielhäuser – Orte des Lasters

Seit dem beginnenden 15. Jahrhundert wurde viel geregelt und geordnet in den Städten. Die Räte entwickelten sich zu Obrigkeiten und versuchte ihre Herrschaft über alle Bereiche des kommunalen Lebens auszubreiten. In diesem Zusammenhang steht auch die Ordnung, die der Straßburger Rat gegen das Glücksspiel in der Stadt erließ: weil man, so die Argumentation, dem Glücksspiel vor allem in den Milieus der Randständigen nicht Herr werden konnte, wurde ein öffentliches Spielhaus als städtischer Regiebetrieb eingerichtet und nur dort das Spiel erlaubt.

Unseren Herren, Meister und Rat, ist zu Ohren gekommen, dass man an vielen Orten dieser Stadt mit falschem Spiel, großen unverhältnismäßigen Schwüren und Zank viel Unfug treibe. Dadurch kann doch Lärm und anderes Übel entstehen. (Auch hörten sie), dass Kinder frommer Leute (darin) hineingezogen und an solche heimliche Orte geführt und dort völlig um ihr Geld gebracht werden. Deshalb ist auch früher oft und viel an solchen und anderen Ecken und Enden das Spielen verboten worden, was aber nichts genützt hat. Deshalb und weil man solchen Sachen vorbeugen und das Spielen auch nicht verbieten kann, sind unsere Herren Meister und Räte überein gekommen (…) und haben veranlasst, dass man ein Haus haben soll, in dem man spielen darf und nirgendwo anders. Auch haben sie darauf ein Verbot ergehen lassen, dass niemand in dieser Stadt und in den Vorstädten (…) Spiele mit Würfeln (…) oder Kartenspiele (…) spielen soll außer in dem bereits erwähnten Haus und an dem offenen Torhaus oberhalb des Henkers Schuppen. Wer dagegen verstößt, sei er Bürger, Einwohner oder Landmann, der zahle 5 Pfund Pfennige, sooft das passiert. Und die Hälfte davon soll die Stadt bekommen, den anderen Teil diejenigen, die die Stadt damit beauftragt hat, über das Spiel zu wachen. Man soll auch denjenigen, der Besserung gelobt, nie ungeschoren davonkommen lassen. Wer die fünf Pfund (aber) nicht bezahlen kann, den soll man deshalb schwerlich an seinem Körper bestrafen.
Auch wenn jemand, sei er Mann oder Frau, in seinen Häusern oder Gärten oder wo auch immer es sei, solche Spiele veranstaltet, die sollen, wenn sie in diesen Häusern, Höfen, Gärten oder anderswo sitzen, ebenfalls die genannte Strafe zahlen, sooft das geschieht. (…)
Es sollen außerdem die, die unsere Herren Meister und Rat über das Spiel gesetzt haben, selbst und auf ihre Kosten ein Haus so zurichten und bestellen, wie sie es denn für das allernützlichste halten. Darin soll man solche Spiele veranstalten, wie es oben geschrie-

2.1 Symbole, Festkultur und Gemeinschaftshandeln

ben steht. Und sie müssen dafür der Stadt als Gebühr für ein Jahr 410 Pfund Pfennige in die Amtsstube des Ammeisters (Bürgermeisters) entrichten. Sie sollen diese Summe in Monatsraten zu 32 Pfund Pfennige zahlen[1] und das Jahr soll am nächsten Gallentag (16. Oktober) beginnen.

Sie sollen auch auf die Heiligen schwören, dass sie nur rechtschaffene, redliche und rechte Spiele ausrichten, dass sich insbesondere niemand einen (unrechten) Vorteil verschafft. Wenn dort jemand falsche, unrechtschaffene und böse Spiele treibt und nicht nach gleichen Regeln spielt, so soll ihm das mit Nachdruck verwehrt und nicht gestattet werden. Wer sich dem widersetzt und sich nicht daran hält und die Leute also mit Falschspiel und Betrug betrügt und ihnen ihr Geld mit Betrug abgewinnt, dann soll das einem (Stätt-)Meister oder Ammeister gemeldet werden, damit sie auch rechtmäßig bestraft werden.

Auch wenn jemand gegen den Spielverlauf protestiert, so sollen sie gemäß ihrem Amtseid gerecht und ebenmäßig entscheiden, und zwar mit Rat und Hilfe derer, die dabei sind und darum sitzen, falls sie (ihren Rat) bedürfen, niemandem zu Liebe noch zu Leide. Damit soll sich jeder begnügen. Sie sollen auch böse, ungewöhnliche Schwüre verwehren. Sollte sich auch jemand hierin und in den oben angeführten Dingen widersetzen, ungehorsam sein und davon nicht lassen können, sollen sie dies gemäß ihrem Amtseid bei einem (Stätt-)Meister und einem Ammeister vorbringen. (…)

Johann Karl Brucker/Gustav Wethly (Bearb.), Straßburger Zunft- und Polizei-Verordnungen des 14. und 15. Jahrhunderts, Straßburg, Karl J. Trubner, 1889, S. 482–484.

1 Dies macht allerdings nur 384 Pfund Pfennige.

AC/GF

2.1.5 Wider die Sittenverderbnis und Sauferei – Tänze und Kirchweihfeste auf dem Lande

2.1.5.1 Die „tumben" Bauern und ein winterliches Tanzvergnügen der jungen Leute

Der in der ersten Hälfte des 13. Jahrhunderts im bayerisch-österreichischen Raum auftretende Dichter und Sänger Neidhart (von Reuental) hat eine große Zahl von Liedern verfasst. Darunter findet sich auch ein ‚Winterlied', in dem Realitäten des Landlebens geschildert werden.

Mädchen, holt eure Schlitten hervor fürs Eis!
Der böse kalte Winter ist da.
Der hat uns die vielen herrlichen Blumen genommen.
Mancher grüner Linde Wipfel ist mit Eis und Schnee bedeckt.
Kein Gesang erfüllt den Wald.
Das ist alles vom Grimm des Reifs gekommen.
Schaut nur, wie er die Heide zugerichtet hat!
Durch sein Verschulden ist sie fahl.
Auch sind die Nachtigallen
Alle davongeflogen.
Dringend brauchte ich den Rat meiner klugen Freunde
In einer Sache, die ich euch wissen lassen möchte,
dass sie nämlich rieten, wo die Mädchen sich vergnügen könnten.
Megenwart hat eine große Stube.
Wenn's euch allen wohl gefällt,
wollen wir den Sonntagstanz dorthin verlegen.
Seine Tochter wünscht es, dass wir uns da treffen.
Einer soll's dem andern sagen.
Einen Tanz rund um den Tisch
Bereitet Engelmar vor.

(Burschen werden ausgeschickt die Mädchen zusammenzuholen, eine sagt es der anderen; man kommt bei Megenwart zusammen, der Tanz beginnt.)

Eppe riss Geppe dem Gumpe aus der Hand,
dabei half ihm sein Dreschflegel.
Doch brachte sie mit dem Knüppel Bauer Adelber auseinander.
Das kam alles von einem Ei, das Ruprecht fand
(ja, ich glaube, ihm gab's der Teufel).
Damit drohte er ständig ihn von drüben her zu bewerfen.
Eppe war ebenso zornig wie kahlköpfig.
Böse rief er: „Tu's doch!"
Ruprecht schmiss ihm's an die Glatze,
dass der Dotter niederfloß.

Friedlieb wollte mit Gotelind tanzen.
Das hatte auch Engelmar vorgehabt.
Wenn's euch nicht verdrießt, sag ich euch gleich,
wie's ausging.
Der Meier Eberhard musste dazwischentreten;
der wurde zur Aussöhnung herbeigebracht.
Sonst hätten die beiden sich in den Haaren gelegen.
Wie zwei erzdumme Gänseriche gingen sie
den ganzen Tag aufeinander los.
Der beim Tanz vorgesungen hat,
das war Friedrich.

Helmut Lomnitzer (Bearb.), Neidhardt von Reuental. Lieder, Stuttgart, Philipp Reclam jun., 1984, Nr. 10, S. 36–41.

CS/GF

2.1.5.2 Eine Kirchweihschlacht im 18. Jahrhundert

„Wer mir zu leyd leben will, der ist ein Hundsfoth" – diese am Kirchweihmontag, dem 15. November 1756, in den Tanzsaal des Wirtshauses von Peter Zech im pfälzischen Schauernheim (bei Ludwigshafen) geschleuderte Schmährede löste eine Schlägerei aus, die in den Gerichtsakten der Universität Heidelberg dokumentiert ist. Darin verwickelt waren in der Hauptsache junge Bauern aus dem Dorf.
Die Schauernheimer bildeten nur die eine Partei bei der Kirchweihschlacht. Denn es handelte sich 1756 um einen Konflikt, den die Schauernheimer mit Fremden austrugen – ein geradezu klassischer Fall. Die Fremden waren zunächst kurpfälzische Dragoner der Kompanie von Stein, die im Nachbardorf Mutterstadt lagen. Sie waren dort wie übrigens auch in Dannstadt im Rahmen des 1756 gerade beginnenden Sieben-

jährigen Krieges stationiert worden. Der Wachtmeister der betroffenen Dragonerkompanie mit Namen Mangart zeigte die ganze Angelegenheit vor dem Schauernheimer Dorfgericht an.

Actum Schauernheim, den 20. Novembris 1756. Praesentibus (In Anwesenheit) Schultheiß Magin und Johann Andreas Reeb, Gerichtsmann, wurde auf die Klage des Herrn Wachtmeisters Mangart des löblichen Dragonerregiment, dermahl in Mutterstatt in Quartir liget, und zwar zeiget er folgende Straffälle an alß: Es seyen den Schauernheimer Kirchweyhmontag, als den 15. Novembris, 2 Dragoner dahir im Würthshaus bey Peter Zech, (mehrere) von seiner Compagnie durch eine Rotte beynahe mörderische Schlägerey tractirt worden, welche Schlägerey von Abend 11 Uhr biß morgens in den hellen Tag angedauret, welche durch Unterthanen von hir (Schauernheim) geschehen seye. Darbey (sei) dem einen Dragoner sein Seithengewehr verschlagen worden, auch die beede Dragoner dergestalten zerschlagen und zugerichtet, dass sie vor Blut keinem Menschen mehr gleichgesehen, das Blut die Stuben begossen. (...)

Darauf wurden die Kirchweyhwächter vorbeschieden (vorgeladen) und dieselbe befragt, ob dieselbe nit im Würthshaus zugegen gewesen seyen, wie die Schlägerey vorgangen wäre. Dieselbe geantwortet: „Ja!" Worauf dieselbe handtreulich angelobet, die Wahrheit anzuzeigen, welche die Schlägerey mit den Dragoner die gantze Nacht durch zugebracht hätten. Dieselben (haben) dann angefangen, sie wolten es anzeigen, welche es seyen: Valentin Faeth, der Gerichtsmann, Johanes Keck, Johanes Kesselring, Johann Diether Faeth und Peter Börstler. (...)

So weithers hat man obige, als die mit dem Streit zu thuen gehabt, vorbescheiden (vor Gericht geladen) und des ersagten Wachtmeisters vorgestelte Klag vorgehalten, welche nicht eingestehen wollen, gedachte Dragoner so übel geschlagen zu haben. Auch keiner (hat) eingestehen wollen, das Seitengewehr verbrochen zu haben, auch (hat) keiner den anderen verrathen wollen. Auf Ansetzen ersagten Herrn Wachtmeisters (haben) sich dieselben dahin verstanden, das Seitengewähr mit 6 Gulden zu bezahlen, welche es auch bezahlt haben, aber ob sie noch etwas erhalten, ist nit bekannt.

(Die Universität Heidelberg ließ daraufhin am 15. Februar 1757 unter Vorsitz des Schaffners Johann Heinrich Römmich einen Gerichtstag in Schauernheim abhalten. Darüber wurde ein Protokoll verfasst. Aus den verworrenen Aussagen vorgeladener Zeugen, die im folgenden nur auszugsweise wiedergegeben werden, geht hervor, dass sich die Schlägerei aus einem Ehrhandel zwischen Peter Börstler, einem entlassenen Soldaten aus Schauernheim, und dem Bauern Carl Breitenstein aus dem Nachbardorf Dannstadt entzündet hat. Maßgeblich verwickelt in den Streit war auch der Schauernheimer Valentin Fäth, der als Gerichtsmann (Gemeinderat) und Kirchweihhüter eigentlich den Hader hätte verhindern sollen. Vernommen wurden u. a. die drei an der Schlägerei beteiligten Dragoner. Sie sagten aus), dass Peter Börstler zu dem Breitenstein, ehe der Streit angegangen seye, ausgesagt habe, was lauft der Rotzer unter den Füßen daherum, da habe der Breitenstein geantwortet, dieses sage ein Hundsfoth, er wäre kein Rotzer, sondern seinen Chur- und Landesfürsten ein treuer Unterthan und müste monatlich 4 fl Schatzung entrichten, hingegen der Börstler seye ja nichts mehr, er seye ja kein Bürger noch Beysaß. Dragoner Deyerling erinnerte, dass Valentin Fäth, alß er zu Boden geworfen und geschlagen worden und geruffen: „O Jesus, Maria und Joseph", ihme geantwortet, „das hilf hier nichts, die Schläche seind Meister." (...).

(Am 16. Februar fand der Gerichtstag seine Fortsetzung. (...) Man befragte Peter Börstler, den ehemaligen, im August 1756 aus einem kurpfälzischen Regiment verabschiedeten Soldaten. Börstler sagt folgendes aus:) er wolle den Verlauf kürtzlich erzehlen: Er wäre zu damahliger Kirrweyhezeit im Wirthshauß gewesen, da habe ein Dragoner getantzt, und wie der Dragoner mit dem Danzen fertig gewessen seye, habe er, Börstler, zu dem Dragoner gesagt: „Bist du jetzt fertig?", und die Antwort erhalten: „Ja". Da habe er anfangen zu danzen, und der Breitenstein, den er nicht gekennet, seye als vor ime herumgesprungen und kein Danz-Magd gehabt. Da versetzte er, Börstler, gegen ihn: „Gehe weg und verhindere mich nicht im Danzen". Der Breitenstein habe aber als forthgefahren, da hätte er zum Breitenstein gesagt: „Gehe weg, du Rotzer." Hierauf seye gleich der Breitenstein mit „Spitzbuben" herausgefahren und ihme vorgeworfen, er seye jetzt kein Husar mehr, er sollt ihm seinen Abschied weisen: „Du bist nichts mehr, du bist ein Spitzbub." Hierauf habe er, Börstler, ihm zur Thür hinauswerfen wollen, da habe er ihn doch wieder gehen lassen, weilen aber der Breitenstein mit Schelten „Spitzbuben" forthgefahren, so habe er ihme ein paar Schmirß gegeben. Darauf gleich alles durcheinander ins Spiel gekommen und die Dragoner sich in den Streit mit eingemischet hätten, weiter könne er selbst nicht wissen wegen erstaunlichem Lärmen, wie es mehr zugegangen, auser dass der Breitenstein, da die erste Schlägerey vorbey ware, ihme ein Schoppenglass ins Gesicht geschmissen, sodass das Blut gefloßen seye, nach welchem freylich der Dantz nochmahlen angangen wäre, und die Schlägerey die Oberhand behalten. Was er in Gegenwart Schultheisen und Gerichtsmann Reeb außgesagt haben solle, nemlich dass ihn reue, dass er dem Breitenstein nicht den Hals zerbrochen habe, wissen er sich nichts mehr zu errinneren. Doch könnte es seyn, dass ihn die Schmertzen in seinem Gesicht und sonderlich Mund dazu verleydet haben. (...)

(Der Universitätsschaffner fällte folgendes Urteil: Valentin Fäth wurde seiner Gerichtsstelle entsetzt, er musste die recht hohen Untersuchungskosten sowie eine empfindliche Geldstrafe zahlen. Der mittellose Peter Börstler wurde in Arrest genommen. Den Dannstadter Carl Breitenstein konnte das Schauernheimer Niedergericht, da er kurpfälzischer Untertan war, nicht belangen.)

Universitätsarchiv Heidelberg, A 365, IX, 4h, 235b, 236.

GF

2.2 Machtausübung, Machtteilhabe und Machtbegrenzung, Regulierungen und Konflikte

Dieses Unterkapitel geht bei der Betrachtung von Machtausübung, Machtteilhabe und Machtbegrenzung aus von den Grundeinheiten menschlicher Vergesellschaftung: von der Kleinfamilie und dem Haus. Die Zeugnisse führen dann über die Nachbarschaft hin zur städtischen Gemeinschaft, zunächst zu den Gruppen im Handwerk, dann zu den durch die kommunale Gemeinschaft bzw. durch die Obrigkeit des Rates gesetzten Regelungen des städtischen Marktes allgemein. Von dort aus wird der Bogen geschlagen zu größeren Rechts- und Lebensgemeinschaften, die sich in der Frühen Neuzeit zu Staaten entwickelten, um dann in der Betrachtung von Delinquenz, Kriminalität, Kriminalisierung und obrigkeitlicher Gewalt wieder zu der ummauerten kleinen Rechts- und Sozialgemeinschaft der Städte zurückzukehren.

Der Beruf der Hausfrau war, wie es die Bezeichnung schon andeutet, bezogen auf die Kleinfamilie bzw. auf das Haus, das als größere der beiden sozialen Grundeinheiten neben Vater, Mutter und Kindern noch das Gesinde sowie unter Umständen die Großelterngeneration und weitere Verwandte umfassen konnte. In den Häusern der Wohlhabenden und des Adels war die Hausfrau auf das Gebären und die Arbeiten im Haus beschränkt (2.2.1.1.1). Die Leitung und Organisation eines solchen Großhaushaltes musste erlernt werden. Dies geschah in der mündlichen Weitergabe des Wissens von den Müttern auf die Töchter. Dort, wo Männer sich massiv in die Ökonomie einmischten, entstand Schriftlichkeit, so wenn ein älterer Ehemann seine wesentlich jüngere und unerfahrene Ehefrau in die Geheimnisse der Hauswirtschaft einführte (2.2.1.1.2) oder ein ungeduldiger Hausherr seine in der Nachbarstadt das Haus versorgende Gemahlin mit täglichen Briefen und minutiösen Vorschriften malträtierte (2.2.1.1.3). Doch – Frauen waren nicht nur im Haus tätig und unterstanden damit der Munt des Hausherrn. Jenseits von rechtlicher Hausherrengewalt und den Zwängen der Hauswirtschaft gab es auch schon im Mittelalter Frauen, die gleichberechtigt und partnerschaftlich durch ihre Arbeit zum Wohl der Familie und des gesamten Hauses beitrugen. Wir erfahren, wie sich ein Ehepaar aus den städtischen Unterschichten durch gleichberechtigtes und -bewertetes Arbeiten von Mann und Frau erhielt (2.2.1.1.4), wie in einer Kölner Familie des 16. Jahrhunderts Frau und Mann ihren jeweils eigenen Berufen nachgingen (2.2.1.1.5), wie der ‚wagende' Kaufmann ganz unmittelbar auf die Umsicht und Vorsorge seiner Ehefrau zuhause angewiesen war (2.2.1.1.6). Die ‚Hausväterliteratur' seit dem 16. Jahrhundert suchte dann die Rolle der Hausfrau ganz auf das Haus zu beschränken: Frauen wurden immer mehr die ‚Heimchen hinter dem Herd' (2.2.1.1.7).

Familien allein konnten nicht bestehen. Man brauchte und institutionalisierte nach dem Zusammenbruch der alten herrschaftlichen Familia-Verbände im 11. und 12. Jahrhundert größere Gemeinschaften. Doch diese Gemeinschaften waren nie Idyllen, blieben nie frei von Konflikten: das Zusammenleben musste geregelt werden. Dorf- und Stadtgemeinden brauchten Gemeinschaftsrechte und setzten sich Statuten (2.2.1.2.1–2.2.1.2.2). Die Raumeinheiten und Sozialmilieus der Nachbarschaften, in die die Dörfer und Städte zerfielen, wirkten zwar als Notverbände, wurden im Alltag oft aber auch als Terrorgemeinschaften erlebt (2.2.1.2.3).

Die städtische Genossenschaft und Gemeinde, jedes Jahr einmal oder mehrmals als Schwurgenossenschaft vor den Rathäusern sichtbar und erfahrbar, zerteilte sich nicht nur in räumliche Nachbarschaften, sondern auch in unendlich viele soziale Gruppen. Mit dem Handwerk und der im deutschsprachigen Raum erst im 13. Jahrhundert entstehenden Zunft bzw. der komplementären Bruderschaft werden hier die wichtigsten Grundformen der Vergesellschaftung innerhalb der Stadtgemeinde in ihren Rahmenordnungen, in den internen Satzungen und Macht- bzw. Konfliktregulierungen vorgestellt (2.2.2.1.1.1–2.2.2.1.1.3). Zeugnisse vom Lehrlings- und Ausbildungswesen (2.2.2.1.2.1–2.2.2.1.2.3), Quellen von den Gesellen und ihrem seit dem 15. Jahrhundert zunehmenden Wandern (2.2.2.1.3.1–2.2.2.1.3.2), Satzungen auch und gerade von Frauenzünften (2.2.2.1.4) sollen dies dokumentieren.

Eines der vordringlichsten inneren Macht- und Konfliktregelungsfelder sahen die Stadtgemeinden des 13. bis 18. Jahrhunderts auf dem Gebiet des Markt- und Wirtschaftsgeschehens, der sozialpolitische Sektor wurde weniger intensiv reglementiert. Markt- und Gewerbeordnungen wurden in großer Zahl erlassen (2.2.2.2.1), die Durchsetzung des gerechten Preises beim Brot und die strenge Beaufsichtigung der Bäcker hatte in einer latenten Hungergesellschaft allererste Priorität (2.2.2.2.2). Wirte betrogen ihre Gäste gerne mit gepanschtem Wein und die städtische Kassen um die Steuern (2.2.2.2.3). Absolute Voraussetzungen für die sich rational entwickelnden städtischen Wirtschaften waren rechtes Maß und rechtes Gewicht (2.2.2.3).

Staatliche Gemeinschaften entstanden im Mittelalter sehr langsam. Die Könige konnten zwar in ihrem Reich Recht setzen und in Übereinkunft mit den Fürsten handhaben, wenn sie denn die exekutive Gewalt dazu besaßen (2.2.3.1.1–2.2.3.1.2). Noch lange aber spielten ältere, für das tägliche Zusammenleben weitaus wirkungsmächtigere Rechtsverbände ihre Rolle: die Rechte der ‚nationes', der Stämme. Eine der bekanntesten schriftlichen Sammlungen hat Eike von Repgow zu Beginn des 13. Jahrhunderts redigiert und kommentiert (2.2.3.1.3). An die Stelle dieser Volks- und Gemeinschaftsrechte trat erst im Laufe des 16. Jahrhunderts analog zur Entwicklung der Staatlichkeit überhaupt die staatliche Rechtssetzung (2.2.3.1.4-2.2.3.1.5). Aber noch um die Mitte des 16. Jahrhunderts mussten das alte und das neue staatliche Recht miteinander in Harmonie gebracht werden (2.2.3.1.6). Während sich die Täter in den alten Volksrechten bei Diebstahl, Raub und Mord durch die Zahlung eines Wergeldes reinigen konnten, wurde in den neuen städtischen und fürstlichen Gesetzen seit dem 13. Jahrhundert die Leibesstrafe zu einem wichtigen Exekutionsinstrument – ein Henker hielt seine ‚Tätigkeit' schriftlich fest (2.2.3.1.7).

Mit dem Amte des Nürnberger Scharfrichters sind die Konfliktregulierungen der städtischen Gemeinschaften des 13. bis 18. Jahrhunderts angesprochen. In einer Sequenz von sechs ausgewählten Beispielen sind Mord und Hochverrat (2.2.3.2.1–2.2.3.2.2), Kirchenraub (2.2.3.2.3), die Unterdrückung der Homosexuellen (2.2.3.2.4) und die Gewalt der Männer gegen Frauen (2.2.3.2.5–2.2.3.2.6) angeführt, ein Kaleidoskop des Zusammenhangs von Delinquenz, Kriminalität, Kriminalisierung und obrigkeitlicher Gewalt.

2.2.1 Haus, Familie und Nachbarschaft

2.2.1.1 Frauen und Männer in Haus und Familie – zwischen Patriarchat und Partnerschaft

2.2.1.1.1 „Im Haus regiert die Frau" – die ideale Hausfrau

Der Predigttext des San Bernardino da Siena (1380–1444), des populärsten italienischen Predigers seiner Zeit, zielt auf die großen Haushalte in den Städten der Toskana mit landwirtschaftlicher Ökonomie.

Die gute Hausfrau besorgt immer alles im Haus. Sie kümmert sich um die Kornkammer und hält sie rein, sodass kein Schmutz hereinkommt. Sie sorgt für die Ölkrüge und hat immer im Kopf, was mit Umsicht verbraucht und was aufgehoben werden muss. Sie kümmert sich um das Pökelfleisch, sowohl um das Pökeln selbst wie auch um das Einmachen. Sie reinigt es und bestimmt, was zum Verkaufen ist und was zum Aufheben. Sie kann spinnen und Leinen zu Leintüchern verweben. Sie verkauft die Kleie, und mit dem Geld davon bezieht sie wieder Leinen. Sie überwacht die Weinfässer und sortiert schadhafte aus und solche, die undicht sind. Sie besorgt das ganze Haus.
(San Bernardino hebt hervor, wie unglücklich ein Mann sei, der keine solch tüchtige Hausfrau habe.)
Wenn er reich ist und Korn hat, dann tun sich Spatzen daran gütlich und die Mäuse. Hat er Öl, wird es verschüttet (…). Und im Bett, weiß du, wie er da schläft? Er schläft in einer unordentlichen Matratzenkuhle, und wenn er ein Leintuch auf sein Bett gelegt hat, bleibt es darauf, bis es zerschlissen ist. Ähnlich ist es in dem Raum, in dem er isst, wo auf dem Boden Melonenschalen, Knochen und Salatabfälle herumliegen, alles lässt er auf den Boden fallen und macht so gut wie nie sauber. Seine Holzteller wischt er nur einmal flüchtig, dann schleckt der Hund sie ab – und damit sind sie abgewaschen. Weißt du, wie er lebt? Wie ein wildes Tier. Frauen neigt Euer Haupt! Die Hausfrau ist es, die das Haus regiert!

Luciano Banchi (Bearb.), Bernardino. Le Prediche Volgari, Bd. II, Siena, Tip. Edit. All'inseg. Di S. Bernadino, 1880, S. 119; übersetzt von Iris Origo, „Im Namen Gottes und des Geschäfts". Lebensbild eines toskanischen Kaufmanns der Frührenaissance. Francesco di Marco Datini 1335–1410, München, Beck, 1985, S. 153 f.
GF

2.2.1.1.2 Anleitungen zur Führung eines mittelalterlichen Haushalts

Um das Jahr 1393 verheiratete sich ein unbekannter, sehr wohlhabender, älterer Bürger von Paris mit einer erst fünfzehnjährigen jungen Frau. Ungewöhnlich war eine solche Heirat zu der damaligen Zeit nicht. Bemerkenswert aber ist es, dass der betagte Ehemann damit rechnete, dass seine Frau eines nahen Tages Witwe sein werde. Er glaubte daher, sie auf diese Zeit vorbereiten zu müssen, und schrieb dafür einen praktischen Ratgeber für Haus und Garten, versah seine Haushaltslehre aber auch mit moralischen Anleitungen.

Liebe Schwester, weil Du erst fünfzehn Jahre alt bist, ersuchtest Du mich in der Woche, da wir geheiratet haben, stets Deiner Jugend und Unerfahrenheit eingedenk zu sein, bist Du mehr gesehen und gelernt habest.
(…) Du musst die Herrin des Hauses sein!
Wisse, liebe Schwester, dass nach Deinem Ehemann Du die Herrin des Hauses sein musst – Dienstherr, Aufseher, Leiter und oberster Verwalter –, und es liegt an Dir, die Dienstmägde Dir gegenüber unterwürfig und gehorsam zu halten, sie zu unterweisen, zu tadeln und zu verbessern. Und so verhüte, dass sie miteinander und mit Deinen Nachbarn streiten. Achte darauf, dass sie über andere keine üble Nachrede halten, außer zu Dir und im Geheimen und nur insofern, als das Vergehen Deine Interessen berührt und Dich selbst vor Schaden bewahrt. Verbiete ihnen zu lügen, verbotene Spiele zu betreiben, zu fluchen und Worte zu sprechen, die hämisch klingen oder unzüchtig und unanständig sind, derart wie vulgäre Leute fluchen: „Das verdammt mörderische Fieber, die verdammt mörderische Arbeit, der verdammt mörderische Tag." Es scheint, dass sie sehr wohl wissen, was ein möderischer Tag, eine möderische Woche usw. ist, aber das ist nicht der Fall. Sie sollten eigentlich gar nicht wissen, was eine „mörderische" Sache ist. Überdies haben tugendhafte Frauen davon keine Kenntnis, denn sie empfinden schon Ekel, wenn sie nur das Blut eines Lammes oder einer Taube sehen, die jemand vor ihren Augen umbringt.

Tania Bayard (Bearb.), Ein mittelalterliches Hausbuch. Praktischer Ratgeber für Familie, Haus und Garten, Olten-Freiburg/Br., Walter-Verlag, 1992, S. 110.
GF

2.2.1.1.3 „Denk' daran!", „Vergiss nicht!" – Vorschriften eines Ehemanns um 1400

Der vierzigjährige Florentiner Kaufmann Francesco di Marco Datini heiratete 1375 in Avignon die sechzehnjährige Margherita und führte mit ihr seit 1383 eine gemeinsame Haushaltung in Florenz. Datini selbst wohnte die Woche über im nahe gelegenen Prato und ging dort seinen Handelsgeschäften nach. Von Prato aus machte er jahrelang täglich seiner Frau in unzähligen Briefen Vorschriften über die Führung des Haushaltes. Für Haus und Keller, Gemüsegarten, Stall und Mühle war Margherita allein verantwortlich. Am Abend legte sie sich erst dann nieder, wenn auch die letzte Sklavin des Hauses zu Bett gegangen war. Dennoch genügte sie nie den Vorstellungen ihres Gemahls. Typisch dafür sind folgende Briefstellen.

Denk' daran, beizeiten zu Bett zu gehen und früh aufzustehen, und sorge ja dafür, dass die Tür des Hauses nicht geöffnet wird, bevor Du auf bist. Und kümmere Dich um alles. (…) Du weißt, wie Bartolomea[1] ist -
immer sagt sie, dass sie da und da hin geht, und dann geht sie ganz woanders hin. Die Ghirigora hat auch nicht eben viel Verstand; Du musst ständig hinter ihr her sein. Gerade wenn ich nicht da bin, muss Du noch viel wachsamer sein als sonst (…). Also verhalte Dich so, dass ich nicht zürnen muss. (…). Nun bemühe Dich, kein Kind mehr zu sein, sondern eine erwachsene Frau zu werden. Schließlich gehst Du ja schon bald in Dein 25. Jahr.
(Und in einem weiteren Brief:)
(…) Schicke morgen früh durch Nanni da Santa Chiara den Rebzweig mit den Weinbeeren[2] und das Brot. Und schicke das Fass Essig (…) und denk' daran, dem Maultier die Beine bis zu den Hufen hinunter mit heißem Wasser abzuwaschen, und lass es gut versorgen. Sorge dafür, dass mir Strumpfhosen gemacht werden und lass sie von Meo besohlen. Und gib der alten Mähre etwas von der Hirse, die Du noch hast, und sorge dafür, dass sie gut zerquetscht wird für sie. Und mach', dass Du schnellstens die zwei Fässer Wein verkaufst, die in Bettinas Haus stehen, und lass die übrigen großen Fässer im Gewölbe mit dem schon angebrochenen weißen Wein nachfüllen.
(An einem anderen Tag:)
Denk' daran, jeden Tag etwas von dem Weißwein abzuziehen, und denk' daran, einen Sack Korn, der noch da ist, zur Mühle zu schicken (…). Sag mir, ob die Stute jederzeit zum Abholen bereit ist und ob sie beschlagen ist (…). Und denk' daran, die Apfelsinenbäume zu wässern wie immer, denn sonst verdorren sie in dieser Hitze (…). Und denk daran, die Küchenfenster geschlossen zu halten, damit das Mehl nicht zu warm wird.

Iris Origo, „Im Namen Gottes und des Geschäfts". Lebensbild eines toskanischen Kaufmanns der Frührenaissance. Francesco di Marco Datini 1335–1410, München, Beck, 1985, S. 154 u. 176.

1 Sie war mit der weiter unter genannten Ghirigora eine der afrikanischen bzw. tartarischen Sklavinnen des Hauses.
2 Datini meint damit im Herbst vom Rebstock abgeschnittene Zweige, die als Weihnachtsgeschenke verschickt wurden.

GF

2.2.1.1.4 „Mein Burkard, gehab dich wol" – Arbeit und Haushalt bei kleinen Leuten im 15. Jahrhundert

Der Augsburger Burkard Zink (1396–1475/76), der aus der handwerklichen Schicht Memmingens stammte und vom bettelnden fahrenden Schüler zum wohlhabenden Kaufmann aufstieg, hat um in die Mitte des 15. Jahrhunderts eine Chronik Augsburgs geschrieben. Mitten in die Geschichte der Stadt fügte er exemplarisch seinen eigenen Lebenslauf ein. Die autobiografischen Schilderungen Zinks erlauben recht präzise Einblicke in einen Haushalts der unteren Mittelschicht und in das dortige Verhältnis zwischen Mann und Frau, zwischen weiblicher und männlicher Arbeit.

Als ich bei meinem Herrn war[1], da nahm ich meine Frau. Die war die Tochter einer armen Frau, einer Witwe aus Möringen, genannt die Störklerin. Sie war eine ehrbare arme Frau und brachte mir (als Mitgift) nicht mehr als ein kleines Bettlein und ein Küchen und sonst bescheidenen ärmlichen Hausrat zu wie Pfannen etc. Das war alles nicht mehr als 10 Pfund Pfennig wert. Freilich hatte ich sicherlich auch nicht viel: Ich besaß zwar ein gutes Gewand, aber nicht viel angesparte Pfennige. Doch ich war ein wenig erfahren, sodass ich gut als Handlungsgehilfe tätig sein konnte, und tat alles willig und gern. Mein Herr war mir gewogen. Das war unser ganzes Gut, das wir zusammenbrachten. Meine Frau hieß Elisabeth und war damals Magd bei meinem Herrn Jos Kramer, so war ich auch sein Handlungsdiener (…),
Nachdem wir Hochzeit miteinander gehalten hatten, da wusste ich freilich nicht, was ich tun sollte, denn ich hatte nichts. Ich stand nämlich nicht mehr in der Huld meines Herrn, hatte sie verloren, denn es war ihm ärgerlich, dass ich meine Frau genommen hatte, ohne ihn darum zu fragen, und er wollte mir weder raten noch helfen[2]. Da beriet ich mich mit meiner Hausfrau. Die war mir auch hold, tröstete mich und sprach: Mein Burkard, halte Dich gerade und verzage nicht, lass uns einander helfen, so wollen wir wohl auskommen. Ich will an dem Rad spinnen und kann jede Woche wohl 4 Pfund Wolle ausspinnen, das bringt 32 Pfennige." Und da die Frau so voller Trost war, da fasste ich Mut und dachte: Nun – ich kann doch ein wenig schreiben. Ich will sehen, ob ich einen Pfaffen finde, der mir zu schreiben gibt. Wie wenig du dann auch verdienst, so gewinnt deine Frau doch 32 Pfennige. Es ist doch auch wohlfeil (d. h., die Lebensmittelpreise sind günstig). Vielleicht lässt es sich gut an, dass wir ein gutes Auskommen haben. Es war ein Kleriker an der Kirche ‚Unserer lieben Frau', genannt Herr Konrad Seybolt aus Memmingen (…). Der war mir wohlgesonnen, denn er war auch von Memmingen, war Schulmeister dort gewesen und ich war zu der Zeit in Memmingen sein Schüler gewesen. Zu dem ging ich und sagte ihm (…). Ich wollte gern um Lohn schreiben, doch ich hätte nichts zu schreiben. Der gute Herr war froh, dass ich gern schreiben wollte (…) und sprach: „Wenn du mir schreiben willst, möchte ich dir für ein ganzes Jahr Schreibarbeiten geben und will dies dir gut entlohnen. Er brachte mir ein großes Buch in Pergament (…); das Buch beinhaltete

Schriften des Hl. Thomas von Aquin. Dieses Buch gab mir der Herr nach Hause mit und reichte mir einen Gulden in bar, damit ich Papier kaufe und fleißig schreibe. (...) Ich begann zu schreiben und schrieb in derselben Woche vier Sexternio Papier (4x6 Doppelblätter) ‚karta regal' (ein Papiermaß) und brachte die vier Sexternio dem Herrn. Es gefiel ihm gut, dass ich so rasch angefangen hatte. Er fand auch an der Schrift Gefallen und versprach mir 4 Groschen von einer Sexternio-Lage. So schrieb ich ihm ungefähr 50 Sexternio und gewann Geld genug. Meine Frau und ich saßen zusammen, ich schrieb und sie spann, und wir kamen oft und gut auf 3 Pfund Pfennig in einer Woche³. Doch wir sind oft beieinander gesessen die ganze Nacht. Es ging uns ganz gut, und wir verdienten, was wir brauchten. (...)

Die Chronik des Burkard Zink, in: Die Chroniken der schwäbischen Städte: Augsburg, Bd. 2 (Die Chroniken der deutschen Städte, 5), Leipzig, Hirzel, 1866, (ND Göttingen, Vandenhoeck & Ruprecht, 1965) S. 128–130.

1 Zink war Handlungsgehilfe bei dem Augsburger Kaufmann Jos Kramer.
2 Das Gesinde musste vor der Heirat den Herrn um Heiratserlaubnis fragen.
3 1 Pfund = 60 Pfennig; Meisterlohn im Baugewerbe = 96 Pfennig pro Woche.

GF

2.2.1.1.5 Kölner Frauen und Männer im 16. Jahrhundert: Weisgin Ripgin und Hermann Weinsberg

Weisgin Ripgin, eine Witwe von 36 Jahren, und der dreißigjährige Hermann Weinsberg (1518–1597) heirateten 1548 und begründeten ihren gemeinsamen Hausstand im Haus zu St. Paul, das in unmittelbarer Nachbarschaft zum Haus der Weinsbergs lag. Weibliche Arbeit, seien es nun Schwangerschaften oder gewerbliche Tätigkeiten, und männliche Arbeit werden von Hermann Weinsberg parallelisiert.

Diese Weisgin, meine Hausfrau, war eine Witwe, hatte Paul van Kaufe, ihren vorherigen Ehemann, anno 1531 zur Ehe genommen, hat in den sieben ersten Ehejahren keine Kinder getragen, darnach hat sie in zwei Jahren Hermann und Johann zur Welt gebracht, und sie ist darauf fünf Jahre wieder nicht schwanger gewesen. 16 Jahre sind sie zusammen gewesen. Paul war ein Wollweber und handelte damit, sonst auch mit bedruckten Wollstoffen, Bettüberzügen und Leinengarn zu Antwerpen und Frankfurt und hin und her in den Städten und Flecken auf den Märkten. Diesen Handel trieb Weisgin im Witwenstand und auch etliche Jahre noch, als sie mit mir verheiratet war. Denn sie war sehr wohl erfahren damit, sie hatte ihr Gesinde, Knechte und Mägde, andere Tagelöhner und Kunden (...). Sie war von Angesicht von Jugend auf schön gewesen und ist es auch noch zur Zeit, vom Körperbau her ist sie ziemlich lang und stark, sie war gottesfürchtig, tugendsam, sparsam, fröhlich und friedsam, was mich auch dazu bewegte, dass ich sie zur Ehe genommen habe (...). Und ich habe zu Beginn unserer Ehe in ihrem Haus gewohnt, sie hat ihren Handel getrieben und ich bin im (benachbarten) Haus ‚Weinsberg' aus- und eingegangen und habe dort mein Studieren und mein Advozieren verrichtet (...). Dass sie aber Kinder hatte, damit musste ich zufrieden sein, denn sie besaß dagegen ihre Nahrung, ihr Einkommen und einen wohlbereiteten Stuhl.

Konstantin Höhlbaum/Friedrich Lau/Josef Stein (Bearb.), Das Buch Weinsberg. Kölner Denkwürdigkeiten aus dem 16. Jahrhundert, 5 Bde. (Publikationen der Gesellschaft für rheinische Geschichtskunde, 3, 4 u. 16), Leipzig-Bonn, Alphons Dürr (Bd. 1–2), P. Hanstein (Bd. 3–5), 1886–1926, hier: Bd. I, S. 284 f. u. 287.

GF

2.2.1.1.6 Der ‚wagende' Kaufmann – und seine Hausfrau – der Briefwechsel zwischen Balthasar und Magdalena Paumgartner

Rund 170 Briefe schrieben einander zwischen 1582 und 1598 Magdalena und Balthasar Paumgartner, ein Kaufmannsehepaar aus Nürnberg. Von seiner Niederlassung in Lucca aus kaufte Paumgartner im oberitalienischen Raum Waren auf, die er dann an seine Kunden in Nürnberg übermittelte bzw. auf die Frankfurter Frühjahrs- und Herbstmessen transportierte. Balthasar Paumgartner klagt immer und ist voller Hoffnung, dass irgend jemand eingreife und ihn in seinen atemlosen Geschäftsreisen entlaste. Magdalena trägt dagegen die ganze Bürde der Nürnberger Haushaltung mit den Kindern und dem Gesinde.

Magdalena an Balthasar Paumgartner, 18. April 1594 aus Nürnberg
Ehrbarer, freundlicher, herzlieber Paumgartner!
Dein Schreiben ist mir von Augsburg aus wohl zugekommen; ich will zu Gott dem Allmächtigen verhoffen, wenn dieses Schreiben ankommt, wirst Du mit der Hilfe Gottes auch wohl angekommen sein. Er verleihe Dir weiter seine göttliche Gnade!
Ich hab auch gern vernommen, dass sich die Pferde gut gehalten haben. Den Schneider hab ich schon bezahlt gehabt nach Deiner Abreise, aber kein wollenes Tuch ist übergeblieben, sagt er. Den (Knecht) Hans will ich, wenn er kommt, auch zum Grafen schicken, wie Du schreibst.
So hab ich Deinem Bruder Jörg das Geld, das Bartel Albrecht gehört, auch zugestellt; er soll's ihm zustellen. Schwager Jörg spricht, dass man Dir das schon zugeschrieben hat, was Du auf die Rechnung des Fuhrlohns zu Frankfurt gesetzt hast.
Der Bauern (in Wöhrd) halber will ich auch nicht versäumen zu mahnen; ich will das auch dem Schwager Paulus in Engeltal ausrichten lassen.
Auch ist der Wein (...) am Sonntag nach Deinem Verreisen gekommen. Schwager Jörg hat genauestens berechnet, dass wir für's Fuder 23 Gulden, nicht weniger, nehmen wollen. So hab ich (Deinem) Vater eins (ein Fass) geschickt, dem Wilhelm Imhoff eins und Wilhelm Kress eins; weil (Paulus) Behaim keins gewollt, bat mich der Kress, ich sollt ihm's zustehen lassen. So hab ich nur eins auf Vorrat gelegt. Dem (Wolf) Rehlein eins, den Pfauds eins. Wenn ich nun den Ungeld (Verbrauchsteuer-)zettel holen lass, dass mir's Jörg aus-

rechnet, wie teuer der Eimer kommt, dann schick ich einem jeden seinen Rechnungszettel. (…)
Sonst weiß ich Dir, freundlicher Herzensschatz, für diesmal nichts zu schreiben, als dass am Mittwoch, die Heimladung (zu Paulus Hochzeit)[1] wohl abgegangen ist; vier frische Tische sind beisammen. Helfe Gott, dass die Hochzeit auch wohl abgehe!
(…)

Balthasar Paumgartner an Magdalena, 20. Juli 1594 aus Lucca
Ehrbare und freundliche, herzliebe Magdel!
Heute vor acht Tagen schrieb ich Dir zuletzt, mitgesandt war eine Viertelunze saflorfarbene Seide (Zwirn). Danach hab ich Dein Schreiben vom 20. Juni wohl empfangen (…)
Seither hab ich Dir die andere Dreiviertelunze saflorfarbener Seide in unserer Kiste Nr. 84 auch hinterhergeschickt und dem Jörg, meinem Bruder, geschrieben, dass er Dir's nach dem Eintreffen, (…) alsbald zustellen wolle. (…)
Herr Andreas Imhoff hat mir diese Woche wegen seines Sohnes Jörg einen langen Brief geschrieben, worin er mit ihm gar hart umgeht. Er vermeldet auch, dass ich es ihm, dem Jörg, wohl verlesen möge, was ich getan und womit ich ihn weinen gemacht hab. Nun, ich werde ihm (Andreas) antworten und ihn auch vertrösten, dass er doch noch nach all seinem Wohlgefallen geraten werde, wenn er ihn zu ihrem Handel brauche und in ihrem Lager einen vertrauten Mann oder Diener neben ihn tue, vor dem er auch eine Furcht habe und der ein rechter Schulmeister sei, (…) und dass man ihn nun flugs brauchen und ihm zu schreiben und zu tun geben werde, wie ich gänzlich verhoffe. Denn es gibt doch keine Ursache besonders hart über ihn zu klagen. Der Herr schreibt und bittet sehr, ich solle ihm nichts Unrechtes gestatten und ihn auch nicht köstlich in seidenen Kleidern gehen lassen, wie es zuvor geschah; doch er selber begehrt es auch gar nicht. Nun, ich will gern mein Bestes mit ihm tun und ihn in der kurzen Zeit, die ich noch hierbleibe, abzurichten trachten, dass er in jeder Schreibstube zu gebrauchen sein wird.
Ich weiß Dir, freundliche und herzliebe Magdel, hiermit abermals mehr sonst nicht zu schreiben, als dass Du zu vielen Malen und fleißig von mir gegrüßt bist, und dann Gott dem Herrn in Gnaden befohlen. Dein getreuer lieber Hauswirt.

Steven Oszment, Magdalena & Balthasar. Briefwechsel der Eheleute Paumgartner aus der Lebenswelt des 16. Jahrhunderts, Frankfurt a. M., Insel, 1989, S. 62–64 u. 96–98.

[1] Die Einladungen zur Hochzeit erfolgten über Hochzeitslader. Nach den Nürnberger Luxusgesetzen durften nicht mehr als 60 Personen oder 5 Tische zum Fest kommen.

GF

2.2.1.1.7 „Der natürliche Wirkungskreis des Weibes ist das Hauswesen" – Texte aus der Hausväterliteratur

Das Haus bildete im Mittelalter und in der frühen Neuzeit eine Arbeits- und Lebensgemeinschaft. Im ‚ganzen Haus' hatte jeder Teil an der ‚produktiven' Arbeit. Es gab keine streng durchgeführte Teilung zwischen weiblicher und männlicher Arbeit der Art, dass ein Mann nie im Hause tätig war und eine Frau nur innerhalb des Hauses ihren Pflichten nachging. Natürlich waren bei komplexen Haushaltsstrukturen die Frauen mehr auf das Innere des Hauses bezogen, die Männer stärker auf das Außen ausgerichtet, im Vergleich aber zu anderen Kulturen gab es in Europa bei allen Formen der Unterordnung der Frau unter den Mann eher ein Miteinander als ein Gegeneinander der Geschlechter. Vom frühen 16. Jahrhundert an wurden in der so genannten Hausväterliteratur, die auf Vorbilder bis in die Antike zurückgeht, die einzelnen Gebiete der Haushaltung, der Ökonomie, von der Hauswirtschaft bis hin zur Land- und Forstwirtschaft vorgestellt und praktische wie moralische Handlungsanweisungen dazu gegeben. Zugleich wurde damit ein neues Frauenbild geprägt, das den patriarchalischen Gegebenheiten des frühneuzeitlichen Haushalts entsprach.
Heinrich Campe schrieb 1789 das Werk ‚Väterlicher Rath für seine Tochter. Ein Gegenstück zum Theophron. Der erwachsenen weiblichen Jugend gewidmet'. Vorgestellt werden Auszüge aus den Bereichen Ordnung und Sparsamkeit.

(…) Der natürliche Wirkungskreis des Weibes ist das Hauswesen. Dieses besteht, auch bei kleinsten Haushaltungen, aus einer grossen Vielheit und Mannigfaltigkeit von Dingen und Geschäften. Jene zu ordnen, zu brauchen, zu verwahren und zu erhalten, diese einzutheilen, sie auf die rechte Art und zur rechten Zeit zu verrichten und unter ihrer unmittelbaren Aufsicht verrichten zu lassen, ist die erste unumgängliche Pflicht der Hausmutter. Der Mann, mit anderweitigen Geschäften und Sorgen belastet, kann nur im Vorbeygehn und in den Stunden der Erholung darauf achten: und wohl ihm, wenn sein trefliches Weib dann jedes Mal dafür gesorgt hat, dass er alles so findet, wie er es zu erwarten berechtigt war: wohl ihm und ihr, wenn jeder Blick, den er alsdann auf das Innerste seines Hauswesens wirft, ihm zur Erholung, ihr zum Lobe gereicht, ich will sagen, wenn er überall Reinlichkeit und überall eine schöne musterhafte Ordnung in den Sachen und in den Geschäften des Hauses bemerkt! Dann steht alles wohl: dann verbreitet sich die Zufriedenheit des Hauptes über alle Glieder der Familie; jedes Geschäft geht gut vonstatten, das Wohl des Hauses blüht, die ganze Familie fühlt sich glücklich.
Aber widerlich und höchst traurig anzusehn ist das Bild eines Hauses, in welchem das Weib es an der Erfüllung dieser ihrer ersten hausmütterlichen Pflichten ermangelt, also Unordnung in den Sachen, Unordnung in den Geschäften und in der Lebensart der Familie einreissen lässt. Hier geräth gar bald alles in Verwirrung und in Verfall! Und die Glückseligkeit, die eine Tochter der Ordnung ist, flieht ihrer verscheuchten Mutter nach. Der Gräuel der Unsauberkeit nimmt Wohnzimmer, Schlafgemach und Vorrathskammern ein, vergiftet die Luft, besudelt und verderbt Kleider und Hausrath und verleidet jedem, an Reinlichkeit gewöhnten Tischgenossen die ekelhafte Mahlzeit. Jede nützliche Beschäftigung stockt; denn bald fehlt es an diesem, bald an jenem verpolterten Werkzeuge; Einer

wirft dem Andern den Vorwurf der Unordentlichkeit zurück; man zankt sich, man verbittert sich dadurch vollends jeden dürftigen Lebensgenuss, der für eine solche Familie etwa noch übrig bleiben mag; man bauet sich eine Hölle auf Erden, in welcher Einer des Andern Unhold und Peiniger ist. Ein jämmerlicher Zustand! (…)

Man schließt daher (…) von dem Mangel an Ordnung und Reinlichkeit, den eine Person deines Geschlechts sich in ihrer Kleidung, in ihren Sachen und in ihrem Hauswesen zu Schulden kommen lässt, auch auf einen Mangel an wohl geordneten, reinen und tugendhaften Gesinnungen.

Reinseyn ist des Weibes Ehre,/Ordnung ist ihr höchster Schmuck. (…)

Was den Erwerbungs- und Ersparungstrieb in Sonderheit betrifft, so vernimm nunmehr die Gründe, welche dich bewegen müssen, dir ihn zu eigen zu machen. Erstlich sind ja (…) haushälterische Sparsamkeit und Erwerbsamkeit, die einzigen Mittel, uns und die Unsrigen vor Mangel, Noth und Elend zu schützen, weil die Vorsehung, welche am besten wusste, was höchstschädlich ein ganz unthätiger und sorgenloser Zustand für den Menschen wäre, die Ausübung dieser Tugend zu einer nothwendigen Bedingung unserer Erhaltung gemacht hat. (…)

Und es ist nicht zweitens auch ohne allen Zweifel schön und rühmlich, durch eigene Geschicklichkeit, Sorgfalt und Sparsamkeit, nicht nur das, was man wirklich selbst bedarf, sondern auch Mittel zur Wohlthätigkeit, zur Verminderung des menschlichen Elendes und zur Verbreitung menschlicher Glückseligkeit zu erwerben? Schaue umher, mein Kind, und siehe, wie Mangel, Noth und Elend so viele unserer Brüder drücken; fühle bei diesem traurigen Anblick die heilige Pflicht und Mildthätigkeit (…) und sage dann selbst, ob es (…) nicht der Mühe werth sey, sich von früher Jugend an zu haushälterischer Sparsamkeit und zu jeder Art von rechtmäßiger und anständiger Erwerbsamkeit zu gewöhnen?

Bedenke daneben drittens, dass es ganz eigentlich zu der Bestimmung des Weibes gehört, den Erwerb des Mannes räthlich und klüglich zu verwalten, ihm dadurch sowohl als auch durch miterwerbende häusliche Geschäftigkeit die Sorgen der Nahrung zu erleichtern, und ihm durch beides zu einem ruhigen und frohen Genuss der Früchte seines Fleisses zu verhelfen. Groß und unheilbar sind die Leiden des Mannes, dessen unwürdige Gattin diesem wesentlichen Theile ihrer Bestimmung, es sey nun aus Hang zur Unordnung und Verschwendung, oder aus Mangel an wirthschaftlichen Kenntnissen und Fertigkeiten, kein Genüge thut. (…) Sein Haus gleicht einem durchlöcherten Gefäß; jemehr auf der einen Seite in dasselbe einfließt, desto mehr rinnt auf der andern Seite wieder aus.

Aber schön und beneidenswerth ist das Loos des glücklichen Mannes, dem eine kluge und strebsame Wirtin (…) zum Weibe ward! Auch bei den mäßigsten Einkünften ist sein wohlbesorgtes Haus ein Bild des Wohlstandes; wohin er sieht, erblickt er Ordnung, Reinlichkeit und wirthliche Geschäftigkeit; er darf seiner treuen und klugen Gattin alles anvertrauen; darf sich selbst aller häuslichen Aufsichtssorgen entschlagen und mit vollkommener Sicherheit seine ganze Aufmerksamkeit auf die eigentlichen Gegenstände seines Berufs und seines Gewerbes richten; sein Haushaltungszuschnitt steht, nach einmal genommener Abrede, fest und unerschütterlich, und er braucht nicht, wie der unglückliche Mann der Verschwenderin, bei jedem Abschlusse zu zittern, dass ihm nachzubezahlende Schuldenposten angegeben werden, auf die er nicht gerechnet hatte; er selbst kann daher auch in allen Rechnungs- und Geldsachen ein Mann von Wort seyn, (…) sein Gewerbe blüht; seine Unternehmungen gelingen, weil er, von häuslichen Sorgen befreit, sich ihnen ganz und mit ungetheilten Seelenkräften widmen kann; und kehrt er, ermüdet von den Geschäften des Tages, am Abend in den Schoss seiner glücklichen Familie zurück, so findet er sich durch die Ordnung, durch die geschäftige Munterkeit, welche sein ganzes Haus belebt, für den vergossenen Schweiß des Tages reichlich belohnt. Sein Herz fließt von Erkenntlichkeit gegen die treue, kluge und geschäftige Gefährtin seines Lebens über, und jede Äußerung seiner Zufriedenheit und seiner dankbaren Liebe ist für alle Glieder der Familie, bis auf den untersten Dienstboten hinab, eine Losung zur festlichen Fröhlichkeit. Glücklicher Mann! Ehrwürdiges Weib! Beneidenswerte Familie! (…)

Paul Münch, Ordnung, Fleiß und Sparsamkeit. Texte und Dokumente zur Entstehung der „bürgerlichen Tugenden", München, dtv, 1984, S. 261-271.

GF

2.2.1.1.7 Handwerkerfamilie (Ende 15. Jahrhundert).

Jean Bourdichon, Handwerkerfamilie (Ende 15. Jahrhundert) in: Hanns Paur, Vom Haushalten (um 1475), in: Harry Kühnel (Hrsg.), Alltag im Spätmittelalter, Graz–Wien–Köln, Verlag Styria, 1984, S. 198, Abb. 245.

2.2.1.2 Zusammenleben, Recht, Wirtschaft und Moral: das Geflecht der Nachbarschaft

2.2.1.2.1 Nachbarschaft und Genossenschaft – die Dorfordnung von Maikammer

Im 13. Jahrhundert vollzog sich in Mitteleuropa ein verfassungs-, wirtschafts- und sozialgeschichtlich hochbedeutsamer Vorgang. In der Forschung spricht man von der „Gemeindebildung". Das bedeutet, es entstanden Gemeinschaften, die sich als Genossenschaften organisierten und dabei in ihrem und für ihren Bereich öffentliche Aufgaben an sich zogen und sie zu eigenen Rechten machten. Ein gleichartig umwälzender Wandel hat innerhalb der vertikal-hierarchisch, eindeutig auf die Herrschaft ausgerichteten Gesellschaft des Mittelalters vorher nicht stattgefunden. Mit anderen Worten: es entstanden die Städte und die Dörfer, es entwickelten sich städtische und ländliche Gemeinden. Während für das genossenschaftliche Zusammenleben im Früh- und Hochmittelalter allein die verschiedenen Herrschaften von Adligen, Bischöfen, Äbten und Äbtissinnen Maßstab und Bezugspunkt waren, wurde für die Genossenschaften des Spätmittelalters die Nachbarschaft das grundlegende Element.

Ländliche Gemeinden des Spätmittelalters und der Frühen Neuzeit konnten in ganz unterschiedlicher Weise organisiert sein: die vornehmlichste Form war die einzelne Dorfgemeinde – eine meistens größere ländliche Siedlung bildete eine Genossenschaft aus. Daneben gab es aber z. B. in den Alpenländern auch Talgemeinden, in denen sich die gesamten Siedlungen eines Tales zu einer Genossenschaft zusammenfanden. Auch auf dem platten Land konnten sich mehrere Dörfer zu einer Landgemeinde zusammenschließen. Die Rechte und Pflichten, die wahrgenommenen öffentlichen Aufgaben, wurden innerhalb der bäuerlichen Gemeinde in verschiedenen Formen des Zusammenspiels mit der jeweiligen Herrschaft festgelegt: Das lokale Recht wurde im Mittelalter in ‚Weistümern' von den Vorstehern einer bäuerlichen Gemeinde „gewiesen". Seit dem 16. Jahrhundert übernahmen die jeweiligen Herren auch insofern die Herrschaft über die Dörfer, indem sie teilweise in Abstimmung mit den bäuerlichen Selbstverwaltungsorganen Dorfordnungen erließen. Für das pfälzische Dorf Maikammer ist für das Jahr 1549 eine solche Dorfordnung überliefert, in der die vielfältigen Pflichten und Rechte der vollberechtigten Mitglieder der Dorfgemeinde festgesetzt wurden.

(…)

IV. Die Maikammerer Kirchweihe hat folgende Freiheit: jeder kann in dieser Zeit acht Tage vorher und nach der Kirchweihe Wein ausschenken. Doch wer Wein ausschenken will zur Kirchweihe oder sonst, der muss von Stund an vor dem Weinschank sein Schankgeschirr eichen lassen bei Strafe von 1 Pfund Heller. (…)

VIII. Wenn ein Wirt oder ein Gemeinsmann[1] Heringe, Stockfische, Plattfische und Bücklinge feilhalten möchte, soll er gute, ordnungsgemäße Ware haben bei Strafe von 1 Pfund Heller. Wenn ihm (die Ware) von den Dorfmeistern verboten wird, soll der Übeltäter nicht mehr diesen ‚Unkauf' vertreiben bei genannter Strafe.

IX. Es soll kein Wirt einen fremden Gast wie Wanderer und gemeine Frauen[2] über eine Nacht hinaus beherbergen, es sei denn, dass der Gast Schulden einzutreiben hätte oder andere ehrenhafte Geschäfte, die ihn zum Aufenthalt (im Dorf) zwingen, bei Strafe von 1 Pfund Heller.

X. Es ist von alters her verboten, dass jemand auf den gemeinen Wegen (…) Grassoden (zum Düngen) abstechen darf. In gleicher Weise soll man die Wegraine nicht ausroden oder anlegen bei Strafe von 1 Pfund Heller. Denn wenn es nötig wäre, einen Weg in die Feldmark anzulegen, würde dies die Gemeinde selbst wie von alters her tun. Jeder Gemeinsmann sowie die bestellten Feldschützen sollen bei ihren Eiden den Übeltäter anzeigen und rügen[3]. In gleicher Weise soll niemand Gräben machen über die gesetzten Steine hinweg, auch bei der Strafe von 1 Pfund Heller.

XI. Wenn ein Gemeinsmann ein Brachfeld in der Gemarkung zwischen den Weingärten liegen hat und gibt die Bede (direkte Steuer) gleich den Weingärten nach Weingartenmaß davon, und er wünscht das Brachfeld zu heuen, soll er einen Wisch auf das Brachfeld stecken. Was dann darauf angetroffen wird, es seien Pferde und Kühe oder dass jemand Gras macht, das soll zu einer Strafe von 9 Pfennigen verfallen sein. Auch soll, wenn ein Gemeinsmann ein Äckerchen mit der Hacke (nicht mit dem Pflug) bebaut hat, niemand darauf gehen oder fahren bei genannter Buße.

XII. Wer Wiesen auf die gemeinen Wege ziehen hat und (die Wiesen) zu wässern wünscht, die kann er wässern, doch ohne dass die Gemeinde Schaden erleidet. Und wenn von alters her Brücken über die gemeinen Wege gehen, soll man die aufrichten bei Strafe von 1 Pfund Heller. Die Wässerung soll allein den Einheimischen und nicht den Fremden (die Land besitzen) erlaubt sein.

XIII. Wenn einer ein Pferd bei Nacht in die Weide stellt und (das Pferd dann) im Feld oder auf den Wiesen unangebunden gefunden wird, der soll der Strafe von einem Pfund Heller unablässlich verfallen sein. (…)

XVI. Wenn ein Fremder herkommt aus einer anderen Herrschaft oder aus Reichsstädten und begehrt bei der Gemeinde, hier zu wohnen, der soll unserem gnädigen Herrn, (dem Bischof) von Speyer[4] 2 Pfund Pfennig und der Gemeinde auch 2 Pfund Pfennig bezahlen und geben. (…)

XVIII. Wenn ein Nachbar stirbt, sollen die neun nächst gelegenen (Nachbarn) jederzeit bei dem Verstorbenen sein mit Wachen und was sich sonst noch gebührt zu tun, auch zum Begräbnis gehen, bei Strafe von 9 Pfennigen. Man soll nur dann Zeichen (die Totenglocke) läuten, wenn ein Nachbar (und kein Fremder) stirbt. (…)

XXII. Es soll ein Metzger, der in Maikammer wohnt, seine Fleischbank unter dem Rathaus haben samt seinem geeichten Gewicht. Das Fleisch soll er dort um ca. zwei Uhr auf den Samstag aushauen und es den Einwohnern vor (allen) anderen anbieten, ohne allen Betrug und Übervorteilung bei Strafe von 1 Pfund Heller. (…)

Politik, Herrschaft und Rituale

XXX. Es ist von alters her Herkommen und Brauch zu Maikammer gewesen, dass die Müller auf dem Bach das Getreide, das ihnen zum Mahlen gegeben wird, zuerst in das Waaghaus bringen sollen und es wiegen lassen. Nachdem es gemahlen ist, sollen sie es wieder ins Waaghaus bringen und wiegen lassen. Demjenigen, dem das Mehl gehört, sollen sie es innerhalb von drei Tagen übergeben und ausliefern und es nicht über Nacht an der Waage stehen lassen bei Strafe von 1 Pfund Heller. (…)

XXXVI. Es soll ein jeder Bäcker oder Unterkäufer an Sonn- und Feiertagen für 2 Schilling Pfennig Wecken und Brot vor der Kirche feil haben. Wenn einer darin säumig wird, soll er unnachsichtig mit 2 Schilling Pfennig bestraft werden, so oft auch dies geschehen mag. (…)

XXXVIII. Wenn ein Gemeinsmann einen Baum auf den gemeinen Wegen beschädigt oder ausgräbt, der soll der Gemeinde 1 Pfund Pfennig zur Strafe geben. Jeder hat das Recht, sofern er Gemeinsmann ist, Fremde oder Einheimische deswegen zu rügen.

XXXIX. Wenn ein Gemeinsmann oder irgendwelche andere die Brunnentröge oder -steine bei Tag oder Nacht ab- und auslaufen lassen wird, der oder die sollen der Gemeinde, so oft auch dies geschehen mag, 1 Pfund Pfennig als Strafe zahlen.

XL. Wenn eine Gans oder eine Ente auf der Gasse von den Schützen gefunden wird, sollen die (Besitzer) gerügt werden, jedes Stück mit 9 Pfennig. Und es soll der Gemeinde vom Stück 6 Pfennige, dem Schützen 3 Pfennige zustehen. (…)

Anton Doll, Die Maikammerer Dorfordnung von 1549, in: Mitteilungen des Historischen Vereins der Pfalz 83 (1985), Speyer, Verlag des Historischen Vereins der Pfalz, S. 273–282.

1 Der vollberechtigte Angehörige der Dorfgemeinde.
2 Prostituierte.
3 ‚Rügen' bedeutet: das Delikt zur Anzeige bringen.
4 Der Bischof von Speyer ist der Ortsherr in Maikammer.

GF

2.2.1.2.2 Die Stadt als Gemeinschaft

Der Gelehrte und Arzt Johann von Soest gen. Steinwert (1448–1506) machte sich im Jahre 1495 in einem ‚Stadtspiegel' Gedanken darüber, „Wie man eine Stadt gut regieren soll".

Welche Merkmale eine Stadt bestimmen
Und welche Eigenschaften ihre Bürger haben sollen.

Eine Stadt ist eine Gemeinschaft
In gegenseitiger Achtung und Nachbarschaft, fest und beständig.
Darin lebt man mit Ehre und Nutzen
In Frieden und Tugend, in Schirm und Schutz.
Und die in sich eingeschlossen hat
Alles, was ein Mensch an Lebensnotwendigem braucht.
Mit Gassen und Häusern ist sie wohl besetzt.
Der Begriff Stadt, merke, beinhaltet,
dass Einigkeit, so wie es sich ziemt
In einer Stadt herrschen soll.
Wo das nicht gegeben ist, kann von Stadt nicht die Rede sein,
Denn der Begriff ‚Stadt' bedeutet civitas,
Quasi civium unitas.
Das heißt auf Deutsch so viel
Wie eine Vereinigung von Bürgern, und zwar eine stete.
Ohne eine solche Vereinigung vermag niemals
Eine Stadt existieren Jahr und Tag.
Solche Einigkeit kann nicht sein,
Es sei denn das Anliegen dort ist allgemein.

Heinz Dieter Heimann (Bearb.), „Wie men wol eyn statt regyrn sol". Didaktische Literatur und berufliche Schreiben des Johann von Soest gen. Steinwert, Soest, Westfälische Verlagsbuchhandlung Mocker & Jahn, 1986, S. 23 f. (mit Änderungen gegenüber der Übersetzung Heimanns).

GF

2.2.1.2.3 Städtische Quartiere und die lieben Nachbarn: Von Zaubereien in einem Nachbarhaus und von der Nachbarschaft überhaupt

In den frühneuzeitlichen Städten lassen die Quellen das enge Zusammenleben der Menschen in den einzelnen Gassen, Straßen und Quartieren deutlich werden. Man kannte sich, man wusste sehr genau um die Gebrechen und Stärken, um die Hantierung und das Vermögen jedes Einzelnen, man taxierte die Ehrbarkeit der Nachbarn, tuschelte und klatschte darüber, man beobachtete sich gegenseitig unausgesetzt, lud sich aber auch gegenseitig ein und feierte zusammen seine Feste. Als Gewährsmann für die Stadt der Frühen Neuzeit dient uns wieder der „Beobachter" Hermann Weinsberg (1518-1597) aus Köln.

Anno 1521, ungefähr in diesem Jahr entstand Ungemach, da die Hausfrau des Maes van Bracht, eine dicke Frau, im Haus ‚Zu den zwei Tauben' neben meinen Eltern wohnend, der Zauberei beschuldigt wurde. Das kam so: Danebenen im Hause ‚Zur einen Taube' wohnte einer, genannt Johann Beickhusen, zusammen mit seiner Frau Geirtgin. Es ging das Gerücht, diese Frau treibe es mit Mönchen von den Frauenbrüdern[1], die da aus- und eingingen. Von ihrer Profession her waren die Beickhusen zu allen Zeiten Blaufärber gewesen. Den Beickhusen ging freilich oftmals der Waid (Blauer Farbstoff) zuschanden, und sie erlitten großen Schaden. Sie beredeten sich mit Wahrsagern, mit dem Pastor zu Rodenkirchen und mit Junker Stammel. Die gaben der Frau des Maes' die Schuld. Diese Leute in Maesens Haus hatten drei wilde Söhne: Johann, Henrich, war ein Kerzenmacher auf dem ‚Igelstein', und Lenhart, der blieb im Hause. Der genannte Johann beschlief die Magd im Haus, Trin genannt. Die Trin gebar ein Kind, Johann starb; danach wurde sie (die Trin) krank und es ging ihr folgendes ab, und zwar oben und unten heraus: ein Messer, das war eine Spanne lang und hatte keinen Griff, vier Messerstiele, ein Bürstchen aus Feigenbaumholz von der Dicke und Länge eines Daumens, ein Tuch zum Schüsselabwischen, das halbe Gebiss eines Schafes, etliche andere Knöchelchen, Steinchen und Steinsplitter, Löffelstiele, Nussschalen und dergleichen. Das alles hat man auf

2.2 Machtausübung, Machtteilhabe und Machtbegrenzung, Regulierungen und Konflikte

einen Tisch gelegt wie Kramwaren und hat es jedem gezeigt, der es sehen wollte. Ich bin auch mit den Nachbarn hinzugelaufen und habe diese Dinge, wie beschrieben, gesehen, habe auch beobachtet, dass sich diese Trin erbrochen hat, und es ist aus ihrem Hals ein drei Finger breiter Stein mit drei Spitzen herausgekommen. Ich habe ihn in meiner Hand gehabt, und es war ein Splitter aus Drachenfelser Stein[2]. Ich habe mich darüber sehr gewundert, dass ihr der Stein nicht den Hals oder die Gurgel infolge seiner Größe verletzte. Aber es hat ihr nichts geschadet. Ich weiß nicht, was ich davon halten soll. Die Trin blieb gesund und lebt noch heute. Dieser Vorfall rief ein großes Getratsche unter den Nachbarn hervor, und wir Kinder hatten Furcht davor, abends allein zu sein. Das Mädchen Agnes Korth schrie einmal in der Nacht: „Mordio!" Am Morgen stand ihm der Mund schief, und es sagte, sie hätte die „Maissenfrau" gesehen. Die Frau Beickhusens und auch er selbst äußerten sich öffentlich, die Frau des Maes hätte ihnen das Waid verzaubert. Geirtgin (die Frau Beickhusens) in der ‚Alten Taube' starb danach. Beickhusen beschlief seine Magde Clair, schickte sie in ein Kloster, starb aber danach. Clair blieb im Haus. Die Kinder Beickhusens, Blasius und Gottschalk, meine Schulkameraden, starben, Ursel kam nach St. Mauritius[3], wurde dort eine Stuhlschwester[4], und Beil wurde an einen Büdenbender verheiratet. Danach starb Maes van Bracht. Sein Sohn Lenhart blieb bei der Mutter wohnen, nahm eine Frau von Wiesdorf aus dem Bergischen Land, Cäcilia genannt. Über diese beiden lief das Gerücht um, zusammen mit ihrer Mutter Zauberei zu treiben. Die Cäcilia bekam ein böses Bein, da tuschelte man: als sie einmal nach Wiesdorf hätte (auf dem Hexenbesen) fahren wollen, hätte sie sich das Bein oben an der Spitze des Domturmes oder an dem Baukran, der darauf steht, gestoßen. Cäcilia lebte bis zum Jahr 1553, starb damals an einer Seuche. Lenhart bekam danach die Tochter Meister Lambertz im ‚Schwarzhaus' (Gaffelhaus) zur Frau, eine Witwe. Und die schon genannte Witwe Clair nahm einen Mann, Peter van Fucht, sie zogen aus der ‚Alten Taube' in das Haus ‚Am Malzbüchel' (Heumarkt), und von da an hörte diese Verleumdung auf.

Konstantin Höhlbaum/Friedrich Lau/Josef Stein (Bearb.). Das Buch Weinsberg. Kölner Denkwürdigkeiten aus dem 16. Jahrhundert, 5 Bde. (Publikationen der Gesellschaft für rheinische Geschichtskunde, 3, 4 u. 16), Leipzig-Bonn, Alphons Dürr (Bd. 1–2), P. Hanstein (Bd. 3–5), 1886–1926, hier: Bd. I, S. 53 f.

1 Karmeliterkloster in Köln.
2 Steinbruch sö. Bonns.
3 Ein Zisterzienserinnenkloster in Köln.
4 Eine Klosterschwester, die mit einem Chorstuhl ausgestattet (voll aufgenommen) ist.

GF

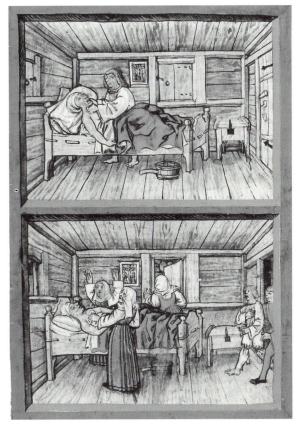

2.2.1.2.3 Hans Spieß von Eittiswil erwürgt seine Gattin/ Die Tat wird von den Nachbarn entdeckt (1503).

Hans Spieß von Eittiswil erwürgt seine Gattin/Die Tat wird von den Nachbarn entdeckt (1503), in: Alfred A. Schmid, Die Schweizer Bilderchronik des Luzerners Diebold Schilling 1513 (Sonderausgabe des Kommentarbandes zum Faksimile der Handschrift S. 23 fol. In der Zentralbibliothek Luzern), Luzern, Faksimile-Verlag, 1981, fol. 215v.

2.2.2 „Auf dass blühet Handwerk und Gewerbe!"

2.2.2.1 Gleiche ‚Nahrung' für alle? – das Handwerk

2.2.2.1.1 Handwerk, Gilde, Zunft und Obrigkeit – drei Handwerksordnungen aus acht Jahrhunderten

Die gewerbliche Produktion lag in den Städten des 11. bis 18. Jahrhunderts bei Handwerkern, die sich zu Gilden, Ämtern, Zünften oder wie auch immer die zeitgenössischen Begriffe dafür lauteten, zusammengeschlossen hatten. In der großen Masse der mittleren und kleinen Städte, aber teilweise auch in den Großstädten, war für die handwerkliche Produktionsweise ein enger wirtschaftlicher Rahmen abgesteckt. Der Grund dafür ergab sich aus den begrenzten Absatzmöglichkeiten, die sich auf die Stadt und das nähere Umland konzentrierten. Nur in einigen wenigen deutschen Großstädten mit ausgesprochen gewerblicher Produktion wie Köln, Erfurt, Nürnberg oder Augsburg gab es auch Handwerke, die ausgesprochen für den

Export produzierten. Das betraf in erster Linie die Textilherstellung, aber auch – besonders in Nürnberg – die Metallerzeugung. Im Allgemeinen jedoch war die handwerkliche Produktionsweise in den Städten vorwiegend hauswirtschaftlich orientiert, begrenzt eben durch die Kapazitäten des Hauses bzw. durch die städtische Obrigkeit oder durch die Zunft selbst. Vorherrschend war der Kleinbetrieb mit einem selbstständigen Meister. Die wenigen Gehilfenbetriebe hatten kaum mehr als einen oder zwei Gesellen, unter Umständen war noch ein Lehrling vorhanden. Seit dem 14. Jahrhundert entwickelten sich dann an manchen Standorten Gewerbe, die durch einen arbeitsteiligen Produktionsprozess, auch durch das Vertragswesen charakterisiert waren und das Zunftwesen sprengten: die Papiererei, die Buchdruckerei, die Geschützgießerei, die Hammerwerke und Glashütten.

2.2.2.1.1.1 Die Pflichten von Handwerkern in Pavia (um 1027)

Ein Amtsträger der königlichen Kammer in Pavia schrieb um 1027 die Pflichten der Kaufleute und Handwerker nieder. Über die Handwerker in Pavia hat er, angefangen von den Münzern bis hin zu den Seifensiedern, Folgendes zu sagen.

Das Dienstgewerbe der Münze in Pavia muss neun Meister haben, die edler und reicher als alle anderen Münzer sind. Sie müssen zusammen mit dem Meister der Kammer alle anderen Münzer beaufsichtigen und
5 befehligen, damit sie nie schlechtere Pfennige machen, als sie immer gemacht haben, was Gewicht und Silbergehalt betrifft, nämlich im Verhältnis 12:10. Und diese neun Meister müssen jedes Jahr an Pacht für die Münze zwölf Pfund Paveser Pfennige an die Königs-
10 kammer abführen, ebenso vier Pfund an den Grafen von Pavia. Wenn übrigens ein Münzmeister einen Fälscher entdeckt, muss er zusammen mit dem Grafen von Pavia und dem Meister der Kammer dafür sorgen, dass dem Fälscher die rechte Hand abgeschlagen und
15 sein ganzes Vermögen der Königskammer übereignet wird. Und die neun Meister müssen, wenn sie ihr Amt antreten, der Kammer des Königs drei Unzen allerbesten Goldes geben. (…)
Es gibt auch Goldwäscher, die alle der Kammer in Pa-
20 via Rechenschaft ablegen. Sie dürfen auf ihren Eid niemandem Gold verkaufen und müssen diesen Eid (?) vor dem Kämmerer ablegen. Und sie müssen das ganze Gold aufbereiten, den Tiegel für zwei Schilling, das heißt eine Achtelunze für zweieinhalb Pfennig
25 oder elf Unzen für 16 Schilling, und zwar an den Flüssen, wo sie Gold fördern (…).
Es gibt auch zwölf Gerber, Lederhersteller, mit ihren zwölf Gesellen in Pavia. Sie müssen jährlich zwölf Leder aus bester Ochsenhaut anfertigen und an die Kö-
30 nigskammer geben, dafür dass niemand sonst Leder anfertigen darf. Und wer zuwiderhandelt, soll 100 Paveser Schilling an die Königskammer zahlen. Und wenn einer von diesen Gerbern ins Gewerbe eintritt, müssen die Vorsteher vier Pfund geben, die Hälfte an
35 die Königskammer und die andere Hälfte an die anderen Gerber.

Es gibt noch andere Dienstgewerbe. Alle Seeleute und Fährleute müssen zwei angesehene Männer als Meister haben, unter der Aufsicht des Kämmerers von Pavia. Wenn der König in Pavia ist, müssen sie mit dem 40
Schiff gehen, und diese zwei Meister müssen zwei große Schiffe ausrüsten, eines für den König und das andere für die Königin, und einen Aufbau mit Brettern herrichten und gut abdichten. Die Lotsen sollen ein eigenes Schiff haben, damit man auf dem Wasser si- 45
cher sein kann, und müssen mit ihren Gesellen den Aufwand täglich vom Königshof erhalten. Ferner waren dienstverpflichtete Seifensieder in Pavia, die Seife machten. Sie gaben jährlich als Pacht 100 gewogene Pfund Seife an die Königskammer und zehn Pfund an 50
den Kämmerer, dafür dass kein anderer in Pavia Seife machen darf. (…)
Ihr müsst wissen, dass alle diese Dienstgewerbe von keinem Menschen ausgeübt werden dürfen, der nicht Diensthandwerker ist. Und wenn sie ein anderer 55
Mann ausübt, muss er die Bannbuße an die Königskammer zahlen und schwören, sie künftig nicht mehr auszuüben. Auch darf kein Kaufmann, der nicht zu den Paveser Kaufleuten gehört, auf irgendeinem Markt seine Geschäfte früher als die Paveser Kaufleute ab- 60
schließen. Und wer zuwiderhandelt, soll die Bannbuße zahlen. Und die oben genannten Leute, die zu den oben beschriebenen Dienstgewerben gehören, dürfen vor kein Gericht gehen oder zitieren, nur vor den König oder den Meister der Kammer. Und von al- 65
len oben beschriebenen Dienstgewerben steht der Königskammer der Zehnte zu. (…)

Instituta regalia et ministeria camere regum Langobardum et norancie civitatis Papie 8–14, 17–19, in: MGH Scriptores, Bd. XXX, 2, S. 1454–1457; übersetzt von Arno Borst, Lebensformen im Mittelalter, 4. Aufl., Frankfurt a. M.–Berlin, Propyläen, 1987, S. 383–385.

GF

2.2.2.1.1.2 Die Gärtner, Obster und Lebensmittelhändler in Basel erhalten von dem Basler Bischof Heinrich III. ihren Zunftbrief (1264/69)

In Basel tauchte in den Jahren um 1226 und 1247 in deutschen Quellen zum ersten Mal der Begriff 'Zunft' zur Bezeichnung gewerblicher Genossenschaften auf. Von dort aus schob sich der Gebrauch des Begriffes zwischen dem 15. und 17. Jahrhundert über Mitteldeutschland bis in niederdeutsche Küstenstädte vor.

Wir Heinrich von Gottes Gnaden Bischof zu Basel tun kund allen denen, die diesen Brief sehen, dass Wir mit dem Rat Unseres Kapitels, der Dienstmannen Unseres Gotteshauses, Unseres Rats und der Gesamtheit Unserer Einwohnerschaft den Gärtnern, den Obstern und den ‚Menkellern'[1] eine Zunft erlauben und bestätigen, 5
und zwar mit gutem Glauben so, wie es im folgenden beschrieben ist.
1. Man soll das wissen, dass Wir ihnen und sie Uns und Unserem Gotteshaus geschworen haben, dass sie Uns in Unseren Nöten beistehen und Wir ihnen in 10
ihren Notlagen, und zwar gegen jedermann.
2. Wir erlauben ihnen, sich einen (Zunft-)Meister zu wählen mit der Mehrheit der Stimmen. Das sollen sie

immer unter sich ausmachen. Zu dem (Meister) sollen sie mit dem Rat der Meister ihrer Zunft sechs Männer wählen. Und sie sollen ihr Almosen verrichten[2].

3. Wir gestatten ihnen auch, dass sie den, der ihr Handwerk treibt, mit seinem Handwerk in ihre Zunft zwingen können.

4. Wer neu in die Zunft aufgenommen wird, der soll einen Schilling und ein Pfund Wachs[3] entrichten, einer ihrer Söhne nur ein Pfund Wachs. Handelt es sich dabei um einen Bürger, der dieses Handwerk nicht treibt und in die Zunft eintreten möchte, der gibt ein Pfund Wachs.

5. Wer rechter Genosse des Handwerks ist und in die Zunft eingetreten ist, der soll ihre Ordnungen streng einhalten und zu ihrem Banner treten[4]. Falls er Mitglied noch einer anderer Zunft ist, kann er diese Mitgliedschaft beibehalten, wenn ihn die betreffende Zunft nicht daran hindert.
(…)

7. Wer unter ihnen ein unrechtes oder verbotenes Kaufgeschäft feil hält, es seien Kraut, Obst oder Hühner, oder mit anderen Dingen fehlt, die strafbar sind, der soll (als Strafe) drei Schilling entrichten, uns einen, dem Rat einen und der Zunft einen. Und die verbotene Ware, die er feil hält, muss im Spital abgeliefert werden. Wer von den Obstern, Gärtnern oder ‚Menkellern' das (den verbotenen Kauf) sieht, der muss dies rügen[5]. Tut er es nicht, der soll ebenso viel (als Strafe) zahlen. Und wenn (der verbotene Kauf) gerügt worden ist und der Zunftgenosse, der ihn feil bot, tut dies weiter, dann soll dem die Zunft aufgesagt werden und er muss sie wieder mit 10 $\frac{1}{2}$ Schilling kaufen. Und das soll auch gelten für die, die in dieser Zunft sind und Salz feil bieten, falls sie falsches Maß anwenden oder Schwäbisches Salz bzw. Steinsalz unter Kölnisches Salz mischten[6] oder eine Salzsorte fälschlicherweise für eine andere verkaufen. Und dieses Delikt soll dem Urteil Unseres Gerichts und Unseres Richters wegen Fälschung unterworfen sein, damit Uns davon kein Schade entstehe.

8. Wer der offenkundigen und nachweisbaren Bosheit schuldig befunden und ihm deshalb seine Zunft genommen worden ist, den sollen sie – das gebieten Wir ihnen auf ihren Eid – nicht mehr zu dieser Gesellschaft kommen lassen.

9. Auch geloben Wir ihnen auf Treu und Glauben, dass Wir sie niemals mehr um die Bede (direkte Steuer) angehen werden.

10. Wenn auch einer von ihnen oder seine Ehefrau hier oder anderswo stirbt, dann nehmen sie an dem Leichenbegängnis mit ihrem Opfer und mit ihren Prozessionskerzen teil.

11. Stirbt hier oder anderswo auch einer oder seine Ehefrau, die so arm sind, dass man sie aufgrund fehlenden Vermögens nicht (ehrenvoll) bestatten kann, die soll man (die Zunft/Bruderschaft) begraben unter Zuhilfenahme der Almosenkasse (Bruderschaftskasse).

12. Man soll darüber hinaus wissen, dass sie aus der Almosenkasse deren (der armen Zunftmitglieder) Jahrgedächtnisse in Unserem Münster zu Basel ausrichten sollen wie die anderen Zünfte auch.

13. Wer auch immer diese guten Verordnungen für Zunft und Almosen (Bruderschaft) bricht oder sie abschafft, dem verkünden Wir die Ungnade des allmächtigen Gottes, Unserer Frau, der Heiligen Maria, und aller Heiligen und versprechen, ihn zu bannen mit der Herrschaft, die Wir von Gott und dem geistlichen Gericht haben. (…)

Gisela Möncke (Bearb.), Quellen zur Wirtschafts- und Sozialgeschichte mittel- und oberdeutscher Städte im Spätmittelalter (Ausgewählte Quellen zur deutschen Geschichte des Mittelalter, Freiherr vom Stein-Gedächtnisausgabe, 37), Darmstadt, Wissenschaftliche Buchgesellschaft, 1982, Nr. 4, S. 61–63.

1 Die Gärtner und Obster waren Teil der städtischen Landwirtschaft, sie bauten ihre Produkte im nächsten Umkreis der Stadt an. Die Menkeller oder Grempler waren Zwischenhändler für die landwirtschaftliche Erzeugnisse.
2 Das bedeutet: der Bischof erlaubt den Handwerkern auch, eine religiöse Vereinigung in einer Bruderschaft zu bilden.
3 Ein Pfund Wachs im Wert von 4 Schilling Pfennige.
4 Das bedeutet, dass er im Kriegsfall unter dem Banner der Zunft am städtischen Aufgebot teilnehmen muss.
5 Er muss es zur Anzeige bringen.
6 Das ‚Schwäbische Salz', meist aus Reichenhall, galt als minderwertiger als das vom Niederrhein via Köln bezogene Produkt.

GF

2.2.2.1.1.3 Handwerksordnung der Drahtzieher im fränkischen Roth 1786

Die ‚modernen' Zeiten innerhalb der Geschichte der Arbeit kündigten sich durch die Manufakturen an, in denen die individuelle handwerkliche Werkstattarbeit an einem Werkstück durch eine zunehmend arbeitsteiliger werdende, weitgehende normierte und standardisierte Produktion unter einem Dach abgelöst worden ist. Der Wandel vollzog sich jedoch in einer lang dauernden und langsamen Bewegung. Eindrücklich zeigt die Handwerksordnung vom Ende des 18. Jahrhunderts das Nebeneinander von jahrhundertealter zünftiger Ordnung und dem neuen Reglement der ‚Fabrique'.

Von Gottes Gnaden Wir Christian Friedrich Carl Alexander Markgraf zu Brandenburg in Preussen pp.
Demnach Uns der Verwalter der lionischen Draht-Zugs-Fabrique Philipp Friedrich Stieber, dann unsere Bürger und Unterthanen, die gesamten Drahtzieher zu Roth, um landesherrliche Bewilligung, eine besondere Zunft in der Stadt Roth aufrichten zu dürfen, unterthänigst gebeten, Wir auch gnaedigst generiert sind, das Aufkommen und Nahrung Unserer Bürger und Unterthanen dadurch zu befördern, und selbigen eine Handwerksordnung zu ertheilen, nach welcher sich hinfüro Meister und Gesellen, auch andere, durch welche sich ihrem Handwerk und Nahrung Abbruch, Schaden und Nachtheil zugezogen werden konnte, zu achten haben; Als haben Wir in folgenden Artikeln ihrem Besuch gnaedigst zu deferiren geruhet.

Artikel I
Sollen sowohl die dermaligen als zukünftigen Meister und deren angehörige Handwerks Genossen sich auch der Anno 1731 im Reich publicirten – und von Uns gleichfalls mäniglich in Unserem Fürstenthum und Landen zur gebührlichen Nachgelobung kund gemachten – die Handwerker und Zünfte in genero betreffenden allgemeinen Constitution und das so ge-

nannte Handwerks Patent wie auch nach dem, was Sonsten in Handwerkssachen von Uns und Unseren Fürstlichen Vorfahren durch gemeine Ausschreibung verordnet worden, jederzeit gehorsamst achten, und darwider in keinem Punkt bei Vermeidung Unserer Ungnade und schwerer Strafe, auch nach Befinden zu gewarten habende Wieder-Aufheb-Cassir- und Annullirung der hiemit ertheilten Freyheit, Ordnung und Artikeln etwas zu schulden kommen lassen.

Artikel II
Haben selbiger vors künftige Unseren jedesmaligen Kastner und Stadtrichter zu Roth als ihren von Uns ihnen vorgesetzten Zunftrichter zu erkennen und bei ihren Versammlungen auch Sonsten gebührend zu ehren und zu respektiren, wie denn auch

Artikel III
Bei Errichtung der Zunft aus denen dermalen vorhandenen Drahtziehern zwey Geschworene und einen Inungmeister entweder durch die Wahl oder durchs Los erwählet – und erstere alle 2 Jahre, auf gleiche Art der Inung Meister aber durch die künftig sich einzünftenden Meister jedes Mal abgeloeßt werden solle.

Artikel IV
Sollen sämtliche Meister und Gesellen, so wie es auch bei anderen Handwerkern gewöhnlich, alle Vierteljahre vor offener Laden, so wie es die Handwerks-Ausgaben und Bedürffniße erfordern und sich hierüber durch die meisten Stimmen verglichen werden würde, ohnweigerlich aufzulegen schuldig seyn, jedoch in der Maas, dass die Meisters-Wittwen gleich bei anderen Handwerken auch nur die Hälfte der regulirten Auflage zu zahlen gehalten seyn sollen.

Artikel V
Solle alle zwey Jahre, unter Beywohnung des Zunftrichters und Eigenthümers der dortigen lionischen Drahtfabrique, ein Jahr-Tag gehalten, an solchen von denen Geschworenen Rechnung über die inzwischen eingenommenen und ausgegebenen Geldern abgeleget, und was in Handwerkssachen oder sonst von einem oder dem anderen vorzubringen, ordentlich vernommen und geschlichtet werden. Insoferne aber ein Meister ohne genügsame erhebliche Ursache, die er jedes Mal gebührend beizubringen, ausbleiben würde, so solle solcher jedes Mal in 15 xr (Kreuzer) Straf verfallen seyn.

Artikel VI
Wenn ein Meisters Sohn oder auch ein anderer ausgelernter brauchbare Arbeit zu fertigen im Stande ist, von dem jedesmaligen Propriétaire der Fabrique (Fabrikbesitzer) dafür erkannt und in dieser Rücksicht ihm Arbeit von ihm versichert wird, so solle demselben alsdann das Meisterrecht auf sein Ansuchen gegen Erlegung des bei anderen Handwerkern gewöhnlichen Meistergeldes à 6 Gulden, wovon ein Drittel Herrschaftl. Cassa, das andere Drittel das Zunftrichter Amt und das dritte Drittel die Handwerks Lade zu beziehen haben sollen, dann der gewöhnlichen Einschreib-Gebühren, ohnweigerlich ertheilt werden, jedoch in der Maase, dass ein Meisterssohn oder derjenige Ausgelernte, welcher eine Meisterstochter heiraten würde, nur das halbe Meistergeld zu bezahlen schuldig seyn solle.

Artikel VII
Auf erfolgendes Absterben eines Meisters solle dem jedesmaligen Eigenthümer der Fabrique freistehen, denjenigen Gesellen zur Versehung der Werkstatt zu erwählen, welchen derselbe zu der in solcher vorhier gefertigten Arbeit am tüchtigsten erkennen wird (...).

Artikel VIII
Sollen diejenigen, welche sich dem Handwerk widmen wollen, bei einem Meister auf 3 Jahre lang in die Lehre gegen Bezahlung der bei anderen Handwerkern gewöhnlichen Einschreibgebühren ein- und nach erstandener Lehr-Zeit gegen Entrichtung der nämlichen Gebühren als Gesell ausgeschrieben werden, jedoch mit der ausdrücklichen Bedingung, dass die Erwählung dergleichen fremden Lehrjungen dem Eigenthümer der Fabrique ohne allen Widerspruch des Handwerks oder einzelner Mitglieder deshalb lediglich allein überlassen bleibt.

Artikel IX
Dahingegen die Meisters-Söhne, welche das Handwerk erlernt haben, gleich es bei anderen Zünften gewöhnlich ist, den Vortheil zu genießen haben sollen, dass solche auf einmal ein- und ausgeschrieben werden.

Artikel X
Solle kein Drahtzieher die Scheibenzieher eines anderen aus der Werkstatt locken, bei Straf eines Guldens, noch ein Meister oder Gesell von des anderen Werkstatt etwas unbilliges, nachtheiliges oder verruchtliches reden, und wenn einer oder der andere hingegen sich vergehen – und dessen überführt werde – seine Beschuldigungen aber nicht erweisen konnte, nach Befund der Umstaende abgestraft werde.

Artikel XI
Ein auf die erwählende Herberge kommender fremder Gesell solle daselbst gegen ein von dem geschworenen Meister producirendes und abgebendes (ein Wort unleserlich) zehen Kreutzer, auf Rechnung des Handwerks zu verzehren oder zu erheben haben, welche durch den Herbergs Vater bestrittene Zehrungen und Auslagen allemal bei der ersten Auflage wiederum an solchen zu vergüten ist.

Damit aber der bei Errichtung dieser Zunft zum Augenmerk gehabte Entzweck, nämlich die Conservation und weitere Ausbreitung der dortig gnaedigst privilegirten Drahtfabrique um so gewisser erreichet – und die jedesmaligen Eigenthümer derselben durch solche auf keine Weise benachtheiliget werden möge, so sollen

Artikel XII
Gedachte so dermalige als zukünftige Besitzer der dasigen Drahtfabrique zu allen Zeiten als jedesmaliger Directeur des Handwerks erkannt, und Insoferne sich in der Folge durch die errichtende Zunft Fälle zum Schaden der Fabrique ereignen würden, diese sogleich von dem jedesmaligen Besitzer derselben, ohne den mindesten Widerspruch von Seiten des Handwerks, so wie es die Umstände und das Beste der Fabrique erfordern werden, abgethan und beseitiget werden.

Artikel XIII
Nicht weniger solle die Anzahl der Meister zu allen Zeiten ganz ohnbestimmt und ohneingeschränkt verbleiben, und ferner hat

Artikel XIV
Jeder Meister ohne Widerrede und Ausnahme die fer-

tigenden Drähte in die Fabrique in eben der Facon, als solche von denen Drahtziehern zu Allersberg vor dasige Fabriquen ausgearbeitet werden, gegen den bisherigen Lohn zu liefern, mit der ausdrücklichen Bedingniß, dass keiner derselben, weder vor seine eigene Rechnung noch irgend eine andere lionische Drahtfabrique einige Arbeiten bei Strafe der Confiscation zu fertigen befugt seyn solle.
Artikel XV
Damit aber saemtliche Meister umso (ein Wort unleserlich) zur Lieferung der Arbeit in der bestimmten Zeit und in gehöriger Feine angetrieben werden, so sollen diejenigen, welche sich hierinnen aus Nachlässigkeit oder Bosheit säumig oder fehlig finden lassen würden, das erste mal mit dem Abzug etlicher Kreutzer vor jeden zu grob oder nicht zur rechten Zeit liefernden Stock Draht angesehen, und wenn auch dieses fruchtlos seyn würde, sodann dem Eigenthümer der Fabrique freistehen, solchen hierinnen sich verfehlenden Meistern 8 und mehrere Tage lang keine Arbeit mehr zu geben. (...)

Ortulf Reuter, Die Manufaktur im Fränkischen Raum. Eine Untersuchung großbetrieblicher Anfänge in den Fürstentümern Ansbach und Bayreuth als Beitrag zur Gewerbegeschichte des 18. und 19. Jahrhunderts (Forschungen zur Sozial- und Wirtschaftsgeschichte, 3), Stuttgart, Gustav Fischer Verlag, 1961, S. 200–202.
GF

2.2.2.1.2 Lehrjahre

2.2.2.1.2.1 „Lehrjahre sind keine Herrenjahre" I

Johann Sterck aus dem Taunusdorf Weilmünster brachte seinen Sohn nach Frankfurt zu dem Seilermeister Engelhart und schloss mit diesem am 11. April 1579 einen Vertrag über die Lehrzeit des Buben ab. Solche Lehrverträge geben einige Auskunft über die Situation von Zwölf- oder Dreizehnjährigen, die bei einem Handwerksmeister mit ihrer Lehre begannen und in dem Haus des Meisters wohnten.

Zu wissen sey jedermeniglich, das der ersame Engelhart Zahn, Sayler undt Bürger zu Franckfort, angenommen undt geding hat, einen Leerjung, Johann genannt, deß erbaren Johan Stecken, von Frankfort bürtig, jetziger zeyt Innwoner und Schuelmeyster zu Weilmünsters Sohn, das Seyler-Handtwerck zu lernen, drey Jar lang nach ein ander folgent, als von den vergangen Weyenachten vor dato unden bemelts jars anfahent, dass soll und will obgedachter Johan Steck sein Vatter ihn die Zeyt seiner Leerjaren an Kleidung halten. Der gemelte Jung soll und woell auch seinem Meister die gemeltten drey Jar lang getreulich auß dienen, fleissig und willige Dienst beweisen, auch so viel ihm moeglich, seine Schaden zu warnen. Daneben, wo ettwan Irrung oder Hinderung dem Jungen, des Handtwercks belangent, nachteylig furfiel, soll und will obgenanter Engelhart, den Jung die letzte Jaren bey einem andern Meyster inn solch Geding (Vertragsverhältnis) auß zu lernen bestellen, ohn des Jungen Vatter Costen unndt Schaden versehen und verrichten. Deß gleich, wo er, der Meister, mittler Zeit nach dem Willen Gottes mit Todt abging, deß ihn Gott unndt unß allen noch lang gnedig gfristen, soll als dann seine Hausfraw den Jung auß zu lernen oder bey einem andern Meister auß zu lernen bestellen schuldig unnd verpflicht sein.

Kurt Wesoly, Lehrlinge und Handwerksgesellen am Mittelrhein. Ihr soziale Lage und ihre Organisation vom 14. bis ins 17. Jahrhundert (Studien zur Frankfurter Geschichte, 18), Frankfurt, Kramer, 1985, S. 402.
GF

2.2.2.1.2.2 „Lehrjahre sind keine Herrenjahre" II

Burkard Zink (1396–1475/76) erzählt in seiner Autobiografie davon, wie er nach seiner ersten Schulzeit und bereits ca. 18 Jahre alt in seiner Vaterstadt Memmingen ein Handwerk erlernen wollte.

Da ward ich einem Töchterlein hold und wollte je länger je ungerner zur Schule gehen und endlich wollte ich überhaupt nicht mehr eine Schule besuchen, vielmehr ein Handwerk lernen, denn meine Schwester, die hatte einen Weber zum Mann, war ein ehrbarer und wohlhabender Weber. In diesem Haushalt ging ich aus und ein, und ich überlegte mir, dass sein Geselle doch ein gutes Leben hätte. Dieses Handwerk würde mir auch so gut gefallen, dass ich es unbedingt lernen wollte, und ich ließ ganz von der Schule ab. Mein Schwager hätte mich auch gerne gelehrt, aber meine anderen Verwandten, die wollten es mich nicht lernen lassen. Da wollte ich ein anderes Handwerk erlernen. Also rieten mir meine Verwandten, wenn ich es denn nicht anders wollte, dass ich das Kürschnerhandwerk ergreife. Das sei ein sehr gutes und ehrbares Handwerk, dazu könnten sie mir raten. So ließ ich mich denn überreden und bei einem Kürschner in Memmingen aufdingen. Der hieß Meister Jos, war seither Wächter auf dem Kemptenertor. Und als ich nun bei dem Meister ungefähr 14 Tage war, da war ich seiner überdrüssig. Es tat mir im Rücken weh und es war ihm nichts recht zu machen. Deswegen ging ich zu meiner Schwester und sagte ihr, ich wollte nicht mehr bei dem Kürschner bleiben. Das sah meine Schwester mit Freude und auch ihr Mann, denn mein Schwager hätte gerne einen Pfaffen aus mir gemacht.

Die Chronik des Burkard Zink, in: Die Chroniken der schwäbischen Städte: Augsburg, Bd. 2 (Die Chroniken der deutschen Städte, 5), Leipzig, Hirzel, 1866 (ND Göttingen, Vandenhoeck & Ruprecht, 1965) S. 124–125.
GF

2.2.2.1.2.3 „Lehrjahre sind keine Herrenjahre" III: Lehrherr und Lehrjunge – ein ‚Nachtbild' aus dem späten 18. Jahrhundert

Johann Gotthilf August Probst, 1759 in Halle als Sohn eines Seilermeisters geboren und 1830 als Direktor am Landesarbeitshaus zu Colditz gestorben, veröffentlichte 1790 anonym das Büchlein ‚Handwerksbarbarei', eine Schilderung seiner drei bitteren Lehrjahre bei einem Seilermeister nach dem Tod seines Vaters.

Politik, Herrschaft und Rituale

Probst erzählt in seiner Autobiografie, wie abhängig gerade die Lehrjungen von ihrem Meister waren.

Es waren gerade zu der Zeit alle Werkstätten, wo Lehrjungens angestellt werden konnten, besetzt, und zweimal machte es meine Mutter dem Handwerk bekannt, dass man für mich einen Meister finden möchte. Nach einigen fruchtlosen Versuchen fand sich endlich einer, der mich zu lehren entschloss.
Im Anfange war er sehr freundlich, und so oft er mit Jemanden sprach, lächelte er. Er war erst vor einem Jahr Meister geworden, und etwas über 30 Jahre alt, und 12 Jahre theils in der Fremde, theils unter Soldaten gewesen. Seine Forderungen spannte er sehr hoch, anfangs forderte er 40, dann 30 Rtlr. (Reichstaler) (...). Sie (die Mutter) bot ihm endlich 20 Rtlr. und ein Bette, womit er dann auch zufrieden schien. Ich trat also den 20ten Juny 1774 meine Lehrzeit an (...).
Da er so wenig Lust zur Arbeit selbst hatte, so forderte er destomehr von mir. Seine Lehrmethode dabey war folgender Gestalt. Erst trat er hin, und machte mir die Sache zweimal vor, dann gebot er mir unter den fürchterlichsten Drohungen, es auch so zu machen: Er habe es mir nun gewiesen, und wenn ich keine Lust habe, so wolle er mir schon welche einbläuen. Und nun gings die Treppe hinunter; statt dass er mir bey der Arbeit hätte zu Hülfe kommen sollen, überließ er mich mir selbst, der ich noch mit allen Kunstgriffen unbekannt war. Wie oft stand ich thränenvoll da, und beseufzte meinen unglücklichen Zustand! Denn ich konnte immer schon errathen, welche Behandlung mir bevorstand, wenn ich nicht nach dem Befehl des Meisters gearbeitet hatte. Zum Glück dauerten dergleichen qualvolle Stunden nicht lange, denn bald wurde ich gerufen, häusliche Geschäfte zu verrichten. Allein wenn er dann kam, nachzusehen, was ich mittlerweile gemacht hatte, welches oft in einigen Tagen erst geschah, wenn er dann sahe, wie schlecht und nicht selten zum Schaden ich gearbeitet hatte, so erhub sich ein solches Donnerwetter, dass mir noch jetzt die Haare zu Berge stehen, wenn ich daran gedenke. Fluchen, Drohungen, Reden, die wie zweischneidige Schwerdter mich durchbohrten, und dann eine ungemeßne Tracht Schläge, dass ich oft ohnmächtig darnieder sank, waren dann mein Theil. (...)

Johann G. A. Probst, Handwerksbarbarei, Halle-Leipzig, Friedrich Christoph Dreyssig, 1790 (ND hrsg. von Fritz Bergemann, Leipzig, Breitkopf & Härtel, 1928), S. 13 ff. u. 21 f.; Ingeborg Weber-Kellermann, Die deutsche Familie. Versuch einer Sozialgeschichte, Frankfurt a. M., Suhrkamp, 1974, S. 81 f.

GF

2.2.2.1.3 Das Wandern ist nicht nur des Müllers Lust – die Gesellen

Die Gesellen waren eine zwar durch die Zunftordnungen geschützte und in Bruderschaften organisierte, aber unbehauste soziale Gruppe. Für viele Handwerke bestand spätestens seit dem 16. Jahrhundert ein Wanderzwang. Die häufig mehrjährige Wanderschaft kam dabei keineswegs einer „Hochschule des Handwerks" gleich, sondern war die Folge des zünftigen Prinzips, allen handwerklichen Betrieben die ‚Ökonomie des Überlebens' zu sichern. Dadurch war es notwendig, die Zahl der Meisterstellen möglichst gering, zumindest begrenzt zu halten. Dennoch – ‚Wandern' konnte bei vielen Berufen auch eine Erweiterung des technischen Wissens und der Erfahrung im Umgang mit Material vermitteln.

2.2.2.1.3.1 „Ich bin gewandert viele Jahre und habe dabei auch etwas gelernt"

Im Jahre 1553 bewarb sich ein Steinmetz, der im Text kurioserweise seinen Namen nicht nennt, beim Rat Basels um die Stelle des Stadtwerkmeisters. Das Bewerbungsschreiben liegt noch heute unter den Akten des Bauamtes. Von keinem anderen Basler Stadtwerkmeister hat sich ein solches Schriftstück erhalten.

Edle, gestrenge, ehrbare, feste, voraussichtige, ehrsame, weise und gnädige, meine liebe Herren. Da ich zu den Zeiten des verstorbenen Hans Sax (Hans Harpolt, seit 1532 in den Diensten Basels), Eurer Gnaden Maurermeisters, hier in der Steinhütte als ein Geselle und Steinmetz gearbeitet habe, auch ihm oftmals, sei es in der Hütte, sei es an den Bollwerken, auf seine Weisung hin geholfen und dabei die städtischen Bauten fleißigst in Augenschein genommen habe, bin also vom zurückliegenden 1550. Jahr an den Gebäuden, Werken und Städten nachgezogen, die den hervorragendsten Ruf in der deutschen Nation haben. Dort habe ich mich allenthalben bei den Meistern unter jedem möglich Fleiß geübt und gelernt, dass ich ganz ruhigen Gewissens sagen kann, meine Wanderzeit habe ich nicht übel angelegt. Da ich nun aber jetzt bei meiner Zurückkunft, welche sich innerhalb der letzten wenigen Wochen begeben hat, gesehen habe, dass Euer Gnaden Stadtbau z. Z. von keinem Werkmeister geleitet wird und ich meinem Vaterland, was billig ist, vor allen anderen zu dienen geneigt bin, so richte an Euer Gnaden meine ganz untänige Bitte, Ihr wolltet mich zu solchem Euer Gnaden Stadtbaudienst gnädig annehmen und kommen lassen. Ich werde mich mit der Hilfe Gottes des Allmächtigen bei der Leitung des Stadtbaus nach den Weisungen Euer Gnaden halten und so erzeigen, dass es Euern Gnaden nicht allein wohlgefällig, sondern auch der Stadt als meinem Vaterland nützlich und förderlich und mir unvergessen sein sollte. In Erwartung Eurer gnädigen Antwort (Schlussfloskeln).

Staatsarchiv Basel-Stadt, Bauakten F 12.

GF

2.2.2.1.3.2 Man schlägt sich durch – auf der „Walz" mit dem Schneidergesellen J. C. Haendler

Der in Nürnberg geborene Johann Christoph Haendler gehörte wie der bereits zitierte Johann G. A. Probst zu den wenigen Handwerkern, die im Alten Europa über sich in Form von Lebenserinnerungen berichteten. Haendler unternahm seine Wanderschaft während der schwierigen Zeit des Siebenjährigen Krieges

2.2 Machtausübung, Machtteilhabe und Machtbegrenzung, Regulierungen und Konflikte

(1756–1763) und vermittelt in seinem Lebenszeugnis vermutlich glaubhafte Einblicke in die Probleme wandernder Handwerksburschen und in die Bildungswelt, auch in den Bildungswillen eines Handwerkers. Auf seiner Wanderschaft als Schneidergeselle machte Haendler in Leipzig Station.

Meine Kameraden bekamen des andern Tages sogleich Arbeit, ich aber weil der Herbergsvater bei mir Geld merkte, und ich erst vom Hause meiner Eltern kam und noch Mutterpfennige hatte, musste mich
5 acht Tage gedulden, während dieser acht Tage hatte ich Gelegenheit die schöne Stadt Leipzig und alles merkwürdige in Augenschein zu nehmen (…). Nach Verfluss der acht Tage, bekam ich bei einem wohl renomirten Meister Condition (Anstellung) auf 8 Tage,
10 nun machte ich große Augen, wie ich mich nach dem Speishaus und einer Schlafstelle umsehen musste, denn dieses waren mir böhmische Dörfer[1], aber noch größer war meine Verwunderung, wie mir mein Herr, bei welchen ich in Condition stand, Sonnabend
15 Abends sechs Thaler sächsisch Geld aufzählte, ich berechnete das Geld und dachte, wenn du alle Woche sechs Thaler verdienst, wirst du in einem halben Jahr ein reicher Kerl (denn länger war ich nicht Willens in einem Ort zu bleiben), denn mein Sinn war die Welt
20 zu sehen, wie ich aber in meinem Gasthaus, wo ich speißte, Richtigkeit (Rechnung) machte und mein Bette bezahlte, blieb mir wenig genug übrig, denn es war dazumal in Sachsen schlecht Geld, doch hatte ich immer so viel ich brauchte, und bei meinen Herren
25 Landsleuten sowohl den Herren Studenten, als auch den Herren Kaufleuten, welche das Jahr dreimal die Messe besuchten, gab es immer à part (beiseite, nebenher) was zu verdienen, und ich richtete die Sache allezeit so ein, dass wenn die Messe war, welche alle-
30 zeit drei Wochen dauerte, ich ausser Condition war, wo ich drei Wochen über bei meinen Herren Landsleuten immer in ihren Logis meine Arbeit verrichtete; und dabei mein Tractament (Lebenshaltung: Kost und Logis) umsonst hatte. Gieng die Arbeit zusammen, so
35 Gieng ich in das Paulinum (Collegium Paulinum, ein Universitätsgebäude) und hielte mich bei meinen studierenden Herren Landsleuten auf, und so befand ich mich immer als ein rechtschaffener Mensch, der allezeit so viel Geld im Sacke hatte als er brauchte.

Johann Christoph Haendler, Biographie eines noch lebenden Schneiders, Nürnberg, 1798, S. 30–40; Michael Stürmer (Bearb.), Herbst des alten Handwerks. Meister, Gesellen und Obrigkeit im 18. Jahrhundert, München-Zürich, Piper, 1986, Nr. 14, S. 132–136.

1 Als Geselle war es Haendler gewöhnt, im Hause des Meisters zu wohnen und zu essen.

GF

2.2.2.1.4 Frauen und Handwerk

In Köln kam es in einigen Zweigen des Textilhandwerks, die fast ausschließlich von Frauen geprägt waren, im Laufe des Spätmittelalters zur Bildung von vier Frauenzünften. Die Zünfte bzw. die Ämter der Garnmacherinnen und der Goldspinnerinnen erhielten 1397, ein Jahr nach dem großen Zunftaufstand, ihre Amtsbriefe. Die Zunft der Seidenmacherinnen, auch Seidweberinnen genannt, etablierte sich 1437 als unabhängige Institution. Das Handwerk der Seidenspinnerinnen schaffte es 1456, sich als Zunft zu behaupten. Damit wurden, ökonomisch gesehen, durchaus keine Marginalbereiche der Kölner Wirtschaft als Frauenzünfte organisiert. Alle diese Handwerke arbeiteten nämlich für den Export. Das Seidengewerbe war seit dem späten 15. Jahrhundert das wichtigste Kölner Textilgewerbe, wenn nicht das bedeutendste Exportgewerbe der Stadt überhaupt.

Um in wirtschaftlicher Hinsicht eine unabhängige Stellung im Rahmen der Stadtverfassung wie im Hinblick auf die allgemeine Muntgewalt der Ehemänner einzunehmen, waren rechtliche Konditionen für die Frauen notwendig, die es außer in Köln, nirgendwo sonst noch gab. Die Kölner Frauen besaßen mit Ausnahme der Zulassung zum Rat und damit zu den politischen Ämtern die vollen bürgerlichen Rechte und Pflichten. Das hatte Konsequenzen für das wirtschaftliche und soziale Leben der Stadt: Nach den Quellen des 15. und 16. Jahrhunderts zu urteilen, scheint es in Köln schon fast eine Ausnahme gewesen zu sein, wenn sich Frauen nur um Haushalt und Kinder zu kümmern hatten.

Zweiter Amtsbrief der Seidenspinnerinnen (1469)
Wir Bürgermeister und Rat der Stadt Köln tun kund allen Leuten, die diesen Brief sehen oder hören lesen, dass wir (…) durch das Gesuch und die einmütige Bitte unserer lieben Bürger, Bürgerinnen und Einwohne-
5 rinnen, die sich mit und an dem Seidenspinnen ernähren, damit sie ihr Handwerk ehrbar und löblich handeln und betreiben könnten und dabei keine Zwietracht und Irrungen entstünden, und damit das Handwerk auch in gutem Zustand und in Ehre gehal-
10 ten würde, denselben unseren Bürgern, Bürgerinnen und Einwohnerinnen, eingedenk der Ehre Gottes, unserer Stadt und des Gemeinen Nutzen aus solchem Handwerk ein Amt zu machen gegönnt und zugelassen haben und ihnen deswegen etliche Punkte, Gesetze und Verordnungen, wie man sich fernerhin in
15 diesem Amt halten und es leiten sollte, bestätigt haben nach Wortlaut des darüber ausgefertigten Briefes (…):
Zuerst sollen an diesem Amt sechs Personen[1] sein, die zwei Meister und zwei Meisterinnen sowie zwei Beisitzer, die man jedes halbe Jahr zur Hälfte, also einen
20 Meister, eine Meisterin und einen Beisitzer, abbestellen und wählen soll, doch so, dass Mann und Frau nicht zusammen die Meisterschaft haben sollen. Und wenn die Betreffenden abgehen, so sollen sie zwei Jahre lang stillsitzen, bis sie wieder zur Meisterschaft
25 gelangen können. Wenn sich jemand, der dazu gewählt wurde, widersetzt und die Wahl nicht annehmen möchte, der oder die soll ein Jahr lang danach im Amt kein Auskommen finden. Und die vorgenannten sechs Personen sollen ihre Eide ablegen, über das Amt
30 mit ganzem Fleiß treulich zu wachen und alle vierzehn Tage das Werk zu beschauen, dass es recht gesponnen und bereitet werde, darüber hinaus das zurückzuweisen, das zu verwerfen und das anzuerkennen, wie das hernach weiter unten erklärt steht.
35 (…)
Item soll fortan weder Mann noch Frau das vorge-

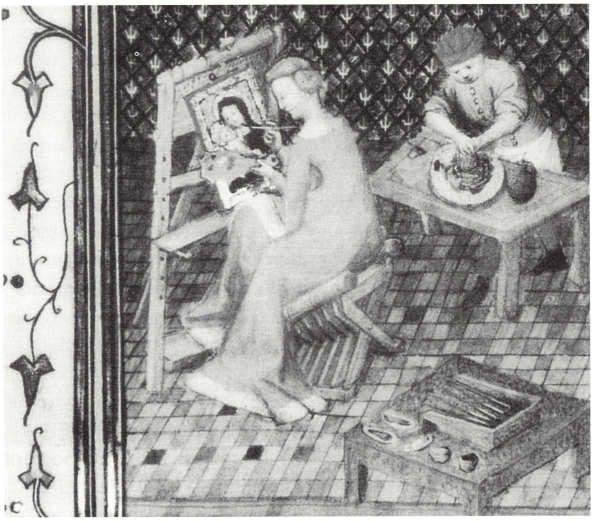

2.2.2.1.4 Eine Malerin (15. Jahrhundert).

nannte Seidspinneramt ausüben noch betreiben, er oder sie hätten es zuerst mit zwölf Weißpfennigen[2] gewonnen, erst dann soll man denjenigen zulassen und anders nicht.

Darüber hinaus soll ein Lehrling, der nach dieser Zeit an das vorgenannte Amt kommt, nicht weniger als zwei Jahre lernen und dienen in diesem Amt. Er soll zu seinem Einstand dem Amt zwei Schilling geben und in keiner Weise das Amt für sich selbst annehmen zu tun noch zu betreiben, es sei denn, er hätte zuerst zwei Jahre gelernt und gedient, ferner er oder sie sei dreizehn Jahre alt und habe das Amt gewonnen, wie vor geschrieben steht.

Item es soll niemand an diesem Amt über mehr als acht Hilfskräfte und drei Lehrlinge verfügen. Wer dagegen verstößt, der oder die soll von jeder Person zu viel zwölf Weißpfennige als Buße bezahlen, so oft das geschehe.

Auch soll niemand an diesem Amt auf einmal oder zu einer Zeit Seide von mehr als zwei Seidmacherinnen zum Spinnen hinter sich haben, bis die zubereitet ist, auf dass einer jeder Seidmacherin ihr Gut wieder geliefert und nicht vermischt werde durch die Vielfalt der Seide, die jemand von vielen Seidmacherinnen erhielte. Wer dagegen verstößt, soll vier Mark zu Buße entrichten, so oft das geschehe und jemand damit angetroffen würde. Darüber hinaus soll niemand an diesem Amt dem andern das Gesinde während seiner Dingzeit abmieten noch abwerben oder zu arbeiten geben mit keiner List. Wer dagegen verstößt, der soll zu Buße vier Mark entrichten.

Weiterhin – dass jedermann an diesem vorgeschriebenen Amt sein Werk so mache und bereite, dass der Kaufmann wie der gemeine Mann, entweder fremd oder heimisch, fortan rechtes Gut erhielten. So sollen die Meister und Meisterinnen jederzeit alle vierzehn Tage, wie vorgeschrieben steht, ihren Umgang halten, das Werk hinter jedermann zu besehen. Und wer darinnen fehlerhaft befunden werde, der soll von jedem (fehlenden) Lot Seide[3] als Strafe einen Schilling zahlen, so oft das geschehe, und dazu den Schaden von der Seide, die nicht recht gesponnen wäre, demjenigen begleichen, dem sie gehört.

Damit immer die Seidmacherinnen, die ihre Seide zum Spinnen geben, von einem jeden in diesem Amt die Sicherheit haben, dass die Seide in der üblichen Weise und recht gesponnen werde, so mögen die Seidmacherinnen zu allen Zeiten zwei Männer oder Frauen zu

2.2 Machtausübung, Machtteilhabe und Machtbegrenzung, Regulierungen und Konflikte

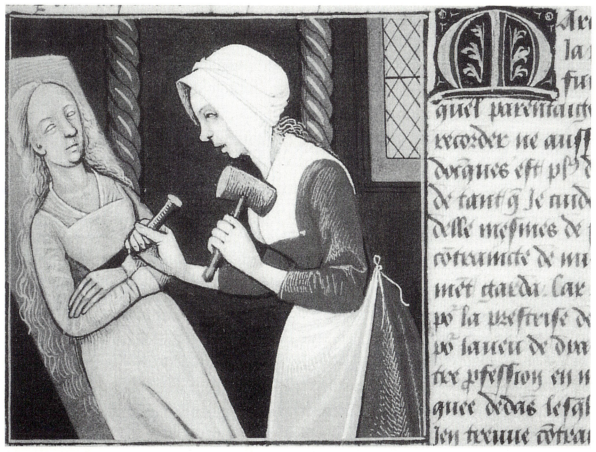

2.2.2.1.4 Eine Bildhauerin (15. Jahrhundert).

den Meistern und Meisterinnen dieses Amts schicken, die zusammen mit denen das Werk beschauen. Wenn irgendwelche Fehler an dem Werk oder am Spinnen wären, sollen sie die Fehler bereden und darüber ur-
90 teilen, so oft dies nottut. Was also von den Meistern und Meisterinnen dieses Amts sowie von den zwei dazu bestellten Männern oder Frauen der Seidmacherinnen einträchtig oder mehrheitlich beschlossen würde, das soll ein jeder von diesem Amt, den das angeht, an-
95 erkennen und dem nachkommen unter Androhung der Buße, die hernach geschrieben steht.
Item es soll niemand von uns für seinen verdienten Lohn etwas anderes als Geld empfangen und nicht irgendwelche Waren[4]. Wer dagegen verstößt, der soll so
100 viel an Buße zahlen, wie der Warenwert betrüge. (...)
Wäre auch jemand an diesem Amt, der dem andern das Seine, es wäre Seide oder anderes, das über sechs Weißpfennige wert wäre, entwendete, der oder die, von denen man dies offenkundig gewahr würde, soll
105 dieses Amtes verwiesen sein und danach seine Nahrung nicht mehr in diesem Amt finden.
Darüber hinaus soll man keine Seide weder nach außerhalb Kölns noch an geistliche Personen zu spinnen oder zu bereiten geben. Verstoße jemand dage-
110 gen, das man offenkundig gewahr würde, der soll seine Nahrung nicht mehr in diesem Amt finden, und man soll niemand in dieser Hinsicht Gnade erweisen. (...)

Margret Wensky, Die Stellung der Frau in der stadtkölni-
schen Wirtschaft im Spätmittelalter (Quellen und Darstellungen zur hansischen Geschichte, NF 26), Köln-Wien, Böhlau, 1980, S. 337–341.

1 Die Sechser machten den Zunftvorstand aus.
2 1 (Rechnungs-)Mark köln. = 12 Schillinge = 144 Pfennige; 1 Weißpfennig = 2 Schillinge.
3 Auf ein Pfund berechnet.
4 Gemeint ist damit, daß es keine Entlohnung im Trucksystem des Verlags geben dürfe.

GF

Eine Bildhauerin/eine Malerin (15. Jahrhundert), aus: Giovanni Boccaccio, Le livre des clères et nobles femmes, in: Georges Duby, Michelle Perrot (Hrsg.), Geschichte der Frauen. Bd. 2: Mittelalter, hrsg. von Christiane Klapisch-Zuber, Frankfurt a. M., Campus Verlag, 1993, S. 413 (Abb. 45 u. 46).

2.2.2.2 Die Stadt als Markt: der „gerechte" Preis, Marktzeiten, Fürkaufverbote, Preisregulierungen

2.2.2.2.1 Bischof Berthold von Würzburg erlässt für die Stadt eine Markt- und Gewerbeordnung.

Der Würzburger Bischof Berthold erneuerte am 17. März 1279 im Rahmen einer Markt- und Gewerbeordnung die Rechte und Gewohnheiten der Zünfte seiner Stadt, weil die Handwerke ihrem Stadtherrn militärische Hilfe bei der Eroberung der Burg Thüngen geleistet hatten. Vordringliches gewerbepolitisches

Anliegen des Bischofs war der Konsumentenschutz. Dazu dekretierte er Bestimmungen zum Angebot von Waren und Dienstleistungen auswärtiger Handwerker und zum Zwischenhandel der Großhändler, dem so genannten Vor- oder Fürkauf.

1. dass sich alle Zunftangehörigen wegen Schuldverpflichtungen, die sie gegenüber Personen außerhalb ihrer Zunft eingegangen sind, ferner für Verwundungen, alle ‚Frevel' genannten Vergehen vor Unseren Richtern in Würzburg gerichtlich verantworten und dem Recht Genüge tun sollen; und diese Satzung sollen nach Unserem Willen alle Zünfte samt und sonders unverletzlich halten.
2. Desgleichen bestimmen Wir, dass Semmeler und andere Bäcker an jedem Werktag backen sollen, damit alle, die danach verlangen, frisches Weiß- und Schwarzbrot bekommen können.
3. Wir bestimmen, dass die Bäcker, die ‚Roggener'[1] heißen, ihr Brot nur im Brothaus verkaufen sollen; ihnen verbieten Wir auch ernstlich, dort irgendwelche Kisten oder andere verschließbare Behälter zu haben, sondern nur ihre Bänke, auf denen sie ihr Brot verkaufen mögen. (…)
4. Wir bestimmen ferner, dass auswärtige Bäcker, wenn sie wollen, Weiß- und Schwarzbrot an drei Tagen jeder Woche in die Stadt Würzburg bringen und an diesen Tagen dort von morgens bis abends an Ständen feilhalten können, ohne dass die Semmeler oder anderen Bäcker sie in ihren Geschäften irgendwie belästigen oder behindern dürfen.
5. Ebenso bestimmen Wir, dass auswärtige Metzger an drei Tagen jeder Woche Fleisch in die Stadt Würzburg bringen und verkaufen und auch an den Ständen, wie sie seit alters gewohnt sind, feilbieten dürfen, und zwar von morgens bis abends ohne Behinderung oder Beeinträchtigung seitens der Stadtmetzger.
6. Die Metzger Unserer Stadt Würzburg mögen an den seit alters dazu bestimmten Standplätzen Fleisch aus eigener Schlachtung verkaufen. Sie dürfen kein Fleisch von auswärtigen Metzgern zum Weiterverkauf erstehen. Auch sollen sie kein Vieh durch Handschlag oder andere üble Machenschaften, die ihnen nachgesagt werden, an sich bringen und den Verkäufer nicht behindern. Wir wollen vielmehr, dass ein jeder Verkäufer sein Vieh frei verkaufen kann, ohne von den Würzburger Metzgern irgendwie behindert zu werden, sondern jeder von ihnen soll nur soviel kaufen, wie er bezahlen kann; doch ist ihnen gestattet, Unsern Domherren oder Bürgern von Würzburg behilflich zu sein, wenn sie von ihnen zum Viehkauf gebeten werden.
7. Wir bestimmen ferner, dass die Zimmerleute niemanden in der Stadt Würzburg bei seinen Bauten hindern dürfen; vielmehr soll jedem, wenn er will, erlaubt sein, einen auswärtigen Zimmermann in Kost und Logis zu nehmen, den die anderen Zimmerleute aus Würzburg weder pfänden noch sonst wie belästigen dürfen.
8. Ebenso sollen die Schmiede niemanden bei seinen Pferden hindern, sondern jeder soll seine Pferde nach eigenem Gutdünken beschlagen und sonst wie versorgen lassen können – ohne jeden Widerspruch seitens der anderen Schmiede oder auch nur eines einzigen und unbeschadet der Schulden, die jemand bei einem Schmied haben mag; Wir wollen vielmehr, dass jeder Schmied wegen Schuldsachen den Schuldner, wenn nötig, vor Unseren Richtern belangt.
9. Wir setzen fest, dass die Eierhändler, die eine Zunft haben, von einem Auswärtigen Hühner, Eier, allerlei Wildbret und Käse überhaupt nur auf dem öffentlichen Markt und erst mittags kaufen dürfen. Auch verbieten Wir ihnen strengstens, dies etwa auf der Mainbrücke und jenseits der Brücke bis zum Dorf Heidingsfeld oder anderswo in der Stadt Würzburg oder ihren Vororten entgegen Unserm Gebot zu versuchen. Wir bestimmen, dass die Eierhändler, die man ‚Reffträger'[2] nennt, und andere, die Hühner, Eier, Käse und Wild herbringen, ihre Sitze und Stände, wie es ihnen zusteht, an dem Ort, der ‚Hofstatt' heißt, haben sollen nach ihrer lang hergebrachten Gewohnheit.
10. Desgleichen setzen Wir fest, dass die Würzburger Fischer an allen Fasttagen erst zur Mittagszeit Fisch von auswärtigen Fischern kaufen dürfen.
11. Wir verbieten strengstens jeden Verkauf bei der seit alters dafür festgesetzten Strafe.
12. Wir bestimmen, dass ein Schuhmacher, wenn er bessere Schuhe zu machen versteht als ein anderer, der in der Zunft ist, deswegen den anderen Schuhmachern zu keinen Diensten verpflichtet sein soll. (…)

Gisela Möncke (Bearb.), Quellen zur Wirtschafts- und Sozialgeschichte mittel- und oberdeutscher Städte im Spätmittelalter (Ausgewählte Quellen zur deutschen Geschichte des Mittelalters. Freiherr vom Stein-Gedächtnisausgabe, 37), Darmstadt, Wissenschaftliche Buchgesellschaft, 1982, Nr. 12, S. 104–109.

1 Die Roggenbäcker waren im Unterschied zu den Semmelern, die aus dem Leibeigenenverband des Bischofs hervorgegangen sein dürften, die eigentlichen städtischen Bäcker.
2 Das waren nichtzünftige, fremde Wanderhändler, die ihre Waren in einem Tragegestell auf dem Rücken trugen.

GF

2.2.2.2.2 Brot und Preis – eine Augsburger Bäckerordnung (1606)

Für den ‚gemeinen Mann' bedeutete der Erwerb seines täglichen Brotes eine Existenzfrage. Das war nicht nur eine Frage von Arbeit und Lohn, sondern auch ein Problem des Angebots und des Preises sowie einer gesicherten Getreideversorgung. Einen ausreichenden öffentlichen wie privaten Vorrat an Getreide und Mehl gerade für die Zeiten ständig wiederkehrender Nahrungskrisen vorzuhalten, war daher ein Schwerpunkt jeder verantwortlichen städtischen Wirtschafts- und Sozialpolitik. Preise und Vorräte wurden auch und gerade durch eine rigide Ordnungspolitik der Räte gegenüber den Bäckern kontrolliert. Hierbei spielten – die Augsburger Bäckerordnung von 1606 macht dies deutlich – Steuerungselemente wie die Zulassung oder das Verbot bestimmter Brotsorten und die Überwachung des Brotmarktes eine Rolle.

(…)

Alles Brot muss nach dem gewöhnlichen Anschlag gebacken werden:
15. Es soll das Weiß- und Roggenbrot wie auch die

2.2 Machtausübung, Machtteilhabe und Machtbegrenzung, Regulierungen und Konflikte

anderen Brotsorten, Rögglein (Roggensemmeln), Stampfroggen (Stempelroggen), Brezeln, Brötchen und Rottenbrot (großes Roggenbrot), jederzeit gemäß dem wöchentlichen Anschlag, wie ihn ein Ehrsamer Rat anordnen wird, gebacken werden und dieses Brot in gebührlicher Weise nicht leichter gemacht und verkauft werden. Wenn irgendein frischgebackenes oder altbackenes Brot dem vorgegebenen Anschlag nach zu leicht oder sonst übel gebacken bei einem Bäcker angetroffen wird, dem muss solch zu leichtes oder sonst (schlechtes) Brot, es sei alt oder frisch gebacken, beim ersten Mal konfisziert, in das Findel-, Waisen- oder Blatterhaus getragen und dem Bäcker der halbe Preis dafür bezahlt, beim zweiten Mal garnichts dafür gegeben werden. Beim dritten Wiederholungsfall (muss der Bäcker) nach der Einziehung des Brotes, und zwar so viel Brot wie bei ihm gefunden wird, nach dem Wert desselben bestraft werden. Wo er aber zum vierten Mal als strafwürdig angetroffen wird, muss ihm das Brot abermals abgenommen, nichts dafür bezahlt, darüber einem Herrn Bürgermeister im Amt angezeigt und (der Bäcker) in die Eisen gelegt werden.

Man will täglich frische Semmeln haben:
16. Es sollen auch künftighin jeden Tag frisch gebackene Semmel im Wert von zwei Pfennig, und zwar sowohl im Pfennig- als auch im Hellerwert, zu kaufen angeboten werden. (...)

Von den Brezeln:
18. Die Brezeln von einem Pfennigwert müssen um ein Lot leichter als ein Pfennigsemmel gebacken und das Salz nur in den Teig und nicht außen darauf gestreut werden, ausgenommen die sechs Wochen in der Fastenzeit, in denen die ungesottenen gesalzenen Brezeln vergönnt werden, bei Strafe von zwei Gulden. (...)

Wie viel das Rottenbrot an Gewicht halten muss:
20. Ein Laib Rottenbrot, welches den Bäckern zu backen auch zugestanden ist, muss an Gewicht soviel wie ein Pfennigsemmel halten. Welcher (Bäcker) das Rottenbrot in gebührlicher Weise zu leicht oder nicht gut ausbackt oder den Kümmel nicht in den Teig, sondern außen darauf streuen wird, der muss gemäß des 15. Artikels bestraft werden. (...)

22. (...) Es muss auch jeder Bäcker in der Woche acht Hitzen (Öfen voll) allerlei Brot (...) backen. Und es muss daneben alles Brot abends zu rechter Zeit (von den Verkaufsständen) genommen und nicht bei Licht feilgeboten werden, bei Strafe eines halben Gulden.

Dass kein Bäcker zuviele Hitzen backen oder zwei Feuer zu einer Hitze brenne:
23. Welcher Bäcker eine Hitze zu viel backt oder welcher zwei Teige zu einer Hitze mischt und zusammenknetet, es seien Laibe oder Stampfroggen, auch welcher zwei Feuer verbrennt zu einer Hitze (zweimaliges Anfeuern des Backofens) (...), der soll für jedes Vergehen mit zwei Gulden bestraft werden (...).

24. Wie man sich bei Brotmangel zu verhalten hat:
Wenn künftig Mangel an Brot in dieser Stadt entstehen wird, müssen alsdann die verordneten Brotwieger, solches einem Herrn Bürgermeister im Amt, desgleichen den Vorständen der Bäckerzunft anzeigen. Darauf wird jedem Bäcker erlaubt, über die erlaubten acht Hitzen noch eine auf den Samstag dem alten Anschlag gemäß zu backen. Doch dürfen in einem solchen Fall die Bäcker den Fremden auf den bestimmten Tag der erlaubten Hitze nicht mehr Brot als für einen halben Gulden zu kaufen geben. Wer dagegen handelt, der soll mit einen halben Gulden gestraft werden.

Wie man sich bei Brotmangel verhalten soll:
(...)
25. Welcher Bäcker (falls Mangel an Brot entstünde) seine acht Hitzen, gemäß der Ordnung nicht ausbacke, doch Mehl im Haus hat, aber kein Brot feilbietet, der soll einem Herrn Bürgermeister im Amt angezeigt und in Haft genommen werden.
26. Wenn künftig bei einem Bäcker Brot im Haus gefunden wird, er aber kein Brot in seinem Laden feilbietet, dem soll das Brot genommen und er darüber hinaus in das Gefängnis gelegt werden, um dort die Strafe des Ehrsamen Rats zu erwarten. (...)

Vor zehn Uhr in der Nacht darf nicht angebrannt werden:
32. Es darf künftig jeder Bäcker, wenn er nicht jeden Tag frisches Brot backt, an einem Tag nicht mehr als zwei Hitzen Brot backen. Und zwar sollen die Hitzen so hintereinander abfolgen, dass er vor zehn Uhr in der Nacht (das Feuer) nicht anzünde und bis zehn Uhr am Vormittag das Backen beendet habe. Welcher dieses Gebot übertritt, der muss beim ersten Mal mit acht Kreuzer, beim zweiten Mal mit dem doppelten Betrag, beim dritten Mal mit dem dreifachen und beim vierten Mal mit dem vierfachen Betrag bestraft werden. (...)

Wie es auf dem Brotmarkt gehalten werden soll:
39. Kein Bäcker darf am Donnerstag und Freitag frischgebackenes Brot auf den ‚Perlach'[1] oder den Markt bringen oder das am Mittwoch gebackene Brot donnerstags oder das am Donnerstag gebackene freitags verkaufen (...).
40. Kein Bäcker darf an den genannten Tagen sein Brot weder in Karren noch Wagen, sondern allein in Wannen (...) auf dem offenen Markt verkaufen, doch kann er zwei zugedeckte Wannen Brot vor sich stehen haben (...).
41. Die Bäcker müssen das Brot von St. Georg (23. April) bis Michaelis (29. September) um sechs Uhr und von Michaelis bis St. Georg morgens um sieben Uhr – und nicht davor – auf den Markt tragen, auch am Freitag nicht länger als bis zwölf Uhr (am Mittag) feilbieten (...).

Wie es an den Sonn- und Feiertagen mit dem Brot zu halten sei:
44. Die Bäcker dürfen an Sonn- und Feiertagen (es sei denn sie fielen auf einen wöchentlichen Markttag) vor zehn Uhr ihre Läden nicht herrichten, viel weniger ihr Brot in Wannen oder auf Brettern unter die Türen setzen noch vor der Zeit ihre Häuser öffnen, noch Brot dort verkaufen, bei Strafe von zwei Gulden, die ohne Nachlass zu bezahlen sind. (...)

Wie es mit dem Getreidekauf gehalten werden sollte:
(Zentrum des Augsburger Getreidehandels war die große Kornschranne bei St. Moritz im Stadtzentrum. Der Getreidemarkt wurde donnerstags und freitags abgehalten, im Sommer ab sechs Uhr, im Winter ab sieben bzw. wann es hell wurde. An Feiertagen war um 9 Uhr Marktbeginn, der Marktschluss wurde stets um 4 Uhr angezeigt, indem die ‚Schrandtfahne' ein-

gezogen wurde. Ein Getreidewagen durfte nur unter Aufsicht der Schrannenknechte abgeladen, das gekaufte Getreide nur durch geschworene ‚Auflader' auf die Karren der Bäcker geladen werden. Der ‚Schrandtkörer' war in der Schranne für das angelieferte Getreide verantwortlich. Nur mit seinem Wissen durften die geschworenen Kornmesser die Säcke öffenen, um die Kontrolle von Qualität und Menge des Getreides vorzunehmen. In die Säcke wurde von den Kornmessern die zuvor von den Käufern bei den Kornschreibern erworbenen Ungeldzeichen, Bescheinigungen über die entrichtete Verbrauchsteuer, gelegt. Schließlich mussten die kontrollierten und mit dem Ungeldzeichen versehenen Säcke durch die Kornmesser verschlossen werden. Das ganze komplizierte System sollte dazu dienen, um dem Rat das Ungeld zu sichern, vor allem aber um Zwischenhandel und Spekulationen auszuschließen.)

52. Wenn einer Getreide auf Wagen oder Karren in die Stadt bringt und das Getreide, bevor es abgeladen ist und die Säcke aufgebunden sind, verkauft, der soll von jedem Sack mit dreißig Kreuzer bestraft werden.

Es darf auch kein Bäcker seinen Ungeldzettel (in die Säcke) legen lassen, es sei denn, er ist persönlich beim Kauf anwesend gewesen, desgleichen darf jeder nur für sich selbst und nicht für andere kaufen bei angeführter Strafe.

Bernd Roeck, Bäcker, Brot und Getreide in Augsburg. Zur Geschichte des Bäckerhandwerks und zur Versorgungspolitik der Reichsstadt im Zeitalter des Dreißigjährigen Krieges, Sigmaringen, Thorbecke Verlag, 1987, S. 219–229.

1 Der ‚Perlach' ist ein Platz im Zentrum der Stadt.

GF

2.2.2.2.3 Auch Wirtshäuser haben eine Ordnung

Am 16. Januar 1666 erließ der Rat der Reichsstadt Frankfurt am Main folgende Verordnung für die Gast- und Schildwirte.

1. Erstlich, soll niemand des Gasthaltens oder Herbergens sich gebrauchen, oder einigen Wein mit der Maaß verkauffen und hingeben, es sey dann ihme solches von E.E. und Hochweisen Rath, oder dessen Verordneten zur Rechenen, ausdrücklich vergünstiget.
2. Zum Andern, sollen alle diejenige, denen die Wirthschafft oder Gasthalten verstattet worden, sowohl Mann- als Weibs-Personen, zuforderst einen leiblichen Eyd schweren, dass sie dieser Ordnung treulich nachkommen, und darwider nicht thun wollen, weder durch sich selbsten, oder durch andere, in keiner Weise.
3. Zum Dritten, sollen diejenige Wein, die sie denen Gästen vorsetzen und verspeisen, mit einigerley schädlichen Dingen nicht bereitet oder gemacht seyn, weder durch sich selbsten oder jemand anderst ihres Wissens, sondern sollen seyn und gelassen werden, wie sie Gott an den Reben hat wachsen lassen.
4. Zum Vierdten, sollen die Wein, die ein jeder Wirth verspeisen will, sein eigen seyn, und keinem andern zustehen, auch niemand Theil oder Gemeinschafft daran haben, wie dann auch kein Wirth einige, Fremden zugehörige Weine in seinem Keller liegen haben soll.
5. Zum Fünfften, sollen die Wirth entweder mit unsern Deputirten zur Rechnen wegen eines jährlichen Anschlags für das freye Weinzapffen sich vergleichen, und diese Gebühr alle halbe Jahr entrichten, oder so fern sie dieses nicht thun wollen, alle ihr Wein, die liegen wo sie wollen, denen Visierern[1] anzeigen, und was sie verspeisen oder verkaufen, treulich verungelten[2].
6. Zum sechsten, sollen die Wirth diejenige Wein, so sie einkauffen, und zu verspeisen gedencken, sie kommen her wo sie wollen, behörender Orten treulich anzeigen, und demnach, wie bisshero geschehen, und E.E. und Hochweisen Rath zu schärferem Einsehen bewogen, weder bey Tag noch Nacht ichtwas, es sey viel oder wenig, heimlich in ihre Keller einschleiffen.
7. Zum Siebenden, da ein Wirth Wein mit Fässern aus einem Keller in den andern verkaufft, soll er solchen auf der Renten, benebenst der Person, wem solche verkaufft worden, und den Ort, wo solcher hingeführt und eingekellert werden solle, treulich anzeigen.

Johannes Conradus Beyerbach, Sammlung der Verordnungen der Reichsstadt Frankfurt, 11 Bde., Frankfurt a.M., Hermann, 1798–1818, hier: Bd. IV, Nr. 52, S. 797–798.

1 Den Ratsbediensteten, die Mengeninhalt der Weinfässer mithilfe einer Visierrute ausmaßen.
2 Die indirekte Verbrauchssteuer war auf den Wein zu zahlen.

GF

2.2.2.3 Vom rechten Umgang mit Maß und Gewicht

Zu allen Zeiten, so auch im Mittelalter und in der Frühen Neuzeit, waren und sind Handwerker und Kaufleute auf Gewinn ausgerichtet. Gelegentlich hat man seinem Glück auch etwas nachgeholfen: Verbraucher und Handelspartner wurden mit Gewichten und Maßen betrogen, die zu leicht, zu kurz, verfälscht waren. Die städtischen Räte, dann auch seit dem 16. Jahrhundert die fürstlichen und territorialen Obrigkeiten, versuchten, durch Ordnungen und Kontrollen, auch durch das sichtbare Anbringen von Maßeinheiten, die Konsumenten vor solchen Manipulationen zu schützen. Dabei gab es kaum standardisierte Einheitsmaße und -gewichte. Jede Stadt, jeder Landstrich kannte vielmehr ein eigenes Maßsystem. Die Obrigkeiten haben diese Maße als Teil ihrer Herrschaft betrachtet und entsprechend normiert. Die Frankfurter Ordnung von 1406 steht beispielhaft für eine ganze Reihe solcher Verordnungen:

1. Es ist zu wissen, dass der Rat seinen Freunden (verordnete Ratsgenossen) jetzt in der vorhergegangenen Messe[1] befohlen hat, die Gewichte an beiden städtischen Waagen zu überprüfen. Sie haben auch das Aus- und Einwiegen von Bürgern und Ausleuten überprüft. Sie haben einmütig beschlossen, wie dies auch altes Herkommen ist, dass das Pfund auf den Stadtwaagen, der Krämer- und Schmerwaage gleich ist und man auf der Krämerwaage 100 Pfund für einen Zent-

2.2 Machtausübung, Machtteilhabe und Machtbegrenzung, Regulierungen und Konflikte

ner wiegt und auf der Schmerwaage 108 Pfund für einen Zentner.

2. Die Krämer sollen, was sie in ihren Häusern und Kramläden auswiegen, mit dem Silberpfund auswiegen, das bedeutet mit 32 Lot auf ein Pfund. Butter und alles andere, was auf die Krämerwaage gehört, muss man auch mit dem Silberpfund wiegen.

3. Auch das, was die Metzger oder andere auswiegen, es sei Fleisch, Schmalz, Lichter[2], Kannen, Flaschen, Kessel, oder was es auch sei, das muss man mit dem ganzen Pfund auswiegen, wie es in den Stadtwaagen gehandhabt wird, und nicht mit dem Silberpfund.

4. Ein Krämer oder ein anderer darf auf seiner Waage 25 Pfund oder weniger wiegen. Was darüber ist, das muss man auf den städtischen Waagen wiegen lassen.

5. Man muss wiegen mit Kupfer-, Messing- oder Eisengewichten, nicht mit Holz. Doch was über 5 Pfund wäre, also 6 Pfund oder darüber und nicht darunter, das kann mit Bleigewichten oder mit Zinngewichten gewogen werden, die man gewöhnlich nicht alle Tage benutzt.

6. Es ist besonders zu wissen, dass ein Pfund in den Stadtwaagen an jeder Waage 33 Lot hält, das Silberpfund hält 32 Lot.

7. (Wie hernach geschrieben steht, muss man von jedem Gewicht zuerst alles geben, was zu den Kramwaren gehört etc.): es sei Gewürz oder was auch immer 100 Pfund für einen Zentner; Lorbeer 108 Pfund für einen Zentner; Blei und Zinn 108 Pfund für einen Zentner; Tafel(blei) 100 Pfund für einen Zentner; Hanf und allerlei Werg oder rohen Flachs 108 Pfund für einen Zentner; altes Kupfer oder geschlagenes Kupfer(blech) 100 Pfund für einen Zentner; Fleisch, Schmer, Unschlitt, ungesottene Butter 108 Pfund für einen Zentner; gesottene Butter 100 Pfund für einen Zentner; geschlagene Englisch (Silbermünzen) oder gegossenes lauteres Zinnwerk und gemachtes Messingwerk 100 Pfund für einen Zentner; alle Metalllegierungen, Frankfurter Zinnwerk, Drähte und alle Erze legiert, 108 Pfund für einen Zentner.

8. Die Ratsfreunde haben darüber hinaus beschlossen, dass die Silbermark (Gewicht) zu Frankfurt ein halbes Quintel reicher sein soll als die Kölner Mark (...).

9. Merke: wer Gewichte hat, die zu klein sind, den bestraft man von jedem Gewicht, das zu gering ist, womit man wiegt Spezerei, Gewürze etc. und dergleichen, mit einer Mark (Silber).

10. Von einem Ellenmaß, das zu kurz ist, mit einer Mark.

11. Von einem Gewicht, das zu klein wäre, womit man Fleisch, Butter, Zinn, Kerzen und andere derartigen Waren wiegt, 5 Schilling Pfennig.

12. Wo man Waren findet, die zu gering gewogen worden seien oder zu kurz gemessen, die müssen von der Stadt wegen eingezogen werden. Derjenige, der die Waren zu kurz gemessen oder zu leicht gewogen hätte, muss denjenigen ihr Geld davon wiedergeben. Darüber hinaus werden die Räte die für jeglichen Verstoß (gegen die Verordnung) bestrafen, und zwar wie sie dies dann einschätzen werden, ob der Schaden und die Übertretung groß oder klein wären oder ob es sonst gefährlich oder vorsätzlich zugegangen sei.

13. Wer andere Bleigewichte als die vorher beschriebenen und unterschieden hätte, der wäre für jedes Gewicht einer Buße von 5 Schilling Pfennig verfallen, so oft dies geschieht. Und was an Geld für die Bußen wegen der Gewichte und der Ellenmaße in der angeführten Weise anfällt, das soll fallen und werden (den Bürgermeistern und Rechenmeistern zu gleichen Teilen), auf dass sie umso fleißiger darüber wachen und das kontrollieren, was verordnet ist. Doch sollen sie dem Richter, dem es zusteht, darüber zu urteilen, damit (mit den Strafgeldern) so bedenken, wie sie glauben, dass es redlich sei.

Armin Wolf (Bearb.), Die Gesetze der Stadt Frankfurt am Main im Mittelalter (Veröffentlichungen der Frankfurter Historischen Kommission, 13), Frankfurt a. M., Verlag Waldemar Kramer, 1969, Nr. 113, S. 203 f.

1 Gemeint ist damit die Frühjahrsmesse 1406.
2 Kerzen aus Unschlitt, tierischen Fetten, bzw. aus Wachs.

GF

2.2.3 ‚Staatliche' Gewalt und die ‚Freiheiten' der Untertanen

2.2.3.1 Von Recht und Gericht – Textbeispiele aus einem Jahrtausend

2.2.3.1.1 Der König setzt Recht – aus dem Kapitulare von Herstal (779)

Karl der Große erließ im Jahr 779 folgende Verordnung:

Im elften glücklichen Herrschaftsjahr unseres Herrn Karl, des glorreichsten Königs, im Monat März erging das Kapitulare, dass die in einem Synodalkonzil versammelten Bischöfe, Äbte und hochberühmten Grafen sich zusammen mit unserem ehrbarsten Herrn nach dem Willen Gottes auf folgendes Gesetz verständigt haben:
(...)

5. Dass die Bischöfe Erlaubnis haben, in Blutschande lebende Menschen zu züchtigen, und darüber hinaus die Macht besitzen, Witwen innerhalb ihrer Pfarrei zurechtzuweisen. (...)

8. Dass Mörder oder andere Übeltäter, die dem Recht nach sterben müssen, wenn sie in einer Kirche ihre Zuflucht nehmen, weder vor Strafverfolgung verschont werden noch ihnen dort eine Mahlzeit gereicht wird.

9. Dass Straßenräuber innerhalb eines Gerichtsbezirkes eines Richters an die Grafengerichte überstellt werden; welcher Richter dies nicht tut, soll Lehen und Amt verlieren. In gleicher Weise soll unser Vasall, wenn er dies nicht erfüllt hat, Lehen und Amt verlustig sein. Und derjenige, der kein Lehen hat, verfällt dem Bann.

10. Und über den, der einen Meineid leistet: er erlange keine Erlösung, es sei denn, er verliert die Hand. Und wenn der Ankläger wegen dieses Meineides einen Zweikampf möchte, sollen sie zu einem Kreuz treten. Und wenn der Schwurleistende obsiegt, hat der Ankläger sein Recht verwirkt. Dieses Verfahren ist aber nur bei kleineren Delikten anzuwenden, gewich-

tigere Rechtsfälle oder Freigeborene sollen nach dem Recht behandelt werden.

11. Was die Rache und das Gottesurteil bei Straßenraub angeht, so sollen sie, die Richter, sagen, dass das darüber gefällte Urteil der Bischöfe ohne Strafe des Grafen bliebe, aber dass bei der Durchführung dennoch ohne Hass und ohne schlechte Ursache nicht anderes dort geschehe als wahre Gerechtigkeit. Und wenn durch Hass und schlechte Gesinnung und nicht durch die Handhabung von Gerechtigkeit ein Mensch gestorben ist, soll er (der Richter) sein Amt verlieren, und wenn er dieses Unrecht entgegen der Gesetze begangen hat, soll er bestraft werden gemäß der Strafe, die darüber verhängt ist. (…)

16. Von den Eidschwüren, mit denen sich Gilden untereinander eidlich verbinden: dass niemand sich untersteht, so etwas zu tun. Und zum anderen von deren Almosen, von Brandstiftung und Schiffbruch, wenn sie auch Zusammenkünfte abhalten: niemand soll sich anmaßen, solche zu beschwören. (…)

19. Von den Sklaven (mancipia), die sie verkaufen: dass dies in Anwesenheit eines Bischofs oder eines Grafen geschehe, oder in Gegenwart eines Archidiakons[1], eines Gerichtsvorstehers, eines Vogtes oder eines gräflichen Richters und mit gut bekannten Leumundszeugnissen. Niemand soll einen Sklaven auf dem Marktplatz verkaufen. Derjenige, der dies tut, der soll soviele Bannpflichten leisten, wie viele Sklaven er verkauft hat. Wenn er keinen Besitz hat, gibt er (den Sklaven) dem Grafen als Bürgschaft für seinen persönlichen Dienst, solange bis die Bannstrafe abgegolten ist. Wenn ein Graf in seinem Amt das Recht nicht gehandhabt hat, dann soll er dafür sorgen, dass es von unserem Königsboten in seinem Haushalt ausgeübt werde, solange bis sie das Recht dort wieder hergestellt haben. Und wenn einer unserer Vasallen das Recht nicht gehandhabt hat, dann sollen ein Graf und ein Königsbote seinen Haushalt einnehmen und darin leben, bis er die Gerechtigkeit wieder ausübe (…).

Capitularia, in: MGH, LL, Bd. 1, Hannover, Hahnsche Buchhandlung, 1835, Nr. 20, S. 46–51.

1 Der Vorsitzende des Diakonskollegiums.

TJ/GF

2.2.3.1.2 Einer von vielen Landfrieden im Mittelalter – der Friede König Friedrichs I. von 1152

Mit den Landfrieden von 1152 und 1158 schuf sich Friedrich Barbarossa Instrumente einer vom Königtum zu handhabenden Gerichtsbarkeit. Die Einhaltung des Friedens in allen Schichten des sozialen Ganzen vom Adel bis hin zu den Bauern sollte mit Hilfe eines Systems von Eidverpflichtungen erzwungen und die Beschreitung des Rechtsweges erreicht werden. Die Mittel, dieses Ziel zu erlangen, bestanden in der Androhung schwerer Leibesstrafen. Damit wurde bei Kapitalverbrechen das überkommene Bußsystem der Leistung von Geldzahlungen, des Gottesurteils etc. durch die so genannte peinliche Strafe abgelöst. Die Strafverfolgung wurde als Aufgabe der öffentlichen Gewalt begriffen, sie lag nicht mehr in erster Linie als private Vergeltung bei dem Verletzten. Der vorgestellte Landfrieden von 1152 war freilich nur ein erster Schritt in einer langen Entwicklung, die im ‚Ewigen Landfrieden' von 1495 gipfelte und erst im 16. Jahrhundert ihre Ziele erreichte.

Friedrich, von Gottes Gnaden Römischer Kaiser, allzeit Mehrer des Reiches, entbietet den Bischöfen, Herzögen, Grafen, Markgrafen und Amtsträgern, zu denen dieses Schriftstück gelangt, seine Huld sowie Frieden und Zuneigung.
Wie Wir aufgrund der vorsehenden Gnadengüte Gottes den Thron königlicher Hoheit bestiegen haben, ist es angemessen, dass Wir Dem, durch dessen Gabe Wir hervorragen, auch ganz in Unserem Tätigsein gehorchen. So kommt es, dass Wir – in dem Bestreben, göttliche und menschliche Gesetze in ihrer Kraft bestehen zu lassen, und in der Absicht, die Gotteshäuser und Geistlichen zu erhöhen und vor jedermanns Angriff und Einfall zu schützen – allen Leuten gegenüber ihr Recht bewahren wollen und einen lange ersehnten und längst für das Land notwendigen Frieden, der überall in sämtlichen Gebieten des Reiches gehalten werden soll, kraft königlicher Vollmacht verkünden. Wie aber dieser Friede gehalten und gewahrt werden soll, wird im Folgenden offen dargelegt:

1. Wenn jemand einen Menschen, der in diesem Frieden steht, tötet, soll er der Todesstrafe unterliegen, es sei denn, er könnte durch einen Zweikampf beweisen, dass er jenen zum Schutz seines Lebens getötet hat. Wenn aber allen offenkundig ist, dass er ihn nicht in Notwehr, sondern vorsätzlich getötet hat, darf er sich weder durch Zweikampf noch irgendwie sonst rechtfertigen, vielmehr werde er mit dem Tode bestraft.

2. Wenn aber ein Friedensbrecher vor dem Angesicht des Richters flüchtet, so soll vom Richter seine bewegliche Habe zugunsten des Volkes eingezogen und verteilt werden; die Erben aber sollen dessen Erbeigentum, das er innehatte, erhalten, jedoch unter Einfügung der Bedingung, dass sie unter Eid versprechen sollen, dieser Friedensbrecher werde künftig niemals mit ihrem Willen oder Einverständnis irgendeinen Nutzen davon erhalten. Wenn ihm aber die Erben unter Nichtachtung der Kraft des Gesetzes späterhin das Erbeigentum überlassen, soll der Graf dieses Erbeigentum der königlichen Botmäßigkeit überweisen und vom König dann zu Lehnrecht aufgetragen erhalten.

3. Wenn jemand einen anderen innerhalb des Friedengebotes verwundet, soll ihm, falls er nicht in einem Zweikampf beweist, dass er dies zum Schutz seines Lebens getan hat, die Hand abgeschlagen werden, und er soll, wie oben gesagt, abgeurteilt werden, und der Richter in dieser Rechtssache soll ihn und seine Habe gemäß der ganzen Kraft des Gesetzes schonungslos treffen.

4. Wenn jemand einen anderen gefangen nimmt und ihn ohne Blutvergießen mit Knüppeln misshandelt oder dessen Haare oder Bart ausrauft, soll er demjenigen, dem das Unrecht so offensichtlich zugefügt wurde, zehn Pfund als Bußgeld zuwenden, doch dem Richter soll er zwanzig Pfund zahlen. Wenn er ihn aber unüberlegt ohne Verletzung angreift, was man gemeinhin „hasteros Hand" – mit hitziger Hand – nennt, und mit Schlägen und Schmähungen übel behandelt, soll er (…) 5 Pfund zahlen. (…)

2.2 Machtausübung, Machtteilhabe und Machtbegrenzung, Regulierungen und Konflikte

6. Wenn ein Geistlicher wegen Friedensbruch belangt wird oder einen Friedensbrecher in seiner Wohnung behält und dessen in Gegenwart seines Bischofs durch ein hinreichendes Eideszeugnis überführt wird, soll er dem Grafen, in dessen Grafschaft dieser Geistliche das Verbrechen begangen hat, zwanzig Pfund zahlen und dem Bischof wegen dieses Vergehens nach den kirchlichen Gesetzen Genugtuung leisten. Wenn aber dieser Geistliche widerspenstig ist, soll er nicht nur kirchliches Amt und Pfründe verlieren, sondern auch für geächtet erachtet werden.

7. Wenn ein Richter auf das Geschrei der Leute hin einem Friedensbrecher bis zur Burg seines Herrn gefolgt ist, soll der Herr, dem diese Burg offensichtlich gehört, ihn zum Walten der Gerechtigkeit ausliefern. Wenn er nun, was seine Unschuld anlangt, Bedenken hat und vor dem Antlitz des Richters zu erscheinen sich fürchtet, soll sein Herr, wenn jener eine Wohnung in der Burg hat, all seine bewegliche Habe dem Richter unter Eid überantworten und ihn künftig als Geächteten nicht in seinem Hause aufnehmen. Wenn er aber keine Wohnung in der Burg hatte, soll ihn sein Herr ungefährdet vorführen lassen. Künftighin soll der Richter zusammen mit dem Volk nicht aufhören, ihn als Friedensbrecher zu verfolgen.

(…)

10. Wenn ein Bauer einen Rittersmann wegen Friedensbruch belangt und mit seiner Hand schwört, dass er dies nicht vorsätzlich, sondern in Notwehr tut, soll sich der Rittersmann zur vierten Hand reinigen. Wenn ein Rittersmann einen Bauern wegen Friedensbruch belangt und mit seiner Hand schwört, dass er dies nicht vorsätzlich, sondern in Notwehr tut, soll der Bauer eine von zwei Möglichkeiten wählen: entweder soll er durch Gottes- oder Menschengericht seine Unschuld beweisen, oder er soll sich durch sieben geeignete Zeugen, die der Richter auswählt, reinigen. Wenn ein Ritter gegen einen Ritter wegen Friedensbruch oder wegen einer todeswürdigen Rechtssache einen Zweikampf führen will, soll ihm nicht die Genehmigung zum Kämpfen erteilt werden, es sei denn, er könnte beweisen, dass er seit alter Zeit wie seine Eltern der Herkunft nach rechtmäßiger Ritter ist.

11. Nach dem Festtag Mariä Geburt soll jeder Graf sich sieben Männer guten Rufes wählen und bei jeder Landschaft umsichtig verfügen und nützlich bestimmen, zu welchem Preis nach den Zeitverhältnissen das Getreide verkauft werden soll. Wer sich aber herausnimmt, gegen dessen Verfügung binnen Jahresfrist einen Scheffel für höheren Preis und teurer zu verkaufen, soll als Friedensbrecher behandelt werden und dem Grafen sovielmal zwanzig Pfund zahlen, wie er Scheffel erwiesenermaßen für höheren Preis verkauft hat.

12. Wenn ein Bauer Waffen, Lanze oder Schwert trägt, soll ihm der Richter, in dessen Amtsbereich er sich befindet, die Waffen fortnehmen oder stattdessen zwanzig Schilling vom Bauern erhalten.

13. Ein Kaufmann, der in Geschäften über Land reist, soll sein Schwert an seinen Sattel binden oder auf seinen Wagen legen, damit er nicht etwa einen Unschuldigen verletzt, sich aber vor Räubern schützen kann.

14. Niemand soll seine Netze oder Schlingen oder sonstige andere Geräte zum Wildfang spannen, es sei denn zum Fang von Bären, Wildschweinen oder Wölfen.

(…)

17. Jeder, der seine Vogtei oder ein anderes Lehen unordentlich verwaltet und von seinem Herrn ermahnt wird, jedoch nicht zur Vernunft kommt, in seiner törichten Haltung verharrt und daher durch ein gerichtliches Verfahren Vogtei und Lehen verliert, soll, wenn er danach in freventlichem Unterfangen Vogtei oder Lehen überfällt, als Friedensbrecher behandelt werden.

18. Wenn einer Sachen im Wert von fünf Schilling oder mehr stiehlt, soll er mit dem Strick aufgehängt werden; wenn weniger, soll er mit Ruten und Zange geschunden und geschoren werden.

19. Wenn Dienstmannen eines Herrn untereinander Fehde haben, sollen daraufhin der Graf oder Richter, unter dessen Herrschaftsbereich sie dies ausfechten, Gesetz und Gericht wahrnehmen.

20. Jeder, der über Land reist und sein Pferd fressen lassen will, darf seinem Pferd, was er ganz nahe am Rand des Weges stehend fassen kann, als Futter und Erholung für sein Pferd, straffrei geben. Es soll auch erlaubt sein, dass jedermann Grashalme und grünendes Buschwerk ohne Verwüstung und Schaden zu seinem Vorteil und Bedarf verwendet.

Lorenz Weinrich (Bearb.), Quellen zur deutschen Verfassungs-, Wirtschafts- und Sozialgeschichte bis 1250 (Ausgewählte Quellen zur deutschen Geschichte des Mittelalters, Freiherr vom Stein-Gedächtnisausgabe, 32), Darmstadt, Wissenschaftliche Buchgesellschaft, 1977, Nr. 57, S. 214–223.

GF

2.2.3.1.3 Pflügen und Säen, Haus und Vieh – dörfliche Rechtsbestimmungen aus dem ‚Sachsenspiegel' des Eike von Repgow

Im niederdeutschen ‚Sachsenspiegel' hat Eike von Repgow (um 1180 – nach 1233) auch bäuerliche Rechtsbestimmungen berücksichtigt. In der ältesten Fassung von 1221/24 lautet der einschlägige Artikel des Sachsenspiegels über die bäuerliche Arbeit, das Nachbarschafts- und Hirtenrecht folgendermaßen:

Wenn immer einer eines anderen Mannes Land unabsichtlich bestellt oder ein anderer es ihm übergeben hat und er deshalb beschuldigt wird, während er es pflügt, verliert er seine Arbeit daran, wenn es jener behält. Wenn es aber einer ihm übergeben hat, soll der ihm seinen Schaden erstatten. Wenn er das Land besät, während er verklagt wird, verliert er seine Arbeit und sein Saatgut. Wenn er sät und nicht verklagt ist, behält er die Saat und gibt seinen Zins an den Halter des Landes. Jeder, der eingesätes Land eines anderen Mannes umpflügt, soll ihm den Schaden nach Recht erstatten und Buße zahlen. Wer immer sein Vieh auf eines anderen Mannes Korn oder Gras treibt, soll ihm seinen Schaden nach Recht erstatten und drei Schilling Buße zahlen. Wenn der Halter nicht dort anwesend ist, wo das Vieh Schaden anrichtet, kann es gepfändet werden; den Schaden sollen die Viehhalter erstatten, so weit er ihnen sofort nachgewiesen wird, und zwar nach Schätzung der Bauern; außerdem zahlt

113

jeder für sein Vieh sechs Pfennig Buße. Wenn das Vieh in solchem Zustand ist, dass man es nicht heimtreiben kann, wie ein brünstiges Pferd, eine Gans oder ein Eber, soll der Geschädigte zwei Männer dazubitten und ihnen seinen Schaden zeigen und dann dem Vieh ins Haus seines Halters folgen und ihn deshalb beschuldigen; dann muss der Halter für das Vieh Entschädigung leisten, wie wenn es gepfändet wäre.

Wenn immer einer sein Vieh in eine andere Gemarkung auf die Gemeindewiese treibt und es gepfändet wird, zahlt er sechs Pfennig. Jeder, der über unbestelltes Land fährt, bleibt straffrei, außer wenn es eine umzäunte Wiese ist. Alles, was der Hirt in seiner Hut verliert, muss er erstatten. Wenn ein Mann sein Korn draußen stehen lässt, während alle Leute ihr Korn eingefahren haben, und es ihm gefressen oder zertreten wird, erhält er keine Erstattung. Niemand darf seine Dachtraufe in eines anderen Mannes Hof hängen lassen. Jedermann soll auch seinen Hofteil einhegen; wenn er es nicht tut und daraus Schaden erwächst, muss er ihn bessern. Geschieht ihm selber Schaden, bleibt er straflos. Jeder, der Malbäume oder Grenzsteine setzt, soll den hinzuziehen, der das Land auf der anderen Seite hat. Jeder, der einen Zaun setzt, soll die Äste in seinen Hof kehren. Öfen, Abtritte und Schweinekoben sollen drei Fuß Abstand vom Zaun haben. Jedermann soll auch seinen Ofen und seine Feuermauern verwahren, dass die Funken nicht in eines anderen Mannes Hof fliegen und dort Schaden stiften. Abtritte soll man bis zum Boden beplanken, wenn sie zu eines anderen Mannes Hof hin stehen. Rankt sich der Hopfen über den Zaun, dann darf der, der die Wurzeln in seinem Hof hat, so nahe wie möglich an den Zaun treten, hinübergreifen und den Hopfen herüberziehen; was er erreicht, gehört ihm; was auf der anderen Seite hängen bleibt, gehört seinem Nachbarn. Die Zweige seiner Bäume sollen auch nicht über den Zaun hängen, seinem Nachbarn zum Schaden. Alles, was ein Mann auf fremdem Gut baut und wofür er Zins zahlt, kann er abbrechen, wenn er davonfährt, und nach seinem Tod darf es sein Erbe; ausgenommen bleiben der Zaun vorn und hinten, das Haus und der Mist. Das kann der Hausherr nach Schätzung der Bauern einlösen; tut er es nicht, führt der Zinsmann auch dies mit dem übrigen davon. Niemand darf Vieh zuhause lassen, das dem Hirten folgen kann, ausgenommen Sauen, die ferkeln; die soll man sichern, dass sie keinen Schaden tun.

Niemand darf sich einen eigenen Hirten halten, der dem Gemeindehirten seinen Lohn mindern würde, es sei denn, dass einer drei Hufen oder mehr hat, die sein Eigen oder sein Lehen sind; dann darf er einen eigenen Schafhirten halten. Überall, wo dem Hirten der Lohn nicht nach Viehzahl, sondern nach Hufenzahl versprochen ist, darf ihm niemand den Lohn vorenthalten, damit das Dorf nicht seinen Hirten verliert. Alles, was man vor den Hirten treibt und er nicht wieder ins Dorf bringt, muss er erstatten. Wenn immer es ihm Wölfe oder Räuber nehmen, muss er sie, solange er sie nicht selber gefangen ist, mit dem Hilferuf anschreien, sodass er dafür Zeugen beibringen kann; sonst muss er es erstatten. Wenn ein Vieh ein anderes vor dem Hirten verletzt und man den Hirten deshalb beschuldigt, muss er das Vieh, das den Schaden getan hat, nachweisen und das beschwören. Dann muss der Viehhalter das verwundete Vieh in seine Pflege nehmen, bis es wieder gut aufs Feld gehen kann. Wenn es stirbt, muss es der Halter nach seinem festgesetzten Wert erstatten. Wenn man den Hirten beschuldigt, dass er ein Vieh nicht zu Dorfe gebracht habe, und er seine Unschuld beschwören will, ist er die Klage los. Wenn immer aber jemand etwas von seinem Vieh vermisst, sofort zum Hirten geht und ihn vor zwei Zeugen deshalb beschuldigt, darf der Hirt in dieser Sache nicht schwören, sondern muss dem Halter sein Vieh erstatten. Wenn aber der Hirt sagt, dass es nicht vor ihn getrieben wurde, muss es der Halter mit zwei Männern besser bezeugen können, die sahen, dass man es in seine Hut trieb; sonst gilt der Hirt als unschuldig.

Was immer der Bauermeister zum Nutzen des Dorfes mit Zustimmung der Mehrheit der Bauern anordnet, dagegen darf die Minderheit nicht Einspruch erheben. Jedes von den Dörfern, die am Wasser liegen und einen Damm haben, der sie vor der Flut sichert, muss seinen Teil des Dammes vor der Flut befestigen. Wenn aber die Flut kommt und den Damm einreißt und die innerhalb des Landes Ansässigen zu Hilfe gerufen werden, dann hat jeder, der bei der Ausbesserung des Dammes nicht mithilft, dasjenige Erbe verwirkt, das er innerhalb des Dammes besitzt.

Karl August Eckhardt (Bearb.), Sachsenspiegel. Landrecht, 2. Aufl., Göttingen, Musterschmidt-Verlag, 1955, S. 169–175; übersetzt von Arno Borst, Lebensformen im Mittelalter, 4. Aufl., Frankfurt a. M.-Berlin, Propyläen, 1987, S. 360–363.
GF

2.2.3.1.4 Aus dem ‚peinlichen' Recht des 16. Jahrhunderts – Kindsmord in der Bamberger Ordnung

Die Bambergische Halsgerichtsordnung wurde 1507 im Auftrag des Bamberger Bischofs Georg durch Johann von Schwarzenberg als Darstellung des geltenden Strafrechts geschaffen und ein Jahr später, 1508, erstmals gedruckt. Sie diente der peinlichen Halsgerichtsordnung Kaiser Karls V. als Vorlage. Das Quellenbeispiel aus der Bamberger Halsgerichtsordnung behandelt die Strafe für Kindstötung.

Strafe für Frauen, die ihre Kinder töten:
Die Frau, die ihr Kind, das Leben und Gliedmaßen empfangen hat, heimlich und auf boshafte Art und Weise getötet hat, diese Frauen werden gewöhnlich lebendig begraben und gepfählt. Aber um die Verzweiflung darüber zu verhüten, sollen dieselben Übeltäterinnen in dem Gerichtsbezirk, wo geeignete Wasserläufe vorhanden sind, ertränkt werden. Wo aber solche Übeltaten wiederholt geschehen, wollen wir die beschriebene Gewohnheit des Vergrabens und Pfählens um der größeren Abschreckung solcher boshaften Frauen willen auch zulassen oder aber, dass vor dem Ertränken die Übeltäterin mit glühenden Zangen gerissen werde, alles nach dem Rat der Urteiler.
Wenn aber eine Frau (wie oben beschrieben) ein lebendiges Kindlein mit Gliedmaßen (das danach tot aufgefunden wurde) heimlich ausgetragen und geboren hat und wenn dieselbe vorgenannte Mutter des-

2.2 Machtausübung, Machtteilhabe und Machtbegrenzung, Regulierungen und Konflikte

halb angeklagt würde und als Entschuldigung vorgäbe (wie es gelegentlich schon uns vorgetragen wurde), dass sie das Kindlein ohne ihre Schuld tot geboren hätte, könnte sie dann ihre Unschuld durch redliche und gute Gründe und Umstände durch Zeugenschaft ausführen, dann soll es so aufgefasst und behandelt werden, wie es im 86. Artikel über den Beweis der Unschuld ausgeführt wird. Auch deshalb soll weiter untersucht werden, weil bei bestimmter genügsamer Weisung der angeregten vermeintlichen Entschuldigung nicht zu glauben ist, denn sonst könnte sich jede Täterin mit einer solchen Geschichte als unschuldig erklären. Denn dass eine Frau ein lebendiges Kindlein heimlich austrägt und willentlich allein und ohne Hilfe anderer Frauen zur Welt bringt (wobei eine Geburt ohne Hilfe mit Todesgefahr gleichzusetzen ist), ist deshalb kein glaubwürdiger Grund, außer dass dieselbe Mutter durch boshaften Vorsatz glaubte, mit der Tötung des unschuldigen Kindleins (an dem sie vor, während oder nach der Geburt schuldig würde) ihre ausgeübte Leichfertigkeit verborgen zu halten. Darum soll man, wenn eine solche Mörderin auf der genannten angemaßten, unbewiesenen, frevelhaften Entschuldigung bestehen will, sie nach oben gemeldeter ausreichender Anzeige (der bestimmten unchristlichen und unmenschlichen Übeltaten und Morde schuldig befunden) mit peinlicher und ernster Befragung zum Geständnis der Wahrheit zwingen, und sie bei Bekenntnis desselben Mordes zu endgültiger Todesstrafe (wie es oben beschrieben steht) verurteilen. Doch wo an der Schuld oder Unschuld einer solchen Frau gezweifelt wird, sollen sich die Richter und Urteiler unter Berücksichtigung aller Umstände beraten.

Klaus Arnold, Kind und Gesellschaft in Mittelalter und Renaissance, Paderborn, Schöningh-Lurz, 1980, S. 169–170.

CS/GF

2.2.3.1.5 Die Peinliche Halsgerichtsordnung Kaiser Karls V. (1532)

Die Peinliche Gerichtsordnung oder ‚Constitutio Criminalis Carolina' wurde 1532 unter Kaiser Karl V. vom Regensburger Reichstag zum Reichsgesetz erhoben. Die Halsgerichtsordnung, kurz auch ‚Carolina' genannt, stellt das erste allgemeine Strafgesetzbuch für ganz Deutschland dar. Sie erlangte daher in den meisten deutschen Territorien, sogar in der Schweizer Eidgenossenschaft, Rechtskraft und bildete die Grundlage für die Entwicklung des deutschen Straf- und Strafprozessrechts über die Jahrhunderte. Die ‚Carolina' hatte bis ins 19. Jahrhundert hinein formelle Geltung, allerdings wurde schon im 17. Jahrhundert das grausam-abschreckende System der Leibes- und Lebensstrafen durch eine menschlichere gerichtliche Praxis ersetzt.

§ 123. Strafe für Verkupplung und Beihilfe zum Ehebruch.
Nachdem zum wiederholten Mal die unverständigen Frauen und zuvor die unschuldigen Mädchen, die sonst unbescholtene ehrliche Personen sind, durch viele böse Menschen, Männer und Frauen, auf bösartige und betrügerische Weise, damit ihnen ihre jungfräuliche oder weibliche Ehre genommen würde, zu sündhaften fleischlichen Lastern verführt werden, sollen eben diese boshaften Kuppler und Kupplerinnen, auch diejenigen, die wissentlich gefährlich und boshaft ihre Häuser dazu zur Verfügung stellen oder gestatten, dass solches in ihren Häusern geschehe, nach der Schwere der Handlung und nach dem Urteil der Richter mit Verweis des Landes, In-den-Pranger-Stellen, Abschneiden der Ohren, Auspeitschen mit Ruten oder mit anderem bestraft werden.

§ 130. Zuerst von der Strafe für diejenigen, die mit Gift heimtückisch vergiften.
Wer jemandem durch Gift an Leib oder Leben Schaden zufügt, und tut er dies als Mann, so soll er wie ein vorsätzlicher Mörder mit dem Rad zum Tode gebracht werden. Hat aber eine Frau eine solche Straftat begangen, so soll man sie ertränken oder auf eine andere Art und Weise nach der Schwere der Tat vom Leben zum Tode befördern. Doch um die Furcht der anderen zu vergrößern, sollen solche boshaften und Missetaten begehende Personen vor der endgültigen Todesstrafe geschleift oder ihre Körper mit glühenden Zangen malträtiert werden, viel oder wenig, je nach Einschätzung der Person und des Tötungsdelikts, wie es bei Mord deshalb (angemessen) ist.

Gustav Radbruch (Bearb.), Die Peinliche Gerichtsordnung Kaiser Karls V. von 1532 (Carolina), Stuttgart, Verlag Philipp Reclam jun., 1960, S. 80 u. 84.

CS/GF

2.2.3.1.6 Alt und neu: die Anwendung der Peinlichen Gerichtsordnung Kaiser Karls V. bei einem Diebstahlsprozess in Schwaben (1548)

Das folgende Quellenbeispiel behandelt einen Diebstahlprozess, der 1548 in der niederadligen Herrschaft Neuneck (sö. Freudenstadt), seit 1531 im Besitz des Jörg von Ehingen zu Kilchberg, stattgefunden hat. Eindrücklich sieht man, dass die bäuerlich-ländlichen Urteiler erst einmal in die neue Strafprozessordnung der ‚Carolina' eingeführt werden mussten, dass der Prozess selbst noch einmal aufgerollt wurde, nun nicht mehr in Form der überkommenen Inquisition mit Folter und Urteil, sondern im Sinne der streitigen Gerichtsbarkeit in der argumentierenden Wechselrede zwischen ‚Staatsanwalt' und Verteidigung. Dabei bedienten sich die Ankläger freilich der Geständnisse des mutmaßlichen Diebes unter der Folter, deren Wahrheitsgehalt zumindest teilweise in Abrede gestellt wurde.

Halsgerichtsordnung und Gerichtsakte des 8. Mai 1548, über Hans Hugen, genannt Igeln von Kilchberg zu Neuneck, welcher mit dem Strang an dem bereits erwähnten Tag gerichtet wurde. Wie folgt hat es sich zugetragen:
Zuerst ist er am Donnerstagmorgen, den 7. Mai, als man ihn des Morgens zum Gericht bringen wollte, aus dem Turm in ein anderes Gefängnis gebracht worden. Dort hat man einen Priester zu ihm gelassen, damit er beichten und die Sterbesakramente empfangen konnte. Das hat er auch getan und erhalten nach der Ord-

115

Politik, Herrschaft und Rituale

nung der Heiligen Christlichen Kirche, wie es bisher in der alten Religionspraxis gebräuchlich und geübt worden ist.

Zum anderen ist er an dem erwähnten Tag, nach Mittag ungefähr um drei oder vier Uhr, aus diesem Gefängnis gekommen, und wurde hinab unter die Metze in einen Block[1] gelegt. (…) Daselbst wurde er auf den Freitagmorgen, um dem peinlichen Recht genüge zu tun, zunächst von dem geschworenen und dazu bestellten Büttel Bernhart Schneider vorgeladen.

Zum Dritten, als es am Freitagmorgen etwa 5 oder 6 Uhr oder dazwischen geworden war, hat sich das peinliche verordnete Gericht zusammengesetzt und den Gerichtsschreiber aufgefordert, den Prozess – auch die peinliche Gerichtsordnung zum Teil, nämlich die Artikel, die darüber handeln, wie über Diebstahl zu richten sei – dienstlich zu verlesen. Auch die Eide, die der Stabhalter (Schultheiß), Richter und Schreiber zu schwören haben, wenn sie über das Blut richten, wurden gehört, um daraus Unterweisung zu empfangen und zu nehmen, bis sie zufrieden gestellt waren.

Zum Vierten, als es ungefähr sieben Uhr geworden war, hat sich dasselbe peinliche Gericht in den Gerichtsschranken, die auf dem Tanzplatz zu Neuneck zugerichtet waren, niedergelassen. (…)

(Es folgt die Verlesung einer Anordnung des Gerichtsherrn, des Ritters Jörg von Ehingen, sowie der kaiserlichen Gerichtsprivilegien, aufgrund derer hier erstmals peinliches Gericht gehalten wird.)

Auf diese jetzt gehörte Ermahnung hat der Schultheiß oder Stabhalter jeden Richter einzeln gefragt, ob das anwesende Gericht zur peinlichen Handlung gut besetzt sei. Darauf haben die Richter einer nach dem anderen ihm also geantwortet: „Herr Schultheiß, das peinliche tagende Gericht ist nach der Verordnung Kaiser Karls V. und des Heiligen Reiches richtig besetzt." Danach gebot der Schultheiß nach kaiserlichem Recht, dass niemand sprechen darf, ohne dass er es ihm erlaubt habe. Nach den jetzt gebrauchten und angeführten Begehren, Reden und Handeln ist der oben erwähnte Hans Eyss, der Obervogt, abermals aufgestanden und begehrte vom Schultheißen die Benennung eines Anwalts zur peinlichen Rechtfertigung, was ihm auch erlaubt wurde. Durch diesen (Staats-)anwalt wurde alle Notwendigkeit des Rechts vertreten. Er beantragte auch, dem armen gefangenen Übeltäter einen Verteidiger zu benennen. Also haben sie einen nach dem anderen von demselbigen Gericht aufgerufen und (für eine Seite) bestimmt, bis jeder das halbe Gericht auf seine Seite gebracht und hinter sich gebracht hatte. Hierauf hat der Obervogt Hans Eyss, vertreten durch seinen Anwalt, gegen Hans Hugen, genannt Igeln von Külchberg, den Übeltäter, mündlich seine Klage dargetan und eröffnen lassen, und zwar mit ungefähr folgendem Wortlaut:

Klägerseite (Hans Gruwer, Anwalt): Herr Schultheiß und ihr Richter, der ehrbare Hans Eiss, Obervogt der Herrschaft Neuneck, als Ankläger hier zugegen, klagt, im Namen und wegen des Befehls des edlen und festen Junkers Jörg von Ehingen zu Kilchberg etc. Seines günstigen Junkers und Oberherrs der genannten Herrschaft Neuneck, gegen Hans Hug, genannt Igeln von Kilchberg, diesen Übeltäter, der hier gegenwärtig wegen seiner Missetaten vor Gericht steht. Er hat etliche Jahre zuvor mit Diebstahl an ehrbaren Leuten, auch an dem genannten Herrn von Ehingen, seinem Junker, unter dessen Herrschaft er haushäblich saß und für ihn eine lange Zeit gearbeitet hat und als Tagelöhner tätig war, wofür er ihm einen gebührlichen, landläufigen und ehrenhaften Lohn, vor und nachdem er gedient, gerne zugestanden und ausgehändigt hat, dessen er sich aus Gottes Furcht und nach Billigkeit, falls etwas Anstand in ihm gewesen wäre, hätte begnügen und sich damit sättigen sollen. Das hat er aber nicht getan, sondern er hat die tägliche Hilfe, die Treue und die Dienste, die ihm sein genannter Junker an ihm selbst, an seiner Frau und an seinen Kindern bewiesen hat, übel angesehen. Er hat ihm und auch anderen ehrbaren Leuten vielmehr, wo immer er es zuwege brachte, ihr Hab und Gut, über und entgegen allen Geboten Gottes, bei Tag und Nacht auf diebische Weise, weggenommen und gestohlen.

Mit dieser rechtmäßigen Bitte und Begehren: Ihr, Schultheiß und Richter, wollt aufgrund dieser Klage über alle angeführten Handlungen und Diebstähle nach der löblichen, rechtmäßigen peinlichen Halsgerichtsordnung Kaiser Karls V. und des heiligen Reiches nach fleißigem Ermessen zu Recht erkennen und das Urteil sprechen, dass der zuvor genannte Hans Hug, genannt Igel, an Leib und Leben durch den Strick am Galgen gerichtet werde, damit von ihm solche üble Dinge nicht mehr verübt werden.

Die Beklagtenseite (Bastian Walthawer, Verteidiger): Der erwähnte Hans Hug, genannt Igel, lässt durch seine zu Recht bestellten und erlaubten Fürsprecher folgende Antwort mündlich geben: Die gerade erhobene Klage gegen ihn befremde ihn in höchstem Maße deswegen, weil er vor einiger Zeit schon, nämlich am Donnerstag nach dem Sonntag Quasimodo geniti dieses jetzt laufenden Jahres 1548 (12. April), peinlich (unter Folter) befragt und dabei dermaßen mit Schmerzen und großen Martern an seinem Leib gepeinigt worden sei, sodass er, wenn man ihn danach gefragt hätte, durchaus wollte bekannt haben, dass Gott nicht mehr Gott sei. Infolgedessen habe er seine bekannten Geständnisse ablegen und sich dazu bekennen müssen, obgleich nicht weniger, er sei etwa durch böse Gesellschaft (wovor sich jeder gute Geselle hüten soll) verführt worden. Das habe er wohl gestanden, aber er meint, dass solche Aussagen und Bekenntnisse (unter der Folter), auch die gegen ihn erhobenen Anklagen mögen ihm an Leib und Leben nicht schädlich sein noch werden, weder jetzt, noch hiernach, und er hofft, dass Euer Urteil solches rechtmäßig berücksichtigt und ausspricht, wie es billigerweise geschehe.

(Hierauf kommt es zu einer längeren Wechselrede zwischen Anklage und Verteidigung über den Wert von Aussagen unter der Folter. Die Anklage verweist darauf, dass Hug auch Straftatbestände ohne peinliche Befragung zugegeben hätte, die schon allein ausreichten, ihn hinzurichten. Die Verteidigung argumentiert dagegen, dass schon die Androhung der Folter aus Furcht und Schrecken Falschaussagen provozierte. Freilich gibt der Angeklagte durchaus kleinere Getreidediebstähle zu, aber er habe es aus Not getan und weil er auf Junker Jörg von Ehingen vertraut habe.)

Er sei auch des Willens gewesen, wenn Gott durch seine Vorsehung wieder ein wohlfeiles Jahr auf die

2.2 Machtausübung, Machtteilhabe und Machtbegrenzung, Regulierungen und Konflikte

Welt sendet, wollte er seine Diebstähle dem Junkern selber anzeigen und ihn hierauf gebeten haben, dieses in Geld zu veranschlagen, damit er es ihm dann Jahr für Jahr wieder zurückzahlen und mit Arbeit hätte zurückgeben können (…).

Urteil:
Auf die Anklage, die Antwort, auf Rede und Gegenrede, auch auf alles gerichtliche Vorbringen und auf notdürftige wahrhaftige Erfahrung und Erfindung, so es durch den Täter selbst bekannt wurde, alles nach der Ordnung Kaiser Karls V. und des Heiligen Reiches geschehen, ist durch die Urteiler dieses Gerichts endlich und einhellig zurecht erkannt und gesprochen, dass Hans Hug, genannt Igel, der hier vor diesem Gericht steht, der Missetaten wegen, da er Diebstahl ausübte und sich dazu öffentlich bekannt hat, wie gehört wurde, durch den anwesenden Henker am Galgen hier zu Neuneck durch Strang oder Kette gehängt und vom Leben zum Tode gebracht werden soll, damit man für immer vor solchen seinen Übel- und Missetaten behütet sei.

Auf das jetzt verlesene Urteil hat der Schultheiß den Gerichtsstab entzweigebrochen und den Henker bei seinem Eid aufgefordert, das gegebene Urteil getreu zu vollziehen. (…)

Karl Kroeschell, Deutsche Rechtsgeschichte 2 (1250–1650), Reinbek bei Hamburg, Rowohlt, 1973, S. 272–276.

1 Dickes Holz mit Öffnungen zum Umschließen von Körperteilen Gefangener.

AC/GF

2.2.3.1.7 Nach Henkers Art

Der Nürnberger Scharfrichter Meister Franz Schmidt hat zwischen 1580 und 1595 Tagebuch über seine Arbeit geführt. In den Beispieljahren 1580 und 1586 hat er Hinrichtungen, Ausstäuben, Brandmarken, Verstümmeln aufgelistet – ganz ‚normale' Jahre übrigens in der rund 30.000 Seelen großen Reichsstadt. Die genannten Herkunfts- und Hinrichtungsorte liegen überwiegend im engeren Umkreis um Nürnberg.

Hinrichtungen 1580:
Anfang des 1580. Jahres.
43. 26. Januar: Margaretha Doerffler (50 Jahre alt) von Ebermannstadt, Elisabeth Ernst (22 Jahre alt) von Ansbach, Agnes Leng (22 Jahre alt) von Amberg, 3 Kindsmörderinnen. Die Doerfflerin hat, nachdem sie ihr Kind in einem Garten hinter der Veste (Nürnberger Burg) geboren hatte, es lebendig im Schnee liegen lassen, dass es auf der Erde angefroren und gestorben ist. Die Ernstin hat, nachdem sie ihr Kind lebendig in Herrn Behaims Haus zur Welt gebracht hatte, dem (Säugling) den Hirnschädel eingedrückt und ihn in eine Truhe eingesperrt. Die Lengin hat, nachdem sie ihr Kind bei einem Rotschmied geboren hatte, dem (Säugling) das Genicklein eingedrückt und ihn in einem Spanhaufen vergraben. Alle drei sind als Mörderinnen mit dem Schwert gerichtet worden, die Köpfe wurden auf das Lochgericht genagelt, denn vorher wurden niemals Frauen hier zu Nürnberg mit dem Schwert gerichtet. Das habe ich und die beiden Priester, nämlich Herr Lienhardt Krieg und Herr Eucharius, fertig gebracht[1], denn es waren schon die Brückengatter aufgemacht worden, um alle drei zu ertränken.
44. 23. Februar: Wolff Auerbach, sonst der Hoffmann genannt, dem zuvor schon in Schwabach wegen Räuberei die Finger abgeschlagen worden waren, wurde in Nürnberg mit dem Schwert gerichtet.
45. 3. März: Ulrich Gerstenacker von Claßberg (?), der seinen Bruder, so mit ihm ins Holz gefahren war mit Vorsatz erschlagen und ermordet hat und danach vorgab, es wäre der Schlitten mit Holz auf ihn gefallen und habe ihn erschlagen, ist von Betzenstein hereingeführt und hier in Nürnberg mit Schwert gerichtet und auf das Rad gelegt worden.
46. 28. April: Hans Hasselt, sonst der Dick Hans von Forchheim genannt, sowie Hans Mayr, sonst der Lang Hans genannt, von Wäscherhof, beide Diebe, sind hier in Nürnberg mit dem Strang gerichtet worden.
47. 15. Juli: Hans Horn, von Kornburg, und Wolf Bauer von Rollhofen, sonst der Schoellgatter genannt, zwei Diebe, Georg Wigliß, sonst der Hafersack geheißen, von Auerbach, ein Mörder, der mit seinem Spießgesellen drei Morde begangen hatte, zwei Opfer davon hat er mit seinem Gesellen bei Heidelberg in einem Gehölz auf einmal erschlagen, der eine war ein Bader, der andere ein Flaschnersgeselle, der dritte ein Refträger (Träger mit Tragegestell), den hat er allein im Nürnberger Wald bei Röthenbach mit einer Holzhacke erschlagen, 8 Gulden genommen, das Ref an einen Baum gehängt, den Körper mit Reisig zugedeckt, danach die Frau des erschlagenen Refträgers zu Leinburg genommen und Hochzeit mit ihr gehalten. Alle drei wurden zu Birnbaum gerichtet: der Wigliß mit dem Rad, die beiden anderen mit dem Strang.
48. 20. Juli: Hans Troeschel, sonst der Lemisch genannt, ein Pferdedieb, der mit seinen Spießgesellen 13 Pferde gestohlen hat, wurde in Hilpoltstein mit dem Strang gerichtet.
49. 2. August: Hans Muelner, sonst der Zähneblecker, auch der Ungeschickte gerufen, Lienhardt Waltz aus Schwend, sonst der Pfaffenliedel und der Pfeffla und Lienla aus Schwend genannt, und Hermann Schroeter, sonst der Darm geheißen, drei Diebe, sind in Nürnberg mit dem Strang hingerichtet worden.
50. 16. August: Margaretha Boeck, eine Bürgerin zu Nürnberg, die bei einer anderen Bürgerin, die Zahlmeisterin genannt wurde, Läuse suchen sollte, hat sie mit einer kleinen Hacke von hinten auf den Kopf erschlagen. Sie wurde auf einem Wagen (zum Richtplatz) hinausgeführt, mit einer (glühenden) Zange wurde sie dreimal an ihrem Körper gekniffen, danach stehend mit dem Schwert gerichtet, der Kopf wurde auf einer Stange über ihr aufgesteckt und ihr Körper unter dem Galgen begraben.
51. 16. September: Utz Mayer aus Lauterbach, sonst der Kiebelohr genannt, und Georg Suemler aus Memmingen, sonst der Gatzent geheißen, zwei Diebe, wurden in Sulzbach mit dem Strang gerichtet. Sie sind beim Hinausführen (auf die Richtstätte) frech und mutwillig gewesen, haben gejauchzt und den Galgen einen eichenen Kirchbaum geheißen.
52. 4. Oktober: Achazius Praun, sonst der Schwarz von Baiersdorf genannt, ein Dieb, wurde hier mit dem Strang gerichtet.

117

Politik, Herrschaft und Rituale

53. 17. November: Hans Muellner aus Litzendorf (60 Jahr alt), sonst der Schmeißer genannt, der seine schwangere Schwester, die mit ihm auf dem Weg zur üblichen Arbeit war, vorsätzlich auf der Straße erschlagen und ermordet (und mit ihr Unzucht trieb) und sie dann im Feld vergraben hat, wurde in Nürnberg mit dem Rad gerichtet.

54. 6. Dezember: Anna Stroelin aus Grefenberg, eine Mörderin, die ihr eigenes Kind, ein Knäblein um die sechs Jahre alt, vorsätzlich mit einer Schrothacke ermordet und erschlagen hat und vorhatte, ihre anderen vier Kinder auch zu töten, doch haben sie dieselben erbarmt, sodass sie es dann doch nicht getan hat, wurde in Nürnberg mit dem Schwert hingerichtet.

Summa: 20 Personen.

Leibesstrafen 1586:
Anfang des 1586. Jahres.

102. 15. Januar: Hans Zinck, Bürger, wurde dafür, dass er vor zehn Jahren einem Bürger eine Frau entführt, und dafür, dass er jetzt mit einer Kürschnerstochter, die seine Magd war, Unzucht getrieben hat, hier mit Ruten ausgepeitscht.

103. 13. Januar: Katharina Stautner, die Magd eines Bierbrauers, aus Amberg, eine Diebin, wurde hier mit Ruten ausgepeitscht.

104. 5. Februar: Hans Kracker, sonst der Beckenbuebla genannt, aus Lauterhofen, ein Falschspieler, und Hans Roeßner aus Nürnberg, der dreimal meineidig geworden war, wurden hier mit Ruten ausgepeitscht.

105. 14. April: Veit Beck aus Holnstein, sonst der Bettel Veit genannt, ein Dieb, der in das Lazarett eingebrochen hat, wurde hier mit Ruten ausgepeitscht und in Langenzenn stranguliert.

106. 18. Mai: Ursula Mayr, Bürgerstochter, die Unzucht getrieben hat im Haus ihres Herrn des Morelß Haus, und Hans Mayr, ein Schreiber, der während der Nachtzeit eingelassen worden ist und mit ihr Unzucht getrieben hat, wurden nebst einer jungen Magd hier mit Ruten ausgepeitscht.

107. 6. Juni: Thomas Rubzagl aus Mayn (?), ein Dieb, der darüber hinaus auch noch zwei Ehefrauen genommen hatte, wurde hier mit Ruten ausgepeitscht.

108. 25. Juni: Fritz Planer aus Nürnberg, sonst der Hirten Fritz genannt, ein Wilderer, der in Ansbach wegen Meineids ausgepeitscht worden war, wurden hier die Finger abgeschlagen.

109. 2. Juli: Catharina Schneider aus Kronach, eine Hure, wurde hier mit Ruten ausgepeitscht.

110. 8. Juli: Margaretha, eine Diebin und Hure, so zuvor schon in Roth mit Ruten ausgepeitscht worden war, ist hier wieder mit Ruten ausgepeitscht worden.

111. 11. August: Georg Marx aus Herzogenaurach, ein Söldner und Dieb, wurde hier mit Ruten ausgepeitscht.

112. 1. September: Ameley Schuetz und ihre Tochter Anna, beide aus Lauf, wurden dafür, dass die Mutter die Tochter zu Unzucht verkuppelt hat, in Lauf mit Ruten ausgepeitscht und an den Pranger gestellt.

113. 8. September: Hans Vestern aus Rasch, ein Zimmermann, Müller und Bäcker in Jenna (?), wurde dafür, dass er ein Pferd gestohlen hat, hier mit Ruten ausgepeitscht.

114. 20. September: Jörg Schneck aus Feuchtwangen, ein Schneider, wurde dafür, dass er eine Hure im Neuenwald, die Tuencher Wabl genannt, zur Ehe genommen und Hochzeit mit ihr gehalten hat, obwohl er doch in Eichstätt Frau und Kinder hat, hier mit Ruten ausgepeitscht.

115. 4. Oktober: Appollonia Gerner aus Nürnberg, die, obwohl sie schon einen Ehemann hatte, jetzt einen Schneider geheiratet hat, wurde hier mit Ruten ausgepeitscht.

116. 17. November: Ursula Knaup, Schneiderin in Gostenhof, und Barbara Weber, Krämerin in Gostenhof, welche die Diebe, die bei den Gewandschneidern den Silberschmuck gestohlen hatten, beherbergt und ihnen geholfen haben, das Diebesgut zu verbergen, zu verkaufen und zu versetzen, wurden hier mit Ruten ausgepeitscht.

117. 21. November: Barbara, sonst Margaretha Zeyßin genannt, aus Schlicht, des Kolloeffels Hure, und Catharina Hoffmann von Kitzingen, auch eine Diebeshure, wurden hier ausgepeitscht.

118. 26. November: Der Hirte zum Weiherhaus wurde dafür, dass er zwei Jahre lang im Haus als Gespenst sein Unwesen getrieben hat und die Leute im Schlaf an den Füßen und am Kopf gezupft hat, und dafür, dass er heimlich bei der Tochter des Bauern gelegen hat, hier mit Ruten ausgepeitscht.

119. 22. Dezember: Utz Koller aus Memmingen, ein Dieb, der sechsmal meineidig geworden war, und Hans Gabriel, ein Dieb, der aus Betzenstein hierher gebracht worden ist, wurden beide hier mit Ruten ausgepeitscht. Der Koller ist hinterher stranguliert worden.

Summa: 23 Personen.

Albrecht Keller (Bearb.), Maister Franntzen Schmidts Nachrichters inn Nürnberg all sein Richten, Leipzig, o.V., 1913 (ND Neustadt/Aisch, Ph. C. W. Schmidt, 1979), S. 8–10, 90–92.

1 Dies bedeutete eine Erleichterung, eine Milderung der Hinrichtung.

CS/GF

2.2.3.2 Delinquenz, Kriminalität, Kriminalisierung und obrigkeitliche Gewalt

2.2.3.2.1 Hunger und Mord im Prag des Jahres 1282

Ein Geistlicher des Prager Domkapitels hielt in seiner Fortsetzung der lateinischen Kosmas-Chronik die ungeheure Not der Menschen im Jahre 1282 während einer der typischen Teuerungs- und Hungerkrisen der vorindustriellen Zeit fest. Er zeigte, wie durch das Versagen der städtischen Gemeinschaft im Angesicht des Hungers Individuen zu entmenschtem Tun verleitet werden können, wie aber gleichzeitig durch das Fortbestehen der Ordnung – hier des christlichen Geleits bei der Beerdigung – die Mordtat entdeckt und gesühnt wurde.

Deshalb müssen wir jetzt noch von den ärmeren Leuten in Böhmen reden, die an Hab und Gut großen Überfluss hatten, alles durch Plünderung und Raub verloren, mit den Bedürftigen an den Türen betteln mussten und vor Hunger starben. Von schwerem Hunger geplagt, liefen die Armen in der Stadt Prag durch die Gassen, auf die Plätze, in die Bürgerhäuser und bettelten um Almosen. Und weil die Zahl der Armen schon zu groß geworden war, konnten ihnen die Reicheren nicht genug Almosen austeilen. So kehrten sie abends um, litten Hunger wie die Hunde und murrten vor Mangel. (…) Es bettelten auch unendlich viele Meister und Handwerker verschiedener Gewerbe, von denen einige ein Vermögen im Wert von 100 Mark Silber besessen hatten. Den einen hatte man das alles geraubt, andere hatten es mit ihrer Familie aufgebraucht und verkauften von ihren Frauen Armspangen, Ohrgehänge, Halsbänder und allen Schmuck, der zu gepflegter Frauenkleidung gehörte. Sie wollten damit den Hunger vertreiben und Gesundheit und Leben behalten; aber viele von ihnen hatten schließlich all ihren Besitz aufgezehrt, gingen mit den Bedürftigen an den Türen betteln und starben eines jämmerlichen Todes. Zwar hatten alle Armen die Erlaubnis, Bürgerhäuser zum Betteln um Almosen zu betreten; aber dann kamen unzählige Bettler aus den Dörfern in die Stadt Prag, und weil es zuviele waren, fingen sie an, Töpfe vom Feuer zu stehlen mitsamt den Speisen, die für die Bürger zum Essen bereitet wurden. Anderswo entwendeten sie allen Hausrat, den sie an sich reißen konnten; das schadete ihnen und erbitterte alle. So wurde denn von da an allen Armen das Betreten der Häuser verboten, und man nahm sie in der Stadt und draußen nicht mehr zum Übernachten auf (…). Einige Arme, die man vor den Stadtmauern zum Übernachten aufgenommen hatte, standen nachts auf, brachten den Haus-Wirt und seine Familie um, nahmen die besten Sachen mit und verschwanden. Dies und ähnliches kam an den meisten Orten vor.

In Obora nahm eine Bettlerin zur Übernachtung in ihre Hütte eine arme Frau mit, die an Wertsachen nichts bei sich trug als fünf Scheiben Brot in einem Beutel; die Kleidung, die sie auf dem Leibe trug, war keine zwei Eier wert. Trotzdem wurde die Hauswirtin vom Teufel und vom übermächtigen Hunger dazu gebracht, dass sie die Schlafende zur Nachtzeit mit dem Beil wie ein Schwein abschlachtete und einen Mord beging. Diese Hauswirtin hatte einen Sohn von zwölf Jahren, der unter Einwirkung des bösen Feindes zum Mittäter dieses Verbrechens wurde. Aber Gottes Vorsehung lässt solche Verbrechen nicht ungerächt hingehen. Es war nämlich der Karfreitag (27. März), an dem das entsetzliche Verbrechen begangen wurde, und diesen ganzen Tag über ziehen die Christgläubigen fromm von einer Kirche zur anderen. Im Vorbeigehen sahen zufällig ein paar Frauen, wie die Leiche, mit einem Strick umwickelt, zum Grab an der Sankt Johanniskirche gezogen wurde, wo man damals die Toten begrub. Weil der schändliche Sohn der verruchten Mutter die Leiche nicht fortziehen konnte, traten die besagten Frauen herzu; sie wollten sich um Christi willen am Trauergeleit beteiligen und gaben sich Mühe, nach Kräften zu helfen und das begonnene Werk durchzuführen. Aber eine von ihnen, die besonders verständig war, sah die blutüberströmte Leiche und wunderte sich gewaltig; denn sie bedachte, dass menschliche Leiber bei natürlichem Tod keineswegs von Blut triefen. Die besagten Frauen gingen nun beiseite und überlegten in ziemlich weitschweifiger Verhandlung, was da zu tun sei; währenddessen entzog sich die Anstifterin des Frevels, die Mutter des Jungen, der die Leiche am Strick zog, dem drohenden Tod durch die Flucht. Der Junge aber wurde von den Frauen festgehalten und dem Stadtrichter übergeben. Der Richter erfuhr durch das Geständnis des Knaben die Wahrheit und verurteilte ihn nach den irdischen Gesetzen zum Tod durch den Strang.

Josef Emler (Bearb.), Annales Pragenses III, Fontes Rerum Bohemicarum 2, Prag, Náklad Musea Království Ceského, 1875, S. 356–358; übersetzt von Arno Borst, Lebensformen im Mittelalter, 4. Aufl., Frankfurt a.M.-Berlin, Propyläen, 1987, S. 415–417.

GF

2.2.3.2.2 Die Hinrichtung eines Patriziers in Nürnberg

Im Februar 1469 hat der Nürnberger Rat seinen ersten Mann und Regierer, den Vordersten Losunger Niklas Muffel unter dem Vorwurf der Unterschlagung von öffentlichen Geldern und des Bruchs von Ratsgeheimnissen verhaften lassen. Im Lochgefängnis hat man Muffel, vom 16. bis 23. Februar auch unter Anwendung der Folter „peinlich" verhört, am 28. Februar 1469 vor Gericht gestellt und am gleichen Tag, obwohl er alle Vorwürfe abstritt, mit dem Strang gerichtet. Der Rat hat damit die entehrendste Strafe an einem Patrizier praktiziert. Dieses Ereignis hat ein Zeitgenosse, der Bierbrauer Heinrich Deichsler (1430–1506/7), in den ‚Nürnberger Jahrbüchern' publiziert.

Im Jahre 1469 am Aschermittwoch (15. Februar) wurde Herr Niklas Muffel von einem Rat zu Nürnberg gefangen und aus der Losungsstube in das Loch[1] geführt. Man fing ihn zu Mittag, behielt und bewahrte ihn während dieses Tages und verhörte nicht weit nach Mittag mit den geschworenen Schützen und Stadtknechten. Und der Ruprecht Haller war Bürgermeister zu der Zeit.

Am 13. Tag danach wurde er (Muffel) zum Tod am Galgen verurteilt. Man klagte ihn an wegen tausend Gulden, die er in der Losungsstube aus einer eisernen Büchse in einem Säckchen gestohlen hätte, auch wegen etlicher Gulden mehr, ungefähr achtzig, die er in seine Ärmel habe fallen lassen, ganz heimlich auch in der Losungsstube. Denn er war der oberste Losunger und der alleroberste Regierer in der ganzen Stadt, jedermann musste ihm alle Jahre in der Stadt die Losung schwören[2]. Und man schickte (die Söldner) zu vielen Orten im Nürnberger Landgebiet auf Streife.

Muffel leugnete, als man ihn verurteilte und sprach: er hätte (alles) wegen der großen Marter bekennen müssen, er habe Sorge gehabt, man höre mit dem Quälen nicht auf und er stürbe unter der Folter, ohne die Sterbesakramente empfangen zu haben. Da standen zwei Schöffen auf im Ring des Gerichts, der Niklas Groß und der Hans Imhoff, und sagten auf ihren Eid, dass er es bekannt habe, bevor man ihm die Folterwerkzeuge angelegt hätte. Aber man sagte die rechten Sachverhalte nicht: man schonte seine Verwandten und seine schönen Kinder[3]. (…)

Es wurde gewettet (in der Stadt): man würde ihn nicht hängen, man köpfte ihn vielmehr oder man würde ihn begnadigen. Man hatte sich auch acht Tage zuvor der Frau des Markgrafen Albrecht Achilles von Brandenburg versagt, die persönlich hier für ihn um Gnade bat. Denn der Markgraf hielt große Stücke auf ihn, denn er hatte Anteil an bedeutenden politischen Entscheidungen.

Als man Muffel danach am Dienstag (28. Februar) aufhing, da stahl man ihn am Donnerstag (2. März) um Mitternacht, und sie hielten dabei mit zwölf Pferden, legten ihn auf einen Wagen und führten ihn nach Eschenau⁴. Dort wurde er in der Sakristei heimlich bestattet.

(...)

Jahrbücher des 15. Jahrhunderts, in: Die Chroniken der fränkischen Städte: Nürnberg, Bd. 4, (Die Chroniken der deutschen Städte vom 14. bis ins 16. Jahrhundert, 10), Leipzig, Hirzel, 1872 (ND Göttingen, Vandenhoeck & Ruprecht, 1961), S. 307–311.

1 Bei der Losungsstube handelt es sich um die Rechenkammer des Rates (Losung = Vermögenssteuer). Mit dem ‚Loch' ist das Ratsgefängnis unter dem Rathaus gemeint.
2 Man mußte dem Vordersten Losunger einen Eid schwören, die anonym zu entrichtende Vermögenssteuer ordentlich entrichtet zu haben.
3 Niklas Muffel hatte tatsächlich sechs Söhne.
4 Eschenau im Norden Nürnbergs gehörte zur Grundherrschaft der Muffel.

GF

2.2.3.2.3 Ein vorgeblicher Adliger wird als Kirchenräuber mit dem Rad gerichtet (1484)

Der Göttinger Rat ließ die Freveltat und die Hinrichtung des Räubers Roloff von Bünau, der im Juni 1484 in die Friedhofskapelle St. Bartholomäi eingebrochen war, in einem Amtsbuch festhalten. Der Täter plünderte dort eine Marienstatue, über und über behängt mit Seide, mit Gold- und Silberwerk, Zeugnis der intensiven, auf Stiftungen hin orientierten Frömmigkeit der spätmittelalterlichen Gläubigen.

Anno 1484 am Montag, dem Tag des Hl. Alban (21. Juni), in der Nacht zwischen diesem Heiligenfest und dem Dienstag stieg Roloff von Bünauw, der sich als Sohn des Herrn Ritters Heinrich von Bünauw bezeichnet hat, doch zu Unrecht, zu St. Bartholomäi in den Chorraum ein. Er stahl von dort Unserer Lieben Frau (Marienstatue), die da auf dem Hochaltar steht, eine neue Korallenschnur zusammen mit vielen silbernen und goldenen Ringen und mit etlichen silbernen Kreuzchen. Außerdem zog er ihren seidenen Mantel aus und schnitt alles Silberwerk ab, was darauf geheftet und genäht war wie beispielsweise Spangen und anderes. Er band das¹ an einen großen Stein und warf alles in unseren Stadtgraben hinein. Die silbernen und goldenen Ringe und auch die Kreuzchen hat er hier innerhalb der Stadt veräußert und gut verteilt, nämlich Corde von Asche hat er den einen Teil, zwei große silberne Ringe, gegeben, mit denen vorne der Mantel zugebunden war. Dem Gebäckbäcker, dem Hurenwirt und anderen hat er je ein Kreuzchen gegeben. Hertzeberger, des Schneiders Meygerschen und einem Boten unserer Herrschaft hat er je einen Rosenkranz aus der Korallenschnur gegeben. Die Spangen, die er von ihr (der Marienstatue) seidenen Rock abgeschnitten hatte, hat er in Heiligenstadt einschmelzen lassen und dafür 8 Lot Silber bekommen. Wegen dieser Geschichte schickte der Rat Cord, den Silbergießer, und Lodewig, den Ratsdiener, nach Heiligenstadt, die ihn dort ergriffen und ihn gefangen in den Stock legten. Doch wurden dieselben zwei Knechte ebenfalls von dem Rat zu Heiligenstadt gefangen genommen², weil (der Rat) seine Gerichtsbarkeit gegenüber dem vorgeschriebenen Roloff selbst ausüben und handhaben wollte.

Auf dem Sonntag nach Johannis Baptiste (27. Juni) schickte der Rat (von Göttingen) seine Ratsfreunde, nämlich Hans Helmoldis und Heinrich Rogginkneder, mit³ Marschalk, dem Hauptmann zu Rusteberg⁴, nach Heiligenstadt hinein, mit der Absicht, den vorgeschriebenen Roloff wegzuführen, und als das nicht geschah⁵, ist der vorbenannte Roloff auf dem Montag nach Johannis (28. Juni) am Vormittag daselbst zu Heiligenstadt um dieser Geschichte willen, die er mit freiem, gutem Willen gänzlich ungenötigt und ungepeinigt bekannte⁶, mit dem Rad gerichtet und darauf gelegt worden⁷. Ein Teil des Diebesgutes wurde noch bei ihm in Heiligenstadt gefunden.

Hartmut Boockmann, Leben und Sterben in einer spätmittelalterlichen Stadt. Über ein Göttinger Testament des 15. Jahrhunderts, Göttingen, Vandenhoeck & Ruprecht, 1983, S. 43 f.

1 Gemeint ist der seidene Mantel, mit dem der Dieb trotz seines Wertes offenbar nichts anzufangen wusste.
2 Sie hatten mit der eigenmächtigen Festnahme gegen den Stadtfrieden von Heiligenstadt verstoßen.
3 Das folgende Wort ist nicht überliefert.
4 Burg, w. Heiligenstadt. Die Burg gehörte zum Erzstift Mainz.
5 Der Heiligenstadter Rat verweigerte sich.
6 Das bedeutet: ohne Anwendung der Folter.
7 Der Kirchenraub wurde mit einer verschärften, den Delinquenten entehrenden Todesstrafe gesühnt.

AC/GF

2.2.3.2.4 Sodom und Gomorrha in Köln (1484)

Im Juni 1484 setzte in Köln ein Geistlicher unter Bruch des Beichtgeheimnisses das Gerücht in die Welt, dass ein verstorbener, hochstehender reicher Herr jahrelang homosexuelle Beziehungen unterhalten habe. 200 weitere Männer in Köln hätten sich dieser Sünde ergeben. Der Kölner Rat stellte daraufhin eine Kommission aus Ratsherren und Stadtjuristen zur Auflösung der „unsprechlichen stummen Sünde" auf. Der Rat holte sich auch Auskunft von Kölner Theologieprofessoren, die in ihrem Gutachten erklärten, dass die bislang in Köln noch unbekannte Sünde verborgen bleiben solle. Denn das Bekanntwerden des Vorfalls würde zu einem schlechten Exempel führen, sodass viele junge Männer dem Reiz einer homosexuellen Verführung erliegen könnten. Die Ratskommission schlug nach dem Verhör aller Beichtväter in den Kirchspielen und der Befragung des Pfarrers von St. Aposteln, dessen Anklagen und Aussage unsere Quelle wiedergibt, die hochpeinliche Angelegenheit nieder.

2.2 Machtausübung, Machtteilhabe und Machtbegrenzung, Regulierungen und Konflikte

Klagen des Pfarrers von St. Aposteln
Es ist unsern Herrn vom Rat zu Ohren gekommen, dass der Pastor von St. Aposteln zu Tisch bei einem ehrsamen Prälaten und in Anwesenheit ehrbarer züchtiger Leute öffentlich gesagt haben sollte, er wüßte wohl, dass eine schwere unsprechliche stumme Sünde – wenn Männer mit Männern etc. – in dieser heiligen Stadt Köln umginge, dass es Gott erbarme. Und er wüßte auch diejenigen wohl zu benennen, die damit umgingen. Denn er hätte in diesem Jahr während des Sterbens (Seuche) einen Angehörigen seines Kirchspiels gehabt, der wollte seine Beichte bei niemand anderem verrichten als bei ihm. Und als er zu ihm kam und sollte seine Beichte anhören, da sei der Mann verzweifelt gewesen. Mit guten, süßen Worten – indem er ihm von der Barmherzigkeit Gottes berichtete – brachte ihn der Pastor so weit, dass er ihm beichtete und ihm sagte, wie er diese Sünde begangen hätte.
Dabei habe er dem Pastor auch denjenigen Mann mit Namen genannt, der eine solche Übeltat mit ihm begangen hätte. Und das wäre ein reicher, nun verstorbener Mann gewesen. Der hätte Frau und Kinder (pflegte zu Rat zu gehen und wäre einer von den Obersten), und der hätte auch zu seinen Zeiten nicht gerade die geringsten Befehle zu geben gehabt in der Stadt Köln. Und der pflegte auch beständig Pferde zu halten und auszureiten. Wenn der ihn begehrte, so hätte sich sein Blut verwandelt. Der habe auch Wein genug in seinem Keller gelagert. Und so oft derselbe kranke Mann dem genannten reichen Bürger zu Willen gewesen wäre, so hätte der ihm einen Postulatsgulden[1] gegeben.
Derselbe Pastor sagte auch aus, dass es noch einen gebe, den er auch gut kenne. Das wäre ein Amtmann[2]. Und er sorgte sich, dass mit dieser Sünde mehr als 200 Männer in Köln befleckt wären.
Deswegen haben unsere Herren vom Rat etlichen ihren Ratsfreunden ernsthaft befohlen, bei ihren Eiden Ermittlungen über diese Dinge anzustellen, wie sie dieses Memorialbuch verzeichnet. So haben dieselben Ratsfreunde[3] zuerst den genannten Pastor zu St. Aposteln vor sich kommen lassen und ihn wegen dieser Dinge befragt. Der hat darauf geantwortet: „Es sei leider wahr. Er habe es gesagt, und er wolle es so lange sagen, dass es Gott im Himmel erbarmen solle."

Bernd-Ulrich Hergemöller, Sodom und Gomorrha. Zur Alltagswirklichkeit und Verfolgung Homosexueller im Mittelalter, Hamburg, MännerschwarmSkript Verlag, 1998, S. 127–128.

1 Ein in Köln geprägter Goldgulden.
2 Mit dem „Amtmann" ist wohl ein hoher städtischer Bediensteter gemeint.
3 Das heißt: die beauftragte Untersuchungskommission.

GF

2.2.3.2.5 „Hoßho" und „Owe" – die Gewalt der Männer: der Basler Ulman (Ulin) Mörnach misshandelt eine Frau auf seiner Wiese vor dem Steinentor (1498).

Der Vorgang, ein Fall von unerlaubter Selbstjustiz, wurde vor dem Basler Schultheißengericht verhandelt. Aus den Aussagen verschiedener Zeugen sind die Motive für die Körperverletzung zu erfahren und Reaktionen der Umwelt, von Männern wie Frauen, zu beobachten.

Folgende vorgeladenen Zeugen haben in der Sache Margreth Ludwig gegen Ulin Mörnach ihr Zeugnis am Samstag nach Viti im Jahre 1498 (16. Juni) abgelegt:
Heinrich Egen, der Metzger, hat geschworen und gesagt, dass sich in vergangenen Tagen, es sei noch nicht ein Jahr her, auf einem Feiertag, den er nicht mehr zu benennen wisse, zugetragen habe, dass ihm Ulin Mörnach zwischen dem Eselsturm und dem Kanal (Birsig) begegnet wäre, und es seien Hans Schenck, der Schlosser, und noch einer, den er nicht zu benamen wisse, Ulin Mörnach nachgegangen. Da habe er, der Zeuge, Ulin Mörnach gefragt, von wo er denn herkomme. Ulin habe gesagt, er komme von seiner Wiese. Der Zeuge habe ihn dann gefragt, was er denn da draußen getan hätte, denn es sei doch Feiertag. Darauf hätte Ulin gesagt: „Ich habe ‚Hoßho' gemacht[1] und einer (Frau) die alten sechs Pfennige und die Hände gegeben." Er wüßte aber nicht anzugeben, um was für eine Frau und um welchen Handel es sich dabei gehandelt habe.
Claus Sweickhuser von Oberwil (Baselland) hat auch geschworen und ausgesagt, was sich in den vergangenen Tagen ereignet hat, dass er, der Zeuge, herein nach Basel geritten wäre zu der Schmiede und hätte sein Roß beschlagen lassen. Und als er, der Zeuge, hinaus geritten sei, da wäre seine, des Zeugen Ehefrau in der Stampfmühle (für Hanf oder Flachs), die vor dem Steinentor liegt, gewesen und hätte gerade Flachs stampfen lassen. Als er also vor dem Tor so vor sich hin geritten sei, da hätte er eine Frau schreien hören. Also hätte er hinüber über den Birsig in die Wiesen gesehen. Da hätte er genau gesehen, dass Ulin Mörnach eine Frau vor sich hergetrieben und vor sich hergestoßen habe, und je mehr Ulin die Frau gestoßen hätte, umso mehr hätte sie geschrien. Und da seine, des Zeugen Ehefrau in der Stampfe gewesen wäre, hätte er, der Zeuge, gedacht, es wäre seine Frau, die Ulin so malträtierte. Und er wäre etwas entsetzt gewesen und hätte gedacht, wenn dies seine Frau wäre, würde er das Ulin nicht nachgesehen haben. Aber als er die Situation recht übersehen habe, da wäre es nicht seine Frau gewesen. Wer aber dieselbe Frau gewesen sei, die Ulin dazumals gestoßen habe, ob dies nun seine Anklägerin oder eine andere gewesen sei, das könne er nicht wissen. (…)
(Es folgt eine Reihe weiterer Zeugenaussagen.)
Hans Schenck, der Schlosser, hat geschworen und ausgesagt, dass sich in den vergangenen Jahren begeben habe, es werden jetzt im Herbst zwei Jahre her sein, dass er, der Zeuge, und Thomas Behem mit Ulin Mörnach hinaus in die Wiesen gegangen wären, denn Ulin wollte Wasser in die Wiesen leiten. Als sie unter

das Steinentor gekommen seien, wäre da ein Stock gestanden, den hätte der Zeuge in die Hand genommen und mit sich getragen. Und als sie hinaus zu der Hammerschmiede gekommen seien, da wäre ihnen das Wasser entgegengekommen. Da hätte Ulin gesagt, er möchte wetten, dass ihm das Wasser genommen worden sei. Und er wäre also schnell hinauf zu seinen Wiesen gelaufen. Sie beide seien ihm gemächlich nachgegangen und hätten allerlei miteinander geredet. Unter solchem Tun hätten sie einen Menschen (eine Frau) schreien hören. Da hätte Thomas gesagt: „Ich glaube, dass Ulin gerade eine verprügelt und wolle er nichts für Geld geben." Da hätte er, der Zeuge, gelacht und gesagt, er brauche dies nicht, er habe daheim genug. Also wären sie weiter gegangen bis zu einer Stelle bei der Stampfe. Da wäre Ulin Mörnach zu ihnen hergekommen und hätte die Frau, die Margreth Ludwig, vor sich hergetrieben und sie mit den Fäusten gestoßen und geschlagen, überdies ihr mit einem Fuß in den Hintern getreten. Da hätte die Frau geschrien, das habe er gesehen und gehört, und die Frau wäre zu ihnen beiden geflohen und habe bei ihnen Hilfe gesucht und sie angerufen, ihr Recht zu verschaffen. Da hätte Ulin ihm, dem Zeugen, nach dem Stecken, den er in Händen getragen habe, gegriffen, habe ihn ihm abnehmen wollen und gesagt, sie wäre eine Diebin, er wolle ihr ihr Recht hier zur Genüge geben, wenn sie so viel ein Mann wie eine Frau wäre, müsste sie ihm ihr Leben geben. (…)

(Es folgt die Aussage von Thomas Behem.)

Ottilia Schenck, des oben genannten Zeugen Ehefrau, hat auch geschworen und gesagt, dass sich in den verflossenen Jahren auf einem Feiertag, den sie nicht zu bestimmen wisse, zugetragen habe, dass sie, die Zeugin, und Thomas Behems Frau zusammengekommen wären und dieselbe gesagt hätte: „Nun sieh Dir das an, Ulin Mörnach hat uns unsere Männer hinausgeführt, sodass wir später als andere Leute essen müssen." Kurz danach wäre Ulin Mörnach daher gekommen. Da hätten sie ihn gefragt, wo er ihre Männer gelassen hätte. Ulin fragte, ob sie denn noch nicht herinnen wären. Er habe ein altes Weib auf seiner Wiese angetroffen, die hätte ihm das Wasser genommen, die habe er geschlagen, gestoßen und ,Hoßho' mit ihr gemacht und sie vor sich hergetrieben, wie man einen Ochsen treibe. Sie hätte sich auf ihr Recht berufen, er hätte ihr die alten sechs Pfennige gegeben und ihr ein Umbindetüchlein, das er in den Händen getragen hätte, als Pfand abgenommen, damit sie ihm über Nacht (die Tat) nicht leugnen könnte. Sie hätten ihn gefragt, was denn in dem Tüchlein wäre. Da hätte er es ihnen gezeigt: Wacholder und etliche andere Kräuter wären darin gewesen.

Danach sei Ulin Mörnach zu Thomas Behems Laden gekommen und habe gesagt, dass er die Margreth Ludwig entgegen dem Stadtfrieden vorgenommen und zur Rechenschaft gezogen hätte. Sie wüßte aber nicht, wer die Zeugen seien. Er aber wüßte es wohl. Er wolle ihm aber das nicht sagen. Da sagte Thomas Behem zu Ulin Mörnach: „Wahrhaft, Ulin, sie hat Dich vorgenommen. Da wirst Du um den Stadtfrieden kommen, denn sie wird Dich zur Rechenschaft ziehen, denn sie weiß wohl, dass wir es gesehen haben." Da sagte der Ulin: „Ich habe schon einen oder zwei Friedensbrüche aufs Spiel gesetzt." (…).

Es hörte diese Zeugin wohl, dass Ulin Mörnach und Margreth Ludwig vor Gericht gegangen sind und dort erkannt worden wäre, wenn Ulin Mörnach schwöre, dass er die Frau weder geschlagen noch gestoßen hätte, so sollte die Sache abgetan sein. Darauf habe sich Ulin erboten, den Eid zu leisten. Als sie, die Zeugin, das gehört habe, wäre sie hinaus zu Thomas Behem in den Hof gelaufen und habe ihm gesagt, dass sich Ulin erboten hätte, zu schwören. Und sie habe ihn gebeten, hinzugehen und ihn davor zu bewahren. Da sagte Thomas: „Er schwört nicht, das weiß ich, denn er weiß sehr wohl, dass wir zwei es gesehen haben." In dem wären sie hinein gekommen, da stand Ulin und schwor, da hätte sie noch einmal Thomas gebeten, Ulin davor zu bewahren. Da sagte Thomas: „Es ist nun geschehen. Ist Ulin ein solcher Mann, der wegen so einer Sache den Eid leistet, so will ich künftig nichts mehr mit ihm zu schaffen haben."

Dorothee Rippmann/Katharina Simon-Muscheid/Christian Simon (Bearb.), Arbeit-Liebe-Streit. Texte zur Geschichte des Geschlechterverhältnisses und des Alltags (15. bis 18. Jahrhunderts), Liestal, Selbstverlag Kanton Basel-Landschaft, 1996, S. 76–79.

1 „Hoßho" war ein Zuruf zum Treiben des Viehs. Andere Zeugen haben „passow" verstanden.

GF

2.2.3.2.6 „So seyen sie arme diernen" – das städtische Frauenhaus in Nördlingen

Im Rathaus der schwäbischen Reichsstadt Nördlingen verhörten 1472 die Strafherren Hans Hofmann und Hans von Reutlingen sowie der stellvertretende Bürgermeister Peter Spengler neun Frauen, die in dem stadteigenen Bordell, dem so genannten Frauenhaus, als Prostituierte arbeiteten. Anna von Ulm wurde als erste verhört. Ihre Aussage ist die ausführlichste Beschreibung des Lebens in den mittelalterlichen Frauenhäusern, die wir kennen. Sie verdeutlicht die Verhältnisse, unter denen die Frauen zu leben hatten. Am Ende des Prozesses wurde der Bordellpächter gefangengesetzt und der Stadt verwiesen. Interessant ist insgesamt, dass die spätmittelalterliche Gesellschaft, entgegen den Vorstellungen des 18. und 19. Jahrhunderts, durchaus die Notwendigkeit von Prostituierten anerkannte.

Anna von Ulm sagt aus, sie sei hierher verkauft worden und sei dem Bordellpächter 23 Gulden schuldig. Als erstes sagt sie, dass der Wirt und die Wirtin mit ihr und den anderen Frauen sehr hart umgehen würden. Sie drängten und zwängen sie, Geld zu unüblichen Zeiten anzuschaffen. In den Nächten nämlich der gebannten Vorabende von Hochfesten, in der sie die Marter der ehrwürdigen Mutter Gottes ehren und solche Arbeit vermeiden sollten, bedränge und zwänge sie der Wirt, auch die Wirtin dazu, dass sie die Männer zu sich lassen müssten, auch wenn sie das nicht tun wollten. Andernfalls würden sie übel behandelt. Desgleichen würden sie, wenn sie ihre Menstruation hätten, von ihm und ihr bedrängt und gezwungen, dass sie ihnen Geld erwerben müssten und die Männer zu sich ließen, was in anderen Häusern aber nicht üblich sei. An diesen Tagen würden sie auch mit Essen und Trinken nicht so gehalten, wie es ihnen zustehe, sondern man gebe ihnen wie gewöhnlich zu essen. Das Essen, das man ihnen reiche, sei elend und übel. Man gebe ihnen, wie man es eigentlich tun sollte, weder Gebratenes noch Gebackenes während der Woche. (…) Sie sagt weiterhin aus, wenn ihnen der Wirt etwas zu kaufen anbiete, sei es ein Gewand oder etwas anderes, was einen halben oder einen Gulden wert sei, so gebe er ihnen das nur für zwei, drei oder vier Gulden. Sie sagt auch, dass sie für die Wirtin spinnen müssten, nämlich jede von ihnen am Tag zwei große Spindeln. Wer das nicht tue, der müsste ihr vier Pfennig dafür geben. Auch habe ihnen der Wirt den Kirchgang verboten, sodass sie seit Pfingsten keine Kirche mehr betreten hätten. Er wollte sie nicht ausgehen lassen, damit sie nicht ihre (eigene) Nahrung gewinnen könnten[1]. Auch schlage er sie mit einem Ochsenziemer.

Sie sagt auch aus, wenn er ihnen an Pfingsten das Mahl zubereite, müsste ihm jede Frau von Pfingsten bis Weihnachten 13 Groschen schenken, und wenn er ihnen das Essen an Weihnachten gebe, müsste ihm wiederum jede für die Zeit von Weihnachten bis Pfingsten 14 böhmische Gulden schenken. Weiter sagt sie, wenn ein guter Geselle einer von ihnen mehr als zwei Pfennige gebe[2], es seien drei, vier, fünf, sechs, acht, zehn oder zwölf, so müssten sie das ganze Geld abliefern, wenn die Summe gerade sei. Wenn die Zahl aber ungerade ausfiele, so könne eine auch den ungeraden Pfennig nehmen.[3] Und von diesem ungeraden Pfennig müsste jede ihren Lebensunterhalt bestreiten, auch Bade- und Wäschegeld und anderes ausrichten. Deshalb seien sie arme Dirnen und könnten nichts erübrigen. Es häufe sich vielmehr die Schuldenlast auf jeder, dass sie selbst nicht wüssten: wie, und sie könnten nichts abbezahlen. Sie sagt aus, dass sie der Wirtin etliche Hemden geliehen hätte. Die habe die Wirtin an die Juden versetzt. Sie dürfte sie nun nie mehr wiederbekommen. So ginge sie jetzt elend und fast nackt, denn sie habe nur noch ein Röcklein. Sie hätte auch kein Unterhemd an, denn die Wirtin wollte ihr keins geben, weder für Gut noch für Gold. Deshalb könnte sie kaum (ihre Blöße) bedecken und wollte deshalb auch nicht unter ehrbare Leute gehen.

Peter Schuster, Das Frauenhaus. Städtische Bordelle in Deutschland (1350–1600), Paderborn-München-Wien, Zürich, Ferdinand Schöningh, 1992, S. 11 f.

1 Das bedeutet, dass sie sich nicht außerhalb des Frauenhauses einen Nebenverdienst verschafften.
2 Zwei Pfennige waren in Nördlingen der normale Tarif, den der Freier zu zahlen hatte.
3 Das bedeutet, die Frau erhält nur einen einzigen Pfennig von dem Trinkgeld des Freiers.

AC/GF

Politik, Herrschaft und Rituale

2.3 Kriege, Widerstände und Aufstände

Krieg und Fehde, Widerstand und Aufruhr waren in der Zeit zwischen dem 8. und dem 18. Jahrhundert stets präsent im deutschsprachigen Raum wie in ganz Mitteleuropa. Mit dem Beginn des Mittelalters war die ‚pax romana' erloschen. Bis zum Ende des 15. Jahrhunderts gab es trotz des Königtums keine ausgeprägte zentrale Herrschaft, die in der Lage gewesen wäre, die unzähligen und in wechselseitigen Koalitionen ausgetragenen Fehden aller gegen alle, von Fürsten, Niederadligen, Städten und Bauern, niederzuhalten. Erst mit dem ‚Ewigen Landfrieden' von 1495 und der Institutionalisierung des Reiches über Reichskammergericht und Reichskreise wurden die exekutiven Instrumente zur Befriedung Deutschlands im Inneren geschaffen und das seit dem Hochmittelalter bekämpfte Fehderecht des Adels auch de facto beseitigt. Dennoch konnten die Bewohner des Reiches keine Ruhe finden: in den Konflikten der konfessionellen Ära und in den Auseinandersetzungen der europäischen Mächte war und blieb der mitten in Europa gelegene Reichsboden sehr oft Kriegsschauplatz.

Krieg und Gewalt gingen im Mittelalter sehr stark vom Adel aus: Die Sozialisation und das Komment der Adligen wiesen auf den bewaffneten Kampf, sei es nun Mann gegen Mann in der offenen Feldschlacht, sei es auf der bewaffneten Heidenfahrt, in der sich Waffenruhm, Ehre und Ansehen mit Religiosität und Kurzweil paarten (2.3.1.1). Die Städter standen seit dem 13. Jahrhundert nicht abseits, ja durften nicht abseits stehen, um nicht unterzugehen. Die Mitglieder der reichs- und freistädtischen Führungsschichten gefielen sich gleichsam in einer kulturellen Zwitterstellung als Kaufleute und Adlige, sie kämpften mit ihrem Geld in gleicher Weise wie mit dem Schwert, verfuhren dabei, wenn es sein musste, ebenso schmutzig wie der Adel. Beispielhaft wird dies am Verhalten der Reichsstadt Nürnberg im Krieg gegen den Markgrafen Albrecht Achilles von Brandenburg (1449/50) demonstriert (2.3.1.2.1–2.3.1.2.2). Der Dreißigjährige Krieg gilt als Höhepunkt und Abschluss der Auseinandersetzungen im konfessionellen Zeitalter. Der Krieg wurde unter ungeheuerem finanziellen Einsatz mit Söldnern geführt und vornehmlich von der Landbevölkerung unter furchtbaren Opfern erlitten: Die Zeugnisse individualisieren aus der Sicht zweier je unterschiedlich betroffener Männer diese beiden Perspektiven (2.3.1.3.1–2.3.1.3.2). Auch das 18. Jahrhundert brachte den Bewohnern des platten, ungeschützten Landes keine Befriedung: zwei Pfälzer Bauern haben ihre Erfahrungen im Polnischen und Österreichischen Krieg wie im Ersten Koalitionskrieg aufgeschrieben. Auszüge zeigen dies (2.3.1.4).

Bauern waren, die Quellenzeugnisse machen dies überdeutlich, nahezu immer die passiven Objekte von kriegerischer Gewalt und herrschaftlicher Willkür. Sie blieben jedoch nicht immer die braven Lämmer, die man willenlos zur Schlachtbank führte. Lokale Bauernaufstände sind seit dem Hochmittelalter zahlreich überliefert. Die Ursachen waren unterschiedlich. Nur ein einziges Mal kam es in der Geschichte der bäuerlichen Gegengewalt zu überregionalen Aktionen. Im Großen Bauernkrieg von 1524 bis 1526 rottete sich die Landbevölkerung Südwest- und Mitteldeutschlands zusammen. Nach anfänglichen Erfolgen behielten die Fürsten die Oberhand – eine Stimme auf Seiten der Sieger fängt Momente jener Erhebung ein (2.3.2).

2.3.1 Der Krieg: ‚Vater aller Dinge'

2.3.1.1 Stolze Heidenkämpfer und verzweifelte Bauersfrauen – Peter Suchenwirts Gedicht von der Preußenfahrt Herzog Albrechts III. von Österreich (1377)

Die von dem Deutschen Orden ins Leben gerufene Preußenfahrt, der bewaffnete Kreuzzug gegen die heidnischen Samaiten und Litauer, hielt den europäischen Adel des 14. Jahrhunderts in Atem. Alljährlich versammelte man sich zu Sommer- und Winterfeldzügen in Preußen. In Lobgedichten verherrlichten Herolde, Experten in Rittertum und Wappenwesen, die Taten ihrer adligen Herren. Eines der zwanzig überlieferten Gedichte Peter Suchenwirts hat die Preußenfahrt Herzog Albrechts III. von Österreich im Jahre 1377 zum Gegenstand. Mit einem stattlichen Gefolge machte sich der Fürst auf die lange Fahrt.

Da sah man reiten die ausgewählten würdigen Dienstleute,
fünfzig an der Zahl und um eines hohen Preises willen.
Die zogen dann mit ihm (dem Fürsten) auf die 5
Preußenfahrt.
Da sah man reiten in der Schar
Fünf Grafen, stolz und hochgemut,
die sparten weder Leben noch Gut
um Gottes willen, um der Ehre und um der Ritterschaft 10
halber,
ihr Herz, ihre Gesinnung war freigiebig und tugendhaft.

(Wer offene Feldschlachten erwartet, große Duelle Mann gegen Mann, Ritter gegen gewaltige Heiden, 15 sieht sich enttäuscht. Nach dem kleinen, dem schmutzigen Krieg dürstet es die Blüte der europäischen Ritterschaft. Hinterhältig wurde ein Dorf überfallen.)

Da fand man eine Hochzeit;
die Gäste kamen uneingeladen. 20
Ein Tanz mit Heiden wurde aufgeführt,
ihrer sechzig blieben tot.
Darnach war das Dorf vor Feuer rot,
dass es hoch in den Lüften brannte.
Ich wäre nicht gern Bräutigam 25
da gewesen, auf meinen Eid.

2.3 Kriege, Widerstände und Aufstände

*(Die Ritter konnten beinahe ungehindert die „Heiden"
jagen, wie Suchenwirt ausdrücklich schreibt:)*

Was ihnen weh tat, das tat uns wohl!
Das Land war von Leuten und Gut voll,
damit trieben wir unsere Lust,
den Christen Gewinn, den Heiden Verlust.

(Das Heer verfolgte die fliehenden Litauer. Ohne Erbarmen und mit Lust wurde jeder erschlagen, dessen man habhaft werden konnte. Suchenwirt lässt die Einstellung der Adeligen den Bauern gegenüber erkennen:)

Gefangen wurden Frauen und Kinder;
es war ein jämmerliches Hofgesinde!
Man sah da viele Frauen,
die hatten zwei Kinder gebunden um ihren Leib,
eines hinten und eines vorne.
Auf einem Pferd kamen sie ohne Sporen
und barfuß dahergeritten!
Die Heiden erlitten große Not:
Man fing viele von ihnen
und legte ihnen auf der Stelle die Hände in Fesseln.
So gebunden führte man sie –
den Jagdhunden gleich.

Peter Suchenwirt, in: Scriptores Rerum Prussicarum 2, Leipzig, Hirzel, 1863, S. 161–169; Hartmut Boockmann, Der Deutsche Orden. Zwölf Kapitel aus seiner Geschichte, München, C. H. Beck, 1981, S. 164–169.

GF

2.3.1.2 Nürnberg und der Markgrafenkrieg (1449/50)

Im Jahre 1449 begann in Franken der Erste Markgrafenkrieg. Ziel des fehdeführenden Markgrafen Albrecht Achilles von Brandenburg war es, sein um Nürnberg gelegenes Fürstentum zu vergrößern und zu konsolidieren. Mit dieser Politik wandte sich der Markgraf vornehmlich gegen den Bischof von Würzburg und die Reichsstadt Nürnberg. Der Krieg wurde nur ein einziges Mal in einer größeren Schlacht ausgetragen. Ansonsten beschränkten sich beide Seiten auf einen zermürbenden Abnutzungskrieg. Der Markgraf verhängte eine Blockade über Nürnberg, die Nürnberger und die Markgräflichen raubten sich gegenseitig Vieh, erschlugen die sich widersetzenden Bauern, zündeten Mühlen, Weiler und Dörfer an, verschonten auch Pfarrkirchen nicht. Die Kämpfe endeten unentschieden im Jahre 1450, im anschließenden Frieden von 1453 entschädigte die Reichsstadt freilich den Markgrafen mit 25 000 Gulden.

2.3.1.2.1 Der schmutzige Krieg – ein Bericht aus einem Monat

Der Patrizier Erhard Schürstab († 1461), seit 1440 im Kleinen Rat und ab 1454 Losunger und damit einer der beiden mächtigsten Männer im Rat, hat im Auftrag des Rates Kriegsordnungen und andere Aufzeichnungen zusammengestellt. Darin finden sich auch die detaillierten Berichte über die einzelnen Tage, Wochen und Monate des Krieges. Die in dem kleinen Auszug genannten Orte liegen alle im Umkreis um Nürnberg, dessen reichsstädtisches Territorium von markgräflichen Burgen, Städten und Dörfern umgeben war.

Vom 1. bis zum 20. Mai 1450
An St. Walpurgis (1. Mai) waren etliche von unseren Reisigen und Trabanten von hier (von der Stadt) ausgezogen und kamen auf das Gebirge (Fränkischer Jura) jenseits von Rotenberg und Osternohe, und brachten einen Raub Viehs zustande, 119 Kühe, 30 Ackerpferde, viele Schweine und Ziegen sowie 6 Gefangene.
Am Montag nach St. Walpurgis (3. Mai) zogen zahlreiche von unseren Reisigen und Trabanten aus und brachten 30 Kühe, 20 Schweine und etliche gefangene Bauern; die haben sie genommen auf den Hetzleser Bergen.
Am Mittwoch nach St. Walpurgis (6. Mai) ritten zahlreiche Reisige hier hinaus und brachten einen Kriegsgefangenen mit Hengst und Harnisch zurück (…).
Am Donnerstag nach Inventio Crucis (7. Mai) waren etliche Reisige hinaus geritten und brachten 38 Kühe; die haben sie genommen bei Höchstadt an der Aisch.
Am Montag vor Christi Himmelfahrt (11. Mai) ritten zahlreiche Reisige hinaus und brachten ungefähr 25 Kühe; die haben sie genommen bei Hilpoltstein und Winterstein. Da eilten die Bauern ihnen nach und wollten ihnen das Vieh wieder abjagen. Sie erschossen den Unseren ein Pferd und die Unseren erstachen und erschossen vier Bauern und brachten das Vieh herein.
Am Donnerstag zu Christi Himmelfahrt (14. Mai) ritten etliche reisige Gesellen hinaus und trafen zahlreiche Wagen mit Salz. Denen spannten sie die Pferde aus. Danach kamen sie an zwei Wagen mit Wein, die brachten sie herein mit Wein und Pferden. Die Weinwagen hatten sie nicht weit von Emskirchen genommen. Insgesamt erbeutete man 22 Pferde.
An dem nämlichen Donnerstag (14. Mai) waren gegen Abend etliche Trabanten hinausgezogen und nahmen zahlreiche Kühe bei Allersberg. Da eilten ihnen die (Bauern) von Allersberg nach und wollten ihnen das Vieh wieder abnehmen. Die Unseren beschossen die Bauern und erstachen einen von ihnen, auch wurde einer unserer Trabanten erschossen. Die Unseren brachten das Vieh herein. Es handelte sich um 16 Kühe.
Am gleichen Abend waren etliche von unseren Reisigen und Trabanten draußen gewesen und brachten einige Gefangene und Trabanten, welche die Frauen täglich auf der Straße ausgeraubt hatten, wenn sie (ihre Kramwaren) in die Stadt trugen. Und sie brachten auch gefangene Bauern und Bauernpferde. (…)
Am Montag vor Pfingsten (18. Mai) zogen in der Frühe viele Reisige und Fußvolk mit Wagen hinaus und kamen durch den Wald bei dem Kraftshof. Und als sie durch den Wald marschiert waren, da ließen sie die Fußgänger innerhalb des Waldes mit der Wagenburg anhalten. Die Schwadron der Reisigen ritt weiter in Richtung Forchheim zu einer Viehweide. Man schickte etliche Reisige vor; sie sollten das Vieh vor Forchheim erbeuten und die Tiere zur Schwadron zurück-

treiben. Falls nämlich die Bewohner von Forchheim nacheilen wollten, wären die Unseren gern hinter sie gekommen. Also erbeuteten die Unseren etliche Kühe vor Forchheim. Die von Forchheim jagten ihnen aber die Kühe wieder ab und fingen drei von den Unseren, denn unsere Reiterschwadron hielt viel zu weit von der Viehweide entfernt. So brachten die Unseren an diesem Tag nichts zustande und zogen ohne Beute wieder nach Hause.

Am Dienstag vor Pfingsten (19. Mai) zog man gegen Abend hier hinaus mit vielen Reisigen, mit Fußvolk und mit Schweizer Söldnern. Man hatte viele Wagen und Karrenbüchsen dabei und zog in Richtung Emskirchen. Am Mittwoch (20. Mai) kamen sie in der Morgenfrühe dort an, verbrannten das Dorf und stürmten den Kirchhof[1]. Da wehrten sich die Bauern sehr heftig und verwundeten sehr viele von den Unseren, schossen auch etliche tot. Die Unseren gewannen den Kirchhof und erschlugen sehr viele Bauern. Einige Bauern hatten sich auf dem Kirchturm verschanzt und wollten sich nicht ergeben. Da befahlen die Unseren dem Pfarrer, das hinauszutragen, was zu der Kirche gehört[2]. Sie zündeten die Kirche an und ließen sie ausbrennen. Und sie nahmen von dort, was sie an Plunder und Hausrat fanden, auch etliche Fässer Wein, luden alles auf und führten es herein. In den Kellern schlugen sie bei etlichen Weinfässern die Böden heraus. Auch verbrannten sie an dem gleichen Tag sehr viele Dörfer, die um Emskirchen lagen. Danach zogen sie wieder heim und brachten mehr als 300 Kühe und 100 Schweine, etliche Schafe und zahlreiche gefangene Bauern.

Kriegsbericht und Ordnungen, in: Die Chroniken der fränkischen Städte: Nürnberg, Bd. 2 (Die Chroniken der Deutschen Städte, 2) Leipzig, S. Hirzel, 1864 (ND Göttingen, Vandenhoeck & Ruprecht, 1961), S. 218–221.

1 Es handelte sich um einen befestigten Kirchhof mit Mauern.
2 Gemeint sind damit wohl liturgische Geräte und Gewänder, Kreuze, Heiligenstatuen, Altäre und anderes Inventar.

GF

2.3.1.2.2 Endlich ein großes Hauen – die Schlacht bei Pillenreut

Während des Ersten Markgrafenkrieges fand in der Auseinandersetzung zwischen Markgraf Albrecht Achilles und der Reichsstadt Nürnberg nur eine wirkliche Schlacht statt, mehr oder weniger zufällig am 11. März 1450 am Weiher von Pillenreut. Der Brief des Nürnberger Hauptmanns und Patriziers Jobst Tetzel an seinen Schwager Jörg Geuder vom gleichen Tag vermittelt einen Einblick in ein solches Getümmel.

Mein williger Dienst zuvor, lieber Schwager Jörg! Am letzten Montag (9. März 1450) rückten mein Herr von Plauen[1] und ich auf das Gebirge und ließen dort 13 Feuer anlegen, das nächstgelegene 5 Meilen[2] von hier, das fernste 6 Meilen, da wir auch die Vorhöfe der drei Schlösser mit der Hilfe des Allmächtigen Gottes erobert hatten, nämlich zu Strolenfels, zu Hittenbach und zu Osternohe. Das andere waren Dörfer. Wir erbeuteten zahlreiches Vieh, insbesondere Pferde und Kühe, auch über 60 Wagen, die unser waren und die wir alle mit Heu von den Feinden beladen ließen. Damit sind wir hier wohlbehalten angekommen. Am Mittwoch (11. März 1450) rückte Markgraf Albrecht von Schwabach vor unsere Stadt, indem er seinen Feldhaufen großartig entfaltete. Er ließ sich sehen, wie er dies vorher schon häufiger getan hat. Nun verfielen wir leichtfertigen Gemüts schnell darauf, dass wir unser Glück zu Ross und zu Fuß machen könnten. Das geschah denn auch. Also kamen die Feinde mit Ausnahme des Markgrafen Albrecht mit seinen Reitern, wie er sie geordnet und eingeteilt hatte, über 550 Pferde, auf uns zu gerannt mit großem Geschrei in einer Kavalkade und stellten sich sehr fürchterlich. Denen begegneten wir keck mit fröhlichem, unverzagtem Gemüt, nichts anderes zu wollen als zu sterben oder zu siegen. Da uns dann der Allmächtige Gott, die ewige Magd und Himmelfrau Maria, die unsere Losung und Schlachtruf war, ihren Sieg und Barmherzigkeit so gnädiglich bewiesen haben, denen wir dafür demutsvoll Lob und Dank sagen, dass wir sie nach dem ersten Treffen überrannten und in die Flucht schlugen. Und obwohl auf ihrer Seite sehr viele, auch etliche auf unserer Seite bei dem Treffen und Streit niedergeworfen wurden, die abgestochen und von den Pferden gestürzt waren, verfolgten mein Herr von Plauen und ich als Hauptleute mit unseren Reisigen sie ernsthaft ungefähr noch 1 1/2 Meilen bis an die Schranken und Tore zu Schwabach. Dort an den Schranken wurden noch etliche der Feinde erstochen, und wir fingen ungefähr 120 von ihnen. Es blieben auf der Walstatt gute Leute, Adlige und reisige Söldner, ungefähr 80. Wir erbeuteten ca. 200 Kriegspferde. Markgraf Albrecht wurde zweimal zugesetzt, er kam mit knapper Not davon. Wir erbeuteten des Markgrafen Banner und sein Rennfähnlein, auch das Banner des Herzogs Otto von Bayern, die wir mitsamt den vielen Gefangenen unversehrt und voller Freude, demutsvoll und dankbar in unsere Stadt gebracht haben. (…)

Kriegsbericht und Ordnungen, in: Die Chroniken der fränkischen Städte, Nürnberg, Bd. 2 (Die Chroniken der Deutschen Städte, 2) Leipzig, Hirzel, 1864 (ND Göttingen, Vandenhoeck & Ruprecht, 1961), Beilage III, S. 491 f.

1 Heinrich d. J. Reuß von Plauen, Nürnbergischer Feldhauptmann.
2 Eine Meile umfasste ungefähr 8 Kilometer.

GF

Die schwäbischen Landsknechte überfallen ein Dorf (1499), in: Alfred A. Schmid, Die Schweizer Bilderchronik des Luzerners Diebold Schilling 1513 (Sonderausgabe des Kommentarbandes zum Faksimile der Handschrift S. 23 fol. In der Zentralbibliothek Luzern), Luzern, Faksimile-Verlag, 1981, fol. 177r. (s. S. 127)

2.3.1.3 Die schreckliche Kriegsfurie – der Dreißigjährige Krieg (1618–1648)

Zwischen 1618 und 1648 wurden auf deutschem Boden zahlreiche Einzelkriege ausgetragen. Diese Kämpfe waren keine sozusagen innere Auseinandersetzung zwischen den Bündnissen Union (protestantisch) und Liga (katholisch), in die die Stände des Reiches aufgrund konfessioneller und politischer Konflikte zerfallen waren. Beteiligt waren vielmehr fast alle

2.3 Kriege, Widerstände und Aufstände

2.3.1.2.2 Die schwäbischen Landsknechte überfallen ein Dorf (1499).

entscheidenden europäischen Mächte. Nach einem vernichtenden Abnutzungskrieg wurden 1648 im Frieden von Münster und Osnabrück die Machtverhältnisse und die politische Landkarte Mitteleuropas neu geordnet, im Reich dazu ein dauerhafter Konfessionskompromiss erzielt.

2.3.1.3.1 Ein namenloser Söldner erinnert sich – Lebensbericht eines schreibkundigen Soldaten von 1627 bis 1633

Beim folgenden Kriegsbericht handelt es sich um das Tagebuch eines unbekannten Söldners, sein individuelles Zeugnis über eine wild bewegte Zeit. Sein Denken und Empfinden gilt besonders dem Schicksal seiner dem Heer nachziehenden Familie.

(…) In diesem Jahr 1627 im April den 3. habe ich mich unter das Pappenheimsche Regiment[1] zu Ulm lassen anwerben als einen Gefreiten, denn ich bin ganz abgerissen gewesen. Von da aus sind wir auf den Musterplatz gezogen, in die Obermarkgrafschaft Baden. Dort in Quartier gelegen, gefressen und gesoffen, dass es gut heißt.
Acht Tage nach Pfingsten, auf die heilige Dreifaltigkeit (20. Mai), habe ich mich mit der ehrentugendsamen Anna Stadlerin von Traunstein aus dem Bayernland verheiratet und Hochzeit gehalten.
Auf den Tag Sankt Johannes (24. Juni) sind unsere Fähnlein an die Stange geschlagen worden, zu Rheinbischofsheim. Hier sind wir mit dem ganzen Regiment auf Schiffe gegangen und gefahren bis nach Oppenheim, da sind wir ausgestiegen. Unterwegs aber ist ein Schiff aufgefahren, dass es in Stücke gegangen ist, so sind etliche ersoffen.
Von Oppenheim nach Frankfurt, durch die Wetterau und Westfalen durch und nach Wolfenbüttel im Braunschweiger Land[2]. Das haben wir belagert und Schanzen davor gebaut und der Stadt heftig zugesetzt mit Wasserstauen und Bauen, sodass sie sich haben müssen ergeben. Hier ist mir mein Weib krank gewesen die ganze Belagerung, denn wir sind 18 Wochen davor gelegen. Am Heiligen Christabend (24. Dezember) sind sie abgezogen im Jahr 1627, aber meistenteils haben sie sich lassen anwerben.
Da sind an die 200 Mann aus der Altmark gekommen, um die Kranken und Verwundeten zu fahren. Da habe ich mein Weib auch aufgesetzt. Da sind wir in die Altmark gezogen. (…).
Hier bin ich krank geworden und das Weib wieder gesund. Bin gelegen 3 Wochen. 4 Wochen nach meiner Krankheit hat man uns kommandiert nach Stade, unterhalb von Hamburg. (…)
Damals ist mein Weib niedergekommen, aber das Kind ist noch nicht geburtsreif gewesen, sondern alsbald gestorben. Gott gebe ihm eine fröhliche Auferstehung. Ist ein junger Sohn gewesen.
Vor Stade sind wir gelegen. Am Karfreitag (11. April) haben wir Brot und Fleisch genug gehabt, und am heiligen Ostertag (13. April) haben wir kein Mund voll Brot haben können. Wie sie nun abgezogen sind im Jahr 1628, sind wir wieder in unserem Quartier stillgelegen den Sommer.
Danach sind wir mit unserer Kompanie nach Stendal gezogen, auch gutes Quartier gehabt. Im Jahr 1629 hat Oberstleutnant Gonzaga, Fürst von Mantua[3], 2000 Mann genommen von dem Regiment, denn das Regiment ist 3500 Mann stark gewesen, und ist nach Pommern gezogen, und haben uns gelagert vor Stralsund. (…)
Dieses Mal, während ich bin weg gewesen, ist meine Frau wieder mit einer jungen Tochter erfreut worden. Ist auch in meiner Abwesenheit getauft worden, Anna Maria. Ist auch gestorben, während ich weg gewesen bin. Gott verleihe ihr eine fröhliche Auferstehung.
Von Stralsund sind wir alle (…) in das Gebiet der Kaschuben, gar ein wildes Land, aber treffliche Viehzucht und allerlei Vieh.
Hier haben wir kein Rindfleisch mehr wollen essen, sondern es haben müssen Gänse, Enten oder Hühner sein. Wo wir über Nacht gelegen sind, hat der Wirt müssen einem jedweden einen halben Taler geben, aber im Guten, weil wir mit ihm zufrieden sind und haben ihm sein Vieh in Frieden gelassen.
So sind wir mit den 2000 Mann hin und her gezogen, alle Tage ein frisches Quartier, 7 Wochen lang. Bei Neustettin sind wir 2 Tage stillgelegen. Hier haben sich die Offiziere mit Kühen, Pferden, Schafen wohl versehen, denn es gab vollauf von allem.
Von da aus nach Spandau, ein mächtiger Pass, da hat

man gleichzeitig nicht mehr als eine Kompanie durchgelassen. Wie wir nun wieder in die Mark, in unser Quartier gekomen sind, bald danach in diesem Jahr 1629 sind wir mit dem ganzen Regiment aufgebrochen und gezogen in die Wetterau.

Zu Wiesbaden, unterhalb von Frankfurt ist unser Hauptquartier gewesen, von Graf Pappenheim. (...) In Lauterbach ist der Hauptmann gelegen, die Kompanie auf dem Land. Hier haben wir wieder gutes Quartier gehabt, 20 Wochen lang.

Hier ist meine Frau wieder mit einer jungen Tochter verehrt worden, ist getauft worden Elisabet.

Nach 20 Wochen sind wir aufgebrochen und gezogen nach Westfalen. Unser Quartier ist gewesen in Lippstadt (...)

In Lippstadt gibt es gutes altes Bier und auch böse Leute. Ich habe ihrer 7 verbrennen gesehen. Darunter ist sogar ein schönes Mädelein gewesen von 18 Jahren, aber sie ist doch verbrannt worden.

In diesem Land tut man Brote backen, die so groß sind wie ein großer Schleifstein, viereckig. Das Brot muss 24 Stunden im Ofen stehen. Man nennt es Pumpernickel. Ist aber gutes und schmackhaftes Brot, ganz schwarz.

Im Jahr 1630 sind wir hier aufgebrochen und gezogen nach Paderborn. Lippstadt liegt am schiffreichen Wasser, die Lippe genannt. Von Paderborn nach Niedermarsberg (...). Nach Goslar im Harz und nach Magdeburg[4].

Haben uns verlegt auf Dörfer und die Stadt blockiert, den ganzen Winter stillgelegen auf Dörfern, bis zum Frühling im Jahr 1631. Da haben wir etliche Schanzen eingenommen im Wald vor Magdeburg. Da ist unser Hauptmann vor einer Schanze, neben vielen anderen, totgeschossen worden. An einem Tag haben wir 7 Schanzen eingenommen. Danach sind wir dicht davorgezogen, haben mit Schanzen und Laufgräben alles zugebaut, doch hat es viel Leute gekostet. (...)

Den 20. Mai haben wir mit Ernst angesetzt und gestürmt und auch erobert. Da bin ich mit stürmender Hand ohne allen Schaden in die Stadt gekommen. Aber in der Stadt, am Neustädter Tor, bin ich 2 mal durch den Leib geschossen worden, das ist meine Beute gewesen. (...)

Nachher bin ich in das Lager geführt worden, verbunden, denn einmal bin ich durch den Bauch, vorne durchgeschossen worden, zum andern durch beide Achseln, sodass die Kugel ist in dem Hemd gelegen. Also hat mir der Feldscher die Hände auf den Rücken gebunden, damit er hat können den Meißel einbringen. So bin ich in meine Hütte gebracht worden, halbtot.

Ist mir doch von Herzen leid gewesen, dass die Stadt so schrecklich gebrannt hat, wegen der schönen Stadt und weil es meines Vaterlandes ist.

Wie ich nun verbunden bin, ist mein Weib in die Stadt gegangen, obwohl sie überall gebrannt hat, und hat wollen ein Kissen holen und Tücher zum Verbinden und worauf ich liegen könnte. So habe ich auch das kranke Kind bei mir liegen gehabt. Ist nun das Geschrei ins Lager gekommen, die Häuser fallen alle übereinander, sodass viele Soldaten und Weiber, welche mausen wollen, darin müssen bleiben. So hat mich das Weib mehr bekümmert, wegen des kranken Kindes, als mein Schaden. Doch hat sie Gott behütet.

Sie kommt nach anderthalb Stunden gezogen mit einer alten Frau aus der Stadt. (...) So hat sie mir auch gebracht eine große Kanne von 4 Maß mit Wein und hat außerdem auch 2 silberne Gürtel gefunden und Kleider, sodass ich dafür 12 Taler eingelöst habe zu Halberstadt. Am Abend sind nun meine Gefährten gekommen, hat mir ein jeder etwas verehrt, einen Taler oder halben Taler.

Den 24. Mai ist uns Johan Philipp Schütz (als Hauptmann) vorgestellt worden. Ich samt allen Geschädigten sind nach Halberstadt geführt worden. (...) Da sind von unserem Regiment 300 in einem Dorf gelegen und sind alle wieder geheilt.

Hier habe ich einen gar guten Wirt bekommen, hat mir kein Rindfleisch gegeben, sondern lauter Kalbfleisch, junge Tauben, Hühner und Vögel. So bin ich nach 7 Wochen wieder frisch und gesund gewesen. Weiter ist mir hier mein Töchterlein gestorben, Elisabet. Gott verleihe ihr eine fröhliche Auferstehung.

(...) Während die schwedische Armee ankommt bei Havelberg, sind wir nach Tangermünde und nach Werben an der Elbe. Hier hat sich die schwedische Armee verschanzt. Ist eine so grausame Hitze gewesen, dass ein Trunk Wasser dazumal teuer war.

Also weil er verschanzt ist gewesen, sind wir wieder zurück nach Tangermünde, nach Magdeburg, nach Eisleben, nach Merseburg, nach Leipzig[5]. Hier das Lager aufgeschlagen, alsbald geschanzt, Laufgräben gemacht, die Kanonen aufgefahren und die Stadt beschossen. Den 7. September da haben sie mit Akkord die Stadt samt dem Schloss aufgegeben und sind abgezogen den 7. September im Jahr 1631.

Da sind wir im Lager wohlauf gewesen die Zeit über, bis der Schwede ist angekommen. Den 17. September nach Eroberung der Stadt ist der König[6] mit ganzer Macht samt der sächsischen Armee angekommen. (...) An diesem Tag sind wir geschlagen worden[7], die ganze bayrische Armee, ausgenommen diese 4 Regimenter nicht, nämlich Pappenheim, Wallies, Wangler und Jung-Tilly[8]. Denn wir sind auf dem rechten Flügel gestanden und sind auf den Sachsen getroffen, die haben wir alsbald in die Flucht geschlagen. Da wir vermeint haben, wir haben gewonnen, ist aber unser linker Flügel ganz geschlagen gewesen. Da haben wir uns auch müssen wenden. (...)

Also gingen wir bei Nacht nach Leipzig und nach Merseburg, nach Eisleben, nach Mansfeld, alles fort, Tag und Nacht nach Aschersleben und Halberstadt. Hier stand ein frisches Regiment, das sollte uns zu Hilfe kommen. Darauf nach Franken zu, nach Aschaffenburg.

Hier ist der Graf von Rechberg mit 2 Regimentern und der Lothringer[9] zu uns gekommen. Da haben wir uns im Taubergrund in Dörfer verlegt, 6 oder 7 oder auch wohl 10 Regimenter in einem Dorf. Da ist der König von Schweden gekommen und hat uns bei Nacht angefallen, doch nicht das Fußvolk, sondern die Reiter. Er hatte schon Würzburg samt dem Schloss eingenommen.

Dann ist der Lothringer von uns, und wir sind gezogen nach Gunzenhausen an der Altmühl. Hier sind wir verlegt auf Dörfer und haben die Festung Würzburg bei Weißenburg blockiert. Die hat sich nach 10 Tagen ergeben. Dieses mal ist es eine sehr große Kälte ge-

2.3 Kriege, Widerstände und Aufstände

wesen. Danach, nach Eroberung der Festung, sind wir gezogen nach dem Bayernland zu in die Winterquartiere. Unser Regiment ist zu Kelheim an der Altmühl gelegen. Mit unserer Kompanie sind wir zu Riedenburg gelegen. Hier haben wir wieder gutes Quartier gehabt.

Aber was wir in der Altmark gefressen haben, haben wir redlich wieder kotzen müssen vor Leipzig. Hier zu Riedenburg bin ich Korporal geworden, im Jahr 1632. Den 16. April wieder fortgezogen nach Regensburg. Zu Kelheim an der Altmühl wird ein trefflich gutes Weißbier gebraut. Von Regensburg nach Schrobenhausen, nach Donauwörth an der Donau. Bei Donauwörth wieder verlegt. Bald ist die schwedische Armee auch da gewesen und hat uns von Donauwörth weggejagt. Nach Rain am Lech, eine Festung.

Hier haben wir uns gesetzt. Da ist viel Landvolk zu uns gestoßen, aber alles umsonst. Als der König mit Macht ist auf uns gegangen, mit Kanonen geschossen, dass etliche gefallen sind, als auch General Tilly ist mit einer Kugel geschossen worden, da sind die andern davon gelaufen.

Also haben wir uns bei Nacht müssen aufmachen und sind gezogen nach Neuburg, nach Ingolstadt. Den andern Tag ist die schwedische Armee schon wieder bei uns gewesen. Da sind wir durch Ingolstadt wieder auf das andere Ufer, denn bei Ingolstadt läuft die Donau. Hier haben nun die von Ingolstadt mit Kanonen auf die Königlichen stark gespielt. Dass man dem König sein Pferd unter dem Leib hat totgeschossen. Die Stadt wäre bald durch Verräterei eingenommen worden, durch den Grafen von Farnsbach, welcher auch nach wenigen Tagen zu Regensburg auf dem Kornmarkt mit dem Schwert ist gerichtet worden. So sind wir liegen geblieben zu Regensburg, auf den 2 Inseln zwischen den Donauufern, die ganze Armee.

Die Schwedischen, die sind nach Bayern gegangen, auf München zu und überallhin und haben gute Quartiere gehabt.

Wir aber sind auch in Städte verlegt. Unser Regiment ist nach Regensburg in die Stadt verlegt worden. Mein Quartier ist gewesen bei dem Marktturm, bei Johannes Strobel, Kramer, gutes Quartier. Hier ist mein Weib wieder niedergekommen mit einer jungen Tochter, mit Namen Barbara, im Jahr 1633.

Dieses Jahr ist nun die Armee wieder zusammengezogen bei Landshut. Hier ist der höchste Turm, liegt an der Isar, auch ein schiffreiches Wasser in Bayern. Da hat sich die schwedische Armee auch zusammengezogen und ist gezogen nach Augsburg. Wir haben uns geteilt, etliche sind gegangen nach Landsberg im Allgäu hinauf, unser Regiment aber wieder zurück nach Freising.

Mein Weib aber, solches nicht gewusst, ist der Armee nach durch Landsberg am Lech. Sie ist krank gewesen, samt dem Kind.

Zu Freising bin ich samt meinem Hauptmann und 300 Mann kommandiert worden nach Straubing. Mein Weib aber, wie sie solches erfahren, ist dem Regiment nachgefolgt, welches sie zu München auch angetroffen hat. Das Kind ist ihr aber unterwegs gestorben, und sie ist nach etlichen Tagen auch gestorben zu München im Spital.

Gott verleihe ihr samt dem Kind und allen ihren Kindern eine fröhliche Auferstehung, amen. Denn in dem ewigen seeligen Leben wollen wir einander wieder sehen. So ist nun mein Weib samt ihren Kindern entschlafen. Gott gebe ihnen die ewige Ruhe, 1633 (...)

Jan Peters (Bearb.), Ein Söldnerleben im Dreißigjährigen Krieg. Eine Quelle zur Sozialgeschichte (Selbstzeugnisse der Neuzeit. Quellen und Darstellungen zur Sozial- und Erfahrungsgeschichte), Berlin, Akademie Verlag, 1993, S. 135–143.

1 Das Regiment Gottfried Graf von Pappenheims gehörte zu der von Johann Tserclaes Graf von Tilly befehligten Armee der katholischen Liga.
2 Dieser Zug erfolgte im Rahmen des sogenannten Dänisch-Niederdeutschen Krieges (1624–1629).
3 Hannibal Don Louis Gonzaga, kaiserlicher Feldmarschall.
4 Geschildert wird im folgenden die berühmt-berüchtigte Belagerung Magdeburgs im Rahmen des sogenannten Schwedischen Krieges (1630–1634). Das kaiserliche Heer unter Tilly und Pappenheim bestand aus 22 000 Mann zu Fuß.
5 Gemeint ist die vernichtende Niederlage der Liga vor Leipzig.
6 Gustav II. Adolf, König von Schweden (1594–1632).
7 Der Tod Tillys bei der Niederlage der Kaiserlichen vor Rain am Lech.
8 Die Niederlage der Kaiserlichen gegen das vereinigte schwedisch-sächsische Heer war vernichtend, 10 000 Mann an Toten und Verwundeten waren zu beklagen. Bei den genannten Regimentsbefehlshabern handelt es sich neben Pappenheim um Joachim Christian Graf von Wahl, Johann Wangler und um Werner Graf von Tilly.
9 Karl IV. Herzog von Lothringen, General der Liga.

GF

2.3.1.3.2 Krieg, Seuche und Hunger – der Odenwald im Dreißigjährigen Krieg aus den Schilderungen des Pfarrers M. Johann Daniel Minck in Großbieberau

Anno 1634. Diss Jahr ist ein recht gefährliches und allen Evangelischen ein betrübtes und hochschädliches Jahr gewesen[1]. Da sie, die Überpliebente, dan ihre Retirada[2] in die Obergrafschaft[3] unser Vaterland und uf Mentz[4] zu genommen und das ganze Land (...) ganz ausgeplündert, denen bald hernach die Keiserliche folgeten, ihren Feind zu suchen, sie auch hinüber über den Rhein jagten, aber in unserm Land Alles, was jene ubergelassen, weyraubeten und verwüsteten, also gar, dass weder Viehe noch Pferd, Schweine, Federviehe oder dergleichen so wenig in Stätten als Dörfern uberpliebe.

Bald fielen die Schweden über Rhein herüber und jagten die Keiserischen aus ihrem Quartier, bald jagten diese hinwieder jene hinaus. Dadurch dan das ganze Land zwischen Meyn und Rhein gar erschöpfet wurde, und dorfte sich kein Mensch ufm Land blicken lassen, ihm wurde nachgejaget wie einem Wild, da er ergriffen, onbarmherzig zerschlagen und umb Verrahtung[5] Geld oder Viehe oder Pferd mehr als auf türkische Weise geknöbelt, an heißen Ofen nackend angebunden, aufgehenkt, mit Rauch gedempft, mit Wasser und Pfuhl[6], so sie den Leuten mit Zübern in Hals geschüttet und mit Füssen uf die dicken Bäuche gesprungen, getränket, welche barbarische Tränkung genant worden ,der schwedische Trunk', nicht dass ihn aber die Schwedischen allein gebraucht, sondern viel mehr weil die Keyserische den Gefangenen oder sonst den Schwedischen Zugetanen also einzuschenken pflegten.

129

Politik, Herrschaft und Rituale

Umb solcher Tyrannei willen und dass kein Lebensmittel mehr ufm Land waren, wurden alle Dörfer, nicht eines ausgenommen, von allen Einwohnern verlassen. (…).

35 Viele verkrochen und versteckten sich zwar in Wälder, Hülen, Klüppen etc.: waren aber ausgespehet, den die Soldaten hatten bei sich menschenspührige Hunde, welche, wan sie an Mensch und Vieh kahmen, mit ihrem Bellen die Leute verrieten und den Räuber Anzeig gaben. Darumb flohe alles auf die Schlösser, da lagen alle Gasse, Höffe und Winkel voller Leute, besonders zu Lichtenbergk[7], welches ein klein Behelf, und derhalben auch viele im Regen, Schnee und Kälte under freihen Himmel lagen, teils lagen in Fässern und Büdden, die Stuben waren Winterszeit so voll, dass wegen der Menge keines sitzen, sondern dücht ineinand stehen musten, war ein groß Jammer und Elend anzusehen, zu geschweigen, selbsten mit darin begriffen sein (…).

50 Anno 1635. Nach deme nun, wie droben berichtet, das ganze Land ausgeplündert, und kein Vieh noch Pferd mehr vorhanden, wurde auch kein Sommerfrucht ausgestelt[8].

Da man nun zwar gutten Segen für Augen sahe, an denen in vorigem 1634gsten Jahr ausgestelten Winterfrüchten, die dan so schön, vollkömlich und reichlich, dass alle Berg und Taal voller Korn und Spelzen[9] stunden und nicht ein einziger Acker onbesaamet ward, hatte jederman Hoffnung, wir würden des erlittenen Schadens reichlich wieder ergetzet werden, aber umbsonst, wie hernach folgen wird.

Inzwischen und neben der Kriegsruten schickte Gott hinder uns her die Pestilenz, die erregte sich im Anfang des 1635sten Jahr als ein Hauptschwachheit, daran viel starben, gegen dem Frühling aber besagten Jahrs, da die Hitze sich zu mehren begunte, da wuchs das Gift gewaltig und verwendet sich vorige Hauptseuch in eine giftige Pestilenz, davon die Leute schnell und haufenweis dahinfielen, dass man nicht gnug begraben konte[10].

Weil auch, wie gesagt, dass Lichtenbergk so gar dicht voller Leute, das deren viel under dem freien Himmel liegen mussten, so begaben sich viele heimb, wolten under ihrem eigenen Dach sterben. Da waren sie aber fur den Räuber nicht sicher, welche die Kranken aus ihren Betten warfen, sie durchsucheten und auch die Kranken noch darzu peinigten, vermeinet irgend Geld oder Brod von ihnen zu erkundigen. Da starb manch Mensch ufm Land, dass niemand von seinem Tod jechtwas wuste, darumb plieben sehr viel und viel lange Zeit onbegraben liegen, dass sie ganz vermürbet und voller Würme waren. Es lagen oft Kranke bei den Toden in einem Bette, und hab ich selbsten ein krank Mägdlein zu Umbstatt, gegen die Schull über, jämmerlich hören schreien, rufen und klagen über die Würme, so von seiner toden Mutter ab- und an es liefen, daher ich verursacht, beim Magistrat umb Begrabung der Mutter anzuhalten, darauf dieses geschach, dass Leute (wer sie gewesen, mir onbewußt) solchen toden Cörper fur mein Schulhaus-Tür bei der Nacht legten, wolt ich ihn weg haben, muste ich ihn begraben lassen.

Dergleichen Zustand war im ganzen Ampt Lichtenbergk (anderer Örter des Lands zu schweigen) darumb wurden von der Oberkeit etliche Todengräber bestelt, under welchen Hanss Weiß von Bieberaw noch im Leben, welche hin und wieder uf die Dörfer gehen, die Toden suchen und begraben musten. Da funden sie etliche, welche ganz vermürbt, dass sie solche mit Hacken zu Loch ziehen musten, etliche hatten die Hunde zerrissen und onkentbar gemacht. (…) Da machten sie große Löchter, warfen 8, 10 bis 12 und 15 in ein Loch, ohn einiges Leich-Kahar, ohn Klang und Gesang[11]. Darzu sind wenig uf den Kirchhof gekomen, sondern wegen großer Onsicherheit zu Hausen und Lichtenbergk auswendig an die Berge uf Wiesen, Äcker, Weinberge und Gärten, besonders gegen dem Bollwerk neben dem Eselspfad mit großer Menge begraben worden, under welchen auch Zween dahin ausm Erpachischen[12] geflohete[13] Pfarrer gewesen (…). Und riesse solches Gift dermassen ein[14], das jederman meinete, es würde niemand uberbliehen, darumb solche Seuche auch von Niemand mehr gescheuet wurde, den jederman verziehe sich des Lebens.

Solche Pest währet bis in Herbst, zwar eine nicht gar lange Zeit, riebe aber dennoch viel 1 000 Menschen im Land wegk, dass kaum der zwanzigste Teil, in etlichen Dörfern aber wohl gar niemand uberbliebe (…). Weil nun durch solche Absterben der Leute anderen Uberpliebenten viel Erbschaften aufsturben, achtete sich jederman für gar reich, vermeineten sich ihres erlittenen Schadens reichlich wieder zu ersetzen, sintemal viele mehr wider in Hoffnung hatten zu erben, als sie verlohren hatten.

Da rüstete sich jederman zur Ernde, die ererbte Früchte einzutun, deren dan der ganze Rockflur durchaus reichlich voll war, als lang nicht gesehen und daher noch genent wird die grosse Ernde. Aber die Hoffnung war vergebens, Got wolte uns durch unserer Nachbarn und Freunden Schaden nicht reich machen, darumb verhengets Gott, dass in diesem Jahr eben zur Erndezeit der Keiserliche General Gallas[15] plötzlich in dis Land zwischen Meyn und Rhein einfiel, ubers ganze Land sich ausbreitete, alle Früchte (die dan meinstenteils gebunden, aber wegen Mangel an Pferde nicht können eingebracht werden) aufm Feld und Dörfern ausdroschen, was sie nicht selbsten zu brauchen, an Meyn- und Reinstätte verkauften und so rein Arbeit macheten, dass in wenig Tagen zumal kein Frucht mehr im Land zu bekommen war.

Darauf folgete eine sehr grosse Teuerung.

Uf solche Teuerung folgete auch grosse Hungersnot, die von anno 1635 ad 1638 inclusive gewährt. Jedoch waren die zwei ersten Jahren klemmer als die zwei letzte. Es trieb der Hunger die Leute so hart, dass sie die Schindaas[16] wegfraassen, wo sie dieselben auch antreffen konten (als ich dan gar viel mit meinen Augen gesehen), sie kahmen denselben wohl eine ganze Meil nachgelaufen und zanketen sich wohl dorzu umbs Aass. Zu Hausen starb Hanss Schwöffeln eine Kuhe, so ufm Pflaster todlag, hinder der war so bald her Hans Müller von Wersaw, macht den Anfang mit Schlachten, in einem Huy[17] war alles wegk, wie dan auch eben dieser von Hans Simon zu Wersaw angeklagt worden, ob hette er ihm sein Pferd uf der Weide geschlachtet (…). Hund- und Katzen sind ihnen Leckerbislein gewesen, haben denselben, weil sie gar scheu gemacht worden, Stricke gestelt, geschlachtet, das Fleisch ausgehauen

2.3 Kriege, Widerstände und Aufstände

und mit Gewicht verkauft, wie das der Flickeyssin
160 Man (der bald hernach den Hals abgestürzt) getan,
auch Anna Bastian Mögels Tochter, so noch im Leben,
Hunde und Katzen geschlachtet. Und hab ich noch eine Magd im Dienst, so ich damalen ausm Hunger errettet, als es noch klein war und zum Kindsmägdchen
165 brauchte, welche ein abgezogene Katzenhaut funden,
die sie uf Kohlen geröst und gessen.
Frösch und Wasserkrötten, wie sie in den verschlossenen Muscheln in Bächen gefunden werden, die wohl
von grossen Herren etwa auch gessen, aber zuvor al-
170 ler Onreinigkeit benommen und wohl abgewürzet
werden, haben sie mit allem Onrat ohne Salz,
Schmalz und Würz, allein gesotten oder geröst, mit
grosser Menge gessen.
An statt Brods (dessen manches in einem ¼ oder ½
175 Jahr kein Bissen bekommen) haben sie gebraucht:
1. Aichel-, 2. Kleyen-, 3. Lein-, 4. Traubentröster-,
5. Rübschnitzen-, 6. Obstschnitzenbrod, 7. Mespeln
von Bäumen, erst gesotten, dass Bitterkeit herausgangen, dan gedört, gemahlen und gebachen. Aller sol-
180 chen Gattung hab ich in meiner Mühl zu Moltzer bekommen.
Und ob zu Zeiten eins und anders mit grosser Mühe
etwa 1 Kompf Korn bekahm, gings nach Gottes Bedrowung (...), dass wohl 10 Weiber in einem Ofen bu-
185 chen und auch reiche Leute dennoch den Kind und
Gesinde das Brod gleichsam abwogen und schnittenweis in die Hände schnitten. Ja ich kenne underschiedene Beampte und Keller[18], welche Aicheln-, Tröster- und Leinbrod gessen.
190 Weil die Butter auch sehr teuer, brauchten die Leute
an statt derer zerknürste Nüsskern, Leinsamen, das
sotten sie kurz ein, schmelzen Suppen und Gemüs
damit. Zugemüs waren Nesseln, Hopfen, wilde
Pastenat[19] und allerhand Kräuter, gut und bös. Item al-
195 lerhand Schwämm[20], giftige und reine etc., wovon die
Leute oft gros Krimmen und langwierige Schwachheit
ihnen zu Hals zogen. In Summa man asse, was man
wolte, gut oder bös (...).
Durch diesen Hunger verschmachteten viel Leute der-
200 massen, dass nichts als Haut und Bein an ihnen war,
die Haut hing ihnen am Leib wie ein Sack, waren
ganz schwarz-gelb, mit weiten Augen, gepläcketen
Zähnen, grindicht, krätzig, gelbsichtig, dick geschwollen, febricht, dass einem grauete, sie anzusehen. Fast
205 alle Ehe wurden auch daher onfruchtbar, dass von den
jüngsten Eheleuten keine Kind gezeuget worden, aber
Hurenkind[21] gabs wohl eher. Auch erkaltete zwischen
den Ehe- und anderen Leuten die Liebe, dass keines
dem andern dienete, ein Ehegatt zog von dem ande-
210 ren in ein ander Land, Brod zu suchen, Kinder liefen
von den Eltern, und deren sahen ein Teil einand nimmermehr wieder. (...)

Günther Franz (Bearb.), Quellen zur Geschichte des deutschen Bauernstandes in der Neuzeit (Ausgewählte Quellen zur Geschichte der Neuzeit, Freiherr vom Stein-Gedächtnisausgabe, 11), Darmstadt, Wissenschaftliche Buchgesellschaft, 1963, S. 117–122.

1 Am 6. September erlitt die schwedische Armee bei Nördlingen eine schwere Niederlage, 10–12.000 Mann fielen. Die Kaiserlichen eroberten in der Folge fast ganz Süddeutschland.
2 Rückzug.

3 Die alte, um Darmstadt zentrierte Obergrafschaft Katzenelnbogen, die nach dem Aussterben der Katzenelnbogener Grafen 1470/79 an die Landgrafschaft Hessen fiel.
4 Mainz.
5 Verrat.
6 Jauche.
7 Schloss der Landgrafen von Hessen. Der hessische Hof floh 1634 aus dem von einer Seuche heimgesuchten Darmstadt nach Lichtenberg.
8 Es wurde kein Sommergetreide (Weizen, Hafer) ausgesät.
9 Spelz oder Dinkel, eine Weizenart.
10 „Pestilenz" war ein vieldeutiger Begriff. Nach den geschilderten Symptomen dürfte es sich nicht um die Pest, sondern um eine andere Seuche gehandelt haben.
11 Ohne ein ordentliches christliches Leichenbegängnis.
12 Die Herrschaft bzw. Reichsgrafschaft Erbach der Schenken von Erbach.
13 Geflohene.
14 Die Seuche blieb so lange und forderte so viele Opfer.
15 Matthias Gallas, Graf von Campo, Herzog von Lucera (1584–1647).
16 Die Kadaver verendeter Tiere.
17 In einem Nu.
18 Verwalter.
19 Krautige Pflanzen, deren Wurzeln als Viehfutter dienten.
20 Pilze.
21 Uneheliche Kinder.

GF

2.3.1.4 Kriege des 18. Jahrhunderts – zwei Pfälzer Bauern haben ihre Erfahrungen aufgeschrieben

Die Haus- und Anschreibebücher des Johann Jacob Biebinger (1704–1773) und seines Sohnes Johann Conrad (1743-1808) aus dem in der Nähe Speyers gelegenen Mutterstadt sind in ihrer Art eine ganz außergewöhnliche Quelle für die ländliche und bäuerliche Ökonomie des 18. Jahrhunderts. Das liegt zum einen an der Seltenheit dieser Quellengattung im südwestdeutschen Raum überhaupt. Zum anderen an den Biebinger-Hausbüchern selbst. Denn die beiden Bauern haben nicht nur Nachrichten über ihre engere und weitere Familie in den Hausbüchern hinterlassen, das Leben und Sterben ihrer Eltern, Frauen, Kinder und Verwandten dokumentiert. Sie haben nicht nur die Unbilden der Witterung – Hagelschläge, Kälteeinbrüche, das Zufrieren des Rheins – sowie die für sie wichtigen politischen Ereignisse und die hautnah erlittenen militärischen Aktionen ihrer Zeit, die Kämpfe, Durchmärsche, Requirierungen und Plünderungen, festgehalten. Die Biebinger-Hausbücher dokumentieren darüber hinaus einen erstaunlich hohen Bildungsgrad unter der ländlichen Bevölkerung in der Pfalz des 18. und beginnenden 19. Jahrhunderts, der weit über die reine Schreibfähigkeit hinausreichte. Johann Conrad Biebinger beschreibt die Französische Revolution und den Ersten Koalitionskrieg (1792–1797) folgendermaßen:

Anno 1790 hat sich in Franckreich eine Rebellion erhoben zwischen dem König und dem Böbel. Das Land war zu hart beschwert von den Beamten. Der Böbel hat sich suchen, loszureisen und frey zu seyn. Das Militer und die Bürgerschaft in Baris und in umli- 5
genden Brovintzen haben zusamengehalten. Da hats ein entsetzliches Blutbad in Baris geben[1] und haben alles umbracht von den Grosen des Reichs, was nicht

entrunen ist. Die gantze Krose vom Haus Franckreich sint alle entrunen und die meiste vom Atel haben sich in Teuschland geflüchet, um das teusche Reich um Hülfe anzurufen. Die Gärung ist so weit komen, das sie den König abgesetzt und das Reich selbst regirt habe (September 1792). Da hat sich der Käuser Frantz der Zweyte[2/3] und der König Wilhelm von Breusen[7] ihrer angenomen.

Anno 1792 seind die käuserliche und die breusische Arme in Franckreich eingetrungen und haben den König wider einsetzen wolen[4]. Die beyde Armen seynd nocheinander ins Land getrungen ohne Widerstand. Bey Landa (Landau) haben sie nicht mehr als 4000 tausend Mann gelasen Käuserliche und Mäuntzer, das Magazin in Speyer zu betecken. Da seind die Frantzosen auf Landa gefallen. Da hats bey Speyer eine Schlacht geben.

Anno 1792 auf den Michaelstag (29. September) auf ein Sontagmitags um zwölf Uhr hats angefangen und hat gewährt bis halb 3 Uhr. Es wahr ein entsetzliches kanoniren. Es hat ein entsetzliches Schrecken bey uns geben. Die Deuschen haben sich ritterlich gewährt gegen der grosen Übermacht des Feyndes, welche 30 000 tausend Man starck waren. Die Deusche waren genötigt, zu reteriren, und haben sich in Speyer geworfen. Die Frantzosen haben Speyer brav verschosen und haben sie verfolgt bis an die Reinhäuser Fahrt (Rheinhausen). Da haben sie sich zu Gefangen geben. Was nicht omkomen ist der Stadt und den Pafen, haben sie vir mal hundertdausent Lieber (Livres) Brandschatzung angesetzt und haben die Stadt entsetzlich verdorben. Den andern Tag (30. September) bin ich und noch mehr Börger von hir auf Speyer, um den Wahlplatz und die Toden zu sehen. Da ist uns die gantze Arme entgegen kommen und haben sich um die Statt gelagert. Zwey Tag darauf (2. Oktober) seynd nachts um zwölf Uhr 5 000 Man durch unser Orth gemarschiert auf Wormbs und haben der Statt und den Pafen und den Nonnen fünf mahl hundertdausend Liber (Livres) Brandschatzung angesetzt. Sie haben aber nicht geschwind gnung aufdreuben können, da haben sie vir Rathsheren, 3 Pfafen, 3 Nonnen als Geuseln den Sontag darauf (7. Oktober) mit der gantze Arme durch unser Orth auf Landa genomen. Darnach seind sie ins Reich eingedrungen, Meintz eingenomen und Franckfurt. Darnach haben sie den König und die Königen eingesetzt und haben ihm den Prozes gemacht und haben ihn anno 1793, den 21. Janwari, zwischen 9 und 10 Uhr den Kop abgeschlagen. Sie seind den gantzen Winter im Reich geblieben. Es ist eine Teurung gewesen: das Malter Haber hat 7 Gulden golten, der Centner Hey 3 Gulden 30 Kreuzer, das Huntert Kornstroh 25 Gulden.

Anno 1793 auf den ersten Ostertag (31. März), welches ein ewiges Andencken ist, ist die gantze Arme reterieret durch unser Orth. Da haben sie uns Hey und Stroh genomen und haben ihnen zu esen müsen gaben. Sie haben mir einen neuen Wagen mitgenommen, welchen ich erst hab machen lasen. Er hat mich huntert Gulden gekost und nicht mehr bekomen. Den zweiten Ostertag haben wir schon breisische Husaren bey uns gehabt und haben sie verfolgt bis auf Landa.

Gleich darauf ist der König von Preusen auf Manheim kommen mit seiner gantzen Jenralität, der Kronprintz und der zweyte Printz[5], der Hertzog von Brandschweig[6] und seynd über Nacht drein geblieben. Den andern Tag seind sie wider zu der Arme gereist auf Meintz, welches die Frantzsosen noch besetzt haben. Die Deusche habens belagert von Ostern bis den 23. Julius. Da habens die Frantzosen an den König von Preisen mit Alort übergeben. Die Besatzung war noch 17 000 Man starck. Sie haben mit Gewer und Wafen abziehen dörfen. Die gantz Adoliri (Artillerie) haben sie in Maintz müsen lasen (…)

Anno 1793 ausgangs dises Jahres haben die Franzosen die Teuschen wider aus ihrem Land gejagt in drey mal virundzwantzig Stund. Da war ein entsetzlicher Jamer bey uns. Wir haben alle Habseligkeiten auf Manheim geführt. Den letzten December seindt schon 7 Reiter hier gewest. Da seind wider 6 breysische Tragoner zurückgekomen und haben sie im Wertshaus ‚Ochsen' erwist. Da war ich auch drin. Da haben die Preusen gleich in die Stub geschosen. Eine Kugel ist neben meim Bruder seim Kop verbey. Da haben sie die Fransosen gefangen. Den einen haben sie auf dem Gaul geschosen. Die Keuserlichen seind alle über den Rein reterirt. Die Preusen seind bis nach obenen reterirt. Die Fransosen sind komen bis nach Wormbs. In diser Gegend seind sie 4 Wochen geblieben und haben den Leuden ales genomen, Geil und Kie[7]. Darnach seind sie wider zurück reterirt in unser Gegend. (…)

Anno 1794, den Tag for dem Cristtag (23. Dezember), haben sie die Schantzs mit Alort bekomen. Die Besatzung hat frey abziehen dörffen. Sie haben Manheim braf verschossen. Darnach seynd sie vor Meyntz gezogen und belagert. Sie haben dieseits des Reins alles bis nach Mastrich (Maastricht) in Holland eingenommen.

Anno 1795 hats eine krimmige Kält geben. Da seynd alle Se in Holland zugefrorn. Da haben die Frantzosen gantz Holland eingenommen und seind über den Rein und alle Stätt drüben eingenommen bis nach Mäntz, auf der andern Seit belagert. Sie haben Manheim auch aufgefodert.

Anno 1795 um Maria Geburt (8. September) rum haben sie sich über den Rein bey Manheim gewagt und Manheim bekomen mit Alort den Keuserlichen und haben sich gewagt bis auf Schrisheim und Edingen. Sie haben aber zweymal viel Leid eingebüst. Die Keuserlichen haben sie wider in Manheim getriben und wider bey Meyntz die Frantzosen aufs Haubt geschlagen und Mayntz wider bekommen, da es Jahr und Tag belagert war. Da haben die Frantzosen wider reterirt bis nach Germersheim und Landau. Da haben sie uns wider geblindert. In Manheim seind aber geblieben 9 000 Man. Die haben sich noch 14 Tag darin gehalten. In währenden 14 Täge haben die Käuserlichen die Statt krausam verschosen. Da haben die Franzosen die Statt an die Keuserlichen um Martine (11. November) rum übergeben. Sie seind als Krigsgefangnen an die Keuserlichen übergeben worden.

In diesem 95. Jahrgang ist eine Deurung gewesen: das Malter Korn hat golten 25 fl, die Gerst 18 fl, die Speltz 14 fl, die Kardofel 5 Gulden bis nach der Erndt, da hats wider abgeschlagen bis auf 16 Gulden[8]. Da seind die Deuschen vorgetrungen biss nach Schwegenheim und Keußerslautern. Da seind sie den gantzen Winter stil gestanden. Im 96. Jahrgang im Frühjahr seind die

Deuschen wider reterirt bis zu uns. Da seind die Frantzosen ihnen nach bis auf die Danstatter Hö. Da seind sie 14 Tag gegeneinander gestanden. Bey uns haben
140 die Deuschen alles auf den Hart- und Oberwisen und Wald ins Waser gestellt. Da seind die Frantzosen auf einmal morgens in aller Früh angerückt komen und haben die Deuschen angepackt und seind über das Waser rüber (14. Juni 1796). Da hats ein entsetzliches
145 Gefecht geben biss Mitags um 11 Uhr rum. Seind sie in unser Ort rein getrungen. Da haben sie uns wider alles geblindert. Mir selbst haben sie wider drey Geul genomen, aber wider bekomen. Sie seynd gottlos mit denen Leuten umgangen. Sie seynd nur 14 Täg
150 bey uns geblieben. In währendem hin und her Marschiren haben sie unaser Früchten sehr verdorben und den Kle alle abgemacht. Es hat ungefehr Toden bey uns geben, 20 Man, aber vil Blesirten. Auf einmal nachmitags um zwey Uhr seynd sie wider aufgebro-
155 chen und nach Strasburg marschirt. Bey Köhl (Kehl) nachts über den Reihn gebrochen. Die Teuschen nach und nach bis nach Ulm getriben. Darauf haben sich die Deuschen wider gestellt und haben die Frantzosen wider zurückgetriben bis über den Rein.
160 Anno 1797 haben die Frantzosen in Ittallien entsetzlich vorgetrungen bis nahe an Wien, und bey Strasburg wider auf drey Blätz wider über den Rein, unten rauf bis nach Franckfort. Da ist nach einem 6jährigen bösen mühseligen Krig auf einmahl mit Gottes Hülf
165 die fröhlige Bottschaft kommen, Fride im Monath Abril, den 17., anno 1797 an den dirolen Krentzen⁹.
In währendem langen Krig haben die Frantzosen es nicht mehr auftreiben könen, ihre Völcker zu unterhalten. Da haben sie einen Plan gemacht, wo sie hin-
170 kommen, die Einwohner alles unterhalten müsen, Hey, Haber vor die Perdt und Lebensmittel vor das Fusvolck, flicke, waschen, Schuh, Strümpf, in Suma alles, was die Arme fordert. Da haben sie alle Gegenden vertorben, wo sie hinckommen sein, also hätten
175 sie immerfort Krig können führen. Der Wein ist im Jahr 96 sehr deuer gewesen, ein Mas 1 Gulden. Im Fridenschluss ist denen Fransosen ihr kroses Reich von alen Reichsfürsten als eine freye Rebublick anerkend worden zu disens bösens lang währendes Krigs.

Gerhard Fouquet/Marliese Renner (Bearb.), Die Hausbücher von Johann Jacob und Johann Conrad Biebinger (1736–1808), Mutterstadt 1990 (Maschr.).

1 Die Pariser Septembermorde (2.–7.9.1792).
2 Franz II. (1768–1835; dt. Kaiser 1792–1806).
3 Friedrich Wilhelm II. (1744–1797).
4 Erster Koalitionskrieg (1792–1797).
5 Friedrich Wilhelm II., König von Preußen (1744–1797; Friedrich Wilhelm III., Kronprinz, König von Preußen (1770–1840).
6 Karl Wilhelm Ferdinand (1735–1806).
7 Gäule und Kühe.
8 Gemeint ist damit wohl der Roggenpreis.
9 An der Tiroler Grenze: der Friede von Campoformio am 17. Oktober 1797.

GF

2.3 Kriege, Widerstände und Aufstände

2.3.2 Der Große Bauernkrieg der Jahre 1524 bis 1526

Der Bauernkrieg gilt als die erste große Massenerhebung in der Geschichte Deutschlands. Die aufständischen Bauern und Bürger verfolgten allerdings nicht eine einheitliche politische Zielsetzung, die Bewegung zerfiel in zahlreiche, von den Gegebenheiten der betreffenden Regionen geprägte Sonderbewegungen. Die ersten lokalen, seit Mai 1524 aufflammenden Aufstände im Hochstift Bamberg, im Thurgau und in Stühlingen konnten von den Obrigkeiten noch rasch niedergeschlagen werden, Ende 1524 tauchte das politische Schlagwort des zu erstrebenden ‚Göttlichen Rechts' auf, seit März 1525 erhoben sich überall in Südwest-, Süd- und Mitteldeutschland die Bauern. In den zu Memmingen entstandenen ‚Zwölf Artikel' wurden die Forderungen nach Aufhebung der Leibherrschaft, nach der Neuregelung des Gerichtswesens und nach wesentlichen Selbstbestimmungsrechten der Gemeinde erhoben, zu denen auch die freie Wahl der Pfarrer gehörte. Als wichtiges Machtmittel der Fürsten zur Niederwerfung der bewaffneten Bauernhaufen erwies sich der ‚Schwäbische Bund' mit seinem Feldhauptmann Georg Truchsess von Waldburg.
Ausgewählt ist die Beschreibung der Weinsberger Bluttat im April 1525 des in pfälzischen Diensten stehenden Peter Harer (gest. um 1555), der wohl als Sekretär am Kriegszug teilgenommen hat. Der vereinte Neckartal-Odenwälder Haufen eroberte am Ostermorgen, dem 16. April, die württembergische Stadt Weinsberg und bestrafte, angestachelt durch den Bauernführer Jäcklein Rohrbach, die Herren und Knechte, die beim Kampf nicht gefallen waren, mit der Landsknechtsstrafe: sie wurden durch die Spieße gejagt. Bei der Schilderung Harers handelt es sich um eine zeitgenössische Darstellung aus Sicht der siegreichen Obrigkeiten. Die Weinsberger Vorfälle blieben ein singuläres Ereignis im deutschen Bauernkrieg, beeinflussten aber die öffentliche Meinung über die Bauern negativ.

16. Von den thyrannischen Handlungen der Bauern im Städtchen Weinsberg
Nun lag etwa eine Meile von dort (dem Bauernlager bei Neckarsulm) im Gebirge ein schöner Flecken mit einem Schloss darüber, Weinsberg genannt, dem Fürs- 5
tentum Württemberg zugetan, in welchem die dort wohnenden Bürger wider ihre Gelübde, Eide, Pflichten und alle Ehrbarkeit das grausamste, lästerlichste, schändlichste und untreueste Übel, dergleichen man lange nicht mehr gehört, gegen ihre Herrschaft ausge- 10
übt, mit dem Bauernhaufen zu Neckarsulm paktiert. Denn aus lauter eigenwilliger Bosheit, nicht berücksichtigend, dass sie nicht belagert, genötigt oder bedrängt, sondern mit einer guten Anzahl Reisigen, etwa 70 Pferde, versehen waren, nichts denn gute, ehrliche, 15
redliche und tapfere Leute, die kurz davor vom Regiment des Fürstentums Württemberg zur Besetzung des Schlosses und Fleckens ihnen zugeschickt worden waren, darunter nachfolgende Grafen und vom Adel gewesen, nämlich der wohlgeborene Graf Ludwig von 20
Helffenstein[1], Amtmann daselbst, und die edlen festen[2] Dietrich von Weyler und sein Sohn, Hans Conrad Schenk, Vogt zu Balingen, Bastian von Aue, Georg

Politik, Herrschaft und Rituale

Wolf von Neuhausen und sein Vetter Friedrich Eberhard Sturmfeder, Hans Dietrich von Westerstetten, Rudolf von Eltershofen, Burghart von Ehingen, Philipp von Bernhausen, Georg von Kaltental und ein Hürnheimer, begannen sie ihre Kundschaft und Verräterei mit dem Solmischen Haufen, reizten und bewegten dieselben zum Vorzug mit der Nachricht, wie es mit den Reisigen stehe. Also brach der Solmische Haufen – denn in einem solchen Handel war es angenehm zu pfeifen – in der Nacht auf, zog eilends hinüber ins Weinsberger Tal und am Ostertag (16. April) des Morgens ungefähr gegen 9 Uhr liefen sie mit zwei Haufen, mit einem oben an das Schloss und mit dem anderen zum Flecken und schlugen mit Geschrei und Ungestüm die Tore auf. Und nachdem die ehrlichen, frommen Herren, Edlen und Reisigen verraten, ungewarnt überfallen wurden, nicht ausgerüstet da standen, sondern im Flecken bei den Bürgern waren, die sich solch großer Untreue und Verräterei mit den treulosen Bösewichtern keineswegs enthielten, und der Bürger Wehre oder Waffen, die sie alle in die Höhe richteten, keinen Bauern beschädigen oder treffen wollten, eroberten sie das Schloss und den Flecken ohne Mühe oder Widerstand im ersten Versuch. Damit begnügten sie sich nicht, sondern damit ihr teufelhaftiges, tyrannisches Vorhaben erst Recht geübt würde, auch ihren beschlossenen, verpflichtenden Vertrag (concilio), welchen sie so genannt, auf 101 Jahr beschlossen und den Inhalt hatte, dass sie keinen Grafen, Fürsten, Herren, Edelmann, Reisigen oder alle, die Sporen trugen, desgleichen keinen Pfaffen, Mönch oder Müßiggänger länger leben lassen, sondern, wo sie die trafen, allesamt erwürgen und umbringen wollten. Vielleicht aus Rache an ihren von den Bündischen umgebrachten christlichen Mitbrüdern, wie man dies später durch gewisse Erforschung von einigen von ihnen selbst erfahren hat, suchten sie einen namhaften Erfolg und dem Adel Entsetzen oder Furcht zu bereiten, haben sie die obgenannten Grafen, Edlen und Reisigen genommen, dieselben nacheinander in frevelhafter, mutwilliger und unmenschlicher Weise durch die Spieße gejagt. Und nachdem Dietrich von Weiler, von der Gestalt eine wahrhaft männliche Person, zur Rettung seines Lebens in den Kirchturm geflohen war, wurde er dort oben erstochen und von dort oben zur Unterhaltung heraus geworfen, und waren die schändlichen, ehrlosen Buben also gar ergrimmt in ihrer Bosheit, dass sie zusammen mit den Reisigen die unschuldigen jungen Reiterknaben alle bis auf zwei Knechte, die sehr gut von angstvoller Not und großem Glück zu berichten wissen und nach etlichen Tagen heimlich entfliehen konnten, elendig erstachen. Und dass sie auch ihren Frevel vollendeten und ihre Lust vollkommen büßten, übten sie mit der ehrlichen Frauen, des Grafen Gemahlin und ihrem jungen Herren[3], den sie dann an den Armen oder sonst verwundeten, viel unchristlichen Mutwillen, nahmen ihr alles, was sie hatte, und führten sie mit großem Gespött auf einem Mistwagen nach Heilbronn, dass sie keinen Trost außer Gottes Wort hatte. Da bedachte ein jeder Ehrliebender solch grausame Taten und ließ ihn die aus Mitleid beherzigen. (…)

17. Wie die Bauern von Weinsberg abgezogen und das Kloster Lichtenstern eingenommen haben.

Als nun die Biederleute, so weit die Bauern ihre Spieße tragen, ihres Bedenkens wohl gehandelt und nach ihrem Gefallen ausgerichtet, den Flecken und das Schloss besetzt, sind sie von dannen in das Frauenkloster zum Lichtenstern, bei Löwenstein[4] gelegen, gezogen, dasselbe eingenommen, verwüstet, geplündert; und nachdem eine große Menge Wein darin gelegen, haben sie den Fässern, die sie nicht saufen mochten, die Böden ausgeschlagen und den Wein mutwillig in die Erde laufen lassen. Daneben die wohlgeborenen Herren Graf Ludwig und Graf Friedrich von Löwenstein[5], Brüder, überzogen und ihres Gefallens mit den ihren genötigt; anschließend wieder zu denen, die sie zuvor in Neckarsulm zurückgelassen hatten, verstärkt und der Deutschen Herren Schloss darüber gelegen, Scheuernberg genannt, mit geringer Macht, denn aus Furcht war jedermann daraus entwichen, ohne jeglichen Widerstand in ihre Hände gebracht, erstlich geplündert, danach beschädigt und mit lodernden Flammen zum Himmel geschickt. (…)

54. Wie durch die Bündischen[6] Weinsberg geschleift wurde.

Da nun Herr Georg[7] etlich Tage dort geblieben[8] und aber der Helle, lichte Haufen[9], so ungefähr 20 000 Mann stark vor Unser Lieben Frauenberg in der Stadt Würzburg und daneben zu Heidingsfeld lag, des bündischen Heeres Handlung und Absichten vernahm, unterstanden sich dieselbigen Bauern, sich dermaßen in die Sache zu schicken, dass sie vermeinten, nicht allein dem bündischen Heer Widerstand zu leisten, sondern ihr böshaftiges, grimmiges und unchristliches Tun zu vollenden. Doch zog Herr Georg Truchsess mit seinem Kriegsvolk und den Geschützen herab nach Weinsberg, willens, wie denn jedermann in seinem Heer, dasselbe zu fordern, zu helfen und begierig war, die schändliche, tyrannische dort begangene Handlung daselbst zu rächen und strafen. Man kam also ins Weinsberger Tal in der Woche nach dem Sonntag Cantate (14. Mai), nahm die Stadt Weinsberg ein. Und nachdem jedermann daraus entwichen war, hat er dieselbe mit allem, war darinnen war, verbrennen und schleifen lassen. Desgleichen wurden etliche umliegende Dörfer auch verbrannt und ihrem wohl verdienten Lohn nach gestraft.

Günther Franz (Bearb.), Peter Harers wahrhafte und gründliche Beschreibung des Bauernkriegs (Schriften der Pfälzischen Gesellschaft zur Förderung der Wissenschaften, 25), Kaiserslautern, Verlag der Pfälzischen Gesellschaft zur Förderung der Wissenschaften, 1936, S. 29–31 (Kap. 16), 31 f. (Kap. 18) u. 65 (Kap. 54).

1 Schwiegersohn Kaiser Maximilians I. Das Herzogtum Württemberg stand nach der Vertreibung Herzog Ulrichs unter habsburgischer Verwaltung.
2 Zeittypische Formulierung, um die Ehrbarkeit, Tapferkeit, die erwarteten Standesqualitäten zu beschreiben.
3 Ihrem Sohn.
4 Südwestlich von Weinsberg.
5 Die Grafschaft Löwenstein stand seit 1510 als Lehen unter württembergischer Landeshoheit.
6 Schwäbischer Bund.
7 Georg Truchseß von Waldburg (1488–1531), oberster Feldhauptmann des Schwäbischen Bundes.
8 Nach der Schlacht von Böblingen, 12. Mai 1525.
9 Der Neckartal-Odenwälder Haufen.

BF

3 Lebensphasen und Lebensformen

3.1 Aufwachsen, Erwachsenenleben, Alter

Im Mittelalter wie noch in der Frühen Neuzeit benutzte man, teilweise in der Übernahme aus der Antike, Schemata, um das menschliche Leben in bestimmte Altersphasen einzuteilen. Es wurde in aufsteigende und abwärts gerichtete Lebenslinien eingespannt oder entsprechend dem Rad der Fortuna in eine kreisförmige Bahn gebracht. Geläufig waren vor allem Bilder und Vorstellungen von dreifach gestaffelten Lebenszeiten, daneben gab es auch Vierer- und Sechsereinteilungen. Man folgte Zahlensymboliken, wie sie auch in anderen Formen etwa in der Rhythmisierung der historischen Zeit, in Darstellungen und Sinnsprüchen zu nahezu allen Bereichen gesellschaftlichen Daseins überliefert sind. Bei der von Aristoteles (384–322 v.Chr.) übernommenen Dreiteilung der Lebensalter unterschied man zwischen dem Aufwärts der Jugend und dem Abwärts des Alters, ein längeres Verweilen sollte die Mitte des Lebens ausmachen; nur dort besitze der Mensch das rechte Maß im Tun und Handeln. Die zeitgenössische Malerei der Renaissance, Künstler wie Hans Holbein, Hans Baldung Grien und Tizian, nahmen das Dreierschema in ihr allegorisches Bildprogramm auf.

Nach den gängigen, insbesondere von Isidor von Sevilla im 7. Jahrhundert entwickelten Vorstellungen, die noch weit in die Frühe Neuzeit hineinwirkten, wurde die Kindheit mit dem 14. Lebensjahr beschlossen. Sie unterteilte sich in die ‚infantia' bis zum Alter von sieben Jahren und in die anschließende ‚pueritia'. Banal ist die Feststellung, dass Kindheiten nie gleich waren: Es gab individuelle, bedeutende geschlechtliche und große soziale Unterschiede, unter welchen Bedingungen und Voraussetzungen Kinder aufwuchsen und behandelt wurden, es gab tief gehende Wandlungsprozesse in der Einstellung zum Kind, im Rollenverständnis und in den Möglichkeiten von Erziehung, Bildung und Spiel, die Kindern geboten werden konnten. Wichtig ist, dass die Kindheit nicht erst im Laufe der Frühen Neuzeit als solche entdeckt wurde. Auch schon im Mittelalter galten die Kinder als besondere Wesen und waren nicht nur ‚kleine Erwachsene'. Wir beginnen den Rundgang durch Kinderwelten mit der ‚heilen' Kleinkindzeit und sozial höchst unterschiedlichen Kindheitserfahrungen aus sieben Jahrhunderten, konzentriert in fünf Lebenserinnerungen von 1115 bis 1787 (3.1.1.1.1–3.1.1.1.5). Über Geburt, Säuglingspflege und Erziehungsmaximen für das Kleinkind unterrichten Auszüge aus Lehrbüchern des 13. Jahrhunderts (3.1.1.2.1–3.1.1.2.2), der massenhafte Kindstod in der alteuropäischen Periode wird an einem ergreifenden Beispiel aus dem 16. Jahrhundert aufgezeigt: Magdalena Paumgartner beschreibt ihrem Ehemann in einem Brief den Tod ihres Kindes (3.1.1.2.3). Kleinkinder und Kinder spielten, liefen, rannten, hüpften, sangen, erträumten sich phantastische Welten (3.1.1.3.1–3.1.1.3.4), sie mussten aber auch arbeiten, und zwar nicht erst in der industriellen Phase des 19. Jahrhunderts, sondern zu allen Zeiten. Dafür stehen zwei Beispiele aus dem städtisch-handwerklichen und dem bäuerlichen Milieu (3.1.1.4.1–3.1.1.4.2).

Zur Kindheit gehörte auch in Mittelalter und Früher Neuzeit die Erfahrung von Erziehung, Schule und Universität. Gelehrte Stimmen des 14. und 15. Jahrhunderts wiesen in Hauslehren und Traktaten auf die Bedeutung der rechten Führung und Anleitung von Kleinkindern hin (3.1.2.1.1–3.1.2.1.2). Diese stark aus der antiken Tradition schöpfenden Handreichungen standen sicherlich nur den Schriftkundigen offen, umgesetzt werden konnten sie allenfalls in reicheren Familien. Schulbildung indes war nicht nur das Privileg der Wohlhabenden. Spätestens seit der Entstehung der mitteleuropäischen Stadt im 11. und 12. Jahrhundert war das Bildungsmonopol kirchlicher Institutionen gebrochen worden, die kaufmännisch tätigen Stadtbürger brauchten die Schrift, benötigten auch die lateinische Sprache, mussten rechnen können, um sich in einer immer rationaler operierenden Wirtschaft zurechtzufinden. Bildung wurde den Kleinkindern zunächst, teils leid-, teils lustvoll, in Haus oder Schule vermittelt. Danach zogen schon Zwölfjährige als fahrende Scholaren, als Kaufmannslehrlinge den Schulen und Bildungsinstitutionen nach. Die Masse der bildungswilligen Schüler strebte auch noch nach der Reformation einen Beruf innerhalb der Kirche an (3.1.2.2.1–3.1.2.2.5). Stadtschulen, seit dem 16. Jahrhundert in verstärktem Maße auch Dorfschulen, kannten Ordnungen für Lehrer und Schüler, die Obrigkeiten sahen darauf (3.1.2.3.1). Aber auch die Hausväter, gleich ob aus dem Adel oder dem gehobenen Stadtbürgertum stammend, setzten den bediensteten Lakaien in Sachen Erziehung, den Hofmeistern und Erzieherinnen, ihre Vorstellungen von Ordnung in schriftlichen Erziehungsreglements auseinander (3.1.2.3.2). Die seit Ende des 12. Jahrhunderts entstehenden europäischen Universitäten, gleichfalls durch Statuten geformt (3.1.2.4.1), wurden zunächst nur von ganz wenigen Studenten besucht, immerhin aber aus allen Schichten der mittelalterlichen und frühneuzeitlichen Gesellschaften. Das wohlhabende städtische Bürgertum ermöglichte in Stiftungen ärmeren Mitgliedern der städtischen Gemeinschaft ein kümmerliches Studium (3.1.2.4.2). Adlige Söhne dagegen wurden seit dem beginnenden 16. Jahrhundert auf aufwendige Kavalierstouren durch Italien und Frankreich geschickt auf der Suche nach einer vornehmlich praktischen Ausbildung in den Wissenschaften und nach Anleitungen und Vorbildern im feinen höfischen Benehmen. Stadtbürger gerade aus sozial aufsteigenden Familien sand-

Lebensphasen und Lebensformen

ten dagegen ihre Söhne vornehmlich in die Juristenfakultäten (3.1.2.4.3).

Mitten im Leben – nach Ausbildung bzw. nach dem Antritt des Erbes – strebte man danach, einen eigenen Hausstand zu gründen und zu heiraten. In der Regel suchten sich die Ehepartner nicht selbst, sie wurden vielmehr von den Eltern, von Verwandten und Freunden füreinander ausgesucht. Quellen aus dem Adel (3.1.3.1.1–3.1.3.1.2), ein Text über die bäuerliche Bevölkerung (3.1.3.2) und Zeugnisse aus den städtischen Gemeinschaften (3.1.3.3.1–3.1.3.3.3) verdeutlichen das Geschäft der Eheanbahnung und die Modalitäten der Verlobung, spiegeln die mehr oder minder üppig und glänzend begangenen und der obrigkeitlichen Ordnung unterworfenen Hochzeiten. Nicht alle konnten oder wollten heiraten, die Historische Demographie hat das durchschnittlich hohe Heiratsalter vor dem 19. Jahrhundert herausgestellt: Texte aus dem 12. und dem 16. Jahrhundert zeigen die verschiedenartigen sozialen und kulturellen Implikationen der Sexualität vor und außerhalb der Ehe auf, weisen auf das Ausgeliefertsein und die schwierige Lage von geschwängerten Frauen gerade aus den gesellschaftlichen Unterschichten hin (3.1.4.1–3.1.4.2).

Tod und Sterben hatten in Mittelalter und Früher Neuzeit ihren Sitz noch mitten im Leben. Die Sterbenden, die Orte des Todes und der Toten wurden von den Lebenden nicht ausgegrenzt. Das Bewusstwerden von Alter und Vergänglichkeit (3.1.5.1) und die Vorbereitungen auf den eigenen Tod durch Stiftungen und Ablässe (3.1.5.2–3.1.5.3) gehörten zusammen. Einzig in den vielfältigen Katastrophen, in Kriegen, Erdbeben und Epidemien der Zeit kam es zu Verwerfungen im Umgang mit dem Tod: Zwei Texte aus der Zeit der ‚großen Pest' um 1350 sowie ein Quellenzeugnis aus dem 16. Jahrhundert thematisieren diese Erfahrungen in Form von Zeitkritik und teilnehmender Beschreibung (3.1.5.4.1–3.1.5.4.3).

3.1.1 Ins Leben treten: die ‚heile' Kinderwelt

3.1.1.1 Kindheiten – Lebenserinnerungen aus sieben Jahrhunderten

3.1.1.1.1 „Der verächtliche Wurm" – Guibert von Nogent (1115)

Der aus dem Adel stammende Abt des kleinen Klosters von Nogent, Guibert (um 1055/64 – um 1125), schrieb 1115 „Monodiae" (= Gesänge für eine Stimme), in denen er auch Autobiografisches preisgab. Als bei seiner Geburt Vater und Freunde vermuteten, dass Mutter und Kind aufgrund der schweren Geburt sterben würden, versprachen sie, den Säugling Gott zu weihen. Nogent trat aber erst mit 12 Jahren zum geistlichen Stand über, anstatt in dem sonst üblichen Alter von 7 Jahren.

Meine Mutter hatte beinahe die ganze Fastenzeit über mit ungewöhnlichen Schmerzen im Kindbett gelegen – und oft hat sie mir diese Beschwerden vorgeworfen, als ich vom Weg abkam und bedenkliche Pfade ging. Endlich kam der Karsamstag, der Tag vor Ostern. Sie wurde von langdauernden Martern gequält, und wie ihre Stunde kam, steigerten sich die Wehen. Als man nach dem natürlichen Verlauf meinen konnte, ich käme heraus, wurde ich nur höher hinauf in ihren Leib gepresst. Vater, Freunde und Verwandte waren über uns beide ganz tief betrübt, denn das Kind brachte die Mutter dem Tod nahe, und ebenso gab der drohende Tod des Kindes, dem der Ausgang versperrt war, für alle Anlass zu Mitleid. Es war ein Tag, an dem außer dem einzigen Gottesdienst, den man zur festgesetzten Zeit feiert, gewöhnlich keine Messen für persönliche Anliegen gelesen werden. In der Not berät man sich, eilt gemeinsam zum Altar der Gottesmutter, bringt ihr, der einzigen, die gebar und doch für immer Jungfrau blieb, ein Gelübde dar und legt es anstelle eines Geschenkes auf den Altar der gnädigen Herrin: Wenn ein Junge geboren werden sollte, würde er Gott und ihr dienen und Kleriker werden; wenn es etwas Schlechteres würde, sollte das Mädchen in einen passenden Orden gebracht werden.

Gleich darauf kam ein schlaffes Etwas, beinahe eine Fehlgeburt zum Vorschein, und weil es endlich heraus war, freute man sich, einem so verächtlichen Wurm angemessen, bloß über die Entbindung der Mutter. Dieses neu geborene Menschlein war so winzig klein, dass es wie eine tote Frühgeburt aussah, so klein, dass damals, ungefähr Mitte April, das Schilfrohr, das in dieser Gegend besonders dünn wächst, neben die Fingerchen gehalten dicker als sie erschien. Am selben Tag, als ich zum Taufbecken gebracht wurde, wog mich eine Frau von der einen Hand in die andere – man hat es mir als Knaben und noch als jungem Mann oft zum Spaß erzählt – und sagte: „Glaubt ihr von dem da, es werde am Leben bleiben? Die Natur hat es fehlerhaft, fast ohne Glieder gemacht und ihm etwas gegeben, was eher wie ein Strich als wie ein Körper aussieht." (…)

Nach der Geburt hatte ich kaum mit der Rassel zu spielen gelernt, da machtest du, guter Gott und mein künftiger Vater, mich zum Waisen. Denn nach etwa acht Monaten starb mein leiblicher Vater. Großen Dank schulde ich dir, dass du diesen Mann in christlichem Zustand sterben ließest; denn wenn er am Leben geblieben wäre, hätte er den Plan deiner Vorsehung mit mir sicher durchkreuzt. Denn mein Körperbau und eine diesem zarten Alter natürliche Lebhaftigkeit ließen mich für irdische Aufgaben tauglich erscheinen, und niemand zweifelte, dass mein Vater, wenn die Zeit für literarische Ausbildung reif wäre, das für mich abgelegte Gelübde nicht halten würde. Gütige Vorsehung, zum Segen für uns beide hast du dafür gesorgt, dass für mich die Unterweisung in deiner Zucht begann und dass er das dir gegebene Versprechen nicht brach.

Also zog mich die Witwe, die wirklich dir Geweihte, mit großer Sorgfalt auf. Schließlich bestimmte sie das Fest des heiligen Gregor (12. März), um mit dem Unterricht zu beginnen. Sie hatte gehört, dass dieser dein Diener, o Herr, durch wunderbares Verständnis hervorragte und durch unendliche Weisheit gedieh. Deshalb bemühte sie sich, mit eifrigem Almosengeben den Beistand deines Bekenners zu gewinnen, damit er, dem du Einsicht geschenkt hattest, für mich Eifer bei der Aneignung von Verstand erwirkte. Ich fing also mit den Buchstaben an und lernte irgendwie die Schriftzeichen; aber kaum wusste ich die Buchstaben zusammenhängend zu lesen, da beschloss meine fromme und bildungsbeflissene Mutter, mich einem Sprachlehrer zu übergeben. Kurz vorher und teilweise auch noch zu meiner Zeit gab es so wenige Sprachlehrer, dass auf den Burgen fast keiner, in den Städten kaum einer zu finden war, und wenn man zufällig einen fand, dann wusste er nicht viel; mit den wandernden Scholaren unserer Tage waren sie nicht zu vergleichen. Auch der, in dessen Obhut mich meine Mutter zu geben beschloss, hatte erst als Erwachsener Grammatik zu lernen begonnen und war in dieser Kunst um so unerfahrener, je weniger er darin von früh an aufgewachsen war. (...)

Er erzog mich, seinen Zögling, so züchtig und bewahrte mich vor allem Übermut, der in diesen jungen Jahren überzuschäumen pflegt, so gewissenhaft, dass ich an gemeinsamen Spielen überhaupt nicht teilnehmen und ohne seine Begleitung nicht ausgehen durfte. Außer Haus durfte ich nichts essen und ohne seine Erlaubnis von niemandem Geschenke nehmen; alles musste ich wohlgemessen tun, in Worten, Blicken und Werken, und es hatte den Anschein, als wolle er mich nicht nur zum Kleriker, sondern gleich zum Mönch machen. Meine Altersgenossen streunten überall nach Belieben herum, für ihre altersbedingten Neigungen wurden ihnen die Zügel freigelassen; währenddessen wurde ich an derlei Dingen durch wachsame Befehle gehindert, saß im geistlichen Ornat da und betrachtete die Scharen spielender Kinder wie ein gelehrtes Lebewesen. Sogar an Sonntagen und Heiligenfesten stand ich unter der Zucht der Schulübungen; keinen Tag, fast keine Stunde ließ er mir Ferien, immerfort wurde ich nur zum Studieren gedrängt. Er hatte mich als einzigen zur Erziehung übernommen und durfte selber keinen anderen Schüler halten.

Da er mir so zusetzte, hätte jeder Beobachter glauben müssen, dass mein kleiner Geist durch solche Hartnäckigkeit vorzüglich geschliffen würde; aber die Hoffnung aller schlug fehl. Denn vom Briefeschreiben und Versemachen verstand er überhaupt nichts. Indessen wurde ich fast täglich mit einem wüsten Hagel von Ohrfeigen und Schimpfworten zugedeckt; so zwang er mich zu lernen, was er nicht zu lehren verstand. Fast sechs Jahre verbrachte ich mit diesem vergeblichen Ringkampf bei ihm, aber der Ertrag stand in keinem Verhältnis zum Zeitaufwand. In anderer Beziehung freilich, in allen Bereichen anständigen Verhaltens waren mir seine Bemühungen von großem Nutzen: Bescheidenheit, Keuschheit und guten Geschmack brachte er mir getreulich und liebevoll bei.

Georges Bourgin (Bearb.), Guibert de Nogent. De vita sua, CdT, Paris, Libraire Alphonse Picard et Fils, 1907, S. 8–15; übersetzt von Arno Borst, Lebensformen im Mittelalter, 4. Aufl., Frankfurt a.M.-Berlin, Propyläen, 1987, S. 77–79.

GF

3.1.1.1.2 Kaiser Karl IV. (1316–1378)

Kaiser Karl IV. hat einen Teil seines Lebens in der Form der im Mittelalter recht seltenen Gattung der Autobiografie aufgezeichnet bzw. aufzeichnen lassen. Das lateinisch geschriebene Selbstzeugnis des Kaisers führt von der Geburt am 14. Mai 1316 bis zur Wahl zum Römischen König am 11. Juli 1346. Für Karl war diese Wahl der Zielpunkt seines Lebensberichtes. Nach einer längeren Vorrede beginnt Karl die Schilderung von Kindheit und Jugend mit dem Geschlecht der Luxemburger, aus dem er stammte.

Ich möchte nun, dass euch nicht verborgen bleibe, dass Kaiser Heinrich VII. meinen Vater Johann gezeugt hat aus Margareta, der Tochter des Herzogs von Brabant. Dieser nahm Elisabeth, die Tochter des Böhmenkönigs Wenzel II. zur Gattin und erhielt mit ihr das Königreich Böhmen, weil das Königshaus der Böhmen im Mannesstamme erloschen war. Er vertrieb den Kärntner Herzog Heinrich, der die ältere Schwester seiner Gattin zur Frau hatte. Jene starb später kinderlos. Aufgrund der Ehe mit jener Schwester hatte Heinrich schon vor ihm die Herrschaft in Böhmen inne, wie das in den Chroniken der Böhmen ziemlich genau berichtet ist.

Diesem König Johann von Böhmen schenkte Königin Elisabeth im Jahre 1316, in der ersten Stunde des 14. Mai, zu Prag seinen ersten Sohn Wenzel[1]. Dann zeugte er einen zweiten Sohn Ottokar, der schon als Kind starb, und schließlich einen dritten, namens Johann. Dieser König hatte zwei verheiratete Schwestern: Die eine hatte er König Karl I. von Ungarn zur Frau gegeben; sie starb kinderlos. Die zweite vermählte er 1323 mit dem französischen König, als dieser bereits die Herrschaft angetreten hatte[2].

Zu diesem König schickte mich mein Vater, als ich sieben Jahre alt war. Der französische König ließ mich durch einen Bischof firmen und gab mir seinen eigenen Namen Karl. Außerdem vermählte er mich mit der Tochter seines Oheims Karl. Sie hieß Margareta, wurde aber Blanca genannt. Im gleichen Jahr starb seine Gattin, die Schwester meines Vaters, kinderlos. Später nahm sich der König eine andere Gattin.

Dieser König liebte mich sehr. Er vertraute mich seinem Kaplan an, damit dieser mir ein wenig Unterricht erteile, obwohl er selbst keine solche Ausbildung genossen hatte. So lernte ich auch die marianischen Antiphonen des Stundengebets[3] und las sie, als ich ihren Sinn einigermaßen verstand, in meiner Kindheit von Tag zu Tag lieber, zumal meinem Erziehern vom König aufgetragen worden war, mich dazu anzuhalten. Dieser König war nicht habsüchtig; er bediente sich guten Rates, und sein Hof glänzte als Versammlungsstätte geistlicher und weltlicher Fürsten von großer Lebenserfahrung. (...)

Unter seinen (König Karls IV. von Frankreich) Räten befand sich einer, der ein sehr kluger Mann war: Peter, Abt von Fécamp, gebürtig aus Limoges, eine gebildete und gelehrte Persönlichkeit von hohem moralischem Ansehen[4]. Dieser las im ersten Herrschaftsjahr Philipps[5] am Aschermittwoch die Messe und predigte so eindringlich, dass er von allen bewundert wurde. Ich war damals noch am Hofe dieses Königs Philipp,

137

dessen Schwester ich zur Frau hatte, obwohl Karl tot war, bei dem ich bereits fünf Jahre verbracht hatte. Die Sprachgewalt und Beredsamkeit des erwähnten Abtes beeindruckten mich in jener Predigt sehr; während ich ihm andächtig zuhörte und ihn betrachtete, gewann ich so tiefe religiöse Einsichten, dass ich mich fragen musste: Woran liegt es, dass von diesem Mann soviel Gnade auf mich überströmt? Endlich machte ich seine Bekanntschaft, und er förderte mich mit väterlicher Zuneigung und unterwies mich öfters in der heiligen Schrift.

Eugen Hillenbrand (Bearb.), Vita Caroli Quarti. Die Autobiographie Karls IV., Stuttgart, Fleischhauer & Spohn, 1979, S. 80–87.

1 Der Taufname Karls war in böhmischer Tradition Wenzel.
2 Karl IV., König von Frankreich (1322–1328).
3 Lateinische Lobgesänge zu Ehren der Jungfrau Maria am Ende der Komplet, dem Abendgebet innerhalb des Stundengebets
4 Pierre Roger, wurde als Clemens VI. 1342–1352 Papst.
5 Philipp IV. von Frankreich (1293–1350), Sohn Karls IV. von Frankreich.

GF

3.1.1.1.3 Die Stiefmutter – Kindheitserinnerungen des Burkard Zink

Burkard Zink (1396–1475/76) berichtet in seinem Selbstzeugnis, das als drittes Buch seiner Chronik der Stadt Augsburg einverleibt ist, über seine Kindheit in einem Krämerhaushalt seiner Vaterstadt Memmingen.

Meine liebe Mutter starb bei der Geburt eines Kindes im Jahr 1401; Gott, Herr, erbarm dich über sie. Amen. Damals war ich vier Jahre alt und hatte drei Geschwisterchen: zwei Brüder, Johannes und Conrad und unsere Schwester Margarethe. Man soll wissen, dass unser Vater Burkhard Zink hieß. Er war damals ein Krämer und trieb seinen Handel auf der Steiermark. Er besaß Ehre und Gut und hatte ein Haus in Memmingen nahe beim Mangolts Graben (…)

Im Jahr 1404 nahm mein Vater eine neue Frau. Ihr Vater war Hans Schmidt aus Krumbach und war auch ein Schmied, ein ehrbarer Mann. Sie war eine junge stolze Frau, die nicht gut zu uns Kindern war, sondern hart zu uns war und uns schlecht behandelte. Aber unser Vater liebte sie, und sie gefiel ihm gut, so wie alten Männern oft junge Frauen gut gefallen. Dem sei, wie ihm sei.

Später, im Jahre 1407, als ich ein Junge von elf Jahren war, verließ ich Memmingen, den Vater und alle meine Freunde und ging mit einem Schüler. Ich war auch ein Schüler und war vier Jahre in die Schule gegangen. Wir gingen also miteinander ins Krainland in die Windische Mark in einen Marktort namens Reisnitz. Das ist ein Markt im Krainland hinter Laibach (Ljubljana), sechs Meilen gegen Kroatien. Dort blieb ich sieben Jahre und ging dort zur Schule, denn mein Vater hatte einen leiblichen Bruder, der Pfarrer in einem Dorf war, das Rieg hieß. Das ist ein schönes großes Dorf, und es gehören wohl fünf weitere Dörfer dazu (zum Kirchspiel), die Göttenitz, Pausenbrunnen etc. heißen. Dort war mein Herr 30 Jahre Pfarrer gewesen. (…) Derselbe mein Herr, meines Vaters Bruder, der ließ mich zur Schule nach Reisnitz und gab mich in die Kost bei einem ehrbaren Mann, genannt Hans Schwab (…).

Die Chronik des Burkard Zink, in: Die Chroniken der schwäbischen Städte. Augsburg, Bd. 2 (Die Chroniken der deutschen Städte, 5), Leipzig, Hirzel, 1866 (ND Göttingen, Vandenhoeck & Ruprecht, 1965), S. 122 f.

CS/GF

3.1.1.1.4 „Oho, Tomillin, nun wirst nit mer waxen!" – die Kindheit des Thomas Platter im Wallis zu Beginn des 16. Jahrhunderts

Thomas Platter (1499–1582) hat sich vom Ziegenhirten seiner Kindertage zu einem angesehenen Humanisten und Bürger Basels emporgearbeitet. Über seine Kindheit in den Walliser Alpen hat Platter in einer Autobiografie, die zu den bedeutendsten Selbstzeugnissen des 16. Jahrhunderts zählt, verhältnismäßig ausführlich berichtet.

Und erstlich kann ich kein Ding weniger wissen, als zu welcher Zeit sich ein jegliches mit mir begeben habe. Wie ich dann der Zeit meiner Geburt nachgedacht und nachgefragt habe, so hat man damals gezählt 1499. Bin auf diese Welt kommen auf der Herrn Fastnacht, eben als man zur Messe zusammengeläutet hat. Das weiß ich daher, dass meine Freunde immer gehofft haben, ich werde ein Priester werden, dieweil man eben zu der Zeit in die Messe zusammengeläutet hat; so hab' ich eine Schwester gehabt, die war allein bei der Mutter, da sie meiner genesen ist; die hat mir das auch angezeigt. (…)

Das Haus, darin ich geboren bin, ist nahe bei Grächen, heißet: ‚an dem Graben'; darin bist du, Felix, selber gewesen[1]. Als sie meiner genesen war, haben ihr die Brüste weh getan, dass sie mich nicht hat können säugen; habe auch sonst nie keine Frauenmilch gesogen, wie mir meine Mutter selig selber gesagt hat. Das war meines Elends ein Anfang. Habe also durch ein Hörnlein, wie im Land der Brauch ist, wenn man die Kinder entwöhnt, müssen Kuhmilch saugen. Denn man gibt den Kindern nicht zu essen, bis sie oft 4 oder 5 Jahr alt werden, sondern nur Milch zu saugen.

Mir starb auch mein Vater so zeitlich, dass ich mir's nicht denken kann, dass ich ihn je gesehen habe. Denn wie im Lande der Brauch ist, dass fast alle Weiber weben wie auch nähen können, gehen die Männer vor dem Winter aus dem Land meist ins Berner Gebiet, Wolle zu kaufen. Die spinnen dann die Weiber und machen Landtuch daraus zu Röcken und Hosen für das Bauernvolk. Also war mein Vater auch bei Thun im Berner Gebiet, Wolle zu kaufen; steckt' ihn die Pest an, starb und ward zu Steffisburg (ist ein Dorf bei Thun) begraben.

Bald danach mannet die Mutter wieder, nahm einen Mann, der hieß Heintzmann ‚am Grund', ist ein Haus zwischen Visp und Stalden. Kamen also die Kinder alle von ihr; weiß nicht recht, wie viel ihrer gewesen sind. Ich habe von meinen Geschwistern 2 Schwestern gekannt. Eine ist im Entlebuch², wohin sie geheiratet hatte, gestorben; die hat Elsbeth geheißen. Die andere hieß Christini, ist in einer Pestilenz zusammen mit acht anderen oberhalb Staldens bei Burgen gestorben. Brüder hab' ich gekannt: einer hieß Simon, einer Hans und Joder. Simon und Hans sind in Kriegen geblieben. Joder ist am Thunersee zu Oberhofen gestorben. Denn die Wucherer hatten unsern Vater verderbt, dass meine Geschwister fast alle, so bald sie's vermocht haben, mussten dienen. Und dieweil ich das jüngste war, haben mich meine Bäslein, des Vaters Schwestern, jegliche eine Weile gehabt.

Da mag ich wahrlich mich erinnern, dass ich bei einer war, die hieß Margret, die trug mich in ein Haus, das hieß ‚in der Wilde' (ist bei Grächen); da war auch meiner Basen eine, mit der machten die Weiber ich weiß nicht was. Da nahm die mich, trug ein Büschelein Stroh, das ungefähr in der Stube lag, legte mich darauf auf den Tisch und lief dann den andern Weibern zu. –

Meine Basen waren einst nachts, nachdem sie mich niedergelegt hatten, zu Licht³ gegangen. Da war ich aufgestanden und durch den Schnee dicht an einem Weiher hin in ein Haus gelaufen. Da sie mich nicht fanden, waren sie in großen Nöten, fanden mich in dem Haus zwischen zwei Mannen liegen, die wärmten mich; denn ich war im Schnee erfroren.

Als ich auch eine Weile hernach bei jener Base ‚in der Wilde' war, kam mein Bruder aus einem Savoyerkrieg, brachte mir ein hölzernes Rösslein, das zog ich an einem Faden vor der Tür; da meint' ich gänzlich, das Rösslein könne gehn; daraus ich kann verstehen, dass die Kinder oft meinen, ihre Puppen und was sie haben, sei lebendig. Mein Bruder schritt auch mit einem Fuß über mich und sprach: „Oho, Thomilin, nun wirst du nit mehr wachsen!" Das bekümmerte mich.

Als ich nun also bei drei Jahren erzogen war, ist der Kardinal Matthäus Schiner⁴ durch das Land gefahren, allenthalben zu visitieren (die Diözese zu besuchen und zu kontrollieren) und zu firmen, wie im Papsttum der Brauch ist; kam auch nach Grächen. Zu der Zeit war ein Priester zu Grächen, der hieß Herr Antoni Platter. Zu dem führte man mich, er solle mein Firmpate werden. Als aber der Kardinal (war vielleicht damals noch Bischof) den Imbiss gegessen hatte und wieder zur Kirche ging, um zu firmen, weiß ich nicht was der Herr Antoni, mein Vetter, zu tun hatte; – geschah's dass ich in die Kirche lief, dass man mich firme und mir der Pate eine Karte gebe, wie der Brauch ist, den Kindern etwas zu geben. Da saß der Kardinal im Sessel, wartend, dass man ihm die Kinder zuführe. Da denkt mir's wohl, dass ich zu ihm lief. Sprach er zu mir, weil mein Pate nicht bei mir war: „Was willt, mein Kind?" Sprach: „Ich wollt gern firmen." Sprach er mit Lachen: „Wie heißest?" Antwort: „Ich heiße Herr Thoman." Da lacht' er, murmelte irgendwas mit aufgelegter Hand, und gab mir dann (eins) mit der Hand an den Backen. Indes kam Herr Antoni, entschuldigte sich, ich sei ihm unwissend entronnen. Sagt ihm der Kardinal wie ich gesagt hatte, und sprach zum Herren: „Gewiss wird etwas Besonderes aus dem Kinde werden, wohl noch ein Priester." Und dieweil ich denn auch, als man zu der Messe zusammenläutete, zur Welt war kommen, meinten viele Leute, ich würde Priester werden; darum man mich denn auch desto eher zur Schule brachte.

I. K. Rudolf Heman (Bearb.), *Thomas Platters Selbstbiographie*, Gütersloh, Bertelsmann, 1882, S. 2–6.

1 Thomas Platter spricht hier seinen Sohn Felix (1536-1614) an, für den der Vater seine Autobiographie schrieb.
2 Tal, sw. Luzern.
3 Am Abend zu gemeinsamer Arbeit und Unterhaltung in die sog. Spinnstube.
4 Kardinal Matthäus Schiner, Bischof von Sitten (1499-1522).

GF

3.1.1.1.5 Behütete Kinderwelt im 18. Jahrhundert – Johann Ludwig Huber erinnert sich

Johann Ludwig Huber (1723–1800) erinnerte sich als 64jähriger an seine Kinderzeit, in einem evangelischen Pfarrhaus. Veröffentlicht wurde die Autobiografie erst 1798. Huber war Advokat, württembergischer Regierungsrat und Vorsteher des Oberamts Tübingen. Im Jahre 1764 hat man ihn sechs Monate lang auf der berüchtigten Festung Hohen-Asperg inhaftiert, weil er es gewagt hatte, sich der Steuerpolitik seines fürstlichen Herrn zu widersetzen.

Ich bin in dem Jahre 1723 zu Groß-Heppach gebohren¹, einem ansehnlichen Fleken in einer der schönsten Gegenden Württembergs, da, wo sich das Remsthal in ein Korngefilde ausbreitet. Mein Vater war da viele Jahre lang Pfarrer, Freund, Rathgeber und Vater seiner Gemeinde. Da ist, izt noch, mein Bruder Beamter, und pflanzt den Ruhm der väterlichen Redlichkeit fort. Ich bin in keine Schule gekommen, bis ich in meinem vierzehnten Jahre in das Kloster Denkendorf² aufgenommen wurde. Denn wir Kinder hatten alle das Glück, von unserem Vater allein gelehrt und erzogen zu werden. Mein Vater war von schwächlicher Gesundheit, er fühlte an sich selbst, die hohe Nothwendigkeit, bey dem Geschäfte der Erziehung den Körper des Zöglings nicht zu versäumen. Was sollte uns alle Weisheit der Welt ohne Gesundheit? Ich wurde gewöhnt, meistens, selbst im Winter, barhaupt in die Luft zu gehen, und gewislich wär ich, wenigstens des Sommers, wie die gemeinsten Kinder des Flekens, auch barfus gegangen, wenn meine liebe Mutter es für anständig gehalten hätte. Der übrige Körper war leicht gekleidet, Sommers und Winters mit einerlei Zeug. Kein Handschuh im härtesten Winter; und noch izt in meinem hohen Alter weiß ich nichts von einer solchen Verwarung der Hände, und habe sie auch nicht nöthig. Meine Nahrung, von früher Jugend an, war äußerst einfach. Am Morgen eine Suppe, meistens von Milch, am Mittage Gartengemüse, selten Fleisch, zwischen der Zeit nichts als Brod und Obst, entweder roh, oder gedörrt; kein Bakwerk. Der Trank war frisches Brunnenwasser; äussserst selten einige Schlüke Wein. Mein Vater trank keinen, ob er schon über hundert Aimer in seinem Keller hatte. Von Thee und Cafee wussten weder Eltern noch Kinder das geringste. Die Zeit des Schlafs ward nicht pünktlich zugemessen: aber jeden Morgen, um 7 Uhr musste ich, mit kaltem Wasser gewaschen, vollkommen angekleidet, mit dem Morgenbrod versehen, und zum Anschiken oder zum Lernen bereit seyn. Die so genannten Erholungs-Stunden, welche von den täglich gesezten Lernstunden übrig blieben, wurden, ganz genau nach der Absicht meines Vaters, zur Befestigung des Körpers, zum Hüpfen und Springen, zum Bergsteigen, zum Ballspielen auf der Wiese, zum Kegelspiel, zum häufigen Baden in den Untiefen des klaren Rems-Flusses, und, selbst im härtesten Winter, zum Schleifen auf dem Eise und zum Fahren auf Bergschlitten, in der Gesellschaft der bestgearteten Jungen des Dorfes angewendet. Sind dies Kleinigkeiten? O mein ewig theurer Vater! Ich danke dir, dass du sie nicht für Kleinigkeiten geachtet hast, ich danke dir mein langes Leben! Doch was habe ich dir nicht zu danken?

Ich komme auf die sittliche Erziehung. Die practische Religion, die begreiflichen Lehren von einem unsichtbaren höchsten Wesen, das ganz Weisheit und Güte ist; von seiner alles umfassenden Sorge für seine Kinder, die Menschen; von unsrer Pflicht, all unser Vertrauen auf ihn zu sezen, und, um seinetwillen, wie eine einzige Familie, uns unter einander zu lieben; von den natürlichen Folgen eines edlen oder unedlen Lebens, und von ihrem Lohn oder Strafe jenseits des Grabes, dies war der erste Unterricht unsers Vaters, früher als Lesen und Schreiben. In den Winterabenden sezte er sich zu uns, und gab jenem Unterrichte das Leben durch Erzählungen leichtbegreiflicher Geschichten von guten und schlimmen Menschen aus der Bibel und aus der Weltgeschichte. Sobald wir lesen konnten, gab er uns die weisen Sprüche des Salomo und Sirachs in die Hand, zwei himmlische Schriften, die bey unsrer Erziehung der Jugend so unverantwortlich hintangesezt werden.

Mein Vater war ein freier Mann von tausend Vorurtheilen, von Teufeleien, die die Ordnung Gottes stören könnten, von Hexereien, von Erscheinungen und Nachtgespenstern, von Vorbedeutungen und Ahnungen und andern Träumereien. Er that sein äusserstes, uns für (vor) Anstekung zu bewahren; das war auf dem Dorfe unmöglich. Er begegnete diesem Uebel mit der Erzählung vieler Geschichten von entlarvten Betrügereien dieser Art; er sandte uns sehr oft zur Nachtzeit ohne Licht aus, um an dem andern Ende des Flekens etwas zu bestellen. Ohne die mindeste Furcht sprang ich, in meinem zehenten Jahre, unbegleitet und ohne Laterne in das, eine halbe Stunde entfernte, Filial Klein-Heppach oder in die nächsten Pfarrhäuser, um dort etwas auszurichten. Polissonerien (Streiche), welche Muth zeigten, auf Schranken gehen, auf die höchste Bäume zu klettern, über breite Graben zu sezen, Baurenpferde, ungesattelt, in eine tiefe Schwemme zu reiten, diese wusste mein Vater wohl, aber er verbot sie uns nicht, weil sie Muth erforderten, und im künftigen Leben nüzlich werden konnten. Es ist wohl keine Frage: ob die Erziehung auf dem Dorfe nicht etwas wild, ein wenig zu Rousseauisch[3] ist? Aber unter diesen halb-cultivirten Menschen hab' ich Treue und Redlichkeit, Muth des Lebens, Ausdauren in Geschäften, Genügsamkeit, und die hohe Tugend gelernt, diese ohne Vergleichung nüzliche Klasse von Menschen, für meine Brüder zu achten, eine Tugend, die mir all' mein Leben und besonders meine Magistratischen Aemter erleichtert hat.

So natürlich, so ungebunden an irgend eine sonst gewöhnliche Methode, war auch meine Erziehung in Absicht auf Künste und Wissenschaften. In meinem vierten Lebensjahre wurden mir zu gleicher Zeit die Alphabete von der Teutschen, Lateinischen und Griechischen Sprache theils durch Grammatiken, theils durch Vorschriften meines Vaters gezeigt. Mein Vater hatte in diesen drei Sprachen eine sehr deutliche und leserliche Handschrift. Ich lernte sie in diesem Zeitpunkte auch nachmalen. Im sechsten Jahre meines Lebens konnte ich sie lesen, wie sie ein sechsjähriger Knabe lesen kann. Sogleich folgte die saure Arbeit des Auswendiglernens der Wörter und der Paradigmaten. Selbst in unsrer Muttersprache musste ich sehr oft decliniren und conjugiren, eine Uebung, welche in den Schulen so sehr versäumt wird. Die Regeln des Syntaxes wurden vielmal gelesen sammt den beigesezten und mehreren von meinem Vater angegebenen Exempeln; aber sie wurden nicht auswendig gelernt. Mit dem siebenten Jahre wurde die Verteutschung Lateinischer und Griechischer Schriften angefangen, und die Regeln der natürlichen und zierlichen Zusammensetzung dieser beiden Sprachen in der Uebung des Uebersezens gezeigt. Ausser der Methode, die gelehrten Sprachen auf die nemliche Weise, wie die lebendigen, blos durch den Umgang zu lehren, gibt es keine leichtere und sichrere, als diejenige, die mein Vater angewandt hat. Immer wurde von dem Leichtern zum Schwerern hinaufgestiegen, von den historischen Schriften der Alten zu den philosophischen und poetischen Werken. Es war eine Ersparnis zum mindsten der halben Lernzeit; dass mein Vater, bey dem Uebersezen, niemals die mir fehlenden Worte in dem Wörterbuche nachschlagen ließ; sondern sie mir, mit einer unbeschreiblichen Gedult, hundertmal aufs neue wieder sagte; und dass die Uebersezungen niemals zu Papier gebracht, sondern immer nur mündlich damit fortgefahren wurde. (...)

Irene Hardach-Pinke/Gerd Hardach (Bearb.), Deutsche Kindheiten. Autobiographische Zeugnisse 1700–1900, Kronberg/Ts, Athenäum Verlag, 1978, S. 143–145.

1 ö. Stuttgart.
2 Das ehemalige Augustiner-Chorherrenstift Denkendorf (s. Eßlingen) war bis 1584 und von 1713 bis 1810 württembergische Klosterschule.
3 Jean Jacques Rousseau (1712–1778) forderte in seiner ‚Abhandlung, ob die Wissenschaften etwas zur Läuterung der Sitten beigetragen haben' (1750) ein Zurück in einen Urzustand, in dem Freiheit, Unschuld und Tugend herrschten.

GF

3.1.1.2 Geburt, Kleinkindalter, Kindersterblichkeit

3.1.1.2.1 Das Nicht- und Neugeborene, der Säugling – der Knabe – die Amme: aus einem ‚Lexikon' des 13. Jahrhunderts

Auch im Mittelalter beschäftigte man sich bereits in Lehrschriften mit der Säuglingspflege und der Erziehung von Kindern. Eng war allerdings die Abhängigkeit von der antiken und arabischen Gynäkologie und Gesundheitslehre. Der Franziskaner Bartholomäus Anglicus vollendete nach 1235 sein Lebenswerk

‚Über die Natur der Dinge', eine viel gelesene und weit verbreitete Enzyklopädie, die auch in mehrere Volkssprachen übersetzt wurde. In dem dem Menschen gewidmeten Abschnitt behandelt Bartholomäus auch das Kleinkind. In dem gewählten Textauszug befasst sich der Enzyklopädist mit der vorgeburtlichen Phase, der Geburt und der Säuglingspflege, mit der Erziehung der Buben und der Rolle der Amme, die in gehobenen Haushalten der Zeit die Last der frühkindlichen Pflege und Erziehung zu tragen hatte.

Buch 6, Kapitel 4: Das Kleinkind
Das Kind wird aus Samen geboren, die gegensätzliche Eigenschaften haben. Ist es ein Knabe, so liegt es auf der rechten Seite, ist es ein Mädchen, auf der linken. Im Uterus wird es vom Menstruationsblut ernährt; aus solch schwachem und ungesundem Stoff wird der Mensch in seinem Anfang am Leben erhalten. Mit Hilfe der Wärme und Unterstützung der Natur formen sich nach und nach die einzelnen Glieder aus. Nur Christus war, Augustinus zufolge, schon im Mutterleib von Anfang an vollkommen. Mit dem Eintritt der Seele beginnt das Leben. Wenn das Kind völlig mit Haus umgeben ist, senkt es sich durch natürlichen Instinkt dem Ausgang zu; durch diese Bewegung wird der Uterus zusammengezogen und beschwert. Wenn der Vorgang des Heranwachsens des Fötus vollendet ist, beginnt der Geburtsvorgang im Normalfall im 8., 9. oder 10. Monat. Beim Austritt wird das Kind von der Nachgeburt umgeben, deren Ablösung von der Plazenta der Mutter großen Schmerz verursacht; dies geschieht, wenn die Geburt unmittelbar bevorsteht.
Wenn das Neugeborene zu kalter oder zu warmer Luft ausgesetzt ist, so leidet es Schaden und fühlt sich unwohl, wie sein angeborenes Schreien ganz deutlich macht. Das Fleisch des eben geborenen Kindes ist weich und zart und benötigt daher verschiedene Heil- und Nährmittel. So sagt Constantinus (Africanus) Buch 3, Kapitel 33[1]: Die Säuglinge sollen nach Verlassen des Mutterleibes in mit Salz zerriebenen Rosenblättern gewälzt werden, damit ihre Glieder gestärkt und von schmieriger Feuchtigkeit befreit werden. Danach sollen Gaumen und Zunge mit einem mit Honig bestrichenen Finger eingerieben werden. Dies reinigt und stärkt das Mundinnere und die Süße des Honigs fördert den Appetit des Säuglings. Das Kind soll häufig gebadet sowie mit Myrten- oder Rosenöl gesalbt werden. Alle Glieder sollten, insbesondere bei den Knaben, deren Gliedmaßen durch Übung stärker sein sollen, kräftig massiert werden. Zum Schlaf ist ein Ort mit gedämpftem Licht zu wählen, damit sich der Gesichtssinn allmählich entwickeln kann. Ein zu heller Platz verführt zum Schielen und schadet den noch empfindlichen Augen, daher sollen die Kinder nicht zu grellem Licht ausgesetzt werden, um dem Sehvermögen nicht zu schaden.
Vor allem ist darauf zu achten, dass sie nicht mit schlechter Milch oder mit verdorbener Nahrung aufgezogen werden. Denn aus schlechter Milch resultieren schlimme Krankheiten: Geschwüre im Mund, Erbrechen, Fieber, Krämpfe, Durchfall und dergleichen. Auch soll bei Krankheiten nicht den Kindern, sondern der Amme die Medizin eingegeben werden; mit ihrer Hilfe und entsprechender Diät wird durch sie die Krankheit des Kindes geheilt. So sagt Constantinus am angegebenen Ort. Aus einer guten Muttermilch wachsen gesunde Kinder heran und umgekehrt. Schlechtes Blut bei der Amme schadet dem Säugling. Dies hat seine Ursache in der schwachen Natur des Kindes und der leichten Verderblichkeit der Milchnahrung.
Die Gliedmaßen des Kindes sind wegen ihrer Schwäche leicht verformbar; deshalb müssen sie durch Wickelbinden und Windeln eingebunden werden, damit sie nicht verkrümmt oder verkrüppelt werden. (…) Weil Kinder viel Nahrung aufnehmen, haben sie ein großes Schlafbedürfnis, damit das Innere die natürliche Wärme zurückgewinnen und die Nahrung verdaut werden kann. Daher pflegen die Ammen auf Grund eines Naturinstinkts die Säuglinge in eine Wiege zu betten und hin und her zu bewegen. Auf Grund des sanften Wiegens wird die Körperwärme bestärkt und durch eine leichte Umnebelung im kindlichen Gehirn ein sanfter Schlaf bewirkt. Man pflegt auch Gesang anzuwenden, um den kindlichen Sinn durch eine süße Stimme zu erfreuen. Hierzu bemerkt Aristoteles, dass bei Säuglingen das Gehirn im Vergleich zum übrigen Körper sehr groß ausgebildet ist. Folglich ist die obere Körperpartie des Säuglings größer und schwerer als der restliche Körper und daher bewegt sich das Kind zu Anfang auch auf Händen und Füßen und richtet seinen Körper erst allmählich auf, weil der vordere Teil sich zurückbildet und dadurch leichter wird, die untere Körperpartie hingegen wächst und folglich schwerer wird. Das Kleinkindalter endet mit dem Eintritt ins Knabenalter.

Kapitel 5: Der Knabe
Wie Isidor (von Sevilla) sagt, wird Knabe (puer) von dem Begriff Reinheit (puritas) abgeleitet. Daher wird das Kind auch erst als Knabe bezeichnet, wenn es der Milch entwöhnt ist und keine Brust mehr erhält. Nachdem das Kind auch Schmerz ertragen kann, glaubt man, dass es auch zum Lernen taugt, und übergibt es zu diesem Zweck seinen Lehrern. Diese Knabenzeit ist von warmer und feuchter Natur; sexuelle Regungen sind wegen der Enge der Adern bis zum Eintritt der Pubertät noch nicht übermächtig, weshalb nach Isidor die Knaben wegen ihrer natürlichen Unschuld so genannt werden. Sie besitzen noch weiches Fleisch und bewegliche Körper, sind leicht und gelenkig, gelehrig, leben ohne Sorgen und Sorgfalt ein behütetes Leben, sind nur zu Unsinn aufgelegt und fürchten keine Bedrohung mit Ausnahme der Rute. Einen Apfel lieben sie mehr als ein Goldstück und haben in diesem Alter kein Schamempfinden, weshalb sie ihre Blöße bedecken sollten. Sie nehmen weder Lob noch Tadel ernst, gleich von wem sie gelobt oder getadelt werden. Ihres heftigen Temperaments wegen sind sie leicht erzürnt, aber auch ebenso leicht wieder zufriedenzustellen. Wegen der Schwäche ihres Körpers sind sie leicht verletzlich und können körperliche Anstrengungen nur schwer ertragen. Auf Grund ihrer inneren Wärme sind sie leicht erregbar und unausgewogen und verfügen aus dem gleichen Grund auch über einen gesunden Appetit, was wiederum anfällig für verschiedene Krankheiten macht, wenn man des Guten zu viel tut. Krankheiten der Eltern vererben sich

Lebensphasen und Lebensformen

häufig auf die Kinder, was man bei Kindern von Lepra- oder Gichtkranken häufig nachweisen kann. Kinder unterscheiden sich von Erwachsenen durch die Stimme und die Gesichtsform, wie Aristoteles (…) schreibt. Bei den Knaben verändert sich die Stimme erst beim Eintritt der Geschlechtsreife; der Stimmbruch ist ein sicheres Zeichen der Pubertät, von da an sind sie zur Zeugung befähigt.

Kleine Kinder haben häufig ein schlechtes Benehmen. Sie leben nur dem Augenblick und verschwenden keinen Gedanken an die Zukunft. Sie lieben Spiele und sinnlosen Zeitvertreib und weigern sich, sich mit einträglichen und nützlichen Dingen zu beschäftigen. Unwichtiges sehen sie als wichtig an und umgekehrt schätzen sie Wichtiges gering oder gar nicht. Sie wollen Dinge haben, die ihnen schaden könnten und lieben Bilder mehr als Erwachsene dies tun. Der Verlust eines Apfels oder einer Birne hat mehr Tränen und Klagen zur Folge als der Verlust eines Erbteils. Erwiesene Wohltaten pflegen sie zu vergessen. Sie wollen alles besitzen, was sie sehen, und versuchen es mit den Händen und mit Geschrei zu erlangen. Sie suchen Umgang und Vorbilder unter ihresgleichen und wollen von der Gesellschaft der Erwachsenen nichts wissen. Sie könne kein Geheimnis für sich bewahren, sondern erzählen und entdecken alles, was sie sehen oder hören. Bald weinen sie, bald sind sie fröhlich; fortwährend schreien, kichern und lachen sie; kaum dass sie einmal ruhig sind, wenn sie schlafen oder träumen. Kaum gewaschen sind sie schon wieder schmutzig; und gegen Waschen und Kämmen wehren sie sich nach Leibeskräften. Sie denken nur ans Essen; ohne Rücksicht auf die Größe des Magens wollen sie stets essen oder trinken, kaum dass sie vom Bett aufgestanden sind. (…)

Kapitel 9: Die Amme
Die Amme (nutrix) wird so bezeichnet, weil sie dem Säugling Nahrung (nutrimentum) spendet; Isidor zufolge geschieht dieses Nähren in Vertretung der Mutter. Daher freut sich die Amme wie die Mutter, wenn das Kind glücklich ist, und ist traurig, wenn das Kind unglücklich ist; sie hebt es auf, wenn es hingefallen ist, stillt es, wenn es weint, bedeckt es mit Küssen, wickelt und deckt es zu, wenn es sich freigestrampelt hat, wäscht und legt es trocken, neckt das sich wehrende Kind mit dem Finger, bringt ihm das Sprechen bei, indem sie lallt und sich beinahe die Zunge bricht dabei. Sie verwendet Medizin zur baldigen Gesundung des kranken Kindes. Sie trägt es auf Händen, Schultern und Knien und nimmt das weinende Kind auf. Sie kaut ihm das Essen vor, damit das zahnlose Kind leichter schlucken kann, und stillt auf diese Weise seinen Hunger. Mit Singen und Pfeifen wiegt sie es in den Schlaf, umwickelt seine Glieder mit Windeln und Tüchern und richtet es so, dass das Kind keine Verkrümmung erleidet. Mit Bädern und Salben erfrischt sie einen ermatteten Körper; hierzu ist auch das obige Kapitel über das Kind zu vergleichen.

Bartholomaeus Anglicus, De Rerum proprietatis, Frankfurt 1601 (ND Frankfurt a. M., Minerva, 1964), S. 237 ff.; übersetzt von Klaus Arnold, Kind und Gesellschaft in Mittelalter und Renaisace. Beiträge und Texte zur Geschichte der Kindheit (Schriften zur Entwicklung und Erziehung im Klein- kind- und Vorschulalter, Reihe B, 2), Paderborn-München, Ferdinand Schöningh – Martin Lurz, 1980, S. 111–114.

1 Constantinus Africanus (gest. 1087) übersetzte, vermutlich in Montecassino, als getaufter Laienbruder des Benediktinerordens arabische Werke ins Lateinische.

GF

3.1.1.2.2 Über die Knaben: aus einem ‚Fürstenspiegel' des späten 13. Jahrhunderts

Aegidius Romanus (um 1243–1316), Augustiner-Eremit und Erzbischof von Bourges, verfasste um 1280 einen so genannten ‚Fürstenspiegel', eine Anleitung über die Ausbildung von Fürsten und die Grundsätze ihrer Herrschaft. In seinen während des Mittelalters viel gelesenen Abhandlungen über die Fürstenerziehung kommt Aegidius auf die Kleinkindpflege zu sprechen. Unter Berufung auf die Autorität des Aristoteles (‚Politik') teilt er mit ihm die Ansicht, dass man die Buben bis zu einem gewissen Grad abhärten soll. Aegidius übernahm dabei die im Mittelalter weniger verbreitete Ansicht, dass auch Spielen einem Kind förderlich sei.

Buch II, 2, Kapitel 15: Über die Pflege der Knaben von der Geburt bis zum siebten Lebensjahr.
Bei der Behandlung sittlicher Fragen kann es nur von Vorteil sein, detailliert auf die Sache einzugehen. Deshalb gehen wir im Folgenden eingehender auf die einzelnen Lebensalter ein und zeigen, welche Sorgfalt auf die Knaben zu verwenden ist. Zuerst erörtern wir den Zeitraum von der Geburt bis zum siebten Lebensjahr, anschließend den vom siebten bis zum vierzehnten Jahr, danach den auf das vierzehnte Jahr folgenden Zeitraum.
Der Philosph (Aristoteles) macht auf sechs Punkte aufmerksam, die für das frühe Knabenalter zu beachten sind: Erstens soll man die Knaben bis zum siebten Lebensjahr nur mit weichen Speisen ernähren, und zwar anfänglich nur mit Milch; zweitens soll man sie vom Wein fern halten; drittens sind sie an Kälte zu gewöhnen; viertens muss man sie an geeignete Bewegung gewöhnen, was in jedem Alter von Nutzen ist; fünftens sollen sie durch geeignete Spiele Erholung finden, auch soll man ihnen Geschichten und Fabeln, an denen sie Freude haben, vorerzählen, vor allem wenn sie den Sinn der Worte zu verstehen beginnen; und sechstens soll man sie nicht weinen lassen.
Bis zum siebten Lebensjahr soll man die Knaben nur mit weichen Speisen ernähren, und zwar anfänglich nur mit Milch. Daher sagt der Philosoph im siebten Buch seiner ‚Politik', dass die Milchnahrung dem kindlichen Körper am meisten angemessen und vertraut ist. In diesem zarten Alter bis zum siebten Jahr sind demnach die Kinder mit weichen und mehr flüssigen Speisen zu ernähren, weil sie besser vertragen werden und besser verdaulich sind. Dabei ist zu beachten, dass bei Knaben, die nicht von der Mutter gestillt werden können, eine Frau ausgesucht werden soll, die der Mutter in der äußeren Erscheinung und im Temperament möglichst ähnlich ist, weil die Muttermilch ganz speziell auf das eigene Kind abgestimmt erscheint.

Zum zweiten soll man die Knaben vom Wein fern halten; zumal in der Zeit, in der sie noch von der Milch leben; und dies nach Meinung des Philosophen insbesondere zur Verhütung von Krankheiten. Denn nur zu leicht erkranken die Kinder und neigen zu sonstigen Gebrechen, wenn sie schon zur Stillzeit an Weingenuss gewöhnt werden; es gibt sogar Meinungen, wonach früher Weingenuss für den Aussatz besonders empfänglich mache.

Drittens soll man die Knaben an Kälte gewöhnen. Der Philosoph hält dies im siebten Buch der ‚Politik' geeignet schon für kleine Kinder, und zwar aus zwei Gründen: Einmal für die Gesundheit, weil nach Meinung des Philosophen die Gewöhnung an Kälte wegen der ihnen innewohnenden Wärme den Knaben eine gesunde Konstitution verleiht, und zum anderen wegen des Nutzens für den Militärdienst. Denn Kälte festigt und stärkt die Glieder so, dass jene, die von Kindheit an an Kälte gewöhnt sind, im entsprechenden Alter tauglicher für den Kriegsdienst sind. Deshalb spricht der genannte Philosoph davon, dass bei einigen barbarischen Völkern die Gewohnheit herrscht, ihre Söhne in kalten Flüssen zu baden, um sie dadurch stärker zu machen. Doch ist zu beachten: wenn wir sagen, dass kleine Kinder an dies oder jenes zu gewöhnen seien, so ist dies so zu verstehen, dass dies mit Maß und allmählich zu geschehen hat und je nach Veranlagung des einzelnen.

Zum vierten sind Knaben an geeignete und gemäßigte Bewegung zu gewöhnen. Dies hat nach Meinung des Philosophen vierfach sein Gutes: Erstens fördert es die körperliche Gesundheit, weil mäßige Bewegung in jedem Alter der Gesundheit förderlich ist. Zweitens verhilft Bewegung dem Körper zu größerer Beweglichkeit; denn wenn die Knaben von Anfang an an regelmäßige Bewegung gewöhnt werden, sind sie behänder und weniger schlaff. Denn wenn man sie nicht an Bewegung gewöhnt, werden sie schwerfällig, träge und untätig. Drittens fördert Bewegung das Wachstum. Denn mäßige Bewegung regt die Verdauung an und trägt zum körperlichen Wohlbefinden bei, und damit auch zum Wachstum. Viertens stärkt mäßige Bewegung die Glieder. Das erfährt jeder an sich selbst, dass maßvolle Gewöhnung an körperliche Arbeit die Glieder festigt und stärkt. Weil Kinder noch sehr zarte Gliedmaßen haben, sollen sie zu mäßigen und angemessenen Bewegungen angeleitet werden, damit sich ihre Glieder festigen. Daher sagt der Philosoph im siebten Buch seiner Politik, dass man schon mit ganz kleinen Kindern solche Übungen machen solle, um ihre Glieder zu kräftigen; und er lobt dies so sehr, dass er schon für die Zeit nach der Geburt Instrumente anregt, mit deren Hilfe Kinder bewegt und umhergetragen werden können.

Zum fünften sind die Knaben durch geeignete Spiele und Fabeln zu erfreuen. Maßvoll betriebenes Spiel bekommt den Kindern besonders, weil darin mäßige Bewegung enthalten ist, Trägheit vermieden und körperliche Beweglichkeit gefördert wird. Auch soll man den Knaben Geschichten und Fabeln vortragen, sobald sie den Sinn der Worte verstehen, oder für sie passende Liedchen vorsingen. Denn Langeweile ist ihnen unerträglich; daher ist es gut, sie an wohl geordnete Spiele und an ehrbare und unschuldige Vergnügungen zu gewöhnen.

Sechstens soll man Kinder nicht weinen lassen. Denn indem man sie vom Weinen abhält, müssen sie den Atem anhalten; wenn man sie weinen lässt, stoßen sie ihn heraus. Das Anhalten des Atems aber trägt nach Meinung des Philosophen im siebten Buch der Politik zur Stärkung des Körpers bei.

Franz Hieronymus Samaritanus (Bearb.), Aegidius Romanus (de Colonna), De regimene principum libri III, Rom 1607 (ND Aalen, Scientia, 1967), S. 328 ff.; übersetzt von Klaus Arnold, Kind und Gesellschaft in Mittelalter und Renaissance. Beiträge und Texte zur Geschichte der Kindheit, (Schriften zur Entwicklung und Erziehung im Kleinkind- und Vorschulalter, Reihe B, 2) Paderborn-München, Ferdinand Schöningh – Martin Lurz, 1980, S. 123 f.

GF

3.1.1.2.3 Leben und Sterben eines Kindes – aus dem Briefwechsel zwischen Balthasar und Magdalena Paumgartner am Ende des 16. Jahrhunderts

Das Leben eines Kindes war noch bis in die Frühe Neuzeit hinein höchst gefährdet, ‚Meister' Tod hielt in den Häusern reiche Ernte. Vom allgegenwärtigen Sterben war die Mutter im Kindbett ebenso bedroht wie das Neugeborene selbst. Auch das schon ältere Kind war durch die vielen Kinderkrankheiten ständiger Todesgefahr ausgesetzt. Ergebnissen der Archäologie folgend lag im Mittelalter die Sterblichkeit bei Säuglingen um 10% und bei Kindern insgesamt um mindestens 40%. In Mainz hat man für das 18. Jahrhundert festgestellt, dass bis zum Alter von 10 Jahren rund 41 % der Kinder starben, 22 % sind vor Beendigung des ersten Lebensjahres verschieden. Der Briefwechsel der Eheleute Balthasar und Magdalena Paumgartner aus Nürnberg verdeutlicht in den Auszügen aus drei Briefen diese existenziellen Nöte, die Liebe der Eltern zu dem im November 1584 geborenen Sohn Balthasar, die Sorge um das Kind, die Erziehungsfortschritte und den jähen Tod.

1. Magdalena an Balthasar Paumgartner: 23. März 1588 (Nürnberg) – der 3 1/2 Jahre alte Balthasar.
Ehrbarer, freundlicher, herzlieber Paumgartner!
Ich hab es nicht unterlassen können, Dir ein Brieflein zu schreiben, und verhoffe zu Gott, Du werdest wohl nächsten Donnerstag hin (nach Frankfurt zur Frühjahrsmesse) gekommen sein und nunmehr Deine Hände voll zu tun haben. Gott gebe, dass alles glücklich und wohl abgehe.

Wisse mich, Gott sei Lob und Dank, auch noch frisch und gesund; was den Balthasar anbelangt, so ist er noch so, wie Du ihn verlassen hast. Ich bin mit ihm beim Doktor gewesen, der mir sagt, er werde gewiss Druck (im Nacken) bekommen haben, etwa von der Amme, als ich ihn gehabt hab, und gewiss wäre oben ein Glied vor dem andern ausgewichen; das wäre aber seither verwachsen und er könnt ihm weiter nicht helfen, weil es hineingedrückt wär; höchstens dass er mir eine Salben geben wollt, was auch geschehen ist. Ich solle ihn früh und zur Nacht damit schmieren und auch einen Wulst um den Hals legen, dass der nicht zurückfallen könne. Ich solle ihn in acht Tagen noch einmal schicken. Ich hab ihm für ein kleines Dingelchen Salbe zwei Gulden geben müssen. Gott gebe das Glück dazu! Er will sich von keinem Menschen nicht schmieren lassen außer von der Köchin. (…)

Weiter bitte ich Dich, herzliebster Schatz, Du wollest uns drunten (in Frankfurt) das Alte Testament kaufen mit Psalmen und Propheten, denn wir bedürfen seiner oft; Du mögest auch Leinwand nicht vergessen, wenn Du ihrer bedarfst. Auch wollest Du uns ein paar Käs kaufen und des Balthasars Hütlein nicht vergessen. Er spricht alle Tage davon. (…)

2. Balthasar Paumgartner als Sechsjähriger an seinen Vater: März 1591 – erste Schreib- und Stilübungen und die Wünsche des Kindes.

Lieber Vater!

Ich hör's gern, dass Du gesund (in Frankfurt) angekommen bist, und bitt Dich, Du wollest mir ein kleines Pferdchen mitbringen. Frag nur den Meringer (wohl ein Händler), wo man's kauft: mit Kalbshaut überzogen. Und zwei Paar Strümpf, ein leibfarbenes und ein schwarzes Paar. Ich will gar fromm sein und flugs lernen. Und nimm's mit der Schrift nicht für ungut; ich will's bald besser lernen.

Während die frühere Forschung davon ausging, dass man im Mittelalter und in der Frühen Neuzeit aufgrund des ‚alltäglichen Sterbens' und der durchweg sehr hohen Kinderzahl pro Familie kaum den Verlust eines Kindes beklagte, beweisen uns heute zahlreiche Zeugnisse, dass man durchaus die Fähigkeit besaß, um sein Kind zu trauern, ja dass der Kindstod für die Eltern ein furchtbares, einschneidendes Ereignis darstellte, damals wie heute.

3. Magdalena Paumgartner an Balthasar, 15. März 1592.

Ehrbarer, freundlicher, herzliebster Paumgartner. Dein Schreiben ist mir ist vor einer halben Viertelstunde heute, am Mittwoch, wohlbehalten zugekommen, wiewohl ich darauf schon am Montag mit Verlangen gewartet hab, in meiner großen Traurigkeit, da es Gott so schnell hat enden lassen. Nachdem ich dir am Donnerstag geschrieben hatte, hat er (der 7-jährige Balthasar) in derselben Nacht eine sehr schlechte Nacht gehabt. Ich bin nicht von ihm gewichen, auch die anderen (Hausbewohner) nicht, weil er anfing zu keuchen, was bis Samstagmittag anhielt. Und er hat doch immer geredet, was aber nicht gut zu verstehen war. Letztlich wollte er eine Stunde nach Mittag aufstehen. Als wir aber sahen, wie schwach er war, haben wir ihn hochgerückt, und sogleich fiel er in die letzten Züglein (in Agonie). Das hat eine Viertelstunde gewährt, dann ist er sanft gestorben. Dass Gott ihn tröste, bis wir auch zu ihm kommen!

Danach habe ich die Leiche öffnen lassen. Seine Leber hat den ganzen Leib ausgefüllt. Sie ist so groß gewesen, dass sich alle gewundert haben, wie er noch so lange hat leben können. Und sie (Arzt und Barbier) haben sie wegen dieses Wunders gewogen, und sie hatte gut vier Pfund an Gewicht. Auch waren seine Nieren so groß, wie sie keiner besaß, den man zuvor geöffnet hat, wie der Arzt und der Barbier sagten. Es war unmöglich gewesen, dass er länger hätte leben können.

Muss immer daran denken: so kurz wie wir ihn gehabt haben, ist er doch nicht unser gewesen, und wir haben leider eine vergebliche Freud gehabt. Muss mich demnach nur mit Gott zufrieden geben, wenn mir auch leider mehr nicht davon bleibt als Schwachheit, ein böser Kopf und böse Augen. Muss mir's ausschlagen[1], so gut es mir nur möglich ist. Desgleichen wollest Du auch tun, herzliebster Schatz, und Dir's aus dem Sinn schlagen und geduldig sein. Vielleicht erbarmet Gott sich unser wieder und ergötzt uns wieder, nachdem er uns heimgesucht hat. Ich glaube, wenn Du hier wärest, dass ich all mein Leid desto eher vergessen wollt! Mir ist jetzt ein Tag so lang, wie vorher drei. Ich will Dich bitten, Du möchtest Dich vor dem Geleitzug aufmachen, wenn es möglich ist. Ich trage nur den Zweifel an Dir, wenn Du aus Vetter Paulus Scheurls Schreiben und auch diesem hier den Trauerfall vernommen hast, wirst Du nicht mehr daran denken, vor dem Geleitzug[2] zu kommen. Ich will mir aber nur das Beste von Dir erhoffen. Gott helfe uns mit Freuden und ohne weiteren Zwischenfall wieder zusammen! Wie ich denn aus Deinem Schreiben vernommen hab, dass Dir Gott, der Herr, wohl hingeholfen hab, so verleihe der Euch auch eine gute Messe! Sonst habe ich ihn ehrenvoll zur Erde bestatten lassen als eine andere Leiche, an der kein Menschenleid mehr gewesen ist. Man hat ihn zu früh hinter den Chorleuten hinausgetragen mit dem ganzen Chor und zu früh die Glocken geläutet. Ich weiß Dir ansonsten, freundlicher, herzlieber Paumgartner, diesmal nicht mehr zu schreiben, als dass Du von mir freundlich und fleißig wollst gegrüßt und Gott, dem Herrn, in Gnade befohlen sein. Und ich will auf dieses Schreiben von Dir noch eines gewärtig sein, wenn Dein Zweifeln bis Sonntag wärt, wirst Du Dich vor Montag nicht auf den Weg gemacht haben. Ich will hoffen, dass du, während du heraufziehst, Ablasswein kaufst: Wir haben jetzt einen gar zu starken Wein alle Tage zum Trinken.

Georg Steinhausen (Bearb.), Briefwechsel Balthasar Paumgartners des Jüngeren mit seiner Gattin Magdalena, geb. Behaim (1582–1598) (Bibliothek des Litterarischen Vereins in Stuttgart, 204), Tübingen, Bibliothek des Litterarischen Vereins in Stuttgart, 1895, Nr. 45, S. 85 f.; Nr. 67, S. 110 f.; Nr. 102, S. 168–170; teilweise übersetzt von Steven Oszment, Magdalena & Balthasar. Briefwechsel der Eheleute Paumgartner aus der Lebenswelt des 16. Jahrhunderts, Frankfurt a. M., Insel Verlag, 1989, S. 83 f. u. 92-94.

[1] Sie darf nicht mehr an das verstorbene Kind denken.
[2] Die Kaufleute zogen in Gruppen und unter militärischem Geleitschutz zu den und von den Frankfurter Messen.

AC/GF

3.1 Aufwachsen, Erwachsenenleben, Alter

3.1.1.2.3 Votivbild: Familie mit 8 gestorbenen Kindern (1775).

Votivbild: Familie mit 8 gestorbenen Kindern (1775), in: Ingeborg Weber-Kellermann, Die Kindheit: Kleidung und Wohnen, Arbeit und Spiel. Eine Kulturgeschichte, Frankfurt/Main, Insel Verlag, 1979, S. 18.

3.1.1.3 Kinderspiel und Spielzeug

3.1.1.3.1 Spiel und Bewegung an der frischen Luft – Ansichten des Konrad von Megenberg (14. Jahrhundert)

Schon in der Antike wurde das kindliche Spiel als förderlich angesehen, und auch im Mittelalter war man sich der Bedeutung des Spielens bewusst. So verwendete der Regensburger Domherr und Gelehrte Konrad von Megenberg (1309–1374) in seinem 1352 verfassten, großangelegten und auf antiken Vorbildern beruhenden Lehrbuch vom Hauswesen ‚Yconomica' (Ökonomik) ein ganzes Kapitel darauf, darzustellen, wie wichtig maßvolles Spiel für Kinder sei. Mit guter Beobachtungsgabe analysiert Megenberg das kindliche Spiel.

Buch I, 2, Kapitel 14: Von Spiel und Bewegung an der frischen Luft
Auch soll das Kind mit geziemenden Spielen und zuträglicher Bewegung beschäftigt und einer gesunden
5 Luft ausgesetzt werden. Geziemende Kinderspiele sind das Puppenspiel, das Herumrollen von Holzspielzeug und sich selbst im Spiegel betrachten. Denn die Kindheit kennt noch das Erstaunen über kleinste Dinge und ist mit Einfachem zufrieden. Mit solchen
10 Spielen wird die kindliche Seele erfreut, das Blut kommt in Bewegung und der Geist wird geschärft; wobei durch das Herumlaufen zugleich die Gliedmaßen sinnvoll bewegt werden, der gesamte Körper gestärkt wird und auch eine angestrebte Kräftigung erfährt. 15
Angemessene Bewegung ist etwa das muntere Laufen um das Haus und innerhalb des Hofes, wo weder tiefe Gruben oder die Gefräßigkeit wilder Tiere Schaden stiften können noch ein Auflauf die zusammen spielenden Knaben in Gefahr bringen kann. Zumeist to- 20
ben sie solange herum, bis sie eine Schwere in ihren Gliedern und Ermattung am ganzen Körper spüren; übermüdet weinen sie dann, ohne zu wissen was ihnen fehlt, weisen Essen und Trinken zurück, verwerfen alles, was ihnen angeboten wird oder nehmen es nur 25
widerwillig. An diesen Zeichen erkennt eine gute Amme, dass es für das Kind Zeit zum Schlafen ist. Doch stärkt maßvolle Bewegung in jedem Fall die kindlichen Gliedmaßen und unterstützt den Wärmehaushalt des Körpers. 30
Luft ist dann gesund, wenn sie gemäßigte Temperaturen aufweist. Kalte Luft ist zuträglicher als warme, weil durch frische Luft die Poren geschlossen werden und die natürliche Wärme im Körper bleibt. Doch übermäßige Kälte schwächt zarte Glieder und dringt 35
bis tief ins Mark ein. Ebenso schwächt eine scharfe Hitze die inneren Organe und führt häufig zu Gelbsucht oder ähnlichen Krankheiten.

Konrad von Megenberg, Ökonomik (Buch I), in: MGH, Staatsschriften, III, 5, S. 88; übersetzt von Klaus Arnold, Kind und Gesellschaft in Mittelalter und Renaissance. Beiträge und Texte zur Geschichte der Kindheit, (Schriften zur Entwicklung und Erziehung im Kleinkind- und Vorschulalter, Reihe B, 2) Paderborn-München, Ferdinand Schöningh – Martin Lurz, 1980, S. 140.

GF

3.1.1.3.2 Der schöne, lustige Garten – Martin Luther an sein Hänschen, den vierjährigen Sohn (1530)

Seit dem 13. Jahrhundert änderten sich Erziehungsziele, die vorher nur auf das Jenseits gerichtet waren. So wurden jetzt auch irdische Tugenden, wie Fleiß und Anstand, gefordert. Zunehmend wuchs die Bedeutung des Vaters: Neben Mutter und Amme wurde auch der Vater Bezugsperson des Kindes. Wie sehr auch der Mann Anteil an der Erziehung des Kindes hatte, zeigt dieser Brief Martin Luthers an seinen Sohn Hans, in dem er ihn zu Fleiß und Tugend ermahnt. Gleichzeitig verdeutlicht der Brief, wie sehr Luther sein Kind liebte.

Meinem herzlieben Sohn Hänschen Luther zu Wittemberg!
Gnade und Friede in Christus! Mein herzlieber Sohn, ich sehe gern, dass du gut lernst und fleißig betest; tue
5 so, mein Sohn, und fahre fort darin. Wenn ich heimkomme, so will ich dir etwas Schönes vom Jahrmarkt mitbringen.
Ich kenne einen hübschen, schönen, lustigen Garten. Da gehen viele Kinder hin, die haben goldene Röcklein an und lesen schöne Äpfel unter den Bäumen und 10
Birnen, Kirschen, Zwetschgen und Pflaumen. Sie sin-

145

gen, springen und sind fröhlich, haben auch schöne kleine Pferdchen mit goldenem Zaumzeug und silbernen Sätteln. Da fragt' ich den Mann, dem der Garten gehört, zu wem die Kinder gehören? Da sprach er: Es sind die Kinder, die gerne beten, lernen und fromm sind. Da sprach ich: Lieber Mann, ich habe auch einen Sohn, der heißt Hänschen Luther; darf er nicht auch in den Garten kommen, damit er auch solche schönen Äpfel und Birnen essen, solche feinen Pferdchen reiten und mit diesen Kindern spielen kann? Da sprach der Mann: Wenn er gerne betet, lernt und fromm ist, so soll er in den Garten kommen. Lippus und Jost[1] auch. Und wenn sie alle zusammen kommen, so werden sie auch Pfeifen, Pauken, Lauten und allerlei andere Seitenspiele haben, auch tanzen und mit kleinen Armbrüsten schießen. Und er zeigte mir dort eine feine Wiese im Garten, zum Tanzen hergerichtet, da hingen lauter goldene Pfeifen und Pauken und feine silberne Armbrüste. Aber es war noch so früh, dass die Kinder noch nicht gegessen hatten, deshalb konnte ich nicht auf den Tanz warten und sprach zu dem Mann: Ach lieber Herr, ich will schnell hingehen und das alles meinem lieben Sohn Hänschen schreiben, damit er ja fleißig lerne, gut bete und fromm sei, damit er auch in diesen Garten kommen kann. Aber er hat eine Tante Lene[2], die muss er mitbringen. Da sprach der Mann: So soll es sein, gehe hin und schreib es ihm also.

Darum, lieber Sohn Hänschen, lerne und bete ja getrost und sage es Lippus und Jost auch, damit sie auch lernen und beten, so werdet Ihr miteinander in den Garten kommen. Hiermit sei dem lieben Gott befohlen und grüße Tante Lene und gib ihr einen Kuss von mir. Dein lieber Vater Martinus Luther.

Karin Bornkamm/Gerhard Ebeling (Hrsg), Martin Luther, Ausgewählte Schriften, Bd. VI, bearb. v. Johannes Schilling, Frankfurt a. M., Insel Verlag, 1982, Nr. 72, S. 119–120.

1 Lippus Melanchthon, geb. 21. Februar 1525, und Jonas Luther, geb. 3. Dezember 1525.
2 Magdalene von Bora, die Großtante.

AC/GF

3.1.1.3.3 „Wenn wir groß sind" – ein Kinderlied aus dem späten 18. Jahrhundert

Für den Gebrauch in den Landschulen gab Friedrich Eberhard von Rochow (1734–1805), der Förderer des Volksschulwesens in Brandenburg, 1776 ein Lesebuch mit dem Titel ‚Der Kinderfreund' heraus. Das daraus entnommene Kinderlied gibt ein Erziehungsprogramm vor.

Kinder! gerne wollen wir
Nun zur Schule gehen.
Sorgt der Lehrer doch dafür,
Dass wir es verstehen,
Was er lehrt. Es ist nicht schwer,
Wie mans itzo treibet:
Leichter wird es immer mehr,
Wer nur fleißig bleibet.

Wenn wir groß sind, gehts uns wohl;
Jeder will uns haben:
Denn wir wissen, wie man soll
Nützen Gottes Gaben.
Wer der Herrschaft Nutzen sucht,
Dem nützt sie auch wieder.
Faulheit sey von uns verflucht:
Arbeit stärkt die Glieder.

Alles Gute kömmt von Gott.
Segne du die Lehren,
Die wir, o du guter Gott!
Itzt so reichlich hören.
Segne du an uns dein Wort,
dass wirs thätig ehren!
Denn wird sich in unserm Ort
Tugend schnell vermehren.

Paul Münch (Bearb.), Ordnung, Fleiß und Sparsamkeit. Texte und Dokumente zur Entstehung der ‚bürgerlichen Tugenden', München, dtv, 1984, S. 190.

GF

3.1.1.3.4 Ein ‚Ewigkeits'-Spiel aus dem späten 18. Jahrhundert

Die Volkskundlerin Ingeborg Weber-Kellermann bezeichnete als „ideologische Spiele" das Kinderspiel, in dem Kinder ihre religiösen und kirchlichen Erlebnisse spielend wiederholten, sie dabei verarbeiteten, um sich unverstandene Handlungsabläufe und Geschehnisse bewusster zu machen. Heinrich Koenig, Bürgersohn aus der streng katholischen Kleinstadt Fulda, erinnert sich an ein solches Spiel seiner Kinderzeit im ausgehenden 18. Jahrhundert.

Ich weiß nicht mehr, wie ich endlichen auf den Vorschlag kam – wir wollen ‚Ewigkeits' spielen. Das Neue und Rätselhafte fand Aufnahme, und ich hatte als Angeber die Sache anzuschicken, wobei mir die gute Kenntnis des Katechismus zu statten kam. Oheim Velten war nach Gras ausgefahren, Tante und Mutter saßen bei Nachbarinnen vor dem Hause, und so gebot ich über die Räumlichkeiten unseres Hofes. Aus den Reisigwellen in der Halle wurden drei Höhlen als Hölle, Fegefeuer und Himmel hergerichtet und die Gespielen nach meiner Gnadenwahl darin verteilt. Das am jüngsten Maivorabend geweihte Ziegenställchen hatte unter schrägem Dache einen knappen Bodenraum für das tägliche Futter. Jetzt, da er eben leer war, erhoben wir drei ältesten Buben unser liebes Katharinchen als Maria zu diesem himmlischen Sitz und umgaben sie als Dreifaltigkeit. Während nun die Seligen im Reisighimmel sich mit Jubel und Jauchzen genug taten, ließen es die Verdammten an überbietendem Heulen und Zähneklappern nicht fehlen; wie denn auch die in der dritten Höhle ihre um Erlösung flehenden Hände auszustrecken nicht ermüdeten. Die Sache ging lustig und nachhaltig genug; indem dann und wann einer, der des höllischen Heulens müde war, in den Himmel überlief, um auch einmal zu jauchzen. Dass inzwischen die beunruhigte Ziege meckerte, hätte uns für die Schelmenstimmen des bösen Feindes gelten sollen; wir achteten aber nicht darauf. Denn wir Dreieinige, um Käthchens willen heimlich etwas uneinig, wollten uns nun doch auch, gleich unsern Seligen und Verdammten, passend betätigen. Ich als Gottvater schon etwas verdrossen, dass Sohn und Geist die Maria in ihre Mitte genommen und mich beiseit gedrängt hatte, schickte jenen hinab, einige Seelen aus dem Fegefeuer zum Himmel zu erlösen. Etwas ungeneigter als der Sohn zeigte sich der Geist, dem ich aus dem Katechismus bewies, dass er vom Vater und Sohn ausgehen müsse. Doch folgte er endlich und hüpfte als Taube mit flügelartig gebreiteten Armen im Hof umher.

Nun rückte ich der freundlichen Maria etwas näher. Doch diese dritte Bewegung war zu viel für die Umstände: die halbe Schütte Stroh, auf der wir saßen, rutschte; Maria konnte sich auf diesen goldenen Strahlen unseres Himmels nicht halten und glitt in den Hof hinab. Ihr Wehgeschrei brachte Himmel, Hölle und Fegefeuer in Aufruhr; Selige und Verdammte vermischt umstanden die Gefallene, die sich endlich erhob und mit einer Quetschung am Bein nach Hause hinkte. Über uns andere kam die Ahnung eines Strafgerichts für unser frevelhaftes Spiel, sodass wir kleinlaut davonschlichen.

Heinrich Koenig, Auch eine Jugend, Leipzig, F.U.Brockhaus, 1852, S. 102 f.; Ingeborg Weber-Kellermann, Die Kindheit: Kleidung und Wohnen, Arbeit und Spiel. Eine Kulturgeschichte, Frankfurt/Main, Insel Verlag, 1979, S. 79 f.

GF

Spielende Kleinkinder: August Fink, Die Schwarzschen Trachtenbücher, Berlin, Deutscher Verein für Kunstwissenschaft, 1963, S. 193.

3.1.1.4 Kinderarbeit

3.1.1.4.1 Kinderarbeit im spätmittelalterlichen und frühneuzeitlichen Köln – bei den Riemenschneidern (1444) und den Weinsbergs (1528)

Die Mithilfe des Kindes in häuslicher und gewerblicher Wirtschaft war selbstverständlich. Auch in den Bürgerhaushalten der mittelalterlichen und frühneuzeitlichen Städte kannte man Kinderarbeit. Mit etwa sieben Jahren trat ein Kind in die Arbeitswelt ein. Man übergab seine Söhne anderen Kaufleuten und Handwerkern, damit sie dort eine Lehre absolvierten. Im Jahre 1444 bewilligte der Kölner Rat den Riemenschneidern Zusatzartikel zu ihren Amtsbriefen, in denen sich ein Hinweis über die ungebührliche Nachtarbeit von Lehrlingen während des Winterhalbjahres findet. Der Kölner Hermann Weinsberg (1518-1597) dagegen berichtet davon, dass er als zehnjähriges Kind im Haushalt seines Vaters ganz selbstverständlich etliche Tätigkeiten zu übernehmen hatte.

1.
Im Jahre des Herren 1444, am Freitag nach dem St. Remigiustag, haben unsere Herren vom Rat im Sinne der Meister und der übrigen Amtsbrüder des Riemenschneideramtes diese nachstehenden Punkte um das Gemeine Beste willen und um das Amt in Ehren zu halten verordnet. Die Punkte, die nachfolgen, sollen sie zu ihrem Amtsbrief ergänzen, damit sie auch fest und immer eingehalten werden. (...)

3.1.1.3.4 Spielende Kleinkinder.

Zum zweiten, dass ein Meister oder Knecht nach der St. Remigiusmesse (1. Oktober) bis zum Sonntag Lätare in der folgenden Fastenzeit[1] weder abends nach neun Uhr arbeiten darf, noch am Morgen vor fünf Uhr sein Werk beginnen soll ohne Erlaubnis der Meister, weil sich die Verwandten und Freunde der Kinder, die im Amt dienen (Lehrlinge), sehr beklagen, dass die Kinder während der Nacht in ungewöhnlichem Maße sitzen und arbeiten müssen. Dadurch wird auch den Nachbarn ihre zeitliche Rast (ihre Nachtruhe) genommen, sodass dies auch zu beklagen ist.

Heinrich von Loesch (Bearb.), Die Kölner Zunfturkunden nebst anderen Kölner Gewerbeurkunden bis zum Jahre 1500, Bd. 2 (Publikationen der Gesellschaft für Rheinische Geschichtskunde, 22), Düsseldorf, Droste, 1984, S. 346 f.

1 3. Sonntag vor Ostern des darauf folgenden Jahres.

2.
Im Jahre 1528, vor und nach dieser Zeit, als meine Eltern keinen Weinzapf betrieben[1] oder zapften und nicht viel zu tun hatten, da war meine Mutter mit ihren Mägden und Lehrtöchtern eifrig beim Spinnen von früh bis spät. Sie hielt sie ständig und hart zum Spinnen an, und so spannen sie viel Garn und mach-

ten viel Leinentuch, denn man benötigte es sehr in der Haushaltung und es ist schon ein köstlicher Schatz. Nun hatten sie mich dazu angestellt, dass ich die Haspel bedienen sollte. Und ich habe viel Garn gehaspelt. Mein Vater machte mir, als ich stets da saß und haspelte, eine Werkzeugvorrichtung. Er bohrte mir ein Löchlein in die Sitzbank und ein Löchlein in einen Schrankstuhl. Dahinein steckte ich die Spindeln, sodass ich sie nicht in den Händen halten musste. Das war mir eine Erleichterung meiner Arbeit. Damit hielten sie mich auch von der Straße. Wenn ich aber zu faul beim Haspeln war, dann gaben sie mir von einer gewissen Anzahl Spindeln dies oder das und machten mich dadurch so lustig, dass ich es gern tat. Weil ich auch von der Straßen gehalten werden konnte oder in Sonderheit, dass ich still sein musste, sagten etliche Nachbarn zu meiner Mutter: „Ihr Sohn ist ein Engel im Vergleich zu anderen Jungen." Sie ließ dies vor den Nachbarn dabei, aber zu mir sagte sie: „Du magst wohl ein Engel auf der Straße sein, aber im Haus bist du ein junger Teufel." Ich musste allzeit etwas antreiben, wie Jungen eben sind; das war mein Handspiel[2]. Ich konnte nicht still sitzen, dem einen im Haus tat ich dies, dem andern das. Dann klagten meine jüngeren Schwestern, ich hätte ihnen etwas genommen, versteckt, hätte sie geschlagen. Dann hatte ich das Kind aufgeweckt, dann dem Gesinde etwas zerbrochen. Ich gebe mir selbst die Schuld: wenn ich ein Engel war, so bin ich doch ein rauer Engel gewesen.

Konstantin Höhlbaum/Friedrich Lau/Josef Stein (Bearb.), Das Buch Weinsberg. Kölner Denkwürdigkeiten aus dem 16. Jahrhundert, 5 Bde. (Publikationen der Gesellschaft für Rheinische Geschichtskunde, 3, 4 u. 16), Leipzig-Bonn, Dürr-P. Hanstein, 1886–1926, hier: Bd. I, S. 57.

1 Der Weinzapf, viel betrieben im Köln dieses Zeitalters, war ein städtisch konzessionierter, zeitweiliger Wirtschaftsbetrieb ohne Essens- und Übernachtungsmöglichkeiten.
2 Gemeint ist wohl ein Murmel- oder Reifspiel.

TJ/GF

3.1.1.4.2 Selten ganze Zehen – Thomas Platter erinnert sich an seine Kindheit als Hütebub in den Walliser Alpen zu Beginn des 16. Jahrhunderts

Kinder wurden schon im frühesten Alter mit in den ländlichen Arbeitsprozess einbezogen. Schrittweise wurde die alltägliche Arbeit erlernt. Kinderarbeit ist in der bäuerlichen Hauswirtschaft der Zeit nicht im modernen Verständnis als Ausbeutung des Kindes zu sehen, sondern entsprach zum Erhalt des Hauses einer notwendig frühen Integration der Kinder in die Arbeitswelt der Erwachsenen. Thomas Platter (1499–1582) erinnert sich in seiner Autobiografie gut an die Erlebnisse und Mühen, als er im Alter von sechs Jahren und wie viele unterernährte Bauernbuben der Zeit von kleinem Wuchs auf den Alpen seines Onkel die Geißen hüten musste.

Da ich nun bei 6 Jahre alt gewesen, hat man mich ‚zu den Eisten' getan, ist ein Tal bei Stalden[1]. Da hatte meiner Mutter selige Schwester einen Mann, der hieß Thoman an Riedjin, der saß auf einem Hofe, hieß ‚im Boden'. Dem musst' ich im ersten Jahre die Geißlein bei dem Haus hüten. Da denkt mir's noch, dass ich etwa im Schnee stecken blieb, sodass ich kaum mochte herauskommen; wie oft die Schühlein dahintenblieben und ich barfuß zitternd heimkam.
Derselbe Bauer hatte bei 80 Ziegen, deren musst' ich im siebten und achten Jahr hüten; und als ich noch so klein war, wenn ich den Stall auftat und nicht gleich nebenhin sprang, stießen mich die Geißen nieder, liefen über mich hin, traten mir auf den Kopf, Ohren und Rücken; denn ich fiel meist vor sie. Wenn ich dann die Geißen über die Visp (ist ein Wasser) über die Brücke trieb, liefen mir die ersten in die Saat (in die Kornäcker); wenn ich die heraustrieb, liefen die andern darein. Da weint' ich denn und schrie. Denn ich wusste wohl, dass man mir zu Nacht würde Streiche geben. Wenn aber dann mehr Geißhirten zu mir kamen von andern Bauern, die halfen mir dann; insonderheit einer, der war groß; der hieß Thoman ‚im Leidenbach'; den erbarmte mich und tat mir viel Guts.
Da saßen wir denn alle zusammen, wenn wir die Geißen auf die hohen und grausamen Berge brachten, zehrten mit einander, hatten jeder ein Hirtenkörblein auf dem Rücken, Käs und Roggenbrot darin. Einmal, da wir gegessen hatten, wollten wir „Platten schießen"[2]. Da war auf einem hohen Schroffen oder Felsen ein ebener Platz. Wie nun einer nach dem andern nach dem Ziel schoss, stand einer vor mir, der wollte schießen, dem wollt' ich hinterwärts ausweichen, dass er mir den Stein nicht an den Kopf oder ins Antlitz schlage: fiel hinter sich über den Felsen hinab. Die Hirten schrieen alle: „Jesus! Jesus!", bis sie mich nicht mehr sahen. Denn ich war etwas unter den Felsen hinunter gefallen, dass sie mich nicht konnten sehen; meinten gänzlich, ich sei zu Tode gefallen. Bald stand ich wieder auf, ging neben dem Felsen wieder hinauf. Da weinten sie erstlich vor Kummer, dann aber vor Freuden. Hernach, etwa sechs Wochen später, fiel einem eine Ziege dort hinunter, wo ich gefallen war; sie zerfiel zu Tode. Da hat mich Gott wohl behütet! (…)
Wie ich nun diese Zeit bei diesem Meister diente, tat ich mein bestes, dass hernach, da ich mit meinem Weibe nach Wallis gen Visp zog, derselbe Bauer zu meiner Hausfrauen sagte, er habe nie ein besser Knechtlein gehabt, wie klein und jung ich auch war. Unter anderen meines Vaters seligen Schwestern war eine, die hatte keinen Mann; der hatte mich mein Vater insonderheit anbefohlen, dieweil ich das jüngste Kind war; die hieß Fransy. Wie fort und fort Leute zu ihr kamen und sagten, wie ich in einem so besorglichen Dienst sei, ich werde mich einmal zu Tode fallen, so kommt sie zu meinem Herrn, anzeigend, sie wolle mich nicht mehr da lassen. Da war er übel zufrieden. Doch führt sie mich hinweg wieder nach Grächen[4], wo ich geboren war, tat mich zu einem alten reichen Bauern, der hieß Jans ‚im Boden'. Dem musst' ich auch die Geißen hüten. Da hat es sich einmal zugetragen, dass ich und eine junge Tochter, die auch die Geißen ihrem Vater hütete, dass wir uns vernarret hatten bei einer Wasserleitung, darin man das Wasser längs der Berge zu den Gütern führt. Da hatten wir kleine Matten gemacht und die gewässert, wie Kinder tun. Derweil waren die Geißen den Berg

hinaufgegangen, wir wussten nicht wohin. Da ließ ich mein Röcklein da liegen, ging den Berg hinauf in alle Höhen; das Mägdlein aber ging ohne die Geißen heim; ich aber, der ein armes Knechtlein war, durfte nicht heimkommen; ich hätte denn die Geißen. In aller Höhe fand ich ein junges Gemslein, war gleich meiner Geißen einer; dem ging ich von weitem nach, bis dass die Sonne unterging. Da sah ich nach dem Dorfe hin, da war es schier Nacht bei den Häusern; fing ich an abwärts zu gehn, aber es war gleich Nacht. Doch klettert' ich von einem Baum zum andern (die Bäume waren Lärchen, daraus das Terpentin fließt) an den Wurzeln den Rain hinab; denn etliche Wurzeln waren losgelöst, da die Erde an der jähen Halde davon gerieselt war. Da es aber vollends finster war und ich merkte, dass es gar jäh abstürzte, gedacht' ich, nicht weiter zu schleichen, sondern hielt mich mit der einen Hand an einer Wurzel, mit der andern kratzt' ich die Erde unter dem Baum und den Wurzeln weg, da hört' ich wie die Erde hinunter rieselte; zwängt' ich den Rücken und das Hinterteil unter die Wurzeln. Hatte nichts an als das Hemdlein, weder Schuh noch Hütlein; denn das Röcklein hatt' ich bei der Wasserleitung lassen liegen vor Angst, dass ich die Geißen verloren hatte. Wie ich nun also unter dem Baum lag, waren meiner die Raben gewahr worden, schrieen auf dem Baum. Da war mir sehr angst; denn ich fürchtete, der Bär sei vorhanden; gesegnete mich und entschlief. Blieb also schlafend liegen, bis morgens die Sonne über alle Berge schien. Als ich aber erwachte und sah, wo ich war, weiß ich nicht, ob ich mein Lebtag heftiger erschrocken bin. Denn wenn ich noch zwei Klafter tiefer gegangen wäre rechts, so wäre ich über eine grausam hohe Fluh hinabgefallen viel tausend Klafter hoch. Da war ich in großer Angst, wie ich denn von da hinabkommen möchte. Doch zog ich mich wieder aufwärts von einer Wurzel zur andern, bis ich wieder wohin kam, da ich den Berg hinab gegen die Häuser hin konnte laufen. Wie ich fast bei den Gütern war außerhalb des Waldes, begegnet mir ein Mädchen mit meinen Geißen, wollte sie wieder austreiben; denn sie waren, da es Nacht wurde, selbst heimgelaufen. Darob denn die Leute, bei denen ich diente, übel erschrocken waren, dass ich nicht mit den Geißen kam, meinend, ich sei zu Tode gefallen; fragten meine Base und die Leute in dem Hause, darin ich geboren war (denn das ist zunächst bei dem Hause, da ich diente), ob sie nichts von mir wüssten, ich sei nicht mit den Geißen heimkommen. Da waren meine Base und meines Meisters gar alte Frau die ganze Nacht auf den Knieen gelegen, Gott bittend, dass er mich behüten wolle, so ich noch am Leben wäre. Die Base war meines Vetters Mutter (...). Darnach wollten sie mich nicht mehr lassen Geißen hüten, weil sie so übel erschrocken waren.

Während ich bei diesem Meister gewesen und die Geißen hütete, bin ich einst in einen großen Kessel mit heißer Milch, die über dem Feuer war, gefallen und habe mich dermaßen verbrannt, dass die Brandmale mein Leben lang von dir[5] und andern sind gesehen worden.

(...) Einst waren unser zwei Hirtlein im Wald, redeten mancherlei kindliche Dinge; unter anderen wünschten wir, dass wir könnten fliegen; so wollten wir über die Berge zum Lande hinaus nach Deutschland fliegen: so nennt man in Wallis die Eidgenossenschaft. Da kam ein grausamer, großer Vogel sausend auf uns geschossen, dass wir meinten, er wolle einen oder beide hinwegtragen. Da fingen wir beide an zu schreien, mit dem Hirtenstecklein zu wehren und uns zu gesegnen, bis der Vogel hinwegflog. Sprachen wir zusammen: „Wir haben unrecht getan, dass wir gewünscht haben, dass wir könnten fliegen; Gott hat uns nicht geschaffen zu fliegen, sondern zu gehen." (...) Solch guten Lebens und Freude habe ich manche bei den Geißen in den Bergen gehabt, die mir entfallen sind. Das weiß ich wohl, dass ich selten ganze Zehen gehabt habe, sondern Fetzen davon gestoßen, große Risse, oft übel gefallen, ohne Schuh meist im Sommer, oder Holzschuh; großen Durst, dass ich manchmal mir selbst in die Hand brünnselt hab' und das für den Durst getrunken; Speise war am Morgen vor Tag ein Roggenbrei (von Roggenmehl gemacht); Käs und Roggenbrot giebt man einem in einem Körblein mitzutragen auf'm Rücken, auf die Nacht aber gekochte Käsmilch: doch dessen alles ziemlich genug. Im Sommer im Heu liegen, im Winter auf einem Strohsack voll Wanzen und oft Läusen. So liegen gemeiniglich die armen Hirtlein, die bei den Bauern auf den Einöden dienen.

I. K. Rudolf Heman (Bearb.), *Thomas Platters Selbstbiographie*, Gütersloh, Bertelsmann, 1882, S. 6–14.

1 Eisten liegt unweit Staldens im Saastal, das in Stalden beginnt und hinter Saas Almagell endet.
2 Mit Steinen werfen.
3 Ihn in das Gebet beim Meßopfer einbeziehen.
4 Grächen, im Mattertal, in nächster Nähe zu Stalden gelegen.
5 Thomas Platter hat seine Autobiographie für seinen Sohn Felix (1536–1614) geschrieben und redet ihn hier an.

GF

3.1.2 Kindliche und jugendliche Erfahrungswelten: Erziehung, Schule und Universität

3.1.2.1 Wie sollen Kleinkinder erzogen werden?

3.1.2.1.1 Der Nachahmungstrieb von Kleinkindern – aus der ‚Ökonomik' des Konrad von Megenberg (1352)

Buch I, 2 Kapitel 13: Das Kind soll nicht nur Vorbildern nacheifern.
Mit sieben Jahren ist das Kind zur Wissensvermittlung und sittlichen Bildung bereit; einem früheren Alter fehlt noch das Verständnis. Daher kann man die erste Altersstufe bis zum siebten Jahr zählen. Sie heißt die Kinderzeit, weil das Kind noch kein Sprachvermögen hat. Das heißt nicht, dass es gar nichts sprechen kann, sondern dass, was es spricht, ein reines Imitieren und Nachsprechen ist und nur mit einem geringen Maß von Verständnis einhergeht. Aus diesem Grund sprechen und handeln die Kinder mehr aus Gewohnheit, weil sie nachahmen wollen, was sie bei den Erwachsenen sehen; so wie jemand einem Gerber beim Zuschneiden des Leders zusieht und nach dessen Weggang das Messer in die Hand nimmt und sich unvorsichtigerweise in die Hand schneidet. So hat auch ein

Lebensphasen und Lebensformen

Kind in der Reichsstadt Nürnberg zur Zeit des römischen Königs Ludwig IV. (des Bayern, 1314–1347) seinem Vater, einem Metzger, beim Schlachten von Lämmern zugesehen und bei passender Gelegenheit ein feststehendes Messer weggenommen und einem anderen Kind, mit dem es spielen wollte, die Kehle durchgeschnitten. „So", sagte es, „schlachtet mein Vater die Lämmer". Daher ist es am sichersten, Kindern alle gefährlichen Instrumente fernzuhalten.

Konrad von Megenberg, Ökonomik (Buch I), in: MGH. Staatsschriften, III, 5, S. 88; übersetzt von Klaus Arnold, Kind und Gesellschaft in Mittelalter und Renaissace. Beiträge und Texte zur Geschichte der Kindheit, (Schriften zur Entwicklung und Erziehung im Kleinkind- und Vorschulalter, Reihe B, 2) Paderborn-München, Ferdinand Schöningh – Martin Lurz, 1980, S. 139.

GF

3.1.2.1.2 Von Märchen, Gespenstern und Strafen – aus einer Erziehungslehre des 15. Jahrhunderts

Der Humanist Maffeo Vegio (1407–1458), der es bis zum päpstlichen Abbreviator (Mitglied der päpstlichen Kanzlei) und zum Kanoniker von St. Peter in Rom brachte, verfasste 1444 den pädagogischen Traktat „Über die Erziehung der Kinder", in dem er seine ganze klassische Bildung zum Ausdruck brachte. Vegio machte sich in seiner Erziehungslehre Gedanken über die Persönlichkeitsentwicklung des Kindes; er wies u. a. darauf hin, dass die kindliche Persönlichkeit durch den rechten Gebrauch der Sprache geformt, aber durch Schrecknisse und übermäßige Strafen nur verformt werde.

Kap. 10: Man soll Kindern keine unschicklichen und albernen Märchen erzählen und ihnen keine unpassenden Namen geben.

Außerdem soll man sich davor hüten, wie schon Plato die Ammen gemahnt hat, den Kindern unschickliche und gehaltlose Märchen zu erzählen; denn wie durch ihre Hände der Körper, so wird durch ihre Worte auch der Geist geformt. Auch sollen die Kinder nicht, wie es allzu häufig geschieht, das Gebrabbel verballhornter Wörter anhören müssen. Man sollte darauf achten, dass nicht, wie dies Frauen nur zu gern tun, dieserart Kosenamen oder Kurzformen von höchst ehrenwerten Namen oder anderes, was sich Frauen auszudenken pflegen, um ihrer Zärtlichkeit Ausdruck zu geben, einreißen; es besteht sonst die Gefahr, dass diese Namen, wie wir häufig genug beobachten konnten, ihnen für ihr ganzes Leben erhalten bleiben. Deshalb und weil ein schicklicher Name viel zur Ehre und Würde der Person beiträgt, möchte ich die Eltern dringend warnen, ihren Kindern unschickliche, fremd klingende oder neumodische Namen und noch viel weniger, wie es häufig geschieht, solche von heidnischen Gottheiten zu geben, um den Anschein zu vermeiden, als ob man damit eine Verachtung unserer Religion ausdrücken wolle.

Kap. 11: Man soll Kindern nicht, um sie zu erschrecken, von Gespenstern oder anderen schrecklichen und bösen Geistern erzählen. Desgleichen soll man die Kinder nicht durch Schauermärchen und Gespenster- und Geistergeschichten erschrecken, die sich Frauen auszudenken pflegen und in törichtem Wahn häufig dann selbst für Ernst nehmen; damit das kindliche Gemüt nicht in grundlose Angst versetzt werde, von der sich oft sogar das reifere Alter nicht loszumachen vermag. (...) Mir ist noch lebhaft in Erinnerung, welch große Angst mir dergleichen Vorstellungen einflößten und dass ich noch in reiferen Jahren alle Mühe aufbieten musste, diese Gespensterfurcht, die sich in frühester Jugend meiner bemächtigt hatte, wieder loszuwerden. Sooft ich mich später mit der Lektüre der klassischen Autoren beschäftigte, bemerkte ich nicht ohne Erstaunen und Erheiterung, dass sich die alten und klassischen Namen, nur durch Änderung einiger Buchstaben bis zur Unkenntlichkeit entstellt, in diesen einfältigen Ammenmärchen erhalten hatten.

Kap. 16: Über Drohungen, Tadel und körperliche Strafen und deren rechtes Maß.
Man soll auch hier das rechte Maß finden, damit die Kinder durch Drohungen oder Tadel nicht allzu sehr geängstigt werden oder an körperlichen Strafen zerbrechen. Leider sind viele Eltern in dem Irrtum befangen, dass Drohungen und Schläge bei einer guten Erziehung ihrer Söhne von großem Nutzen seien. Hingegen wird dadurch kaum etwas anderes erreicht, als dass man ihnen eine Furcht anerzieht, von der sie sich selbst als Erwachsene nur schwer befreien können. Nicht selten sind körperliche Schäden die Folge, woran zuweilen die Frauen die Schuld tragen, wenn sie in aufwallendem Zorn ihre Kinder schlagen, um ihnen das, was ihnen selbst am meisten abgeht, nämlich maßvolle Besonnenheit, beizubringen. (...)
Wir sagen dies nicht in der Absicht, weil wir es für richtig hielten, dass man allen ihren Wünschen die Zügel schießen lassen sollte. Nur zu gut kennen wir die zarte Natur dieses Alters, die so leicht auf Irrwege zu leiten ist und stets mehr Neigung zum Bösen als zum Guten zeigt. Doch sind wir der Meinung, dass eine maßvolle und milde Zucht leichter und mit besserem Erfolg vom Bösen ablenkt und Liebe zur Tugend einpflanzt; doch setzt dies einen gewissen Grad von Klugheit und ein entschiedenes Urteil voraus. Man soll das Wohlverhalten der Kinder bei jeder sich bietenden Gelegenheit loben, noch häufiger aber ihre Fehler übersehen, gelegentlich sanft zurechtweisen und zwischen Lob und Beschämung, zwischen Auszeichnung und Tadel die rechte Mitte finden; und wie es der Augenblick und die Umstände erfordern, zeige man entweder ernste Strenge oder verständnisvollen Humor, erfreue das Kind gelegentlich auch mit einem kleinen Geschenk, in diesem Alter ein vorzügliches Mittel, um es anzuhalten, auf der Bahn des Guten wie begonnen fortzufahren. (...)

Klaus Arnold, Kind und Gesellschaft in Mittelalter und Renaissance. Beiträge und Texte zur Geschichte der Kindheit, (Schriften zur Entwicklung und Erziehung im Kleinkind- und Vorschulalter, Reihe B, Bd. 2) Paderborn–München, Ferdinand Schöningh – Martin Lurz, 1980, S. 155 f.

GF

3.1.2.2 „Mit sieben Jahren ist das Kind zur Wissensvermittlung und sittlichen Bildung bereit" – Lehrer und Schüler

3.1.2.2.1 „Wir Jungen bitten dich, Lehrer, dass du uns richtig Latein reden lehrst" – ein Gespräch zwischen dem Lehrer und seinen Schülern aus dem 10. Jahrhundert

Der englische Benediktiner Aelfric Grammaticus verfasste um 990 für seine Klosterschüler in Winchester oder Cerne bei Dorchester in der seit der Antike beliebten Form der Kolloquien ein Zwiegespräch zwischen Lehrer und Schüler. Es geht darin um die rechte Erziehung der Mönche, der einzigen, die im frühen Mittelalter über das Medium der Schrift verfügten. Und das hieß: sie mussten von Kindesbeinen auf Latein lernen und sich in der Schrift üben. Aelfric erhebt darin auch die Forderung an die Lehrer, ihren Unterrichtsstoff kind- und altersgemäß vorzutragen und nicht zu hart zu strafen. Er vermittelt in dem Gespräch den rechten Tagesablauf eines Novizen, der den kanonischen Stunden folgte. Anfang und Schluss dieses Dialogs sind hier wiedergegeben.

Wir Jungen bitten dich, Lehrer, dass du uns richtig Latein reden lehrst, denn wir sind ungelehrt und reden fehlerhaft. – Worüber wollt ihr denn reden? – Was kümmert es uns, worüber wir reden, wenn es nur eine richtige und nützliche Rede ist, nicht dummes oder schlimmes Zeug. – Wollt ihr beim Unterricht geschlagen werden? – Es ist uns lieber, dass wir geschlagen werden, damit wir etwas lernen, als dass wir nichts können. Aber wir wissen, dass du sanft bist und uns keine Schläge geben willst, außer wenn wir dich dazu zwingen. – Nun frage ich dich, worüber willst du mit mir reden? Was ist deine Arbeit? – Ich bin ein Mönch, der die Gelübde abgelegt hat, und singe jeden Tag die sieben Stundengebete mit den Brüdern und bin mit Lektüre und Gesang beschäftigt; aber zwischendurch möchte ich doch in lateinischer Sprache reden lernen. (…)
(Es folgt ein Dialog über andere Berufe; der Lehrer beschließt ihn:)
Ob du Priester bist oder Mönch, Laie oder Krieger, übe dich darin und sei, was du bist. Denn es ist ein großer Schaden und eine Schande für den Menschen, wenn er nicht sein will, was er ist und was er sein soll. Nun, Jungen, wie gefällt euch dieses Gespräch? – Es gefällt uns schon gut, aber du sprichst sehr tiefgründig und redest über unsere Altersstufe hinweg; sprich doch nach unserer Einsicht mit uns, dass wir verstehen können, was du sagst. – Dann frage ich euch, warum ihr so fleißig lernt. – Weil wir nicht wie die dummen Tiere sein wollen, die nichts kennen als Gras und Wasser. – Und was wollt ihr sein? – Wir wollen weise sein. – In welcher Weisheit? Wollt ihr wetterwendisch sein, tausendfältig im Lügen, schlau im Reden, schlau, verschlagen, schön redend und übel denkend, süßen Worten ergeben und im Innern Arglist nährend, wie ein Grab mit aufgemalter Fassade, innen voller Gestank? – Solche Weise wollen wir nicht sein, denn der ist nicht weise, der sich durch Verstellung selbst betrügt. – Und wie wollt ihr sein? – Wir wollen einfach sein ohne Heuchelei und weise, um das Böse fernzuhalten und das Gute zu tun. Aber du redest auch jetzt noch zu tiefgründig mit uns, als dass unsere Altersstufe es fassen könnte; sprich doch auf unsere Art mit uns, nicht so tiefgründig! – Ich will tun, wie ihr es erbittet. Du, Junge, was hast du heute gemacht? – Viel habe ich getan. Heute nacht, als ich das Zeichen hörte, stand ich vom Bett auf und ging hinaus in die Kirche und sang mit den Brüdern die Nokturn. Danach sangen wir die Litanei von allen Heiligen und das Morgenlob, nachher die Prim und die sieben Psalmen mit den Litaneien und die Frühmesse. Dann die Terz, und wir feierten die Tagesmesse. Nachher sangen wir die Sext und aßen und tranken und schliefen, und wieder standen wir auf und sangen die Non, und jetzt sind wir hier bei dir und bereit zu hören, was du uns sagen willst. – Wann wollt ihr Vesper und Komplet singen? – Wenn es Zeit ist. – Bist du heute geschlagen worden? – Nein, denn ich habe mich vorsichtig verhalten. – Und wie steht es mit deinen Genossen? – Was fragst du das mich? Ich traue mich nicht, dir unsere Geheimnisse zu verraten. Jeder weiß selber, ob er geschlagen wurde oder nicht. – Was isst du den Tag über? – Jetzt esse ich noch Fleisch, weil ich ein Junge bin, der unter der Rute lebt. – Was isst du außerdem? – Kohl und Eier, Fisch und Käse, Butter und Bohnen, überhaupt alles Saubere esse ich und sage Dank dafür. – Da bist du sehr gierig, wenn du alles isst, was dir vorgesetzt wird. – So gefräßig bin ich nicht, dass ich alle Arten von Speisen bei einer einzigen Mahlzeit essen kann. – Aber wie machst du es denn? – Manchmal esse ich von dieser Speise, manchmal von einer anderen, immer mit Maßen, wie es sich für einen Mönch gehört, nicht mit Gefräßigkeit, denn ich bin kein Schlemmer. – Und was trinkst du? – Bier, wenn ich es habe, oder Wasser, wenn ich kein Bier habe. – Trinkst du denn keinen Wein? – So reich bin ich nicht, dass ich mir Wein kaufen kann; Wein ist auch kein Getränk für Jungen und Dumme, sondern für Greise und Weise. – Wo schläfst du? – Im Schlafsaal mit den Brüdern. – Wer weckt dich zur Nokturn? – Manchmal höre ich das Zeichen und stehe auf; manchmal weckt mich mein Lehrer unsanft mit der Rute. –
Nun, ihr tüchtigen Jungen und liebenswerten Schüler, euer Erzieher ermahnt euch: Gehorcht den heiligen Regeln der Zucht und benehmt euch anständig an jedem Ort! Geht gutwillig hin, wenn ihr die Kirchenglocken hört, und zieht hinein zum Beten; verbeugt euch demütig vor den heiligen Altären und stellt euch ordentlich auf; singt einträchtig miteinander und betet für eure Fehler; zieht dann ohne Unfug wieder hinaus zum Kloster oder zur Schule!

George Norman Garmonsway (Bearb.), Aelfric: Colloquium, London, Methuen, 1939, S. 18 f. u. 41–49; übersetzt von Arno Borst, Lebensformen im Mittelalter, 4. Aufl., Frankfurt a.M.-Berlin, Propyläen, 1987, S. 564 f.

GF

3.1.2.2.2 Schülerleben – Johannes Butzbach ‚Odeporicon' (1506)

Im 14. und 15. Jahrhundert stieg das Bedürfnis auch nach literarischer Bildung. Gefragt war freilich nicht so sehr die lateinisch geprägte klerikale Bildung, sondern die Vermittlung von praktischen Fertigkeiten im Schreiben, Lesen und Rechnen. Das städtische Bürgertum schickte zunehmend seine Söhne in die Schulen. Die Autobiografie des Benediktiners und Priors in Maria Laach Johannes Butzbach (1478–1516) zeigt beispielhaft, wie es in der Schule seiner Heimatstadt Miltenberg zuging. Der Besuch dieser Elementarschule, in der auch die Grundlagen des Lateinischen vermittelt wurden, stand am Anfang seines harten und mit vielen Umwegen behafteten Bildungsganges.

Als ich schon sechs Jahre alt war, ließ sie (die Tante¹) mich die Schule (in Miltenberg) besuchen, damit ich die Grundzüge der Bildung erlernen konnte, obwohl ich bis dahin noch kaum die deutschen Wörter richtig auszusprechen vermochte. Denn sie hielt es für klug – sie war eine kluge Frau –, den Rat jenes Dichters zu befolgen, den sie vielleicht irgendwann einmal vernommen hatte, der da sagt: „Wenn du klug bist, Jüngling, so lerne in der frühesten Jugend; morgen ist es schon zu spät; heute musst du lernen, mein Kind!" (…)
Um also die Formen der Buchstaben zu lernen und um mich von den Lastern fernzuhalten, die zu Hause aus der Muße entstehen können, wurde ich von ihr der Schule übergeben. Das war um die Fastenzeit, d. h. am Tage des heiligen Gregorius, an welchem nach alter Sitte die Kinder zur Schule geschickt werden. Die Liebe zur Schule machte mir die fromme Frau anfangs freundlicherweise mit Bretzeln schmackhaft – nach den Worten von Horaz: „(…) den Kindern geben die freundlichen Lehrer Bretzeln, damit sie die ersten Anfangsgründe erlernen wollen". Dann aber, als die Bretzeln, Feigen, Rosinen und Mandeln mit der Fastenzeit vorbei waren, mit welchen man in jenen Tagen eine neue Anpflanzung von Schülern zu hegen pflegte, bis dieses Anlocken die Gewöhnung an den Schulbesuch ein wenig übernommen hat, schien auch ihr mein Lerneifer erschöpft zu sein; so hielt sie es für angebracht, mich nicht mehr mit Belohnungen, sondern mit Drohungen zu nähren. Und nun – wehe mir! Sie zögerte nämlich nicht, mich mit harten Ruten gewaltsam zum Schulbesuch zu zwingen, obwohl sie mich doch bisher nur mit Süßigkeiten und Zückerchen dazu angeregt hatte.
Als sie mich bald vier Jahre lang liebevoll und zärtlich mit größter Sorgfalt als Schüler betreut hatte, wurde sie krank. Es gefiel dem Herrn so, und sie verstarb. O weh – wie groß war damals die Trauer aller Freunde und aller Nachbarn! Oh, wie klagten auch die armen Witwen und Waisenkinder, denen sie von ihrem Vermögen täglich eine großzügige Schenkung zu machen gepflegt hatte! Denn sie hatte Reichtümer im Überfluss, sodass nur wenige – die sie nicht richtig kannten – glaubten, sie stamme aus unserer so wirklich niedrigen Familie. Denn mit Gottes allwissendem Einverständnis hatte sie (…) als Fremde einen der reichsten Männer der ganzen Stadt geheiratet. Solange sie lebte, schien es, als ob diese Güter sich von Tag zu Tag über alle Maßen vermehren würden; man glaubte, sie würden nicht so sehr aus dem Erwerb seines Handwerkes – er war ein Gerber – stammen, als vielmehr aus dem fleißigen Haushalt seiner Gattin und dem Verdienst ihres Lebenswandels. (…)
Nach dem Tode nun meiner Amme seligen Angedenkens wurde ich wieder ins Haus meiner eigenen Eltern gebracht, von denen ich aber ebenso gezwungen wurde, den begonnenen Schulbesuch fortzusetzen. Denn ich muss es gestehen: in meiner kindlichen Dummheit hatte ich mich beim Tode meiner Tante nicht wenig damit getröstet, dass ich glaubte, ich sei nunmehr vom Schulbesuch befreit.
Aber als ich nun gleich wie vorher gegen meinen Willen zum begonnenen Studium gezwungen wurde, begann ich oftmals zu schwänzen, indem ich mich beim Flusse Main in einem Boot versteckte; da wartete ich im Verborgenen, bis die Schüler aus der Schule kamen; dann schlich ich mich vorsichtig und ängstlich nach Hause. Als ich dann aber vom Lehrer, den ich über alles fürchtete, wegen meiner Abwesenheit ausgefragt wurde, pflegte ich notgedrungen zu sagen, ich sei auf Geheiß der Eltern zu Hause zurückbehalten worden und hätte dieses oder jenes getan. Aber als ich an einem Freitag (…) wieder nach dem Grunde meines Fehlens befragt wurde, gab ich wegen meiner allzu großen Angst vor Strafe unüberlegterweise zur Antwort, ich hätte den Braten auf dem Herd gedreht; und als ich vielleicht sonst noch irgend eine an jenem Tage ungewöhnliche Arbeit hinzufügte, um mich zu entschuldigen, da musste ich die Strafe, die ich schon lange verdient hatte, endlich auch auf mich nehmen. Denn ich hatte unvorsichtigerweise nicht daran gedacht, welcher Tag es damals war. Durch diese sonnenklare Lüge war ich überführt; was für eine Strafe ich dafür erhielt, das vermochten die Striemen noch tagelang zu bezeugen.
Da war ich nun ein wenig klüger geworden (…) Aber nicht viel später – ich hatte die vergangene Strafe schon vergessen –, als ich eines Abends wiederum nicht aus der Schule, sondern wie gewohnt aus dem Schiff nach Hause kam, da sagte ich meinen Eltern nicht die Lateinwörter dieses selben Tages auf. Sie begannen mich des Schwänzens zu bezichtigen und des Lügens zu beschuldigen, denn sie überführten mich, dass ich ihnen vor wenigen Tagen dieselben Wörter aufgesagt hatte.
Am nächsten Morgen schleppte mich meine Mutter zur Schule. Als wir hier eintrafen, sagte die Mutter (…) „So, da wäre also unser missratenes Söhnchen, das so ungerne zur Schule geht! Ihr sollt ihn mal für sein Schwänzen so richtig bestrafen, wie sich das so gehört!"
Sie sagte dies natürlich im Unwissen darüber, wie mir scheint, was sie damit sagte. Der Locatus – so pflegten wir ihn zu nennen – packte mich in einem Wutanfall und ließ mich auskleiden und sogleich an einer Säule festbinden. Grausam und unbarmherzig – denn er war ein roher Kerl – ließ er mich mit den härtesten Ruten auspeitschen, indem er selbst kräftig mitmachte. Aber meine Mutter, die sich noch nicht weit von der Schule entfernt hatte, hörte mein Geschrei und jämmerliches Geheul. Auf der Stelle kehrte sie um und vor der

Türe stehend schrie sie mit furchterregender Stimme, dass dieser Schlächter und Scharfrichter mit dem Prügeln aufhören solle. Der aber überhörte diese Einwendung wie ein Tauber und strengte sich stattdessen an, noch heftiger zuzuschlagen, während alle andern ein Lied singen mussten. Als er nun nicht im entferntesten aufhörte, gegen mich zu wüten, brach meine Mutter mit Gewalt durch die Türe ein. Sowie sie mich aber an die Säule gefesselt und den schrecklichen Schlägen so hilflos ausgesetzt sah und wie sie meinen blutüberströmten Körper wahrnahm, da brach sie ohnmächtig zusammen und stürzte zu Boden; beinahe wäre sie an der Ohnmacht gestorben.

Als sie von den Schülern vom Boden aufgehoben wurde und ihre Kräfte wieder ein wenig gefasst hatte, ging sie mit scheußlichen Flüchen auf den Lehrer los, indem sie sich eidlich verpflichtete, dass ich diese Schule nicht mehr betreten müsse, und dass sie sich beim Rat mit einer Einklage beschweren wollte, sodass der Lehrer es nie mehr wagen würde, in dieser Schule auch nur leicht Hand an irgendeines der Bürgerskinder zu legen. Und so geschah es. Denn bald darauf, noch am gleichen Tage, als die Kunde davon den Stadtrat erreicht hatte, wurde der Lehrer aus der Schule entlassen; so wurde aus dem Erfurter Baccalarius ein Miltenberger Polizist, auf deutsch „ein Stadtknecht oder ein Büttel". Denn es war ja nur recht, dass einer, der seine Grausamkeit gegenüber den Kindern nicht zu mäßigen vermochte, diese gegen Übeltäter und aufrührerische Menschen ausüben sollte[2]. Und obwohl ich gerechterweise gegen ihn wütend sein müsste, habe ich ihm doch vor langer Zeit, als ich in meiner Heimatstadt war, und als er mich ehrfürchtig um Vergebung bat, in der andächtigen Erinnerung an die Auspeitschung unseres Herrn Jesus Christus vollends verziehen.

Andreas Beriger (Bearb.), Johannes Butzbach. Odeporicon. Eine Autobiografie aus dem Jahre 1506, Weinheim, VCH, 1991, S. 135, 141, 145, 147 u. 149.

1 Johannes Butzbach wurde im Alter von neun Monaten, als die Mutter wieder schwanger geworden war, in den Haushalt einer Tante gegeben, die keine Kinder bekommen konnte und den kleinen Johannes an Sohnes statt annahm.
2 Strafen und Prügelszenen wurden in nahezu allen Autobiographien festgehalten. Die Reaktionen des Miltenberger Rates, auch die Schulordnungen zeigen aber, daß bei Strafen der Grundsatz der Mäßigung und Angemessenheit zu gelten hatte.

AC/GF

3.1.2.2.3 Auf der Wanderschaft nach Bildung – Burkhard Zink

Im Mittelalter wurde nur die Elementarausbildung am Heimatort vollzogen. Zur Komplettierung des Wissens und der Fertigkeiten schickte man die zwölf- bis vierzehnjährigen Jungen in die Fremde: die Kaufleute gaben ihre Söhne zur Ausbildung in die Kontore der Geschäftspartner in benachbarten, auch in entfernteren Städten – die Nürnberger und Augsburger Kaufmannssöhne beispielsweise gingen nach Venedig oder Lyon –, diejenigen, die für den Klerikerstand bestimmt waren, wurden als Scholaren in ähnlicher Weise wie die Handwerksgesellen auf Wanderschaft durch die städtischen Lateinschulen geschickt. Besorgtere Eltern brachten ihren Sohn direkt in der Schule einer Nachbarstadt unter.

Burkhard Zink (1396–1475/76) erzählt in seiner Autobiografie von seiner Situation als fahrender Schüler. Nach dem Abbruch seiner Handwerkslehre, die er erst spät im Alter von 18 Jahren begonnen hatte, wollte Zink wieder zur Schule gehen. Die Verwandten sahen dies gerne, denn sie wollten einen Kleriker aus ihm machen. Wie viele seiner Scholarengesellen war Zink dabei mehr mit der Sicherung seines Unterhalts als mit den Studien beschäftigt.

Ferner also machte ich mich auf und nahm mein Schulbuch und bat meine Schwester und ihren Mann um eine Wegzehrung: Sie gaben mir 6 Schilling Heller und nicht mehr. Mit diesem Geld ging ich an demselben Tag nach Waldsee[1]. Dort übernachtete ich in einem Spital, denn ich hatte nicht viel Geld. Folgendes ist zu merken: als ich von dem Kürschner gekommen war, da mussten ihm meine Verwandten 7 Pfund Heller geben, die man ihm für meine Lehrzeit versprochen hatte. Als ich in Waldsee in dem Spital übernachtet hatte, da stand ich früh am Morgen auf und lief nach Biberach hin. Da kam ich sofort zu einem ehrbaren Mann (der war reich und war Schuster gewesen, trieb sein Handwerk aber jetzt nicht mehr), der wollte mich um Gottes Lohn ein Jahr oder länger bei sich behalten. Und er wollte auch, dass ich zur Schule ginge. Doch ich sollte mir mein Brot selber verdienen. Also ging ich dort etwa 14 Tage in die Schule und schämte mich zu betteln. Wenn ich von der Schule kam, kaufte ich ein Laib Brot für 1 Pfennig und schnitt es in kleine Stücke. Wenn ich dann heim kam, so fragte mich mein Herr, ob ich in der Stadt gewesen sei, um mein Brot zu erbetteln. Ich antwortete: „Ja". Da sprach er dann zu mir: „Man gibt hier sehr gern armen Schülern etwas." (Das tat ich,) bis ich keinen Pfennig mehr hatte. Ich wollte aber niemals betteln. Da sagte mir ein Schüler, dass eine gute Schule in Ehingen[2] sei. Wenn ich mit ihm ziehen wolle, könne ich es tun. Also ging ich mit ihm nach Ehingen. Da waren viele Studenten, die bettelten alle in der Stadt um Brot. Als ich das sah, dass die alten und die großen Schüler um Brot sangen und bettelten, da lief ich mit ihnen und hatte Erfolg: Ich konnte genug für vier zusammenbetteln und schämte mich fortan nicht mehr und gewann so viel, dass ich genug zu essen hatte.

Als ich nun in Ehingen war und dort etwa ein halbes Jahr zur Schule gegangen war, da kam ein älterer Scholar zu mir und fragte, ob ich nicht mit ihm nach Balingen[3] ziehen wollte, da wäre eine gute Schule[4]. Dort wollte er mir zu einer guten Stellung verhelfen, für die ich Lohn bekommen würde; er wollte mir helfen und mich beraten. Aufgrund seiner guten Worte brach ich mit ihm auf, und wir zogen nach Balingen. Das ist eine kleine Stadt, die liegt eine Meile von der Burg Hohenzollern entfernt. Und als wir nun nach Balingen kamen, da blieben wir etwa ein Jahr dort. Ich ging dort zur Schule, mein Geselle aber verließ mich und gab mir weder Hilfe noch Rat. Also kam ich dort zu einem armen Mann, einem Schmied, namens Spilbentz. Bei dem lebte ich eine Zeit lang und führte ihm einen Knaben in die Schule. Danach kam ich zu ei-

nem Logierwirt, der mir die ganze Kost gab, sodass ich des Bettelns nicht bedurfte. Danach zog ich weg und ging nach Ulm. Da blieb ich ein ganzes Jahr und
55 wohnte bei einem Pfeifer, war der Stadtpfeifer, genannt Hänslein von Biberach, der war gut zu mir. Ich führte ihm den Knaben in die Schule; der ist seither auch Pfeifer geworden. Ich erbettelte das Brot.
Danach, im Jahre 1415[5], kam ich von Ulm wieder
60 nach Memmingen. Dort hätte es mein Schwager gern gesehen, dass ich mich gleich wieder davon machte, und er überredete mich, dass ich nach Augsburg gehen sollte, um die Weihe als Akolythen[6] zu empfangen. Doch ich blieb zunächst ein wenig in Memmin-
65 gen. Dann ging ich in die Stadt Augsburg und kam von Stund an zu einem Krämer, genannt Ulrich Schön. Der war damals ein reicher und umtriebiger Krämer. Gleichwohl ist er seither viele Jahre schon in geschäftlichen Schwierigkeiten und in Armut geraten.
70 Bei dem war ich ein Jahr und ließ die Schule ganz und gar sein. Einmal, zu Fastnacht, ritt ich mit dem Pferd über einen Knaben in der Nähe der Kirche St. Georg, bekam es mit der Angst vor der Verwandtschaft des Kindes zu tun, musste von hier weichen und kam
75 nach Nürnberg. Mit dem Krämer war ich überall auf die Märkte nach Bayern und anderswo hingezogen.
Als ich also nach Nürnberg kam, da war ich drei Jahre bei einem reichen Mann, der hieß Cuntz Beham, der war ein alter ehrbarer, guter Mann. Er wohnte am
80 Markt an einer Ecke bei unserer lieben Frauenkapelle am Salzberg[7] und hielt Eisenwaren feil. Und er war mit der Tochter eines ehrbaren Mannes verheiratet, der hieß der Schultheiß von Bernhaim und wohnte direkt hinter den Predigern[8] am Heumarkt. Er war ein
85 reicher Mann und betrieb einen Weinausschank.
Und danach zog ich nach Bamberg. Da kam ich zu einem, der hieß Johannes Frank im Bach. Der war Procurator[9] am Geistlichen Gericht und hatte dazu ein Wirtshaus. Bei dem war ich ein halbes Jahr und zog
90 danach nach Würzburg. (…)

Die Chronik des Burkard Zink, in: Die Chroniken der schwäbischen Städte. Augsburg, Bd. 2 (Die Chroniken der deutschen Städte, 5), Leipzig, Hirzel, 1866 (ND Göttingen, Vandenhoeck & Ruprecht, 1965), S. 125–128.

1 s. Biberach.
2 sw. Ulm.
3 nö. Rottweil.
4 Zink war von dem Schmied als Hilfs- und Hauslehrer für den Sohn angestellt worden.
5 Die Chronologie Zinks ist hier nicht eindeutig.
6 Der vierte Grad der Niederen Weihen zum Kleriker.
7 Unbekannte Ortsbezeichnung in Nürnberg; vielleicht ist der Salzmarkt gemeint vom Hauptmarkt Richtung der Pfarrkirche St. Sebald.
8 Dominikanerkloster.
9 Rechtsanwalt.

AC/GF

3.1.2.2.4 Streben nach der Kaufmannschaft – Lucas Rem und sein unehelicher Sohn

Der Augsburger Kaufmann Lucas Rem (1494–1541), der aus einem der angesehensten und wohlhabendsten Geschlechter der Reichsstadt stammte, ging nach langen Jahren auf Handelsreisen in ganz Europa und Nordafrika erst 1518 mit 37 Jahren eine Ehe ein. Vorher hatte ihm eine in Antwerpen ansässige Frau fünf uneheliche Kinder geboren. Rem sorgte sich, wie sein Tagebuch lehrt, um die illegitimen Kinder. Besonderen Kummer bereitete dem Vater einer der Söhne, der am 4. August 1514 geborene Jacob. Die Mutter hatte ihn angeblich durch große Nachgiebigkeit verdorben. Rem hat den 14-jährigen Buben, der in Köln und Frankfurt auftauchte, zu sich nach Augsburg geholt. Der Vater brachte ihn dann bei verschiedenen Handelspartnern und Lehrmeistern unter, um ihm das Geschäft des Kaufmanns beibringen zu lassen. Lucas Rem vertraute dieses Ringen um die rechte Erziehung Jacobs seinen Denkwürdigkeiten in der typisch rechnerischen Manier der Kaufleute seiner Zeit an. Zum Schluss zog er die Bilanz.

Nach vielen unrechten und bösen Dingen und jammervollen verdorbenen Erziehungsversuchen, die die Mutter an ihm verbrochen hat, wurde er ihr genommen und nach Köln und Frankfurt zu Pferd geschickt. Er kam her (nach Augsburg) am 15. April 1528. Ich be- 5
hielt ihn bis zum 17. August. Danach gab ich ihn zu Herrn Hans Schmid in die Kost bis zum 17. März 1530. Da habe ich ihn nach Ulm zu Magister Lambrecht Bongartner in die Kost und zur Lehre gegeben. Am 21. September kam er wieder her und am 14. Ok- 10
tober 1530 habe ich ihn zu Jerg Uttinger nach Venedig geschickt. Der hat ihn auf viele und gute Bitten behalten bis zum 3. Oktober 1531. Da hat ihn mein Schwager Jörg nach Treviso (bei Venedig) geführt und zu einem guten Handelsherrn getan. Da blieb er nicht 15
lange. In kurzer Zeit hat er sich selbst hin- und herverdingt, 10 oder 12 Dienstherren dort gehabt, wie mir hinterbracht wurde. Am 6. August 1532 hat ihn Bastian Polner wieder mit nach Venedig genommen, um ihn vor dem gänzlichen Verderben zu bewahren. 20
Er hat ihn für zwei Monate bei dem berühmtesten Schulmeister in die Kost gegeben, um ihm Rechnen und Buchhalten beibringen zu lassen. Habe ihm jedem Monat 5 Dukaten dafür bezahlt.
Am 9. Februar 1533 haben sie ihn mir mit dem regel- 25
mäßig verkehrenden Augsburger Boten hergesandt, angekommen freilich ist er erst am 11. März. Am 19. März schickte ich ihn nach Ulm, Mainz und weiter hinunter. Erst am 25. April ist er bei Anton von Bomberga (in Antwerpen) angekommen, frech und köst- 30
lich gekleidet, und hat gleich zu Beginn auf sein Reden und Fragen hin trotzigen, stolzen, unwahrhaften Bescheid und Antwort gegeben. Als das Anton von Bomberga sah – weder zur Änderung noch zur Besserung bestand Hoffnung –, hat er ihm nicht getraut und 35
keinen Glauben geschenkt und ihn nicht in sein Haus aufnehmen wollen. Aber mir hat er es in aller Breite geschrieben.
Im Hinblick darauf, dass er sich immer und ständig an allen Orten so trotzig, stolz, unverträglich, ungehorsam 40

und sehr übel benommen hat und nicht wahrhaftig, sondern verschwenderisch und böse gewesen und noch ist, habe ich befohlen, dass man ihm auf meine Kosten dazu verhelfe, ein Handwerk zu lernen. Man solle ihm freie Wahl geben, zu welchem er mehr Willen habe. Also hat er sich das Kistler- oder Schreinerhandwerk vor allen anderen ausgesucht. Dafür haben ihn meine Faktoren[1] in Antwerpen am 1. September 1533 zu einem guten Meister verholfen. Bei dem hat er sich halsstarrig, trotzig, einfach aufs Übelste benommen. Am Ende des Juni 1534 ist er weggelaufen, war bockig, stolz, eigenwillig, wollte nicht mehr zu ihm, habe doch noch den Großteil des Lehrgeld zahlen müssen. Insgesamt: er hat sich immer und zu jeder Zeit aufs Übelste in aller Ungehorsamkeit benommen, und mich, seit er seiner Mutter genommen oder entwendet worden war, über 260 Gulden gekostet. Deshalb schlage ich das Kreuz über ihn und befehle ihn Gott.

Benedikt Greiff (Bearb.), Tagebuch des Lucas Rem aus den Jahren 1494–1541. Ein Beitrag zur Handelsgeschichte der Stadt Augsburg, Augsburg, J. N. Hartmann, 1861, S. 64 f.

1 Handelsgehilfen, Leiter einer Handelsniederlassung.

GF

3.1.2.2.5 Eine behütete Schulzeit im Hause – Johann Wolfgang Goethes ‚Dichtung und Wahrheit'

Der 1749 in Frankfurt geborene Johann Wolfgang Goethe erinnert sich an seinen Elementarunterricht. Goethe ging freilich nicht zur Schule. Er wurde wie viele Kinder der Wohlhabenderen zu Hause erzogen, und zwar nicht von einem Hauslehrer, sondern vielmehr im wesentlichen vom Vater selbst.

Solche Vorfälle, wie störend sie auch im ganzen waren, unterbrachen doch nur wenig den Gang und die Folge des Unterrichts, den der Vater selbst uns Kindern zu geben sich einmal vorgenommen. Er hatte seine Jugend auf dem Coburger Gymnasium zugebracht, welches unter den deutschen Lehranstalten eine der ersten Stellen einnahm. Er hatte daselbst einen guten Grund in den Sprachen und was man sonst zu einer gelehrten Erziehung rechnete, gelegt, nachher in Leipzig sich der Rechtswissenschaft beflissen, und zuletzt in Gießen promoviert. (…)
Es ist ein frommer Wunsch aller Väter, das, was ihnen selbst abgegangen, an den Söhnen realisiert zu sehen, so ohngefähr als wenn man zum zweitenmal lebte und die Erfahrungen des ersten Lebenslaufes nun erst recht nutzen wollte. Im Gefühl seiner Kenntnisse, in Gewissheit einer treuen Ausdauer, und im Misstrauen gegen die damaligen Lehrer, nahm der Vater sich vor, seine Kinder selbst zu unterrichten, und nur so viel als es nötig schien, einzelne Stunden durch eigentliche Lehrmeister zu besetzen. Ein pädagogischer Dilettantismus fing sich überhaupt schon zu zeigen an. Die Pedanterie und Trübsinnigkeit der an öffentlichen Schulen angestellten Lehrer mochte wohl die erste Veranlassung dazu geben. Man suchte nach etwas Besserem, und vergaß, wie mangelhaft aller Unterricht sein muss, der nicht durch Leute vom Metier erteilt wird.
Meinem Vater war sein eigner Lebensgang bis dahin ziemlich nach Wunsch gelungen; ich sollte denselben Weg gehen, aber bequemer und weiter. Er schätzte meine angeborenen Gaben um so mehr als sie ihm mangelten; denn er hatte alles nur durch unsäglichen Fleiß, Anhaltsamkeit und Wiederholung erworben. Er versicherte mir öfters, früher und später, im Ernst und Scherz, dass er mit meinen Anlagen sich ganz anders würde benommen, und nicht so liederlich damit würde gewirtschaftet haben.
Durch schnelles Ergreifen, Verarbeiten und Festhalten entwuchs ich sehr bald dem Unterricht, den mir mein Vater und die übrigen Lehrmeister geben konnten, ohne dass ich doch in irgend etwas begründet gewesen wäre. Die Grammatik missfiel mir, weil ich sie nur als ein willkürliches Gesetz ansah; die Regeln schienen mir lächerlich, weil sie durch so viele Ausnahmen aufgehoben wurden, die ich alle wieder besonders lernen sollte. Und wäre nicht der gereimte angehende Lateiner[1] gewesen, so hätte es schlimm mit mir ausgesehen; doch diesen trommelte und sang ich mir gern vor. So hatten wir auch eine Geographie in solchen Gedächtnisversen, wo uns die abgeschmacktesten Reime das zu Behaltende am besten einprägten, z. B.: Oberyssel; viel Morast / Macht das gute Land verhasst. Die Sprachformen und Wendungen fasste ich leicht; so auch entwickelte ich mir schnell, was in dem Begriff einer Sache lag. In rhetorischen Dingen (…) tat es mir niemand zuvor, ob ich schon wegen Sprachfehler oft hintanstehen musste. Solche Aufsätze waren es jedoch, die meinem Vater besondre Freude machten, und wegen deren er mich mit manchem für einen Knaben bedeutenden Geldgeschenk belohnte.
Mein Vater lehrte die Schwester in demselben Zimmer Italienisch, wo ich den Cellarius[2] auswendig zu lernen hatte. Indem ich nun mit meinem Pensum bald fertig war und doch still sitzen sollte, horchte ich über das Buch weg und fasste das Italienische, das mir als eine lustige Abweichung des Lateinischen auffiel, sehr behände.
Andere Frühzeitigkeiten in Absicht auf Gedächtnis und Kombination hatte ich mit jenen Kindern gemein, die dadurch einen frühen Ruf erlangt haben. Deshalb konnte mein Vater kaum erwarten, bis ich auf Akademie gehen würde. Sehr bald erklärte er, dass ich in Leipzig, für welches er eine große Vorliebe behalten, gleichfalls Jura studieren, alsdann noch eine andre Universität besuchen, und promovieren sollte. Was diese zweite betraf, war es ihm gleichgültig, welche ich wählen würde; nur gegen Göttingen hatte er, ich weiß nicht warum, einige Abneigung, zu meinem Leidwesen: denn ich hatte gerade auf diese viel Zutrauen und große Hoffnungen gesetzt. (…)
Privatstunden, welche sich nach und nach vermehrten, teilte ich mit Nachbarskindern. Dieser gemeinsame Unterricht förderte mich nicht; die Lehrer gingen ihren Schlendrian, und die Unarten, ja manchmal die Bösartigkeiten meiner Gesellen, brachten Unruh, Verdruss und Störung in die kärglichen Lehrstunden.

Erich Trunz (Bearb.), Goethes Werke. Hamburger Ausgabe, Bd. IX: Autobiographische Schriften, Bd. 1, 7. Aufl., München, C. H. Beck, 1974, S. 31–34.

1 Johann Gottfried Gross, ‚Der angehende Lateiner', Halle 1747.
2 Ein 1755 erschienenes Lehrbuch des Lateinischen.

GF

Lebensphasen und Lebensformen

3.1.2.2.5 Erziehung des jungen Siegfried von Lindenberg (1783/84).

Daniel Chodowiecki, Erziehung des jungen Siegfried von Lindenberg (1783/84), in: Jürgen Schlumbohm, Kinderstuben. Wie Kinder zu Bauern, Bürgern, Aristokraten wurden, 1700–1850, München, dtv, 1983, S. 161.

3.1.2.3 Ordnung – Regeln: Erziehungsinstruktionen

3.1.2.3.1 Eine protestantische Schulordnung aus der Kurpfalz (1556)

Schulordnungen wie dieses von Kurfürst Ottheinrich von der Pfalz 1556 erlassene Statut hatten ihr Vorbild in Philipp Melanchthons 1528 veröffentlichter Unterweisung für das Kurfürstentum Sachsen. Die reformierten Fürstentümer des 16. Jahrhunderts unterstellten damit die Qualifikation der Lehrer, die Organisation des Ausbildungssystems und die Lehrinhalte ihrer obrigkeitlichen Kontrolle.

Von den lateinischen Schulen
Es ist bei jedermanns Recht und gesunden Verstand ersichtlich, dass die Schulen nicht allein zur Lehre der guten, nützlichen Wissenschaften, sondern auch zum Erhalten der nötigen Ämter in Kirchen, in Regimenten und auch in der Haushaltung dienstlich, nützlich und nötig sind.
Und wiewohl das Elementarwissen, das man den jungen Kindern in der Schule gibt, für eitles Kinderwerk gehalten werden könnte, so kann doch niemand zu den rechten, hohen, notwendigen und nützlichen Wissenschaften ohne das Grundwissen der Kinder kommen. Und ist das Fundament nicht richtig gelegt worden, kann niemals ein gutes Gebäude daraufgesetzt werden. Hierauf erfordert die Notwendigkeit, dass die Kinderschule mit ehrbaren, gottesfürchtigen und fleißigen Schulmeistern bestückt wird. Und danach, wenn ein Schulmeister berufen wird oder seinen Dienst selbst anbietet, soll er zuvor erschöpfende Auskunft über sein Wesen und Leben geben. Darauf soll er von den Verordneten geprüft werden, ob er für das Amt tauglich und geeignet sei und insbesondere ob er ein guter Grammatiker sei.
Wenn er jetzt für den Dienst in der Schule für tauglich erkannt wird, sollen ihm folgende Artikel bekannt gemacht werden:
1. Dass er die Schule, wie ihm befohlen wurde, nach der vorgeschriebenen Schulordnung (die auch ihm sobald wie möglich übergeben oder ihm zum Abschreiben zugestellt werden soll) mit allem Fleiß einrichten und anwenden soll. (…)
3. Dass er mit den Schülern, sobald sie schon etwas älter sind, Latein rede und sie auch daran gewöhne, Latein zu sprechen.
4. Dass er mit einem züchtigen, ehrbaren und bescheidenen Leben den Schülern ein gutes Beispiel vorlebe.
5. Dass er die Jungen, die er wegen ihrer Faulheit und wegen ihrer Boshaftigkeit zu strafen müssen meint, nicht aus Zorn, mit Poltern, sondern gebührend mit Worten oder der Rute strafe.
6. Dass er in der Kirche keinen anderen Gesang oder Psalm singen lasse, als ihm von dem Superintendanten oder Pfarrer befohlen wurde.
7. Dass er seine Treue schwöre an Eides statt, dem durchlauchtigsten Herrn Ottheinrich, dem Pfalzgrafen etc., als ein getreuer Untertan gehorsam zu sein und seiner kurfürstlichen Gnade, auch den Nutzen des Landes mit allem Fleiß zu fördern und Schaden nach seinem Vermögen abwenden und verhüten möge. (…)

Ordnung der Schulen
Zuerst sollen die Kinder ordentlich in drei oder vier Gruppen nach Stand der Dinge geteilt werden.
Die erste Gruppe sind die Jüngsten, die anfangen, die Buchstaben zu lernen und lesen zu lernen. Die sollen zuerst die gewöhnlichen Handbüchlein lernen, in denen das Alphabet, das Vaterunser, das Glaubensbekenntnis und die Zehn Gebote zusammen abgedruckt sind, und es sollen am Anfang den Kindern keine anderen Bücher gegeben werden. Danach soll man ihnen den Donat[1] und Cato[2] zusammen vorgeben, sodass der Schulmeister täglich einen oder zwei Verse vorstellt, welche die Kinder danach zu einer anderen

Stunde aufsagen, damit sie so anfangen, etliche lateinische Wörter zu kennen und sich einen Wortschatz zu erarbeiten, um die lateinische Sprache zu sprechen. Außerdem ist es nützlich, dass sie den Donat und Cato nicht nur einmal lesen, sondern zweimal.
Dabei soll man sie schreiben lehren und ernsthaft dazu anhalten, dass sie täglich ihre Schrift dem Schulmeister zeigen.
Damit sie umso mehr lateinische Wörter lernen, soll man ihnen täglich am Abend zwei lateinische Wörter zu lernen geben, die sie behalten und morgens dem Schulmeister aufsagen sollen. Und man soll sie diese in besondere Büchlein schreiben lassen, und zwar wie folgt: Deus – Gott, caelum – Himmel.
Diese Kinder sollen auch zur Musik angehalten werden und mit den anderen singen, wie später erklärt wird.
Die zweite Gruppe besteht aus Kindern, die schon lesen können und die Regeln der Grammatik anfangen zu lernen.
Täglich soll man in der ersten Stunde des Nachmittags alle Jungen in der Musik üben. Hiernach soll man der Gruppe, die lesen kann, welche man die ‚secunda classis' (2. Klasse) nennt, die zwei Tage Montag und Dienstag Fabeln des Aesop vortragen lassen, welche Joachimus Camerarius[3] ins Lateinische übersetzt hat. Und daraus soll der Schulmeister nach Wissensstand der Knaben auswählen, was er will. Er mag auch etliche, liebliche Gespräche des Erasmus[4] lesen und das Büchlein des Erasmus: ‚De civilitate morum'[5], auch das Büchlein von Joachim Camerarius, dessen Titel ‚Praecepta morum' lautet[6]. Aber der Aesopus soll nicht ganz aus dem Schulstoff wegfallen.
Am Donnerstag und Freitag soll man dieser Gruppe den Terenz[7] vortragen. Den sollen die Jungen Wort für Wort auswendig lernen. Deshalb soll man nicht zu viel auf einmal aufgeben.
Am Abend soll man diesen Jungen, wenn sie nach Hause gehen, einen nützlichen Spruch anschreiben und erklären, den sie auch sofort in ein besonderes Büchlein schreiben und zuhause lernen und bedenken sollen, damit sie ihn morgens aufsagen, wie z. B. „Furcht vor dem Herrn ist der Beginn der Weisheit" (Ps. 111,10) oder: „Die schönste Art in allen Dingen ist die Tapferkeit" und dergleichen. (…)
(Im folgenden werden weitere Empfehlungen gegeben, was die Kinder lernen sollen.)
Für das alles ist es nötig, dass der Schulmeister selbst ein gewissenhafter Grammatiker sei. Denn, was jemand selbst nicht gelernt hat, dazu hat er keine Lust und hält die Jugend nicht dazu an. Er soll auch selbst mit den Schülern lateinisch reden und die Schüler dazu anhalten, dass sie untereinander lateinisch sprechen.
Jede Woche sollen die Knaben aus der dritten Gruppe am Sonnabend lateinische Schriften dem Schulmeister übergeben, Briefe, Geschichten oder Verse. Und der Schulmeister soll den Knaben auf Deutsch etliche schöne Geschichten diktieren, die sie hernach in der Woche in Latein übersetzen sollen (…). Und wenn die Jungen ihre Schriften übergeben haben, soll ihnen der Schulmeister anzeigen, wo sie Fehler gemacht haben, und die fehlerhaften Wörter und Satzkonstruktionen verbessern. (…)

Bernd Roeck, Gegenreformation und Dreißigjähriger Krieg 1555–1648 (Deutsche Geschichte in Quellen und Darstellungen, 4), Nr. 28, Stuttgart, Philipp Reclam jun. Verlag, 1996, S. 39–47.

1 Aelius Donatus, römischer Grammatiklehrer des 4. Jahrhunderts nach Christus. Seine Lehrbücher waren im Mittelalter und darüber hinaus für den Schulgebrauch maßgeblich.
2 Dicta Catonis, Handbüchlein der Vulgärethik in Versen, entstanden im 3. Jahrhundert n. Chr.; der ‚Cato' war in zahlreichen Bearbeitungen als Schulbuch verbreitet.
3 Joachim Camerarius (1500-74): Philologe, Übersetzer; Verfasser pädagogischer, theologischer, poetischer und historischer Werke.
4 Desiderius Erasmus von Rotterdam (1466/69-1536), einer der bedeutendsten Humanisten seiner Zeit.
5 ‚Über die Zivilisierung der Sitten' – ein erfolgreiches Werk über Kindererziehung.
6 ‚Anleitungen der Sitten und des Lebens', Leipzig 1544.
7 Publius Terentius Afer, römischer Komödiendichter (185-159 v. Chr.); der ‚Terenz' war wohl der meistgelesene lateinische Schulautor in der Frühen Neuzeit.

AC/GF

3.1.2.3.2 „Wegen der Mademoiselle und der Weibsleuten Zucht" – weibliche Erziehung in einem adligen Haus des 18. Jahrhunderts

Der westfälische Adlige Christian Franz Dietrich von Fürstenberg erteilte 1743 der Gouvernante seiner Töchter ein Erziehungsreglement. Die Töchter sollten nach dem Willen des katholischen Adligen durch Gebet und Katechismus zur Frömmigkeit angehalten, durch Stricken, Sticken, Nähen, Spinnen vor Müßiggang, dem schädlichsten aller Laster, bewahrt werden. Unterricht hatten sie zu nehmen im Lesen und Schreiben, in verschiedenen Sprachen, im Rechnen und Haushalten, endlich im Tanzen und Musizieren. Das Erziehungsideal war die gottesfürchtige, gewandte, aber haushälterische adlige Hausfrau.

Ingressus (Beginn), wie mit meinen Töchtern sei zu Werk zu gehen.
So fange ich an, wie nun eine, die vorhin meinen Töchtern erteilten nützlichen Ermahnungen, wieder aufrühren wollte, wie ich mich, nach allem, wollte erkundigen, und sehen, wie es vor das künftige wäre einzurichten, und nachdem die Kinder größer würden, selbigen als successive mehrerer Willen würde gegeben.

Wie Kinder nicht auf einmal, sondern allgemach groß und ausgemustert werden.
Nach dem, was ich am 5ten Aprilis 1741 entworfen hatte, wird den größeren Kindern vor und nach mehr Willen, und so wie sie größer werden, und wan sie die 20 Jahre erreichet, und passiret haben, in (ihnen) Thee, Caffee, Chocolade, Wein, Obst, merenden gegeben werden, wobei gleichwohl, wohl bleibet zu betrachten, wie die excessus (Ausschweifungen) im Wein, Caffee, und dergleichen Getränken schädlich, je tötlich seynd, worüber die exempla in unserem Hause gehabt haben. (…)

Wozu die Ergötzlichkeiten dienen müssen, und was eines jeden sein rechtes Geschäft auf dieser Welt sei.
Die Lustbarkeiten, Ergötzlichkeiten sind bei des Men-

schen Leben, als wie das Gewürz bei den Speisen; es müsste einer zu Schande gehen, welcher sich mit lauter Gewürz wollte speisen und ernähren.

Wir sind auf die Welt kommen, nicht um zu hüpfen und zu tanzen, sondern nach der Lehre unseres Catechismi, um Gott zu ehren, und unserer Seelen Heil zu bewirken. Neben diesen dann hat auch ein jeder allerlei Sachen, jeder nach seinem Stand, zu erlernen, damit er in der Welt nicht übrig sei, und womit er, oder sie, sich die Tage seines Lebens müsse beschäftigen, und niemalen müsse müßig sein, und sich müßig erfunden werden.

Vor das weibliche Geschlecht, um nicht müßig zu sein will es heißen: bald bete, betrachte, und lese ich, bald stricke, sticke, nähe, spinne mit solcher Wechslung übend mich, den Himmel leicht gewinnen:

Man muss allezeit beschäftiget sein.

Dieses wohl betrachtet, muss also ein junges Weibsbild sich von jung auf gewöhnen, allezeit beschäftigt, niemals müßig zu sein, allezeit beschäftigt zu sein lieben; den Müßiggang aber hassen, so wird sie allezeit in ihrem Gemüt vergnüget sein, so wird sie in allen Orten und wan sie auch in einer wilden Einöde wohnte, vergnügt sein.

Wie man Kinder nacheinander muss erziehen.

Die ganz jungen Kinder lernen ihren Catechismus. Sie werden unterwiesen in der Andacht, und einem christlichen Wesen, sie werden unterwiesen im Lesen, Schreiben, verschiedenen Sprachen, Arbeiten, Rechnen, Haushalten. Sie werden auch unterwiesen im Tanzen, Spielen, einer anständigen Lebensart; es wird ihnen beigebracht, wie sie eingezogen, ehrbar, vorsichtig leben, sich zu einem jeden schicken, und keinem überlästig sein sollen.

Wie sich selbige bei den Ergötzlichkeiten und selbiger Abwechslungen haben zu verhalten.

Gibt es nur etwas zu tanzen, gibt es etwas zu spielen, gibt es Gelegenheiten sich mit spazieren und Sonsten anderen Zusammenkünften, assemblées (Gesellschaften) zu erlustigen, so nimmt man sein Teil mit daran, wie auch andere Leute.

Ist selbiges vorbei, so betrübt man sich dessentwegen nicht, ja man ist wohl froh, dass es vorbei sei, man lässt sich deswegen die Zeit nicht lang werden, sondern man gibt sich gleich mit einem ganzen, mit einem guten, mit einem fröhlichen Herzen wiederum zu seinen gewöhnlichen Geschäften, beten, lesen, arbeiten, haushalten und vergnüget sich über alles in selbigen seinen gewöhnlichen Geschäften, als welche des Gemüts rechte Nahrung sein müssen. (…)

Absichten des Hauses: Das Gesinde der Freier

Knechten, und Mägden, Hausofficieren, hänget auch mehrerenteils der Magen dahin, nämlich nach dem Flüchtern, desgleichen junge Mannsleute, welche Lust haben zu heiraten, den Weibsleuten nachzutrachten – obschon sie Sonsten etwa selbiger junger Weibsleuten Glück nicht machen könnten, nur allein auf sich sehen – suchen selbige junge Weibsleute, auch zum Müßiggang, zum Jüchtern, zum Flüchtern zu bringen, dazu anzuführen, dan alsdann sind sie leichter zu verführen, zu überreden, indem der Müßiggang ein Kopfkissen des Teufels ist, welche also, als wie die Eltern und Instructoren der Jugend christlich, und nach ihrer Schuldigkeit wollten vorstehen, müssen selbiges verhindern;

Schuldigkeit der Eltern.

Die Kinder anführen zur Andacht, zu fleißiger Lesung guter Bücher, die Kinder anführen um fleißig, um gern zu arbeiten, um niemals müßig, um allezeit beschäftigt zu sein. Um zu erkennen, warum sie auf diese Welt sind gekommen, nähmlich um zu beten und um zu arbeiten, die Ergötzlichkeiten aber allein zwischen die Arbeit und die Freude zwischen die Sorgen müssen gesetzet werden. (…)

Die Kinder müssen nicht plaudern.

Die Kinder müssen von dem einen zu dem andern – welches ein gewöhnlicher Fehler der Weibsleute ist, und in welchem viele Sünden stecken können – nicht tragen gehen, nicht spietig sein, vor der Zeit nicht klug sein wollen, sich gewöhnen über Vieles her zu sehen, vieles still zu schweigen, zum flaren, zum antragen, zum praat halten, zum beständigen plaudern und niemalen still zu schweigen sich nicht anführen lassen, dan welcher einen Kitzel von vielen plaudern hat, muss viel wissen, oder vieles lügen, und das letztere ist insgemein wahr.

Wegen Ausmustern. Geld rechnen.

Mit der Einkunft vom Rhein werde ich die ältesten Kinder etwas mehr ausmustern zur Tafel ziehen; wie gehet es bei denselbigen mit dem rechnen? Es wird ihnen Geld gegeben werden zu berechnen, es ist die Frage, wie selbige sei anzufangen, auch ist vielleicht, mit meiner Frau zu überlegen, woher die Kinder Geld machen sollen.

Gebährden der Kinder.

Die Kinder müssen nicht verzwicket sein, sondern sich lassen, als wie sie sind.

Wegen des Schreibens und Componirens.

Mit dem Schreiben und Charakter meiner Töchter geht es nicht recht. Man muss sich fragen, ob der P. Plaudus[1], oder der Dingerkus? Solle eine Vorschrift geben? Die Briefe müssen auch auf unterschiedliche Inhalten und nicht allein auf einen Inhalt gemacht werden. Es müssen auch mit der Zeit sowohl deutsche als wie französische Briefe geschrieben werden. (…)

Jürgen Schlumbohm (Bearb.), Kinderstuben. Wie Kinder zu Bauern, Bürgern, Aristokraten wurden 1700–1850, München, dtv, 1983, S. 181–186.

[1] Plautus, römischer Dichter (gest. 184 v. Chr.), seit der Renaissance beliebt und auch ins Deutsche übersetzt.

GF

3.1.2.4 Universitäten

3.1.2.4.1 Der Studienbetrieb aus den ältesten erhaltenen Statuten der Juristen-Universität Bologna (1317/47)

Die ersten Universitäten, hervorgegangen aus städtischen Schulen, entstanden kurz vor 1200 in Bologna und Paris. Kurz danach folgten bis 1220 Oxford, Cambridge und Montpellier (Medizin). Als erste Universität auf dem Boden des Reiches gründete Kaiser Karl IV. das ‚Generalstudium' in Prag, danach folgten Universitätsgründungen in Wien (1365), Erfurt (1379), Heidelberg (1385) und in Köln (1388). Der Ruf Bolognas als herausragende Juristen-Universität war bis zum Ende des Mittelalters nahezu ungebrochen. Aus ganz Europa schrieben sich dort die Studenten ein. Die ältesten Statuten der Juristen Bolognas stammen aus den Jahren 1317/47. In ihnen wurde der Studienbetrieb geregelt.

Um vorteilhaft für diejenigen zu sorgen, die in Bologna studieren wollen, setzen wir[1] fest, dass das Studium jedes Jahr am 10. Oktober beginnen muss, und zwar an diesem Tag, wenn kein Festtag ist, andernfalls am nächstfolgenden. Zuerst sollen die Dekretisten[2] anfangen, am folgenden Tag, wenn kein Festtag ist, alle anderen. Zur Verschiebung des Studienbeginns haben Rektoren und Räte keine Befugnis; dafür können auch die Universitätsversammlungen keinesfalls auf Antrag eines Professors oder eines anderen einberufen werden. Wir wollen, dass nach der Rede des Dekretisten die Rektoren und Räte aufgrund ihres Eides und alle anderen Studenten aufgrund des Anstands sogleich bei der Dominikanerkirche zusammenkommen und dort die Messe zum Heiligen Geist mit Erwähnung der glorreichen Jungfrau (Maria) hören.(…) Wir verfügen, dass die ordentlichen und außerordentlichen Professoren ihre Vorlesungen zusammenhängend halten und keine Ferien nach Belieben machen, sondern die Vorlesungen nur an denjenigen Tagen, dann aber ganz ausfallen lassen, die die Universität als Feiertage festsetzt und die durch den Generalpedell bekannt zu machen sind. (…)

Weil es förderlich ist, den Professoren Dauer, Stunde und Verfahren für die Vorlesungen anzugeben, setzen wir fest, dass der erste Tag, an dem die Professoren nach dem Beginn des Dekretisten-Professors anfangen, ihnen bei den Punkten nicht angerechnet wird, wegen der Einleitung, auch wenn sie bis zum Text kommen. Auch der zweite Tag soll ihnen nicht angerechnet werden, wegen der Zeitnot, in die die Professoren durch die Verlesung der Statuten beim ersten Punkt kommen. Ferner verfügen wir, dass kein Professor des Kirchen- oder Zivilrechts seine Vorlesungen am Morgen anfangen darf, bevor die Glocke von San Pietro mit dem Primläuten aufgehört hat. Bevor sie aufhört, muss er in den Hörsälen oder deren Umkreis anwesend sein. Nachdem sie aufgehört hat, muss er sofort anfangen, bei Strafe von neun Bologneser Schilling für jeden Verstoß. Über das Ende des Terzläutens von San Pietro hinaus kann und darf er seine Vorlesung nicht halten, fortsetzen oder abschließen, auch keinerlei Erklärungen beim Lesen aufheben, um sie nach diesem Glockenzeichen noch zu verbessern, vorzulesen oder abzuschließen. Auch alle Studenten müssen sofort hinausgehen, bei Strafe von zehn Schilling für jeden Verstoß und jeden Betroffenen. (…)

Wir setzen auch fest, dass alle aktiven Professoren unmittelbar nach der Lesung eines Kapitels oder Gesetzes die Erläuterungen lesen müssen, wenn nicht der Zusammenhang der Kapitel oder Gesetze ein anderes Vorgehen empfiehlt; die Entscheidung darüber binden wir ihnen auf ihr Gewissen, durch den Eid, den sie geleistet haben. Bei der Entscheidung, ob sie sie nicht lesen, sollen sie dem Geschrei der Studenten nicht nachgeben. Jetzt setzen wir fest, dass die ordentlichen und außerordentlichen Professoren bis zu den neu abgeschätzten Punkten kommen müssen, nach dem unten beschriebenen Verfahren. Und damit sie die Punkte richtig einhalten, bestimmen wir, dass jeder ordentliche Professor des Kirchen- oder Zivilrechts in den 15 Tagen vor dem Michaelsfest (29. September) bei einem von den Rektoren auszuwählenden Bankier 25 Bologneser Pfund hinterlegen muss. (…)

(Verordnungen über die Höhe der Buße für jeden nicht erreichten Punkt und über die Abführung der Bußgelder folgen.)

Wir verfügen, dass die Professoren am Ende jedes Punkts den Studenten den Abschnitt ankündigen müssen, mit dem sie weitermachen werden; mit dem Abschnitt, den sie angefangen haben, müssen sie bis zum Ende des Punktes fortfahren. Wenn es nützlich erscheint, wegen des Vergleichs von Erläuterungen oder Texten einen Abschnitt der Vorlesung mit einem anderen Abschnitt zusammenzunehmen, muss das der Professor den Studenten in der vorangehenden Vorlesung sagen, damit sich diejenigen darauf vorbereiten können, die das wollen, bei Strafe von fünf Bologneser Schilling für den zuwiderhandelnden Professor bei jedem Verstoß. Wir befehlen, dass dieses Statut zu Studienbeginn in den einzelnen Hörsälen bekanntgegeben wird.

Weil die Studenten das, was die Professoren nicht lesen, meistens nicht wichtig nehmen und infolgedessen nicht wissen, setzen wir fest, dass bei den Punkten kein Professor ein Kapitel, eine Dekretale, ein Gesetz oder einen Paragrafen übergehen darf. Wenn er es getan hat, muss er das Ausgelassene beim folgenden Punkt nachholen. Wir setzen ferner fest, dass nichts Schwieriges, sei es Dekretale oder Dekret, Gesetz oder Paragraf, bis zum Ende der Vorlesung aufgehoben wird, wenn durch solche Verschiebung die Wahrscheinlichkeit eintritt, dass das Glockenzeichen zum Hinausgehen die Erledigung des Abschnitts verhindert.

Carlo Malagola (Bearb.), Statuti delle Università e dei Collegi dello Studio Bolognese, Bologna 1888, S. 40–43 (Statuta 43–45); übersetzt von Arno Borst, Lebensformen im Mittelalter, 4. Aufl., Frankfurt a.M.-Berlin, Propyläen, 1987, S. 554–556.

1 Eine Kommission aus einem Professor und 14 studentischen Räten.
2 Die Juristenuniversität Bologna gliederte sich in zwei Fächergruppen: in kanonisches Kirchenrecht und römisches Zivilrecht. Die Lehre im Kirchenrecht stützte sich auf den ‚Corpus iuris canonici'. Der Kern dieser Rechtssammlung ist von Gratian um 1140 in Bologna zum ‚Decretum' zusammengestellt worden, das von den Dekretisten gelehrt wurde.

GF

3.1.2.4.2 Eine Stiftung für Studenten – aus dem Testament des Lübeckers Hinrik Rapesulver (1439)

Lübeck verfügt über eine der größten Testamentsüberlieferungen nördlich der Alpen, allein im 15. Jahrhundert haben sich ca. 3000 Stück erhalten. Der Ratsherr (seit 1407), Bürgermeister (seit 1418) und Mitglied der feinen Zirkelgesellschaft Hinrik Rapesulver (ca. 1370–1440) hat im Jahre 1439 vor seinem Tod ein Testament errichtet und darin auch ein Legat für Studenten eingerichtet. Nach dem Tod der Taleke Rapesulver, der Witwe Hinrichs (1447), fand, wie im Testament angeordnet, die erste Verteilung der gestifteten Gelder an die Studenten im März 1448 statt. Das Legat war noch über das Jahr 1877 hinaus in Kraft.

In Gottes Namen Amen. Ich, Henrik Rapesulver, von Gottes Gnaden im vollen Besitz meines Lebens, Sinne und Sprache. Wenn ich vom Tod hinweggenommen werde, so habe ich mein Testament folgendermaßen eingerichtet.
(Im Folgenden führt er aus, was er stiftet und hinterlässt. Für unseren Zusammenhang interessant ist folgende Stelle:)
Wenn sie (die Ehefrau Taleke) tot ist, so sollen diese 300 Mark ewiger Rente dazu gebraucht werden, damit man in sechs aufeinander folgenden Jahren sechs armen Studenten und Schülern ein Studium in Rostock, Leipzig und Erfurt oder Köln ermöglicht, wie es ihnen am bequemsten ist. Zu diesem Zweck soll einem jedem 50 lübische Mark jedes Jahr als Unterstützung gegeben werden. Und wenn die 6 Jahre um sind, so soll man die genannten 300 Mark sechs Jahre lang armen Jungfrauen (als Mitgift) zur Heirat oder zur Unterbringung in einem Kloster geben, so wie es meinen Vormündern am nutzbringensten erscheint. Ferner wenn die sechs Jahre um sind, so soll man (wieder) sechs armen Studenten und Schülern ein Studium ermöglichen, wie es beschrieben steht, und danach (wieder) sechs Jahre Jungfrauen verheiraten oder ins Kloster geben, und all das gilt auf ewige Zeit.

Archiv der Hansestadt Lübeck, Testamente.

AC/GF

3.1.2.4.3 Szenen aus dem Studium des Hermann Weinsberg an der Universität Köln (1537–1543)

Der Kölner Hermann Weinsberg, 1518 geboren, besuchte, wie sich dies für den Sohn eines Ratsherrn schickte, mit sechs Jahren die Schule von St. Georg. Nach vier Jahren Elementarschule wechselte er 1528 zur besseren Schule an der ‚Sandkaul' über, um nach weiteren zwei Jahren die Schule St. Alban zu beziehen. Doch bereits ein Jahr später, 1531, meldete ihn sein Vater in der sehr angesehenen Schule der Fraterherren in Emmerich an. Als sich dann endlich im September des Jahres 1534 die Chance bot, ein Stipendium an der zur Universität Köln gehörenden ‚Kronenburse' zu erhalten, wurde der nunmehr sechzehnjährige Hermann am 22. November 1534 an der Universität immatrikuliert. Während der nächsten acht Jahre wohnte und arbeitete der junge Student in der ‚Kronenburse'. Er studierte zunächst, wie es üblich war, an der ‚Artisten'-Fakultät, wo die Grundlagen für die höheren Fakultäten gelegt wurden. 1537 nach dem Examen zum ‚Magister artium' wechselte er an die Juristenfakultät.

Ich bin Magister Artium geworden
Im Jahre 1537, am 19. Mai, bin ich mit zwei anderen, Joseph Goltberg und Goswin Winter von Berka, von Magister Hermann Blankenforst in den ‚Sieben Freien Künsten' geprüft worden, welche Grammatik, Dialektik, Rhetorik, Musik, Arithmetik, Geometrie und Astronomie umfassen. Von den Sieben Künsten (Septem Artes liberales) haben die Magister Artium ihren Namen. Sie sollten darin erfahren sein. Aber der Regens und die Magister halten mehr auf den Nutzen, den sie und die Burse davon haben, als auf die Fertigkeiten. Sie lassen im allgemeinen einen jeden zu, sei er nun geschickt oder ungeschickt, wenn er nur seine Zeit ausstudiert hat und sein Recht und Geld gibt, so lassen sie zu. Es gibt nur wenige, die alle Künste, und nicht nur die Hälfte, beherrschen. Mich haben die vorgenannten Prüfungen zum Bakkalaureus, zum Lizentiaten und zum Magister[1] 47 Gulden gekostet. (...)
Auf unserem Abschlussessen waren die 6 Herren Bürgermeister und viele andere, Prälaten, Ratsgenossen, Herren und Verwandte, sodass es ein herrliches Fest war. Zu diesem Magisterschmaus hatten mir meine Eltern einen Faltenrock aus englischem Kammgarn machen lassen, das war der erste Kammgarn-Rock, den ich getragen habe. Und meinen langen schwarzen Rock ließen sie mir innen mit schwarzem Kamelhaartuch füttern. Darüber hatte ich bei der Magisterpromotion einen Kapuzenmantel um die Schultern hängen und ein blutrotes Barret auf dem Kopf: das waren die Zeichen für den Magister Artium. Der Lehrer Bernhard Afflensis, der später Pastor von St. Petri war, befragte mich. Das Prüfungsgebiet ging darüber, wie eine Gelehrtenrepublik zu leiten sei, darauf musste ich ihm öffentlich antworten. (...) Mir nutzten meine Examina nichts, weil ich später Laie (und nicht Kleriker) wurde. Und mein Vater hätte sich das Geld, das er für mich und meine Promotionen ausgegeben hat, wohl sparen können, denn sie sind mir wenig einträglich gewesen.

Die kaiserlichen Rechte studiert
Im Jahr 1537, gleich nach meinem Abschluss in den ‚Sieben Freien Künsten', habe ich mit dem Studium der Kaiserlichen Rechte[2] begonnen. Dazu hatten mein Vater und ich viel mehr Lust. Herr Goddert Hittorf[3], Gelehrter und Buchhändler in Köln, half meinem Vater, sodass er mir von Herrn Johan Ruisch beide Bücher der Rechte[4] und die juristischen Kommentare des Bartolus, insgesamt 13 Bücher in den Rechten, kaufen konnte, nämlich um 14 Taler. Das ‚Corpus iuris civilis' war sehr alt. Zu dieser Zeit wohnte ich ständig in der Cronenburse, so nahe bei der Schule, dass sie sich wie im Haus befand. (...)

Vom Kollegium der Rechtsstudenten.
Die Studenten der Rechte hatten eine Gesellschaft unter sich. Sie kamen jeden Sonntagnachmittag zur Ves-

perzeit zusammen und disputierten. Jeden Sonntag gab einer irgendwelche Rechtsfragen auf, darauf musste ein anderer am nächsten Sonntag erwidern. Ihr Vorsitzender wurde ‚Diktator' genannt, sie hatten ihr Statut und ihre Kasse. In dieses Kollegium habe ich mich auch einschreiben lassen. Ich habe im Verlauf der Zeit mit argumentiert und, wenn meine Zeit kam, erwidert. Bei mir in der Cronenburse wohnten meine Vettern Christian Hersbach, Joseph Goltberch, Johan von Dutz, und sie studierten auch das Recht. Wir haben unsere Übungen unter uns gehalten, zusammen den Codex gelesen und erdachte Prozesse unter uns geführt, alles um der Übung halber. Zu uns gesellten sich in der Folgezeit noch andere. (…)

Konstantin Höhlbaum/Friedrich Lau/Josef Stein (Bearb.), Das Buch Weinsberg. Kölner Denkwürdigkeiten aus dem 16. Jahrhundert, 5 Bde. (Publikationen der Gesellschaft für Rheinische Geschichtskunde, 3, 4 u. 16), Leipzig-Bonn, Dürr-P. Hanstein, 1886–1926, hier: Bd. I, S. 107, 114–116 u. 181.

1 Die üblichen Examina in der Artistenfakultät.
2 Mit dem römischen Zivilrecht, auf der Grundlage des ‚Corpus iuris civilis'.
3 Hittorf war Buchhändler in Köln und saß mit Hermanns Vater im Rat.
4 Die Gesetzessammlungen des ‚corpus iuris canonici' und des ‚corpus iuris civilis'.

TJ/GF

3.1.3 Mitten im Leben: Eheanbahnung – Verlobung – Hochzeit

3.1.3.1 Heiraten im Adel – nicht „nach eigenem Appetit und Begehr"

3.1.3.1.1 Heirate nicht unter deinem Stand – ein Brief des Adligen Rudolf von Zeiskam (1471)

Am 12. Dezember 1471 richtete der vorderpfälzische Niederadlige Rudolf von Zeiskam einen Brief an Graf Johann II. von Nassau-Saarbrücken. In ihm berichtete Zeiskam, dass dessen Bruder Graf Philipp II. von Nassau-Weilburg einem seiner Söhne Vorhaltungen gemacht habe, weil er eine Gräfin von Wittgenstein ehelichen wollte. Immerhin war Graf Philipp ein Enkel der Herzogin Elisabeth von Lothringen. Die einmal gelungene Heiratsverbindung einer gräflichen Familie mit einem fürstlichen Haus wurde als Verpflichtung für die Nachkommen angesehen, nicht unter diesem Stand zu heiraten. Zugleich wird darin die Rollenverteilung bei der Heiratswerbung deutlich: die Betroffenen wurden zunächst nicht gefragt; eine hochadlige Ehe war eine Angelegenheit der Verwandtschaft und der Eltern.

(…) Unter anderem vielen Reden hat mir der Bruder Euer Gnaden, mein gnädiger Junker Graf Philipp gesagt, Seiner Gnaden Sohn sei ihm unwillig, denn er wolle eine Frau freien, die junge von Wittgenstein[1]. Das habe er ihm mit aller Treue versucht auszureden, und ihn gebeten, dass er Gott und sich selbst ansehen solle und das viele wilde Wesen, das jetzt in der Welt sei, und bedenken, dass er von höheren Ehren und von reichsfürstlichem Stamm herkomme und sich niemals mit einer (verehelichen könne), die nichts habe und ihm nicht gleich sei. Er möge sich von Euer Gnaden gütlich vertragen lassen und dann nach Euer Gnaden Rat leben. Wenn er (der Sohn) sich je verändern wolle, so sei doch jetzt eine Dame Witwe geworden, meine gnädige Frau die Landgräfin[2] nämlich, welche die Schwester der Gemahlin Euer Gnaden (Graf Johann II.) sei, und er wisse auch wohl, dass Euer Gnaden ihm getreulich zu dieser oder einer anderen dergleichen behilflich sein möchten. Nach seinem Reden zu urteilen ist es sein (Graf Philipps II.) Willen, um diejenige zu werben. Darum wäre mein Rat, dass sich Euer Gnaden am besten zu Euern Gnaden Bruder verfügt und Euch auf ein gütliches Vertragen einließet. (…)

Max von Domarus, Beiträge zur genealogischen Geschichte des Hauses Nassau, in: Mitteilungen des Vereins für Nassauische Altertumskunde 2 (1901/02), Wiesbaden, Verein für Nassauische Altertumskunde und Geschichtsforschung, Sp. 81–93, hier: Sp. 82 f.

1 Die Grafen von Wittgenstein mit ihren Besitzschwerpunkten im Rothaargebirge um Berleburg und Laasphe gehörten dem nichtfürstlichen Hochadel an.
2 Die vorgeschlagene Dame war die sich in einem quasifürstlichen Rang befindende Gräfin Mechthild von Württemberg, die Witwe des Landgrafen Ludwig II. von Hessen.

GF

3.1.3.1.2 Ein ungeheures Fest – die Landshuter Fürstenhochzeit (1475)

Im Jahre 1475 heirateten Herzog Georg der Reiche von Bayern-Landshut und die polnische Königstochter Hedwig. Die Hochzeit, bei der sich die Brautleute zum ersten Mal überhaupt sahen, war als prachtvolles Schauspiel ritterlich-höfischer Kultur inszeniert. Verschwenderischer Kleiderluxus, überbordender Nahrungskonsum, ein ungeheurer Aufwand mit Pferden und Turnieren, mit Spiel und Tanz. Alles war erschienen, was Rang und Namen im Reich hatte. Die Fürsten suchten sich durch die Zahl und die prächtigen Kleider ihres Gefolges zu übertreffen. Selbst Kaiser Friedrich III. und sein Sohn Maximilian waren erschienen. Selbstverständlich kam auch der benachbarte Kurfürst Markgraf Albrecht Achilles von Brandenburg. In seinem Gefolge befand sich ein Schreiber, der den Auftrag hatte, mit seinem Federkiel dieses große, unvergessliche Ereignis mit dem Einzug der Braut, dem kirchlichen Hochzeitsakt, dem Beilager, der Morgengabe, dem Kirchgang und dem Festmahl festzuhalten. Der Markgrafenschreiber berichtet zunächst, dass am Montag, als er nach Landshut kam, große Rennen (Turniere) stattfanden, die Fürsten ritten auf die Bahn. Dann erschien die Braut, die achtzehnjährige Hedwig von Polen.

Indessen verbrachte die königliche Braut die Nacht von Montag zum Dienstag in der Herberge zu Moosburg, zwei Meilen Wegs oberhalb von Landshut. Erst am Dienstag kam sie auf Landshut zu.
An diesem Dienstag in der Frühe nun schickte man

der Braut etliche Fürsten entgegen, die sie im Felde empfangen sollten. Es waren dies des Kaisers Sohn (Maximilian I.), der junge Pfalzgraf (Philipp der Aufrichtige), Herzog Christoph (von Bayern-München), Herzog Hanns von Neumarkt, der junge Graf von Württemberg, der Bischof von Eichstätt und der Bischof von Freising.
(…)
Wie nun die Königin nahe heran kam, da stiegen die Fürsten vom Pferde und mit ihnen einige ihrer Herren und Edelleute und gingen zusammen hin zu dem Wagen der Königin.

Es saß aber die Königin in einem güldenen Wagen und trug eine Schaube in Gold und hatte sich tief mit einem Tuche unter den Augen verbunden. Sie blieb im Wagen sitzen und bot daraus die Hand und verneigte sich vor den Fürsten. Diese bückten sich gar tief. Nachdem sie alle die Königin begrüßt hatten, empfingen sie die alte Frau von Sachsen und das junge Fräulein von Sachsen, die in dem Wagen saßen, welcher dem Wagen der Königin unmittelbar folgte und mit einem schwarzen Tuche bedeckt war. Und da sie die Frauen und das Fräulein empfangen hatten, stiegen sie wieder zu Pferde und ritten vor den Wagen. (…)
(Im Folgenden erzählt der Markgrafenschreiber, dass die Fürsten aus Deutschland und die ihre Königin begleitenden polnischen Adligen mit großem Aufwand Ehrenspalier neben den Wagen der Damen ritten. Vor dem Zug veranstalteten einzelne Reiterpaare Stechen.
Unmittelbar vor Landshut wurde die Königin von Kaiser Friedrich III. und zahlreichen Fürsten, darunter auch der Bräutigam, begrüßt. Markgraf Albrecht Achilles hielt eine Rede, die der Königin übersetzt wurde, und die Königin antwortete auf polnisch.)
Wie nun die Königin mit ihrem Zug vor die Stadt gekommen war, da stiegen vor dem Tore sowohl die Herren Herzog Ottos (von Pfalz-Mosbach) als auch die polnischen Herren von ihren Pferden und schritten, wie sie es früher getan hatten, neben dem Wagen einher und auf die Kirche zu. Das gleiche taten die Herren, die den Wagen der alten Frauen von Sachsen begleiteten. Sie stiegen auch ab und gingen neben dem Wagen.
Nur Herzog Otto blieb bis zur Kirche auf dem Pferde sitzen, dann erst stieg er ab und half gemeinsam mit den anderen Herren der Königin aus dem Wagen. Sie führten sie zu den Fürstinnen hinauf zum Portal.
Zuerst traten hinzu (zur Königin) die junge Pfalzgräfin, die alte Herzogin von (Nieder-) Bayern, die Markgräfin, die Gräfin von Württemberg, die Landgräfin von Leuchtenberg, die Gräfinnen von Rieneck, von Hanau, von Oettingen, von Schwartzenberg usw. Die Fürstinnen verneigten sich tief, die Königin aber verneigte sich nur mit dem Haupt. Nachdem die Fürstinnen alle sie empfangen hatten, da führte der Kaiser und Herzog Otto die Königin in die Kirche. Als die anderen Fürsten und Fürstinnen mit ihren Jungfrauen eingetreten waren, schloss man die Türe zu.
In der Kirche angekommen führten die Frauen und auch die Jungfrauen, die mit der Königin gekommen waren, sie in eine Nebenkapelle und zogen ihr einen Teil ihres Gewandes aus. Sie entblößten ihr Haupt und setzten ihr eine Krone von Heftlein[1] mit einem Schläfentuch auf. Auch legten sie ihr auf das bloße Haar eine gar schöne breite, mit Perlen geschmückte Borte auf, denn sie hatte nur einen Zopf. Nachdem die Jungfrauen die Königin nach ihrer Landessitte geschmückt hatten, führten sie sie zu dem hohen Altar hinauf. Sie weinte gar sehr. Am Altar standen der Kaiser, Herzog Jörg (der Bräutigam) und die anderen Fürsten und Fürstinnen. Da gab der Bischof von Salzburg die Brautleute zusammen. Nachdem man sie zusammengegeben (getraut) hatte, da ward dem Kaiser und Herzog Otto anbefohlen, die Braut zu führen. In ihrem Schmuck führte man sie aus der Kirche bis zu dem Hause, in dem man sie dann zusammenlegte. Unter dem Herausführen hielt sie ihr Haupt gesenkt. Das Schläfentuch hing vor ihren Augen. Sie weinte sehr und man konnte ihr Angesicht kaum sehen. Es wurden viele Stablichter (Wachs-Fackeln) vor ihr her bis ins Haus getragen. Die übrigen Fürsten führten die anderen Fürstinnen mit der Königin ins Haus und man blieb dort, bis man zu Nacht zum Tanze ging. (…)
(Der Markgrafenschreiber berichtet nun von dem ungemein prächtigen Tanz in einem ganz mit rotem Samt ausgeschlagenen Festsaal.)
Nachdem die Fürsten alle, desgleichen einige Herren, sowie auch Herr Burian (ein polnischer Adliger) getanzt hatten, ging der Bräutigam hin zu seinem Gemach, von wo eine Türe auf den Tanzsaal führte, in das Haus, wo man die Brautleute zusammenlegte. Es gingen mit ihm des Kaisers Sohn der Pfalzgraf, der junge Markgraf, Herzog Albrecht und andere.
Hernach tanzte man vielleicht noch vier oder fünf Tänze, dann führte man die Braut, die Königin, auch in das Gemach, wohin Herzog Jörg gegangen war. Es führte sie der Kaiser und Herzog Otto. Die anderen Fürsten gingen auch mit und führten die übrigen Fürstinnen. Die Grafen, Herren und Edelleute aber sowie die Gräfinnen und die übrigen ehrbaren Frauen blieben im Tanzsaal und warteten ihres Tanzes. Die Fürsten und Fürstinnen aber blieben draußen und kamen diese Nacht nicht mehr zum Tanzen. Und so tanzten die anderen Frauen hernach vielleicht noch an die 15 Tänze; dann hörte man auf und ging heim.
Man sagte mir, das Bett wäre mit gar köstlichen goldenen Stoffen bezogen gewesen, ebenso die Decken sowie auch die Pfühle[2] und Kissen.
Herzog Ludwig stand oben auf der Empore in einem Gang. Seine Herren und Diener standen bei ihm und hatten viele Kerzen droben bei sich. Als man die Braut hineinführte, da ließ er sich auch in das Gemach führen, in welchem man die Brautleute zusammenlegte[3].
Am frühen Mittwoch-Morgen kamen, als die Braut und der Bräutigam aufgestanden waren, die Fürsten zu ihnen, der Kaiser, der Markgraf und die anderen, und es begehrten die einzelnen, ein Geschenk machen zu dürfen. Als erster schenkte der Bräutigam[4]. Für ihn tat dies mein Herr, der Markgraf Albrecht. Er schenkte der Königin ein Schächtlein, worin sich ein Halsband befand, und außerdem zehntausend ungarische Gulden. Da tat Markgraf Albrecht eine gar schöne Rede im Namen des Bräutigams und führte aus, dass sie die Gabe nicht als Morgengabe, sondern vielmehr als eine Gabe aus Liebe und Freundschaft be-

trachten solle, durch die sie seiner Liebe und Freundschaft inne werden solle. Er wolle sie lieb und wert halten wie eine liebe Gemahlin. All dieses und noch viel Schöneres sprach Markgraf Albrecht im Namen des Bräutigams.

Der polnische Herr, der die Königin ständig begleitete und deutsch sprechen konnte, sagte dies der Königin in ihrer Sprache. Da ließ sie ihm entgegnen, sie wolle alles tun, was ihm (dem Bräutigam) lieb wäre; sie nehme die Gabe in gar großer Liebe und Freundschaft an und wolle ihrerseits tun, was ihm lieb wäre. Sie wolle sich ganz nach seinem Willen verhalten, sofern sie ihn wüsste und (ausführen) könnte. Er solle ihr auch der allerliebste in ihrem Herzen sein und wenn ihm etwas an ihr missfalle, so solle er dies ihr zu verstehen geben; sie wollte es dann gern lassen, zumal dies ihr Herr Vater und auch ihre Mutter ernstlich befohlen und geboten hätten. Sie wolle dem auch gerne nachkommen. Mit diesen anderen schönen Reden entgegnete der polnische Herr im Namen der Königin den Fürsten.

Hierauf schenkten die Fürsten alle und auch die Städte, einzig und allein der Kaiser nicht. Da begann mein Herr Markgraf, ihm zuzureden, es gehe doch nicht an, dass er nichts schenke. Es möchte ihm daraus eine gar üble Nachrede entstehen. Trotzdem ging der Kaiser hinweg, ohne etwas geschenkt zu haben. Dann schickte er aber doch den Grafen Haug von Werdenberg hin. Der schenkte in des Kaisers Namen ein Heftlein, das dieser auf tausend Gulden eingeschätzt hatte. Indes die übrigen anwesenden Herren schätzten es nur auf fünf- oder sechshundert Gulden. Die Schenkungszeremonie zog sich bis in die zehnte Stunde hin, sodass man nicht eher zur Kirche gehen konnte.

Beim Kirchgang schritten vor dem Bräutigam zweiunddreißig ehrbare Männer. Es waren auch Ritter darunter. Vor sich trug ein jeder ein großes, in braun, weiß und grau gefärbtes Stab-Licht. Die Herren, welche die Lichter trugen, waren auch in dieselben Farben gekleidet. Die Kleider hatten mit Perlen bestickte Ärmel. Nach den Fackelträgern gingen unmittelbar vor dem Bräutigam gar viele Trompeter. (...)
Vor der Königin wurden ebenso viele Fackeln von lauter ehrbaren Leuten einhergetragen wie vor dem Bräutigam. Daran schlossen sich Trompeter und Pfeifer. Insgesamt waren es 74 Trompeter und Pfeifer, die vor dem Bräutigam und vor der Braut einherschritten. (...)
Die Braut führten der Kaiser und Herzog Otto. (...)
(Der Markgrafenschreiber beschreibt den nicht enden wollenden Einzug in die Kirche. Nach der Kirche wurde das Festmahl abgehalten, danach ging es zum Rennen, den Tag beschloss wiederum ein Tanz. Das Fest ging noch mehrere Tage lang weiter – ein Ereignis.)

Sebastian von Hiereth, Zeitgenössische Quellen zur Landshuter Fürstenhochzeit 1475, in: Verhandlungen des Historischen Vereins für Niederbayern 85 (1959), Landshut, Josef Bosch, S. 1–64, hier: S. 15 f., 24–26 u. 28–34.

1 Broschen.
2 Deckbetten.
3 Die Ehe wurde durch ein öffentliches und symbolisches Beilager vollzogen.
4 Es handelte sich um die sogenannte Morgengabe.

GF

3.1.3.2 Bauernhochzeit: Schnaphahns Vermählung – ‚Meier Helmbrecht' (1250/80)

Bauern wurden im Mittelalter von den Literaten, die über sie schrieben, häufig auf ein bestimmtes Bild, auf einen Topos festgelegt: der Bauer ist schlau, im Grunde aber ein Tölpel, unmäßig in allen Lebensäußerungen. Auf Bauernhochzeiten wurde zumindest bei reicheren Bauern viel gegessen und getrunken. Da bot es sich gerade an, die Landbewohner in drastischer Übertreibung zu karikieren.
Wernher der Gartenaere erzählte im dritten Viertel des 13. Jahrhunderts in seinem mittelhochdeutschen ‚Meier Helmbrecht', wie der zum Strauchdieb gewordene Bauernsohn Helmbrecht seine Schwester Gotelind mit einem Kumpan vermählte. Höfische Sitten wurden dabei kopiert und vom Dichter als Parodie geboten.

Nun hört von etwas Furchtbarem! Viele Witwen und Waisen wurden um ihr Gut gebracht und in Trauer versetzt, als sich der Held Lämmerschling und seine Gemahlin Gotelind auf den Brautstuhl setzten. Was sie tranken und aßen, wurde von weither zusammengeholt. Sie blieben damals nicht untätig: Die Burschen schleppten und trieben auf Wagen und Pferden früh und spät ihre Beute ins Haus von Lämmerschlings Vater. Als König Artus seine Gemahlin Ginovere heiratete, war es ein ärmliches Fest, gemessen an dem von Lämmerschling; sie lebten nicht von Luft! Als alles vorbereitet war, sandte Helmbrecht seinen Boten, der sputete sich sehr und brachte ihm die Schwester. Als Lämmerschling hörte, dass Gotelind kam, ging er ihr sogleich entgegen. Hört nur, wie er sie begrüßte: „Willkommen, Frau Gotelind!" Sie sprach: „Vergelt's Gott, Herr Lämmerschling!" Nun gingen freundliche Blicke zwischen beiden hin und her. Er sah hinüber, sie herüber. Lämmerschling schoss mit artigen und feinen Worten einen Pfeil auf Gotelind ab, und sie vergalt es ihm mit fraulichen Reden, so gut sie es verstand.

Nun wollen wir Gotelind dem Lämmerschling zur Frau und Lämmerschling der Gotelind zum Mann geben. Da stand ein alter Mann auf, der verstand sich aufs Reden und wusste, wie man das macht. Er stellte sie beide in einen Kreis und sprach zu Lämmerschling: „Wollt Ihr Gotelind zur Ehe nehmen, so sagt Ja." – „Gern", sprach der Bursche gleich. Er fragte ihn zum zweiten Mal; „Gern", sagte der Bursche. Zum dritten Mal sprach er da: „Nehmt Ihr sie gern?" Der Bursche sagte: „So lieb mir Seele und Leib sind, so gern nehme ich diese Frau." Nun sprach er zu Gotelind: „Wollt Ihr Lämmerschling gern zum Mann nehmen?" – „Ja, Herr, wenn Gott ihn mir gönnt." – „Nehmt Ihr ihn gern?" sprach wiederum er. – „Gern, Herr, gebt mir ihn her!" Zum dritten Mal: „Wollt Ihr ihn?" – „Gern, Herr, nun gebt mir ihn schon!" Da gab er Gotelind dem Lämmerschling zur Frau und gab Lämmerschling der Gotelind zum Mann. Da fingen alle an zu singen, und er trat ihr auf den Fuß[1].

Nun ist das Essen fertig. Wir wollen nicht vergessen, Bedienstete für Bräutigam und Braut zu bestellen. Schlingdengau war Marschall, der fütterte die Pferde gut. Schenk war Schluckdenwidder. Höllensack machte die Sitzordnung für die Fremden und die Be-

Lebensphasen und Lebensformen

3.1.3.2 Bauernschmaus bei einer Hochzeit.

kannten; zum Truchsess war er gewählt. Rüttelschrein, der nie zuverlässig war, wurde Kämmerer. Kühfraß war Küchenvorstand, der gab alles aus, was aus der Küche kam, Gebratenes und Gesottenes. Knickekelch verteilte das Brot. Armselig war die Hochzeit nicht. Wolfsgaumen, Wolfsdarm und Wolfsrüsseln leerten viele Schüsseln und viele große Humpen bei dieser Hochzeit. Vor den Burschen schwand die Speise so hin, wie wenn der Wind sie ganz schnell vom Tisch geweht hätte. Ich fürchte, jeder aß alles, was ihm sein Truchsess aus der Küche auftrug. Ob nach ihrem Essen der Hund am Knochen noch etwas zu nagen fand? Sicher nicht, denn ein weiser Mann sagt: „Jedermann beeilt sich mit dem Essen ganz unmäßig, wenn ihm sein Ende naht." Darum stürzten sie sich darauf; es war ihr Henkersmahl. Nie wieder sollten sie tafeln und fröhlich beisammensitzen.

Plötzlich sagte die Braut Gotelind: „Ach, lieber Lämmerschling, mir graust in meiner Haut. Ich fürchte, dass fremde Menschen in der Nähe sind, die uns verderben wollen. Ach, Vater und Mutter, dass ich von euch beiden so weit weg bin! Ich fürchte, Lämmerschlings Säcke bringen mir viel Unglück und Schande; davor fürchte ich mich gar sehr. Wie wohl wäre mir, wenn ich daheim sein könnte! Mein Herz ist mir so schwer. Die Armut meines Vaters wäre mir viel lieber, als hier besorgt im Reichtum zu sitzen. Denn immer habe ich alle Leute sagen hören, dass der gar nichts bekommt, der zu viel begehrt. Die Habgier stößt uns in den Abgrund der Hölle, denn sie ist sündhaft. Doch ich besinne mich zu spät. O weh, dass ich so eilig meinem Bruder hierher gefolgt bin! Das werde ich immer bereuen müssen." So rasch sehnte sich die Braut danach, lieber daheim am Tisch ihres Vaters das Kraut als Lämmerschlings Fische zu essen.

Als sie nach dem Essen eine Weile gesessen und die Spielleute von Braut und Bräutigam ihre Gabe empfangen hatten, sah man plötzlich den Richter mit vier Mann kommen. Ohne Gegenwehr überwältigte er die zehn. Der eine wollte sich hinter dem Ofen verstecken, der andere schlüpfte unter die Bank; jeder drängte den anderen weg. Wer sonst vor vier Männern nicht geflohen wäre, den zog ein Knecht des Schergen allein an den Haaren hervor.

Kurt Ruh (Bearb.), Wernher der Gartenaere, Helmbrecht (ATB 11), 8. Aufl., Tübingen, Max Niemeyer, 1968, vv. 1463–1621, S. 59–65; übersetzt von Arno Borst, Lebensformen im Mittelalter, 4. Aufl., Frankfurt a.M.-Berlin, Propyläen, 1987, S. 90–92.

1 Damit nahm der Mann symbolisch die Frau in Besitz.

GF

Bauernschmaus bei einer Hochzeit, in: Ein Bauernhaus aus dem Mittelalter (Schriften und Kataloge des Fränkischen Museums, 9), Bad Windsheim, Fränkisches Freilandmuseum, 1987, S. 174.

3.1.3.3 Hochzeiten in den Städten

3.1.3.3.1 Auch Hochzeiten wollen ihre Ordnung haben: Hochzeitsordnung für die Stadt Nürnberg (15. Jahrhundert)

Im Jahre 1485 erließ der Rat der Reichsstadt Nürnberg um des Gemeinen Nutzens willen eine Hochzeitsordnung, in der sehr detailliert alle Handlungen, Zeremonien, Gastereien, Geschenke, der ganze Aufwand überhaupt bei Verlobungen, Hochzeiten, Kirchgängen und Schenkungen geregelt wurde. Einige Aspekte der Regelungswut zeigt der folgende Quellenauszug.

(…) Wo die öffentliche Bekanntmachung der Verlobung geschehen soll, wie der Bräutigam der Braut Glück wünscht und wen die Braut anschließend bei sich bewirten darf.

Zum ersten: Wer eine öffentliche Bekanntmachung der Verlobung haben möchte, der soll dies in den Häusern oder auf dem Rathaus tun, aber nicht in irgendwelchen Klöstern. Und dazu darf jeder Teil sechzehn Personen oder Männer einladen, dazu einen Schreiber und nicht mehr. Es sei denn, jemand, der hier nicht wohnhaft ist, wäre von auswärts wegen dieser öffentlichen Bekanntmachung hergekommen; den kann man auch dazu bitten und laden, ohne dass dies an der genannten Zahl angerechnet wird. Wenn die öffentliche Verkündigung vorüber ist, so kann der Bräutigam mit sieben seiner Verwandten und Gesellen zu der Braut gehen und ihr Glück wünschen. (…) Dazu soll man mit nichts anderem bewirten als mit Frankenwein, mit Rheinwein oder anderem Wein vom selben Ungeldtarif[1]. (…)

Wer und wie viel Personen der Braut Glück wünschen und sie von Seiten des Bräutigams aus beschenken sollen.

Es dürfen auf diesen Tag der öffentlichen Bekanntmachung der Verlobung zu der Braut und ihren beiden Jungfrauen bzw. Frauen, wenn sie Witwe ist, zwölf Frauen auf Seiten des Bräutigams und zwölf Frauen auf Seiten der Braut, geladen oder ungeladen, und mehr nicht. Die Frauen von der Partei des Bräutigams dürfen die Braut von Seiten des Bäutigams gemäß dem nachfolgenden Statut beschenken. (…)

Wie der Bäutigam die Braut beschenken soll.
Man soll auch künftighin bei einer öffentlichen Verkündigung der Verlobung jede Braut nicht höher oder anders beschenken als mit einer (goldenen oder silbernen) Spange oder anderen Gaben, die nicht über 18 Rheinische Gulden kosten oder wert sind, ungefähr. Wenn man Braut und Bräutigam in die Kirche führt, so darf jeder dem anderen einen Ehering geben, doch so, dass jeder der Eheringe mitsamt dem Stein darin nicht über 10 Gulden kostet noch wert ist, ungefähr. Wenn der Bräutigam in der Nacht das eheliche Beilager gehalten hat, so darf er oder jemand anderes an seiner Statt am Morgen die Braut beschenken mit einem oder zwei silbernen Bechern oder anderem vergoldeten oder unvergoldeten Kleinod, doch so, dass die Becher oder Kleinodien mit allem Zubehör nicht über 5 Mark Feingewicht haben[2], ungefähr. (…)

Was man den Gesellen und den Musikanten (Hofierern), die der Braut oder bei der öffentlichen Bekanntgabe ihrer Verlobung oder in anderer Weise ein Ständchen bringen, geben darf.
Eine neue unnötige Ausschweifung ist in Mode gekommen und an den ehrbaren Rat gelangt. Den Gesellen, die je zu Zeiten der Braut bei der öffentlichen Verkündigung ihrer Verlobung nachts mit den Stadtpfeifern ihren Freunden mit Musik aufwarten, seien mitsamt den Musikanten nach oder vor Vollendung des Ständchens luxuriöse Mähler gegeben worden. Der ehrbare Rat hat deswegen um des Gemeinen Nutzens halber befunden, streng zu verbieten, dass hinfort niemand weder Braut noch Bräutigam ihre Freunde oder sonst irgendjemand anders an ihrer Statt den Gesellen und Hofierern bei der öffentlichen Verkündigung der Verlobung vor oder nach der Musikdarbietung irgendwelche Mähler spendieren[3]. (…)

Wie viele Pferde die Tanzlader für die Tanzeinladung gebrauchen dürfen.
Es soll hinfort jeder Tanzlader nicht mehr als drei Pferde haben und gebrauchen und ein Pferd der Hägelein[4]. (…)

Vom Trinkgeld.
Es soll auch die Braut oder jemand anderes an ihrer Statt wegen irgendwelcher Geschenke, so ihr von dem Bräutigam oder von seiner Partei zukommen, nicht mehr Trinkgeld geben als 15 Pfennig. Desgleichen dürfen Braut und Bräutigam beim ersten Mal, wo sie der Heirat halber auswärts essen, nicht mehr an Trinkgeld oder Küchengeld geben als 15 Pfennige. Aber andere Personen, die bei solchen oder anderen Mahlzeiten und Wirtshausbesuchen anwesend wären, geladen oder ungeladen, müssen es mit dem Trinkgeld und Küchengeld halten wie es in der Stadt Gewohnheit ist, nämlich dass von jeder Person nicht mehr als 2 Pfennige gegeben werden.

Wie viele Personen man zu dem Kirchgang laden darf.
Wenn jemand Hochzeit feiern möchte, es sei ein Armer oder ein Reicher, ein Bürger oder ein Einwohner, so darf er von beiden Seiten einladen, und zwar von jeder Partei 12 Männer und 12 Frauen, und nicht mehr. (…)

Wie viele und welche Personen man bei den Hochzeitsmählern laden und bewirten darf.
Man darf bei den Mahlzeiten während der Hochzeit niemand einladen noch da essen lassen, als Vater und Mutter von Braut und Bräutigam, die Großväter und Großmütter, die Geschwister und die Schwager und Schwägerinnen. (…)

Welche Speisen bei den Hochzeitsmählern verboten sind.
Man soll auch zu einer Hochzeit weder Rebhühner, Haselhühner, Fasane, Auerhähne, Birkhühner, Pfauen noch Kapaune[5] geben, gleich ob gesotten oder gebraten, auch kein Hirsch- und Rehbraten, ebenso irgendwelches Hochzeitskraut. Lediglich darf man auf jeden Tisch einen gebratenen Kapaun geben. Sei es, dass jemand auf den nämlichen Tag kein Fleisch esse, denselben Leuten soll man ein Gericht oder zwei von Fischen in aller Einfachheit geben (…).

Welchen Wein man auf der Hochzeit ausschenken darf.
Man soll auch zu einer jeden Hochzeit keinen anderen Wein zu trinken geben als Frankenwein, Rheinwein oder anderen Wein mit dem gleichen Ungeldtarif, es sei denn, es wären Gäste hier anwesend, die auf der nämlichen Hochzeit speisen und denen von Rats wegen Wein geschenkt wurde. Denselben Schenkwein darf man auf der Hochzeit wohl trinken und geben, ungefähr. (…)

Wen man nach Tisch zum Tanz und nach Tische zu der Braut laden darf.
Man darf nach Tisch zum Tanz, auch nach Tisch zu der Braut laden, wen man will, doch so, dass man niemandem etwas anderes zu Essen oder zu Trinken geben soll als Obst, Frankenwein, Rheinwein und anderen Wein mit dem gleichen Ungeldtarif, ungefähr (…).

Wer und wie man Braut und Bräutigam ehren darf.
Wollte jemand von den Verwandten der Braut oder des Bräutigams Braut und Bräutigam ehren, der darf Braut und Bräutigam zu sechst auf einen Tisch zu sich laden und sie bewirten mit Obst, Käse und Brot, Frankenwein, Rheinwein oder anderen Wein im gleichen Ungeldtarif. Man kann dann auch dieselben sechs Personen, wenn man dies möchte, oder andere an ihrer Stelle zum Nachtmahl laden. (…)

Dass man nur einen Tag Hochzeit halten soll.
Man soll auch nur einen Tag die Hochzeit feiern, nämlich an dem Tag, an dem man zur Kirche gegangen ist und wo man in der Nacht das Beilager halten möchte. (…)

Joseph Baader (Bearb.), Nürnberger Polizeiordnungen aus dem XIII. bis XV. Jahrhundert, Stuttgart, Bibliothek des Litterarischen Vereins in Stuttgart, 1861 (ND Amsterdam, Rodopi, 1966), S. 71–83.

1 Das Ungeld war eine indirekte Verbrauchsteuer.
2 Die Nürnberger Gewichtsmark hielt 237,52 Gramm.
3 Der Rat hielt für die Musikanten lediglich ein Trinkgeld für angemessen. Den Gesellen sollte man neben Wein lediglich Obst, Käse und Brot als Amüsement anbieten.
4 Es handelt sich dabei um den Tanzlader bei Hochzeiten.
5 Masthähne.

GF

3.1.3.3.2 Die Hundeschlägerin und der Schelmschinder halten Hochzeit in Nürnberg (1506)

Der Nürnberger Bierbrauer und Chronist Heinrich Deichsler (1430–1506/7) erhielt 1486 das städtische Amt des Bettlerherrn. Deichsler war dafür zuständig, Stadtarmen die offizielle Bettelerlaubnis zu erteilen. In dieser Funktion richtete er auch im Jahre 1506 Angehörigen von städtischen Amtsträgern eine Hochzeit aus, die am unteren Ende der ‚Dienerschaft' des Rates bzw. der städtischen Gemeinschaft überhaupt standen.

Im Jahr 1506 am Sonntag vor Pfingsten (24. Mai) habe ich (Heinrich Deichsler) dem Friedrich Schelm eine Hochzeit ausgerichtet und den Bräutigam und die Braut in den Siechgraben vor dem Frauentor eingeladen. Die Braut war die Schwester der Hundeschlägerin, der Bräutigam war hier der Schelmschinder. Beim Kirchgang sind vorausgegangen der Henker und seine Frau, die Frau des alten Henkers, der ‚Lebe'[1] und seine Hausfrau, der Hundeschläger und seine Frau und die zwei Totengräber zu St. Lorenz und zu St. Sebald, darüber hinaus viele Prostituierte und Buben, wenig ehrbare Leute. Die Gesellschaft hat ihr Mahl bei dem Hundeschläger eingenommen. Dort haben sie den ganzen Tag gegessen und getrunken, dort auch schön und löblich getanzt. Viele Leute aus der Stadt Nürnberg sind dorthin gegangen, um ein so löbliches Fest zu sehen.

Die Chroniken der deutschen Städte: Nürnberg, Bd. 5 (Chroniken der deutschen Städte vom 14. bis ins 16. Jahrhundert, 11) Leipzig, Hirzel, 1874 (ND Göttingen, Vandenhoeck & Ruprecht, 1961), S. 705.

1 Der Gehilfe des Henkers.

CS/GF

3.1.3.3.3 Der Kölner Hermann Weinsberg freit Weisgin Ripgin (1548)

Hermann Weinsberg (1518–1597) berichtet von den Umständen der Eheanbahnung und -schließung mit seiner ersten Frau Weisgin. An diesem Beispiel wird deutlich, wie Eheverträge ausgehandelt wurden, und dass die beiden Familien auch mit der Ehe einverstanden sein mussten. Interessant ist, wie geschäftsmäßig man dabei verfuhr, wie schnell Weinsberg das Geschäft ‚Heirat' hinter sich bringen wollte. Denn er hatte mit der Magd seiner Mutter ein uneheliches Kind gezeugt. Da schien es wegen des öffentlichen Geschreis und des Widerstandes der Mutter des unehelichen Kindes und ihres Vaters ratsam, den ganzen Vorgang schnell und geräuschlos zu vollziehen.

Anno 1548 angefangen.
Am Sonntag, den 15. Januar 1548, habe ich meine erste Hausfrau Weisgin Ripgin zur Ehe genommen. Weil ich jetzt schon 30 Jahre alt war und zuvor viele gute Eheangebote abgeschlagen hatte – sie entsprachen nie so ganz meinen Wünschen –, deshalb hatte ich viel nachgedacht und habe während der letzten Christmesse und zu Beginn des neuen Jahrs die Angelegenheit in Gottes Hände befohlen und dafür gebetet, dass mir etwas widerfahren werde, was mich glücklich machte.
Am nächsten Samstag, den 7. Januar, kam mein Vater zu mir in das Haus ‚Weinsberg' und erzählte mir davon, dass er und meine Mutter sich meinetwegen besprochen hätten und zu dem Schluss gekommen seien, es sei gut und ratsam, dass ich meine Nachbarin Weisgin zur Ehe nehmen sollte. Er nannte mir starke Gründe, die sie dazu bewegt hätten. Er fragte, wie ich darüber dachte. Wenn ich einstimmte, so wollte er sofort beginnen, für mich zu werben. Weil ich die Sache Gott anvertraut hatte und die Lage Weisgins auch durch das Nebeneinanderwohnen in der Nachbarschaft gut kannte, sagte ich zu meinen Vater: „Weil Ihr und meine Mutter mir es ratet, ich sie gut kenne, und weil ich Gott vertraue, dass er mir Glück bescheren wird, so will ich um diese Frau anhalten." Mein Vater sagte: „So lasst mich gewähren, und ich denke, nicht lange, und Ihr sollt positiven Bescheid bekommen."
Am nächsten Tag, Sonntag, den 8. Januar, wartete mein Vater im Haus ‚Weinsberg', bis Weisgin aus der St. Jakobs-Kirche kam. Dann trat er zu ihr und sprach sie auf der Straße an und legte ihr unsere Wünsche und unser Wollen offen. Auch sie kannte mich sehr gut und hatte schon durch die Nachbarn über Gerüchte von meiner Absicht erfahren, aber ohne Auftrag. Das war auch mir zu Ohren gekommen. Sobald mein Vater in ehrbarer Weise für mich um ihre Hand angehalten hatte, sprach sie von der Stunde an, wenn es Gottes Vorsehung wäre und es ihren Verwandten gefiele, so täte sie es von Herzen gerne, und dankte meinem Vater sehr. Mein Vater sagte: „Wenn es geschehen soll, ist es aus vielen Gründen notwendig, dass es sehr bald geschehe." (…) Denselben Montag ritt Meister Johan nach Neuss und trug es den Verwandten vor. Den Dienstag kam er wieder zurück und sagte, es wäre ihnen recht. Am Mittwoch wollte Meister Johan in seinem Haus gegen Abend etwas in aller Stille anrichten. Da sollten wir uns das erste Mal treffen und uns besprechen. Das geschah. Weisgin, Meister Johan und seine Frau, mein Vater, meine Mutter und ich trafen uns, waren fröhlich, und wir beredeten die kommende Ehe und unser beider Absichten und Wünsche und gaben uns zusammen die Hand darauf. Ich hatte viele Goldstücke bei mir, die ich ihr gab. Die Ehe wurde also diesen Abend unvorbereiteter Dinge geschlossen. Doch sollte der Ehevertag am nächsten Tag besprochen werden.
Am Donnerstag kam ihr Bruder Ewalt Ripgin, Bürgermeister von Neuss, nach Köln. Er sollte zu dem Kurfürsten nach Brühl reiten. Zu dem (dem Bruder) kamen mein Vater und ich in das Haus von Gerhart Wolf, Weisgins Schwager, ‚am Haif'. Unter uns vieren beschlossen wir, dass für den Fall, wir würden Kinder bekommen, diese von mir soviel erhalten sollten, wie es meine Pflicht wäre, und von Weisgin soviel, wie ihre beiden Kinder Hermann und Johan, die sie von ihrem ersten Ehemann hatte, bekommen würden. Würden wir keine Kinder bekommen, so sollte Weisgin, was ich als Ehegut in die Ehe eingebracht hätte, behalten und die Witwenrente meines väterlichen Teils nutzen, falls sie den Tag erleben sollte, und alles in dem Fall, dass ich vor ihr sterben würde. Wenn sie

aber vor mir stürbe, sollte ich ein Kindteil zusammen mit ihren Kindern Hermann und Johan erhalten. Was wir im Ehestand gemeinsam gewonnen haben, soll der überlebende Teil als Leibrente genießen, danach soll es als Erbe aufgeteilt werden. Dieses wurde so verabredet, aber es wurde nichts schriftlich festgehalten.

Mir wurde von meinen Eltern ebenso viel Ehegut zugesagt, ohne jegliche Anrechnung meiner Studien, Promotion und Rittmeisterschaft, wie meine Schwester Maria, die bereits verheiratet war, bekommen hatte und ihre anderen Kinder erhalten werden. Aber dieses Ehegut habe ich bis auf den heutigen Tag nicht gesehen. (…)

Am Freitag kamen Weisgin und ich im Dom zusammen. Sie schenkte mir etwas und ich ihr. Da sagte sie mir, Meister Johan van Olup, Schneider, der Vater der Grete, mit der ich ein Kind hatte, hätte Einspruch erhoben und wollte mich aus Bosheit in Schande bringen[1]. Ich sagte: „Ich will den erzbischöflichen Siegelbewahrer ansprechen und mit ihm aushandeln, damit mir am kommenden Sonntag ohne Proklamation und Verkündigung zusammen (in den Ehestand) gegeben werden." Das gefiel ihr sehr, und sie drang selbst darauf, weil sie mich sehr lieb hatte. Denselben Tag handelte ich mit Herrn Hermann Stockum, dem Siegelbewahrer, und gab ihm vier Goldgulden. Da erlaubte er uns, dass wir am Sonntag verheiratet würden. Am Samstag sprach mein Vater den Pastor von St. Jakob an, erzählte ihm die Geschichte und begehrte von ihm, er solle uns am Sonntagmorgen sehr früh zusammengeben. Aber der Pastor sagte, Meister Johan Olups und Gretchen, seine Tochter, seien bei ihm gewesen und hätten ihm verboten, uns zu verheiraten, weil ich mit ihr verlobt sei. Ich ging zum Pastor und sagte, nein, das wäre nicht wahr. Am Abend ging der Pastor zu dem Olups und seiner Tochter, um sie davon zu unterrichten. Olups blieb stur, die Tochter aber konnte das nicht unter Eid bestätigen. Olups aber wollte sich vom Pastor nicht vertragen lassen. Doch da ging mein Vater zu ihm und nahm einen wohlgesonnenen Nachbarn mit. Er verhandelte so lang mit Olups, bis er einverstanden war und vom Verbot Abstand nahm.

Am Sonntag, den 15. Januar, machten wir uns beide früh um vier Uhr auf, gingen in die Kirche St. Jakob oben auf die Chorlaube am Altar des Hl. Michael. Es wurde eine Messe gelesen und sobald die vorüber war, verkündigte Herr Gotschalk van Rade am Rosenkranz uns dreimal vor dem Altar an und aus und gab uns zusammen. Mein Vater wartete unter der Kirchtür, sodass niemand hinein kommen konnte, der sich erneut einen Spaß mit einem fälschlichen Verbot machen konnte. Also wurde diese Ehe binnen neun Tagen auf den Weg gebracht und vollzogen, und sie geriet wohl.(…).

Konstantin Höhlbaum/Friedrich Lau/Josef Stein (Bearb.), Das Buch Weinsberg. Kölner Denkwürdigkeiten aus dem 16. Jahrhundert, 5 Bde. (Publikationen der Gesellschaft für Rheinische Geschichtskunde, 3, 4 u. 16), Leipzig-Bonn, Dürr-P. Hanstein, 1886–1926, hier: Bd. I, S. 281–283.

1 Hermann Weinsberg hatte mit Greitgin Olups, der erhemaligen Magd seiner Mutter, ein uneheliches Kind.

TJ/GF

3.1.4 Sexualität vor und außerhalb der Ehe: Jugendliche ‚Helden' und Ehebrecher

3.1.4.1 „In Liebe zu diesem Mädchen vollkommen entflammt" – Sexualität vor und außerhalb der Ehe: Abaelard und Heloise

Petrus Abaelardus (1079–1142), Sohn eines Ritters, leistete Verzicht auf sein Erbe, um sich der Theologie und Philosophie widmen zu können. Entscheidend für die Zukunft des jungen Abaelard wurde die Liebe zu seiner Schülerin Heloise. Das Verhältnis wurde entdeckt, als Heloise ein Kind von Abaelard erwartete. Abaelard entführte daraufhin Heloise. Nachdem der kleine Astrolabius geboren worden war, versprach Abaelard – im Streit mit ihrem Onkel Fulbert – Heloise die Ehe. Als aber die Heirat lediglich heimlich erfolgen sollte und die Familie der Frau dadurch tief beleidigt wurde, ließ Fulbert Abaelard überfallen und ihn entmannen. Heloise war schon vor dieser ruchlosen Tat auf Drängen Abaelards ins Kloster Argenteuil gegangen, er selbst trat darauf in den Konvent von St-Denis ein. Nach ihrem Tod (1164) wurde Heloise an der Seite des geliebten, schon 1142 gestorbenen Mannes bestattet. In seiner Lebensgeschichte beschreibt Abaelard die tragische Leidenschaft zu Heloise.

In Liebe zu diesem Mädchen vollkommen entflammt, suchte ich nach einer Gelegenheit, um sie durch täglichen Verkehr in ihrem Hause mir vertraut zu machen und sie leichter zur Hingabe zu verleiten. Ihres Oheims eigene Freunde waren mir dabei behilflich, dass dies auch eintrat; ich kam mit ihm überein, dass er mich um eine beliebige Aufwandsentschädigung in sein Haus aufnehmen sollte, das ganz in der Nähe meiner Schule lag. Ich gebrauchte dabei den Vorwand, dass die Sorge für meinen Haushalt mein Studium erheblich behindere und der Aufwand mich allzu sehr belaste. Nun war Fulbert (der Onkel) ein großer Geizhals, dabei aber doch darauf bedacht, dass seine Nichte in ihrer gelehrten Bildung immer weiter Fortschritte machte. Beides zusammen verschaffte mir leicht die Einwilligung, und ich bekam, was ich wollte: einerseits war er ganz auf das Geld aus, andererseits versprach er sich davon, dass seine Nichte etwas von meiner gelehrten Bildung in sich aufnehmen werde. Ja, er kam selbst meinen Wünschen über das, was ich zu hoffen wagte, hinaus entgegen und leistete meiner Liebe Vorschub. Er überließ sie offensichtlich ganz und gar meiner Erziehung und bat mich obendrein dringend, ich möchte doch ja alle freie Zeit, wenn ich von der Schule zurückgekehrt sei, sei's bei Tag oder bei Nacht, auf ihren Unterricht verwenden, ja, wenn ich spürte, dass sie nachlässig sei, solle ich sie rücksichtslos züchtigen. Ich musste sehr staunen, wie groß seine Einfalt war, und ich war bei mir nicht weniger entsetzt, als wenn er das unschuldige Lamm dem hungrigen Wolf anvertraute. Wenn er sie mir nicht bloß zur Ausbildung, sondern auch zur heftigen Züchtigung auslieferte: was tat er da anderes, als meinen Wünschen vollkommene Freiheit zu gewähren und mir Gelegenheit zu bieten, auch wenn ich nicht wollte, sie, wenn ich es mit Schmeicheleien nicht vermöchte, mit Drohungen und Schlägen um so leichter umzustimmen. Aber besonders

167

zweierlei hielt schmählichen Verdacht fern von ihm: die Liebe zu seiner Nichte und der bisherige Ruf meiner Enthaltsamkeit.
Was soll ich weiter viel sagen? Zuerst ein Haus, dann ein Herz und eine Seele verbinden uns. Unter dem Deckmantel der Unterweisung gaben wir uns ganz der Liebe hin, und unsere Beschäftigung mit Lektüre bot uns die stille Abgeschiedenheit, die unsere Liebe sich wünschte. Da wurden über dem offenen Buch mehr Worte über Liebe als über Lektüre gewechselt; da gab es mehr Küsse als Sprüche. Nur allzu oft zog es die Hand statt zu den Büchern zu ihrem Busen, und öfter spiegelte Liebe die Augen ineinander, als dass die Lektüre sie auf die Schrift lenkte. (…)
Aber wenn auch spät, einmal weiß man es doch; was alle entdecken, bleibt einem einzigen nicht leicht verborgen. Dies widerfuhr, nachdem einige Monate verflossen waren, auch uns. Ach, welchen Schmerz bereitete diese Entdeckung dem Oheim! Wie groß war der Schmerz, der die Liebenden selbst durch die Trennung traf! (…)
Bald darauf fühlte Heloisa, dass sie empfangen hatte; in der höchsten Freude benachrichtigte sie mich davon und fragte mich um Rat, was nun zu tun sei. Nachdem wir vorher darüber eins geworden waren, entführte ich sie ihrem Oheim in einer Nacht, da er nicht zu Hause war. Unverzüglich geleitete ich sie in meine Heimat zu meiner Schwester, bei der sie verblieb, bis sie ein Knäblein gebar, dem sie den Namen Astrolabius gab. Der Oheim gebärdete sich bei seiner Heimkehr wie ein Rasender. (…)
Um ihn völlig zu besänftigen, bot ich ihm eine Genugtuung an, die er nicht erwarten konnte: nämlich sie, die ich entehrt hatte, mit mir zu vermählen, solange dies nur insgeheim geschehen könne, damit ich an meinem Ruf keine Einbuße erleide. Es stimmte jener mit seinem und seiner Freunde Ehrenwort zu und besiegelte durch Küsse die Übereinkunft, um die ich nachsuchte – nur um mich desto sicherer zu verraten. Ich kehrte nun in meine Heimat zurück und holte die Geliebte ab, um sie zu meiner Frau zu machen. Aber sie war keineswegs damit einverstanden und riet mir aus zwei Gründen dringend ab: nämlich wegen der Gefahr und wegen meines Ehrverlustes. (…)
Wir ließen unser neu geborenes Kind in der Obhut meiner Schwester und kehrten heimlich nach Paris zurück. Dort wurden wir nach wenigen Tagen eines Morgens in aller Frühe durch den ehelichen Segen verbunden, nachdem wir die Nacht in einer Kirche mit der Feier der Vigilien in der Stille verbracht hatten. Als Zeugen waren zugegen der Oheim Heloisas sowie einige Verwandte von meiner und ihrer Seite. Dann trennten wir uns heimlich – jeder ging seiner Wege, und von da an sahen wir uns nur noch selten und verstohlen, da wir möglichst geheim hielten, was wir getan hatten.
Heloisas Oheim jedoch und seine Angehörigen, die für den ihnen zugefügten Schimpf nach Genugtuung verlangten, fingen an, unser Ehebündnis bekannt zu machen und brachen damit das Versprechen, das sie mir gegeben hatten. Heloisa ihrerseits schwor unter Verwünschungen, dass es erlogen sei, worüber jener heftig erbittert war und sie mit vielfachen Beleidigungen überhäufte. Als ich davon hörte, brachte ich sie in das Nonnenkloster Argenteuil bei Paris, in dem Heloisa einst als kleines Mädchen erzogen und gebildet worden war. Ich ließ sie auch die Gewandung anlegen, die das Klosterleben erfordert – mit Ausnahme des Schleiers. Als sie davon hörten, glaubten Fulbert und seine Verwandten, ich hätte sie jetzt erst recht hintergangen und Heloisa zur Nonne gemacht, um sie loszuwerden. Aufs höchste entrüstet, verschworen sie sich gegen mich. Nachdem sie meinen Diener mit Geld bestochen hatten, nahmen sie eines Nachts, als ich ruhig in einer abgeschiedenen Kammer schlief, die grausamste und beschämendste Rache an mir, welche die Welt mit höchstem Entsetzen vernahm: sie beraubten mich der Körperteile, mit denen ich begangen hatte, worüber sie klagten. Die Täter ergriffen bald die Flucht, zwei von ihnen, die man festnehmen konnte, wurden ihrer Augen und Genitalien beraubt. Einer davon war jener Diener, der stets in meiner Umgebung gewesen und durch seine Geldgier zum Verrat an mir verleitet worden war.
Als es Tag wurde, strömte die ganze Stadt vor meiner Wohnung zusammen, und in welchem Entsetzen sie erstarrte, in welchem Jammer sie sich verzehrte, mit welchem Geschrei sie mich quälten, mit welcher Klage erschütterten, lässt sich schwer, ja unmöglich ausdrücken. (…)
In dieser elenden Verzweiflung trieb mich weniger ein Verlangen nach Bekehrung – ich gestehe es offen – als die Verlegenheit meiner Scham in den bergenden Schutz der Klostermauern. Heloisa hatte schon vorher auf mein Geheiß bereitwillig den Schleier genommen und war ins Kloster gegangen. Und so trugen wir nun beide das geistliche Gewand: ich in der Abtei von St-Denis, sie im Kloster von Argenteuil. (…)

Hans-Wolfgang Krautz (Übers./Bearb.), Abaelard, Der Briefwechsel mit Heloise, Stuttgart, Reclam, 1989, S. 15–25.
GF

3.1.4.2 „Eine brennende Liebe" – die betrogene Magd Anna Schöchin (1535)

Vor dem Basler Ehegericht wurde am 15. Januar 1535 der Fall einer unehelichen Schwängerung einer Magd durch einen Kleriker verhandelt. Das war eine klassische Konstellation im Mittelalter wie auch noch in der beginnenden Reformationszeit, als sich die alte kirchliche Ordnung auflöste und damit auch das Gelübde des Zölibats aufgehoben wurde.

Donnerstag, den 15. Januar, hat Verena Holerin von Schopfheim, folgende Zeugin zur Zeugenschaft aufbieten lassen, die auch erschienen und auf Befehl des Eherichters vereidigt worden ist (…):
Anna Schöchin von Laupheim, zwischen Ulm und Biberach gelegen, sagt bei ihrem Eid: Es wäre folgendermaßen gewesen: Galli Werlin von Leipheim, zwischen Ulm und Günzburg gelegen, sei, als sie, die Zeugin, damals zu Leipheim bei einem Edelmann gedient habe, der gegenüber dem Haus von Galli Werlins Vater wohnte, und er, Galli Werlin, ein Student und Epistler[1] gewesen sei – das sei jetzt schon 16 Jahre her –, in dieser Zeit von einer brennenden Liebe zu ihr, der Zeugin, erfasst worden. Er habe sie derart bedrängt, dass sie ihm aufrichtig die Ehe zugesagt habe.

Er hätte auch ihr die Ehe versprochen, doch ohne Wissen und Willen seines Vaters und seiner Mutter.
Dann hätte er, Galli Werlin, sie, die Zeugin, mit nach Augsburg genommen, hätte sich die Tonsur zuwachsen lassen und sie bei einem Scherer im Barfüßerkloster[2] verdingt. Dann habe er ihr ausrichten lassen, dass er auch nach Augsburg ziehen und beim Schulmeister in die Kost gehen wolle. Sie sei aber nicht mehr als acht Tage dort geblieben.
Denn als ihr genannter Ehemann nicht zurückgekommen sei, wäre sie wieder nach Leipheim gegangen. Als sie nun von ihm schwanger war, wäre sie damals zu ihrer Schwester nach Ulm gegangen. Da sei der Galli Werlin nicht zu ihr gekommen, seine Freunde aber hätten ihr, der Zeugin, einen Brief des Inhalts geschrieben: sie brauche nicht auf ihn zu warten, denn er hätte sich eine Frau genommen, mit der halte er Haus in Bolheim[3].
Als sie sich dann dort eingefunden habe, sei ihr genannter Mann Galli im Pfarrhaus gewesen und sie selbst vor dem Pfarrer erschienen. Da wäre der Galli zur Hintertür hinausgesprungen und hätte sich davongemacht.
Also habe sie, die Zeugin, zwei Kinder von ihm gehabt. Er habe ihr immer wieder versprochen, erst wenn die andere Frau gestorben sei, wolle er sie zur Kirche führen. Zuletzt habe sie, die Zeugin, ihn verlassen und sei elf Jahre lang nicht zu ihm gekommen bis vor kurzem. Als sie nämlich erfahren habe, dass er bei dem Herrn von Reischach zu Aarau im letzten Jahr in Stellung gewesen sei, wäre sie zu ihm nach Aarau gegangen. Er hätte sie dann nach Basel bestellt, habe ihr dort Unterhalt zahlen wollen. Das eine Kind, ein Töchterlein, sei zu Zürich im ‚Vogelsang' gestorben, aber das Knäblein hätte er bei sich behalten und es nach Laufenburg verdingt. Währenddessen sei sie nun in die Stadt Basel gekommen, in den ‚Roten Löwen' zu Kleinbasel. Er, Galli Werlin, sei mit seinem Herrn von Reischach dann auch hierher gekommen und sei zu ihr in die genannte Herberge ‚Zum Roten Löwen' gegangen. Er sei ihr nicht beigelegen, denn sie hätte ihm keineswegs mehr zu Willen sein wollen, weil er eine Ehefrau habe. Wenn aber die Wirtin gefragt habe, was er bei ihr, der Zeugin, denn tue, hätte sie, die Zeugin, auf sein Geheiß hin antworten müssen, dass er ihr, der Zeugin, Schwager sei. Er habe ihre Schwester zur Ehe gehabt.
In der letzten Weihnachtszeit, nämlich am Sonntag vor Heiligdreikönig (3. Januar) habe sich der genannte Galli, ihr Mann, in aller Frühe zum Tor hinausgemacht. Wohin er gegangen sei, wisse sie nicht. Sie erkundige sich auch nicht mehr nach ihm, weil er so schändlich und unredlich ihr gegenüber gewesen sei, sie betrogen und verführt habe.

Dorothee Rippmann/Katharina Simon-Muscheid/Christian Simon (Bearb.), Arbeit – Liebe – Streit. Texte zur Geschichte des Geschlechterverhältnisses und des Alltags (15. bis 18. Jahrhunderts), Liestal, Selbstverlag Kanton Basel-Landschaft, 1996, S. 67 f.

1 Ein Subdiakon, der die Lesungen während des Gottesdienstes zu übernehmen hatte.
2 Franziskanerkloster.
3 nö. Ulm.

GF

3.1.5 „Mitten im Leben sind wir vom Tod umgeben!": Leben, um zu sterben

3.1.5.1 „Mein Leib ist vom Alter nichtig geworden": Alter und Tod in einem Lied

Viele der Lieder des Südtiroler Adligen und Dichters Oswald von Wolkenstein (1376/78–1445) kreisten um das eigene Leben, um das eigene Erleben. In einem Alterslied beobachtete Wolkenstein seinen körperlichen Verfall – ein Klagegesang.

Ich sehe und höre,
wie mancher den Verlust seiner Besitztümer beklagt;
doch ich beklage nur die Jugendtage,
den Verlust des ungebundenen Sinnes,
den ich in jenen früheren Zeiten besaß
Und nicht zu schätzen wusste, wie mich die Erde geduldig trug.
Mit Schwäche und Beschwerden zeigen mir
Haupt, Rücken und Beine, Hände und Füße das Alter an.
Dass ich ohne Not gesündigt habe,
Herr Leib, diesen Mutwillen entgeltet Ihr nun
mit Blässe, roten Augen, Runzeln und grauem Aussehen.
Statt zu springen, geht Ihr jetzt behutsam.
Herz, Gemüt, Zunge und Schritte werden mir schwer,
gebeugt ist mein Gang,
Zittern schwächt mir alle Glieder.
Mein Gesang lautet „o weh",
das singe ich bei Tag und Nacht;
mein Tenor ist brüchig geworden.

Krauses helles Haar
wuchs einst in dichten Locken auf meinem Haupt;
das wird jetzt schwarz und grau gescheckt,
mit kahlen Flecken durchsetzt.
Mein roter Mund ist fast blau geworden,
darum war ich meiner Liebsten widerwärtig.
Stumpf und missfarbig
sind meine Zähne und taugen nicht zum Kauen;
und wenn ich den Reichtum der ganzen Welt hätte,
ich könnte sie nicht erneuern
noch mir ein unbeschwertes Gemüt kaufen,
höchstens in einem Wahnbild könnte ich's erleben.
Mein Kämpfen und mein schnelles Laufen
ist stockend und stolpernd geworden.
Beim Singen huste ich durch die Kehle,
mein Atem ist kurz.
Und mich verlangt nach der kühlen Erde,
denn ich bin schwach und verächtlich geworden.

O Jüngling, daran erkenne:
Vertraue nicht auf Schönheit, Stärke und geraden Wuchs!
Richte dich lieber
mit geistlichem Gesang himmelwärts!
Ich war früher, was du jetzt bist;
Wenn du wirst, was ich bin,
werden dich gute Werke nicht reuen.
Vor allen Dingen
müsste ich jetzt nach Gottes Wohlgefallen leben

50 mit Fasten, Beten, Kirchgehen und auf den Knien
büßen.
Doch vermag ich bei all dem nicht auszuharren,
seit mein Leib vom Alter nichtig geworden ist.
Ich sehe immer vier statt einen
55 und höre wie durch eine dicke Wand.
Die Kinder spotten bald über mich
und auch die schönen Mädchen.
Das kommt von meiner Torheit.
Nun schenke uns Gott ein Ende nach seiner Gnade.
60 Amen.

Burghart Wachinger (Bearb.), Oswald von Wolkenstein. Lieder, Stuttgart, Reclam, 1992, S. 65–67.

GF

3.1.5.2 Sich auf den Tod vorbereiten – das Testament der Margarethe von Oldendorp aus Göttingen (1485)

Die Friedhöfe in den mittelalterlichen Städten lagen mitten in der Stadt. Der Tod war nahe, er war sehbar, hörbar. Erst im Laufe der Frühen Neuzeit wurden in den größeren Städten die Friedhöfe in periphere Lagen verlegt. Leben und Sterben gehörten im Mittelalter zusammen, die Toten waren mitten unter den Lebenden. Die Lebenden trafen daher auch Vorsorge für ihren Tod: mit unendlich vielen und reichen Stiftungen suchten die Gläubigen das ewige Leben nach dem Tod zu erlangen. Die Testamente legen Zeugnis von diesem Stifterwillen ab, sie verdeutlichen aber auch das Bestreben der Erblasser, ihr ‚Haus' zu bestellen, für die Lebenden zu sorgen. Am 11. November 1485 ließ in Göttingen Margarethe, die Ehefrau des Ratsherrn und mächtigsten Mannes der Stadt Hans von Oldendorp, ihr Testament aufsetzen.

Im Namen des Herrn. Amen. Ich, Margareta von Oldendorp, habe wohl betrachtet die vergängliche Stätte dieser Welt, dass nicht der Tod bekannt ist und unbekannt die Stunde des Todes. Weil ich jetzt noch ver-
5 nünftig bin von Denken und Sinnen, so setze ich mein Testament auf und in dieser nachgeschriebenen Weise offenbare ich meinen letzten Willen allen denjenigen, denen dieses zu tun ist oder werden sollte.
Als erstes befehle ich meine arme Seele in die Hände
10 des allmächtigen Gottes, meinen Leichnam zu der Erde in meiner Pfarrkirche zu Sankt Jakobi zwischen anderen Christenmenschen mit Messen, Vigilien[1] und Almosen zu beerdigen.
Weiter von meinem weiblichen Kopfputz, meinen
15 Kleidern und Kleinodien, dass es für mich um die Seligkeit meiner Seele willen hingegeben werde. Ich gebe es zum Lob und Ehre unseres Herrn Gott, für etliche meiner Bekannten und auch den Armen zum Trost, wie es hiernach verzeichnet ist.
20 All mein Silberzeug von vier Mänteln und von drei Gürteln gebe ich Sankt Jakob, meinem heiligen Patron[2], für (die Anfertigung) eines Kelchs und meinen großen ‚Handtreu' (Ring), um damit den Kelch zu vergolden, dazu meinen braunen ärmellosen Mantel für
25 ein Messgewand und mein Korallen-Paternoster (Rosenkranz) mit den großen Perlen, um es an die kleine Statue des Heiligen Jakob zu hängen.

Mein großes Paternoster, das mir der verstorbene Hermen Bruns gab, von dem soll die Hälfte an die Marienstatuen in der Jacobi-Kirche und die andere Hälf- 30 te an die Marienstatuen in der Bartholomäuskirche gehängt werden.
Die seidenen Decken, die mir mein verstorbener Vater gab, gebe ich den Paulinern[3], Barfüßern[4] und der Kirche Sankt Jakob[5] für die Altäre. 35
Von meinen fünf Seidenkissen soll man mir ein Messgewand machen und an die St.-Jürgen-Kapelle geben; das habe ich vor kurzem gelobt.
Ferner meinen braunen Mantel[6] an die Barfüßer zu einem Messgewand. 40
Darüber hinaus zwei silberne Messer in ihren Scheiden; davon gebe ich eines Margarete Segebode und das andere Margarete Meyer, und derselben Margarete Segebode soll die schwarze Schaube[7] werden.
Alheid, der Tochter des Andreas, meinem Patenkind, 45 gebe ich alle meine schwarzen Werktagsröcke. Ferner gebe ich Heyse Segebode vier silberne Löffel, die mir gehört haben.
Ferner Alheid Degenhard, meinem Patenkind, ein Bett und den großen ärmellosen Mantel. Grete Geilen ge- 50 be ich meinen schwarzen ärmellosen Mantel ohne Futter.
Überdies ordne ich an und bitte, dass mir 14 Pfund Wachs in die nachfolgenden Bruderschaften und Kirchen gegeben werden: in die Antonius- und die Jo- 55 hannisbruderschaft, in die Nikolausberger Kirche, (in die Spitalskirche) zu Reinhausen[8], (in die Pfarrkirchen) St. Johannis, St. Albani, St. Jacobi, St. Marien, St. Nicolai, in die Jürgen (Georgs-)kapelle, (in die Spitalskirchen) St. Bartholomäus und St. Crucis sowie zu den 60 Paulinern und den Barfüßern, jeweils ein Pfund Wachs, endlich nach Weende zu den Klosterfrauen ein Fass Bier, dass sie ein Gebet zu Gott sprechen für meine Seele.
Über dieses Vorgeschriebene zu handeln und es zu 65 vollbringen, befehle ich, Margareta, Hans von Oldendorp, meinem Hausherrn (Ehemann). Er soll mit Hilfe von Cord Dorman und Cord Groneman, den Vorstehern der Kirche St. Jacobi, alle diese Stiftungen vollziehen und das so tun, dass sie es vor dem Gericht 70 Gottes und im Namen Gottes unseres Herrn verantworten können. (…)

Hartmut Boockmann, Leben und Sterben in einer spätmittelalterlichen Stadt, Göttingen, Vandenhoeck & Ruprecht, 1983, S. 41 f.

1 Abendgottesdiensten.
2 Sie meint damit die Göttinger Pfarrkirche St. Jacobi.
3 Dominikaner.
4 Franziskaner.
5 Das heißt, der Jakobikirche.
6 Der Name des Kleidungsstückes fehlt im Testament.
7 Obergewand.
8 sö. Göttingen.

AC/GF

3.1.5.3 Das ewige Leben kaufen – Ablässe und Stiftungen des Nürnberger Patriziers Niklas Muffel (gest. 1469)

Kurz vor seinem gewaltsamen Tod am Galgen (28. Februar 1469) schrieb der Patrizier und als Vorderster Losunger der erste Regierer der Reichsstadt Nürnberg Niklas Muffel im Dezember 1468 seine Lebenserinnerungen für die Kinder und Nachkommen nieder. Das Hauptanliegen seiner „Gedechtnusse" sah Niklas darin, dem künftigen Geschlecht der Muffel die zentrale Bedeutung der Reliquie (ein Span des Kreuzes Christi) für das Familienbewusstsein deutlich zu machen, die die Großeltern um 1388 von König Wenzel in einer von Wundern reichen Geschichte erworben und die nachfolgenden Generationen der Muffel zum Mittelpunkt reicher Meßstiftungen gemacht hatten. Muffel stellte dabei auch und gerade seine ‚Leistungen' heraus, sein Streben nach Reliquen und Ablässen – das ewige Seelenheil konnte gekauft werden.

Und nachdem dann er eine solch große Liebe dazu[1] gehegt hat, habe ich, Niklas Muffel, der eines (Landadligen) von Lauffenholtz Tochter zur Ehefrau genommen hat, und so ich sein Enkel bin und ich eine Tetzelin[2] zur Mutter gehabt und meiner Mutter eine von Giech[3] gewesen ist, auch nicht wenig Liebe zu dem heiligen Kreuz und diesem Altar[4] gewonnen und darin durch meine liebe Großmutter Barbara, wie oben steht, unterwiesen worden bin, habe ich als erstes die zwei Gesprenge über dem Altar machen lassen. Die kosteten mehr als 75 Gulden, die wurden gemacht im Jahr 1431, und danach wurde die Altartafel gemalt im Jahr 1436 und kostete 50 Gulden. In derselben Tafel war unter Christus, der am Kreuz hängt, der erwähnte Span des heiligen Kreuzes (untergebracht). Den (Span) selbst hat man gestohlen, als die Schottenmönche noch zu St. Egidien waren[5]. So kostete mich die Tafel auf ‚Unseres Herrn Leichnam-Altar' 200 Gulden. Ferner kostete mich die Tafel zu St. Sebald auf dem St. Stefans-Altar, worauf mein Großvater auch eine Messe gestiftet hat, 200 Gulden.

Überdies habe ich von dem Jahr 1436 an bis zu Weihnachten im Jahr 1439 insofern großen Fleiß bewiesen, als ich eine würdige Reliquiensammlung mit großer Mühe zuwege gebracht habe. Sie zählt jetzt 308 Reliquien. Diese habe ich dann in die zwei genannten Altartafeln einfügen lassen, was dann auch über 30 Gulden kostete, dazu ein Altartuch, auf dem die Wappen der Muffel und Lauffenholtzer gestickt sind, das kostete auch um die 20 Gulden. Das habe ich Gott dem Herrn und dem Heiligen Kreuz zu Lob und Ehre getan, in der Hoffnung, dass ich dadurch von dem ewigen Tod auch erlöst werde. Auch (habe ich) meines verstorbenen Großvaters letzten Willen mit dem Brennen der Lampen und den Messen bisher erfüllt, und dazu auch den wichtigen Ablassbrief erworben, wie er auf der Tafel an dem Pfeiler gegenüber (dem Altar) geschrieben steht. Der kostete mich um die 80 Gulden. Das (habe ich) in der Hoffnung getan, dass das Volk desto eher und besser zur Andacht angehalten werde, das heilige Kreuz und andere Reliquien desto andächtiger zu ehren und sich des Ablasses teilhaftig zu machen und Gott auch für mich zu bitten. Ich gründe daher meine ganze Hoffnung darauf, dass meine Kinder und Nachkommen diesen Altar nicht verfallen lassen, sondern vielmehr seine Ausstattung vermehren, die ich Ihnen zu Ehren hinterlassen habe. Denn, wenn mein lieber Großvater nicht solche Liebe zu dem heiligen Kreuz gehabt hätte, wäre ich nicht so engagiert gewesen: Also hege ich die Hoffnung, dass meine Nachkommen das ebenso sehen werden. Denn die allergrößte Mühe habe ich mir mit der Reliquiensammlung gemacht, dass ich sie in so bedeutender zuwege gebracht habe. Denn ich war der Meinung, ich müsse von den Reliquien so viel erlangen, dass ich an jedem Tag das Jahr hindurch ein heiliges Gebein (Reliquie) hätte, sodass der (gekaufte) Ablass von 800 Tagen an jedem Tage hätte erworben werden können. Das habe ich aber in den 33 Jahren nicht geschafft. Also habe ich das Gott dem Herrn befohlen und wollte die Reliquien nicht länger uneingefasst liegen lassen. Und so bin ich der Meinung gewesen, dass ich die Reliquien, die ich noch in Besitz habe, für die Kirchen, für die ich auch noch Ablässe erworben habe, fassen und fertigen lassen sollte. Wolle Gott der Herr mir noch das Leben geben, das zu vollbringen! Das ist zu St. Sebald auf dem St. Stefans-Altar, zu dem Neuen Spital, zu den Barfüßern[6], im Kloster St. Clara, und vor der Stadt: zu St. Johannis, zu St. Jobst, in dem Siechgraben am (Altar) Maria Verkündigung in St. Leonhard-Kapelle, und auch zu Eschenau in beiden Kirchen, zu Ermreuth, zu Rötenbach, zu Wendelstein und zu Pillenreut[7]. An all' diesen Orten habe ich besonderen Ablass erworben in dem Maße und gleich viel wie am Heilig-Kreuz-Altar (zu St. Egidien).

Und das schreibe ich deshalb auf: Wenn Gott der Herr über mich gebietet, soll man diese Schrift über viele Jahre lesen und meine Kinder und Nachkommen sollen sich daran ergötzen, damit sie auch zu solchen guten Werken umso eher animiert werden. (…)

Und so, liebe Kinder und Enkel, wenn ihr brüderlich und freundlich lebt, euch diese Erinnerungen und diese Schrift zu Herzen nehmt und einzig und allein gottesfürchtig und Gott dem Herrn dankbar seid, wird euch, wenn Gott will, Gott der Herr euch seine Barmherzigkeit zuteil werden lassen. Setzt also euer Vertrauen auf Gott und die Jungfrau Maria und die lieben Heiligen. Vertraut nicht den Menschen und der vergifteten Welt, sondern allein Gott, und seid einander behilflich. Dann nimmt euer Glück und eure Seligkeit nach Gottes Willen seinen Lauf. Darin helfe euch und mir Gott Vater, Sohn und Heiliger Geist.

Die Chroniken der fränkischen Städte, Nürnberg (Die Chroniken der deutschen Städte vom 14. bis ins 16. Jahrhundert, 11), Leipzig, Hirzel, 1862 (ND Göttingen, Vandenhoeck & Ruprecht, 1961), S. 744–746 u. 750.

1 Der Großvater Niklas d.Ä. verehrte die Reliquie, den Kreuzpartikel.
2 Die Tetzel waren ein Patriziergeschlecht in Nürnberg.
3 Ein fränkisches Landadelsgeschlecht.
4 Der von dem 1392 gestorbenen Großvater Niklas im Kloster St. Egidien gestiftete Kreuzaltar.
5 St. Egidien gehörte zu einem der oberdeutschen Klöster, das von schottischen Mönchen gegründet und bis 1419 besetzt war.
6 Franziskaner.
7 Dörfer im Umkreis Nürnbergs, in denen die Muffel begütert waren.

CS/GF

3.1.5.4 Pest und Sterben – der Tod wird privat: die Zeitgenossen Giovanni Boccaccio aus Florenz und Fritsche Closener aus Straßburg (um 1350)

Im Jahre 1347 brachten Genueser Galeeren die Pest von der Krim aus nach Italien. Die Pest verbreitete sich von den italienischen Häfen aus in Windeseile über Europa. Selbst die dünn besiedelten Gebiete Skandinaviens blieben davon nicht verschont. 1353 fand die große Pestwelle in Russland ihre letzten Opfer. Die Krankheit verbreitete sich vor allem entlang der Handelswege. Nach Süddeutschland gelangte die Seuche östlich über die Alpen und westlich durch das Rhônetal in das Oberrheingebiet. Niederdeutschland dagegen wurde von England aus infiziert. Dieses erste große Sterben, das die spätmittelalterlichen Gemeinschaften heimsuchte, forderte hohe Opfer. Schätzungen beziffern die Verlustraten zwischen 10 und 30 % der europäischen Bevölkerung (mit lokalen und regionalen Schwankungen von 10 bis 60 %).

Diese und die folgenden Pestausbrüche führten zu einem deutlichen Bevölkerungsrückgang, der zu Beginn des 15. Jahrhunderts einen Tiefstand erreichte. Erst im 16. Jahrhundert konnten die Verluste wieder ausgeglichen werden. Die immer wieder ausbrechenden Epidemien führten zu Störungen des Handelsverkehrs und des Wirtschaftslebens. Menschliche Arbeitskraft wurde tendenziell teurer, auch wenn ein Lohnanstieg immer wieder mittels Lohntaxen verhindert werden sollte; von einem goldenen Zeitalter der Lohnarbeit zu sprechen, dürfte jedoch deutlich übertrieben sein. Auf dem Land lässt sich ein Siedlungsrückgang feststellen, viele Landbewohner zog es in die ohnehin attraktiveren Städte, die ihrerseits die Verluste ausgleichen wollten.

Medizinisch war die Pest nicht zu erklären; das auslösende Bakterium wurde erst 1894 entdeckt, wenngleich von medizinischer Seite etliche sinnvolle Vorschläge unterbreitet wurden: Als wirkungsvollstes Hilfsmittel galt die Flucht in noch nicht infizierte Gebiete. Gottes Strafe über eine sündige Menschheit hat man als Grund genannt, als Auslöser galt eine ungünstige Konstellation der Sterne, die Krankheit, so glaubte man, verbreitete sich durch die Luft (Miasma-Theorie). Toposhaft sind die Vorwürfe über Sittenverfall, begleitet allerdings von intensiven religiösen Übungen. Problematisch ist die Verwendung des Begriff Pest oder Pestis in den Quellen selbst, denn er bezeichnet Seuche allgemein und damit nicht nur die eigentliche Krankheit. Sicherheit kann nur gewonnen werden, wenn weitere Indizien die Seuche belegen.

Drei Quellen sollen die Folgen der Pest des Spätmittelalters und der Frühen Neuzeit belegen.

GF/BF

3.1.5.4.1 Es ist die Pest!

1348 verheerte die Pest auch die Stadt Florenz. Die Reichen flohen vor der Pest in ihre Villen auf dem Lande. Giovanni Boccaccio leitete seine um 1350 entstandene Novellensammlung ‚Decamerone' mit einer eindringlichen Schilderung der Pest ein. Der Augenzeuge beobachtete sehr genau, beschrieb an Krankheitssymptomen, was er sah, registrierte die Konsequenzen für die Gruppen und Gemeinschaften im Florenz des Pestjahres.

Ich sage also, dass seit der heilbringenden Fleischwerdung des Gottessohnes schon 1348 Jahre vergangen waren, als in die ausgezeichnete Stadt Florenz, die vor jeder anderen Stadt Italiens besonders edel ist, die todbringende Pest eindrang. Sie hatte – entweder durch Einwirkung der Himmelskörper verursacht oder im gerechten Zorn Gottes über unsere bösen Taten zu unserer Züchtigung über die Sterblichen verhängt – einige Jahre früher in den östlichen Ländern begonnen, eine unendliche Menge von Menschen getötet, sich ohne Aufenthalt von einem Ort zum anderen fortgepflanzt und sich jämmerlich nach dem Abendland ausgedehnt. Gegen die Pest half keine Klugheit oder menschliche Vorkehrung, obwohl man die Stadt durch eigens dazu ernannte Beamte von vielem Unrat reinigen ließ, jedem Kranken den Eintritt verwehrte und viele Ratschläge zur Erhaltung der Gesundheit erteilte. Nichts halfen auch die demütigen Gebete, die von frommen Leuten nicht nur einmal, sondern vielmals bei feierlichen Prozessionen und auf andere Weise Gott vorgetragen wurden.

Etwa zu Frühlingsanfang des genannten Jahres begann die Pest ihre verheerenden Wirkungen auf schreckliche und erstaunliche Weise zu zeigen. Sie verlief nicht wie im Orient, wo Nasenbluten das klare Zeichen unvermeidlichen Todes war; sondern zu Anfang der Seuche bildeten sich, bei Männern und Frauen in gleicher Weise, in der Leistengegend oder in den Achselhöhlen bestimmte Schwellungen, die manchmal so groß wie ein gewöhnlicher Apfel, manchmal so groß wie ein Ei wurden, bei den einen in größerer, bei den anderen in geringerer Anzahl (...). Von diesen zwei Körperteilen aus begannen die todbringenden Pestbeulen in kurzer Zeit auf alle anderen Körperteile überzugreifen. Daraufhin änderten sich allmählich die Anzeichen dieser Krankheit; es erschienen schwarze oder blau unterlaufene Flecken, die bei vielen auf den Armen, an den Schenkeln und allen anderen Körperteilen auftraten; bei manchen waren sie groß und selten, bei anderen klein und zahlreich. Und so, wie anfänglich die Pestbeule das sicherste Zeichen des baldigen Todes gewesen war und weiterhin blieb, so waren es nun auch diese Flecken für jeden, den sie befielen.

Es schien, als wäre zur Heilung dieser Erkrankungen kein Rat eines Arztes, keine Kraft einer Arznei wirksam oder förderlich. Im Gegenteil, entweder ließ es die Natur der Seuche nicht zu; oder die Unwissenheit der Ärzte – ihre Zahl war, abgesehen von den studierten, an Frauen wie an Männern, die nie eine ärztliche Unterweisung erhalten hatten, sehr groß geworden – erkannte die Ursache der Seuche nicht und wandte folglich kein wirksames Heilmittel an; jedenfalls genasen nur wenige. Fast alle starben binnen drei Tagen nach dem Auftreten der beschriebenen Zeichen, der eine etwas früher, der andere etwas später, die meisten ohne jedes Fieber oder andere Symptome. Diese Pest war um so verheerender, weil sie durch den bloßen Umgang mit Kranken auf Gesunde übersprang, so wie

das Feuer trockene oder fettige Stoffe ergreift, wenn sie ihm sehr nahe gebracht werden.(...)
So nahmen die Überlebenden notgedrungen Verhaltensweisen an, die den früheren Bürgergewohnheiten zuwiderliefen. Es war Brauch gewesen – wie es noch heute ist –, dass sich die Frauen aus der Verwandtschaft und Nachbarschaft im Totenhaus versammelten, um dort mit den nächsten Angehörigen die Totenklage zu halten; andererseits versammelten sich draußen vor dem Totenhaus die Männer, Angehörigen, Nachbarn und andere Bürger in Menge, und je nach dem Stand des Toten erschien dort auch die Geistlichkeit. Der Tote wurde von Männern seines Standes auf die Schultern gehoben und mit Leichengepränge, Kerzen und Gesängen zu der Kirche getragen, die er vor dem Tod angegeben hatte. Als nun die Pest immer gefährlicher wurde, unterblieben diese Bräuche ganz oder zum größten Teil, und sehr andere traten an ihre Stelle. Die Leute starben nicht nur, ohne von vielen Frauen umgeben zu sein; es gab ihrer genug, die ohne Zeugen aus diesem Leben schieden, und nur ganz wenigen wurden die mitleidigen Klagen und bitteren Tränen ihrer Verwandten zuteil. Stattdessen hörte man meist Gelächter, Witze und gesellige Kurzweil; auch die Frauen hatten es um ihrer Gesundheit willen gründlich gelernt, daran teilzunehmen und weibliches Mitgefühl großenteils zurückzustellen.

Nur wenige Leichen wurden noch von mehr als zehn oder zwölf Nachbarn zur Kirche geleitet, und auch ihre Bahren wurden nicht mehr von angesehenen und befreundeten Bürgern auf den Schultern getragen, sondern von einer Art Totengräbern, die aus der Unterschicht kamen, sich ‚Becchini' nannten und ihre Dienste bezahlen ließen. Sie nahmen die Bahre und brachten sie mit eiligen Schritten nicht etwa in die Kirche, die er vor dem Tod bestimmt hatte, sondern meistens in die nächste. Hinterher kamen vier oder sechs Geistliche mit wenigen Kerzen, manchmal mit gar keiner, und legten ihn mithilfe der erwähnten Pestknechte, ohne sich mit einer langen oder feierlichen Zeremonie aufzuhalten, möglichst schnell in irgendein leeres Grab. Mit der Rücksicht auf die Unterschicht und wohl auch einen großen Teil der Mittelschicht war es noch viel schlimmer bestellt. Weil sie voller Hoffnung oder aus Armut meist in ihren Häusern und inmitten ihrer Nachbarschaft blieben, erkrankten sie jeden Tag zu Tausenden, und da ihnen keinerlei Pflege oder Hilfe zukam, starben sie fast alle rettungslos. Tag und Nacht verendeten zahlreiche Menschen auf offener Straße, und viele, die wenigstens in ihren Häusern umkamen, machten erst durch den Gestank ihrer verwesenden Körper die Nachbarn darauf aufmerksam, dass sie tot waren. (...)

Diese Toten wurden nicht mit Tränen, Kerzen oder Geleit geehrt; vielmehr war es so weit gekommen, dass man sich um sterbende Menschen nicht mehr kümmerte als heutzutage um krepierende Ziegen. Da sieht man es sehr deutlich: Was der gewöhnliche Lauf der Dinge mit kleinen und seltenen Schäden nicht einmal den Weisen hatte beibringen können, nämlich dass man derlei mit Geduld ertragen muss – ein Unheil solchen Ausmaßes bringt sogar die einfachen Leute dazu, es teilnahmslos hinzunehmen. Für die große Menge Leichen, die täglich und fast stündlich bei jeder Kirche zusammengetragen wurden, reichte der geweihte Boden zur Beerdigung nicht aus, besonders wenn man nach altem Brauch jedem Toten einen eigenen Platz geben wollte. Deshalb hob man auf den Kirchhöfen, als alles belegt war, ganz große Gruben aus und warf die hinzukommenden Leichen zu Hunderten hinein. Da wurden sie aufgehäuft wie Waren in einem Schiff, Schicht auf Schicht, mit ein wenig Erde bedeckt, solange bis die Grube randvoll war.(...)

Mehr kann man nicht sagen, nur dies noch: Die Grausamkeit des Himmels und zum Teil vielleicht auch der Menschen war so groß, dass zwischen dem März und dem darauf folgenden Juli teils durch das Wüten der Pestseuche, teils durch den Mangel an Pflege – weil die Gesunden viele Kranke in ihrer Not aus Angst verließen – sicher mehr als 100.000 menschliche Geschöpfe in den Mauern der Stadt Florenz ums Leben kamen. Vor dem todbringenden Ereignis hätte man vielleicht nicht einmal die Einwohnerzahl so hoch geschätzt.

Charles Southward Singleton (Bearb.), Giovanni Boccaccio. Il Decamerone, Introduzione, Bd. 1, Scrittori d'Italia 97, Bari, Gius. Laterza & Figli, 1955, S. 9–17; übersetzt von Arno Borst, Lebensformen im Mittelalter, 4. Aufl., Frankfurt a.M.-Berlin, Propyläen, 1987, S. 113–116.

GF

3.1.5.4.2 Pest, Sterben und Geißler – ein spätmittelalterlicher ‚Totentanz'

Der Chronist und Stadtschreiber von Limburg an der Lahn Tileman Elhen von Wolfhagen (1347/48–n. 1411) hat zwar nicht als unmittelbarer Zeitzeuge, aber aus nächstem zeitlichen Abstand das große Sterben um die Mitte des 14. Jahrhunderts mit wachem historischen Interesse rekonstruiert. In den Mittelpunkt seines Rückblickes auf das furchtbare Geschehen stellte Tileman den Umzug der Geißler, für die er auch einen der eingehendsten Berichte liefert. Die Geißlerfahrten fanden in der Regel vor den Pestumzügen statt. Auffällig ist, dass die Menschen außerhalb der Kirche Buße suchten, freilich in der Nachahmung des Leidensweges Christi und in festgelegten Zeremonien, die an kirchliche Bußpraktiken angelehnt waren.

Als das Volk das große Elend des Sterbens sah, das auf Erden geschah, da verfielen die Leute gemeinhin in eine große Reue und wollten Buße tun. Und sie taten dies in eigener Verantwortung und beanspruchten nicht die Hilfe und den Rat des Papstes und der heiligen Kirche. Das war eine große Dummheit und Versäumnis und bedeutete Verdammnis für ihre Seelen. In den Städten und auf dem Lande rotteten sich Männer zusammen und gingen zu hundert, zweihundert, dreihundert oder so ungefähr auf Geißelfahrt. Ihr Alltag sah so aus, dass jede Gruppe auf ihrer Geißelfahrt 30 Tage lang[1] von einer Stadt zur anderen zog, Kreuze und Fahnen wie in kirchlichen Prozessionen mit sich führte, auch Kerzen und Marterwerkzeuge. Und wenn sie vor eine Stadt kamen, gingen sie in einer Prozession zwei und zwei nebeneinander bis in die Kirche. Sie hatten Hüte auf, an denen vorne rote Kreuze zu sehen waren. Jeder hatte seine Geißel vor sich hängen,

173

und sie sangen ihre Lieder:
„So erhaben ist diese Bittfahrt.
Christus selbst zog nach Jerusalem
und führte ein Kreuz in seiner Hand.
Nun helfe uns der Heiland."
Dieses Lied entstand damals, und man singt es heute noch, wenn man die Heiligen trägt[2]. Es gab zwei oder drei Vorsänger, und denen sangen sie nach. Und wenn sie in die Kirche kamen, verschlossen sie sie und zogen ihre Kleider bis auf die Unterkleidung aus. Von den Lenden bis zu den Knöcheln trugen sie Leinenkleider. Zwei und zwei zogen nebeneinander in einer Prozession um den Kirchhof, wie man um die Kirche herumzugehen pflegt. Dabei sangen sie, und jeder von ihnen schlug sich selbst mit seiner Geißel, indem sie sie über beide Schultern führten, sodass ihnen das Blut über die Knöchel floss. Sie trugen Kreuze, Kerzen und Fahnen vor sich her und sangen das folgende Lied, während sie um (die Kirche) gingen:
„Wer büßen will, trete hinzu,
so entkommen wir der heißen Hölle.
Luzifer ist ein böser Geselle.
Wen er einmal hat,
den labt er mit Pech."
Das Lied ging noch weiter. Am Ende des Liedes sangen sie:
„Jesus wurde gelabt mit Galle,
darum sollen in Kreuzesform niederfallen."
Daraufhin knieten sie alle nieder und warfen sich kreuzweise mit ausgebreiteten Armen und Händen auf den Boden und blieben dort liegen. Sie hatten untereinander eine große und verderbliche Torheit aufgerichtet, waren aber davon überzeugt, dass es gut sei: Nämlich, wer von ihnen die Ehe gebrochen hatte, der legte sich auf die Seite, damit man sehen konnte, dass er ein Ehebrecher sei. Und wer einen Mord begangen hatte, entweder heimlich oder öffentlich, der drehte sich um und legte sich auf den Rücken. Sodann kehrte derjenige, der meineidig geworden war, die zwei Finger nebst dem Daumen in die Höhe, sodass man sehen sollte, dass er ein meineidiger Schalk sei, und so fort. Obwohl Ritter, Knechte, Bürger und Bauern alle in der einen einfältigen Gesinnung auf Geißelfahrt gingen, verloren sie doch allesamt ihre kirchliche Gesinnung, weil sie ohne Erlaubnis der heiligen Kirche selbst Buße taten und sich damit selbst zu Schalken und Bösewichten machten. Denn wen man in seinem Geschäftsgebaren und in seinem (sozialen) Umgang für einen ehrbaren und braven Mann gehalten hatte, der machte sich selbst zum Schalk, sodass er auf Erden nie mehr zu Ehre und Glück taugte. Mancher von ihnen richtete sich zugrunde und wurde gehängt in Westfalen und anderswo, manche wurden des Rates verwiesen, in dem sie gesessen hatten, je nach dem, wie es gefordert wurde, in Westfalen und anderswo. Und als die vorher beschriebenen Geißelbrüder die Städte verließen und ihre Buße geleistet hatten, zogen sie hinaus mit ihren Kreuzen, Fahnen und Kerzen in ihren Prozessionen und ließen ihre Lieder vorsingen und sangen sie nach. Das Lied ging folgendermaßen:
„Oh Herr Vater Jesus Christ,
da du allein ein Herr bist,
der uns die Sünde kann vergeben,
rette uns jetzt, Herr, für ein besseres Leben,
dass wir beklagen deinen Tod!
Wir klagen dir, Herr, all unsere Not."
Es gab noch mehr solcher Lieder. Sie sangen auch ein anderes Lied, das so lautete:
„Es ging unsere Fraue, Kyrie eleison,
eines Morgens in dem Taue, Halleluja.
Gelobet sei Maria!
Da begegnete ihr ein Junge, Kyrie eleison,
sein Bart war ihm entsprungen, Halleluja.
Gelobet sei Maria!" etc.
Du sollst wissen, dass alle genannten Lieder auf der Geißelfahrt gemacht und gedichtet wurden; keines der Lieder war vorher jemals gehört worden. Die Geißelfahrer pflegten auch auf der Geißelfahrt keinen Verkehr mit Frauen. So zogen sie umher in ihrer Dummheit und wussten nicht, was für ein Ende dies alles nehmen würde. (…) Weiterhin: als sich die Geißelfahrer also hingeworfen hatten, wie es oben beschrieben steht, lagen sie auf der Erde, bis man gut fünf ‚Vaterunser' gesprochen haben konnte. Dann kamen zwei hinzu, die sie vorher zu Meistern gewählt hatte, und gaben jedem einen Streich mit der Geißel und sagten: „Stehe auf, damit dir Gott alle deine Sünden vergebe!" So knieten sie sich hin. Die Meister und ihre Sänger sangen ihnen vor:
„Nun reckt auf eure Hände,
damit Gott das große Sterben abwende;
nun reckt auf Eure Arme,
damit Gott sich über uns erbarme!"
Und da erhoben sie alle ihre Arme kreuzweise, jeder schlug sich drei- oder viermal vor die Brust, und sie begannen wieder zu singen:
„Nun schlagt euch sehr
um Christus' Ehre willen!
Um Gottes willen lasst den Stolz fahren,
dann wird sich Gott über uns erbarmen."
Danach standen sie auf, zogen wieder umher und schlugen sich mit den Geißeln, sodass man das Elend ihrem Körper ansah. Als das geschehen war, gingen die ehrbaren Leute[3] dorthin und luden die Geißler zu sich nach Hause, der eine vier oder fünf, der andere sechs oder sieben, und bereiteten ihnen ein Nachtlager. Am nächsten Morgen zogen sie in einer Prozession mit ihren Kreuzen wieder fort in eine andere Stadt. Dies lass dir ein Spiegel sein und erzähle deinen Kindern davon, bevor noch mehr Unheil auf Erden in diesem Jahrhundert oder später geschieht, damit sie sich davor hüten, solche Dinge ohne den Rat der heiligen Kirche anzugehen (…)

Tileman Elhen von Wolfhagen. Die Limburger Chronik, in: MGH, Deutsche Chroniken, 4, 1), Hannover, 1883, S. 31–34.

1 Eigentlich waren es 33 1/2 Tage, analog zu den Lebensjahren Chrsti.
2 Wenn eine Bußprozession durchgeführt wird.
3 Angehörige der städtischen Oberschichten.

CS/GF

3.1.5.4.3 Das Sterben eines Menschen an der Pest – Köln im Jahre 1564

Der Kölner Hermann Weinsberg (1518–1597) beschrieb in seinen autobiografischen Aufzeichnungen den Pestausbruch im Köln des Jahres 1564. Voller Anteilnahme schildert er dabei den Tod seines Schwagers Sweder von Polhem.

1564, den 7. August, bin ich mit meinen Freunden nach Dormagen gezogen. (…) Auf diese Zeit starb ein Mensch und dann kam das Sterben auch dorthin, dass über 90 Menschen im Herbst starben. Und als wir wieder in die Stadt Köln kamen, hießen uns unsere Kinder willkommen, erzählten vom vielen Sterben und wollten auch sofort aus Köln ziehen, denn es reisten viele Menschen ab.

1564 im August sind alle Bursen und Studien suspendiert worden. Die Studenten, die Gelehrten, geistliche und weltliche, reich und arm, arme Bettler sowie Reiche sind aus Köln gezogen und jeder, der anderswo hinfliehen und dort eine Zeit lang bleiben konnte, ging. (…)

Weil ich selbst schon fort war, schickten sie eine Begine[1] zu ihm (Sweder von Polhem, Hermanns Schwager) die sagte, er habe die Pest, da waren alle erschrocken. Auch schickte mein Bruder Gottschalk ihren gemeinsamen Freund Johann von Lennep zu ihm, der sagte ebenfalls, was zu tun war. Der überredete ihn, sich mit dem Sakrament versehen zu lassen, das sei christlich und ehrsam. Und am gleichen Nachmittag beichtete er seine Sünden und versöhnte sich mit Gott und erhielt das heilige Öl[2]. (…) Auf Freitag Egidii, den 1. September, hatte er (Sweder von Polhem) starkes Fieber und war toll, er schrie und phantasierte, wollte hinaus und zum (Haus) ‚Weinsberg' gehen. Als ihm das untersagt wurde, rief er es hinaus zu seinen Nachbarn, aber er wurde im Haus behalten, bis er sich müde gearbeitet hatte, sich zu Bett legte und ausziehen ließ, denn er war in seiner Krankheit noch nicht aus den Kleidern gekommen. (…) Bisher hatte er noch nichts gefühlt, dann aber erhob sich eine Beule an einem Bein. Jetzt erst wusste man gewiss, dass es die Pest war. Der Prior der Karmeliter wollte ihm einen Trank geben, aber es war zu spät. Ansonsten wurde er vom Schwager auf dem Neumarkt, von meinem alten Knecht Dietrich, von Heinrich von Hamm, von seiner Frau Susanne und ihrer Schwester, von Hoff-Tringin, von Schwester Else besucht und gut versorgt. Meine Ehefrau hatte davon gehört, wollte mich aber nicht nach Köln ziehen lassen. Samstagnacht und morgens lag er platt und still, packte die Decke und war klar in seiner Krankheit. Gegen sein Ende hin kam er wieder etwas zu Verstand, denn er antwortete mit „Ja" und „Amen", wenn etwas von Gott gesagt wurde oder man ihn anderes fragte; ansonsten war ihm die Sprache entfallen. Und so ist er des abends um die siebte Stunde am 2. September christlich und seeliglich gestorben im Haus ‚Bickelstein' vor den Karmelitern. (…)

Konstantin Höhlbaum/Friedrich Lau/Josef Stein (Bearb.), Das Buch Weinsberg. Kölner Denkwürdigkeiten aus dem 16. Jahrhundert, 5 Bde. (Publikationen der Gesellschaft für Rheinische Geschichtskunde, 3, 4 u. 16), Leipzig-Bonn, Dürr-P. Hanstein, 1886–1926, hier: Bd. II, S. 131 f.

1 Angehörige eines Beginenklosters.
2 Die letzte Ölung.

BF

3.2 Alltag: Arbeit, Nahrung und Muße, Vergnügungen und Konsum

Erfahrungen des häuslichen und familiären Alltags waren in der Zeit zwischen dem 8. und 18. Jahrhundert höchst unterschiedlich. Die soziale und wirtschaftliche Lage, die regionalen und zeitlichen Gegebenheiten, aber auch die individuellen Gewohnheiten und Möglichkeiten gaben Richtung und Ziel von Arbeitserfahrungen, von Ernährungsmöglichkeiten und -anforderungen, von Hausen, Wohnen und Residieren, von Hygiene, Reinlichkeit und Sauberkeitsvorstellungen, endlich von Kleidungsaufwand und -beschränkungen vor. Eine Konstante ist ebenso auffallend wie scheinbar banal: die gute, beständige und geregelte Arbeit, der ausreichende Nahrungskonsum, das sichere und angenehme Wohnen, die gute häusliche und persönliche Hygiene und die gehobene Kleidung machten ganz buchstäblich Leute. Bei der stärkeren sozialen Vernetzung der Menschen in Gruppen und Gemeinschaften wurde in hohem Maß auf diese Eigenschaften geachtet. Mit Ausnahme der nicht so stark im Hinblick auf soziale Hierarchien bewerteten Hygiene bemaß sich der Rang des Einzelmenschen und seiner Familie in der jeweiligen Gemeinschaft danach.

Der Rundgang durch eine tausendjährige Geschichte des Alltags mithilfe von kulturgeschichtlichen Quellen beginnt bei der Arbeit, fängt an mit zwei Zeugnissen über bäuerliche Arbeitswelten aus der Frühen Neuzeit (3.2.1.1.1–3.2.1.1.2). Danach bieten die Quellen Bilder aus der Arbeit von Handwerkern, von Maurern und Zimmerleuten (3.2.1.2.1), eines Schneiders im Kloster Johannisberg (3.2.1.2.3) und von Schreinern (3.2.1.2.4). Seinen frechen und ständig müßig gehenden Dienstboten – ein Topos der Zeit – suchte Kurfürst Ernst von Sachsen Beine zu machen (3.2.1.2.2). Den vielen kleinen Handwerkern und den Tagelöhnern waren Erwerbslosigkeit und Armut stets gegenwärtig, sie lebten am Rande des Existenzminimums, Schmalhans und Hunger waren häufige Gäste im Haus. Die soziale Scheidewand zwischen ihnen und den Bettlern war dünn, wurde im Laufe der Frühen Neuzeit immer durchlässiger: Bettler und Bettelei wurden auch durch die veränderte reformatorische Einstellung zur Arbeit in immer stärkerem Maß zu einem sozialen Problem in Stadt und Land (3.2.1.3.1–3.2.1.3.2).

„Der Mensch lebt nicht vom Brot allein!" Wohlhabenden war dieser Satz eine soziale Verpflichtung gerade bei Festen: hier kannte man keine Ordnung; Repräsentation der sozialen Stellung und luxuriöser Nahrungsaufwand gehörten zusammen. Gegen diese Völlerei freilich erhoben sich auch und gerade angesichts der furchtbaren, in Mitteleuropa bis 1847 ständig wiederkehrenden Hungersnöte (3.2.2.1.3) zeitkritische Stimmen nicht nur von wortgewaltigen Volkspredigern (3.2.2.1.1–3.2.2.1.2). Mäßigkeit beim Alltagsessen ohne Gäste und die damit verbundenen Aufwandsverpflichtungen war nicht nur eine sittliche Norm, sondern wurde auch gelebt (3.2.2.2). Regionale Eigenheiten der Ernährung beobachteten fremde Reisende in Deutschland (3.2.2.3). Die Ernährung folgte sozialen und obrigkeitlichen Normen. Konstanten und Wandlungen spiegeln sich beim Konsum des Adels (3.2.2.4.1) und eines gut durchschnittlichen städtischen Haushalts (3.2.2.4.2), bei der Dienstbotenkost (3.2.2.4.3) sowie beim Nahrungsaufwand auf dem Lande (3.2.2.4.4) wider. Abschließend sei ein Blick unter deutsche Topfdeckel mithilfe von Kochrezepten aus drei Jahrhunderten gewagt (3.2.2.5.1–3.2.2.5.3).

Wohnen bedeutete verstärkt seit dem Spätmittelalter, nicht nur ein Dach über dem Kopf zu haben. Wo und wie man wohnte, hieß nun in weit differenziertem Ausmaß als zuvor, wo allein Gott und der Adel in steinernen Häusern residierten, sozialen Abstand zeigten und demonstrierten, das Innere der Häuser bequemer, luftiger, heller, hygienischer, praktischer auszugestalten. Von ihrem unwirtlichen Leben auf den Burgen (3.2.3.1.1–3.2.3.1.2) warfen die Adligen seit dem endenden 15. Jahrhundert einen neidvollen Blick auf die Städter in ihren bequemen, inmitten urban-geschäftigen Lebens liegenden Häusern (3.2.3.2.1–3.2.3.2.2). Wieder lassen wir fremde Reisende zu Wort kommen, diesmal wissen sie Details aus den Wohnungen der Deutschen zu berichten (3.2.3.3.1–3.2.3.3.2).

In den Städten entstand seit dem 14. Jahrhundert, großflächig umgesetzt dann ab den 1470er Jahren, ein verstärktes Bedürfnis nach privater und öffentlicher Hygiene. Die Städte versuchten, mit Ordnungen Abwässern, Abfall und Schweinen Herr zu werden (3.2.4.1), private, kirchliche und städtische Haushalte legten Abortgruben an, in die gelegentlich auch Menschen fielen (3.2.4.2). Das wöchentliche Bad in den vor dem 16. Jahrhundert noch zahlreich vorhandenen städtischen Badehäusern wurde zur Körperreinigung gebraucht (3.2.4.3.1), Badefahrten in die meist abgelegenen ‚Wildbäder' waren ein beliebtes Mittel zur Heilung und Vorbeugung von Krankheiten verschiedenster Art, dienten aber auch der Zerstreuung und Delektation (3.2.4.3.2–3.2.4.3.4). Persönliche Toilette und Reinlichkeit hielt der Kölner Hermann Weinsberg für mitteilungswert (3.2.4.4), gelehrte Anmerkungen aus dem 18. Jahrhundert über die große Wäsche (3.2.4.5) stehen am Schluss.

Kleider und Kleidung zeigten schon im 12. und 13. Jahrhundert die feinen Unterschied zwischen den hochadligen und königlichen Höfen und dem gemeinen Mann an (3.2.5.1). Bei allem Bemühen um Distinktion, die sich in der Kleidung ausdrückte, konnte man doch leicht gerade durch übertriebenen bzw. unangemessenen Kleideraufwand unliebsam auffallen (3.2.5.2). Kleidung blieb nicht gleich, sie unterlag Modeerscheinungen. Doch auch hier gab es Ungleichzeitigkeiten im Gleichzeitigen: Mode- und aufwandsbewusst war der Adel, waren wohlhabende Städter. Sie konnten es sich leisten. Die Kleidung auf dem Lande dagegen änderte sich in viel langsameren Rhythmen (3.2.5.3). Kleidung musste nicht nur sozial und situativ angemessen sein, sie hatte auch den Lebensaltern zu folgen: kein wohlhabender Fünfzigjähriger trug das, was ein Sechzigjähriger sehr wohl für passend hielt (3.2.5.4.1). Eine Quelle ganz besonderer Art in dieser Hinsicht stellt die Lebensbeschreibung des Augsburgers Matthäus Schwarz dar: eine Biografie im Kaleidoskop der Kleider (3.2.5.4.2). Quellenzeugnisse zum Komplex ‚Kleidung und Norm' bietet auch das Unterkapitel 4.2.

3.2.1 „Mit der Hände Arbeit": Arbeitswelten

3.2.1.1 Bäuerliche Arbeitswelt

3.2.1.1.1 „(...) dieses sklavische und elende Volk" – das Leben der Bauern zu Beginn des 16. Jahrhunderts

Der Priester der Ulmer Deutsch-Ordensniederlassung Johannes Böhm (um 1490–1535) schrieb 1520 ein Buch über Bräuche, Gewohnheiten und Alltagskultur, über Gewohnheiten im Hausbau, in der Nahrung, bei Festen und Feiern. Böhm hielt dabei auch das Leben der Bauern fest und versah seine Ansichten mit einem zeitgenössisch außergewöhnlich hohen Maß an Toleranz.

Der letzte Stand ist derer, die auf dem Lande in Dörfern und Gehöften wohnen und dasselbe bebauen und deshalb Landleute genannt werden. Ihre Lage ist ziemlich bedauernswert und hart. Sie wohnen abge-
5 sondert voneinander, demütig mit ihren Angehörigen und ihrem Viehstand. Hütten aus Lehm und Holz, wenig über die Erde emporragend und mit Stroh gedeckt sind ihre Häuser. Geringes Brot, Haferbrei oder gekochtes Gemüse ist ihre Speise, Wasser und Molken
10 ihr Getränk. Ein leinener Rock, ein paar Stiefel, ein brauner Hut ist ihre Kleidung. Das Volk ist jederzeit ohne Ruhe, arbeitsam, unsauber. In die nahen Städte bringt es zum Verkaufe, was es vom Acker, vom Vieh gewinnt, und kauft sich wiederum hier ein, was es be-
15 darf; denn Handwerker wohnen keine oder nur wenige unter ihnen. In der Kirche, von denen eine für die einzelnen Gehöfte gewöhnlich vorhanden ist, kommen sie an Festtagen vormittags alle zusammen und hören von ihrem Priester Gottes Wort und die Messe,
20 nachmittags verhandeln sie unter der Linde oder an einem anderen öffentlichen Orte ihre Angelegenheiten, die Jüngeren tanzen darauf nach der Musik des Pfeifers, die Alten gehen in die Schenke und trinken Wein. Ohne Waffen geht kein Mann aus: sie sind für
25 alle Fälle mit dem Schwerte umgürtet. Die einzelnen Dörfer wählen aus sich zwei oder vier Männer, die sie Bauermeister nennen, das sind die Vermittler bei Streitigkeiten und Verträgen und die Rechnungsführer der Gemeinde. Die Verwaltung aber haben nicht sie, son-
30 dern die Herren oder die Schulzen, die von jenen bestellt werden. Den Herren frohnen sie oftmals im Jahre, bauen das Feld, besäen es, ernten die Früchte, bringen sie in die Scheunen, hauen Holz, bauen Häuser, graben Gräben. Es gibt nichts, was dieses sklavi-

sche und elende Volk ihnen nicht schuldig sein soll, 35 nichts, was es, sobald es befohlen wird, ohne Gefahr zu tun verweigert: der Schuldige wird streng bestraft. Aber am härtesten ist es für die Leute, dass der größte Teil der Güter, die sie besitzen, nicht ihnen, sondern den Herren gehört, und dass sie sich durch einen be- 40 stimmten Teil der Ernte jedes Jahr von ihnen loskaufen müssen.

Günther Franz (Bearb.), Quellen zur Geschichte des deutschen Bauernstandes in der Neuzeit (Ausgewählte Quellen zur deutschen Geschichte der Neuzeit. Freiherr vom Stein-Gedächtnisausgabe, 11), Darmstadt, Wissenschaftliche Buchgesellschaft, 1963, Nr. 1, S. 3.

GF

3.2.1.1.2 Ein gelehrter Bauer: Johann Ludwig in Cossebaude bei Dresden (1756)

Der ‚gelehrte Bauer' ist eine Erfindung der Aufklärung des 18. Jahrhunderts, getragen von bürgerlichen und adligen Gelehrten, von den allenthalben entstehenden landwirtschaftlichen Gesellschaften, nicht zuletzt von aufgeklärten Fürsten wie Kaiser Joseph II., der sich 1769 während einer Reise durch Mähren nicht scheute, sich selbst hinter den Pflug zu stellen. Und König Friedrich der Große von Preußen urteilte, dass „die Landwirtschaft (...) die erste aller Künste" sei. Seit dem 16. Jahrhundert war die so genannte Hausväterliteratur verbreitet. Es handelt sich dabei um Anweisungen für das rechte ‚Haushalten', angefangen von dem Verhältnis der Ehegatten untereinander, über die Aufgaben von Frau und Mann im Haus bis hin zum Bestellen des Ackerfeldes. Einer der bedeutendsten Agrarschriftsteller des 17. Jahrhunderts war der österreichische Adlige Wolf Helmhard von Hohberg. Hohberg und viele andere haben mit ihren Schriften die Grundlage für die landwirtschaftliche Betriebslehre gelegt. Wieweit das aufklärerische Streben nach Bildung auch von den Bauern selbst aufgenommen wurde, ist schwer zu sagen. Immerhin kann man im 18. Jahrhundert eine weitgehende formale Alphabetisierung auch unter der Landbevölkerung beobachten. Der folgende Quellenauszug steht in der Tradition der Hausväterliteratur. Er ist zugleich auch ein Beispiel für die aufklärerischen Bemühungen um Volksbildung. Der ‚gelehrte Bauer' ist entnommen aus: Des allergnädigst privilegierten Annalisten 5. Stück Leipzig 20. Juli 1756.

Es ist anhero von dem gelehrten Bauer nirgends mehr als allhier in unsern Mauern gesprochen worden. Und hierzu hat man auch unsers Erachtens Befugnis genug gehabt. Denn nachdem derselbe zu Anfang dieses Jahres, sich teils hiesiger Herren Professorum in Per- 5 son zum Examine sistiret, hat er in demselben so wohl bestanden, dass er mit denen stattlichsten Zeugnissen und nach erlangter vieler Ehre wiederum nach Hause reisen können. Es heißet derselbe eigentlich Johann Ludewig, ist ein armer Viertelshüffner und nur seit 10 1754 Dorfrichter, zu Costebaude in dem großen Kirchspiele Prießnitz bei Dreßden, der als ein guter Wirt alle Wochen ein oder etliche Male seine erbauten Feld- und Weinbergsfrüchte auf dem Rücken oder

Schiebekarn und gemeiniglich barfuß nach Dreßden zum Verkauf gebracht, und von manchem unbescheidenen Käufer, dem er seine Sächelgen, die ihm sauer zu erwerben worden, nicht vor die lange Weile geben wollen, oft ein tummer Bauer gescholten worden (…).
Er ist jetzo etwas weniges über 41. Jahr alt, und da er schon als ein Mann sich erst über die Bücher gemacht, jetzo noch ein aufgeweckter, fähiger Kopf und anbei unermüdet ist, so ist zu glauben, dass er in künftigen noch ein mehreres vor sich bringen könne. Er ist aber durch folgende seltsame Gelegenheit zum Studiren gebracht worden. Man hatte ihm die Accis-Einnahme[1] seines Orts aufgetragen und einmal mit einigen Defecten wiederum nach Hause geschickt. Das fassete er sich als ein zwar armer aber ehrliebender Mann bei seiner Ehrlichkeit dergestalt zu Gemüte, dass er auf Mittel dachte, um künftighin dieser Beschämung müssig zu gehen. Er kaufte sich dahero Peschecks Rechenbuch, und nachdem ihm die Arithmetik den Verstand einmal aufgekläret hatte, wagete er sich gar an die Wolfischen Bücher[2], kaufte sich auch noch mehrere Schriften und proficirete aus denenselben nach und nach dergestalt, dass er nunmehro vor einen wahrhaftig gelehrten Bauer paßiren muss. Gleichwohl, da er vom Studiren sich mit Weib und Kind nicht erhalten können, hat er sein ordentliches Gewerbe nicht liegen laßen, sondern dasselbe den Tag über getrieben und des Nachts in Büchern gelesen und so viel schöner Gedanken, ehe er sich auf etliche Stunden schlafen geleget, aus denenselben gefasset, dass solche hernach den folgenden Tag sein Nachsinnen bei der gröbsten Arbeit annoch beschäftigen müssen. Niemahls hat er gegessen, ohne aufgeschlagene Bücher auf der Seite liegen zu haben und bei jedem Bissen in dieselben einen Blick zu tun. Niemahls ist er zu Markte gegangen, ohne Herrn Wolfs und anderer guten Autorum Schriften unterweges zu lesen. Wenn er den Dünger aus dem Hofe auf dem Rücken in sein Weinberglein getragen, hat er sein philosophisch Buch vor sich gehabt. Ja im letzten kalten Winter hat er über dem Studiren bald Hände und Füße erfroren, kein Holz ist ihm zugewachsen, vielweniger hat er sich so viel kaufen können, dass er die langen Nächte hindurch seine Stube in Wärme erhalten mögen. Dem allen ohnerachtet, er bis hieher recht vergnügt gelebet, und sich 17 Jahre hindurch, keinen Frost und Hitze, keine Armut und Dürftigkeit, keinen Hohn und Spott so vieler unverständiger Nachbarn und großen Bauer, keine Warnung und Abmahnungen anderer Leute sein Feuer ausdämpfen und den unauslöschlichen Trieb zu denen Wissenschaften ersticken laßen. (…)

Günther Franz (Bearb.), Quellen zur Geschichte des deutschen Bauernstandes in der Neuzeit (Ausgewählte Quellen zur deutschen Geschichte der Neuzeit. Freiherr vom Stein-Gedächtnisausgabe, 11), Darmstadt, Wissenschaftliche Buchgesellschaft, 1963, Nr. 114, S. 231–233.

1 Die Einnahme der indirekten Verbrauchssteuern vor allem auf Nahrungsmittel.
2 Der Mathematiker und Philosoph Christian Wolf (1679-1754).

GF

3.2.1.2 Handwerker und Gesinde

3.2.1.2.1 In der ‚Peunt', dem städtischen Bauhof Nürnbergs – aus Endres Tuchers Baumeisterbuch (1464–1475)

Der Nürnberger Patrizier Endres Tucher (1423–1507), von 1446 bis 1476 Mitglied des Kleinen Rats und als Baumeister Chef des reichsstädtischen Bauamtes, begann 1464 damit, schriftliche Aufzeichnungen über die Organisation, die Arbeiter und die Arbeitsabläufe seines Amtes anzulegen. Das ‚Baumeisterbuch' beendete Tucher 1470 und versah es bis 1475 laufend mit Nachträgen. Die Tucherschen Notizen sollten nicht nur den Ist-Zustand des Baubetriebs dokumentieren, sondern vielmehr auch den Nachfolgern Anleitung sein. Das ‚Baumeisterbuch' stellt eine der wertvollsten Quellen des deutschsprachigen Raumes über die Arbeit und die Entlohnungspraxis in einem städtischen Bauhof dar. Es ist darüber hinaus eine eminent wichtige Quelle für das gesamte Bauhandwerk im 15. Jahrhundert.

Vom Amt des Verwalters und Anschickers[1]
Der Verwalter und Anschicker, Conrad Gürtler, soll dem städtischen Baumeister geloben und seine Treue geben an Eides statt, dass er das zukünftige Jahr über bei und wegen dem städtischen Bauwesen bleiben und der Stadt Nutzen getreulich fördern und vor Schaden bewahren soll, dass er dem Baumeister behilflich sein soll, wie es die Notwendigkeit der Stadt bedarf. Auch soll er die Arbeiter und Pferde der Stadt dazu einteilen, ganz nach der Unterrichtung des Baumeisters zu arbeiten. Er selbst soll ohne Wissen und Willen des Baumeisters nichts veranlassen oder machen lassen. Er soll jede Woche am Freitag dem Baumeister schriftlich Rechenschaft geben, wie viele Arbeiter pro Woche auf den städtischen Baustellen beschäftigt waren und wie viele Tagelöhne jeder Arbeiter verdient hat, damit ein Baumeister weiß, wie viel Geld er aus der Losungsstube anfordern muss[2]. Der Schaffer soll ihm (dem Baumeister) helfen, das Geld in die Lohn-Büchslein (der Arbeiter) zu zählen, damit man den Arbeitern am Samstag ihren Lohn geben kann. Auch soll er das städtische Holz, die Bretter, den Kalk, die Steine, das Eisen und anderes Handwerkszeug getreulich bewahren, welches er beaufsichtigt. Auch soll er Acht geben auf das Werkzeug, das er den Meistern und anderen Arbeitern überall in die Hände gibt, damit er es wieder bekomme. Auch soll er die Werkzeuge nicht ohne Wissen und Willen des Baumeisters verleihen oder weggeben. Wem aber der Baumeister Werkzeuge leiht, das soll der Schaffer nicht anders ausgeben, als auf ein Silberpfand, das er dann aufheben und beschriften soll, von wem es sei oder was das Pfand wert sei. Wenn man dann das Pfand wieder einlösen will, soll der Schaffer darauf achten, ob irgendein Schaden entstanden sei, an dem, was man wiederbringt, sei es an den Wagen, Karren, Seilen, Zweispitzen oder an anderem. Er soll anordnen, dass diese Schäden abgestellt werden, bevor er die Pfänder wieder zurückgibt. Und was er an Geld einnimmt vom (Verkauf) des alten oder neuen Holzes oder anderem, das soll er einem Baumeister berechnen und getreulich überantworten,

alles ungefährlich. (...) Ein Schaffer und Anschicker hat seine Wohnung auf der Peunt (Bauhof) in dem vorderen Gemach, wenn man hineingeht, unentgeldlich und ohne Mietzins, dazu Brennholz und Späne, die bei den Zimmererarbeiten als Abfall anfallen, um sie in seinem Haus nach seinen Bedürfnissen zu verbrennen. Wenn aber der städtische Baumeister unzufrieden mit dem Schaffer oder Anschicker ist, soll er dies vor den ehrbaren Rat bringen. Falls der Rat dies wünscht, hat er ihm (dem Schaffer) dann abzusagen und ihn zu entlassen.

Am hl. Nikolaustag (6. Dezember) soll der städtische Baumeister die städtischen Werkleute zu sich befehlen, und zwar den Maurer- und den Zimmerermeister, und da mit ihnen besonders über ihre Anstellung im nächsten Jahr reden. Und obwohl sie zuerst und zu Beginn (ihrer Amtszeit) von dem ehrbaren Rat bestellt worden sind und danach jedes Jahr vor dem neuen Rat über dem städtischen Amtsbuch mit den anderen Werkleuten Gehorsam leisten, wie ihr Eid im Amtbuch folio (...) zu erkennen gibt etc., sollen sie jedoch (eigens) dem Baumeister geloben nach Verlesung der hiernach geschriebenen Artikel. (...)

Von den Tagelöhnern

Die Tagelöhner sollen dem städtischen Baumeister und auch den städtischen Werkmeistern, dem Maurer und dem Schaffer, geloben und ihnen Treue schwören, dass sie das Jahr über bei ihrer Arbeit für die Stadt bleiben und auch den Nutzen der Stadt fördern und Schaden verhüten sollen. Sie sollen zur rechten Zeit von und zur Arbeit gehen und dazu getreulich und redlich arbeiten. Auch sollen sie das städtische Werkzeug, das ihnen in die Hände gegeben wird, nehmen und denen getreulich übergeben, wohin dann jeder befohlen wird. Und sie sollen auch den städtischen Werkmeistern oder dem Anschicker oder wenn ihnen der städtische Baumeister etwas befiehlt, gehorsam sein, was sie mit ihnen tun sollen oder an was für Arbeit (auch immer) man sie schickt, damit sie das willig und gehorsam tun. Auch soll keiner von ihnen Holz, Bretter oder anderes ohne Erlaubnis von der Arbeit mitnehmen. Auch darf keiner von ihnen in dieser Zeit nirgendwo anders arbeiten als an den städtischen Bauten, es sei denn, es wäre ihm vom Baumeister erlaubt worden. Und wenn einer von ihnen oder mehrere dem Baumeister in dem Jahr nicht folgsam und eben wären, so kann ihn der Baumeister entlassen, wenn er will. Es soll außerdem jeder Tagelöhner, der an den städtischen Arbeiten beschäftigt ist, seine eigene Schaufel haben.

Ihnen (den Tagelöhnern) soll der städtische Baumeister an Lohn geben, wenn sie allein mit der Schaufel arbeiten, von St. Gallus (16. Oktober) bis zu St. Peter Stuhlfeier (22. Februar) neun Pfennig pro Tag und von St. Peterstag bis zu St. Johannes vor der lateinischen Pforte (6. Mai) zehn Pfennig pro Tag und von diesem Johannes-Tag wieder bis zu St. Gallus elf Pfennige pro Tag. Außerdem sollen sie in jeder Woche, in der sie arbeiten, zwei Pfennig Badegeld bekommen, und wenn sie einen, zwei oder drei Tage arbeiten, einen Pfennig Badegeld.

Aber wenn es sich so verhält, dass die Tagelöhner zu den Maurern oder an andere Arbeit geschickt werden, wo sie schwer mit der Wurfschaufel arbeiten, um Erde auszuwerfen, an welcher Arbeit das auch sei, so soll jedem von ihnen der Baumeister an jedem Tag, an dem sie arbeiten, einen Pfennig mehr geben, als der oben genannte Lohn beträgt. Das ist oder heißt „übriger Pfennig" nach alter Tradition und Gewohnheit. Wenn es aber so ist, dass die Tagelöhner geschickt wurden, um Rammpfähle einzuschlagen oder im Kalkhaus den Kalk zu löschen, welche das auch wären, denen soll der Baumeister zu jeder Zeit und an jedem Tag, an dem sie arbeiten, zwei Pfennig mehr geben als der oben genannte Lohn.

Welcher (die Zuschlägelreime) vorsingt unter den Tagelöhnern an der Ramme, dem soll der Baumeister an jedem Tag, an dem man die Pfähle einschlägt, drei Pfennig mehr geben, als der erste gemeine obengenannte Lohn ausmacht. (...)

Nachdem die Tagelöhner derartiges gelobt und ihren Eid abgelegt haben, so soll ihnen der städtische Baumeister als Trinkgeld und Leihkauf vier alte Pfund (Pfennig) geben. Sind es einmal nicht gar so viele, so kann ihnen der Baumeister das Trinkgeld erhöhen und etwas mehr geben, nämlich 61 Pfennig nach alter Gewohnheit. So habe ich in den Jahren, in denen ich bisher Baumeister gewesen bin, um die 30 bis 36 Tagelöhner in jedem Jahr gehabt.

Friedrich von Weech/Matthias Lexer (Bearb.), Endres Tuchers Baumeisterbuch der Stadt Nürnberg (1464–1475), Stuttgart, Bibliothek des Litterarischen Vereins in Stuttgart, 1862 (ND Amsterdam, Rodopi, 1968), S. 32–34 (der Anschicker), S. 44 (Tagelöhner), S. 60–62 (Arbeitszeiten)

1 Der Anschicker oder Schaffer war der Stellvertreter des Baumeisters, in gewisser Weise der Polier auf der Baustelle.
2 Die Losungsstube ist die oberste Finanzkasse Nürnbergs.

AC/GF

3.2.1.2.2 Knechte und Mägde sind frech und gehen müßig – die Gesindeordnung des Kurfürsten Ernst von Sachsen (1466)

Am 29. November 1466 ließ der Kurfürst Herzog Ernst von Sachsen, an seine Amtleute ein Gesindeausschreiben ergehen, in dem auf das Verhalten des Gesindes und auf die Modalitäten des Aufdinges eingegangen sowie eine Lohnordnung erlassen wurde.

Liebe Getreue! Vor den hochgeborenen Fürsten Herrn Wilhelm, Herzog zu Sachsen, unseren lieben Vetter, sowie vor Uns ist von Arm und Reich[1], von Geistlichen wie von Laien, in Unseren Fürstentümern, Landen und Städten viele unzähligen Klagen über das Dienstgesinde, Knechte und Mägde, in mannigfaltiger Weise gelangt und gekommen. Es gebührt Uns daher als Landesfürsten, hinfort nicht mehr länger zuzusehen und zu gestatten, dass die Unseren derart beschwert und belastet werden, wie dies unbilligerweise bisher geschehen ist. Wir befehlen Euch ernstlich mit allem Fleiß, allen Unseren Untertanen und Einwohnern, die bei Euch sitzen, und Dir, Vogt, alle ehrbaren Männer und andere von den Landleuten, die in Deine Pflege[2] gehören und solches Gesinde besitzen, vor Euch zu laden und ihnen bei Vermeidung Unserer schweren Bestrafung und Ungnade diese im folgen-

den geschriebenen Verordnungen zu gebieten und sie (...) unverbrüchlich zu halten:
20 Keinen Dienstknechten, Mägden oder anderen, die in Unsere Fürstentümer, Lande oder Pflege gezogen, dort geboren oder wohnhaft sind und denen es gestattet ist, zu dienen, ist es hinfort vergönnt und erlaubt, in den Städten und auf dem Land ohne Wissen ihres natürli-
25 chen Erbherrn oder Amtmannes in der betreffenden Pflege in fremde Lande zu entlaufen und dort zu dienen, und zwar in der Ernte oder zu sonstigen Zeiten. Welcher unter den Knechten, Mägden oder dem Dienstgesinde dieses Unser (...) Gebot übertrete und
30 nicht einhalte, dem soll sein väterliches und mütterliches Erbteil ohne alle Gnade genommen werden. Der, der Unsere Verordnung auch nur zur Hälfte breche und mehr gibt als Unsere verordnete (Lohn-)Liste ausweist, den sollt Ihr ohne Gnade in Strafe nehmen und
35 ohne Unser Wissen nicht ungestraft von Euch kommen lassen. Es ist Unsere ernstliche Meinung und gereicht Uns von Euch und von jedem einzelnen zu gutem Dank, dass in Unserem Fürstentümern, Landen und Pflegen zu dem ordentlichen, realistischen und
40 bequemen Lohn diene, wie ihn jedermann am günstigsten von jedem bekommen und erhalten soll. Der Lohn ist jedoch nicht über Unsere hernach verordnete und schriftlich niedergelegte Lohnsätze und andere Verordnungen nach Inhalt dieses anliegenden
45 Zettels zu erhöhen und zu ändern. (...)
1) Es ist zu merken, dass die Dienstknechte und Mägde folgende böse unbillige Gewohnheit bisher gehabt haben: Wenn sie zu Weihnachten, Martini und an Maria Lichtmess (2. Februar) oder an anderen Tagen und
50 Terminen im Jahr, so sie ausgedient hatten und frei waren, sich erneut zu verdingen, dann etliche Zeit müßig gegangen sind und teilweise bis zur Fastenzeit überflüssiges Geschwätz geübt und unbillig getrieben haben. Welcher Dienstknecht oder Magd in den Städ-
55 ten oder auf dem Lande über acht Tage nach Beendigung seiner Dienstzeit zu den oben angeführten Terminen unverdingt vorgefunden wird und frei ist und sich nach Lust und Laune erst etliche Zeit nach den obengenannten Terminen verdingen will, den oder die
60 sollt Ihr in Strafe nehmen und ungestraft und unverdingt nach Inhalt Unserer hernach geschriebenen Satzung nicht von Euch kommen lassen. (...)
3) Einen Ackerknecht, der auch Geschirr machen kann, und zwar nicht mehr als für einen Pflug und
65 Wagen erforderlich ist, den soll man verdingen nach dem günstigsten Lohn, doch nicht über sechs (rheinische) Gulden[3]. (...)
5) Einen Wagenführer, der viel über Land fährt und schwere Arbeit verrichten muss, den soll man nach seiner Person und Arbeit auf das günstigste verdingen,
70 wie man immer mag, doch nicht über fünf (rheinische) Gulden (...).
6) Einen, der den Pflug führt oder Unterknecht heißt und weder jährlich noch täglich über Land fährt noch solche obengenannte schwere Arbeit über Land tut,
75 den soll man auf das günstigste verdingen, wie man immer mag, doch nicht über vier rheinische Gulden (...).
7) Einen Kuhhirten soll man auf das günstigste verdingen, wie man immer mag, doch nicht über zwei Gul-
80 den.

8) Einen Schweinehirten soll man auf das günstigste verdingen, wie man immer mag, doch nicht über 1 $1/2$ Gulden.
9) Eine „Käsemutter" soll man auf das günstigste verdingen, wie man immer mag, doch nicht über drei Gulden.
10) Eine andere Magd soll man auf das günstigste verdingen, wie man immer mag, doch nicht über 2 $1/2$ Gulden.
11) Eine andere gewöhnliche Viehmagd soll man auf das günstigste verdingen, wie man immer mag, doch soll man den vorgeschriebenen Lohn in Achtung haben und ihn nicht übertreten. (...)

Günther Franz (Bearb.), Quellen zur Geschichte des deutschen Bauernstandes im Mittelalter (Ausgewählte Quellen zur deutsche Geschichte des Mittelalters. Freiherr vom Stein-Gedächtnisausgabe), Darmstadt, Wissenschaftlichte Buchgesellschaft, 1967), Nr. 222, S. 560–563.

1 Eine Floskel, die alle Untertanen meint.
2 Ein territoriales Amt des Herzogtums Sachsen.
3 Hier wie im Folgenden ist immer der Jahrlohn gemeint. Die Münzumrechnungen des rheinischen Goldguldens in die sächsische Silberwährung werden weggelassen.

GF

3.2.1.2.3 Als Handwerker und Laienbruder in einem Kloster – Johannes Butzbach im Kloster Johannisberg (1506)

Johannes Butzbach (1478–1516) aus Miltenberg hat sich aus einfachen Anfängen den Zugang zur humanistischen Bildung erkämpft und nach seinem Eintritt in den Orden der Benediktiner die Position eines Priors in Maria Laach erreicht. Er berichtet in Form einer Autobiografie über diesen schwierigen Lebensweg und schildert dabei viel von dem Alltag seiner Zeit. Auf seinen Wanderschaften erlernte Butzbach auch das Schneiderhandwerk und so erhielt er die Möglichkeit, als Laienbruder in das Kloster Johannisberg im Rheingau einzutreten.

Als er (der Abt von Johannisberg) gestorben war und den Weg allen Fleisches gegangen war, hielt die Gemeinschaft der Brüder eine dreitägige Gebets- und Fastenzeit, um sich für die Wahl ihres neuen Hirten gottgefällig vorzubereiten. Danach wurde Johannes von Siegen, der heute noch amtierende Herr, der schon während 30 Jahren im Dienst der Kranken das ihm verordnete Amt mit Hingabe ausgeübt hatte, nach kanonischem Gesetz an die Stelle des Verstorbenen gewählt.
Als er erfuhr, dass ich wegen eines Klostereintritts dorthin geschickt worden war, stimmte er meiner Bitte bald voller Freude zu. Er überdachte den nicht geringen Schaden, den das Kloster aufgrund eines weltlichen Schneiders täglich erlitt, der jeden Abend mit Esswaren und anderen unterschlagenen Dingen beladen zu den Seinen nach Hause ging. So wurde dieser entlassen; ich aber wurde in eine Donatenkutte gekleidet und auf geradem Wege zum schönen Berg, das heißt zum Kloster Sankt Jakob in der Nähe von Mainz[1] geschickt, um daselbst den Schnitt der Mönchskutten zu erlernen. Vom Bruder Klosterschneider wurde ich

daselbst in wenigen Tagen in dieser Kunst genügend ausgebildet; so kehrte ich zum eigenen Kloster und zum eigenen Handwerk zurück, in eine Werkstatt für mich alleine, die in wunderbarer Lage über dem Krankensaal lag. Hier hatte einst der Domkanoniker Graf von Solms[2] wegen der Schönheit des Ortes gewohnt, als er im Verdacht stand, Lepra zu haben. Während der Sommerszeit arbeitete ich hier, während der Winterszeit im Krankensaal; ich stellte für die ganze Gemeinschaft, für den Abt, aber auch für die Laienbrüder und Diener und für den ganzen Gebrauch des Klosters und der Kirche alles Notwendige her. Ferner hatte ich neben der Näharbeit noch andere Pflichten. Jeden Morgen musste ich zur ersten Messe einen Kessel mit Brunnen- oder Quellwasser in die Sakristei tragen; dieses war für die Kellerbrüder, von denen jeden Tag einer um die fünfte Stunde frühmorgens einen Gottesdienst zu feiern pflegte. Bei den privaten Messen der Brüder und bei der Hochmesse, die der Abt feierte, hatte ich auch zu dienen. Ferner musste ich dem Vorsteher des Gästehauses helfen, und wenn wir Gäste hatten, die nicht geistlichen Standes waren, so musste ich deren Bedienung ganz übernehmen. Jeweils am Mittwoch ging ich mit den Kellermeistern zu der Stadt Bingen, um dort jeweils für zwei Gulden Eier und andere Lebensmittel zu besorgen; manchmal ging ich zu Pferd mit dem Prälaten, manchmal sogar mit Trithemius[3] persönlich die Klöster besuchen, nach Frankfurt, nach Mainz, Sponheim, Kreuznach und auch noch an andere Orte, teils nur mit ihm, teils mit den Brüdern. Oftmals ging ich auch alleine weg, um irgendwelche Geschäfte zu erledigen. Schließlich musste ich für meinen Teil der Arbeiten mit den Konventsbrüdern zur Weinlese und auf die Felder gehen und natürlich auch zum Hopfenlesen. (…)

Nun, um den Verlauf der Geschichte wieder aufzunehmen, muss man wissen, dass wir in dem genannten Kloster des heiligen Johannes des Täufers (Johannisberg) insgesamt zwölf Laienbrüder waren. Von diesen waren zwei in der Küche, einer in der Mühle, und zwar zusammen mit einem Knecht, den man dort brauchte, um das Getreide, das gemahlen werden musste, herbeizuschaffen, und um das gemahlene wiederum in die Gutshöfe zu bringen; zwei waren in der Vorratskammer, – der eine war nicht die ganze Zeit da, sondern er hatte bloß während der Abwesenheit des andern die Schlüssel, war der andere aber anwesend, so führte er alle Dinge aus, die gerade befohlen wurden –; einer war in der Werkstätte, einer in der Bäckerei, einer bei der Pforte, einer in der Kleiderkammer, wobei der Kellermeister ihm dann, wenn Not am Mann war, seinen Diener für ein paar Tage zu Verfügung stellte –, die übrigen waren dauernd unter der sorgfältigen Obhut der Oberen mit den Arbeiten beschäftigt, die gerade anfielen. Wegen der Wachsamkeit der Vorgesetzten konnte keiner müßig gehen, außer zur Zeit der vorgeschriebenen Ruhe und des Gebetes. Während der Wochentage musste jeder von uns regelmäßig um die vierte Stunde frühmorgens in der Kirche bis zum Ende der Messe warten, die um die fünfte Stunde begann. Wenn er dies wegen Schlaftrunkenheit oder aus irgend einer anderen Nachlässigkeit heraus unterlassen hatte, so musste er tagsüber auf sein Maß Wein verzichten, das aus nur zwei Bechern bestand, einem für das Mittagessen und einem für das Abendessen. Der Wein stammte aus einem speziellen Fass; er wurde über die Trester gegossen oder über die Kerne und Stiele; dann ließ man ihn mit den Überresten vom Vorrat des Konventes, den wir das „Konventsstümpfchen" nannten, ein Jahr lang ruhen; niemals stand es leer. Wir erhielten nämlich immer einen geringeren Wein als der Konvent, ausgenommen an den hohen Feiertagen, an denen wir teilnahmen; dann bekamen wir im Hinblick auf die Fleischmahlzeit vom selben besseren Wein. (…) Alle schliefen wir zusammen in einem Schlafsaal; dabei herrschte ganz strenge Nachtruhe; das Schweigen wurde auch zur Stunde der Mahlzeiten beibehalten, während abwechslungsweise einer etwas aus dem Leben der Väter, aus den Heiligenlegenden, aus den Auslegungen der Evangelien oder der Apostelbriefe vorlas; niemand wagte es jemals, diese Stille zu brechen. (…)

Andreas Beriger (Bearb.), Johannes Butzbach. Odeporicon. Eine Autobiographie aus dem Jahre 1506. Zweisprachige Ausgabe, Weinheim, VCH, 1991, S. 265, 267 u. 271.

1 Das Kloster St. Jakob befand sich auf der Zitadelle von Mainz.
2 Gemeint ist damit Graf Johann von Solms-Lich (gest. 1457); Butzbach verwechselt ihn wohl aber mit dem Domherrn Johann von Eppstein.
3 Johannes Trithemius (1462-1516) war als Humanist, Historiker und Theologe einer der berühmtesten Männer seiner Zeit.

GF

3.2.1.2.4 „Wenig Fleisch und viel Kraut und Rüben" – in einer Würzburger Hofschreinerei (1716)

Im Jahre 1968 fand man einen zweiseitig beschriebenen, vergilbten Zettel im Geheimfach eines Schreibsekretärs an derselben Stelle, an der er 1716 versteckt worden war. Geschrieben haben ihn zwei Gesellen, die bei dem Würzburger Hofebenisten (Kunsttischler) Servatius Arend arbeiteten. Die Quelle ist ein unmittelbares Zeugnis sowohl für die Schreibfähigkeit im Handwerk zu Beginn des 18. Jahrhunderts als auch für das Leben und Arbeiten von Gesellen zu dieser Zeit, sie berichtet über Handwerkerehre und Frömmigkeit, Hunger, Durst und karge Entlohnung.

Diesen Kasten hatt gemacht Jacob Arend von Cobelentz (Koblenz) und Johannes Witthallm von Wiehnn, der Zeit Schreinergesellen bey Meister Servacius Arend, da zumahlen Hoffschreiner in Württzburg, ist gemacht worden in dem 1716. Jahr, da das kraut un Erwes (Erbsen) oft unser beste Speiss wahr; wir sind so fett dar bey worden, das man kaum hatt mehr die Stiegen steigen, aber Fleisch haben wir nicht zu vill bekohmen, das Gott erbahrm; in unser Kuchen war es selten von Broden (Braten) wahrm, aber der Wein hatt uns alezeit wohl geschmek, wan wir ein Wochen Lohnn haben verdiendt gehabt, so seind schon zwey versoffen gewest, dan der Wein ist deuer geworden in selben Jahr, dan es ist in 4 Jahren nicht voll gewaksen es is auch in selben grosen (!) ein grosen Grich in Ungeren mit dem Türcken gewesen.

Diesen Kasten habe ich Jacob Arend aus meinem Sinney invendirdt (erfunden), alles daran gezeichnet, gestochen und mit den Laubsegen geschnidten und auch geschaddiert; das ist geschehen in dem Sandervierdell bey der Korngasen am Main (Würzburg), aber wir beiden werden nicht lang mehr da zu finden sein; dieser Kasten ist in Windermohnatt ferdig worden und wir hatten Lust an ander Orden, dan wenig Fleisch und viell Kraut und Ruben, die haben uns aus Würtzburg vertrieben. So bitten wir dan, der dieser Zettel dhudt finden, der solle unser Gesundheitt trinken, wan wir aber nicht mer seind beym Leben, so wolle uns Gott die ewige Ruh und Selligkeitt geben. Anno 1716 den 22te October.

Michael Stürmer (Bearb.), Herbst des alten Handwerks. Quellen zur Sozialgeschichte des 18. Jahrhunderts, München, dtv, 1979, S. 128 f.

GF

3.2.1.3 Arbeit und Erwerbslosigkeit, Armut und Bettel

Seit der Mitte des 14. Jahrhunderts kam es zu einer veränderten Einstellung gegenüber Armen, Bettlern und Vaganten: sie wurden zunehmend ab- und ausgegrenzt. Die städtischen und territorialen Obrigkeiten erwiesen sich im Laufe der Frühen Neuzeit immer unfähiger, insbesondere mit dem Problem der umherziehenden Bettler umzugehen. Die rigorose Abwehrpolitik wandelte sich erst während des endenden 18. Jahrhundert im Zeichen der Aufklärung hin zu Maßnahmen, die wenigstens ansatzweise auf die soziale Integration von Randgruppen abzielten.

Die vorgestellten Quellen stammen aus Leipzig, einer Stadt mit rund 63.000 Einwohnern (1755), in der 1737 insgesamt 728 Männer, Frauen und Kinder durch das Almosenamt zu versorgen waren und 1738 1700 Arme gezählt wurden. Die Stadt mit ihrer Messe und mit ihrem bedeutenden fürstlichen Hof übte auf die Bettler eine große Anziehungskraft aus. Zu denen, die auf die Abfälle der Residenz hofften, gesellte sich viel ‚fahrendes Volk‘, Diebe, Schausteller, Bärenführer und Musikanten, Deklassierte jeder Art. Hinzu kamen Zuwanderer aus den Reihen der Handwerksgesellen, Tagelöhner, Knechte und Mägde, die auf Anstellung in der Messestadt hofften und scheiterten, darüber hinaus abgedankte Soldaten mit ihren Frauen und Kindern, auch Soldatenwitwen und -waisen.

3.2.1.3.1 „Wir armen Leute" – der Tagelöhner Hans Günther bittet den Leipziger Rat um die Freilassung seiner wegen Bettelns ins Zuchthaus gebrachten Tochter (1705)

Magnifice Hoch und Wohledle, Veste, Großachtbare, Hoch- und wohlgelahrte wie auch Hochweise Herren.
Denselben gebe ich unterthänigkeit zu vernehmen, wie dass meine Tochter Maria albereit vor etlichen Wochen, da sie einige gutthätige Leute um eine Gabe angesprochen, ins Zuchthauß gefüheret worden. Weil wir Eltern und als arme Leute und Tagelöhner unser Brod erwerben, mehrn theils auserhalb der Stadt arbeiten und also unsere Wohnung ledig und alleine laßen müssen, auch sonst nicht überall alles alleine verrichten können, pflegen wir hierinnen unsere Tochter sehr zu vermissen.
Gehet derowegen hiermit an Euer Hochedle Herren unser unterthänig- und demüthigstes Ersuchen, Sie wollen gnädig geruhen und zu beförderung unser geringen Nahrung uns unsere Tochter wieder uff freyen Fuß stellen laßen.
Welches mit allen dank und gehorsam erkennen und annehmen werde als Euer Hochedlen Herren unterthänigster Hans Günther, inwohner uff der Ulrichs Gaße.
Datum Leipzig, den 1. Septembris 1705

Actum den 4. Septembris 1705: Hierauf hat Ein Ehrbarer Hochweiser Rath das Mägdlein seiner Mutter aus dem Zuchthause abfolgen laßen, jedoch mit der comunication (Bedingung), dass, so bald sie wiederum übern betteln betreten würde, sie anderweit hinein gebracht und nicht wieder erlaßen werden solte.

Helmut Bräuer, Der Leipziger Rat und die Bettler. Quellen und Analysen zu Bettlern und Bettelwesen in der Messestadt bis ins 18. Jahrhundert, Leipzig, Universitätsverlag, 1997, Nr. 33, S. 161.

GF

3.2.1.3.2 Wie man zum Betteln kommt

Protokolle der Verhöre von 126 Frauen, Männern und Kindern aus Leipzig, die wegen Bettelns verhaftet wurden (1772)

Leipzig, den 20. Januar 1772.
Referirt der adjungirte Gerichts-Frohn, dass gestern 126 Bettler, an Männern, Weibern und Kindern, welche durch die Thore auf Land Betteln gegangen, angehalten und davon 97 auf den Thurm am Grimmischen Thore und 29 in hiesiges Zuchthauß gebracht worden. Eodem (am gleichen Tag) wurden die angehaltene Bettler vernommen.
1) Johanna Dorothea Hartmannin, sagt, sie sey 40 Jahr alt, von Greitsch bey Pegau bürtig[1], aber schon 8 Jahr in Leipzig, wo sie zuletzt bey dem Peruquenmacher Küstern, im Wapplerischen Hauße gedienet und nun 2 1/2 Jahr außer Dienste wäre. Seit 13 Jahren habe sie sich an einen Schuflicker, Johann Christoph Hartmann, verheyrathet, welcher vor 7 Jahren verstorben. Sie wohne übrigens mit ihrer Eilfjährigen Tochter. (...)
3) Johanna Elisabeth Lehmannin, sagt, Sie wäre 16 Jahr alt, hier zu Leipzig gebohren und erzogen, ihr Vater sey ein Fabricant bey Raabens[2], aber jezt ohne Arbeit und wäre verwichenen Sommer Handlangen gegangen. Derselbe wohne auf der NeuGaße bey der Fischerin, ihre Stiefmutter aber schließe Federn und nähe. Seit Michaelis (1771) wäre sie von dem Fabricanten Helich[3] wegen aufgesprungener Hände außer dienst gekommen. (...)
5) Maria Dorothea Schelbachin, sagt, Sie wäre 52 Jahr alt, in Pegau gebürtig, aber schon 36 bis 38 Jahr hier

und seit etwa 24 Jahren verheyrathet. Anno 1763 sey ihr Mann als Stadtsoldat hier verstorben. Eine Tochter von ihr wäre im Lazarethe[4]. Sie selbst befände sich mit der bösen Kranckheit behafftet und hätte schon seit langen Jahren nach Brode betteln gehen müssen, doch von Zeit zu Zeit auch gewaschen. (...)

7) Magdalene Sophia Winterin sagt, Sie wäre 52 Jahr alt, von Merseburg gebürtig, seit anno 1745 in Leipzig und habe den bekannten Bothenläuffer, Wintern, zum Manne gehabt, welcher vor 4 Jahren verstorben und sie mit 2 Kindern hinterlaßen.
Diese heißen:

8) Christiana Sophia Winterin, 22 Jahr alt,

9) Maria Elisabeth Winterin, 10 Jahr alt, welche nebst ihr, der Mutter, nach Brode gehen. Sie wohnen in Richters Haußes auf der Sandgaße.

10) Anna Elisabeth Teichmannin sagt: Sie wäre anno 1705 gebohren, und zwar in Portitz[5], sey etwa 12 Jahr in Leipzig bey ihrer Tochter der Fiedlerin, einer Tagelöhner-Frau auf der Sand-Gaße in Wehnerts Haße, wäre auf Händen und Füßen lahm und gehe nach Brode.

11) Maria Elisabeth Wegrichin sagt, Sie wäre anno 1716 gebohren, aus ihrer Vater-Stadt Halle vor dem ersten Preußischen Kriege[6] hieher gekommen und habe hier gedienet, vor 10 Jahren aber einen Buchdrucker-Gesellen, Johann Heinrich Wegrichen, alhier geheyrathet, welcher sie vor 2 Jahren verlassen. Sie hätte einen Sohn von 14 Jahren, welcher bey der Tobacks-Spinnerin, der Hütterin, 4 groschen wöchentlich verdiene und gestern mit ihr zum ersten mahle nach Brode gegangen sey. Sie spinne und arbeite bey gedachter Hütterin. (...)

14) Henrietta Sophia Mahlerin sagt, sie sey anno 1743 gebohren und zwar hier zu Leipzig, hätte sonst Aufwartungen gehabt und Baumwolle gesponnen, seit der Theurung aber wäre sie unterweilen nach Brode gegangen. Wohne auf der SandGaße 2 in des Würz-Crämer Naumanns Haußes. (...)

17) Johanna Regina Friederica Brücknerin, sagt, Sie wäre 13 Jahr alt, ihr Vater sey Gärtner bey Herr Leisern in Gaschwitz 16 gewesen, seit 2 Jahren aber aus dem Dienste. Sie habe auch eine Mutter und 5 Geschwistere am Leben, welche auf der Wind-Mühlen-Gaße bey der Seidelin wohne. Die 4 ältesten Kinder giengen nach Brode, ihr Vater aber auf Garten-Arbeit, und die Mutter spinne Baumwolle.

18) Sophia Wilhelmina Kellnerin sagt, Sie wäre 30 Jahr alt, in Leipzig gebohren, ihr Mann, ein gewesener Handlanger, sey vor 3 Jahren verstorben. Sie wohne bey Lehmanns auf der Sand-Gaße, 2 habe bißher Knöpfe gemachet und sey der Müllerin, einer Toden-Gräber Wittbe, zur Hand gegangen, bißweilen aber auch nach Brode. (...)

20) Maria Sophia Westerhaußin, 11 Jahr alt, sagt, ihr Vater wäre ein Schneider in Richters Haußes auf der Grube, die Mutter helffe auf dem Kohlenplaze.

21) Christiana Friederica Schwarzin sagt, Sie sey 10 Jahr alt, ihr Stief-Vater wäre ein Strumpfwürcker, Johann Pütterlich, auf der Sand-Gaße in Schindlers Haußes, die Mutter nähe Westen, diese ihre Eltern hätten sie seit 14 Wochen nach Brode geschickt.

22) Johanna Dorothea Sophia Vogelin, sagt, Sie gehe ins 9te Jahr, als sie einhalb Jahr alt gewesen, wäre ihr Vater, ein Schneider, von denen Preußen hier weggenommen worden[7], 19 ihre Mutter aber vor 8 Wochen verstorben. Sie wohne an der Pleißenburg bey Amelungen und gehe fast seit einem Jahre nach Brode herum. Ihre Großmutter, eine Trödlerin, Nahmens die Vogelin, wohne bey Kellers, denen Grüzleuten. (...)

25) Anton Eger, sagt, Er sey 58 Jahr, bey Zittau von Schöna her, aber 15 Jahr in Leipzig, habe ein Weib und 2 Kinder, wohne in Carls Haußes auf der Sandgaße und wäre ein Handlanger ohne Arbeit. Seine Frau gehe mit grünen Sachen auf den Markt und die Wäschen; darneben er den Winter über bisweilen nach Brode. (...)

27) Johann Matthes Noak sagt, Er sey 53 Jahr alt, gebürtig aus Böhmen bey Jung-Bunzlau. Wäre Mousquetier unter dem Kayerlichen Pueblaischen Regimente gewesen, bey Torgau gefangen worden, hätte Dienste unter den Preußen genommen und wäre beym Aus-Marche hier geblieben. Seine Nahrung bestehe in Handlanger-Arbeit, und er wohne auf der Wind-Mühlen-Gaße in Herrn Doktor Tellers Haußes. Er habe eine Frau, welche Knöpfe mache, sey ohne Kinder und wäre ein paar mahl heuer nach Brode herum gegangen.

28) Dorothea Rosina Reuterin sagt, Sie wäre eine Stadt-Soldaten-Wittbe, 30 Jahr alt, ohne Kinder und wohne auf der Sand-Gaße im Bäßlerischen Haußes, bey 3 Wochen wäre sie nach Brode herum gegangen, vorhero hätte sie Seide gewunden, sey übrigens hier gebohren und erzogen, gestalt ihr Vater Armen-Voigt gewesen.

29) Johanna Sophia Kirchnerin, 28 Jahre alt, sagt, sie wäre hier gebohren. Ihr Mann, Christoph Kirchner, sey ein Tagelöhner auf der Sand-Gaße im Krugischen Haußes. Sie hätte eine Tochter von 8 Jahren, die anjezt mit angehalten ist. Ihr, der Mutter, Vater wäre ein Stadt-Soldat, Nahmens Johann Christian Sänger gewesen. Sonst hätte sie gesponnen, aber bey ein paar Monaten gienge sie nach Brode umher. (...)

43) Daniel Krubizsch, sagt Er wäre 54 Jahre alt, von Schneeberg gebürtig und ein Tagelöhner; hätte einen Schutz Zettel und wohnte in Pilzens Hause aufm Naundorfgen[8]; leugnete, dass er gestern aufs Land betteln gegangen, sondern er wäre in Merseburg gewesen und hätte daselbst einen Schwager besucht gehabt, welcher etwas alte Wäsche und Strümpfe gegeben, welche er auch noch bey sich hätte und wie er im Rückwege ans Thor gekommen, hätte man ihn angehalten und arretiret.

44) Johann Georg Troppe, sagt, Er wäre 68 Jahr alt und von Sonnenwalde in der Nieder Lausitz gelegen gebürtig, hätte unter dem hiesigen Regimente als Musquetier gedienet und seinen Abschied erhalten. Befinde sich seither dem lezten Kriege[9] hier, hätte einen Schutz Zettel und wäre bey Herrn Müllern von Straßburg hier Markthelffer gewesen; wohnte auf der Windmühlen Gaße in Erhardts Hause und weil er kein Brodt gehabt, hätte er sich gestern welches aufm Lande hohlen wollen. (...)

55) Christoph Friedrich Heu, sagt auf Befragen, Er wäre 14 Jahr, von hier gebürtig und sein rechter Vater davon gelauffen. Sein Stiefvater, Johann Heinrich Wägerich, bey den er sich aufhalte, wohnte auf der Sand Gaße in Hüthers Hause; gienge in die Hütherische Ta-

backs-Fabrique mit und bekäme wöchentlich 4 groschen Arbeiter Lohn, dieweil aber solche nicht zureichten und er gestern kein Brodt gehabt, so wäre er gestern aufs Land gegangen um sich was Brodt zu hohlen. (…)

60) Johann Gottfried Müller, sagt, Er wäre 32 Jahre alt, von hier gebürtig und ein Seiden-Fabricant[10]. Hätte in der Raabischen Fabrique gearbeitet und weil iezo keine Arbeit wäre, Tagelöhner Arbeit verrichtet, wohnte in des Brandtweinbrenners Schulzens Hinter Hause im Schrödter Gäßgen und wäre gestern zum ersten mahle aufs Land betteln gegangen, weil bey den theuern Brodte sein Verdienst nicht zulangen wollte. (…)

66) Johanna Christiana Breitschwerdtin, sagt, Sie wäre 54 Jahre alt, von hier gebürtig und noch unverheurathet; wohnte auf der Sand Gasse in Krügers Hause und hätte hier gedienet, wäre vor einem Viertel Jahre kranck geworden, auch bis dato noch nicht recht gesund und lebte von gutherzigen Leuten, die ihr dann und wann etwas zuwürffen, da aber dieses bey dem theurem Brodte nicht zulänglich wäre, weil sie darneben nicht viel verdienen könnte, so wäre sie gestern aufs Land betteln gegangen, weil sie sich dieses in der Stadt zu thun schämte, da sie, wenn sie wieder gesund seyn werde, wieder in Dienste gehen wollte. (…)

Helmut Bräuer, Der Leipziger Rat und die Bettler. Quellen und Analysen zu Bettlern und Bettelwesen in der Messestadt bis ins 18. Jahrhundert, Leipzig, Universitätsverlag, 1997, Nr. 48, S. 197–204.

1 Groitzsch, sö. Pegau.
2 Arbeiter bei dem Seidenhändler und Manufakturisten Raabe.
3 Wahrscheinlich das Unternehmen Hillig & Schilting, die auch bei Strumpfwirkern produzieren ließen.
4 Allgemeines Spital vor dem Ranstädter Tor in Leipzig.
5 w. Taucha.
6 Vor 1742–1744.
7 Leipzig war während des Siebenjährigen Krieges (1756–1763) zeitweise von Preußen besetzt.
8 Naundörfchen, w. Leipzig.
9 Seit dem Siebenjährigen Krieg.
10 Arbeiter in einer Seidenmanufaktur.

GF

3.2.2 „… sollst du dein Brot verdienen": Ernährung

3.2.2.1 Völlerei und Hungertod

3.2.2.1.1 Aus einer Predigt des Franziskaners Berthold von Regensburg (1250–1264)

Der Franziskaner Berthold von Regensburg (um 1210–1272) war in Süddeutschland tätig. Er gilt wegen seiner plastischen, bilderreichen, mit Beispielen durchsetzten Predigten als einer der gewaltigsten Volksprediger im deutschen Sprachgebiet. In seiner um 1250/64 gehaltenen Predigt ‚Über fünf schädliche Sünden' kam Bruder Berthold auch auf das rechte Maß beim Essen und Trinken zu sprechen. Den Maßstab legte der Franziskaner dabei nicht so sehr bei der sündigen Schwachheit des Einzelmenschen an, sondern er sah als bewusster Zeitgenosse des 13. Jahrhunderts sehr genau, dass Hunger und Völlerei sozial verankert sind, dass übermäßiges Essen nur Teil der Lebensformen von Wohlhabenden und Reichen ist.

Nun überlegt, ob es für euren Leib etwas Besseres und Liebereres gibt als Gesundheit und langes Leben. Wer von den Anwesenden dauernd gesund bleiben und lang leben möchte, der hüte sich vor zwei Sünden. Die eine heißt Unmäßigkeit im Essen und Trinken, die andere Unmäßigkeit des Fleisches mit unkeuschen Sachen. Sie tun der Gesundheit des Leibes so vielerlei Schaden, dass niemand es ganz beschreiben kann. Trotzdem will ich euch einiges davon mitteilen, so viel ich weiß. Die Unmäßigkeit im Essen und Trinken heißt in der Bibel Völlerei und ist eine der sieben Todsünden. Wer beim Essen und Trinken allzu viel des Guten tut und sich gar zu gierig satt isst, hat eine schwere Sünde begangen. Wenn er ihrer überführt wird und keine andere Sünde je begangen hätte, ist seiner Seele nicht mehr zu helfen, immer ausgenommen, dass er Buße tut. Zu alledem nimmt dir die Sünde zwei von den allerliebsten Gaben deines Leibes. Und deshalb spricht der weise Salomon (…) von dieser Sünde so: „An Völlerei sind schon viele zugrunde gegangen."[1] Das sagt nun Salomon, dem doch Gott in einer Nacht alle seine Weisheit verlieh!

Ihr armen Leute, mit dieser Sünde habt ihr nichts zu tun, denn ihr habt selten das, was ihr braucht. Denn das, was ihr in eurer Not haben müsstet, das vertilgen die Vielfraße in ihrer Maßlosigkeit. Der allmächtige Gott hat von allem zu essen und zu trinken genug geschaffen, ganz wie all die Vögel in den Lüften genug Nahrung haben. Sie führen weder Pflug noch Wagen, mühen sich nie ab und haben doch alle genug Nahrung und sind wohlgenährt und schön. Seht ihr, das kommt daher: Wenn einer selbst genug hat, lässt er auch den anderen teilhaben. Von diesen Vielfraßen aber schlingt einer wohl täglich so viel in sich hinein, dass davon drei oder sechs Leute gut auskämen. Wo ihrer zehn beisammen sind, verprassen sie in einem Tag, was gut und gern für 40 Menschen reichen würde. Sie müssen darauf verzichten, es fehlt ihnen am Leib. Und wenn ein armer Bedürftiger um einen Mund voll Brot oder einen Schluck Wein bittet, um sein krankes Herz zu laben, so verjagt ihn der andere mit unverschämtem Spott. Dafür wirst du in der Hölle begraben wie jener, der sich ständig auf Völlerei verlegte und dem Lazarus die Brotkrumen nicht gönnte, die von seinem Tisch fielen. O Lazarus, dir geht es gut! Doch wo sehe ich jetzt dich sitzen, du Genosse des Lazarus? Hütet euch bloß vor den schweren Sünden, dann hat dein Mangel und deine Krankheit gleich ein Ende; doch dein Wirtschaften kommt dann nie ans Ende, während solche Vielfraße in der Hölle begraben liegen und für alle Völlerei, die sie in dieser Welt verübten, gern einen Wassertropfen nähmen. „Tauch deine Fingerspitze ins Wasser" usw.[2]; seht ihr, so ruft er Lazarus zu, dessen Armut und Not für alle Ewigkeit vorbei sind. (…)

Beachtet noch etwas: Von Kindern reicher Leute werden viel weniger alt oder auch nur erwachsen als armer Leute Kinder; das kommt daher, dass man reicher Leute Kinder völlig überfüttert. So viel kann man ihnen ja gar nicht geben, dass man sicher wäre, genug gegeben zu haben. Das kommt von der Zärtlichkeit, mit der man sie umgibt, und von der Fülle, die man reichlich zur Verfügung hat. Da bereitet dem Kind die Schwester ein Breichen und streicht's ihm hinein. Nun ist sein Töpfchen, nämlich sein Mägelchen, klein und schnell gefüllt. Da fließt's ihm wieder heraus; gleich streicht sie's ihm weiter hinein. Hinterher kommt die Tante und macht mit ihm dasselbe. Hinterher kommt die Amme und sagt: „Ach, mein armes Kind, nichts hat es heute bekommen!" und fängt von vorne an und streicht's ihm hinein. Da weint es und zappelt. Aber so füttert man reicher Leute Kinder um die Wette, dass sehr wenige alt werden. Also hütet euch davor um Gottes willen, der euch erschaffen hat, wenn euch eure Seele lieb ist. Wollt ihr's aber um Gottes und eurer Seele willen nicht tun, so tut's, wenn euch Ehre und Gut lieb sind. Wollt ihr's aber aus allen diesen Gründen nicht tun, so tut's, wenn euch Leib und Leben, Gesundheit und hohes Alter lieb sind. Denn ihr möchtet doch allesamt gern gesund bleiben und alt werden.

Franz Pfeiffer/Kurt Ruh (Bearb.), Berthold von Regensburg. Vollständige Ausgabe seiner Predigten, Bd. I, Berlin, Walter de Gruyter & Co, 1965, S. 430–434; übersetzt von Arno Borst, Lebensformen im Mittelalter, Frankfurt a.M.-Berlin, Propyläen, 1973, S. 183 – 185.

1 Jesus Sirach 37, 34.
2 Lukas 16, 24.

GF

3.2.2.1.2 „… die Trachten fraßen sie wie die Säu, darauf soffen sie wie die Kühe" – Grimmelshausens Geschichten aus ‚Der abenteuerliche Simplicissimus' (1668)

Im Jahre 1668 erschien unter dem Pseudonym German Schleifheim von Sulsfort der Roman ‚Der Abenteuerliche Simplicissimus Teutsch'. Der wahre Autor war Hans Jakob Christoph von Grimmelshausen (1622–1676), während des Dreißigjährigen Krieges Schreiber des Kommandanten von Offenburg Hans Reinhard von Schauenburg, danach Verwalter der Schauenburgischen Güter und Schultheiß des Dorfes Renchen in der Nähe Offenburgs. Im 29. und 30. Kapitel des 1. Buches seines ‚Simplicissimus' erzählt Grimmelshausen von einem „fürstlichen" Gastmahl, das der Gouverneur von Hanau, dem er als Page diente, seinen Offizieren und guten Freunden angedeihen ließ.

Bei dieser Mahlzeit (ich schätze, es geschieht bei andern auch) tratte man ganz christlich zur Tafel, man sprach das Tischgebet sehr still und allem Anschein nach auch sehr andächtig: Solche stille Andacht kontinuierte so lang, als man mit der Supp und den ersten Speisen zu tun hatte, gleichsam als wenn man in einem Kapuzinerkonvent gessen hätte; aber kaum hatte jeder drei- oder viermal „Gesegne Gott" gesagt, da wurde schon alles viel lauter: Ich kann nicht beschreiben, wie sich nach und nach eines jeden Stimm je länger je höher erhebte, ich wollte dann die ganze Gesellschaft einem Orator (Redner) vergleichen, der erstlich sachte anfähet und endlich herausdonnert: Man brachte Gerichter, deswegen Voressen genannt, weil sie gewürzt, und vor dem Trunk zu genießen verordnet waren, damit derselbe desto besser gienge: Item Beiessen, weil sie bei dem Trunk nicht übel schmecken sollten, allerhand französischen Potagen (Suppen) und spanischen Olla Potriden[1] zu geschweigen; welche durch tausendfältige künstliche Zubereitungen und ohnzahlbare Zusätze dermaßen verpfeffert, überdummelt (überwürzt), vermummet, mixtiert (vermischt) und zum Trunk gerüstet waren, dass sie durch solche zufällige Sachen und Gewürz mit ihrer Substanz sich weit anders verändert hätten, als sie die Natur anfänglich hervorgebracht, also dass sie Cnäus Manlius[2] selbsten, wann er schon erst aus Asia kommen wäre und die beste Köch bei sich gehabt hätte, dennoch nicht gekennet hätte. Ich gedachte: Warum wollten diese einem Menschen, der ihm solche, und den Trunk darbei schmecken lässt (worzu sie dann vornehmlich bereitet sind), nicht auch seine Sinne zerstören und ihn verändern, oder gar zu einer Bestia machen können? (…) Ich sahe einmal, dass diese Gäst die Trachten (Speisefolgen) fraßen wie die Säu, darauf soffen wie die Kühe, sich darbei stellten wie die Esel, und alle endlich kotzten wie die Gerberhund! Den edlen Hochheimer, Bacheracher und Klingenberger[3] gossen sie mit kübelmäßigen Gläsern in Magen hinunder, welche ihre Würkungen gleich oben im Kopf verspüren ließen. Darauf sahe ich meinen Wunder, wie sich alles veränderte; nämlich verständige Leut, die kurz zuvor ihr fünf Sinn noch gesund beieinander gehabt, wie sie jetzt urplötzlich anfiengen närrisch zu tun und die alberste Ding von der Welt vorzubringen; die große Torheiten, die begiengen, und die große Trünk, die sie einander zubrachten, wurden je länger je größer, also dass es schiene, als ob diese beide um die Wett miteinander stritten, welches unter ihnen am größten wäre; zuletzt verkehrte sich ihr Kampf in eine unflätige Sauerei. (…)

Hans Heinrich Borcherdt (Bearb.), Hans Jakob Christoph von Grimmelshausen. Der Abenteuerliche Simplicissimus Teutsch, Philipp Reclam jun., 1961, S. 131 f.

1 Ein Mischgericht aus Gemüse und Fleisch.
2 Gnaeus Manlius, römischer Konsul (um 188 v. Chr.), bekannt durch seinen aufwendigen Lebensstil.
3 Es handelt sich dabei um Weinherkunftsorte am Mittelrhein und am Main.

GF

3.2.2.1.3 „Mit großem Jammergeschrei" – Hunger und Sterben im Augsburg der Jahre 1570/71

Der Hunger war im Mittelalter und in der Frühen Neuzeit steter Gast an den Tischen und in den Häusern der ärmeren Bevölkerung, die von ihrer Zahl her einen gewichtigen Teil der Gesellschaft, in den großen Städten bis zu 60 % der gesamten Einwohnerschaft, ausmachte. Die Balance der Armen am Abgrund, ihre „Ökonomie des Überlebens" war stets bedroht durch Versorgungskrisen beim Mus und Brotgetreide. Bei der extremen Abhängigkeit des traditionellen landwirtschaftlichen Erntezyklus' von der Witterung waren Missernten häufig, sie kamen ständig wieder. Die dadurch hervorgerufene Not erreichte die Türschwellen

Lebensphasen und Lebensformen

der städtischen Reichen und die Stufen der Adelsschlösser nie. Sie allein verfügten über eine ausreichende Vorratshaltung. Die letzte Hungerkrise dieser Art suchte Deutschland und Mitteleuropa im Jahre 1847 am Vorabend der Revolution von 1848/49 heim. Eine jener typischen Teuerungen, wie die Zeitgenossen die Hungersnöte bezeichneten, brach in den Jahren um 1570 aus. Überall in Europa explodierten die Getreidepreise. In Wien beispielsweise kletterten das Durchschnittspreisniveau auf mehr als das Sechsfache des Ausgangszustandes. In Augsburg schnellten 1570/71 die Preise für Roggen, mithin für das Getreide der ärmeren Schichten der reichsstädtischen Bevölkerung, um das Vierfache nach oben. Barnabas Holzmann erzählt in seiner Reimchronik von den furchtbaren Folgen dieser Teuerung. Die minderbemittelten Stadtbewohner Augsburgs, darunter viele der sprichwörtlich armen Weber, konnten die enorm hohen Wein- und Getreidepreise auf den städtischen Märkten nicht mehr bezahlen. Zugleich verteuerten die Kaufleute die Rohbaumwolle, die die Weber für ihre Barchentweberei benötigten, so stark, dass den Weberhaushalten auch noch jegliche Nahrungsgrundlage entzogen wurde: die Weber konnten bei den davoneilenden Rohstoffkosten und den gleichzeitig stagnierenden Tuchpreisen nicht mehr produzieren. Die Weberwerkstätten sahen sich gezwungen, so berichtet der Chronist, ihr Gesinde zu entlassen. Arbeitslos wurden die vielen Spuler, die Spinnmägde und -knechte. Die Not nahm derartige Ausmaße an, dass die normalen Sicherungsinstrumente, das Almosen und der Gemeine Kasten, nicht mehr ausreichten. Die städtische Obrigkeit musste Brot an die Bedürftigen ausgeben lassen.

Die Obrigkeit, Gott danke es ihr,/hat das arme Volk unterstützt,/den Bürgern jede Woche unter erheblichen Kosten/das Brot zum Leben gegeben./Doch etliche waren ausgesondert;/ich weiß nicht warum, es
5 wundert mich nur,/denen reichte man auf der Wache kein Brot./Alsbald verfälschte man die Berechtigungszeichen für Brot,/und täglich wurden ihrer mehr,/niemand wusste, woher sie kamen,/vieles verkaufte und verpfändete man,/weshalb die Obrigkeit schließ-
10 lich/von neuem Ordnung schaffen und sich/intensiv der Angelegenheit widmen musste./Ach Gott, wie schlimme Pein/mussten die armen Kinder leiden,/sie waren oft an die drei Wochen blind,/viele konnten lange Zeit nicht essen,/ihre Schmerzen waren uner-
15 messlich,/denn manches Kindlein war ganz und gar von Pocken übersät./Viele, obschon sie gesundeten,/behielten ein entstelltes Gesicht,/viele wurden auch zum Krüppel,/wenige kamen schnell zu Kräften./Bis dahin hatten die Eltern früh und spät,/Tag und
20 Nacht keine Ruhe./Ich glaube, dass manches Mutterherz/noch immer unter den Schmerzen leidet./Die Krankheit raffte auch dahin Einwohner und erwachsene Leute./Viele, die jede Pflege hatten/und an denen keine Arznei gespart wurde,/die hat die Krankheit da-
25 hingerafft,/ganz Arme dagegen sind davongekommen. (…)
Viele haben den Winter über auch gehaust/in Rinnen und in Schweineställen,/viele standen nackt vor den Kirchen/und konnten kaum die Scham bedecken./
30 Man gab in manchem reichen Haus/an bestimmten Tagen Geldmünzen aus./Herrgott, was gab's da für eine Menge,/einen Zank, Hader und Gedränge./Bald machte das Landvolk keine Arbeit mehr,/und in der Stadt erfuhren sie,/dass man dort so barmherzig war./Da eilten sie in großer Menge da hin,/mit Weib 35 und Kind in großer Zahl/und hausierten in der Stadt herum./Dadurch wurde die Stadt dann voll von armen Leuten,/was der Obrigkeit nicht gefiel./Um das Elend abzuwehren, gab man an die Tore den Auftrag,/keinen Fremden einzulassen,/der in der Stadt nur betteln 40 wollte./Sie beschworen das und hielten's doch nicht./Deshalb setzte man Ratsknechte auf sie an,/die ihnen, wo sie sie antrafen,/das Erbettelte abnahmen./Sie jagten sie zum Tor hinaus. (…)
Jedoch bettelten auch manche,/die noch Haus und 45 Hof besaßen./Dagegen hatte die Obrigkeit/ganz unbarmherzig die Armen/sofort aus den Dörfern verjagt,/sobald sie die Abgaben nicht leisten konnten./Alle, die kräftig waren,/sind in großer Zahl gen Wien/in den jähen Tod gelaufen,/sie achteten nicht mehr/ihrer 50 eigenen Kinder,/die dann verhungern mussten./Denn ihre Speise waren rohe Rüben,/womit man sonst Schweine mästet,/viele behalfen sich mit Kleie,/waren froh darüber, sie zu bekommen./Etliche machten sich über Abfall her,/ja, wenn ein Stück Vieh veren- 55 dete,/das sonst den Raben überlassen wird,/dann wurde es von ihnen verbraucht./Auch die Kälber, die vorzeitig geboren wurden,/aßen die armen Leute./Ich muss mit schmerzlicher Bewegung auch berichten,/dass ich selbst viele Kinder gesehen habe,/denen 60 der Bauch aufgedunsen war,/dass sie weder sitzen noch stehen konnten./Sie lagen elendiglich auf der Gasse,/drei oder vier beieinander./Ihre Eltern hatten sich versteckt/und mussten sich vor den Ratsknechten hüten,/die ihnen viel Leid antaten. (…) 65
Alles in allem, es ging elend zu,/und es gab großes Klagen spät und früh./Der Herzog von Bayern ließ sich hinreißen/und wollte Holz und Korn nicht zu uns kommen lassen,/deswegen erhoben sich noch viel mehr Klagen,/doch wurde die Auseinandersetzung 70 bald beigelegt./Doch täglich wurde es immer teurer./Über das Holz klagte man nicht so sehr,/wie in anderen Jahren/behalf sich das Volk ganz kläglich./Viele haben sich an der Glut verbrannt,/dass ihre Füße und Hände verkohlt waren,/und als die Kälte nachließ,/sah 75 man an ihnen erst die jämmerlichen Folgen./Viele von ihnen waren so weit erfroren,/dass sie ihre Glieder verloren haben./Schwindsucht und Lähmung überfiel sie,/die Zehen faulten ihnen an den Füßen,/Hände und Füße waren ihnen so geschwollen,/dass, wenn sie 80 anfangen wollten zu arbeiten,/sie nichts anfassen konnten/und niemand sie in Dienst nehmen kann./ Wenn schon sie in dieser Not/einige Pfennige oder Brot erhielten, dann konnten sie bei bestem Willen nicht kochen,/ja, mancher hat in vielen Wochen/kei- 85 nen warmen Bissen probiert./Viele waren auch ganz maßlos/und verbrauchten alles auf einmal,/sodass sie hernach lange Mangel litten.

Christoph Sachße/Florian Tennstedt (Bearb.), Geschichte der Armenfürsorge in Deutschland, Bd. I, Stuttgart-Berlin-Köln-Mainz, W. Kohlhammer, 1980, S. 42–47.

GF

3.2.2.2 „Ich trinke mäßig!" – der Kölner Hermann Weinsberg über Essen und Trinken im Alltag (1578)

Am 13. Juni 1575 sah der Kölner Hermann Weinsberg seine Mutter, mit der er nach dem Tod seiner beiden Ehefrauen mehrere Jahre zusammengelebt, „mit groissem betrobnis" sterben. In dieser Situation überredete er seinen Bruder Gottschalk und dessen Ehefrau Elisabeth Horns, die über keine eigene Wohnung verfügten, sondern in einem Zinshaus saßen, ins Haus Weinsberg, in das „Stammhaus" der Familie, zu ziehen. Zu dem gemeinsamen Haushalt gehörte noch die Schwester Sybille. Diese im deutschsprachigen Raum selten überlieferte Brüder- und Schwestern-Familiengruppe, die getrennt in benachbarten Häusern logierte, hielt zweimal täglich, mittags und abends einen gemeinsamen Tisch ab.

Vom Tisch und den Kosten.
Im Haus Weinsberg essen mein Bruder und ich gemeinsam, im Sommer in der Kammer oder im Sommerhaus, während des Winters in der großen Stube
5 unten oder in der oberen Stube, wie es genehm ist. Alle gleich noch zu nennenden Personen, ohne die zwei Mägde, sitzen an einem Tisch, zusammen zehn Personen. Mein Bruder und seine Frau sorgen für den Einkauf des Essens. Sie bereiten Trockenfleisch, frisches
10 Fleisch, Butter und Käse täglich zu. Manchmal gibt es Braten, an Fischtagen Hering, Stockfisch, gelegentlich Frischfisch. Die Ausgaben werden aufgeschrieben und einmal im Jahr zusammengerechnet und auf alle Personen verteilt und dann, vorher oder nachher, wird al-
15 les, was zum Unterhalt gehört, beglichen und bezahlt. Wenn jemand etwas Besonderes haben will, muss er es selbst bezahlen. Was Kleider, Leben, Krankheit, Unkosten und Handel eines jeden anbelangt, das gehört nicht zu den Unterhaltskosten. Und wir haben
20 gute Gespräche, neue Nachrichten und Freude über Tisch. Mein Bruder treibt seinen Handel, zapft Wein und kommt seinem Dienst nach.

Vom Essen und Trinken.
Ich halte zwei Mahlzeiten am Tag ein: Mittag gibt es
25 um elf Uhr, das Abendessen um sieben Uhr. Das dauert jedes Mal nicht länger als eine Stunde am Tisch, es sei denn, dass Gäste oder gute Freunde anwesend sind, denen zuliebe ich sitzen bleiben muss. Im Laufe des Morgens oder Nachmittags esse ich jetzt gar
30 nichts mehr oder nur sehr selten. Zum Mittag und zum Abend trinke ich ungefähr ein Hälbchen[1] Bier, abends noch zwei, drei oder vier Gläser oder Becher Wein. Auf besonders teure oder leckere Speisen bin ich nicht aus; ich esse sie wohl, aber ich verlange nie danach.
35 Allerdings mag ich hin und wieder neue und fremde Speise. Obst, Äpfel, Birnen, Kirschen, Pflaumen und Nüsse bekommen mir nicht so gut, deshalb meide ich sie auch. Nach der Mahlzeit sitze, gehe und stehe ich eine halbe Stunde und unterhalte mich, bevor ich
40 mich wieder zu meinen Geschäften begebe.

Von der Bewirtung der Gäste und dem Trinken.
Ich gehe nicht gerne auf Hochzeiten, Verlobungen, Kindstaufen, Schenkungen, Jahrmärkte oder was es sonst noch für Feste, Zechereien und große Mahlzeiten gibt. Ich veranstalte sie auch jetzt selber nicht
45 mehr gerne, ich muss dies auch nicht mehr tun, denn man sitzt lange zusammen, drei, vier, fünf Stunden, und macht den Tag und die Nacht zuschanden. Man isst zu üppige Speisen, und durch das Zutrinken und die nötigen Anlässe trinkt man zu viel. Manchmal
50 tanzt man auch, weil die Bewegung nach dem Einnehmen der Speisen sich ziemt und nur für die Betrunkenen schlecht ist. Ich tanze auch noch gut mit. Der Wein lässt nämlich die Lüfte sanft tanzen, er macht die Armen reich und lässt die Lahmen gehen.
55 Bei einem Gastmahl halte ich es so: ich bringe jedem am Tisch gerne ein Gläslein, trinke es allerdings jetzt nicht mehr aus. Denn von dem Missbrauch, mit großen ‚Gulden-Gläsern' oder mit Tongeschirr einen Umtrunk zu halten, ist man noch nicht abgekommen.
60 Während der Mahlzeit bin ich fröhlich und lustig, rede ziemlich viel und plaudere kurzweilig, je nachdem wie die Leute sind, und fühle nichts, weder Schmerzen noch Mangel. Aber am Morgen, wenn ich ein bis zwei Maß getrunken habe, tut mir der Kopf grausam
65 weh, und ich muss Buße erleiden. Übers Jahr will ich mich nicht einmal übergeben müssen.
Ich bin bei dem Trinken gar nicht oder zumindest schwer zu verärgern. Ich kann auch ziemlich viel trinken, lieber neuen als alten Wein. Mir soll man die
70 Trunkenheit nicht sichtlich anmerken; ich behalte einen klaren Kopf, und ich hüte mich davor und verheimliche es jetzt gern, wenn es mir gelingt. Aus diesen Gründen meide ich die Gesellschaften, früher pflegte ich, rauer zu leben.(…)
75

Von der Weinrechnung.
Im Jahre 1578, am 15. Oktober, haben mein Bruder und ich Weinrechnung miteinander gehalten, die über die Zeit vom 1. Oktober 1576 bis zum 1. Oktober
80 1577 reicht. Denn alle Abende haben wir ein Viertel Wein auf dem Tisch. Dafür rechnete er mir für meine Hälfte 100 Viertel. Das ist mehr als die tatsächliche Hälfte beträgt, denn man kocht mit Wein. Ich mag wohl auch etwas mehr trinken. Meine Schwester Sy-
85 bille trinkt auch jeden Abend ein Gläschen. Jedes Quart zu 6 Albus das macht insgesamt: 25 Gulden[2].

(Die Überschlagsrechnung des Weinverbrauchs zwischen dem 1. Oktober 1575 und dem nämlichen Datum des Jahres 1576 ist noch etwas detaillierter. Danach haben Hermann und Gottschalk Weinsberg jeden Abend eine halbe Quart Wein getrunken. Überdies trösteten sich die beiden Herren in der großen Fastenzeit vor Ostern auch noch beim Mittagsmahl für die verordnete Enthaltsamkeit beim Fleisch und den Laktizinien mit Wein. Dies alles summierte sich im Überschlag auf 200 Quart oder ca. 280 Liter Wein, pro Kopf damit auf 140 Liter im Jahr oder ca. 0,4 Liter im täglichen Mittel – eine vergleichsweise geringe Menge. Getrunken haben die beiden Herren allerdings zu den Mahlzeiten noch ungefähr 0,7 Liter Bier täglich sowie rund 0,4 Liter Wein im täglichen Mittel außerhalb des Essens, sodass im Schnitt und pro Kopf ca. 0,8 Liter Wein und 0,7 Liter Bier konsumiert worden sind.)

Konstantin Höhlbaum/Friedrich Lau/Josef Stein (Bearb.), Das Buch Weinsberg. Kölner Denkwürdigkeiten aus dem 16. Jahrhundert, 5 Bde. (Publikationen der Gesellschaft für Rheinische Geschichtskunde, 3, 4 u. 16), Leipzig-Bonn, Dürr-P. Hanstein, 1886–1926, hier: Bd. V, S. 119–120 u. 134–135.

1 Eine halbe Quart. 1 Quart=ca. 1,4 Liter.
2 1 Albus (Kölner Währung)=144 Pfennige. Der Gulden-Kurs betrug 1575 60-63 Albus.

TJ/GF

3.2.2.3 „Wenn einer eine Reise macht" – Ein Italiener über die Ernährungsweise der Oberdeutschen (1517/18)

Im Frühstadium der Reformation während der Jahre 1517/18 unternahm Kardinal Luigi d'Aragona eine ‚Lustreise' durch Deutschland, die Niederlande und Frankreich. Sein Ziel war der Hof des späteren Kaisers Karl V. in den Niederlanden. Der Sekretär des hochgemuten Kirchenfürsten, der Italiener Antonio de Beatis, hat den Verlauf der Reise beschrieben und dabei auch die ihm fremden Ernährungsgewohnheiten der Deutschen beobachtet.

(…) Überall findet man bequeme Unterkunft, und obwohl von Trient an bis fast an den Rhein keine Weinberge mehr vorkommen, so hat man doch in allen Gasthäusern zwei Sorten Wein, weißen und roten, gut und wohlschmeckend, manchmal mit Salbei, Flieder und Rosmarin gewürzt. Das Bier ist in Deutschland wie in Flandern im Allgemeinen gut. Es gibt schmackhaftes Kalbfleisch, viele Hühner und treffliches Brot. Der Wein ist bis Köln nicht sehr teuer und das Kalbfleisch sehr billig, sodass wir an einigen Orten zu viert für einen Golddukaten[1] aßen. (…)
Es gibt viel angebautes Land; Weizen und Gerste ist zwar nicht sehr gebräuchlich, dagegen ernten sie Roggen und Korn in der Menge, auch Hülsenfrüchte außer Kichererbsen, die wir nie gesehen haben. Kleine rote Kühe werden in großer Menge gehalten; auch Schafe und Schweine, aber nicht viele, und zwar, wie ich glaube, wohl deshalb nicht, weil Schafe bei dem beständigen Schnee nicht gut zu halten sind und weil die Deutschen nur gesalzenes Schweinefleisch essen. Die Käse sind nicht besonders gut, vor allem deshalb, weil die Deutschen nur faulen Käse lieben; auch einen grünen Käse schätzen sie, der künstlich mit Säften von Kräutern hergestellt wird, den aber, obwohl er pikant schmeckt und riecht, ein Italiener nicht essen würde.
An Obst fanden wir gute Weichselkirschen, zahlreiche große Apfel- und Birnbäume fast überall, deren Früchte allerdings noch nicht reif waren, auch Pflaumenbäume. (…)

Ludwig Pastor (Bearb.), Antonio de Beatis. Die Reise des Kardinals Luigi d'Aragona durch Deutschland, die Niederlande, Frankreich und Oberitalien, 1517–1518 (Erläuterungen und Ergänzungen zu Janssens Geschichte des deutschen Volkes 4, H. 4), Freiburg/Br., Herder, 1905, S. 48–50.

1 Der Dukaten war die römische Goldwährung.

GF

3.2.2.4 Ernährung und Norm

3.2.2.4.1 Was wünscht der Herr zu speisen? – Die Küchen- und Speiseordnung des Speyerer Bischofs Matthias von Rammung

Der Speyerer Bischof Matthias von Rammung (1464–1478) hat um 1470 für den verhältnismäßig kleinen fürstlichen Haushalt seiner Hauptresidenz in Udenheim (Philippsburg, sö. Speyer) eine Küchen- und Speiseordnung erlassen. Der Bischof brachte darin zum Ausdruck, dass einerseits seine Küche ordentlich verwaltet werde, wobei er besonders wert auf eine gute Vorratshaltung, auf Sparsamkeit und auf die Einhaltung eines gewissen Hygienestandards legte. Andererseits schrieb er dem Verwaltungspersonal und den Köchen einen Rahmenplan für die herrschaftlichen Speisen wie für die Gesindekost an normalen Tagen, an Fasttagen und an den Tagen vor, wenn Gäste in Udenheim zu empfangen und zu bewirten waren. Deutlich wird: der Herr allein war das Zentrum des Haushalts, nach ihm und seinen Bedürfnissen allein hatte sich alles zu richten, auf ihn war der Speiseaufwand mit den drei ‚guten' Fleischgerichten, den ‚Herren-Speisen', pro Mahlzeit berechnet. Unterschieden wurde auch streng zwischen Alltags- und Festtagsaufwand.

I. Ordnung, wie es mit den Köchen zu jeder Zeit in unserer Küche gehalten werden soll.
Man soll keine Fremden in die Küche lassen. Und alle, die man in der Küche entbehren kann, sollen aus der Küche gehen.
Ferner, wenn keiner der ordentlich bestallten Köche in der Küche ist, soll die Küche geschlossen sein und niemand dort hinein gelassen werden, außer dem Hofmeister, dem Küchenmeister, dem Keller oder anderen, denen man den Befehl dazu gegeben hatte.
Außerdem sollen die Köche auch sonst sehr darauf achten, wer in die Küche geht und was derjenige darin zu tun hat. Auch sollen sie vorkosten, was jemand aus der Küche trägt, um es zu servieren. Die Köche sollen nie mit jemandem heimlich reden oder handeln. (…)
Ferner sollen die Köche Uns nichts servieren und anrichten, das sie nicht vorgekostet haben. Sie sollen ein besonders treues und fleißiges Augenmerk auf alles haben, was für Uns gedacht ist. Es soll sauber, reinlich und gut gekocht sein, damit wir keinen Schaden nehmen.
Ferner sollen sie auch die anderen Speisen für die Gemeinen (des bischöflichen Haushalts) wohlschmeckend anrichten, und sich hierbei besonders bemühen. Es soll reinlich sein, und die Tücher, Küchengeschirre und die Küche sollen sauber und reinlich gehalten werden.
Ferner soll alles, was zur Küche gehört, rechtzeitig bestellt, aufbewahrt und nicht in Unordnung gehalten werden. Was übrig bleibt, das soll gut verwahrt werden. Und es soll Uns gemeldet werden, wenn jemand den Köchen einen Eintrag oder Schaden tut.
Außerdem sollen die Köche auch mit Uns, unserem Hofmeister, dem Küchenmeister, dem Vogt, dem Zollschreiber und dem Keller zu jeder Zeit, wie es sich

gehört, reden und mit ihnen darüber einig werden, was man zu bestellen hat und täglich kochen solle für Uns und die unseren. Sie sollen sich auch unterweisen und unterrichten lassen und nicht meinen, sie wüssten schon alles selbst; denn ein Koch muss alle Tage lernen. (…)

Ferner soll man mit dem Brennholz sparsam umgehen, und es so zurichten, dass es möglichst günstig brennt. (Es sollen) auch Bretter in kleine Scheiten (gespaltet werden). Wenn es nicht nötig ist, soll es, (das Herdfeuer), abgetan und klein gehalten werden, nur nicht mit Schmalz, Butter oder Unschlitt[1] etc. (das Herdfeuer) anzünden!

II. Wie die Küchenspeise sein soll.

Ferner soll immer das erste Essen, das morgens von Uns übrig bleibt oder stattdessen ein anderes nach unserem Befehl, armen Leuten um Gottes Willen gegeben werden. Hofmeister, Küchenmeister und Keller sollen dafür sorgen, dass darauf geachtet wird, was zu dem gemeinen Almosen gehört, und dass es notdürftigen Leuten gegeben wird.

Man möge Uns morgens dreierlei Fleisch oder Fisch zu essen geben: nämlich Brühe mit Fleisch, zweitens (Fleisch) als Pfeffer[2] oder als Pasteten, drittens gebratenes (Fleisch), dazu jeweils die Beilagen.

Wenn man Erbsen und Speck gibt oder Fleisch in Kraut, Kalbsbries oder getrocknete Rüben und Fleisch, so darf man dazu keine Brühe mit Fleisch geben.

Wenn man auch Gebackenes am Morgen serviert, ist es mit zwei Essen insgesamt genug. Wenn man dazu einen Galrey (Sülze), Leberwurst oder sonst ein anderes Essen gibt, dann ist es ausreichend mit einem solchem kalten und zwei warmen Gerichten. Dazu möge man Sülze, Wurst oder andere Speisen geben, wie man sie gerade hat, und das für eines der Gerichte zubereiten, sodass am Morgen nicht mehr als drei Gänge serviert werden.

Ferner soll man unser Essen noch vollkommener zubereiten, wenn fremde Leute kommen oder sich das Hofgesinde vermehrt, was auch immer geschehen sollte. Dabei soll gebührend und sparsam mit den Gewürzen umgegangen werden, und niemand außer dem Meisterkoch darf darüber verfügen.

Wenn etwas übrig bleibt wie z. B. ein ganzer Kapaun[3] oder anderes, und keine fremden Leute zu Besuch sind, dann soll man es bis zum Nachtmahl aufbewahren, Haché davon machen oder Uns geben, denn wir essen kalten Braten besonders gerne.

Ferner sollen Küchenmeister und Köche daran denken, nicht stets das gleiche Einerlei zu kochen, sondern heute dies, morgen etwas anderes. Denn man wird immer derselben Speise überdrüssig.

Weiterhin soll man Uns zum Nachtmahl nicht mehr als zwei Gerichte servieren und eine Speise, die gut verdaulich ist: insbesondere sollen es zwei oder drei verschiedene Fleischsorten sein, wie man es gerade hat oder es anfällt. Man soll darauf achten, im Sommer kalte Speisen und im Winter warme Speisen zu kochen und diese auch entsprechend zu würzen.

Wenn fremde Leute und Gäste geladen sind, die standesgemäß sind, soll man reichlich auftragen, sich köstlich geben, kein Maß beachten und danach wieder anfangen zu sparen.

Wir legen großen Wert darauf, dass alle Speisen, die Uns und den unsern serviert werden, jede nach ihrer Art gut gekocht, wohl zubereitet, angenehm und gut schmeckend sein sollen. Ferner wollen wir zuweilen gefragt werden, was wir essen wollen und worauf wir Appetit haben. Das soll dann mit Fleiß gekocht werden.

Auch dem Gesinde soll morgens und abends nicht mehr als zwei Gerichte mit ihren Beilagen gegeben werden, doch am Morgen reichlicher als am Abend. Es soll darauf geachtet werden, dass sie genug zu Essen haben.

Außerdem kann man dem Tisch, der unserem am nächsten kommt, hier und da von unserem Essen reichen, aber nicht immer, sondern nur, wenn fremde Leute daran sitzen. Und das, was für Uns gekocht wird, soll allein für Uns bestimmt sein. Jedem soll das gekocht werden, was ihm zusteht. Auch wenn man Gebackenes, Milch, Mus oder anderes dergleichen für Uns zubereitet, soll darauf geachtet werden, dass genug für Uns gekocht wird und vor Uns auf den Tisch kommt und nichts daneben bleibt.

Ferner, wenn man kein Fleisch verzehrt oder Fastabend ist[4], sind Uns am Morgen drei verschiedene Fische mit dem Beigemüse zu geben, dem Gesinde zwei. Und so fastet man redlicher an einem Tag, als wenn man gar nicht fastet: Nachts zwei verschiedene (Gerichte) für Uns und eines für das Gesinde. Heringe soll man dabei nicht als Fisch betrachten; es sei denn, man kann es nicht anders. Frische und geräucherte Fische sollen zuweilen zusammen als ein Gericht gegeben werden.

Auch soll man Stockfisch, Schollen und junge Fische verwenden, wenn es sich gehört. Und dem Gesinde soll immer gutes Gemüse bereitet werden, sodass die (Bediensteten) keinen Mangel leiden und dabei immer, wenn es auch wohl kein abwechslungsreiches Essen ist, genug haben. Für Uns sind auch Linsen, Morcheln, Möhren, Erbsen, Sauermilch-Suppen und Käsebrühe zu servieren.

Ferner sind Fische in den Ämtern zu bestellen[5].

Ferner soll der Küchenmeister alle vier oder sechs Wochen den Köchen und dem Keller diese Ordnung vorlesen, damit sie sich danach zu richten wissen. Diese Ordnung soll ohne unseren besonderen Bescheid nicht geändert werden; es sei denn, dass wir Uns selbst außerhalb unseres Schlosses aufhalten, oder fremde Leute dort zu Besuch sind oder sonst die Notwendigkeit besteht, an einem bestimmten Tag die Speisen zu ändern.

Gerhard Fouquet, „Wie die kuchenspise sin solle" – Essen und Trinken am Hof des Speyerer Bischofs Mathias von Rammung (1464–1478), in: Pfälzer Heimat 39 (1988), Speyer, Eigenverlag der Pfälzischen Gesellschaft zur Förderung der Wissenschaften, S. 12–27, hier: S. 25–27.

1 Zu Talg eingesottene Tierreste.
2 Eine Art Ragout, gewürzt besonders mit Pfeffer.
3 Ein kastrierter Masthahn.
4 Gebotene Fastentage waren im allgemeinen der Mittwoch und Freitag jeder Woche, die große Fastenzeit von Aschermittwoch bis Ostern sowie die Vorabenden der großen Feste.
5 In den Weihern des Hochstifts Speyer wurden vornehmlich Forellen, Karpfen und Hechte gehalten.

TJ/GF

3.2.2.4.2 Was kostet mich Essen und Trinken? – Überschlag der jährlichen Kosten für einen Haushalt in Überlingen (um 1580)

Den folgenden Kostenüberschlag hat der Chronist Reutlinger in seiner „Überlinger Chronik" niedergeschrieben. Berechnet ist der Kostensatz für den Haushalt des ‚Gemeinen Manns', d. h. für einen stadtbürgerlichen Haushalt aus dem handwerklichen Milieu. Auffällig ist der tägliche Konsum von Branntwein, der in der zweiten Hälfte des 15. Jahrhunderts einsetzte und während der Frühen Neuzeit offenbar üblich wurde.

Die Kosten für das Haushalten: Sie sind berechnet für den Gemeinen Mann, Reiche trifft es noch mehr.
Was für einen Mann, eine Frau und eine Magd ein Jahr lang gebraucht wird:
– Wöchentlich 2 Batzen für Brot, das macht im Jahr 7 Gulden[1].
– Täglich 1 Batzen für Wein, das macht im Jahr 24 Gulden 5 Batzen.
– Allerlei Fleisch kostet im Jahr 13 Gulden.
– Für Schmalz und Holz 10 Gulden, für Kraut 2 Gulden, für Schuhe 2 Gulden.
– Für den Lohn der Magd 4 Gulden, für Licht 2 Gulden, für den Badelohn 1 Gulden.
– Täglich 1 Pfennig für Branntwein, das macht im Jahr 1 Gulden 3 Batzen.
– Für Patenschaft gibt man 2 $1/4$ Gulden.
– Für Salz $1/2$ Gulden.
– Für Fisch, Heringe und dergleichen 7 Gulden.
– Für Gewürze 1 $1/4$ Gulden.
– Für Hemden und Schnürriemen 1 $1/4$ Gulden.
– Der Frau, um ihre Kleider und andere Utensilien auszubessern, 2 Gulden.
– Zum Ausbessern von Leinentüchern und Betten[2].
– Für Pfannen, Kessel, Schüsseln und Teller $3/4$ Gulden.
– Für Käse 2 Gulden, für Rüben und allerlei Obst[3].
– Für Wasserkübel, Eimer und Besen 1 Gulden.
Wo bleibt Miete, Flickwerk und anderes?
Aufgepasst, merkt weiter:
– Eine Kuh kostet im Jahr an Unterhalt 5 Gulden und 6 Batzen. So kannst du für 14 Batzen 12 Pfennige so viel Milch kaufen, wie die Kuh geben kann.
– Ein Schwein kostet im Jahr an Unterhalt 3 Gulden 54 Pfennige, die soll man deswegen kaufen, denn die Mühe und Arbeit ist umsonst.
– Ein Hahn und eine Henne kosten 2 Gulden 27 Pfennige (pro Jahr), sofern man ihnen genug Futter gibt. Eine Henne legt im Jahr für 32 Pfennige Eier, 2 Eier für einen Pfennig gerechnet. Deshalb kräht der Hahn für 4 Pfund 9 Pfennige. Eine Nachtigal kostet im Jahr an Unterhalt 1 $1/2$ Gulden 3 Pfund. Eine Ziege kostet im Jahr $1/4$ Gulden.
– Schenkt dir Gott ein Kind, dann musst du ein Kindermädchen haben. Wenn Du sie im Haus haben willst, dann kostet sie jeden Tag mit Essen, Trinken und Lohn 12 Pfennig. Das macht im Jahr 17 Gulden und 8 Zwölfer. Willst Du das Kind aber weggeben, um es erziehen zu lassen, musst du dafür 9 Gulden geben. So geht die Frau drei Mal im Jahr zum Kind und braucht dabei an Zehrkosten 84 Pfennige. Auch stiehlt sie (die Ehefrau) dir Mehl, Wein und Schweinefleisch für 5 Pfund, um es der Kinderfrau zu schenken.
– Willst Du ein Pferd haben, so musst Du für Heu, Stroh, einen Sattel, Zaumzeug und für den Hufbeschlag mindestens 16 Gulden ausgeben.
– Einen Zeisig zu halten kostet im Jahr 52 Pfennige. Eine Katze und ein Hund kosten mindestens $1/2$ Gulden.

Franz Joseph Mone (Bearb.), Vermögen und Verbrauch der Privatleute vom 14. bis 17. Jahrhundert, in: Zeitschrift für die Geschichte des Oberrheins 19 (1866), Karlsruhe, G. Braun'sche Hofbuchhandlung, S. 3–32, hier: S. 29–30.

1 1 Batzen=16 Pfennige. 1 Gulden=15 Batzen.
2 Hier fehlt die Zahl.
3 Hier fehlt die Zahl.

AC/GF

3.2.2.4.3 Dienstbotenkost

Im Bayern des Jahres 1493 wurde für die Knechte und Tagelöhner in der Ökonomie des unweit Münchens gelegenen Augustiner-Chorherrenstifts Indersdorf eine Verpflegungsordnung erlassen.

Bekannt sei die Gewohnheit, wie man den Bediensteten zu etlichen Zeiten in dem Wirtschaftshof des Klosters, auch die Pfründekost während des ganzen Jahres gibt.
Diese gehören zu der Küche des Wirtschaftshofes: Alle Knechte, Salzknechte, Stallmeister, Waldaufseher, Kuhhirten mit ihren Buben, Knechte, die sich um die Stuten kümmern, Heizer, Pferdewächter, alle Mägde, zusammen mit der Köchin und den Hühnerfrauen.
Dies ist die gewöhnliche Kost der oben genannten Bediensteten:
In der Zeit zwischen dem St. Georgstag (23. April) und dem St. Michaelstag (29. September) gibt man den Knechten und Mägden und allen, die auf dem Wirtschaftshof verdingt sind, morgens eine Wassersuppe mit Schweineschmalz. Das nennt man „räbl".
Zum Mittag (bekommen sie) Gerstenmus, Kraut, Milch; ob noch Obst, Erbsen oder Brei dazu gegeben wird, steht einem Aufseher zu, zu entscheiden, wenn sie (Knechte und Mägde) gutwillig und arbeitsam waren.
Zum Abend gibt es eine Milchsuppe, die „gräman" genannt wird, Kraut und Milch, wie es üblich ist.
Das ist die gewöhnliche Pfründe von St. Michaelstag (29. September) bis St. Georgstag (23. April):
Morgens gibt man Knechten und Mägden und allen denen, die verdingt sind, eine Wassersuppe mit Schweineschmalz, Mus (Grütze).
Zum Mittag (bekommen sie) Gerstenmus, Kraut, Buttermilch, wenn sie vorhanden ist. Ob noch Obst, Erbsen oder Brei dazu gegeben werden, steht einem Aufseher zu, zu entscheiden. Zum Nachtmahl gibt es Milchsuppe (Rahmsuppe), wie es üblich ist.
Ferner bekommen die oben genannten von Ostern bis Pfingsten dreimal wöchentlich, sonntags, dienstags und donnerstags, jeweils vier Pfund Schweinefleisch unter das Kraut (gemischt). Das macht insgesamt in einer Woche 12 Pfund (Früher hat es das nicht gegeben, nur an Feiertagen).

3.2 Alltag: Arbeit, Nahrung und Muße, Vergnügungen und Konsum

Danach, von Pfingsten bis Weihnachten, wird in jeder Woche nach Gewohnheit verfahren.
Von Weihnachten bis zur Fastnacht gibt man ihnen in demselben Maß, wie oben beschrieben wurde, nämlich insgesamt in allen Wochen 12 Pfund Schweinefleisch unter das Kraut.
Drescher und Rotschneider, die nicht (im Kloster) verdingt sind und für Tagelohn arbeiten, erhalten morgens eine Suppe, wie man sie gerade hat, zum Mittag (erhalten sie das gleiche Essen) wie die Knechte auch, zur Brotzeit um zwei Uhr am Nachmittag bekommen sie Milch. Sollten sie aber dafür eine Suppe erhalten, hat man dies ihnen mitzuteilen.
Die Buttermilch soll, wenn sie vorhanden ist, statt der süßen Milch von der oberen Wirtschafterin den Dreschern und Bediensteten gegeben werden; sie soll aber nicht ohne Not ausgegeben werden.
Immer wenn die Wirtschafterin im Jahr das Schmalz auslässt, gibt sie aus gutem Willen und nicht von Rechts wegen das, was sie zuerst abschöpft, den Mägden, wenn sie dienstbar sind; daraus machen sie einen Brei, der „armer Mann" genannt wird.
Einmal im Jahr gibt man allen Bediensteten, die zur Küche im Wirtschaftshof gehören, ein Brot mit Schmalz. Darauf soll die Wirtschafterin achten.
Wenn kein Schweineschmalz vorhanden ist, gibt man Suppe nach der Anordnung der Wirtschafterin aus. Darüber soll sich keiner beschweren.
Wenn man das Schweineschmalz auslässt, sollen die Graupen durch die Wirtschafterin an die verteilt werden, denen man es schuldig ist. Man soll sie nicht an einem Samstag[1] essen (Freitag oder Samstag).
Ferner gibt man zu den festgesetzten Zeiten all denen, die zur Küche im Wirtschaftshof gehören, einmal Fleisch. Das ist an folgenden Tagen zu machen: am heiligen Weihnachtstag (25. Dezember), an Neujahr, am 6. Januar, an Lichtmess, am Fastnachtssonntag, am Fastnachtsdienstag, an Ostern, an Himmelfahrt, an Pfingsten, an Fronleichnam, am St. Johannistag (24. Juni), am St. Peters- und St. Paulstag (29. Juni), am Kirchweihtag, an Maria Himmelfahrt (15. August), an Mariageburt (8. September), am St. Michaelstag (29. September), am Allerheiligentag (1. November), am St. Martinstag zur Nacht (11. November), zu allen Aposteltagen; das mögen sie mittags essen oder zum Nachtmahl.
An diesen Tagen gibt man den Knechten jedem einzelnen ein Brot zu seiner Pfründe und an St. Martinstag und an Fastnacht gibt man den Mägden und Wächtern – einem jeden – Brot.
Von St. Martinstag (11. November) bis zu St. Georgstag (23. April) gibt man an den oben genannten Tagen den Knechten und Mägden, und zwar jeder Partei, eine Schale Bier[2] nach Maßgabe des Kastners, aber in der Martinsnacht und zu Fastnacht gibt man denen alle Bier, die zu der Küche im Bauhof gehören.
In der Hafersaat, wenn die Knechte den Hafer säen[3], gibt man ihnen Bier, falls es vorhanden und wie es gewöhnlich ist.
Wenn die Aussaat vor Maria (Empfängnis) (25. März) beendet wäre, gibt man jedem Knecht ein Herrenbrot[4] und allen eine Schale Bier.
Am Ostertag gibt man den Knechten und Dirnen und allen denen, die zur Küche im Bauhof gehören, (einen Fladen), gekochtes Fleisch, jedem zwei Eier, auch an den drei Tagen: am Montag, am Dienstag und am Mittwoch, jedem je zwei Eier am Morgen.
Wenn man den Mist einpflügt, gibt man jedem Knecht einen Dienerwecken zum Abendbrot oder stattdessen Milch nach der Anordnung des Baumeisters, sonst bei keinem Pflügen.
An Pfingsten gibt man ihnen allen 100 Eier (…), einen Käse und vier Pfund Schmalz, je nachdem ob sie fleißig waren.
Wenn die Knechte Strohbänder für die Ernte machen, gibt man ihnen zum Abendessen einen kleinen Laib Brot.
Wenn die Knechte das Getreide und den Hanf dreschen, gibt man ihnen das Abendbrot.
Machen die Knechte Zäune zusammen mit anderen, die ihnen helfen, gibt man ihnen das Abendbrot.
Wenn der Mist untergepflügt ist, vertrinken die Mägde die „Gabel" nach alter Gewohnheit. Denen gibt man zwei Gerichte nach Anordnung des Schaffners, fünf Maß Wein ungefähr mehr oder minder. In gleicher Weise vertrinkt man die „Sichel", wenn die Getreideernte beendet ist.
Wenn man in der Heuernte oder im Krummet[5] ist, gibt man ihnen das Abendbrot. Das ist kürzlich aufgekommen.
Fährt man bei der Heu-, Roggen-, Dinkel-, Hafer-, Gerste- oder Krummeternte, so gibt man den Knechten und Mägden, wenn sie drei Fuder eingefahren haben, zur Nacht, und zwar jeder Partei, einen Laib (Brot) und einen Speisekäse, dazu noch das Abendbrot. Fahren sie aber nicht mehr als zwei Fuder, so ist man nicht dazu verpflichtet, ihnen den Laib und den Käse zu geben.
Ordnet der Baumeister den Mägden an, Hirse, Pflanzen oder Zwiebeln zu jäten oder das Gras aus dem Krautacker zu reißen, so gibt man ihnen das Abendbrot.
In der Ernte, während man (das Getreide) schneidet und darinnen arbeitet, gibt man Knechten und Mägden das Abendbrot.
Wenn man alles Getreide, Roggen, Dinkel ausgesät hat, gibt man ihnen den „Saathahn": je vieren eine Gans, jedem ein Maß Kelheimer Wein aus Gnade.
Wenn man mit der Kraut-, Weißkohl- und Rübenernte fertig ist, gibt man ihnen das Abendbrot: ein Dienerbrot.
An Neujahr und zu Fastnacht lädt und fordert man Knechte und Mägde ein, in gleicher Weise die Bediensteten aus Wagenried[6], und gibt ihnen zwei Gerichte, was zu der Zeit vorhanden ist und jeder Partei vier Maß Wein minder oder mehr.
Am Samstag, den man ‚Schmalzigen Samstag' nennt[7], und an der Herren-Fastnacht[8] backt man dem Gesinde Fastnachtskrapfen, beginnt an demselben Tag (Samstag vor Esto mihi), gibt jedem Knecht und jeder Magd, allen, die zu der Küche des Bauhofes gehören, zu jeder Mahlzeit an den drei Tagen: Herrenfastnacht, Montag und Dienstag 21 Krapfen, in Schweineschmalz ausgebacken. Zu jedem Backen (pro Tag) braucht man ungefähr 5 Metzen[9] Mehl. (…)

J. Scheidl, Mittelalterliche Dienstbotenkost und ‚Verehrungen' aus dem Indersdorfer Ehaltenbuch von 1493, in: Hei-

191

mat und Volkstum. Amtliches Nachrichtenblatt der Wörterbuchkommission der Bayerischen Akademie der Wissenschaften in München 17 (1939), München, Giehrl, S. 209–219, hier: S. 210–214.

1 Das heißt: an einem gebotenen Fasttag.
2 Die Größe des Maßes ist unbestimmt.
3 Im Frühjahr, Anfang März.
4 Weißbrot.
5 Die zweite Heuernte Anfang August.
6 Ein Schwaighof des Klosters, unweit von Indersdorf gelegen.
7 Samstag vor Esto mihi, drei Tage vor Fastnachtsdienstag.
8 Sonntag Esto mihi.
9 Ein Hohlmaß.

GF

3.2.2.4.4 Ein ländlicher Speisezettel (1618)

Auf dem landwirtschaftlichen Bauhof des Schlosses Schleißheim war unter Herzog Maximilian von Bayern (1597–1651) die Ökonomie bis ins kleinste geregelt. Unter den Papieren findet sich auch ein Wochenspeiseplan für das Gesinde aus dem Jahr 1618.

Verzeichnis der ausgeteilten Speise:
Sonntag:
Mittags: Hirsebrei oder Griesmus, Speckknödel und Kraut.
5 Nachts: Kraut, dicke Schnitzen[1] und süße Milch.
Montag:
Morgens: Weizenmus, saure Milchsuppe.
Mittags: Kraut, gestampfte Gerste, Kirschkuchen.
Nachts: Kraut, Erbsen, Milch.
10 Dienstag:
Morgens: Mus und Wassersuppe.
Mittags: Kraut, eingebrannte Suppe, Dampfnudeln.
Nachts: Kraut, Rüben, Milch.
Mittwoch:
15 Morgens: Weizenmus, Sauermilchsuppe.
Mittags: Kraut, dicke Schnitzen, gekochter Hafer.
Nachts: Kraut, Gerste, Milch.
Donnerstag:
Morgens: Weizenmus und Wassersuppe.
20 Mittags: Kraut, Erbsen, Küchlein oder Strietzel.
Nachts: Kraut, Rüben, Milch.
Freitag:
Morgens: Weizenmus, Sauermilchsuppe.
Mittags: Kraut, dicke Schnitzen, Lebkuchengebackenes
25 (wahrscheinlich mit Obst).
Nachts: Kraut, Gerste, Milch.
Samstag:
Morgens: Weizenmus und Wassersuppe.
Mittags: Kraut, Erbsen, Rüben.
30 Nachts: Kraut, aufgegangene (Nudeln) oder Dampfnudeln.

Franz Vollmann, Ein ländlicher Speisezettel aus Schleißheim zu Anfang des Dreißigjährigen Krieges, in: Bayerische Hefte für Volkskunde 4 (1917), München, Bayerischer Verein für Volkskunst und Volkskunde / Bayerischer Landesverein für Heimatschutz, S. 139–146.

1 Wovon die Schnitzen herzustellen waren, ist nicht genannt.

TJ/GF

3.2.2.5 Aus deutschen Kochbüchern: „Wer eine gute Speise haben will, der braucht siebenerlei Sachen: du musst Milch haben, Salz und Schmalz, Zucker, Eier und Mehl, Safran dazu, dann wird es gehl"

Dieses zu einem Kinderreim gewordene Rezept steht am Anfang des um 1460 entstandenen Kochbuchs von Hans, dem Meisterkoch der Grafen von Württemberg. Kochbücher sind kulturgeschichtliche Dokumente von hohem Rang, weil sie Auskunft über die Geschmacksvorlieben, die Zusammensetzung und Zubereitungsarten von Speisen sowie über die Lebensstile vergangener Epochen geben. Ausgewählt wurden drei Rezepte aus Kochbüchern verschiedener Jahrhunderte.

3.2.2.5.1 Ein nicht ganz ernst gemeintes Rezept (1460)

Eine Sülze von Hosenträgern: Nimm eine Rehhaut, brüh sie und zieh die Haare heraus. Koch die Haut sehr gut, dann zieht sie sich ganz fest zusammen. Schneide sie in spannenlange, zwei Finger breite Stücke und mach daraus eine Sülze (Wohl bekomm's!).

Trude Ehlert (Bearb.), „Maister Hannsen des von Wirtenberg koch". Transkription, Übersetzung, Kommentar, Frankfurt a. M., Tupperware, 1996, S. 238.

GF

3.2.2.5.2 Hauptsache – bunt!: Ein Essen in verschiedenen Farben (1553)

Ein Essen, bei dem jedes Teil eine andere Farbe hat, mache folgendermaßen: Brate Hühner an einem Spieß, aber stecke sie nicht nahe zusammen. Und wenn sie gebraten sind, mache sechs Farben, die weiße mache folgendermaßen: Nimm Eiweiß, tu ein wenig Mehl hinein, mache einen dünnen Teig.
Braun mache folgendermaßen: Nimm Weichsellatwerge und mache mit Eiern und Mehl einen braunen Teig an.
Das Gelb mache folgendermaßen: Nimm Eidotter, etwas Weizenmehl, Safran und drei oder vier Eier, daraus mache einen Teig.
Grün mache folgendermaßen: Nimm Petersilie, streiche sie zusammen mit Eiern durch ein Tuch, tu ein wenig Mehl dazu, mache einen Teig.
Schwarz: Nimm Mehl und Eier, mache einen Teig daraus, tu gestoßene Nelken hinein, die über Nacht in aufgeschlagenen Eiern eingeweicht wurden, tu genügend hinein, dann wird es richtig schwarz.
Wenn du die fünf Farben auf diese Weise gemacht hast, dann begieße jedes Huhn mit seiner Farbe und achte darauf, dass es nicht mehr zu heiß ist. Und wenn die Farbe angetrocknet ist, dann ziehe die Hühner vom Spieß ab und lege sie neben anderes Gebratenes in eine Schüssel.

Hugo Stopp (Bearb.), Das Kochbuch der Sabina Welserin. Mit einer Übersetzung von Ulrike Griessmann, Heidelberg, Carl Winter, 1980, S. 37.

GF

3.2.2.5.3 Rumfordsuppe – das 18. Jahrhundert

Die berühmteste Suppe der ausgehenden Frühen Neuzeit ist die ‚Armen'-, ‚Spar'- oder ‚Rumfordsuppe'. Erfunden hat sie der aus den britischen Kolonien in Nordamerika stammende Physiker Benjamin Thompson (1753–1814), bekannt geworden unter seinem späteren Namen Graf Rumford (seit 1791), während seines Dienstes am Hof der Herzöge von Bayern (1784–1788).

Das Wasser und die Gerstengraupen werden zusammen in einen Kochkessel getan und zum Kochen gebracht; dann werden die Erbsen hinzugetan und das Kochen wird über mäßigem Feuer zwei Stunden lang fortgesetzt; dann werden die Kartoffeln (die ungekocht oder gekocht schon geschält sind) hinzugetan, und das Kochen wird noch eine Stunde lang fortgesetzt. Während dieser Zeit wird die Flüssigkeit im Kessel fleißig mit einem großen hölzernen Löffel umgerührt, um die Kartoffeln gänzlich zu zerreiben, und die Suppe zu einer gleichförmigen Masse zu machen. Sobald dies geschehen ist, werden Weinessig, Salz und zuletzt, wenn die Suppe aufgetragen werden soll, Brotschnitte hinzugetan.

Fritz Ruf, Mus, Brei und Suppe in der Geschichte der Ernährung, in: Ders. (Bearb.), Die sehr bekannte „dienliche Löffelspeise". Mus, Brei und Suppe – kulturgeschichtlich betrachtet, Velbert-Neviges, BeRing Verlag, 1989, S. 11–80, hier: S. 58.

GF

3.2.3 „und Dein Haus bestellen": Wohnwelten

3.2.3.1 Leben auf den Burgen um 1200 und zu Beginn des 16. Jahrhunderts

3.2.3.1.1 Mit Parzival in der Gralsburg

Der Sänger und Dichter Wolfram von Eschenbach verfasste um 1200/10 seinen Roman ‚Parzival'. Parzival findet im 5. Buch den Weg zur Gralsburg, den nur der Auserwählte zu erkennen vermag. Dort wird der Fremde von den Rittern des Grals herrlich empfangen.

Sie traten in einen Palast, wo über den Versammelten hundert Kronleuchter mit vielen Kerzen hingen, während ringsum an den Wänden kleinere Kerzenhalter befestigt waren. Im Saal sah er hundert Ruhelager, von den Bediensteten sorgfältig gerichtet und mit Steppdecken gepolstert. Je vier Gefährten fanden Platz auf einem Lager. Zwischen den Polstersitzen war freier Raum, vor ihnen lagen runde Teppiche. Der Sohn König Frimutels konnte sich das eben leisten! Und noch etwas gab es dort, was den Bewohnern nicht zu kostbar war: im Saal standen drei viereckige Marmorkamine, auf deren Rosten Aloeholz brannte. Solch gewaltige Feuerbrände, noch dazu von so kostbarem Holz genährt, hat man selbst hier zu Wildenberg[1] nie gesehen.
In der Nähe des mittleren Kamins hatte sich der Burgherr auf einem Ruhelager niedergelassen. Allen Frohsinns bar, war sein Leben ein ständiges Dahinsiechen.

Als der strahlendschöne Parzival den Palast betrat, wurde er von seinem Gastgeber freundlich empfangen. Er ließ ihn nicht lange warten, sondern bat ihn, näher zu treten und sich zu setzen. „Kommt an meine Seite! Ihr steht mir zu nahe, als dass ich Euch einen Platz weiter hinten zuweisen dürfte", so sprach der schmerzgequälte Burgherr. Die großen Feuer ließ er wegen seiner Krankheit brennen, und er trug auch warme Kleidung: sein Pelzrock und der Mantel darüber waren außen und innen mit großen langen Zobelfellen besetzt. Noch das geringste der schwarzgrauen Felle war wertvoll genug. Den gleichen kostbaren Zobel zeigte die Pelzmütze auf seinem Haupt. Rings um die Mütze lief eine goldgewirkte arabische Borte, und in ihrer Mitte glänzte ein Rubin. (…)
An der Stirnseite des Palastes tat sich eine stählerne Tür auf, und zwei liebliche Mädchen betraten den Saal. Es waren zwei schöne Jungfrauen, die jedem Manne, der sich durch Ritterdienst auszeichnete, den Liebeslohn hätten gewähren können. Blumenkränze zierten ihr Haar. Jede hielt einen goldenen Leuchter mit brennenden Kerzen in der Hand, und lang fielen ihre blonden Locken herab. Die Gewänder, in denen sie den Saal betraten, sollen nicht vergessen sein: das Kleid der Gräfin von Tenabroc und das ihrer Gefährtin war in Rotbraun gehalten und über den Hüften von Gürteln eng gerafft.
Den beiden Mädchen folgte eine Herzogin mit ihrer Gefährtin. Sie trugen zwei zierliche Elfenbeinstützen. Als sich alle vier Damen verneigten, erglühten ihre Lippen wie rote Flammen. Mit vollendeter Anmut stellte nun das zweite Paar die Elfenbeinstützen vor den Burgherrn. Dann traten die vier, alle von gleichem Liebreiz und in gleicher Weise gekleidet, beiseite. Doch seht, acht andere, zu diesem Dienst berufene Edeldamen ließen nicht auf sich warten. Vier von ihnen trugen große Kerzen, die andern vier eine kostbare Steinplatte, die bei Tage das Sonnenlicht durchließ: es war ein ungeheuer großer Granathyazinth! Als man ihn zu einer Tischplatte verarbeitete, hatte man ihn ganz dünn geschliffen, damit er nicht zu gewichtig sei. Dieser kostbare Tisch gab eine Vorstellung vom Reichtum des Burgherrn!

Wolfgang Spiewok (Bearb.), Wolfram von Eschenbach. Parzival, 2 Bde., Stuttgart, Ph. Reclam Jun. Verlag, 1981, hier: Bd. 1, S. 391–399.

1 Wildenberg ist der Name mehrerer Burgen im Fränkischen. Höchstwahrscheinlich ist damit die Burg der Edelherren von Dürn gemeint, die im Odenwald bei Amorbach liegt.

GF

3.2.3.1.2 Wie lebt ein kleiner Landadliger – der Literaturbrief des Ulrich von Hutten an den Nürnberger Willibald Pirckheimer (1518)

Der Niederadlige und Humanist Ulrich von Hutten (1488–1523) schilderte dem Nürnberger Patrizier Willibald Pirckheimer in einem lateinisch verfassten Literaturbrief am 25. Oktober 1518 sein unruhiges Leben auf der väterlichen Steckelsburg, im Quellgebiet der Kinzig auf den einsamen Höhen der Rhön gelegen. Hutten karikiert darin die Mühen seiner niederadligen Schicht im Fürstendienst, verspottet das adlige Landle-

ben und stellt dieser seiner Meinung nach dumpfen, bäurischen Lebensform die Annehmlichkeiten und die Urbanität gegenüber, welche die Reichsstadt Nürnberg auszeichne. Auf der Steckelsburg verbrachte Hutten seine ersten elf Lebensjahre, hier wohnte er auch als 25-jähriger noch längere Zeit. Noch im frühen 16. Jahrhundert in Huttens Jugendjahren war die Burg der fortschreitenden Artillerietechnik angepasst worden, doch das Zeitalter der Burgen war vorbei.

In den Städten könnt ihr nicht nur friedlich, sondern auch bequem leben, wenn ihr es euch vornehmt. Aber glaubst Du, dass ich unter meinen Rittern jemals Ruhe finden werde? Und hast Du vergessen, welchen Störungen und Aufregungen die Menschen in unserem Stand ausgesetzt sind? Glaube das nicht und vergleiche nicht Dein Leben mit meinem! Um uns steht es so, dass mir die Zeitläufte keine Ruhe ließen, sogar wenn ich ein höchst ansehnliches Erbe besäße und von meinen Einkünften leben könnte. Man lebt auf dem Feld, im Wald und in den bekannten Burgen auf dem Berg. Die uns ernähren, sind bettelarme Bauern, denen wir unsere Äcker, Weinberge, Wiesen und Wälder verpachten. Der einkommende Ertrag ist, gemessen an der aufgewandten Mühe, geringfügig; aber man sorgt und plagt sich sehr, dass er großmächtig werde. Denn wir müssen höchst sorgsame Hausväter sein.

Sodann müssen wir uns in den Dienst eines Fürsten stellen, von dem wir Schutz erhoffen. Wenn ich das nicht tue, glaubt jeder, er könne sich alles gegen mich erlauben. Aber auch wenn ich es tue, ist diese Hoffnung täglich mit Gefahr und Furcht verbunden. Gehe ich nämlich von Hause fort, so muss ich fürchten auf Leute zu stoßen, mit denen der Fürst, wie bedeutend er auch sein mag, Fehde oder Krieg führt und die mich seinetwegen anfallen und wegschleppen. Wenn es dann mein Unglück will, geht leicht mein halbes Vermögen als Lösegeld darauf, und so droht eben von dorther ein Angriff, von wo ich Abwehr erhoffte. Deswegen halten wir uns Pferde und Waffen und umgeben uns mit zahlreichem Gefolge, alles unter großen und spürbaren Kosten. Unterdessen gehen wir nicht einmal im Umkreis von zwei Joch ohne Waffen aus. Kein Dorf können wir unbewaffnet besuchen, auf Jagd und Fischfang nur in Eisen gehen. Außerdem entstehen häufig Streitigkeiten zwischen fremden Meiern und unseren; kein Tag vergeht, an dem uns nicht ein Zank hinterbracht wird, den wir dann möglichst vorsichtig beilegen müssen. Denn sobald ich zu eigensinnig das Meine behaupte oder Unrecht ahnde, gibt es Krieg. Wenn ich aber zu sanftmütig nachgebe oder etwas von Meinem preisgebe, bin ich sofort den Rechtsbrüchen aller anderen ausgeliefert, denn dann will jeder als Beute für sein Unrecht haben, was dem einen zugestanden wurde.

Doch unter welchen Menschen geschieht dies? Nicht unter Fremden, mein Freund, nein, zwischen Nachbarn, Verwandten und Angehörigen, ja sogar unter Brüdern. Das sind unsere ländlichen Freuden, das ist unsere Muße und Stille! Die Burg selbst, ob sie auf dem Berg oder in der Ebene liegt, ist nicht als angenehmer Aufenthalt, sondern als Festung gebaut. Sie ist von Mauer und Gräben umgeben, innen ist sie eng und durch Stallungen für Vieh und Pferde zusammengedrängt. Daneben liegen dunkle Kammern, vollgepfropft mit Geschützen, Pech, Schwefel und sonstigem Zubehör für Waffen und Kriegsgerät. Überall stinkt es nach Schießpulver; und dann die Hunde und ihr Dreck, auch das – ich muss es schon sagen – ein lieblicher Duft! Reiter kommen und gehen, darunter Räuber, Diebe und Wegelagerer. Denn fast für alle stehen unsere Häuser offen, weil wir nicht wissen, was das für Leute sind, oder uns nicht groß danach erkundigen. Man hört das Blöken der Schafe, das Brüllen der Rinder, das Bellen der Hunde, das Rufen der auf dem Feld Arbeitenden, das Knarren und Rattern der Fuhrwerke und Karren; ja sogar das Heulen der Wölfe hört man in unserem Haus, weil es nahe am Wald liegt. Der ganze Tag bringt vom Morgen an Sorge und Plage, ständige Unruhe und dauernden Betrieb. Äcker müssen gepflügt und umgegraben werden, Weinberge müssen bestellt, Bäume gepflanzt, Wiesen bewässert werden; man muss eggen, säen, düngen, mähen und dreschen; jetzt steht die Ernte bevor, jetzt die Weinlese. Wenn aber einmal ein schlechtes Ertragsjahr kommt, wie in dieser mageren Gegend meistens, dann haben wir fürchterliche Not und Armut; dann hört es gar nicht mehr auf mit banger Unruhe und zermürbendem Umtrieb. In dieses Leben rufst Du mich aus dem unwürdigen Hofleben zurück, als wäre es für das Studium geeignet!

Eduard Böcking (Bearb.), Ulrichs von Huttens Schriften, Bd. 1, Leipzig 1859, B. G. Teubner Verlag, Brief 90, S. 201–203; übersetzt von Arno Borst, Lebensformen im Mittelalter, 4. Aufl., Frankfurt a. M.–Berlin, Propyläen, 1987, S. 173–175.
GF

3.2.3.2 Urbanität

3.2.3.2.1 Wohnen am Blaubach: Die Weinsbergs in Köln und ihre Häuser

Kurz nach 1578 hielt der Kölner Hermann Weinsberg mit dem Federkiel den Straßenzug in seiner unmittelbaren Nachbarschaft fest, ungelenk, aber wirklichkeitsnah bildete er die giebelständige, eng aneinander gebaute Gasse ab, die bereits in 1.3.3 mit ihren Bewohnern in Bild und Wort vorgestellt wurde. Die Häuserzeile lag an einem kanalisierten, über mehrere Brücken zu passierenden Abwasserkanal, an dem während des Spätmittelalters Blaufärber wohnten und arbeiteten. Nach ihnen und dem Gewässer trug die Gasse ihren Namen: ‚Am Blaubach'. Die in den großen Städten des 15. und 16. Jahrhunderts verbreiteten Reihenhäuser der Straße ähnelten sich zwar, waren 5 bis 7 Meter breit und 10 bis 15 Meter tief, jedes Haus der Weinsbergschen Zeichnung hatte aber seine eigene Individualität. Die Gebäude waren teils größer, teils kleiner als der Grundtyp, sie waren bis auf ein Backhaus (Haus M/N) mehrgeschossig, aber von unterschiedlicher Stockwerkshöhe.

Die unterkellerten Gebäude waren unterteilt in Vorder- und Hinterhäuser. Im Erdgeschoss des Vorderhauses gab es Küche, Stube, Kamin und das Treppenhaus. Ein Durchgang führte von der Straße aus in den Hinterhof und zum Hinterhaus, in dem die „duister(n)",

3.2 Alltag: Arbeit, Nahrung und Muße, Vergnügungen und Konsum

die dunklen Hofkammern lagen. Die Obergeschosse der größeren Häuser nahmen weitere Wohnräume auf: im Vorderhaus den großen Saal, die „gute' Stube, im Hinterhaus die „lustige(n)" Schlafkammern. Die Stockwerke unterm Dach dienten als Speicher für Getreide, Kleider und Gerümpel, dort waren auch die beliebten, freilich nicht ungefährlichen Spielplätze der Kinder: 1527 fiel ein Mädchen, wie Hermann Weinsberg berichtet, von einem der Speicher herunter.

1. Christian Weinsberg, der Vater Hermanns, hatte als Färber begonnen, dann sich aber immer mehr auf die Bierbrauerei, den Weinhandel und -zapf spezialisiert. Sobald er es sich leisten konnte, ließ er daher 1529 größere Umbauten im Haus Weinsberg vornehmen, die Stube im Erdgeschoss für seinen Weinzapf vergrößern, neue große Bier- und Weinkeller anlegen, die vom Haus Weinsberg in das danebenliegende Zinshaus führten.

Von dem Bau und der Veränderung im Haus zu Weinsberg
Zu Beginn des Jahres 1529 hat mein Vater einen Bau zu Weinsberg angefangen. Zuerst hat er die Küche und die Stube mit dem Verschlag neben dem Vorderhaus abgerissen und das Vorderhaus vergrößert, damit viele Leute darin Platz fänden und man Fässer dort hineinstellen, binden und Wein lagern konnte. Danach hat er die große Kammer unten auf dem Boden zur Hälfte sowie die Stube und Schlafkammer darüber abgerissen und das Erdreich eine Mannslänge tiefer graben lassen, um davon einen Bierkeller machen zu können. Auch die Bodendielen hat er um eine Mannslänge senken lassen und darauf eine schöne Kammer bauen lassen, die heute mit ihren Fenstern und dem neuen Mauerwerk zum Hof hin noch steht. Neben der Kammer gibt es ein Schreibkämmerchen und darüber noch ein Kämmerchen. Die Kammer war nun dem Erdboden im Hof gleich hoch und der Hof so weit wie der Giebel hinter dem Haus Weinsberg. Da wurde auch die Treppe an der Tür zum Hochpfortenbüchel abgerissen. Das Mietshaus war diesmal auch frei geworden. In dem Vorderhaus machte mein Vater eine große Stube. Das Stübchen in der Küche des Mietshauses riss mein Vater ab und machte die Küche größer, sodass alle (Räume) große Gemächer waren. Das Färberhaus riss er ebenso ab und errichtete einen Stall in solcher Größe, dass man dort auch etwas ordentliches beginnen konnte. Er ließ das Rad und den Eimer am Hausbrunnen verkleinern; aus dem hintersten Hof und dem Steinwegchen machte er einen Hof, dann erhöhte er den Steinweg mit der Erde aus dem Bierkeller und versah ihn mit einem festen Belag; darunter steht der Steinweg noch an. Er legte einen Gang von dem Mietshaus oben bis zur Kammer über dem Brunnen an. Außerdem setzte er die lange Treppe unten vor die Kammer, damit man herauf zum Saal und dem neuen Gang kommen konnte. Dieser Umbau wurde ungefähr in diesem Jahr (1529) vollzogen. Mein Vater hat auch einen neuen Dielenboden im Saal verlegt mit dicken Basler Bodenbrettern. Damals zahlte er für jedes Stück einen dicken Pfennig oder Schleffer. Ferner ließ er auch den Giebel von oben herab und dazu das Haus von hinten und von vorn weiß streichen. Er ließ die Glasfenster mit den Familienwappen und Zeichen unten in die Kammer, oben in den Saal, in die Schlafkammer über der Stube und unten in die Stube einsetzen. Die unterste Kammer ließ er verputzen und mit Wandbrettern bekleiden. Während dieser Bauarbeiten war ich überall dabei und sah bei allem zu, was ein jeder machte. Ich hatte große Lust dazu. Mein Vater ließ auch kurz danach alle Dachziegel erneuern und wechselte das alte Blei aus, damit es nicht durch das Dach ins Haus regnete. Zusätzlich ließ er eine neue Treppe in den Weinkeller bauen. Den Keller im Mietshaus nutzte er für sein Geschäft, lagerte Wein darin ein. Man konnte nun von einem Keller in den anderen gelangen.

Konstantin Höhlbaum/Friedrich Lau/Josef Stein (Bearb.), Das Buch Weinsberg. Kölner Denkwürdigkeiten aus dem 16. Jahrhundert, 5 Bde. (Publikationen der Gesellschaft für Rheinische Geschichtskunde, 3, 4 u. 16), Leipzig-Bonn, Dürr-P. Hanstein, 1886–1926, hier: Bd. I, S. 59f.

2. Im Mai 1567 brach im ‚Stammhaus' der Familie, im Haus Weinsberg, der Boden der Erdgeschossstube ein. Erst im Dezember 1568 machte man sich an den Wiederaufbau. Allein die neue Überwölbung des Kellers kostete stolze 40 Gulden kurant.

Am 14. Mai 1567 sind die Dielen der großen Stube, in der meine Mutter wohnte, bis hinunter in den Keller eingebrochen. An diesem Morgen wollte die Frau meines verstorbenen Bruders Christian, die bei meiner Mutter wohnte, ihre Hemden holen, und als sie in die Stube kam, ist der Boden eingebrochen. In seiner Mitte waren die Balken faul und zerbrochen. Meine Schwägerin fiel mit hinunter, und der Kachelofen, die Truhe, Tische und Stühle fielen ihr nach und schlugen ihr einen Arm blau und gelb. Ansonsten erholte sie sich schnell wieder davon.

Buch Weinsberg, Bd. V, S. 63.

3. Sofort nach dem Tod seiner zweiten und letzten Ehefrau Drutgin Bars am 1. Mai 1573 ließ Hermann Weinsberg sein Haus ‚Cronenberg' für 145 Gulden kurant umbauen. Dort wohnte er von nun an bis zu seinem Tod.

So rüstete ich zuerst ein Zimmer für mein Geschäft ein, und machte ein Sprechzimmer daraus. Ich ließ es mit Bänken, Glasfenstern und Ausmalereien nach Bequemlichkeit einrichten. Ich habe mir gedacht, ich brauche dieses Zimmer für mein Tun und Lassen, der nach mir dort wohnen werde, könnte ja wieder ein Zimmer daraus machen, wenn er es brauchte. Die obere Stube ließ ich mit hölzernen Fensterladen ausstatten, die man abends zumachen konnte, damit es verschlossen wäre. Ich ließ auch als Neuerung eine kleine steinerne Tür neben die große Tür als Einlass setzen. Zuvor hatte es dort keine gegeben. Ich ließ den Turm mit Steinen neu belegen und die eine Treppe zum Bühl hin reparieren, eine Tür aus dem Zimmer vermauern, dass es nutzbarer wurde, auch das Fenster in dem Zimmer zum Turm hin zumauern; ich wollte um der Zuhörer (aus der Nachbarschaft) willen kein

195

Fenster dort haben. Die Treppe, die auf die Stube führte, ließ ich abnehmen und das Geländer neu mit ge-
20 drechselten Stäben aufrichten. Auch das Vorderhaus ließ ich im Inneren etwas bequemer herrichten. Außerdem stellte ich Leute an, die ebenfalls den Giebel des ganzen Hauses und die Mauern den ganzen Bühl hinauf weiß anstreichen sollten, bis oben an das
25 Ende des Bühls. Und darüber ließ ich an zwei Stellen den grünen Berg mit der Krone malen und daran schreiben: ‚Zu Cronenberg bei Weinsberg'. Denn es könnten vielleicht mehr Häuser ‚Cronenberg' genannt werden, und das Wort ‚bei Weinsberg' sollte dort ste-
30 hen, falls man nicht wusste, ob es nur bei mir ‚der Weinsberg' oder bei meines Vaters Haus ebenso heißt. Die Bodendielen oben und unten habe ich auch ausbessern lassen.

Buch Weinsberg, Bd. II, S. 258.

4. Das tägliche Leben Hermann Weinsbergs im Haus Cronenberg im Familienverband mit seiner Mutter bzw. seit 1575 mit Schwestern, Bruder und Schwägerin verlief in strikt geregelten Bahnen. Seinen Tageslauf, sein tägliches Wohnen und Arbeiten im Haus Cronenberg, hat Hermann schon 1574 dem ‚Buch' anvertraut, ein Rentierdasein, freilich mit exemplarischen Zügen.

Das Jahre 1574 mit Gott begonnen!
Neujahrstag, von meiner Lebensweise:
Im Jahre 1574 am 1. Januar habe ich zu ‚Cronenberg' gewohnt und das neue Jahr mit Gottes Gnaden begon-
5 nen, Predigt, Messe und Abendgebet in St. Jakob gehört. Ich habe nichts an Arbeit getan, außer dass ich einem meiner Klienten geschrieben habe[1], weil dies am nächsten Tag im Gericht sein musste. Hier muss ich nun aufzeigen, wie ich es mit meiner Lebensweise und
10 der Ordnung meines Lebens halte. Ich habe (die Lage) meines Schlafzimmers so gewählt, dass es ruhig ist und nicht an der Straße liegt, wo man bei den Karmelitern und zu St. Jakob die Uhrglocken schlagen und die Zeiten laut hört läuten. Ich schlafe auf dem großen
15 Bett, mein Junge Borchart Lintlar auf dem kleinen. Am morgen zwischen fünf und sechs Uhr wecke ich ihn. Dann steht er auf und macht mir das Feuer an in der Schlafkammer oder macht mir die Stube warm; wie es mir beliebt. Während ich mich dann anziehe und wär-
20 me, macht er die Betten oder tut, was er zu tun hat. Danach gehe ich an den Sonntagen und den hohen Festtagen mit ihm zur Kirche, an den Werktagen nehme ich mir etwas vor: studiere, lese, schreibe, treibe Rechtsgeschäfte, oder was ich sonst zu tun habe. In der
25 Zwischenzeit ist der junge Bub bei meiner Mutter; ich esse nie vor Mittag. Wenn es dann elf Uhr schlägt, so lässt man mich rufen. Dann gehe ich zu meiner Mutter zur Mittagsmahlzeit, ich kümmere mich nicht um das Kochen. Dort essen wir dann Trockenfleisch, im-
30 mer auch frisches Fleisch, Butter und Käse, manchmal Gebratenes, an Fischtagen gibt es Hering, Stockfisch oder anderes, was sich gerade anbietet. Wir, meine Mutter und ich, trinken zur Mahlzeit, besonders abends, neben dem Bier eine halbe Quart Wein,
35 manchmal auch mehr. Die Mahlzeit dauert selten eine Stunde. Meine Mutter, meine Schwester und ich sitzen an einem Tisch, das Gesinde sitzt zusammen an einem anderen Tisch, aber wir unterhalten uns gemeinsam. Wenn ich jemand besonderes zu mir als Gast einlade, was selten geschieht, dann empfange ich ihn in mei-
40 nem Gemach. Wenn die Mahlzeit beendet ist, gehe ich etwas im Haus, Hof oder der Stube spazieren. Danach kehre ich zu meinen Studien zurück und arbeite in meinem Schreibzimmer oder in der Stube, oder ich gehe fort, wenn ich auswärts zu tun habe. Den Nach-
45 mittag über esse und trinke ich nie, es sei denn, es kommt jemand zu mir, den ich ehrenhalber bewirten muss, oder ich selbst bin auf der Gaffel oder auf einer Gesellschaft. Am Abend halten wir wieder das Abendessen, genau wie am Mittag zuvor, um sechs Uhr. Ich
50 zeche dabei genauso wie am Mittag. Meine Mutter, die schon um vier Uhr ihre Mahlzeit eingenommen hat, trinkt trotzdem ein oder drei Gläser Wein mit, selten isst sie später. Wenn es dann sieben oder spätestens acht Uhr schlägt, eilt sie mit den Schülern Herman und
55 Gottschalk ins Bett. Wir anderen bleiben im Winter noch in der Stube, im Sommer im Hof oder sonst wo zwei Stunden bis auf neun Uhr. Wir unterhalten uns, oder jeder geht seiner Arbeit nach. Um neun Uhr schließe ich das Haus zu und lasse meinen Jungen sich
60 zuerst ins Bett legen. Ich bleibe solange in meinem Schreibzimmer oder in der Stube, danach gehe ich allein zu Bett. Es ist nicht meine Gewohnheit, dass mir der Junge beim Ausziehen hilft.

Buch Weinsberg, Bd. II, S. 265–267.

1 Hermann Weinsberg praktizierte als Rechtsanwalt.

5. Beim Abendplausch der Familienangehörigen in Stube oder Hof lagen die Haustiere zu ihren Füßen, hatten sich am Ofen oder in einer Ecke zusammengerollt. Bei den Weinsbergs gab es immer Hunde und Katzen. Schon der Vater Christian hatte nach den Erzählungen des Sohnes einen Hofhund gehalten, Canis geheißen, „ein wonderlich getreu beist", das Christian sogar auf seinen Weineinkaufsfahrten an die Mosel nachlief. 1577 verschwand auf unerklärliche Weise das „Hündchen" Quando, das einst die Mutter Hermanns ins Haus gebracht hatte, und 1595 verendete die Hauskatze.

1595, den 31. Mai: Ich muss hier auch etwas lächerliches anzeigen. Als unser braunes Mutterkätzchen gestorben ist, war all unser Volk zu ‚Weinsberg' und zu ‚Cronenberg' bekümmert. Eine fremde kohlrabenschwarze Katze aus dem Backhaus oben ist nämlich
5 etliche Male in unser Haus gekommen, hat das Kätzchen gebissen und ihm ein großes Stück Fell unten aus dem Hals gerissen, sodass ihm die Kehle wund war und es nicht gut mehr essen konnte. Jeder war zornig über die Backhaus-Katz. Einer meinte, sie hätte eine
10 Gewalttat in unserem Haus begangen, sodass es ihr Recht geschähe, sollte man ihr den Kopf abhauen. Die Kinder wollten mit Degen und Beilen auf sie, die anderen wollten ihr Fallstricke legen, sie fangen, foltern und aufhängen. Etliche wollten Rat bei den Barbieren
15 suchen, wie die Wunde zu heilen wäre. Aber kein Arzt wollte sich des Tierchen annehmen, sie sagten, es wäre eine tödliche Verletzung. Auch kratzte das Kätzchen ständig daran, sodass es noch schlimmer wurde.

3.2 Alltag: Arbeit, Nahrung und Muße, Vergnügungen und Konsum

20 Es wurde hinten im alten Haus ‚Torn' aufs Bett gelegt. Man brachte ihm dorthin gut zu essen und zu trinken. (Man achtete darauf), dass die Mörder-Katz nicht zu ihm kommen konnte. Auch ihr Sohn, der junge Kater wurde zu ihr gelassen, der trauerte und hat sich in den
25 Nächten oft mit der Backhaus-Katz gerauft und gebissen, sodass jeder davon erwacht ist und das Haus voller Haare lag. Endlich ist das Mutterkätzchen gestorben und beklagt worden, dass es eine gute ‚Mäuserche' und neben ihrem Sohn, dem Kater, beinahe die
30 letzte ihres Geschlechtes gewesen wäre. Es hat über zwanzig Jahre dieses Geschlecht zu ‚Weinsberg' gelebt, denn die Ahnfrau hat unsere Mutter vom Malzbühl von meinem Jungen Borchart holen lassen. Wir wollten das tote Kätzchen unserer Mutter zu Ehren
35 nicht schmachvoll auf die Straße werfen, sondern begruben es hinten auf dem Hof unter einem Weinstock am Winkel beim Haus ‚Torn'. (…)

Buch Weinsberg, Bd. V, S. 410–411.

1-4: TJ/GF; 5: GF

3.2.3.2.2 Johann Wolfgang Goethe beschreibt in ‚Dichtung und Wahrheit' das elterliche Haus in Frankfurt am Main

Goethes Großmutter hatte im Jahre 1733 für sich und ihren Sohn zwei ältere Häuser am Hirschgraben zu Frankfurt gekauft. Sie waren um 1590 errichtet worden. 1754, als Goethe fünf Jahre alt war, baute sie sein Vater um: ein geräumiges, modernes Haus war auf diese Weise entstanden.

Wenn man sich erinnern will, was uns in der frühsten Zeit der Jugend begegnet ist, so kommt man oft in den Fall, dasjenige was wir von andern gehört, mit dem zu verwechseln, was wir wirklich aus eigner anschauen-
5 der Erfahrung besitzen. Ohne also hierüber eine genaue Untersuchung anzustellen, welche ohnehin zu nichts führen kann, bin ich mir bewusst, dass wir in einem alten Hause wohnten, welches eigentlich aus zwei durchgebrochnen Häusern bestand. Eine turmar-
10 tige Treppe führte zu unzusammenhängenden Zimmern, und die Ungleichheit der Stockwerke war durch Stufen ausgeglichen. Für uns Kinder, eine jüngere Schwester und mich, war der untere weitläufige Hausflur der liebste Raum, welcher neben der Türe
15 ein großes hölzernes Gitterwerk hatte, wodurch man unmittelbar mit der Straße und der freien Luft in Verbindung kam. Einen solchen Vogelbauer, mit dem viele Häuser versehen waren, nannte man ein Geräms. Die Frauen saßen darin, um zu nähen und zu stricken;
20 die Köchin las ihren Salat; die Nachbarinnen besprachen sich von daher miteinander, und die Straßen gewannen dadurch in der guten Jahreszeit ein südliches Ansehen. Man fühlte sich frei, indem man mit dem Öffentlichen vertraut war. So kamen auch durch diese
25 Gerämse die Kinder mit den Nachbarn in Verbindung, und mich gewannen drei gegenüber wohnende Brüder von Ochsenstein, hinterlassene Söhne des verstorbenen Schultheißen, gar lieb und beschäftigten und neckten sich mit mir auf mancherlei Weise.
30 (…)

Meines Vaters Mutter, bei der wir eigentlich im Hause wohnten, lebte in einem großen Zimmer hinten hinaus, unmittelbar an der Hausflur, und wir pflegten unsere Spiele bis an ihren Sessel, ja wenn sie krank war, bis an ihr Bett hin auszudehnen. Ich erinnere 35 mich ihrer gleichsam als eines Geistes, als einer schönen, hagern, immer weiß und reinlich gekleideten Frau. Sanft, freundlich, wohlwollend ist sie mir im Gedächtnis geblieben.
(…) 40
Die Hinterseite des Hauses hatte, besonders aus dem oberen Stock, eine sehr angenehme Aussicht über eine beinah unabsehbare Fläche von Nachbargärten, die sich bis an die Stadtmauern verbreiteten. Leider aber war, bei Verwandlung der sonst hier befindlichen 45 Gemeindeplätze in Hausgärten, unser Haus und noch einige andere, die gegen die Straßenecke zu lagen, sehr verkürzt worden, indem die Häuser vom Rossmarkt her weitläufige Hintergebäude und große Gärten sich zueigneten, wir aber uns durch eine ziemlich 50 hohe Mauer unsres Hofes von diesen so nah gelegenen Paradiesen ausgeschlossen sahen.
Im zweiten Stock befand sich ein Zimmer, welches man das Gartenzimmer nannte, weil man sich daselbst durch wenige Gewächse vor dem Fenster den 55 Mangel eines Gartens zu ersetzen gesucht hatte. Dort war, wie ich heranwuchs, mein liebster, zwar nicht traurigster, aber doch sehnsüchtiger Aufenthalt. Über jene Gärten hinaus, über Stadtmauern und Wälle sah man in eine schöne fruchtbare Ebene; es ist die, wel- 60 che nach Höchst hinzieht. Dort lernte ich Sommerszeit gewöhnlich meine Lektionen, wartete die Gewitter ab, und konnte ich an der untergehenden Sonne, gegen welche die Fenster gerade gerichtet waren, nicht satt genug sehen. Da ich aber zu gleicher Zeit 65 die Nachbarn in ihren Gärten wandeln und ihre Blumen besorgen, die Kinder spielen, die Gesellschaften sich ergetzen sah, die Kegelkugeln rollen und die Kegel fallen hörte; so erregte dies frühzeitig in mir ein Gefühl der Einsamkeit und einer daraus entspringen- 70 den Sehnsucht, das dem von der Natur in mich gelegten Ernsten und Ahndungsvollen entsprechend, seinen Einfluss gar bald und in der Folge noch deutlicher zeigte.
Die alte, winkelhafte, an vielen Stellen düstere Be- 75 schaffenheit des Hauses war übrigens geeignet, Schauer und Furcht in kindlichen Gemütern zu erwecken. Unglücklicherweise hatte man noch die Erziehungsmaxime, den Kindern frühzeitig alle Furcht vor dem Ahndungsvollen und Unsichtbaren zu be- 80 nehmen, und sie an das Schauderhafte zu gewöhnen. Wir Kinder sollten daher allein schlafen, und wenn uns dieses unmöglich fiel, und wir uns sacht aus den Betten hervormachten und die Gesellschaft der Bedienten und Mägde suchten; so stellte sich, in umge- 85 wandtem Schlafrock und also für uns verkleidet genug, der Vater in den Weg und schreckte uns in unsere Ruhestätte zurück. Die daraus entspringende üble Wirkung denkt sich jedermann. Wie soll derjenige die Furcht los werden, den man zwischen ein doppeltes 90 Furchtbare einklemmt? Meine Mutter, stets heiter und froh, und andern das Gleiche gönnend, erfand eine bessere pädagogische Auskunft. Sie wusste ihren Zweck durch Belohnungen zu erreichen. Es war die

197

Zeit der Pfirsichen, deren reichlichen Genuss sie uns jeden Morgen versprach, wenn wir Nachts die Furcht überwunden hätten. Es gelang, und beide Teile waren zufrieden.

Innerhalb des Hauses zog meinen Blick am meisten eine Reihe römischer Prospekte auf sich[1], mit welchen der Vater einen Vorsaal ausgeschmückt hatte, gestochen von einigen geschickten Vorgängern des Piranese, die sich auf Architektur und Perspektive wohl verstanden, und deren Nadel sehr deutlich und schätzbar ist. Hier sah ich täglich die Piazza del Popolo, das Coliseo, den Petersplatz, die Peterskirche von außen und innen, die Engelsburg und so manches andere. Diese Gestalten drückten sich tief bei mir ein, und der sonst sehr lakonische Vater hatte wohl manchmal die Gefälligkeit, eine Beschreibung des Gegenstandes vernehmen zu lassen. Seine Vorliebe für die italienische Sprache und für alles, was sich auf jenes Land bezieht, war sehr ausgesprochen. Eine kleine Marmor- und Naturaliensammlung, die er von dort mitgebracht, zeigte er uns auch manchmal vor, und einen großen Teil seiner Zeit verwendete er auf seine italienisch verfasste Reisebeschreibung, deren Abschrift und Redaktion er eigenhändig, heftweise, langsam und genau ausfertigte. Ein alter heiterer italienischer Sprachmeister, Giovinazzi genannt, war ihm daran behülflich. Auch sang der Alte nicht übel, und meine Mutter musste sich bequemen, ihn und sich selbst mit dem Klaviere täglich zu accompagnieren (begleiten); da ich denn das ‚Solitario bosco ombroso'[2] bald kennen lernte, und auswendig wusste, ehe ich es verstand.

Erich Trunz (Bearb.), Goethes Werke. Hamburger Ausgabe, Bd. IX: Autobiographische Schriften, Bd. 1, 7. Aufl., München, C. H. Beck, 1974, S. 13–17.

1 Diese sind heute noch im Goethehaus zu Frankfurt erhalten.
2 Beliebte Arie einer Oper von Corri.

GF

3.2.3.3 Wie wohnen die Deutschen denn? – Ansichten zweier Reisenden aus dem 16. Jahrhundert

3.2.3.3.1 Keine Wanzen und Ungeziefer – die sauberen deutschen Betten (1517/18)

Wir sind zunächst noch einmal auf der ‚Lustreise', die Kardinal Luigi d'Aragona in den Jahren 1517/18 durch Deutschland, die Niederlande und Frankreich unternommen hat. Sein Sekretär Antonio de Beatis hat nicht nur die Essgewohnheiten der Deutschen als Kuriosum festgehalten, sondern auch ihre Art und Weise zu wohnen.

Überall findet man bequeme Unterkunft (...). Kamine hat man nur in der Küche, sonst überall Öfen; jeder Ofen ist mit einer Nische versehen, in welcher ein Zinngefäß steht, das als Waschbecken dient. Die Einwohner haben große Freude daran, sich in den Zimmern verschiedene Vögel in kunstvollen Käfigen zu halten, von denen einige auch nach Belieben frei aus- und eingehen. Allgemein sind Federbetten und ebenfalls mit Federn gefüllte Oberdecken in Gebrauch. Man spürt darin weder Flöhe noch Wanzen, sowohl wegen der Kälte des Landes, ob auch weil sie die Unter- und Oberbetten mit einer gewissen Mischung bestreichen, die nach der Aussage von Deutschen nicht nur gegen die Wanzen und anderes Ungeziefer gut ist, sondern auch die Betten auf der Oberfläche so fest macht, dass man auf mit feiner Wolle gefüllten Matrazen zu schlafen glaubt. Wirkliche Matrazen gebrauchen sie aber nur im Sommer. Die erwähnten Betten sind groß und haben sehr feste Kopfkissen; an Federn ist hier kein Mangel, da die Gänse so massenhaft gezogen werden, dass ich in Deutschland derer oft vierhundert beisammen sah. Dabei stellen sie in ein Zimmer so viele Betten, als deren Platz haben, was unbequem und unlöblich ist; auch gibt es in den Schlafgemächern keine Öfen oder Kamine zur Erwärmung, sodass der Übergang aus den wamen Zimmern in die ganz kalten Räume, in denen man sich auskleiden soll, ein großes Missverhältnis darstellt; da man aber in den dicken Federbetten rasch warm wird, so kümmert man sich weiter nicht darum.

Ludwig Pastor (Bearb.), Antonio de Beatis. Die Reise des Kardinals Luigi d'Aragona durch Deutschland, die Niederlande, Frankreich und Oberitalien. 1517–1518, Freiburg/Br., Herder, 1905, S. 48 f.

GF

3.2.3.3.2 Man liegt gut und sie sind sauber – der Franzose Michel de Montaigne und die Herbergen in Oberdeutschland (1580)

Michel de Montaigne (1533–1592) entstammte einer geadelten Kaufmannsfamilie aus dem Périgord. Schon 1570 gab er seine Karrierepläne am Hof des Königs von Frankreich auf und zog sich zum Studium auf sein Schloss Montaigne zurück. Von hier aus korrespondierte er mit zahlreichen an Philosophie interessierten Zeitgenossen. 1580 unternahm Montaigne eine ausgedehnte Reise zu Heilbädern im Elsass, in Tirol, Oberdeutschland und Italien. Das Tagebuch dieser Reise blieb nach dem Willen Montaignes unveröffentlicht, wurde 1770 wieder entdeckt und 1774 publiziert.

Lindau. (...) Wir wohnten in dem schönen Gasthof ‚zur Krone'. Zu Möbeln und Getäfel wird Tannenholz verwendet, die gewöhnlichste Holzart ihrer Wälder. Aber sie färben und firnissen es sorgfältig und reinigen Bänke und Tische mit besonderen Bürsten. (...) Dort machte Herr von Montaigne auch zum erstenmal einen Versuch mit dem Federbett und fand diesen Gebrauch ganz probat. Es ist das eine ebenso warme wie leichte Bedeckung. Man muss schon heikel sein, wenn man sich über das Übernachten in Deutschland beschwert. Wer in seinen Reisekoffern eine Matratze, die man dort nicht kennt, und einen Betthimmel mitnehmen würde, könnte nichts mehr aussetzen. Der Deutsche kann es nicht aushalten, auf einer Matratze zu schlafen, der Italiener nicht auf Federn und der Franzose nicht ohne Vorhang und Feuerung. (...)
Kempten: sehr hübsch und volkreich, mit guten Gasthäusern; wir waren im ‚Bären' sehr gut untergebracht. Man speiste auf Silbergeschirr, so reich wie

3.2 Alltag: Arbeit, Nahrung und Muße, Vergnügungen und Konsum

man es bei uns kaum in vornehmen Häusern findet. Es dient sonst nur zum Staat, ist sehr fein gearbeitet und mit den Wappen verschiedener Herren geziert. Da zeigte sich wieder, was Herr von Montaigne früher schon sagte: Wenn im Vergleich mit unseren Verhältnissen etwas fehlt, so ist das der Fall, weil sie es nicht schätzen. Denn trotz der Masse Zinngeschirr, das sie besitzen – blank gescheuert wie bei uns auf Montaigne – haben sie zum Gebrauch nur Holzteller, die übrigens sehr sauber und hübsch sind. Auf die Sessel werden hierzuland überall Kissen gelegt, und ihre getäfelten Decken sind meist halbmondförmig gewölbt, was sehr anmutig aussieht. An Wäsche, worüber wir anfangs uns zu beklagen hatten, fehlte es nun nie mehr. Auch konnte ich jetzt immer für meinen Herrn Stoff zu Bettvorhängen bekommen, und wenn ihm eine Serviette nicht genügte, so konnte er sie jetzt mehrere Male wechseln. (…)

Pfronten: Das Gasthaus war ziemlich ärmlich; trotzdem war das Essen reichlich. Es ist dort nicht der Brauch, die Bettücher vor dem Schlafengehen und die Kleider vor dem Aufstehen zu wärmen. Sie nehmen es übel, wenn man zu diesem Zweck in der Küche Feuer anmacht oder auch nur das Küchenfeuer dazu benützt. Darüber hatte es am meisten Streit in unsern Gasthöfen gegeben. Selbst da, inmitten von Bergen und Wäldern, wo zehntausend Fuß Tannenholz keine fünfzig Sous kosten, wollten sie nicht erlauben – so wenig wie anderswo – , dass wir Feuer anmachten. (…)

Landsberg: Was den Häusern in ihren Städten und ihren Kirchen ein sehr freundliches Aussehen gibt, ist ihre Sitte, sie oft neu zu bemalen. Hier waren sie fast alle vor drei oder vier Jahren erneuert worden – sie bringen überall die Jahreszahlen an – , sodass es aussah, als wäre es gerade zu Ehren unserer Durchreise geschehen. Die Stadtuhr schlägt in dieser Stadt, wie auch sonst oft in der Gegend, die Viertelstunden, die von Nürnberg soll sogar die Minuten schlagen.

Augsburg: Diese Stadt gilt als die schönste Deutschlands, wie Straßburg als die festeste. Was uns zuerst auffiel – ein Beweis ihrer Reinlichkeit – , war, dass die Stufen der Wendeltreppe unseres Gasthauses ganz mit Leinenzeug belegt waren, über das wir gehen mussten, um nicht die Stufen der Treppe zu beschmutzen, die man eben, wie alle Sonnabende, gewaschen und gebohnert hatte. Nie haben wir Spinnweben oder Schmutz in diesen Gasthäusern bemerkt, in einigen gibt es auch Vorhänge, die man nach Belieben vor die Fensterscheiben ziehen kann. Tische gibt es nicht in den Zimmern, außer denen, die am Fuß der Bettstelle angebracht sind und in Scharnieren hängen, sodass man sie nach Belieben auf- und zuklappen kann. Die Bettfüße ragen oft zwei bis drei Fuß über das Bettgestell hinaus und sind oft so hoch wie das Kopfkissen. Das Holz ist sehr schön und wohl gearbeitet; doch übertrifft unser Nußbaumholz bei weitem ihr Tannenholz. Serviert wird auch hier auf sehr blanken Zinntellern, in die aber hölzerne Teller eingelegt sind zur Schonung. Oft beziehen sie die Wand neben den Betten mit Leinwand und Vorhängen zum Schutz der Wand gegen das Spucken. Die Deutschen lieben die Wappen sehr; in allen Gasthöfen findet man sie massenhaft an den Wänden, die durchreisenden Edelleute haben sie dagelassen; auch alle Fensterscheiben sind damit versehen. Die Speisenfolge ist sehr wechselnd. Hier wurden zuerst die Krebse aufgetragen, die man überall sonst erst am Ende der Mahlzeit gibt; sie waren von erstaunlicher Größe. Was ihren Fensterscheiben Glanz gibt, ist, dass sie nicht nach unserer Art feste Fenster haben. Ihre Rahmen sind beweglich, und sie putzen die Scheiben sehr oft. (…)

Das Schild unseres Gasthofs zeigte einen Baum, den man dortzulande Linde heißt: es war neben dem Palast der Fugger, denen zumeist die Verschönerung Augsburgs zu danken ist. Das Fuggerhaus ist mit Kupfer gedeckt. Die Häuser sind im allgemeinen schöner, größer und höher als in irgendeiner französischen Stadt, die Straßen viel breiter. Augsburg kommt ihm so groß vor wie Orléans.

Otto Flake/Irma Bühler (Bearb.), Michel de Montaigne. Tagebuch einer Badereise, Stuttgart, Steingrueben, 1963, S. 53, 56–57, 58–61.

GF

3.2.4 Hygiene und Sauberkeitsvorstellungen

3.2.4.1 Städtischer Rat und öffentliche Hygiene: Abwasserkanäle, Brunnen, totes Vieh, Mist, Dreck und Schweine – aus den Nürnberger Polizeiordnungen des 14. und 15. Jahrhunderts

Im Laufe des 14., vor allem des 15. Jahrhunderts haben die Ratsregierungen zumindest der größeren Städte die öffentliche Hygiene als Regelungsfeld entdeckt. Erlassen wurden Vorschriften, wie die Bürger mit ihrem Abfall umzugehen haben, dass Stadtbäche nicht verunreinigt werden dürften, dass Abortgruben nicht bis auf Grundwasser führende Schichten abgetieft werden sollten, dass Bauabfall nicht über Gebühr in der Stadt gelagert, dass die Viehhaltung innerhalb der Stadt beschränkt werden soll usw. Die Städte haben freilich nicht nur papierene, oft mit vielen Kompromissen versehene Verordnungen erlassen, man hat auch einiges getan in puncto Sauberkeit, Abfallbeseitigung und Wasserver- und -entsorgung. Abwasserkanäle wurden angelegt und gereinigt, Frischwasserleitungen gebaut, durch Brunnenknechte überwacht und repariert. In den Polizeiordnungen der Reichsstadt Nürnberg finden sich zahlreiche Beispiele dieser Anstrengungen für eine ‚schöne Stadt'.

1. Der Fischbach[1] (14. Jahrhundert)
Es wollen auch meine Herren, die Bürger, dass man den Fischbach sauber halten sollte außerhalb der Stadt und innerhalb der Stadt, so weit bis er an das Spitaler Tor kommt, da er in das Spital gehen soll.
Es soll auch niemand einen Abort haben bei dem Fischbach, außer zehn Schuh davon entfernt. Wer dies bricht, der gibt je zu der Woche ein Pfund; es sei denn, ein Mann, (dessen Grunstück) nicht so weit vom Fischbach aus reicht, dass er zehn Schuh davon entfernt seinen Abort setzen kann, der soll innerhalb von vierzehn Tagen seinen Abort verlegen, wie es ihm der Baumeister rät.
Es soll auch kein Bader seinen Unrat darein gießen

199

Lebensphasen und Lebensformen

noch schütten, pro Woche ergibt das ein Pfund Strafe. Es soll auch ein Gerber niemals Häute darin haben; wer dies bricht, der gibt je Fell 60 Schillinge.

Es soll auch niemand jemals Unrat darein werfen, noch gießen, noch Kleidung darin waschen; wer das bricht, der gibt zwei Schillinge. Und wenn der Fischbach herein (in die Stadt) kommt von dem Spital aus, so können die Gerber wohl ihre Häute hineinlegen, doch so, dass der Fischbach seinen (ungehinderten) Gang haben möge, ohne den Mühlen Schaden zu bringen.

2. Der Brunnen am Milchmarkt (14. Jahrhundert)

Es ist auch zur Satzung erhoben worden, wer der ist, der den Brunnen am Milchmarkt verunreinigt, darin (seine Wäsche), Hände oder Füße wäscht, der soll geben 2 Schilling Heller. Und wer das sieht, der soll ihn pfänden, wenn er will, und soll das Pfand dem Pfänder[2] geben. Der soll ihm dann geben 4 Heller für das Pfand.

3. Vom toten Vieh (14. Jahrhundert)

Und wenn Vieh stirbt, soll man das (die Kadaver) führen zwei Bogenschüsse weit vor die äußersten Zäune der Stadt, und soll es da eingraben einen Schuh tief unter die Erde. Und wer dies nicht tut, dessen Vieh tot ist, der gibt je Tier ein halbes Pfund Heller.

4. Vom Mist (14. Jahrhundert)

Es ist auch verordnet, wer Mist an die Straße trägt und ihn länger als vier Tage liegen lässt, so soll er für jeden weiteren Tag 60 Pfennige als Buße geben; und wer den Mist fort nimmt, der hat daran keine Missetat getan, es sei in der Stadt oder in der Vorstadt.

Auch ist verordnet worden, dass niemand Mist vor der Stadt niederlegen oder anhäufen soll, es sei denn drei Rossläufe vor der Vorstadt, bei der bereits genannten Buße.

5. Polizeiliche Verordnung wegen Entfernung des Schmutzes (15. Jahrhundert)

(…) Weil entgegen dem Verbot des ehrbaren Rates der Fischbach von etlichen Personen sehr unsauber gehalten und mancherlei Unsauberkeit und Unreinheit hinein getragen und geworfen wurde, so gebieten unsere Ratsherren abermals ernstlich, dass hinfort niemand irgendeinen Schmutz oder eine Unreinheit, wie der genannt werde, weder in der Stadt noch vor der Stadt in den Fischbach werfen, tragen oder gießen soll. Als Buße gilt für jede eingebrachte Fuhre ein Pfund neue Heller ohne Gnade.

So sollen auch die Bierbrauer, Bäcker, Gerber und andere weder persönlich noch durch Anordnung den Fischbach anders nicht gebrauchen, als wie es die Statuten, die darüber erlassen worden sind, ausweisen bei der darüber ergangenen Buße.

Ein ehrbarer Rat ist aus merklichen Ursachen daran gekommen, verordnend und ernstlich gebietend, dass hinfort kein Blechschmied, Nagler, Kürschner, Goldschläger, Pergamenthersteller und andere, die mit Beize und Unsauberkeit umgehen, irgendwelche Beizen, auch kein Kürschner sein frisches Wasser, weder am Tage noch in der Nacht, innerhalb der Allmende oder an anderen Orten, wo dann solches in die Allmende gelangen kann, ausschütten oder gießen soll. Sie sollen vielmehr ihre Beizen, Beizwässer und Unsauberkeiten bei Nacht hinaustragen und in die Pegnitz führen lassen, doch an keinen anderen Ort an der Pegnitz als dorthin, wo (der Abfall der) heimlichen Gemächer (Aborte), wenn sie ausgehoben werden, ausgeschüttet wird. (…)

Weil bisher in dieser Stadt viel und mancherlei Baumaßnahmen geschehen und vorgenommen worden sind, und künftig noch mehr vorgenommen werden mögen, aber die Bauherren ihren Müll, Erdreich und Steinabfälle und anderes, was von den Bauarbeiten stammt, zeitweilig nicht, etliche auch sehr langsam ausgeführt haben, auch nicht allein die Bauherren, sondern sich allgemein viele Leute, die in dieser Stadt wohnhaft sind, unterstehen, ihren Müll, Erdreich, Kehricht und anderes, was zum Mist nicht brauchbar ist, unverblümt hinter die Stadtmauer und etliches in die Pegnitz tragen, auch etliches vor ihre Häuser in die gemeinen Gassen nieder schütten, und, wenn dann Regenschauer und besonders große Platzregen kommen, pflegen sie, solches alles den Rinnen zuzukehren und zu tragen, damit das alles in den Fischbach und die Pegnitz kommt und kommen muss und dann dem Mühlenwerk und andern merklichen großen Schaden und Behinderung bringt – um dem zuvor zu kommen, gebieten unsere Herren vom Rat ernstlich, dass in Zukunft alle, die da bauen und bauen wollen, ihr Erdreich, Steinabfälle und was sonst von den (Bauarbeiten) anfällt, fortan ausführen und nicht über zwei Monate in der Gasse liegen lassen. Sie sollen sich auch dazu befleißigen, dasselbe Erdreich, den Müll und die Steinabfälle in dieser Zeit so zu schütten, dass das von dem Regen nicht weggespült werden könne – dies alles bei Buße von jedem Tag, wo er dies über die gesetzte Zeit hat liegen lassen, von zwei Pfund neue Heller ohne Gnade.

Weiterhin gebieten unsere erwähnten Herren vom Rat allen und jedem Einwohner dieser Stadt, dass ein jeder, was an Müll, Erdreich, Sand und dergleichen, was zu Mist nicht taugt, in seinem Haus, Wohnung oder Werkstatt anfällt, ausführen und nicht über acht Tage in der Gasse liegen lassen soll. Und dazu soll er an denselben acht Tagen den Bauabfall so ordnunggemäß schütten und halten, das solches der Regen nicht hinwegspülen könne, bei der Buße von einem Pfund neuer Heller.

(…)

Darüber hinaus sollen die Bauherren, die ein eigenes Fuhrwerk haben, ihren Fuhrknechten bestellen, desgleichen sollen alle und jegliche Karrer und andere, die in der Stadt auf dem Pflaster fahren und Erdreich und anderes hinausführen und -tragen, verpflichtet und verbunden sein, dass sie dasselbe Erdreich und dergleichen nirgendwo hinschütten, weder in noch vor der Stadt, sondern dorthin und an den Ort und die Gegend, an die sie der Schüttmeister der Stadt verweist und zu schütten heißt. Denn wer diese Satzung übertritt und darum angezeigt werde, der soll von jeder unerlaubten, angezeigten Fuhre ein Pfund neuer Heller zur Buße geben und dazu das niedergeschüttete Erdreich oder den Steinabfall wieder aufladen und von dannen führen. (…)

3.2 Alltag: Arbeit, Nahrung und Muße, Vergnügungen und Konsum

6. Vom Schweinehalten (15. Jahrhundert)
Unsere Herren vom Rat haben mit Fleiß bedacht den großen Gestank, die Seuchen, die Gebrechen und die
140 Beschwerden, so alle Menschen, nicht allein die hiesigen Bewohner, sondern auch Fürsten, Herren und andere ehrbare fremde Gäste, die von Zeit zu Zeit hierher kommen, von der Schweinezucht und ihrem Mist empfangen, den die Bäcker, Müller, Kleinhändler
145 und andere mit ihren Schweinen, die sie auf das Pflaster und die Allmende treiben, machen. Und die genannten unsere Herren vom Rat gebieten ernstlich, zumal auch die Fürsten und andere Gästen darüber großes Missfallen äußerten und sich beschwert haben,
150 obwohl ja sonst die Stadt mit viel löblichen Polizeiverordnungen und guten Satzungen versehen und weithin berühmt ist, auch um solchem Gestank, Missfallen und Nachrede entgegenzuwirken, dass nun fortan weder Bürger, Bürgerinnen oder jemand an ih-
155 rer statt irgendwelche Schweine, die sie halten, vor die Häuser und Hofreiten oder sonst auf die Allmende und Pflaster weder tags noch nachts treiben oder davor in den Stegen halten sollen. Auch den Kot und Urin, so dieselben Schweine in die Häuser machen,
160 dürfen sie in keiner Weise vor ihre Häuser oder sonst auf das Pflaster und die Allmende schütten lassen. Wohl mögen sie solche Schweine zu gebührender Tageszeit einmal – und nicht mehr – an das Wasser treiben, um sie trinken lassen, doch dass sie sie sofort von
165 der Stelle treiben und mit dem Kot der Schweine die Gemeinde, die Nachbarn und anderen mit Schaden und Gestank auf dem Pflaster belästigen, ausgenommen, dass die Hirten, die solche Schweine an die Tränke treiben, einen Kessel mit sich an die Pegnitz
170 tragen, damit wenn dieselben Schweine also beim Treiben auf der Allmende (Straßen) koten, dass sie dann solchen Kot sofort aufheben und in die Pegnitz schütten. Wer diese Satzung übertritt und deswegen gerügt oder sonst von den Nachbarn deswegen be-
175 klagt werde (…), die Person soll für jeden Tag und jede Nacht und für jedes Schwein in gemeiner Stadt zur Buße verfallen sein und ein Pfund neuer Heller geben ohne Gnade.
Ferner ist bestimmt, dass man den Schweinemist, der
180 in den Häusern anfällt, in die Pegnitz schütten kann. Geschrieben am Dienstag am Tag des Heiligen Anthonius (17. Januar) 1475.

Joseph Baader (Bearb.), Nürnberger Polizeiordnungen aus dem XIII. bis XV. Jahrhundert, Stuttgart, Bibliothek des Litterarischen Vereins in Stuttgart, 1861 (ND Amsterdam, Rodopi, 1966), S. 275–280 u. 281–284.

1 Den Abwasserkanal Nürnbergs, im Viertel vor der Pfarrkirche St. Lorenz gelegen.
2 Ein städtischer Amtsträger.

TJ/GF

3.2.4.2 Schrecklicher, tödlicher Gestank: Die Kloake des Nürnberger Dominikanerklosters (1469)

Öffentliche Sauberkeit und Hygiene war trotz aller Ordnungen und der sonstigen, auch baulichen Bemühungen der Stadträte in den mittelalterlichen Städten in erster Linie eine Angelegenheit der Privatleute, der Kirchen und Klöster im Stadtgebiet. Der Nürnberger Chronist Heinrich Deichsler erzählt in seinen ‚Jahrbüchern', dass im Jahre 1469 das ‚Privet', die Kloake, im Dominikanerkloster vollgelaufen ist.

Danach am Montag vor dem Heiligen Kreuztag im Herbst (11. September) starben der Stein Fritz, ein Steinmetz, und ein Bruder im Dominikanerkloster. Das ging so zu: Sie hatten eine Kloake, die mindestens 20 Mann tief war. Die war so voll geworden, dass es 5 oben an das Gewölbe stieß. Da gruben sie daneben noch eine tiefere Grube bis aufs Wasser und errichteten zu oberst ein Stockwerk tief auf das sicherste einen Bretterboden und schütteten ein wenig Sand darauf, damit es nicht ins Kloster hinauf stinken möge. Dann 10 schickten sie den Steinmetz auf einer langen Leiter hinab, damit er ein Loch zur alten Kloake hin mache vom Boden ab ungefähr auf der Hälfte. Und als er das Loch gemacht hatte, da hatte er es zu groß gemacht. Und es ging sehr heraus und es stank so sehr, dass er 15 sofort von der Leiter fiel, von dem Gestank ohnmächtig wurde und dadurch umkam. Sogleich stieg der Klosterbruder allein hinab auf den Bretterboden, der von oben her nur zwei Mann tief war. Der fiel nieder und starb. Er erstickte sofort an dem Gestank. Da woll- 20 te ihm ein anderer Bruder helfen und eilte auch zu ihm hinab auf den Bretterboden. Der fiel auch sogleich von der Leiter und mit dem Gesicht in den Sand, der auf den Boden gestreut war. Er wurde auch ohnmächtig. Und beide lagen dort eine gute Weile, 25 ohne dass sich einer geregt hätte. Da setzten sie den dritten Bruder auf ein Stück Holz, das an einem Seil befestigt war, und banden ihn oben an dem Seil fest und vermummten sein Gesicht mit wohlriechenden Kräutern. Dann ließen sie ihn auch hinab, den zwei 30 anderen zur Rettung. Als er auf halbem Wege war, da wurde auch er ohnmächtig und ließ die Arme hängen, und wenn er nicht festgebunden gewesen wäre, wäre er hinuntergefallen. Da zogen sie ihn schnell herauf und bewahrten ihn vor dem Tod. Und da gelüstete es 35 so schnell keinen mehr nach dort unten, und sie warteten eine gute Weile, eine Viertelstunde vielleicht. Dann banden sie abermals einen, der war der vierte, auf das Stück Holz mit vielen Kräutern gleich wie dem letzten und ließen ihn auf den Bretterboden hinab. 40 Dort seilte er den einen an, der beim zweiten Versuch hingefallen war. Den zogen sie wie einen toten Menschen herauf und konnten ihn wieder beleben. Danach band er den toten Bruder auch an das Seil, und sie zogen ihn herauf. Am nächsten Tag bestellten sie 45 die Scheißhausfeger, die suchten einen halben Tag lang und zogen den Steinmetz aus dem Bodensatz (der Grube) heraus. Man gab ihnen einen Gulden als Lohn. Und ihnen schadete kein Gestank, sie waren fröhlich vor den Mönchen, sangen und sprangen. 50

Jahrbücher des 15. Jahrhunderts, in: Die Chroniken der fränkischen Städte: Nürnberg, Bd. 4 (Die Chroniken der deutschen Städte vom 14. bis ins 16. Jahrhundert, 10), Leipzig, Hirzel, 1872 (ND Göttingen, Vandenhoeck & Ruprecht, 1961), S. 313 f.

CS/GF

Lebensphasen und Lebensformen

3.2.4.3 Badehäuser und Badefahrten

Badehäuser gab es bei dem Fehlen nahezu jeglicher privater Badezimmer – dies war ein Privileg der Reichen – in vielfältiger Anzahl in kleineren wie größeren Städten, auch in Dörfern. Badepfennige zum wöchentlichen oder zweiwöchigen Besuch des Badehauses gehörten in vielen Berufen zum Bestandteil des Lohnes. Der Bader und seine Gehilfen waren darüber hinaus auch für das Kröpfen und die wundärztliche Versorgung der Menschen zuständig. Badefahrten, insbesondere die Besuche von Wildbädern, wurden als wesentliche Mittel der allgemeinen Körperhygiene wie als therapeutische Mittel verstanden. Sie waren zumindest in den wohlhabenderen Schichten sehr beliebt. In den teilweise luxuriös ausgestatteten Bädern hatten die Patienten einen genauen Therapieplan zu beachten nach dem Motto: möglichst viel hilft viel.

3.2.4.3.1 Eine Badestubenordnung aus Nürnberg (15. Jahrhundert)

Badestuben werden häufig als Quell von Sünde und Laster angesehen, ja als Bordelle des Spätmittelalters. Wie diese Badestubenordnung aus Nürnberg lehrt, hielt der Rat sehr genau auf Moral und Schicklichkeit. Die Marginalisierung der jüdischen Gemeinde ist charakteristisch für städtische Statuten des 15. Jahrhunderts, ebenso die Beobachtung hygienischer Normen durch den Rat.

Es soll auch keine Frau zu einer Badeeinladung gehen, auch nicht zu viert. Wer dagegen verstößt, der muss fünf Pfund Heller geben und die, die mit gegangen sind, jede ein Pfund.
5 Es ist auch verboten, dass ein Christ, sei es eine Frau oder ein Mann, baden solle in der Juden-Badestube. Wer trotzdem darin badet, der muss 60 Heller geben und der Bader ein Pfund, so oft, wie sie diese Bestimmung brechen.
10 Man hat auch verordnet, dass kein Bader an einem Freitag ein weiteres Bade mehr haben soll. Wer dies bricht, der muss pro Tag ein Pfund Heller geben.
Es soll der Bader hinter den Fleischbänken nie weder Tür noch Fenster machen zur Eiche hin in der Gasse
15 bei den Fleischbänken.
Es soll auch der Bader unter der Burg eine Abortgrube graben lassen, in die sein Wasser fließen kann, damit es nicht durch die Stadt herab rinnt. Und man soll das Wasser mit dem Regen herablassen, oder, wenn es
20 lange Zeit nicht geregnet hat, so sollen sie es in der Nacht austragen und ausschöpfen, sodass es in der Nacht herabrinne. Wenn er das nicht tut, so soll man ihn pro Tag pfänden um zwei Schillinge.

Joseph Baader (Bearb.), Nürnberger Polizeiordnungen aus dem XIII. bis XV. Jahrhundert, Stuttgart, Bibliothek des Litterarischen Vereins in Stuttgart, 1861 (ND Amsterdam, Rodopi, 1966), S. 275.

TJ/GF

3.2.4.3.2 Ach, wie angenehm ist das Baden! – in den berühmten Bädern zu Baden im Aargau.

Heilung gewiss, vor allem aber Zerstreuung, Müßiggang und erotisches Spiel auf dem Lande suchten die Menschen, die im Spätmittelalter Bäder aufsuchten – zwei Stimmen aus dem 15. Jahrhundert, die über die Laszivität in den berühmten Bädern zu Baden im Aargau nahezu Identisches berichten, obwohl rund 20 Jahre zwischen den Besuchen lagen.

1. Der Kastilier Pero Tafur, um 1480/85 in Córdoba gestorben, verfasste im Jahre 1454 eine Beschreibung einer Reise, die er von November 1436 bis April 1439 unternommen hat und die ihn bis nach Konstantinopel, Jerusalem und Kairo führte. Er besuchte dabei auch den Kardinal von San Pedro, der in der Nähe Basels die Bäder in Baden im Aargau gebrauchte.

Es scheint mir, dass man es hier nicht für unanständig hält, wenn Männer und Frauen, vollständig entblößt, zusammen ins Bade gehen, denn hier führen sie Spiele auf und halten Gelage, ganz wie auf dem Lande. Es
5 hielt sich zu meiner Zeit dort eine Dame auf, die nach einem Kloster in der Nähe gepilgert war für ihren Bruder, der in der Türkei in Gefangenschaft lebte. Ihren Mägden habe ich manchmal Silbermünzen auf den Grund des Bades geworfen, und sie mussten untertau-
10 chen, um sie mit dem Munde wieder heraufzuholen. Man kann denken, was sie da hoch hielten, wenn sie den Kopf so tief bückten.
Hier singt im allgemeinen das ganze Volk, und selbst die gewöhnlichen Leute üben kunstvollen mehrstim-
15 migen Gesang wie gebildete Gesangskünstler. Nachdem ich in dem Bade die Heilung einer alten Wunde abgewartet hatte, verabschiedete ich mich von dem Kardinal und kehrte nach Basel zurück. Mit mir verließ auch jene Dame den Badeort, und wir trennten
20 uns nicht wieder bis in Köln, wo sie ihr Besitztum hatte.

Konrad Häbler, Peter Tafurs Reisen im Deutschen Reiche in den Jahren 1438–1439, in: Zeitschrift für Allgemeine Geschichte, Kultur-, Literatur- und Kunstgeschichte 4 (1887), Stuttgart, Cotta, S. 502–529, hier: S. 505 f.

2. Der Italiener Gian Francesco Poggio Bracciolini (1380–1459) begleitete im Rang eines Sekretärs im Herbst 1414 Papst Johannes XXIII. zum Konzil nach Konstanz. Seine 1416 während des Konzils entstandene Schilderung der Bäder von Baden gilt als Höhepunkt der Briefliteratur. Poggio Bracciolini berichtet über die großartigen Badeeinrichtungen, beobachtet auch die Badenden, Männer und Frauen, und schreibt dann:

Sie setzten sich im Wasser zum gemeinsamen Singen zur Zither nieder, wobei die schon für die Liebe reifen, mitten im heiratsfähigen Alter stehenden Mädchen mit ihrem glänzenden, edlen Aussehen und ihrer Göttinnen
5 gleichenden Gestalt und Haltung eine wahre Freude beim Zusehen bereiteten. Während sie sangen, ließen sie ein wenig ihre Gewänder hinter sich her auf

dem Wasser schwimmen, sodass sie einen wie eine geflügelte Venus anmuteten. Wenn die Männer von
10 den Galerien her zu den Frauen hinabblicken, pflegen diese um des Spaßes willen eine Gabe zu erbitten. Dann werden ihnen kleine Münzen zugeworfen, und zwar vor allem den Schöneren, die sie teils mit den Händen, teils mit ihren ausgebreiteten Leinengewän-
15 dern auffangen, wobei sie miteinander ins Gedränge kommen. Bei diesem Spiel werden auch manche geheimeren Körperteile entblößt. Manchmal wirft man ihnen auch kleine Kränze aus verschiedenartigen Blumen zu, womit sie beim Baden ihre Köpfe schmü-
20 cken. (…)

Klaus Voigt, Italienische Berichte aus dem spätmittelalterlichen Deutschland. Von Francesco Petrarca zu Andrea de Franceschi (1333–1492) (Kieler Historische Studien, 17), Stuttgart, Klett, 1973, S. 60.

GF

3.2.4.3.3 Was hat man beim Baden zu beachten?

Der um 1500 in Villingen geborene Arzt Georg Pictorius verfasste 1560 ein ‚Badefahrtbüchlein'. Es handelt sich dabei um ein umfassendes Kompendium über das Badewesen des 16. Jahrhunderts. In zeittypischer Manier greift es auf die antike Medizin zurück. Über das Einsitzen zum Baden schreibt er folgendes.

Und wenn die Zeit zum Einsitzen gekommen ist, so soll er mit wenigen Stunden vor und nach dem Mittag zu Baden anfangen; an dem folgenden Tag soll verständig gebadet werden, weil die Natur nur ungern
5 Änderungen in sich aufnehme. Diese Regel gibt Avicenna[1] in seinem ersten Buch.
So raten auch etliche, dass bei großer Kälte, bei Wind und Regen und wenn nur ein ungedecktes Bad vorhanden ist, der Badende nicht einsitzen soll, weil die
10 kalten Winde und die Regenwasser dem offen liegenden Leib große Änderung bringen; deshalb lehrt Hippokrates[2], man solle nach dem Ausstieg aus dem Bad den Kopf und den ganzen Körper mit Kleidung gut vor Kälte und Wind schützen.
15 Auch wird der Morgen als die beste Zeit zu baden erachtet, wenn die Luft von den nächtlichen Ausdünstungen gereinigt, sauber und etwas kühl ist, sodass nicht Zeit und Bad der Anlass sind, dass der Mensch desto gebrechlicher wird. Im gleichen Maß wird auch
20 der Abend für das Bad gelobt, aber auch gesagt, dass der Badende erst drei und eine halbe Stunde nach dem Mittagessen einsitze. Wenn er nämlich früher einsitze, meint Galen[3], würde ihm dann der Kopf voller Flüssigkeiten werden und würde das Bad die
25 Speise unverdaut in die äußeren Glieder leiten, die Leber verstopfen und üble Krankheiten bedingen.
Avicenna und andere raten auch, dass der Badende am Morgen nicht einsitzen solle, es sei, er habe sich zuvor geräuspert, den Harn von sich gegeben und
30 Stuhlgang gehabt. Wenn dies nicht natürlich geschieht, soll er dies künstlich machen, indem er vor dem Einsitzen Suppositorien nimmt, das sind Stuhlzäpfchen oder leichte Klistiere (…).
Der Badende soll auch, während er im Bade sitzt,
35 nichts essen oder trinken, wenn er will, dass ihm das

Bad nutzen und hilfreich sein soll. Diese Regel wird in Baden im Aargau, wie ich selbst erfahren habe, meist übersehen und nicht eingehalten, denn jeden Morgen fängt man frühzeitig an, den Schlemmer zu besingen und besingt ihn nicht bescheiden, sondern in vollen 40 Zügen. (…) Falls es aber dem Badenden zu lange dauert, von der einen Mahlzeit bis zur anderen Mahlzeit nichts zu essen und er deswegen eine Schwäche empfindet, dann soll er, so lehrt Savonarola[4], falls er mittags badet, ein weich gekochtes Ei, in der Schale in Es- 45 sig gekocht, oder in Wasser gefällt, essen, er kann aber auch ‚Manus Christi' (die Hände Christi)[5], Sandel oder Rosentäfelchen essen oder ein gutes Brot mit Zucker und Mandeln oder ähnliches.
Im Bad ist auch das Schlafen verboten, weil es die 50 natürliche Wärme zu dem Magen treibt und so die Verdauung fördert, der Magen ist ohnehin schon durch das Bad erhitzt, deswegen erfolgen dann gerne Krankheiten. (…)

Udo Becker (Bearb.), Georgius Pictorius. Badenfahrtbüchlein. Wie und wo man richtig badet, Freiburg-Basel-Wien, Herder, 1980, S. 38–42.

1 Avicenna (973/80–1037), universaler Gelehrter, einflussreicher Philosoph und Arzt des islamischen Ostens.
2 Hippokrates, um 440/410 v. Chr. der Ärzteschule von Kos angehörend, war er bereits seit dem 4. Jahrhundert v. Chr. eine Symbolfigur der Ärzteschaft.
3 Galenos aus Pergamon (129–199 n. Chr.), ein in Rom tätiger Arzt, Verfasser von medizinischen Traktaten und zeitweise Leibarzt Kaiser Mark Aurels.
4 Girolamo Savonarola (1452–1498), aus Ferrara stammender Dominikanermönch und Reformator.
5 Mit Perlenpulver gebackene Plätzchen.

GF

3.2.4.3.4 Baden im 17. Jahrhundert

Einer der Begründer des neuen Bildungs- und Erziehungswesens war im 17. Jahrhundert der tschechische Sozialpädagoge und Gelehrte Johann Amos Comenius. In einem 1658 erschienenen ‚Orbis sensualium pictus', seinem viel gelesenen und häufig wiederaufgelegten Werk in der Art der späteren Konversationslexika, steht in Kapitel 84 auch das Stichwort ‚Balneum' (Bad). In ihm findet sich neben einer Beschreibung des Bades auch ein dazugehöriger Holzschnitt.

In der Badstube waschen wir ab den Schmutz, entweder sitzend in der Badewanne oder steigend auf den Schwitzbanck; und reiben uns mit dem Reibstein oder härinnen Tuch. In der Ausziehstube ziehen wir aus die Kleider und gürten uns mit der Badschürtze. Das 5 Haupt bedecken wir mit dem Badhut und die Füße stellen wir in das Fußbecken. Die Badmagd trägt Wasser zu mit dem Badgeschirr; das sie schöpffet aus dem Wassertrog, worein es fließt aus den Badröhren. Der Bader schrepfet mit dem Schrepfeisen und auffsetzend 10 die Laßköpffe, ziehet er heraus das Blut zwischen Fell und Fleisch, das er abwischt mit dem Schwamm.

Vladimir Krizek, Kulturgeschichte des Heilbades, Leipzig, Kohlhammer, 1990, S. 70.

AC

3.2.4.4 Persönliche Toilette und Reinlichkeit

Baden, Haareschneiden, Wanzen und Läuse – aus den Tagebüchern des Kölners Hermann Weinsberg (1518–1597).

Ich habe gebadet und bin neunmal geschröpft worden
Im Jahre 1567, am 9. September, bin ich in der Badestube, die im Filtzegraben liegt, gewesen. Dort wurde ich neunmal geschröpft, weil ich 1 1/2 Jahre in keiner Badestube mehr gewesen war.

Vom Haareschneiden.
Im Jahre 1573, am 12. Februar, hat mir der Meister Conradt Bartschneider, der sein Geschäft im Steinweg hat, das Haar gekürzt, und zwar kurz über dem Kamm. Dafür gab ich ihm 6 Albus. Für mich war es ausreichend, nicht mehr als zweimal im Jahr zum Barbier zu gehen.

Ich bin in der Badestube gewesen.
Im Jahre 1573, am letzten Septembertag, bin ich mit meinem Jungen Borchart in der Badestube, die in der Sandkule liegt, gewesen. Ich habe mich an fünf Stellen schröpfen lassen, einmal im Nacken, zweimal an den Armen und zweimal an den Beinen; und habe doch wenig geblutet. Deshalb sollte ich auch in Zukunft viel Blut mit Schröpfköpfen oder Aderlass lassen, doch wegen meines Alters wird es zukünftig nicht so nötig sein wie zuvor. Denn ich habe keinen fülligen Leib, im Gegenteil, ich werde Tag für Tag magerer. Ich bin jetzt bald 56 Jahre alt.

Gebadet und geschröpft.
Im Jahre 1575, am 28. September, bin ich im Filtzegraben in der Badestube gewesen, dort habe ich mich siebenmal schröpfen lassen: dreimal auf dem Rücken, zweimal an den Beinen und zweimal weiter unten. Danach hatte ich etliche Tage lang große Blasen unten an den Beinen. Das machte mir große Sorgen. Doch endlich fand ich heraus, dass die Hosen voller Läuse und Nissen waren. Da musste ich über mich selbst lachen.

Ich hatte Läuse in der Hose.
Im Jahre 1588, am 24. Februar, als ich am Abend in meiner Schlafkammer saß und meine Hose ausziehen wollte, bemerkte ich, dass mir etwas am Bein hochkroch. Da sagte ich zu meinem Neffen, er sollte doch schauen, was in der Hose wäre. Ich konnte nicht scharf genug sehen. Er tat es und fand sechs oder acht Läuse in den gestrickten Hosen. Darüber wunderte ich mich sehr, denn es war mir seit zehn Jahren nicht mehr untergekommen. Aber ich war sehr froh, denn die Beine hatten mir eine Zeit lang gejuckt, sodass ich sie kratzen musste. Außerdem war ich in Sorge, weil mir im letzten Sommer die Beine etwas geschwollen waren. Ich träumte, dass es wieder jucken und anschwellen würde, sodass ich mir vorstellte, ich würde Wasser in den Beinen haben. Aber als ich die Hosen wechselte und andere Kleider trug, verging das Jucken und Kratzen nicht. Wie ich an das Ungeziefer gekommen war, weiß ich nicht, ob es an mir von selbst gewachsen war oder woher. Man sagt, dass die Frauen sie in der Jesuiten- oder in anderen Kirchen einfangen würden und dann mit nach Hause brächten. Dort bekommen sie (die Läuse) dann auch andere. So ist es wohl in meinem Haus geschehen, denn ich komme leider nicht häufig in die Kirche oder an Orte, an denen es Läuse gibt.

Konstantin Höhlbaum/Friedrich Lau/Josef Stein (Bearb.), Das Buch Weinsberg. Kölner Denkwürdigkeiten aus dem 16. Jahrhundert, 5 Bde. (Publikationen der Gesellschaft für Rheinische Geschichtskunde, 3, 4 u. 16), Leipzig-Bonn, Dürr-P. Hanstein, 1886–1926, hier: Bd. V, S. 29, 65, 88, 92, 101, 140 u. 296.

TJ/GF

3.2.4.5 Die große Wäsche – Sehe auf reine Kleider!

Gelehrte Anmerkungen zur Wäsche aus Johann Zacharias Platners ‚Abhandlung von den Krankheiten aus Unterlassung der Reinlichkeit' (1749).

§ XIII
Dass auch die Kleidung nicht wenig zur Gesundheit beytrage, haben andre und die vortreflichsten Männer erwiesen. Die Alten, welche sich mehr der wollnen Kleider bedienten, liessen diese öfters auswaschen und reinigen, welches die Walker, wovon wir oben gedacht, verrichteten. Die ältesten Völker hatten solche Kleider, die in Oel getauchet waren, wie wir aus dem Hippocrates verstehen, der im Winter reine Kleider, im Sommer aber mit Oel genetzte, zu tragen angerathen. Es hat ihn aber Galen mit Recht widerleget, und bewiesen, dass solche ölige Kleider gänzlich vor unsauber zu halten, die kein Freund der Reinlichkeit, am wenigsten aber im Sommer, tragen könne. Zu unserer Zeit kann das leinene Zeug, so wir anziehen, besser als das wüllne, gewaschen werden, und dergleichen öftere Veränderung ist dem Menschen ungemein heilsam. Denn der Körper, welcher sowohl Dünste von sich giebt, als Dünste an sich nimmt, resorbiret (nimmt auf) wiederum aus schmutziger und schweissiger Wäsche die Unreinigkeiten, so er beständig austreibt, vermenget sie mit den Säften, und leget den Grund zu den gefährlichsten Krankheiten. Zu geschweigen, dass durch Unterlassung dieser Reinlichkeit die unmerkliche Ausdünstung, an welcher das größte Theil der Gesundheit hanget, verhindert wird. Alle, die von ansteckenden giftigen Krankheiten geschrieben, geben den Rath, dass diejenigen, so den Anfall davon verhüten und die Gesundheit beschützen wollen, die Hemden und Decken sehr oft verändern sollen. In den Lehren der Galanteriekrankheiten und der Krätze ist durch Erfahrung klar, dass diese Uebel von Grund aus nicht können gehoben werden, wo nicht hierbey die Reinlichkeit sehr fleißig angewendet wird, welche Krankheiten auch, und überdieses viele andre, durch unreine Wäsche und Kleider zu andern können gebracht werden. Das öftere Waschen scheinet zu unsern Zeiten bey unreinlichen Profeßionen, ja allen überhaupt, desto nöthiger zu seyn, weil die Bäder, deren sich die Alten bedienten, und die ermüdeten Glieder erquickten, nicht so

sehr, wenigstens in unsern Gegenden, im Gebrauch sind.

Ilse Barleben, Kleine Kulturgeschichte der Wäschepflege, Düsseldorf, Henkel & Cie., 1951, nach S. 69.

GF

3.2.5 Machen Kleider wirklich Leute?

3.2.5.1 Kleidung und höfisches Leben im Hochmittelalter – Die Damen in arabischen Stoffen und das herrliche Jagdgewand Siegfrieds

In dem um 1200 entstandenen Nibelungenlied, der bedeutendsten Heldendichtung des Mittelalters in deutscher Sprache, wird die ritterlich-höfische Kultur der Zeit des ausgehenden Hochmittelalters abgebildet. Kleidung war der sichtbarste Ausdruck von feinem höfischem Benehmen, von der kulturellen Überlegenheit des Adels. Deswegen legten die höfischen Dichter größten Wert auf eine detaillierte, prachtvolle Schilderung der Gewänder und des Schmuckes. Der unbekannte Autor drückte die Erlesenheit des Empfanges von Brünhilde und ihrem Gefolge durch den burgundischen Hof zu Worms mittels der Kleidung der Hofdamen aus. Im zweiten Ausschnitt zeigt der Dichter in der delikaten Beschreibung der Jagdkleidung und Bewaffnung Siegfrieds das überragende Rittertum des Helden.

Die denkbar prächtigsten Stoffe und die vielen kostbaren Kleider, die sie vor den Augen der fremden Recken trugen, entsprachen der ungewöhnlichen Schönheit der Damen. Wenn auch nur einer von ihnen hätte böse sein wollen, der wäre nicht ganz bei Verstand gewesen.
Zahllose Kleider aus Zobel und Hermelin sah man; viele Arme und Hände wurden mit Ringen geschmückt, die die Frauen über die Seidenärmel gestreift trugen. Niemand in der Welt könnte Euch vollständig berichten, wie eifrig sich die Frauen da schmückten.
Viele Damen schlangen kunstvoll aus arabischem Stoff gearbeitete, kostbare lange Gürtel um hell schimmernde Kleider und herrliche Röcke aus Ferrandin-Stoff. Den edlen Jungfrauen schlug das Herz vor Freude höher.
An den Gewändern vieler schöner Mädchen leuchteten anmutig die Schließen. Dennoch hätte es eine jede verdrossen, wenn ihre strahlende Hautfarbe die Leuchtkraft der Kleider nicht noch übertroffen hätte. Heute allerdings hat kein Königsgeschlecht mehr ein so schönes Gefolge.
Als nun die lieblichen Damen ihre Gewänder angelegt hatten, da kamen sogleich in großer Schar hochgemute Recken, um ihnen das Geleit zu geben. Zusammen mit den Schilden trug man auch viele Eschenlanzen dorthin.
(...)
Wie herrlich ritt er (Siegfried) zum Jagdlager! Sein Speer war riesig, von kräftigem Schaft und breitem Blatt. Sein erlesenes Schwert reichte bis zu seinen Sporen hinunter, und das Horn, das der Herr bei sich trug, war aus rotem Gold.

Niemals habe ich von einem besseren Jagdgewand erzählen hören. Wie man sehen konnte, trug er einen Rock aus schwarzem Tuch und einen Hut aus Zobelpelz, der sehr kostbar war. Ja, und dann erst der kostbare Besatz, den er an seinem Köcher trug!
Des angenehmen Duftes wegen war er mit der Haut eines Panthers bespannt. Überdies hatte Siegfried einen Bogen bei sich, den jeder, der ihn zu spannen wünschte, nur mithilfe einer Winde hätte ausziehen können, es sei denn, Siegfried selbst hätte es versucht.
Sein Jagdgewand war ganz aus Otternhaut, von oben bis unten mit verschiedenem Pelzwerk besetzt, aus dessen hellem Haar zu beiden Seiten des tapferen Jägers zahlreiche goldene Spangen hervorschimmerten. Er hatte auch Balmung, ein erlesenes, breites Schwert, bei sich: das war so scharf, dass es niemals ohne Wirkung blieb, wenn es auf einen Helm traf; denn seine Schneiden waren unübertrefflich.
Stolz und Lebensfreude erfüllten den herrlichen Jäger. Da ich Euch nun die Geschichte vollständig erzählen soll, will ich es auch tun: Sein prächtiger Köcher war angefüllt mit scharfen Pfeilen, die Tüllen waren von Gold, die Schneiden so breit wie eine Hand. Was er damit auch traf, das musste sogleich sterben.

Helmut Brackert (Bearb.), Das Nibelungenlied, Bd.1, Frankfurt a. M., Fischer Taschenbuch Verlag, 1970, S. 129 u. 210–213.

GF

3.2.5.2 Von der passenden, der angemessenen Kleidung – Der ‚Bauer' Karl der Große und seine feinen Höflinge (776)

Notker der Stammler, Dichter und Mönch im Kloster St. Gallen, verfasste für Kaiser Karl den Dicken kurz vor dessen Sturz, zwischen 884 und 887, das Werk ‚Über die Taten Kaiser Karls des Großen'. Notker schildert eine Anekdote zum Aufenthalt Karls 776 in Friaul.

In dieser Gegend hielt sich Karl, der rüstigste unter allen rüstigen Franken, eine Zeit lang auf, bis er für den verstorbenen Bischof (Sigwald von Aquileia) einen würdigen Nachfolger bestellen konnte. An einem Festtag sagte er nach der Messfeier zu seinem Gefolge: „Um nicht durch Müßiggang zu erlahmen und in Trägheit zu verfallen, wollen wir jagen gehen, bis wir etwas fangen, und uns alle in der Kleidung aufmachen, die wir gerade tragen." Es war aber ein kalter Regentag. Karl selbst trug einen Schafpelz, der nicht viel mehr wert war als der Rock des heiligen Martin, mit dem er, die Brust bedeckt, die Arme nackt, Gott ein Opfer brachte, was durch die göttliche Zustimmung erwiesen ist. Die übrigen aber waren feiertäglich angezogen. Einige waren eben von Pavia gekommen, wohin neulich die Venezianer aus Übersee alle Schätze des Orients eingeführt hatten, und schritten einher in phönizischen Vogelbälgen mit Seidenbesatz, in Pfauenhälsen und -rücken mit Schwanzfedern, die bald zu leuchten anfingen, geschmückt mit tyrischem Purpur oder zitronenfarbigen Bändern; andere hüllten sich in Marderpelze, einige in Hermelinfelle.
Sie durchzogen die Waldschluchten und kamen zu-

rück, zerfetzt von Baumzweigen, Dornenhecken und Stachelkräutern, vom Regen aufgeweicht, dazu beschmiert vom Blut des Wildes und vom Dreck der Häute. Da sprach der listige Karl: „Keiner von uns soll seinen Pelz ausziehen, bis wir schlafen gehen, denn am Körper können sie besser trocknen." Nach diesem Befehl sorgten die einzelnen mehr für ihren Leib als für ihre Kleider und bemühten sich, überall Feuerstätten zu finden und sich zu wärmen. Und bald kamen sie wieder und standen in Karls Dienst bis tief in die Nacht; dann wurden sie in die Unterkünfte entlassen. Nun begannen sie, die ganz feinen Felle oder die recht dünnen Seidenhüllen auszuziehen; dabei rissen ihnen Falten und Nähte weithin hörbar, wie wenn trockene Zweige brechen. Dazu stöhnten und seufzten sie und klagten, dass sie so viel Geld an einem Tag verloren hätten.

Sie hatten aber vom Kaiser den Befehl bekommen, am nächsten Tag in den gleichen Pelzen vor ihm zu erscheinen. Als das geschah, glänzten sie alle nicht in Kleidern, sondern in Lumpen und starrten vor entfärbter Hässlichkeit. Da sprach Karl mit voller Absicht zu seinem Kammerdiener: „Reibe doch unseren Pelz mit den Händen ab und bring ihn vor unsere Augen!" Ganz unversehrt und blütenweiß wurde er hergebracht. Karl nahm ihn in die Hände, zeigte ihn allen Umstehenden und verkündete folgendes: „Ihr Dümmsten unter den Sterblichen, welcher Pelz ist jetzt wertvoller und nützlicher, meiner da, der um einen Schilling gekauft ist, oder eure dort, die euch nicht bloß Pfunde, sondern viele Talente gekostet haben?" Da schlugen sie die Augen nieder und konnten seiner furchtbaren Rüge nicht standhalten.

Diesem Beispiel ist Euer frommer Vater (Ludwig der Deutsche) nicht nur einmal, sondern sein ganzes Leben lang so treu gefolgt, dass keiner, der seiner Beachtung und Belehrung wert schien, im Heereszug gegen den Feind etwas anderes zu tragen wagte als Dienstwaffen und Kleider aus Wolle und Leinen. Wenn ihm zufällig einer vom niederen Volk begegnete, der seine strenge Auffassung nicht kannte und etwas Seidenes, Goldenes oder Silbernes an sich trug, wurde er wie folgt angefahren und ging besser und klüger geworden davon: „Ach sieh dir den zweimal goldenen an, den silbernen, den ganz scharlachfarbenen! Du Unglückswurm, dir reicht es noch nicht, dass du allein im Krieg umkommen kannst; du gibst sogar noch die Habe, mit der deine Seele erlöst werden könnte, in die Hand der Feinde, auf dass sie damit ihre Götzenbilder schmücken."

Hans Frieder Haefele (Bearb.), Notker Balbulus. Gesta Karoli Magni imperatoris II. (MGH SrG Nova series 12), Berlin, Weidmannsche Verlagsbuchhandlung, 1959, S. 86–88; übersetzt von Arno Borst, Lebensformen im Mittelalter, 4. Aufl., Frankfurt a. M.-Berlin, Propyläen, 1987, S. 191 f.
GF

3.2.5.3 Mode, Mode, Mode

Der Limburger Stadtschreiber und Chronist Tileman Elhen von Wolfhagen (1347/48–nach 1411), ein guter Gewährsmann für kulturhistorische Nachrichten und Einsichten, beschrieb die Kleidung der Zeitgenossen um 1350.

Die Kleidung der Menschen in Deutschland sah folgendermaßen aus. Die alten Menschen, insbesondere die Männer, trugen weite und lange Kleider ohne Knöpfe, nur an den Ärmeln hatten sie drei, vier oder fünf Knöpfe. Die Ärmel waren mäßig weit. Und dieselben Röcke waren oben um die Brust herum gerafft und ausgeschnitten und waren vorn bis an den Gürtel offen. Die jungen Männer trugen kurze Kleider, die auf Höhe der Lenden tailliert, gerafft und in Falten gelegt waren. Die Ärmel waren eng. Die Mäntel waren groß. Danach trugen sie gewöhnlich Röcke mit 24 oder 30 Schließen und lange Überwürfe, die vorn bis auf die Füße hinunter geknöpft waren, und dazu runde Schuhe. Viele trugen Mäntel, die vorne und hinten einen Lappen hatten und jedem bis zu den Knien gingen. Die Lappen waren verschnitten[1] und gezaddelt. Diese Mode hielt viele Jahre an.

Die Herren, Ritter und Edelknechte, hatten, wenn sie zu Hofe gingen, lange Stofflappen an ihren Ärmeln, die bis zur Erde reichten und die gefüttert waren mit feinem oder mit anderem Pelzwerk, wie es eben Herren und Rittern gebührt. Die Damen gingen folgendermaßen gekleidet zu Hofe und zum Tanzen: mit Bortenkleidern, und darunter trugen sie Röcke mit engen Ärmeln. Das oberste Kleid hieß ‚Sorkeit' und war an den Seiten und unten geschlitzt. Im Winter war es mit Pelz gefüttert und im Sommer mit Taft, wie es jeder Dame gebührte. Die Damen, die Bürgerinnen in den Städten waren, trugen schickliche Überwürfe, die man ‚Felen' nannte. Die kleine Haube war aus Distelseide, gekräuselt und eng gefaltet mit einem ungefähr eine Spanne breiten Saum. Eine solche Haube kostete neun bis zehn Gulden. (…)

Danach über ein Jahr, als das Sterben, die Geißlerfahrt, die Römerfahrt und das Judenschlagen, wie das vorher beschrieben wurde[2], ein Ende hatte, da hob die Welt wieder an zu leben und fröhlich zu werden, und die Männer machten neue Kleider. Die Röcke hatten unten keinen verzierten Besatz, sie waren auch nicht tailliert, sie waren vielmehr so eng, dass sich ein Mann darin eigentlich nicht bewegen konnte. Auch gingen die Röcke nur bis ungefähr eine Spanne über die Knie. Danach machten sie die Röcke so kurz, gerade mal eine Spanne über den Gürtel. Auch trugen sie Mäntel, die waren rings herum rund und ganz; die hieß man Glocken. Die waren entweder weit und lang oder kurz. Da fing man auch mit den langen Schnäbeln an den Schuhen an. Und die Frauen trugen so weite ‚Hauptfenster' (Ausschnitte), dass man ihre Brüste beinahe zur Hälfte sah.

Tileman Elhen von Wolfhagen. Die Limburger Chronik (MGH, Deutsche Chroniken, 4, 1, S. 36 u. 38 f.

1 Das bedeutet, der Stoff war vielfach aufgeschnitten und mit buntem Futter unterlegt.
2 Gemeint sind damit die Pest von 1347/50, die die Pest begleitenden Geißlerumzüge, die Wallfahrt zum Heiligen Jahr nach Rom und die schrecklichen Judenpogrome.

FS/GF

3.2.5.4 Ein Leben in Kleidern – Kleider machen Männer

3.2.5.4.1 Von meiner Kleidung

Erinnerungen des Kölners Hermann Weinsberg (1518–1597) über seine Gewandung in Kinder- und Jugendtagen

1521: Von meiner ersten Kleidung.
Am 1. Januar 1521 hat mir meine Großmutter (väterlicherseits) zu Dormagen einen blauen kleinen Rock und eine rote Mütze mit hohen, runden Aufschlägen
5 zum neuen Jahr geschenkt. Diese Kleidung habe ich in meiner Kindheit von drei Jahren ab getragen (…)

1528: Wie ich zu dieser Zeit gekleidet war und wie ich mein Haar trug.
Im Jahre 1528 habe ich einen Faltenrock getragen, der
10 so lang war, dass er unter die Knie reichte. Mein Vater hatte mir auch diesmal einen Faltenrock von Arrastuch[1] machen lassen, mit Falten unterhalb des Gürtels, wie es üblich war. In diesem Fall waren auch oberhalb des Gürtels Falten, vorn auf der Brust zusammengezo-
15 gen und hinten auf dem Rücken mit kleinen Platten befestigt. Das war etwas Neues, nichts Gewöhnliches, denn ich war noch zu der Zeit sein einziger Sohn, deshalb hat er mich besonders geliebt. Ich trug zu der Zeit auch Mützen, oben mit zwei Ohrenklappen, die
20 auf der Mütze auflagen, wie es üblich war; ich trug rote Hosen und ausgeschnittene Schuhe. Das Haar wurde mir jetzt etwas brauner und reichte mir unter die Ohren. Die Haare waren nicht kraus, sondern sie waren schlecht, zart und dünn.

25 1535: Meine Kleidung, als ich Student war.
(…) Ich hatte zwei lange Röcke mit langen Ärmeln, die unten zugebunden werden konnten; der eine war grau gebleicht, aus dem Rock meines Vaters umgearbeitet, und der andere war schwarz. Beide (waren) un-
30 gefüttert. Ich trug einen wollenen Faltenrock blutrot, lohbraun, auch schwarz, ein ledernes Wams, außerdem schwarze oder aschfarbene Hosen. Die Mütze war jetzt eine schlichte Schlappmütze, unten mit hängenden Ohrlappen.

35 1539: Meine Kleidung.
(…) Ich trug einen schwarzen, wollenen Rock mit einem schwarzen, wollenen Aufschlag. Zur Winterzeit trug ich einen schwarzen Rock mit schwarzen spanischen Fellen gefüttert, aber ohne Aufschlag; ich trug
40 Obergewänder aus Arrastuch über Hosen und Wambs, und ich trug auch runde Mützen. Zu dieser Zeit schenkte mir meine Mutter auch einen Stoßdegen mit 13 Lot Silber daran.

Konstantin Höhlbaum/Friedrich Lau/Josef Stein (Bearb.), Das Buch Weinsberg. Kölner Denkwürdigkeiten aus dem 16. Jahrhundert, 5 Bde. (Publikationen der Gesellschaft für Rheinische Geschichtskunde, 3, 4 u. 16), Leipzig-Bonn, Dürr-P. Hanstein, 1886–1926, hier: Bd. I, S. 28, 53, 107 f. u. 143.

1 Ein feines, teures Wolltuch, benannt nach der französischen Tuchstadt Arras.

AC/GF

3.2.5.4.2 Kleidung und Lebensalter: Fünf Stationen aus dem Leben des Matthäus Schwarz

Der Augsburger Matthäus Schwarz (1477–1547), hoch angesehener und wohlhabender Hauptbuchhalter der Fugger, beauftragte in den 1520er-Jahren den Buchmaler Narziss Renner, Miniaturen der von ihm während seines Lebens getragenen Kleider anzufertigen, die älteren nach eigenen Skizzen, die nach 1524 geschneiderten Gewänder nach der Natur. Schwarz machte dazu meist noch Angaben über die Qualität der Stoffe, die Farbe und den Schnitt. Entstanden ist auf diese Weise eine Biografie in Kleidern, die die Bedeutung der Kleidung in Mittelalter und Früher Neuzeit als wichtiges äußeres Zeichen von Lebensalter, Rang und Stand dokumentiert. Die 137 Gewänder der ‚Kostümbiografie' des Matthäus Schwarz belegen zugleich den erlesenen und auf Repräsentation setzenden Geschmack des Fugger-Buchhalters, der bei den besten Schneidern arbeiten ließ.

3.2.5.4.2 Der Junge (1508).

Der Achtjährige beim Reifentreiben. Sein grüner, gegürteter Rock hat lange Durchsteckschlitze am Ärmel. Die Hosen sind aus dem gleichen Stoff. Am schmalen Gurt hängen das Schreibgerät und ein roter Schulsack.

Lebensphasen und Lebensformen

3.2.5.4.2 Als Schulbub (1509).

3.2.5.4.2 Der junge Stutzer (1513).

Der Schulanzug des Zwölfjährigen bietet zum ersten Mal ein kostümgeschichtliches Interesse. Der gelbe Rock mit breitem Umlegekragen zeigt musterhaft klar an den langen Ärmeln die Schlupflöcher für die Arme: unten einfache Querschlitze, in Ellbogenhöhe einen Ausschnitt in Form eines gelappten Blatts. Das Wams ist schwarz, die Hose grau, das Barett mit heruntergeklapptem Nackenteil rotbraun.

Wams und anliegende Hosen sind längsgestreift, zinnoberrot und bräunlich gelb. Das Wams ist vorn geschlossen und weit ausgeschnitten, das Hemd mit Goldborte reicht nur wenig höher und lässt Hals und Brustansatz frei. Weiter hellgrauer Rock mit weißem Pelzfutter, der Kragen weit umgeschlagen, statt der Ärmel nur kurze Ansätze an einen Längsschlitz im Rock. Flaches hellgraues Barett mit quadratischem Kopfteil, Krempe aus doppelt gelegtem Stoff, geschlitzt und verschnürt. Auf der Brust ein silbernes Kruzifix an schwarzem Bande; Matthäus trägt es bis 1523 fast zu jedem Kostüm. Statt des Degens hat er hier einen Säbel, die Linke liegt auf dem breiten, krückenartigen Griff. Damit dokumentiert Schwarz seine militärischen Fähigkeiten, die ihn als voll qualifizierten Bürger ausweisen.

3.2 Alltag: Arbeit, Nahrung und Muße, Vergnügungen und Konsum

3.2.5.4.2 Der 30-jährige Mann (1527).

3.2.5.4.2 Man wird älter (1543).

Feuerroter Staat. Vom Taftwams ist nur die vorn geteilte und mit Schleifchen zugebundene Brust sichtbar. Die Hosen sind am Oberschenkel in senkrechte Abschnitte gegliedert; die aufgesetzten schmalen Streifchen sind die „Köder". Das Taftfutter der Hosen ist nur als Unterzug des gedrückten Bausches am Knie aus Bändern mit Mondsichelrand zu sehen. Der knielange rote Rock ist auf den Schultern so breit geschnitten, dass die Ärmel sehr tief ansetzen. Sie sind weit glockenförmig gebauscht und mehrfach senkrecht geschlitzt, die Schlitze werden in der Mitte durch eine Quaste zusammengehalten. Der dreifacher Kragen besteht aus doppelt liegendem, gelapptem Stoff. Alle Säume und Schlitze sind mit Seidenfransen versehen. Das breite rote Barett sitzt auf dem linken Ohr, die Krempe abwechselnd mit Samt und Atlas überzogen, am Kopfteil rote Knöpfchen. Die Rechte hält einen Dolch.

Ganz in Schwarz. Das Wams aus Burschat, locker sitzend und mit tiefer Taillenlinie, ist vorn geteilt, ohne Kragen. Vorn sind an den Säumen die Posamenten-Borten mit Rundzackenrand zu sehen. Gewaltige Bäusche am Oberarm, wie sie Matthäus seit 1538 gern am Rockärmel getragen hat, werden hier zum ersten Male auf das Wams übernommen; die engeren Ärmelteile am Unterarm haben eine umgeklappt erweiterte Manschette. Oberschenkelhose aus schwarzen Gurten mit punktierter Mittelrippe und ausgezogenen Taftbäuschen. Mit Goldfäden durchzogene schwarze Haube, auf dem Scheitel eine schwarz-goldene Kugelquaste. Goldring am linken Zeigefinger.

209

Lebensphasen und Lebensformen

3.2.5.4.2 Der 63-jährige Greis (1560).

3.2.5.4.3 Mann wird man durch Hosen

Der Basler Arzt Felix Platter (1536–1614) und der preußische General Friedrich August Ludwig von der Marwitz (1777–1837) erinnern sich an ein besonders einprägsames und einschneidendes Erlebnis ihrer frühen Jugend, an ihre ersten Hosen.

Felix Platter:
Ich erinnere mich auch an die Freude, die ich empfunden habe, als man mir meine ersten Hosen anzog, und dass sie rot waren. Dieses geschah an einem Sonntag, an dem der Vater einen großen Korb Kirschen auf den Tisch stellte, von denen ich soviel aß, dass meine Freude in Leid umschlug. Man musste mir wieder die Hosen aufschnüren, diese ausziehen und mich waschen.

Friedrich August Ludwig von der Marwitz:
Meine ersten Erinnerungen sind, wie ich die Mädchenkleider ablegte und in Hosen gesteckt wurde. Ich sehe noch den Schneider, der sie brachte, und wie ich hinter dem Bett versteckt wurde, bis meine Mutter aus der Kirche kam, wo ich ihr voller Freude entgegensprang. Sie bekam aber einen gewaltigen Schrecken und fand mich abscheulich, wie ich denn auch erst anderthalb Jahr alt gewesen sein soll.

Zu Platter: Valentin Lötscher (Bearb.), Felix Platter. Tagebuch (Lebensbeschreibung) 1536–1567, Basel/Stuttgart, Schwabe, 1976, S. 58. Zu von der Marwitz: Jürgen Schlumbohm (Bearb.), Kinderstuben. Wie Kinder zu Bauern, Bürgern, Aristokraten wurden. 1700–1850, München, dtv, 1983, S. 190.

MS/GZ

Das schwarze Trauergewand wurde den Angestellten von den Fuggern geliefert. Der Langmantel ist ein Umhang bis zur Erde, am Saum breit aufgeschlagen mit leicht aufgestelltem Kragen. Der Leibrock mit Schoss ist vorn geknöpft. Niedriger Zylinderhut. Haar und Bart, lang und weiß, sind Symbole des Alters.

August Fink, Die Schwarzschen Trachtenbücher, Berlin, Deutscher Verein für Kunstwissenschaft, 1963, S. 104, Abb. 8; S. 105, Abb. 9; S. 109, Abb. 17; S. 149, Abb. 86; S. 124, Abb. 124; S. 176, Abb. 137.

GF

3.3 Sorge und Vorsorge

Wesentlich stärker als es heute durchweg der Fall ist, war die Sorge und Vorsorge für Zeiten von Krankheit oder Alter Sache des einzelnen Individuums. Nur ansatzweise konnten kirchliche und private Almosen die Notlage verarmter Personen bessern.

Dies bedeutete für die Menschen, zunächst ein Einkommen zu erwirtschaften, das den Lebensunterhalt sichern konnte. Schätzungen gehen davon aus, dass in den spätmittelalterlichen Städten etwa 20 bis 30 Prozent der Einwohner an der Armutsgrenze lebten und ein (deutlich) geringerer Teil auf dauerhafte Unterstützung angewiesen war. Große Vermögen konnten wohl ausschließlich durch Fernhandel erworben werden, allerdings griff man Handelsgesellschaften unter dem Vorwurf überteuerter Preise oder unter Monopolverdacht an (3.3.1.1). Im Regelfall konnten Handwerksmeister mit einem Einkommen rechnen, das ihnen ein standesgemäßes Leben sicherte, wobei zwischen den Handwerkern zeitlich und regional deutliche Unterschiede bestanden. Im Baugewerbe gab es bereits früh Gesellen, die nicht mehr Meister wurden oder zumeist als Tagelöhner beschäftigte Hilfskräfte (3.3.1.2). Über bäuerliche Einkünfte lassen sich quantifizierende Aussagen kaum machen, doch auch auf dem Land muss von einer sozialen Schichtung ausgegangen werden (3.3.1.3). Bereits seit dem Spätmittelalter mehrten sich Stimmen, die im Müßiggang, im Betteln die Wurzel aller Übel vermuteten, ohne dass es in größerem Ausmaß überhaupt Überlegungen zu Beschäftigungsmöglichkeiten gab (3.3.1.4).

Altersvorsorge war Privatsache: Wer nicht bis zum Tode arbeitete, was wohl der Normalfall für weite Bevölkerungskreise war, musste Geld sparen oder solches wie in unserem Beispiel aufnehmen, um das Überleben, eventuell in einem Hospital, zu sichern (3.3.2).

Besonders in den Städten regelte die entstehende Obrigkeit Teile der Daseinsvorsorge, wenn auch mit heute als unzureichend erscheinenden Mitteln. Wichtige Bereiche waren seit dem 15. Jahrhundert die Wasserver- und -entsorgung (3.3.3.1), der kaum zu erreichende Schutz vor verheerenden Feuersbrünsten (3.3.3.2) oder auch die Abfallbeseitigung (3.3.3.3) bzw. die Reinhaltung der Straßen. Häufig gab der städtische Rat die Rahmenbedingungen vor, denen die Einwohner zu folgen hatten. Ein weiteres Feld war die noch gering ausgeprägte Krankheitsvorsorge, zumal viele Kommunen den Übergang ursprünglich kirchlicher Hospitäler in ihre Regie anstrebten und erreichten. Allerdings dienten zumindest Teile der Hospitäler zur Aufnahme alter Menschen, die sich dort zu unterschiedlichen Preisen und damit für differierende Verpflegung und Unterkunft einkaufen konnten. Seit der frühen Neuzeit lässt sich verstärkt beobachten, dass besonders fremde Arme als unerwünscht ausgewiesen wurden (3.3.3.4).

3.3.1 Einkommensverhältnisse

Nur schwer zu fassen sind Einkommensmöglichkeiten in Mittelalter und früher Neuzeit. Bei etlichen Berufsgruppen geben städtische und landesherrliche Lohntaxen Anhaltspunkte. Als Richtwert lässt sich für das 15. Jahrhundert ein durchschnittliches Meistereinkommen auf 50 rheinische Gulden beziffern, wobei die zahlreich umlaufenden unterschiedlichen Zahlungsmittel Vergleiche erschweren.

Söldnereinkommen beliefen sich um 1500 auf einen Gulden je Woche oder vier Gulden pro Monat, ein Einkommen, dass trotz damit verbundener Gefahren den Eintritt in militärische Dienste attraktiv machte; auch die Hoffnung auf Beute trug ihren Teil dazu bei. Grundsätzlich dürfte die Anhäufung von Reichtum nur durch Fern- und Großhandel mit seinen teilweise sehr hohen Gewinnspannen bei gleichzeitig großem Risiko möglich gewesen sein. Auch gut beschäftigte unabhängige Handwerker dürften in großer Anzahl an der Subsistenzgrenze gelebt haben, bei (auch nur vorübergehendem) Ausfall der Arbeitskraft drohte ein Abrutschen in Armut. Dies gilt gleichfalls für abhängig Beschäftigte. Gering waren die Verdienstmöglichkeiten von Hausangestellten, Knechten wie Mägden, die neben Verpflegung, Unterkunft und Kleidung einen teilweise geringen Barlohn erhielten, deren Existenz aber so gesichert war.

Eindeutige Aussagen über die Entwicklung adliger Einkommen sind gleichfalls schwierig, doch dürften tendenziell besonders für den Niederadel im Spätmittelalter die Einnahmen aus der Agrarwirtschaft gefallen sein. Als weitere Geldquellen standen Solddienste und die Übernahme von Funktionen in der Territorialverwaltung offen, letzteres zunehmend in Konkurrenz zu studierten Bürgerlichen. Wie stark das so genannte Raubrittertum mit Überfällen die eigene Kasse füllte, ist neuerdings wieder umstritten.

Erhebliche Unterschiede, wenngleich kaum quantifizierbar, wiesen auch die bäuerlichen Einkünfte auf. Hier ist eine ausgeprägte Abhängigkeit von den Anbauprodukten und der Marktquote festzustellen. Die Konzentration auf Sonderkulturen wie Wein, Obst, Färbepflanzen und ähnliches konnte eine Steigerung der Einkünfte bewirken, erhöhte aber die Abhängigkeit von Klimaeinflüssen und Marktbewegungen bzw. Nachfragekonjunkturen. Sicherlich hat es vermögende Bauern gegeben, doch das im 15. Jahrhundert einsetzende Bevölkerungswachstum ließ auf breiterer Ebene unter- und kleinbäuerliche Schichten entstehen, geprägt auch durch das Erbrecht (Anerben- oder Realteilungserbrecht). Zudem war die Landbevölkerung von Kriegseinflüssen in der Regel deutlich stärker betroffen als die städtische, da häufig genug militärische Auseinandersetzungen durch das gegenseitige Zerstören von Feldern und Dörfern sowie das Fortführen von Vieh geprägt waren. Zwar handelten die Gegner oft Schadensersatzleistungen aus, doch kamen diese nicht den betroffenen Bauern zugute.

3.3.1.1 Einkünfte im Handel

Besonders im Fern- und Großhandel konnten bei richtiger Einschätzung von Preisentwicklung und Absatzchancen sowie dem notwendigen Glück große Gewinne realisiert werden. Schon früh allerdings etablierte sich Widerstand gegen die Gesellschaften wie auch die Zunahme von Monopolen, besonders im Bergbau. Der erste Text ist dem Tagebuch des Augsburger Kaufmanns Lucas Rem entnommen, der über die Gewinne mit seinem Anteil an der Welser-Vöhlin-Gesellschaft berichtet (3.3.1.1.1). Die zweite Quelle, ein Auszug aus der Reformatio Sigismundi, einem 1439 in Basel von einem unbekannten Autor verfassen und Kaiser Siegmund zugeschriebenem Werk, um größere Autorität zu beanspruchen, kritisiert solche Entwicklungen und fordert wie so häufig rechten Lohn und rechten Preis (3.3.1.1.2). Einen Höhepunkt fanden die Auseinandersetzungen im Monopolstreit der ersten Hälfte des 16. Jahrhunderts, den die Gesellschaften allerdings ohne Schaden überstanden.

3.3.1.1.1 Der Kaufmann Lucas Rem (1494–1541) und sein Gewinn

Meine Mutter hat mir im Oktober 1502 als mein eigenes und frei (verfügbares Geld) gegeben 2000 Gulden, wie jedem meiner Brüder.
Dazu gab sie mir im September 1511 1000 Gulden.
Auch gab sie jedem von uns vier Brüdern, wie auch mir, im Oktober 1518 500 Gulden.
Im Oktober 1502 trat ich auf Gewinnbeteiligung in die Gesellschaft von Anton Welser und Conrad Vöhlin ein. Zu vollem Gewinn hatte ich zunächst 2000 Gulden angelegt, dazu vertrat ich den Anteil meiner Mutter in gleicher Höhe. Der Gewinn der Gesellschaft für die drei Jahre 1502, 1503, 1504 betrug 31 Prozent.
1505, 1506 und 1507 hatte ich eine große Gewinnbeteiligung, hatte namhafte, tapfere, gute Handlungen in fernen Ländern und unser Nutzen betrug 39 Prozent.
In den Jahren 1508, 1509 und 1510 verringerte man jedermanns Gewinnanteil, auch meinen etwas, und wir gewannen nun 15 Prozent.
1511 und 1512 wollte ich keine langen Reisen unternehmen, wollte nur in Antwerpen handeln. Und weil sich Beschwerden gegen Bruder Hans erhoben, hatte ich nur einen kleinen Gewinn. Wir gewannen nicht mehr als 11 Prozent.
1513, 1514, 1515 störten Uneinigkeiten die Gesellschaft, gewannen 16 Prozent.
1516 und 1517 hatten wir großes Glück in Portugal und Frankreich, gewannen in diesen beiden Jahren 30 Prozent.
Während der vergangenen 16 Jahre, nämlich sechs Rechnungen lang, habe ich meiner Mutter weder in Augsburg noch außerhalb etwas gekostet. Die notwendig anfallenden Kosten trug die Gesellschaft, bei unnötigen, aber für mich angenehmen Dingen habe ich es selbst bezahlt. Ich habe also in den alten Aufzeichnungen hin und her gesucht, und gefunden, dass ich in diesen Jahren etwa 900 bis 1000 Gulden ausgegeben habe.
Während der ersten drei Jahre, zu Lissabon, gab ich viel aus für Papageien, Katzen sowie andere neuartige, schöne Dinge, und dann nochmals während der letzten drei Jahre in Antwerpen für Gemälde, Tafeln, Tuche, habe ich zum größeren Teil weiter verkauft oder verschenkt. (…)
Am 6. November 1517 findet sich bei Abschluss von Anton Welsers Generalrechnung, dass meine Beteiligung nunmehr 9440 Gulden beträgt[1]. Das Geld sollen sie mir auf den vier folgenden Frankfurter Messen zahlen, jeweils 2360 Gulden, wie es im Schuldbrief steht.

Benedikt Greiff (Bearb.), Tagebuch des Lucas Rem aus den Jahren 1494–1541. Ein Beitrag zur Handelsgeschichte der Stadt Augsburg, (26. Jahres-Bericht des Historischen Kreis-Vereins im Regierungsbezirke von Schwaben und Neuburg für das Jahr 1861), Augsburg, J. N. Hartmann, 1861, S. 30 f.

[1] Die Gewinne wurden wieder in der Gesellschaft angelegt.

BF

3.3.1.1.2 Man treibe nur ein Gewerbe

Ungefähr zur Zeit des Konzils zu Basel (1439) schrieb ein anonym gebliebener Verfasser die so genannte ‚Reformatio Sigismundi'. Der Anonymus gibt vor, die Pläne Kaiser Siegmunds (1410–1437) zu einer Reichs- und Kirchenreform zu überliefern. Das Werk beeinflusste in der Folgezeit die Reformdebatte im Reich. Die Reformschrift geht trotz ihres teilweise radikal-utopischen Charakters auch und gerade auf konkrete Fragen des öffentlichen Lebens ein, behandelt neben vielem anderen vor allem die Wirtschaftsordnung des Reiches.

Es ist zu wissen, dass in den Städten und auf dem Lande ein Übel erwachsen ist: Es will jedermann mehr Gewerbe treiben als ihm zusteht. Einer ist Weinhändler und verkauft Salz und Tuche, einer ist Schneider und Tuchhändler, einer ist Schuhmacher und gerbt darüber hinaus. Seht euch alle Handwerke an! Wer Handel treiben kann, der tut es. Man sieht in manchen Städten, dass vier oder fünf so viele Gewerbe ausüben, dass sich zwanzig damit begnügen sollten.
Wollt ihr hören, was das Kaiserrecht dazu sagt? Und sind alle unsere Vorfahren Narren gewesen? Handwerk ist darum erdacht, dass jedermann sein täglich Brot gewinnen und verdienen kann, und niemand soll dem anderen in sein Handwerk pfuschen. Das reicht für die Notwendigkeiten der Welt und jeder kann sich ernähren. (…)
Es ist auch zu wissen, dass Kaufherren über das Meer nach Venedig oder sonst wo hin fahren, die wissen genau, wann sie ihre Reise antreten. Sie treiben ihre Kaufmannschaft mit großer List, wie ich euch erläutere. Wenn die Kaufleute zusammen kommen, es sei wo es sei, so beraten sie untereinander, es seien Goldtücher oder etwas anderes wertvolles oder Gewürze, es sei Ingwer oder welches Gewürz auch immer, nichts ausgenommen, und setzen Preise fest, die ihnen günstig sind und bereden miteinander, dass einer zu Wien weiß, wie hier in Basel oder in Straßburg der Handel verläuft und umgekehrt. Und wenn nun jedermann meint, es wäre teuer, so sagen sie, es hätte

auf dem Meer Probleme gegeben, und versprechen, dass alles richtig sei, so streichen sie widerrechtlich hohe Gewinne ein. (…)
Es sind auch große Gesellschaften entstanden, die zusammen agieren und Handel betreiben. Es geht gut oder schlecht, sie handeln so, dass sie nicht verlieren. Sie treiben allerlei Betrug, der Stadt und Land schlecht bekommt. Man sollte dafür sein, dass es keine derartige Gesellschaft gibt, weder von Adligen noch von Bürgern. Wenn man sie aber findet, sie selbst oder ihre Boten, so gebieten wir bei der Huld des Reiches und erlauben jedermann, sie niederzuwerfen und sie zu berauben ohne Strafverfolgung, ihnen das ihre zu nehmen, was man ergreifen kann, bis sie zerstört sind. Man soll sich vor solchen Preistreibern hüten, sie schaden allen Ländern. Wer sein Gewerbe treiben will, der wähle ein Handwerk und lasse alle anderen weg, so kann sich jedermann ernähren und so ist auch die göttliche Ordnung.

Reformation Kaiser Siegmunds, in: MGH, Staatsschriften des späteren Mittelalters, 6), 1964, S. 270–275.

BF

3.3.1.2 Festgelegte Handwerkerlöhne

Die folgenden Auszüge sind einer Speyrer Lohnverordnung zu Handwerkerlöhnen von 1342 entnommen. In den meisten Städten existierten derartige Bestimmungen; einerseits sollten die Handwerker zwar einen angemessenen Lebensstil führen können, andererseits sollten die Löhne und damit auch die Baupreise nicht zu sehr steigen. Über Erfolg und Misserfolg derartiger Regelungen ist häufig gestritten worden.

Wir, der Rat von Speyer, verkünden öffentlich und tun kund all denen, die diesen Brief auch immer sehen oder hören zu lesen, dass wir beratend einmütig und einträchtig darüber gesessen haben, dass ein jeder Arbeiter seines Lohnes würdig ist, den er verdient, selig wären aber diejenigen, die sich mit dem verdienten Lohn begnügen. Weil dies aber nicht geschieht, wie bekannt ist, und wir auch desgleichen augenscheinlich sehen, wie unsere Bürger, arme und reiche, an ihrem Bau von den Werkleuten sehr stark, übermäßig, über Recht und Bescheidenheit mit Lohnansprüchen gefordert, bedrängt und genötigt werden, sodass manchem armen Menschen sein Bau niederliegt und er ihn nicht vollenden kann. (…) So haben wir mit bestem Willen und auch für Frieden, Nutzen und Notdurft unserer gemeinen Bürger den Werkleuten hier zu Speyer, mit Namen Steinmetzen, Maurern, Zimmerleuten, Deckern[1], Kleibern[2] und Bendern[3] einen Lohn gesetzt mit solcher Bescheidenheit, wie hiernach steht, und wir wollen auch, dass dies in Zukunft stets eingehalten werde von allen unseren Bürgern und all denen, die unserm Gericht unterstehen und hier zu Speyer wohnen wollen.
Zum ersten die Steinmetzen, Maurer, Zimmerleute, Decker und Kleiber, wenn diese zwischen dem Sonntag, an dem man Letare singt zu Halbfasten und St. Galli[4] arbeiten, soll man sie so entlohnen: Dem Meister jeden Tag 30 Heller für Kost und Lohn oder 18 Heller und Verpflegung auf der Baustelle. Und einem Lehrknecht im ersten Jahr 15 Heller ohne Kost oder 6 Heller und Verpflegung, und im zweiten Jahr 21 Heller ohne Kost oder aber 12 Heller und Verpflegung, und im dritten Jahr, so er nun drei Jahre im Handwerk gewirkt hat, am Tag 30 Heller ohne Kost oder 18 Heller und Verpflegung (geben).
Auch soll man einem Knecht, der Mörtel macht, er sei Kleiber- oder Steinmetzknecht, 15 Heller ohne Kost oder 8 Heller und Verpflegung, und einem Knecht, der Steine oder Mörtel trägt, 12 Heller ohne Kost oder 6 Heller und seine Verpflegung geben.
Und danach von St. Galli bis zur Halbfasten soll man Meister und Knechten jeweils ein Drittel abziehen ohne alle Widerrede. Auch soll der entscheiden, der die Werkleute anstellt, ob er sie ohne Kost entlohnt oder ihnen Verpflegung stellt, wie es oben geschrieben ist; wie es kommt, das bestimmt er und nicht die Werkleute. (…)
Es soll auch keiner einem Steinmetz, Maurer, Zimmermann, Decker, Kleiber oder Bender, Meister oder Knecht, eine Entlohnung über den vorgenannten Lohn, es seien Hosen, Überröcke oder was auch immer, versprechen oder geben in keiner Weise, und auch ihnen keinen Wein geben zur Prim, zur Vesper oder zu anderer Zeit, falls sie auf eigene Verpflegung arbeiten. Wer das bricht, gebend oder nehmend, der gibt jeglicher zehn Schillinge Speyrer Pfennige[5] als Strafe und muss die Stadt für einen Monat verlassen. Die Strafe fällt zur Hälfte an das städtische Bauwesen, zur anderen Hälfte an die städtischen Heimbürgen[6] und die geschworenen Knechte. (…)
Wäre es, dass ein Handwerker, er sei Steinmetz, Maurer, Zimmermann, Decker, Kleiber oder Bender, Meister oder Knecht, sich mit dem vorgenannten Lohn, als es oben bestimmt ist, nicht begnügen und diesen zu nehmen versprechen möchte und darum nicht arbeiten will und dagegen redet, der, wer es auch ist, gibt zwei Pfund Heller[7] als Strafe (…) und muss die Stadt zwei Monate verlassen. (…)

Gisela Möncke, Quellen zur Wirtschafts- und Sozialgeschichte mittel- und oberdeutscher Städte im Spätmittelalter (Ausgewählte Quellen zur deutschen Geschichte des Mittelalters. Freiher vom Stein Gedächtnisausgabe, 37), Darmstadt, Wissenschaftliche Buchgesellschaft, 1982, S. 190–93.

1 Dachdecker.
2 Handwerker, die Lehmwände errichten, die Gefache füllen und verputzen.
3 Fassbender.
4 Für die Zeit zwischen Letare (4. Fastensonntag) und dem 16. Oktober erhalten die Handwerker den höheren Sommerlohn.
5 Dies sind 120 Pfennige oder 240 Heller.
6 Städtische Bedienstete, die Waage und Maße überwachten.
7 Dies sind 180 Heller.

BF

3.3.1.3 Bäuerliche Einkommen

Genauere Aussagen über die Höhe bäuerlicher Einkommen lassen sich nur schwer treffen, einerseits fehlen Quellen und andererseits war die Situation stark unterschiedlich, abhängig von Hofgröße, Abgabenlast, angebauten Produkten. Der folgende Quellenauszug berichtet über die Ausgabe eines Hofes am Bielersee durch das Kloster Engelberg zu Erbpacht und Halbbau. Dies bedeutet, dass die Bauern die Hälfte der Erträge an das Kloster abzuliefern hatten. Derartige Pachtformen waren im Spätmittelalter bei unterschiedlicher Abgabenquote durchaus üblich.

Wir, der Abt und der Konvent des Klosters zu Engelberg, im Konstanzer Bistum gelegen, Benediktinerordens, tun kund all denen, die diesen Brief ansehen, lesen oder hörend lesen, nun und hiernach, dass wir einhellig mit guter, ausreichender Vorberatung, mit dem gesamten Kapitel und mit dem gemeinsamen Rat unseres Klosters verliehen haben recht und redlich und leihen mit diesem Briefe für uns und unsere Nachkommen zu einem rechten Erbe und Erblehen den ehrbaren und bescheidenen Leuten Tschan von St. Johann, Helene, seiner Ehefrau, Tschan Besessun und Sybille, seiner Ehefrau von Neuenstadt (am Bieler See), zu ihren und ihrer Erben Händen gemeinsam und unveräußerlich die Stücke, so hiernach geschrieben stehen. (...)
Des 1., dass sie auf den Hof ziehen und darauf sitzen und wohnen sollen und die vorgenannten Reben und Liegenschaften unter sich gleich in zwei Teile aufteilen. Es sollen auch die vorgenannten Tschan von St. Johann und Helene, seine Ehefrau, zum einen Teil und Tschan Besessun und Sybille, seine Ehefrau, zu dem anderen Teil, jeder Teil genau bestimmt zwischen ihnen und ihren Erben, nämlich den Halbteil derselben Reben und Wiesen, der ihnen zusteht, getrennt bebauen und in gutem Zustand und in nützlicher Bebauung halten und alles bessern und nicht verschlechtern, derart, wie hernach beschrieben.
Dass jeder von ihnen oder ihren Erben seinen Teil der vorgenannten Reben und Wiesen, der ihm zusteht, jährlich rechtzeitig und fachgerecht schneiden soll auf das nützlichste, das Holz und den Wein und auch den Boden einmal hacken und zweimal rühren[1], jegliches zu seiner richtigen Zeit.
Dazu sollen sie und ihre Erben auf demselben Hof jederzeit sechs Kühe haben, und der Dung und Mist, der von den Kühen im Jahr über anfällt, den sollen sie komplett in die Reben tragen und dort verwenden[2].
Und wäre es, dass sie andernorts um den See herum irgendwelchen Dung oder Mist kaufen, wenn das geschieht, dann sollen sie diesen auf ihre Kosten in die Reben schaffen und verteilen.
Und sie sollen auch besonders die Reben wie alle anderen Anbauflächen in ehrlichem, gutem, nützlichem Anbau haben und halten und dort räumen, Erdarbeiten verrichten, Stecklinge legen, Stöcke einsetzen und die Stecklinge daran heften, überflüssige Triebe entfernen, jäten und alle weiteren Arbeiten erledigen, die man in den Reben tun und vollbringen muss und die da nützlich und gut sind in irgendeiner Weise. Und dies sollen sie alles tun und vollbringen zu ihrem eigenen und ohne unseren Schaden und unsere Kosten[3].
Und zur Herbstzeit im Oktober, wenn die Trauben gelesen werden, so sollen die vorgenannten Parteien oder ihre Erben den Halbteil und wir, die obgenannten Herren, den anderen Halbteil der Kosten haben und bezahlen, der bei der Weinlese anfällt.
Und sie sollen auch jährlich den Wein an der Kelter, wo er zusammenkommt, teilen zu gleichen Teilen und uns soll der Halbteil des Weins gänzlich werden und folgen[4] und der andere Halbteil verbleibt bei ihnen. (...) Auch sollen sie und ihre Erben beide Häuser in gutem Zustand haben und halten und Mauern, Zimmerwerk oder Dächer und andere Dinge reparieren, wenn es notwendig ist, ohne unseren Schaden und unsere Kosten...
Auch sollen wir, die obengenannten Herren und ihre Boten in diesen Häusern mit unseren Pferden unsere Wohnung und unser Gemach haben, und sie sollen uns auch Holz und Licht und unseren Pferden Heu und Stroh genug geben, wann und wielange wir zu ihnen auf den Hof kommen, und solange wir notwendig bei ihnen sind. Aber zu Herbstzeiten, im Weinmonat, sollen wir und unsere Boten und unser Gesinde dazu zwei Hütten (bzw. Kammern) belegen können, solange der Herbst dauert.
Und sie sollen uns auch dann Holz und Licht geben und unsern Pferden Heu und Stroh, und uns auch Töpfe, Kessel, Kannen, Tischlichter, Betten und anderes Hausgeschirr zu Verfügung stellen, solange wir da sind und so oft wir kommen, sofern sie dies haben oder herstellen können, ohne weitere Kosten.
Auch ist rechtmäßig beredet, dass weder sie noch ihre Erben die genannten Reben und Wiesen niemandem verleihen, versetzen oder verkaufen sollen, auch kein Leibgeding, Zins, Jahrzeit noch Seelgerät[5] darauf setzen oder schlagen, noch diese in einer anderen Art belasten[6].

Günther Franz (Bearb.), Quellen zur Geschichte des deutschen Bauernstandes in der Neuzeit (Ausgewählte Quellen zur deutschen Geschichte der Neuzeit, Freiherr vom Stein-Gedächtnisausgabe, 31), Darmstadt, Wissenschaftliche Buchgesellschaft, 1963, S. 509–513.

1 Den Boden lockern.
2 Mist blieb bis zur Einführung künstlicher Düngemittel das wichtigste Mittel hierzu.
3 Diese Tätigkeiten müssen die Pächter in Eigenleistung ohne Einbeziehung des Klosters erledigen.
4 Damit ist der Transport zum Kloster oder zum Markt gemeint.
5 Leibgeding und Zins bedeuten Kreditbelastungen, Jahrzeiten und Seelgeräte sind kirchliche Stiftungen.
6 Damit sollen mögliche weitere Eigentumsrechte Dritter ausgeschlossen werden.

BF

3.3.1.4 „Wider den Müßiggang"

Während der frühen Neuzeit wandelte sich die Einstellung zur Arbeit und besonders zur Arbeitspflicht deutlich, zuerst und am ausgeprägtesten in protestantischen Regionen. Besonders Betteln und Vagabundieren wurde stärker verfolgt, aber auch alle weiteren Nichttätigen gerieten in die Kritik christlich-moralisierender Autoren.

Unter Müßiggängern werden aber alle diejenigen verstanden, die ihre Zeit vergeblich und unnütz verzehren, und auf Wollustbarkeiten warten: nämlich
5 und zuerst faule Herrscher und Obrigkeiten, welche nicht selbst, sondern durch ihre Räte regieren, das Klagen und Jammern der Armen, Bedrängten weder hören noch beachten, sondern turnieren, Ringelrennen veranstalten, jagen, pirschen und Gelage abhalten.
10 Zum anderen die unnützen, faulen Edelleute, welche von Jugend auf verzärtelt erzogen sind, nichts lernen noch zu adlig-ritterlichem Kämpfen Lust haben und zu nichts zu gebrauchen sind als hinter dem Ofen zu sitzen oder immerdar im Luderbett zu liegen.
15 Drittens die faulen Stadtjunker, welche nur das Pflaster treten, herumspazieren und ihre beste Zeit und ihr Geld in den Trinkstuben durchbringen und sich dort mit Trinken, Spielen oder dem Ärgern anderer Leute belustigen.
20 Viertens die gewöhnlichen faulen Burschen, Fenstergucker, Muckenbrüter, Ofenhüter, welche vom Bett zum warmen Ofen, vom Ofen zum Fenster, vom Fenster zum Tisch, vom Tisch zum Bett gehen und nur dem Bauch als ihrem Abgott dienen.
25 Zum fünften die Handwerker und Meister, welche selbst nicht arbeiten mögen, zu Hause nur ungern essen, die Arbeit ihren Gesellen übertragen und was diese im Haus gewinnen, das verzehren sie draußen in den Wirtshäusern.
30 Zum sechsten die Handwerksgesellen, welche nicht nur alleine ungern und langsam arbeiten, sondern auch an Sonntagen alles verprassen, immerdar einen blauen Montag[2] haben und bei der Arbeit ihren Meistern zum Schaden zurück bleiben.
35 Zum siebten diejenigen Faulenzer, welche weder studieren noch arbeiten mögen, deswegen sich nur auf Maulnahrung begeben und nur Wirt, Tavernenbetreiber oder Gastwirt werden, sich auf schinden und täuschen verlegen, mit doppelter Kreide schreiben, Wein
40 und Bier schlagen, kaufen und allerhand Mischmasch machen. (…)
Der Müßiggänger zwölfte Art, die in das Fraßnetz des Teufels gehören, sind starke[1] und gesunde Bettler, welche wohl arbeiten können, aber vor lauter Faulheit
45 nicht mögen oder wollen, sondern überall betteln, umstürzen, hausieren und anderen Ungesunden, Kranken, Bresthaften oder hausarmen Leuten das Brot vom Maul wegnehmen. Diese sind gottlos, gehen außer zum Betteln in keine Kirche, hören keine Pre-
50 digt, sind neidisch, greinen, zanken, schänden und schmähen. Sie fressen und versaufen alles, was sie erbettelt haben, heiraten eine Bettlerin, erziehen ihre Kinder dazu. (…) Man kann ihnen auch nicht genug geben, sind deswegen für die Menschen sehr beschwerlich, unersättlich, unverschämt, bedrohlich, ja 55 bisweilen diebisch, räuberisch, mörderisch.

Aegidius Albertinus, Lucifers Königreich vnd Seelengejaidt: Oder Narrenhatz. In acht Theil abgetheilt, Augsburg, Nicolaus Henricus, 1617, in: Paul Münch (Bearb.), Ordnung, Fleiß und Sparsamkeit. Texte und Dokumente zur Entstehung der „bürgerlichen Tugenden", München, dtv, 1984, S. 124–128.

1 D. h. arbeitsfähige Bettler.
2 Generell war der Montag arbeitsfrei. Gesellen durften an diesem Tag auf eigene Rechnung arbeiten.

BF

3.3.2 Sparen und Altersvorsorge – die Kreditaufnahme des Marburgers Johannes Burck

*Krankheits- und Altersvorsorge war bis zum Ende des 19. Jahrhunderts prinzipiell Privatsache, auch wenn bereits in den Städten des Mittelalters z. B. Zunftmeister wie auch Gesellen über gemeinsame Kassen verfügten, um kranken oder verletzten Kollegen vorübergehend mit dem Nötigsten helfen zu können.
Altersvorsorge war für Mitglieder der Oberschichten sicherlich kein Problem, zumal es eben keinen festgeschriebenen Renteneintritt gab, gewisse Tätigkeiten weiter ausgeübt werden konnten und genügend Finanzmittel vorhanden waren. Ansonsten herrschte gerade in den Städten die Zwei-Generationen-Familie vor, Eltern mit ihren Kindern und gerade nicht die von Sozialromantikern beschworene Mehrgenerationen-Idylle. Für die meisten hieß es ohnehin, bis zum Tod zu arbeiten.
Eine Möglichkeit, Einkünfte arbeitsfrei zu erwerben, war der Kauf von Leibrenten, eine Methode, die aber schon im 15. Jahrhundert weniger genutzt werden konnte. Die Geldgeber stellten beispielsweise der Stadtkasse einen Kredit zur Verfügung, der jährlich mit i. d. R. zehn Prozent verzinst wurde und dies bis zum Tod des Gläubigers; der Kredit war dann ohne weitere Rückzahlung getilgt. Nur selten war es möglich, eine Rente auf zwei Leben, d. h. etwa für ein Ehepaar, zu erwerben. Einen Ersatz boten die dann verstärkt angebotenen wiederkäuflichen Renten zu etwa dem halben Prozentsatz, von beiden Parteien kündbar und rückzahlungspflichtig.
Auch in Hospitäler konnte man sich einkaufen, zumeist getrennt je nach investiertem Kapital in Armen-, Mittel- oder Reichenpfründe. Doch stets musste zuerst das Kapital aufgebracht werden. Ansonsten blieb man auf Almosen angewiesen, die den Alten als ehrlichen oder verschämten Armen normalerweise gewährt wurden, aber nur ein Leben gerade am Existenzminimum ermöglichten. Im ländlichen Bereich mussten die älteren Familienmitglieder dagegen nicht selten auf dem Hof von dem oder den Erben mitversorgt werden, was bei der vorherrschenden Subsistenzwirtschaft häufig genug zu erbitterten Konflikten führte.
Auch im 16. Jahrhundert waren Menschen in hohem Maße auf Kredit angewiesen. Bei der vorliegenden Geldaufnahme handelt es sich um den Fall des Marburger Bäckers Johannes Burck, eines alten Mannes, der das Geld brauchte, um seinen Lebensunterhalt zu sichern. Die Söhne stimmten dieser Verschuldung zu.*

Trotz dieser Kreditaufnahme bei der städtischen Kämmerei lebte der Bäcker eine gesicherte Mittelschichtexistenz, wie das Steuerregister des folgenden Jahres ausweist. Wie gefährdet handwerkliche Mittelschichtshaushalte waren und wie sehr sie von der Arbeitskraft des Hausherrn abhingen, lässt das Türkensteuerregister von 1581 erkennen. Dort wird der Bäcker als arm bezeichnet. Er war mittlerweile zu alt geworden, um noch arbeiten zu können.

Ich, Johann Burck, genannt Sinkershäuser, Bürger zu Marburg und ich Elisabeth, seine eheliche Hausfrau, bekennen hiermit für uns und unsere Erben, dass wir mit Wissen und Einwilligung meiner, Johanns, Kinder
5 aus vorhergehender Ehe, und damit ich in meinem Alter und in großer Gebrechlichkeit des Leibes gleichwohl Auskommen finde, auch etliche sonstige aus Notdurft gemachte Schulden rückzahlen kann, wie dann auch geschehen, recht und redlich, doch wieder
10 ablösbar, verkauft habe hiermit und in Kraft dieses Briefes bester und beständigster Form der Rechte und dieses Ortes Gewohnheit den ehrenwerten, vorsichtigen und ehrbaren Bürgermeistern und Rat, auch Zunft und Gemeinde[1] genannter Stadt Marburg, ihren Nach-
15 kommen oder den mit ihrem guten Wissen und Willen Inhabern der Verschreibung[2] zweieinhalb Gulden Batzen, jeden zu 27 Albus, jährliche Rente und Pension, die wir und unsere Mitgenannten alle Jahre und jedes Jahr zu Martini in der Kämmerei der genannten Stadt
20 im Rathaus allhier bei einer Buße in gleicher Höhe[3] gewiss und ohne Widerrede ausrichten und bezahlen wollen und sollen, auf, aus und von meiner, Johannes Burckens und meiner Kinder erster Ehe Behausung zu Marburg in der Barfüßergasse[4] (…) und die Behausung
25 darf diesem Brief zum Nachteil nicht weiter belastet werden. Hierum haben die ehrenwerten und ehrbaren Hartman Riedesel, Schöffe, und Johann Kornmann, Vierer[5], beide der Stadt Kämmerer, uns gegeben und als wir ihnen diesen Brief zugestellt haben fünfzig
30 Gulden, jeden zu 26 Albus Marburger Währung[6].
Und wir, Ortwein Burck, Barbier, und Hans Burck, Schreiner, beide Bürger hier zu Marburg, bekennen hierin für uns und unsere Erben, auch für unseren abwesenden Bruder, dass wir aus kindlicher Liebe und
35 Treue, auch in Betrachtung unsers obgenannten Vaters Unvermögen[7] und großer Notdurft und damit er desto besseren Unterhalt haben möge, (…) in diese Verschreibung bewusst eingewilligt, auch selber einen ehrbaren Rat ersucht, unserem Vater das Geld vorzu-
40 strecken.

Staatsarchiv Marburg, Bestand X, Deposita 1, Marburg, 1577 XI 11.

1 Hiermit ist formelhaft die gesamte städtische Bürgerschaft gemeint.
2 Dies ermöglicht der Stadt, den Vertrag zu veräußern.
3 Bei nicht fristgerechter Bezahlung.
4 Immobilien stellen eine typische Form der Kreditabsicherung dar.
5 Vertreter der Oberschicht und der Zünfte bzw. Gemeinde bei paritätischer Besetzung der städischen Ämter mit Mitgliedern beider Gruppen.
6 Die unterschiedlichen Guldenkurse führen zu einem Zinssatz von 5,1923 % und dieser liegt geringfügig über den üblichen 5 %.
7 Arbeitsunfähigkeit.

3.3.3 Gemeinschaft und Daseinsvorsorge

Als einfachste Art der Brauchwassergewinnung galt lange das Schöpfen aus fließenden Gewässern, nur in Gegenden oder an Orten mit nicht ausreichender Versorgung mussten Brunnen angelegt werden. Ein grundsätzliches Problem war die Qualität des Wassers, da Flüsse und Bachläufe gleichzeitig der Abfallbeseitigung dienten, dem Wasser aber von Medizinern reinigende Kraft zugeschrieben wurde, sodass man das Problem der Wasserverschmutzung nicht sah bzw. unterschätzte. In den Städten hielten sich lange Zeit Wasserträger, die die Versorgung einzelner, meist wohlhabender Einwohner sicherstellten.

Daneben fanden sich in den mittelalterlichen Städten viele Brunnen, sowohl öffentliche wie private. Allmählich setzte sich die Auffassung durch, dass städtischerseits für Betrieb und Reinhaltung öffentlicher Brunnen zu sorgen war; so ist in Freiburg i.Br. beispielsweise für 1333 ein Brunnenmeister belegt. Auch bei Brunnen waren Gefährdungen für das Grundwasser zu berücksichtigen und man versuchte, sich abzusichern, wenn auch mit heute unzulänglich erscheinenden Mitteln. Städtische Brunnenanlagen konnten im Spätmittelalter zum kommunalen Prestigeobjekt werden und waren dementsprechend verziert und ausgeschmückt. Die wachsende Bevölkerung erforderte die Entwicklung weiterführender Techniken. Hier sollte die Versorgung mit Laufbrunnen und Wasserleitungen entscheidende Neuerungen bringen. Das Verfahren ermöglichte die Nutzung weiter entfernter Quellen oder sonstiger Wasserläufe. Nur in Kriegszeiten bestand die Gefahr vom Wasservorrat abgeschnitten zu werden, was im Falle einer Belagerung zur raschen Aufgabe führen musste.

Für die Erstellung des Leitungssystems setzte sich das Aufbohren von Holzstämmen der Länge nach durch, ein zwar aufwendiges Verfahren, das aber haltbare Leitungen bei entsprechend ausgewähltem Material und einer adäquaten Untergrundgestaltung versprach. Verwendet wurden u.a. Eichen, Fichten oder Weiden; auf Bleirohre, wie in Klöstern häufig zu finden, verzichteten die meisten Kommunen. Verbunden waren die Rohrteile zumeist mit eisernen Muffenkränzen. In der frühen Neuzeit fanden sich bei Ansätzen im 15. Jahrhundert eine Intensivierung des Systems, Pumpensysteme wurden installiert, um die Wasserhebung zu erleichtern.

Ein nicht zu unterschätzender Faktor bei dem Ausbau der Wasserversorgung war der Bedarf an einer ausreichenden Menge Löschwasser. Ein Brandfall konnte bei der lange vorherrschenden Holzbauweise leicht große Teile von Städten in Mitleidenschaft ziehen.

BF

3.3.3.1 Brunnen in Nürnberg

Der Nürnberger Baumeister Endres Tucher beschreibt nicht ohne Stolz die städtische Frischwasserversorgung, besonders die repräsentativen Brunnenanlagen und die aufwendigen Wasserleitungen, durch die von außerhalb der Stadt das unentbehrliche Nass nach Nürnberg transportiert wurde. Im Vordergrund stehen technische Aspekte der Wasserversorgung.

Nach Christi Geburt im vierzehnhundertneunundfünfzigsten Jahre ließ ich, Endres Tucher, auf Anordnung von Herrn Erhart Schürstab[1] seligen mir die fließenden Brunnen und Röhren außer- und innerhalb der Stadt
5 Nürnberg zeigen (…)
Die Quelle des Schönen Brunnens am Markt liegt vor der Stadt bei der Faltznerin[2] Hammer hinter dem Stadel, wo man in den Garten hineingeht zur linken Hand gegen den Berg, der dort zur Stadt hinein ab-
10 fällt, und das Wasser entspringt dort.
Von der Rückseite des erwähnten Stadels bis zur oben beschriebenen Quelle des Wassers sind es etwa 29 städtische Schuh[3]. Der dortige Kasten ist rund wie ein Brunnen gemauert und mit zwei großen Grabsteinen
15 gedeckt. Unter der Erde ist der Kasten zwölf Fuß tief und oben zu Tage steht ein Markstein[4] vom Kornberg[5] auf demselben Kasten.
Von dem oben beschriebenen Sammelbecken des Wassers geht es zwölf Schuh hinab bis zum nächsten
20 Markstein. (…)
Das Wasser fließt also von den oben beschriebenen Marksteinen je von einem zum anderen in gemauerten Rinnen unter der Erde, die liegen etwa sieben Fuß tief. Und das Wasser fließt in denselben Rinnen
25 und ist wohl zwei Fuß tief und an den niedrigst gelegenen Stellen noch tiefer. Es sind unter den oben beschriebenen Marksteinen überall Löcher in den Rinnen, darin das Wasser anschwillt oder fließt, sodass ein Mann in derselben Rinne oder in dem Gang un-
30 ter der Erde von einem Stein zum anderen kriechen kann, wenn man das Wasser im Ablesekasten[6] abliest. (…)[7]
Die andere Holzröhre, die gegen Schoppers Haus liegt, geht bis an das Gewölbe unter dem Pflaster, da-
35 rauf der Schöne Brunnen steht, und von dort fließt das Wasser zwischen dem unteren Gewölbe und dem oberen Wasserkasten bis in den Schönen Brunnen, von dort fließt es in einem Bleirohr durch die mittlere Säule im Wasserkasten hinauf in den oberen Teil. Dort
40 wird es in acht Teile geteilt und es fließt in acht Rohren in den Wasserkasten.
Der erste Ausfluss des übrigen Wassers ist oben im Wasserkasten in Richtung auf Unserer Lieben Frauen Kapelle und fließt durch ein kleines Becken und durch
45 das Gemäuer in Bleirohren hinab auf das untere Gewölbe, worauf der Brunnen steht, und von dort bis zu den Rinnen im Pflaster, die um den Schönen Brunnen liegen, alles in Bleirohren. Dort beginnen die Holzrohre und sie gehen durch einen Kasten, der beim
50 Schönen Brunnen ebenerdig liegt, verdeckt mit einem großen Stein (…). In dem Kasten ist ein Spunt, und der Kasten ist für die Brunnen hinter Unser Lieben Frauen Kapelle und in der Ledergasse. Damit hat die Stadt nichts zu tun, denn die Gemeinde in der Ledergasse

und hinter der Kapelle soll das Wasser auf eigene Kos- 55
ten dorthin führen[8].

Matthias Lexer/Friedrich von Weech (Bearb.), *Endres Tuchers Baumeisterbuch der Stadt Nürnberg (1464–1475)*, Stuttgart, Bibliothek des Litterarischen Vereins, 1862, (ND Amsterdam, Rodopi, 1968), S. 163 f. u. 169 f.

1 Nürnberger Kaufmann und Ratsherr.
2 Nürnberger Händlerfamilie.
3 Die Länge des städtischen Schuhs liegt bei 303,4 - 303,86 mm mit Abweichungen nach oben. Zu unterscheiden ist der Werkschuh, der elf Zwölftel des städtischen Schuhs misst.
4 Die Marksteine dienten dem leichteren Wiederauffinden der unterirdischen Leitungen und Becken.
5 Die am Kornberg gebrochenen Steine waren besonders fest. Die dort tätigen Steinmetze bekamen über den normalen Lohn hinaus Zuschußzahlungen, da ihre Arbeitsgeräte sich schneller abnutzten.
6 Sinkkasten zur Ablagerung von Schmutz.
7 Es folgt eine langatmige Beschreibung des gesamten Leitungsverlaufs bis zum Brunnen.
8 Ein Beleg für die nur teilweise öffentliche Zuständigkeit bei der Wasserversorgung.

BF

3.3.3.2 Feuer als ständige Bedrohung

Besonders die lange vorherrschende Holzbauweise und die Dachdeckung mit Stroh führten zu einer starken Gefährdung der mittelalterlichen und frühneuzeitlichen Städte durch Feuer. Zahlreiche Kommunen bemühten sich zwar, die Steinbauweise und die Dacheindeckung mit Steinen, Ziegel etc. zu forcieren, doch standen dem relativ hohe Kosten gegenüber, die durch städtische Zuschüsse allerdings gemindert werden konnten. Auch die enge Bauweise sowie in der Stadt stehende Scheunen begünstigten die rasche Ausbreitung eines einmal ausgebrochenen Feuers.
Als Hauptursachen müssen wohl der fahrlässige Umgang mit Feuer, Kriegseinwirkungen, Natureinflüsse (Gewitter) oder Brandstiftung genannt werden. Dies erklärt auch die zum Teil drakonischen Strafen bei Verstößen gegen Feuerschutzbestimmungen. Denn nach einer die Stadt oder das Dorf verheerenden Feuersbrunst standen die Bewohner größtenteils vor dem Nichts, Feuerversicherungen sollten erst sehr viel später die Schäden minimieren. Bereits früh lassen sich Anordnungen zum Feuerschutz finden: Zunächst ging es um die Verlagerung von potenziell gefährlichen Betrieben an die Peripherie und die mehr oder minder erfolgreiche Vorschrift zur Verwendung von bestimmten Baumaterialien. Hinzu kommen seit dem 16. Jahrhundert verstärkt die regelmäßigen Besichtigungen von Feuerstellen und Kaminen.
Der Einsatz bei Feuer war grundsätzlich Sache aller Einwohner, organisiert von Zünften, Vierteln oder ähnlichen Zusammenschlüssen, mit teilweise genauen Vorschriften über das erforderliche Handeln. Besonders Bauhandwerker waren gefragte Spezialisten, um ein Übergreifen des Feuers zu verhindern.
Nur langsam konnten Feuerspritzen in größerem Ausmaß eingesetzt werden, zuvor blieben Feuereimer, Feuerhaken und weitere einfache Gerätschaften die einzigen Mittel der Brandbekämpfung. Schon diese Ausstattung zeigt die Grenzen eines erfolgreichen Brandschutzes.

3.3.3.2.1 Stadtbrände – Das Beispiel Frankenberg

Das Städtchen Frankenberg an der Eder fiel im Frühjahr 1476 einer Feuersbrunst zum Opfer, während sich die meisten Bewohner auf den Feldern vor der Stadt aufhielten. Sie waren, typisch für Kommunen dieser Größe, Ackerbürger. Der Bericht ist von dem aus Frankenberg stammenden Priester Wigand Gerstenberg (1457–1522), der sich lange im direkten Umfeld des hessischen Hofes in Marburg aufhielt und auch eine Landeschronik verfasste. Nach dem langjährigen Wiederaufbau der Stadt brannte bereits 1509 die Neustadt wieder zur Hälfte nieder.

Danach als man schrieb nach unsers Herrn Christi Geburt 1476 Jahre, da wurde Frankenberg mit Feuer angesteckt und es verbrannten die zwei Städte[1] ganz und gar. Dies geschah auf dem neunten Tag im Mai, und derselbe Tag fiel auf den Donnerstag vor Cantate. (…) Da geschah es am genannten Donnerstag, nach Mittag, als die Glocke ein Uhr schlug, da erhob sich leider ein grausames Feuer in der Mittelgasse (…) an dem Eckhaus, wo man in die Schmiedegasse geht. Das Haus war schön dreifach übersetzt[2] und so hoch gebaut, dass in der Schmiedegasse keine Leiter an das Dach reichte. Das Haus war mit Schiefersteinen gedeckt, die sprangen und platzten ab und verbrannten die Menschen, sodass niemand in die Nähe gelangen konnte. Und obwohl vorher kein Wind war, sondern ein ruhiger heißer Tag, erhob sich nun ein Wind von der Eder her und trieb das Feuer auf die anderen Häuser der Kirche zu, sodass die Stadt an vielen Orten zu brennen begann. Da liefen die Einwohner, Priester und Laien, hinzu und stiegen auf Dächer und Giebel, schlugen, löschten und wehrten sich mit allen Möglichkeiten. Da liefen die Frauen, Mädchen und Kinder und trugen Wasser herbei, aus der Eder, aus dem Teich und aus den Brunnen. Aber es half leider nichts, sondern das Feuer wurde immer größer.

Und es wurde übermächtig, sodass man nicht dagegen ankommen konnte, aus vier Ursachen. Zum ersten: die Zeit war heiß und trocken; zum zweiten: es war nicht genügend Wasser vorhanden; zum dritten: es waren zu wenig Menschen in der Stadt; zum vierten: der Wind erhob sich und trieb das Feuer durch die Stadt. Deswegen arbeiteten sich die Leute gänzlich müde. Dann kamen die Einwohner von den Feldern heimgelaufen. Dann kamen auch die Bewohner der nächsten Dörfer (…) und löschten mit aller Kraft und halfen den Leuten, aber sie kamen zu spät und zu langsam. (…)

Nun hatte das Feuer gänzlich Oberhand gewonnen und es brannte in allen Gassen, sodass die Häuser in die Straßen zusammenfielen und niemand mehr gehen oder löschen konnte. Dann kam das Feuer auch an das Rathaus. Dies war zweimal komplett übersetzt und gar herrlich gebaut, wie oben beschrieben. Im selben Hause lagerte die Stadt ihre Büchsen, Pulver, Armbrüste, Pfeile und sonstige Gerätschaften; das verbrannte miteinander. (…) Dann kam das Feuer weiter vorwärts und nahm sich den größten Teil aller Gassen in der Altstadt vor. (…) Durch solches unersättliches Feuer entstand so große Hitze, dass die Pfarrkirche zu brennen begann, und das war um vier Uhr. (…) Als nun die vorgenannten Gassen alle brannten, da kam erneut der Wind und trieb das Feuer aus der Altstadt über die Mauer bis in die Neustadt. (…) Also brannten die Altstadt und die Neustadt. Solch großes Feuer zwang die Menschen dazu, dass sie zu den Pforten laufen und fliehen mussten. (…) Nun erhob sich das Feuer an der Pfarrkirche an dem kleinen Turm zuerst. Derselbe Turm war ganz und gar mit Blei gedeckt; das schmolz alles, sodass das Blei aus den Wasserrinnen und den Wasserspeiern herausfloss, gleich als wenn es stark regnete. Zuletzt rann das Blei herunter und blieb an den Wasserspeiern hängen, etwa mannslang, wie Eiszapfen. (…)

Nun hatte das Feuer die Menschen aus beiden Städten getrieben, sodass die Menschen vor den Pforten lagen wie die Heiden oder Zigeuner, und hatten kein Essen, kein Trinken. Da liefen die Kinder nackt und bloß umher und schrien nach Essen. Da schrien die Alten wegen des großen Schadens. (…) Und es war ein großes Gebrüll und Geschrei von den Menschen, von den Kindern und von dem Vieh, es mochte Gott in seinen Wolken erbarmen. (…) Freitags und die Tage danach, da räumten die Menschen in ihren Kellern, ob sie etwas Nahrung retten könnten. Davon waren etliche eingefallen, in einige war das Feuer gekommen und hatte alles verbrannt. (…)

Danach zogen etliche Menschen einzeln wieder in die Stadt. Wer einen Keller hatte, der zog darein. Der Pfarrer, sein Kaplan und andere Priester, der Schulmeister, Unser Lieben Frauen Mädchen und andere alte Frauen zogen in die Schule, weil die Schule mit dem Beinhaus nicht verbrannt war. Die anderen Bürger zogen zusammen, wie sie konnten. Man fand auch etliche Scheunen oder Häuser, da zogen fünf oder sechs Familien hinein. Etliche zogen in die nah gelegenen Städte oder Dörfer, wo sie sich unterhalten konnten. Von den jungen Leuten, Bürgersöhnen und -töchtern, zogen auch viele fort, die sich anderswo niederließen.

Hermann Diemar (Bearb.), Die Chroniken des Wigand Gerstenberg von Frankenberg (Veröffentlichungen der Historischen Kommission für Hessen, 7; Chroniken von Hessen und Waldeck, 1), Marburg, Elwert, 1909, (2. unveränd. Aufl.) Marburg, N.G. Elwert Verlag, 1989), S. 456–460.

1 Alt- und Neustadt.
2 Die Stockwerke sprangen jeweils weiter nach außen vor.

BF

3.3.3.3 Müll und Abfall – obrigkeitliche Umweltpolitik

Vorherrschend war während des Mittelalters und bis weit in die Neuzeit die Miasma-Theorie. Danach war neben anderen Ursachen vor allem schlechte, stickige, übel riechende Luft für Krankheiten verantwortlich. Dagegen wurde dem Wasser eine stark reinigende Kraft zugesprochen. Insbesondere sich nicht ablagernder oder flüssiger Unrat und Abfall konnte so im Verständnis der Zeit gefahrlos beseitigt werden. Dagegen sollten feste, nicht lösliche Abfälle und Material, das schwerer als Wasser war, nicht in Gewässer gekippt werden. Dies erforderte nun Ablagemöglichkeiten für derartige Stoffe und für Mist, so weit er nicht als Düngemittel gebraucht wurde. Man achtete bereits in unterschiedlicher Intensität darauf, dass die Abfalleinleitung möglichst nicht in der Nähe von (Trink-)Wasserentnahmestellen erfolgen sollte.

Über die Auswirkungen eines direkten Kontakts von Fäkalien mit Trinkwasser war man sich wohl im Klaren. Nicht umsonst schreiben zahlreiche Verordnungen einen Mindestabstand von Sickergruben, aber auch Mistgruben zur Grundstücksgrenze und auch zu Brunnenanlagen vor. Die Gruben sollten möglichst mit wasserundurchlässigem Material ausgekleidet sein. Die aus unserer Sicht sicher unvollkommenen Bestimmungen rührten eben daher, dass man sich allein auf die Prüfung von Farbe, Geruch und Geschmack des Wassers mit den menschlichen Sinnen verließ, ja verlassen musste.

Auch sonst versuchten viele Städte relativ früh, hygienische Zustände zu bessern, z. B. durch den Bau befestigter Straßen und Wege. Ein grundsätzliches Problem blieb die innerstädtische Viehhaltung, Gerüche und sonstige Unannehmlichkeiten galten als potenzielle Gefahrenquelle; dagegen stand die Erfordernis der Fleischversorgung der Einwohnerschaft. Es erfolgten mehr oder minder erfolgreiche Versuche, die Zahl der Tiere zu reduzieren oder die Viehhaltung auf bestimmte Berufsgruppen zu begrenzen.

3.3.3.3.1 Unrat, Mist und Jauche in den Fluss!

Die Ausführungen sind dem Baumeisterbuch Endres Tuchers entnommen, das dieser von 1464 bis 1470 führte und bis 1475 mit Nachträgen versah. Tucher beschrieb die Aufgaben und Kompetenzen des städtischen Baumeisters, insbesondere die Leitung des kommunalen Bauwesens, wollte aber gleichzeitig seinen Amtsnachfolgern Anleitungen geben. Tucher selbst versah das Amt von 1461 bis 1476 und zog sich dann dreiundfünfzigjährig als Konverse in das lokale Karthäuserkloster zurück; als Alter Genannter war er zudem seit 1454 Ratsmitglied. Zunächst behandelt Tucher das Räumen der Abortgruben für die Stadt und die Überwachung der privaten Entsorgung.

Von den städtischen Nachtmeistern.[1]
Ein Baumeister soll darauf achten, welches die redlichsten Nachtmeister hier sind, dass er diese dann an Stelle anderer einsetzt, wenn er ihrer bedarf (…).

So muss man jedes Jahr das heimliche Gemach im Gefängnis für den Gefängniswärter räumen lassen, und ein Baumeister muss darauf achten, dass es in der kalten Jahreszeit geschehe und dann, wenn der Gefängniswärter am wenigsten Gefangene bewacht oder es ihm am besten passt. (…)
Dabei soll ein Baumeister gut darauf achten, wenn sie den Unrat abfahren und in das Wasser schütten, und es nicht zu Zeiten geschieht, in denen er in der Pegnitz ansetzt, oder nur wenig Wasser fließt oder sich Eis gebildet hat, sodass die Pegnitz den Kot nicht ganz verzehren kann. Dann muss ein Baumeister zu ihnen gehen und welche Gruppe der Nachtmeister schließlich überführt ist, denen muss der Baumeister befehlen, dies zu bedenken und zu räumen und den Kot in die Pegnitz zu ziehen, damit das Wasser ihn verzehre. Und wenn sie das nicht schnell erledigen, soll der Baumeister den Pfandner bestellen, um sie zu pfänden, denn der Kot riecht sehr übel und sieht grausam aus, wenn er da liegt und das Wasser ihn nicht verzehren kann.

Matthias Lexer/Friedrich von Weech (Bearb.), Endres Tuchers Baumeisterbuch der Stadt Nürnberg (1464-1475), Stuttgart, Bibliothek des Litterarischen Vereins, 1862, (ND Amsterdam, Rodopi, 1968), S. 115, 117.

1 Diese mussten die Abortgruben lehren. Der Baumeister rekrutierte sein Personal aus Mitgliedern dieser eher randständigen Berufsgruppe.

BF

3.3.3.4 Städtische und staatliche Krankheits- und Sozialfürsorge

Zunächst war es die Aufgabe eines jeden Einzelnen, sich auch im Krankheitsfall oder im Alter zu versorgen. Almosenleistungen stammten in erster Linie von Privatpersonen. Die Bedachten mussten im Gegenzug für die Spender beten, die sich durch die Fürbitten einen leichteren Zugang zum Paradies erhofften. Kommunalerseits wurden bis in die frühe Neuzeit höchstens geringe Beträge als Almosen verausgabt. Allerdings ging während des Spätmittelalters die Verwaltung auch der Armenstiftungen zunehmend von der Kirche auf die Städte über. Dies geschah einerseits aufgrund der wachsenden Kirchenkritik, andererseits steuerten die Kommunen diesen Prozess, um Dritte aus kommunalen Belangen fernzuhalten.

Prinzipiell wurden Gaben an Arme positiv bewertet, auch wenn es seit dem späten 14. Jahrhundert zunächst vereinzelt zur Differenzierung der Empfänger kam. Man unterschied zwischen unverschuldet in Not Geratenen (Krankheit, Alter) und anderen, denen man eher Arbeitsscheu nachsagte.

Verstärkt wurde diese Unterscheidung in den Jahrzehnten nach der Reformation: Immer stärker rückte das Kriterium der Arbeitsfähigkeit in den Vordergrund, ohne überhaupt nach vorhandenen Arbeitsmöglichkeiten zu fragen, und nur noch die unverschuldet Armen sollten unterstützt werden. Man hoffte das Armen- und Bettelwesen durch eine Vielzahl von Ordnungen zu regulieren. Freilich muss man aus der Wiederholung von Bestimmungen nach teilweise kurzen

Lebensphasen und Lebensformen

Zeiträumen nicht bereits zwingend auf Misserfolge schließen; ein Zug zur frühneuzeitlichen Sozialdisziplinierung deutete sich an. Umherziehende Bettler oder arbeitslose Söldner wurden besonders als Bedrohung empfunden. Deshalb konnten sie nicht auf Unterstützung hoffen. Organisatorisch übernahmen in protestantischen Städten die Armenkästen die Finanzverwaltung der häufig nicht unbeträchtlichen Stiftungsvermögen. Dies bedeutete einen weiteren Schritt zur Verstaatlichung bzw. zur obrigkeitlichen Regulierung des Armenwesens. In manchen Städten fungierten die Armenkästen als Kreditinstitut für breite Bevölkerungskreise: Das Kapital wurde angelegt, nicht verausgabt.

Gelegentlich fanden, wie das Beispiel Augsburg um 1600 zeigt, viele ärmere Einwohner Tätigkeit bei umfassenden Baumaßnahmen. Der Arbeitszwang gipfelte schließlich in der Einführung von Arbeitshäusern.

Eine mögliche Versorgungsanstalt im Alter waren die Hospitäler. Zunächst durch die Kirche zur Aufnahme von Pilgern gegründet, kamen auch diese zunehmend in städtische Hand. Die Bewohner konnten sich gegen festgelegte, unterschiedliche Tarife einkaufen und wurden bis zum Tod versorgt, wobei sich Verpflegung und teilweise Unterkunft nach der Höhe des Einkaufspreises richtete. Die Versorgung mitteloser Alter und Kranker spielt eine eher untergeordnete Rolle.

3.3.3.4.1 Städtische Krankheits- und Sozialfürsorge

Der Straßburger Armendiakon und vormalige Armenpfleger Alexander Berner unternahm im Jahre 1531 im Auftrag des städtischen Rates eine Rundreise durch süddeutsche und schweizerische Städte, um Erkundigungen über das dortige Almosenwesen und das Verhalten gegenüber Bettlern einzuziehen. Es dürfte auch eine Reaktion auf massive Vorwürfe gegen die Straßburger Almosenverwaltung gewesen sein.

Nürnberg
Welche Menschen in Nürnberg leben und wie sie sich ernähren. Etliche sind es, die sich mit ihrer Arbeit und ihrem Handwerk ernähren, und dies aber, weil sie viele Kinder haben, nicht ausreicht (weil gar alle Dinge äußerst teuer geworden sind) und die der ärmere Handwerksmann zum Großteil mit stuckwerk[1] (…) ernähren muss und die Kaufleute den Gewinn einstreichen, werden sie gezwungen, das Almosen in Anspruch zu nehmen.

Etliche mögen wegen des Alters oder wegen Krankheit nicht arbeiten und müssen von anderer Leute Unterstützung leben.

Etliche können zwar, wollen aber nicht arbeiten, man kann sie weder mit Strafen noch mit freundlichen Hinweisen dazu bringen, dass sie Frau und Kinder ernähren. Will man nun nicht diese von Zeit zu Zeit in Not sehen, muss man ihnen Almosen geben.

Etliche sind seit jeher Bettler und haben nichts anderes gelernt; mit denen muss man ihr Leben lang Geduld haben.

Zeichen[2] tragen die Armen zu Nürnberg auf den Ärmeln oder an den Hüten, und sie sind aus gelbem Messing gemacht. Ebensolche Zeichen tragen auch etliche Arme außerhalb der Stadt Nürnberg, die doch in die Stadt gehören, denen man ebenfalls Almosen gibt, und diese sind aber aus weißem Metall gemacht (…). Wie man sich gegenüber den Hausarmen[3] verhält, die sich der Spange (Bettelzeichen) schämen oder sonst keine tragen wollen.

Es haben die Nürnberger einen Artikel in ihrer gedruckten Ordnung, wie man sich diesen gegenüber verhält und ein besonderes Augenmerk auf sie hat und ihnen heimlich Almosen gibt. Wollte Gott, sie kämen dem treulich nach. Was aber nach meinem Eindruck und nach dem, was ich erfahren habe, nicht sorgsam geschieht. Daher müssen sie großen Mangel leiden. Auch die, die sich mit ihrer Arbeit ernähren müssen und etwa wegen vieler Kinder über kein ausreichendes Einkommen verfügen, klagen, falls sie die Spange trügen, verlören sie das Vertrauen von denen, die sie verlegen und ihnen Arbeit geben. Ei, spricht der Herr, er ist zum Bettler geworden, ich vertraue ihm nichts mehr an, er könnte sonst das meine verkaufen[4]. (…)

Es werden die, die krank sind, nicht gleich in das Spital gewiesen, es sei denn, die Krankheit wäre zu langwierig, sondern man hilft ihnen je nach Vermögen und Notwendigkeit, aber nur mit Geld. Wenn der Kranke jedoch Arznei oder sonstige Labung bedarf, so erhält er dies auch aus dem Almosen nach Ausweis der Ordnung. Ansonsten werden (arme) Kindbetterinnen auch mit Oberbett, Kissen, Laken und anderem versorgt, laut eines besonderen Artikels.

Wenn es geschieht, dass jemand Almosen begehrt, der nicht Almosengenosse ist, d. h., der noch nicht sechs Jahre Bürger ist, dem antwortet man, wenn er sich mit seiner Arbeit nicht ernähren kann, werde es ihm erlaubt, wieder aus der Stadt zu ziehen[5]. (…)

Sie haben ein schönes Blatternhaus[6], liegt nicht weit vom Friedhof, doch etwas außerhalb der Stadt neben dem Pest- oder Siechenhaus, mit vielen Kammern oben und unten, darin waren 72 Personen. Etliche lagen im Holz[7], etliche waren daraus, etliche warteten darauf, etliche lagen in einem gesonderten Raum, waren von Schäden verdorben. Diese werden auch alle durch das gemeine Almosen unterhalten, sie haben keinen Mangel an Essen und Trinken, wie sie sagen, und jeder erhält täglich eine Maß Bier[8], keinen Wein. Doch klagen die ganz Kranken und Verdorbenen, dass sie an Mangel litten, da sie die gewöhnliche Speise nicht vertrügen.

Die Kranken sind auch mit einem guten Arzt versorgt, der sie ins Holz legt und einschmiert[9]. Diesem gibt man von jeder Person einen Gulden und etwa einen Ort Trinkgeld. Der Arzt wohnt in der Stadt und das Blatternhaus ist sonst mit treuen Knechten und Mägden (wie man sagt) versorgt.

Zwei Elendenherbergen sind zu Nürnberg, eine in und eine außerhalb der Stadt, worin man Pilger und Arme beherbergt. Wie es mir erscheint und soviel ich verstanden habe, sind sie nicht mit Pilgern überlastet: Sie weisen fast alle fort, dass über Nacht etwa zwei, manchmal auch keiner darin ist.

Die Fremden, welche am Vormittag ankommen, weisen sie ab und geben ihnen nichts (wie mir der Almo-

senschreiber selber gesagt hat), obwohl ihre gedruckte Ordnung anderes besagt. Die aber nachmittags ankommen, schicken sie in die Elendenherberge, wer aber ungehorsam ist oder, dass er, obwohl verwiesen oder beherbergt, betteln wollte, wird nach gewöhnlichem Brauch bestraft oder ins Gefängnis gelegt. (…)
Es gibt ein schönes, großes Spital, darin man Männer und Frauen gesondert unterbringt, es waren ungefähr 130 Männer und Frauen, und gewöhnlich nimmt man alte, unvermögende Leute darin auf, die noch nicht bettlägrig sind. Diese versorgt man lebenslang nach der Spitalsordnung, und wer ins Spital will, muss dies bei Rat oder Bürgermeister beantragen. Sie sind auch (wie man sagt) mit einem Arzt versehen, der täglich hereinschauen soll. Die Pflege ist überwiegend die schlechteste. Von den Frauen sind über 100 in einer Stube untergebracht. Es stinkt darin sehr stark, viel schlimmer wie in unserer eigenen Spitalstube. (…)
Sonst sind zwei Knechte damit beauftragt, die Fremden zu vertreiben, und wenn einer ungehorsam ist, wird er je nach Vergehen in den Bettlerturm gelegt. (…)

Otto Winckelmann (Bearb.), Das Fürsorgewesen der Stadt Strassburg vor und nach der Reformation bis zum Ausgang des sechzehnten Jahrhunderts. Ein Beitrag zur deutschen Kultur und Wirtschaftsgeschichte, 2. Teil: Urkunden und Aktenstücke, Leipzig, Heinsius, 1922, (ND New York – London, Johnson Reprint Corporation, 1971), S. 266 –269.

1 Es handelt sich um abhängige Auftragsarbeit, die betreffenden Handwerker produzierten nicht mehr auf eigenen Gewinn oder Verlust.
2 Arme mussten in der Regel derartige Zeichen tragen, um Unterstützung zu erhalten.
3 Verschämte Arme, die öffentlich nicht als Empfänger von Almosen in Erscheinung treten wollen und nicht betteln.
4 Die Verleger schossen in diesen Fällen die Vorprodukte vor, entlohnten die Tätigkeit und kauften die Produkte anschließend wieder ab, was zu deutlichen Abhängigkeiten führen konnte.
5 Er kann ohne weitere Probleme seine Bürgerschaft aufgeben.
6 Für Syphilliskranke. Die Krankheit tauchte erstmals auf europäischem Boden 1493 in Barcelona auf und verbreitete sich in den folgenden sieben Jahren über den Kontinent bis nach Indien.
7 Zur Behandlung wählte man lange Schwitzkuren mit aus der Neuen Welt importiertem Guajak-Holz.
8 1 Maß entspricht 1,069 l.
9 Mit einer Quecksilber-Schweineschmalz-Emulsion. Die Behandlungsmethoden waren für die Erkrankten sicherlich eine Tortur.

BF

4 Das Eigene, das Fremde und das Andere

4.1 Fremd- und Selbstbilder: Faszination und Distanzierung

Andersartigkeit, Fremdheit löst im Menschen stets Reaktionen aus, Neugier und Faszination, Annäherung, Überlegenheitsgefühl, Distanzierung, Angst und Abwehr. Das war nicht anders bei den Menschen Alteuropas, mit deren Fremderfahrungen sich die Texte dieses Unterkapitels beschäftigen. Besonders deutlich wird es bei der Beobachtung fremder Völker, denn sie sind meist nicht nur in einigen wenigen Punkten fremd, sondern bieten eine breite Palette von Andersartigkeiten. Je fremdartiger ein Gegenüber, sein Aussehen und seine Verhaltensformen empfunden werden, desto dringlicher ist das Bedürfnis, es durch Vergleich mit Bekanntem zu erfassen und in das gewohnte Menschenbild einzuordnen. Bekannte Bilder werden gewählt, um Aussehen und Verhaltensweisen zu erklären. Dabei bereitet die Auswahl der Beispiele und die Art der Gegenüberstellung – negativ oder positiv, abschreckend oder anziehend – bereits die Entscheidung vor, ob es zu Konfrontation oder Integration kommen wird, gleichgültig, ob sich diese im tatsächlichen Leben oder nur in der geistigen Auseinandersetzung vollziehen sollen.

Durch diese intensive Vergleichstätigkeit werden Fremdbilder immer auch zu Selbstbildern. Der Vergleichende beschreibt stets mehr oder weniger bewusst sich selbst und seine eigene Gesellschaft, lobt sie oder kritisiert sie. Beschreibungen von Fremdem können deshalb ebenso unbewusste Selbstspiegelungen von eigenem Wertgefühl sein, wie sie besonders gut instrumentalisiert werden können, um nicht mehr auf das Fremde selbst zu zielen, sondern in erster Linie die eigene Gesellschaft zu verbessern und den Mitmenschen einen moralischen Spiegel vorzuhalten. Vergleichsmöglichkeiten gibt es viele, doch einige Bereiche werden immer wieder thematisiert. Solche sollen in den folgenden Texten als roter Faden dienen, anhand dessen die Art der Fremd- und Selbstbilder und dann auch der Integration und Konfrontation (Kapitel 4.2) deutlich werden können. In jeder menschlichen Gesellschaft gibt es Frauen, und sie sind, auch wenn sie ganz unterschiedliche Positionen einnehmen, überall von Bedeutung. Viele der beobachtenden Europäer beschäftigten sich daher intensiv mit dieser Gruppe; das Frauenbild Alteuropas kann in vielerlei Facetten deutlich werden – zumal die Vergleichenden im Betrachtungszeitraum fast stets Männer sind, wodurch oft ein zusätzlicher Effekt von Andersartigkeit – der des anderen Geschlechtes – hinzutritt. In Alteuropa waren die Menschen an ihrer Kleidung zu erkennen und einzuordnen: Trachten spielten eine zentrale Rolle im täglichen Leben; niemand war völlig frei in der Auswahl seiner Kleidung, sondern diese war standesgebunden. Kleidung war in weit höherem Maße als für uns heute ein gewohntes Unterscheidungsmerkmal, konnte integrieren und ausgrenzen, und deshalb wurde auch bei Fremdbeschreibungen besonders auf sie geachtet. Dem alltäglichen Leben, der Normalität gehören schließlich auch die Speisen der Menschen und Völker an, die zudem sehr oft durch religiöse Gebote und Tabus belegt waren – wie überhaupt Rituale und Religion eine zentrale Rolle im Leben und Menschenbild der Europäer bildeten.

Ein fremdes Volk, das besonders vielfältig von den Europäern beschrieben wurde, waren die Mongolen. Sie tauchten um die Mitte des 13. Jahrhunderts als völlig unerwartetes und fremdes, dazu grausames und scheinbar übermächtiges Volk in Osteuropa auf, lösten also zuerst Angst aus (Abb. Die Mongolen kommen aus den Bergen hervor). Als aber ihr Vormarsch geendet hatte, konnten sich reisende Kaufleute oder Missionare relativ ungefährdet unter ihnen bewegen und bis nach Ostasien vordringen, sodass Neugier und sogar Bewunderung hinzutreten konnten. Was sie aßen – unreine Speisen, Menschenfleisch, Blut – konnte ihre Beurteilung von apokalyptischen Völkern zu normalen Menschen schwanken lassen (4.1.1, 4.1.2 und Abb. Mongolen als Menschenfresser). Auch die Türken wurden im Laufe des Spätmittelalters immer gefährlicher für Europa, weckten deshalb auch immer mehr Interesse. Da sie Feinde waren, beschreiben Reisende vielfach am ehesten die Abweichungen vom in Europa Gewohnten: wiederum in den Speisen und Esssitten (4.1.3.1), aber auch in den ebenso religiös begründeten Unterschieden bei der Stellung der Frauen (4.1.3.2) und schließlich deren Kleidung – die auch bei anderen Völkern immer wieder Interesse weckte, zum Beispiel bei Bulgaren (vgl. 4.2.3) oder den Eingeborenen auf den neu gefundenen Kanarischen Inseln oder in Amerika (4.1.4 und Abb. Frau aus Peru). Die Wildheit, sei sie nun unschuldig oder exotisch, grausam oder zähmbar dargestellt, ist wiederum nicht zuletzt an der Kleidung ebenso wie am auffallenden Verhalten der Frauen zu erkennen (4.1.5 und Abb. Wildheit). Die völlig unterschiedliche soziale Stellung der Frauen in Nomadenvölkern oder islamischen Gesellschaften dient, verstanden oder unverstanden, immer wieder als faszinierendes Beispiel (4.1.6), kann einseitig feindselig negativ gezeichnet und andererseits als besonders vorbildlich verstanden werden (4.1.7).

4.1 Fremd- und Selbstbilder: Faszination und Distanzierung

4.1.1 „Sie sind ganz normale Menschen"

Um die Mitte des 13. Jahrhunderts begannen die Europäer infolge des Einfalls der Mongolen nach Osteuropa, Asien reisend zu erkunden. Obwohl sie tatsächlich weit über bekannte Bereiche hinaus gelangten, hatten sie doch erwartet, nur prinzipiell Bekanntes anzutreffen. Sie hielten ihr Weltbild, gefüllt mit Legenden antiken und biblischen Ursprungs, für sicher und unveränderlich, für göttlich. Deshalb konnten die Erwartungen nicht einfach als veraltetes Wissen durch die abweichenden Erfahrungen als besseres Wissen ersetzt, sondern beides musste harmonisiert, Fremdartiges mit vertrauten Mustern erklärt werden. Zusätzlich erschwert wurde das durch die Veränderungen des Mongolenbildes, je näher man sie gegenüber ersten Einschätzungen kennen lernte – eine Wandlung, deren Grund man nur bei ihnen statt bei sich selbst suchte. Etwa hundert Jahre nach dem ersten Erscheinen der Mongolen, um 1330, löst der italienische Geschichtsschreiber Jacopo d'Acqui – hervorragend informiert aus Reiseberichten wie vor allem dem des Johannes von Plano Carpini (4.1.2) – in seiner lateinischen Weltchronik Imago mundi (Bild der Welt) das Problem in typischer Weise, auf den Punkt gebracht anhand der Speisesitten.

Zu jener Zeit entstand das Reich der Tartaren, die aus den Bergen hervorkamen. Über ihre Sitten und Natur wird im Folgenden berichtet.

In jener Zeit[1] lag (…), der erste Anfang des Reiches der Tartaren[2], die schon lange vorher in großer Zahl zusammenlebten. Aber, so sagen verschiedene Schriften, sie lebten in einer tiefen Schlucht zwischen Bergen, wo sie auf wunderbare Weise in alter Zeit vom großen König Macedo eingeschlossen worden waren. Dieser hatte sie im Norden vorgefunden, wo sie ein völlig tierisches Leben führten. Und da er nicht wollte, dass sie andere Völker verdürben, führte er sie zwischen die hohen Berge des Nordens, wo sie sich unermesslich vermehrten. Und von dort gelangten zu eben jener Zeit einige heraus und einige blieben. Wie sie das machten, soll unten genauer berichtet werden (…). Diejenigen, die aus der Schlucht hervorkamen, wurden Tartaren genannt, weil jene Berge, in denen sie gelebt hatten, Tartareische Berge hießen, wie ortskundige Leute erzählen. Eine andere riesige Menge blieb drinnen, weil es ihnen besser geht und sie fester eingeschlossen sind. Und wie es in der Geschichte des großen Königs Alexander zu lesen steht, gehörten sie zu den Kindern Israels, die dort vom König Nebucodnozor wie im Gefängnis gefangen wurden wegen ihrer schlechten Taten – in der Heiligen Schrift im 4. Buch der Könige wird über diese Dinge berichtet. Zur Zeit des Antichrist aber, der unter ihnen geboren werden wird, werden – so heißt es – alle ausbrechen und alle werden mit dem Antichrist ziehen, um die ganze Welt für ihn zu erobern.[3]

Über die östlichen Tartaren

Die Tartaren jedoch (…) setzten über sich, nachdem sie aus den Bergen hervorgekommen waren, als König einen Sohn des so genannten Priesters Johannes vom Berg ein, der normalerweise der Alte vom Berg genannt wird. Der Sohn dieses Alten war der erste Anführer der Tartaren, obwohl er nicht aus ihrem, sondern einem benachbarten Volk stammte. (…) Er hieß Melich[4]. Er lehrte sie viel durch den Eifer an den Waffen, denn an den Waffen waren sie sehr schwerfällig. Er brachte ihnen bei, beim Essen anständig wie alle Völker zu sein, ebenso, dass nur die Frauen arbeiten und die Männer sich bei der Jagd auf Tiere und in vollen Waffen üben sollten. Ebenso lehrte er sie, im Kriege ausdauernd zu sein, und vor allem, sorgfältig Recht zu sprechen über Übeltäter, dass niemand eine Frau anrühren solle außer seinen Ehefrauen oder mit deren Einwilligung, wenn sie unverheiratet wären. Gerade bei Verfehlungen von Eheleuten üben sie strengste Gerechtigkeit. Jene Tartaren nun teilten sich in zwei Teile, deren einer den Weg nach Osten und der andere den in den Westen nahm, genauer: gegen Italien. Als aber die Italiener davon hörten, zogen sie ihnen bis nach Ungarn entgegen und hinderten sie am weiteren Vorrücken[5]. Die Tartaren wandten sich ab und folgten dem anderen Teil nach Osten, und sie vereinigten sich, wählten sich Anführer, die alle von da an Khan und Khan genannt wurden, größerer und kleinerer Khan, der eine unter dem anderen.

Über einige Lebensgewohnheiten der Tartaren

Die Tartaren besiedeln normalerweise nicht Land (…) sondern sie leben ständig in Pavillons und Zelten. Sie bestellen nicht das Land, sondern leben von den Erträgen ihrer Tiere, von Käse, Milch und Fleisch etc. Gemäß den Bedingungen ihres Lebensraumes sind sie zum größten Teil von mehr oder weniger weißer Hautfarbe. Sie sind recht höfliche Menschen mit menschlichen Umgangsformen und nicht übermäßig hochmütig. Sie trinken Milch, Wein, wer ihn hat, Wasser, verschiedene Säfte und das Blut verschiedener Tiere. Sie haben so viele Frauen, wie sie wollen, doch immer eine Hauptfrau, die sie höher als die anderen schätzen. Alle sind sie Bogenschützen und auch die Frauen schießen ab und zu mit Pfeilen[6]. Jeder hat den Gott, den er sich aussucht, und die jeweilige Gottheit ist ihnen nicht besonders wichtig. Sie behaupten, die ganze Welt sei ihnen unterworfen. Ihre Großen besitzen viel Gold und Edelsteine, doch die einfachen Leute sind nicht sehr vermögend. Unter den Tartaren kursiert kein Geld aus Gold oder Silber oder einem anderen Metall, sondern aus Leder, Papier oder Baumrinde mit dem Zeichen des Großen Khans. Sie alle sind ihren Herren extrem gehorsam und verraten sie unter keinen Umständen. Diebe verfolgen sie hart. Sie hassen die Sarazenen sehr und das Leben der Christen gefällt ihnen besser, obwohl unter ihnen alle, Christen, Juden und Sarazenen, gut leben, solange sie nur dem Großen Khan und seinen Abgesandten treu sind[7]. Sie reiten fast ständig, ebenso wie ihre Frauen. Sie meiden keine Speise, und sie wollen auch gar keine meiden; sie essen gut und geben reichlich. Es ist wahr, dass sie, als sie zuerst aus den Bergen hervorkamen, alle Tiere aßen. Doch bald aßen sie nur noch gute und gesunde. Denn sie haben in vielem ihre schändlichen Sitten (…) verbessert, und sie sind nun ganz normale Menschen.

Gustavo Avogardo (Bearb.), Jacopo d'Acqui, Imago mundi (Monumenta Historica patriae V = Scriptores III), Turin, Regio Typographeo, 1840, Sp. 1557/58.

Das Eigene, das Fremde und das Andere

4.1.1 Die Mongolen kommen unter Grausamkeiten aus den Bergen hervor.

1 Die Stelle folgt unmittelbar auf Barbarossas Eroberung Mailands 1162; der folgende Bericht vom mongolischen Einfall nach Europa ist auf 1200 statt (richtig) 1241/42 datiert.
2 Die Mongolen wurden im Mittelalter durchgängig als Tartaren bezeichnet, angelehnt an ein von ihnen unterworfenes Volk (Tatar): Für die Europäer klang dieser Name ähnlich wie Tartaros (Hölle) und schien angesichts des ersten mongolischen Auftretens passend.
3 Konglomerat von Legenden um den seit der Antike überlieferten und mit biblischen Anspielungen angereicherten, im Orient spielenden Alexanderroman. Die vom Mazedonenkönig (Macedo) Alexander dem Großen eingeschlossenen Stämme wurden mit Juden und mit den apokalyptischen Völkern Gog und Magog identifiziert, die das Weltende einläuten sollten. Mit ihnen wiederum wurden um 1240 die Mongolen identifiziert: aufgrund ihres Verhaltens, ihres Vernichtungsfeldzuges, der Information, sie hätten fern im Norden Berge überwunden und der Berichte über ihre unreinen Speisen (von den Juden war bekannt, dass sie sehr auf die Reinheit ihrer Speisen sahen – vgl. Text 4.2.8-9 –, von unreinen Juden wurde das genaue Gegenteil vermutet). Jacopo hing so sehr an dieser letzten Identifikation, dass er, als nach 100 Jahren das Weltende ausgeblieben war, lieber die Legende anpasste als sie aufzugeben.
4 Mithilfe des legendären christlichen Priesters Johannes fern im Osten hofften seit dem 12. Jh. die Kreuzfahrer, die Muslime in die Zange nehmen zu können. Der „Alte vom Berg" hingegen war der Anführer der historischen muslimischen Mördersekte der Assassinen, deren Versteck die Mongolen vernichteten. Figuren und Legenden, gut und böse, sind vermischt zu Orientalisch-Geheimnisvollem.
5 Tatsächlich zogen die Mongolen nach ihrem Vordringen bis an die Adriaküste und der völligen Verwüstung Ungarns ab, weil ihr Großkhan in Zentralasien gestorben war. Italiener waren an den Kämpfen nicht beteiligt, doch hundert Jahre später haben sich heldenhafte „Erinnerungen" gebildet.
6 Dass die Nomadenfrauen kämpfen und, wie im folgenden bemerkt wird, reiten können, kommt den Europäern besonders fremd vor; zu den wie Männer reitenden Frauen auch der Türken 4.1.3.2.
7 Tatsächlich verhielten sich die schamanistischen Mongolen indifferent gegenüber jeglicher unterworfenen Religion. Christen als Angehörige einer Religion mit Alleingültigkeitsanspruch konnten dies nicht verstehen, weshalb Jacopo Geringschätzung der Gottheit annimmt. Sie sahen sich gut behandelt und interpretierten das nach ihrem Verständnis: die Mongolen mussten sie lieben und die Sarazenen (Muslime) hassen.

FS

Die Mongolen kommen unter Grausamkeiten aus den Bergen hervor: Illustration zur Chronik des Florentiners Giovanni Villani (bis 1349), Biblioteca Apostolica Vaticana, Ms.Chigi L VIII 296, fol.67v.

4.1.2 „Ihre Nahrung besteht aus allem, was man essen kann"

Im Jahre 1245, kurz nach dem verheerenden Einfall der Mongolen nach Europa 1241/42, sandte Papst Innocenz IV. Boten nach Asien, um Näheres über Eigenarten und Absichten des fremden Volkes herauszufinden. Der sechzigjährige italienische Franziskanermönch Johannes von Plano Carpini gelangte mit einigen Gefährten innerhalb von zwei Jahren bis in die mongolische Zentrale nach Karakorum (heute Klosteranlage in der Mongolischen Republik) und zurück nach Europa. Er hinterließ einen ausführlichen und detailreichen Bericht, der für mittelalterliche Chronisten wie Jacopo d'Acqui und Giovanni Villani (4.1.1 und Abb. Die Mongolen kommen aus Bergen hervor) zur wichtigsten Informationsquelle wurde und der noch heute für die wissenschaftliche Rekonstruktion vieler Gebräuche der Mongolen des 13. Jahrhunderts nicht nur die einzige, sondern auch eine äußerst brauchbare Quelle ist.

Johannes beobachtet und beschreibt unter anderem sehr detailliert und getreu die Speisegewohnheiten eines nomadischen Volkes, das keine Äcker bebaut, von seinen Herden, der Jagd und manchmal Beute leben muss und oft genug viel zu wenig zu essen findet. Er versteht vieles, denn er hat selbst das Leben geteilt, aber sein (wie auch unser) Verstehen geschieht stets durch Vergleich mit dem Gewohnten. So findet Johannes vor allem diejenigen Esssitten erwähnenswert und typisch für die Mongolen, die von den „normalen" der Sesshaften Europäer abweichen. Der Maßstab dessen, was als „gesittet" betrachtet werden kann, ist dabei stets europäisch. Dabei ist bedeutsam, dass Johannes bei aller Kritik die Mongolen nicht durchweg negativ darstellen, sondern ihnen gerecht werden will und so stets auch positive Seiten findet. Nur deshalb findet er zum Beispiel die vermisste Serviettenbenutzung wenigstens bei einigen, den „gesitteteren" Mongolen.

Ihre Nahrung besteht aus allem, was man essen kann. Sie essen nämlich Hunde, Wölfe, Füchse und Pferde, und in Notlagen Menschenfleisch[1]. Denn als sie gegen eine Stadt der Kytai, wo sich deren Kaiser aufhielt, kämpften, mussten sie diese so lange belagern, dass ihnen jeglicher Nachschub ausging, und weil sie gar nichts mehr hatten, was sie hätten essen können, da aßen sie von zehn Menschen je einen. Sogar die Nachgeburt, die eine Stute bei der Geburt eines Fohlens ausscheidet, essen sie. Ja, wir haben sie sogar Läuse essen sehen – sie sagen: „Sollte ich sie etwa nicht essen, da sie doch das Fleisch meines Sohnes essen und sein Blut trinken?" (…).

Tischwäsche und Handtücher benützen sie keine. Brot[2] haben sie keines, und auch keine Kräuter und Hülsenfrüchte und nichts anderes derartiges, nur Fleisch, von dem sie aber auch so wenig essen, dass andere Völker kaum davon leben könnten. Mit dem Fett des Fleisches verschmutzen sie ihre Hände sehr und wischen sie während des Essens an ihrer Beinbekleidung, dem Gras oder etwas Vergleichbarem ab. Die Gesitteteren benutzen kleine Stofffetzen, mit denen sie beim Fleischessen am Schluss die Hände abwischen. Einer schneidet und der andere nimmt mit der Messerspitze die Bissen auf und gibt sie an die einzelnen anderen weiter, einigen mehr, anderen weniger, je nachdem, wie sie sie mehr oder weniger ehren wollen. Die Essgefäße waschen sie nicht ab, und wenn sie sie doch einmal in der Fleischbrühe ausspülen, schütten sie anschließend die Brühe wieder mit dem Fleisch in den Topf zurück. Die Töpfe oder Löffel oder andere für Essen bestimmte Gefäße waschen sie in der gleichen Weise ab, wenn sie sie spülen wollen. Es ist bei ihnen eine große Sünde zuzulassen, dass von Speisen oder Trank irgend etwas irgendwie verloren geht; deshalb dürfen die Knochen nicht den Hunden gegeben werden, bevor ihnen nicht das Mark entzogen wurde. Auch ihre Kleidung waschen sie nicht noch lassen sie zu, dass sie gewaschen wird, vor allem ab jener Jahreszeit, in der die Gewitter beginnen, bis diese Zeit zu Ende ist. Stutenmilch trinken sie in großer Menge, und wenn sie sie haben, trinken sie auch die der Schafe und Kühe, der Ziegen und sogar der Kamele. Wein, Bier, Met haben sie nicht, wenn sie nicht von anderen Völkern gesandt oder geschenkt werden. Im Winter haben sie, wenn sie nicht reich sind, auch keine Stutenmilch. Dann kochen sie Hirse mit Wasser, wodurch sie so flüssig wird, dass sie sie nicht essen, sondern trinken können. Jeder von ihnen trinkt morgens eine Schale oder zwei, und dann essen sie den ganzen Tag nichts mehr; abends erhält jeder nur wenig Fleisch und sie trinken die Fleischbrühe. Im Sommer aber essen sie, weil sie genügend Stutenmilch haben, selten Fleisch, wenn es nicht zufällig bekommen oder auf der Jagd irgendein Tier oder Vogel erlegt haben.

Felicitas Schmieder (Bearb.), Johannes von Plano Carpini, Kunde von den Mongolen (1243–1245) (Fremde Kulturen in alten Berichten, 4), Sigmaringen, Jan Thorbecke, 1997, Kap. 4, 7–8, S. 57–59.

1 Der Reisende kam mit Erwartungen von der Art, die Jacopo d´Acqui (Text 4.1.1) für die frühe Zeit berichtet und die auch viele zeitgenössische Chroniken kolportieren (Abb. Die Mongolen kommen aus den Bergen hervor), überprüft sie und muss sie revidieren.
2 Das Fehlen von Brot, sprich auch Getreide, dem europäischen Grundnahrungsmittel, fällt den Reisenden besonders auf und kann zu Hause als Zeichen extremer Genügsamkeit der Mongolen verstanden werden, weil man sich ein Leben ohne Brot schlechterdings nicht vorstellen kann.

FS

Die Mongolen als Menschenfresser: Die Wildheit und Schrecklichkeit der Mongolen ist am ehesten durch das Ausmalen von Stereotypen vorstellbar: Illustration zur Chronik des englischen Mönches Matthäus Parisiensis um 1245, aus: Richard Vaughan (Bearb.), The Illustrated Chronicles of Matthew Paris. Observations of Thirteenth-Century Life, Cambridge, Alan Sutton Publishing Limited / Corpus Christi College, 1993, S. 14.

FS

4.1.2 Die Mongolen als Menschenfresser.

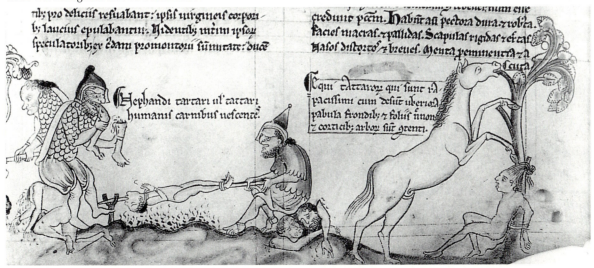

4.1.3 Gefährlich oder lächerlich? Türken im 16. Jahrhundert

In den Jahren 1553–1555 begleitete der gebürtige Böhme Hans Dernschwam im Alter von etwa sechzig Jahren auf eigene Kosten eine Gesandtschaft hoher ungarischer Würdenträger nach Istanbul. Er wollte mit eigenen Augen das Land des Feindes sehen, der seine Welt bedrohte: Dernschwam hatte die längste Zeit seines Lebens in Ungarn gelebt, vor allem im heutigen Budapest im Umkreis des Hofes und in Diensten der berühmten Augsburger Kaufmannsfamilie der Fugger, die in Ungarn einen einträglichen Bergbau betrieben. Viele Reisen vor allem in Südosteuropa hatten sein Auge für Besonderheiten geschärft und ihn mit Vergleichsmaterial versorgt, das reichhaltig in sein Reisetagebuch einfließt.

4.1.3.1 „Schweinefleisch essen die Türken gar nicht"

Besonders auffallend für Christen ist das islamische Verbot des Genusses von Schweinefleisch. Dieses war offenbar auch im täglichen Zusammenleben von Christen und Muslimen im türkischen Herrschaftsbereich geeignet, die Unterscheidung polemisch zu formulieren, in Form gegenseitiger Beschimpfungen, in die Dernschwam munter einstimmte.

Schweinefleisch essen die Türken gar nicht, ziehen auch auf ihren Dörfern keine Schweine, finden all das ganz mies, wissen aber selbst nicht warum. Wir durften auch keines offen in unsere Herberge bringen lassen.
5 Von den Griechen in Galata[1] und auch in Konstantinopel haben wir öfters welches bekommen, die Bulgaren und andere slawische und serbische Völker ziehen auf ihren Dörfern Schweine. Deshalb nennen die Türken die Christen unter anderen Schimpfworten
10 domus, das heißt Säue, und keppek, das heißt Hunde. Und doch gibt es kein unflätigeres Volk auf der Welt als sie, denn sie essen so schweinisch und hündisch, auf der Erde, ohne Tischtuch[2], Teller, Messer, sie reißen und beißen, nagen wie die Hunde an den Knochen,
15 waschen Maul und Hände in der Brühe, wie es auch die Araber tun[3]. Sie haben gar keine Löffel und ihre Speise ist auch nur czorba, das ist Käsesuppe und Weizen-Wassersuppe[4]. Sie schöpfen einfach die Suppe oder czorba mit vollen Händen aus der Schüssel
20 oder dem Sautrog, wie man sonst aus einem fließenden Wasser oder Brunnen trinkt. Deshalb haben die Araber ein Sprichwort in ihrer Sprache: chamse mubarek, hoc est quinque digiti sacrati vel etiam quinque fratres[5], das heißt: fünf geheiligte Finger oder auch
25 fünf Brüder. Das erinnert mich an den Zyniker [philosophum cinicum[6]], der sein Trinkgeschirr wegwarf, als er einen Buben aus der Hand trinken sah. Fast so komisch sind auch die Ungarn[7], die ihre Finger auch direkt im Essen waschen, (...) und wenn man sie ver-
30 spottet, sagen sie in ihrer Sprache: job az en krme beczy keschnall, das heißt: meine Nägel sind besser als ein Wiener Messer.

Franz Babinger (Bearb.), Hans Dernschwam's Tagebuch einer Reise nach Konstantinopel und Kleinasien (1553/55) nach der Urschrift im Fugger-Archiv (Studien zur Fugger-Geschichte, 7), München/Leipzig, Duncker & Humblot, 1923 (ND Berlin/München, Duncker & Humblot, 1986), S. 129.

1 Vorstadt von Konstantinopel.
2 Offenbar ein Zeichen von Zivilisation, dessen Fehlen bei den Mongolen auch Johannes von Plano Carpini besonders auffiel (Text 4.1.2).
3 Und die Mongolen – vgl. Johannes von Plano Carpini (Text 4.1.2).
4 Weizen-Wassersuppe: vgl. die wäßrige Hirsebrühe wiederum bei Johannes von Plano Carpini (Text 4.1.2).
5 Interessanterweise fällt Dernschwam hier bei der Übersetzung ins Lateinische.
6 Griechische Philosophen, die ein besonders einfaches und aufwandfreies Leben erstrebten. Daraus entwickelte sich unser Begriff Zyniker.
7 Auch die Ungarn sollen solche nomadischen Sitten bewahrt haben – aber nur fast, denn Ungarn ist zu Dernschwams zweiter Heimat geworden.

FS

4.1.3.2 „Die Weiber in der Türkei sind nicht so frei wie in der Christenheit"

Eine besonders markante Unterscheidung zwischen Muslimen und Christen liegt gerade in der Stellung der Frauen. Für Dernschwam manifestiert sie sich besonders in der Kleidung, aber auch in den sicht- und beschreibbaren Riten. Schließlich hängt sie nach Dernschwams Eindruck offenbar auch mit den Speisegewohnheiten der Türken zusammen, wobei Ursache und Wirkung nicht ganz klar werden.

Die Weiber in der Türkei sind nicht so frei wie in der Christenheit. Sie werden in die Häuser gesperrt und bewacht, auch die (...) Diener sehen ihrer Herren Weiber in den Häusern nicht, kein Weibsbild geht auf
5 den Markt einkaufen, sondern die Männer und ihre Knechte kaufen ein und tragen alles in einem Tuch nach Hause. Die Weiber pflegen alle gefangene und gekaufte Sklavinnen zu haben, die waschen, kochen und alle Arbeit im Haus tun müssen.
10 Die Weiber faulenzen nur, keine von ihnen kann kochen. Ihre Arbeit ist, dass sie mal ein wenig näht oder spinnt, keine Hauswirtschaft können sie, wissen auch nicht, was Haushalten ist, weil sie in Haus und Hof in Konstantinopel nichts haben, auch nichts anderes als
15 czorba fressen, das ist Weizen in Wasser gekocht[1], selten etwas Schaffleisch, viel saure Milch, die man iogurt nennt, danach Obst, Knoblauch und Zwiebel das ganze Jahr über.
Die Weiber pflegen nicht in die Kirche[2] zu gehen, son-
20 dern müssen daheim beten, haben aber dieselben Gesten und Gebärden wie die Männer beim Gebet und sind dabei den Tauchenten auf den Teichen vergleichbar, die sich mit dem Kopf ins Wasser vorbeugen, sich umkippen und den Arsch über sich halten. Wenn mal
25 ein altes Weib in der Kirche beten wollte, müsste sie ganz hinten hinter allen Männern stehen. Und wegen der großen Hurerei[3] der Türken dürfen die Weiber nicht in die Kirchen zwischen die Männer gehen.
Wenn die Weiber ausgehen, eine zur anderen oder ins
30 Bad und so weiter, gehen sie ganz verhüllt, haben ein schwarzes durchsichtiges Seidentüchlein vor dem Gesicht, ungefähr eine Handspanne lang und breit. Auf dem Kopf haben sie ein rundes, dickes Häubchen aus

Seide oder Goldstoff wie ein Badehütle aus Stroh, und oben drauf ein kleineres Hütchen, alles aneinander genäht, und darüber ein weißes Tuch um das Gesicht, das hinten herabhängt (...). Nur dass das Gesicht der türkischen Weiber mit einem schwarzen Tüchle verdeckt ist. Hinten herab haben sie für den Zopf Seidenstoff, eine Elle lang und eine Hand breit, herabhängen. Sie sind so in ihrer Tracht anzusehen wie in Verkleidung beim Fastnachtspiel. Die Oberkleider sind wie der Rock bei einem Mann, lang bis auf die Knöchel, kurze, weite Ärmel, die sie anziehen wie die Mönche, ohne Kragen, vorne offen und oben mit einem knaiffel[4] geschlossen. Sie sind aus Tuch, Seide und auch Samt, je nachdem, wie es sich eine leisten kann. Die Unterröcke sind weiblicher geschnitten, sie tragen alle gathia oder Umschläge, wie Schifferhosen sie zu haben pflegen, und normalerweise, wenn sie es sich leisten können, aus Taft. Stiefel, die man iczeduk nennt, tragen sie alle wie die Männer, rot, blau, braun und gelb. Darüber ziehen sie niedere Schuhe, wenn sie ausgehen, auch rot, gelb, braun oder blau. Die sind mit Eisen beschlagen und man nennt sie paczschma. Die kann man aus- und anziehen, sie sind vorne weiter als andere Schuhe ausgeschnitten, sodass man leicht hineintreten kann. Wenn sie ins Haus kommen, ziehen sie diese aus, damit sie die Kissen oder Teppiche, auf denen sie sitzen, nicht schmutzig machen.

Im allgemeinen sind die Oberkleider ganz wie die von Männern und ungestalte Bauernkleider, und ihre Hemden hängen bis auf die Knie herab, über die gathia gezogen. Und ihre Röcke spannen ihnen über dem Arsche wie ein Sack; sie scheinen dicke, scheußliche Weiber zu sein. Viele von ihnen gehen nur in schlechten weißen langen Hemden wie sie unsere Priester [Pfaffen] zur Messe anzulegen pflegen, ungegürtet, nur ein weißes Tuch um den Kopf gewickelt, sodass man nur ihre Augen sehen kann. Das müssen alles Dienstmägde und Gefangene sein, die hinter den Weibern her gehen. Das steht ihnen auch wie eine Verkleidung und als wären sie Vogelscheuchen oder vom Tod auferstanden.

Die Weiber reiten[5] auch in der Türkei überall wie die Männer rittlings auf den Pferden und auch in Männerkleidern, sodass man sie allein an den schwarzen Augentüchern erkennen kann und hinten an den Zöpfen. Das steht ihnen wie Flugamseln. So haben wir in Konstantinopel bei Hochzeiten Weiber in Seiden- und Samtkleidern in der Stadt reiten sehen, ungegürtet.

Franz Babinger (Bearb.), Hans Dernschwam's Tagebuch einer Reise nach Konstantinopel und Kleinasien (1553/55) nach der Urschrift im Fugger-Archiv (Studien zur Fugger-Geschichte, 7), München/Leipzig, Duncker & Humblot, 1923 (ND Berlin/München, Duncker & Humblot, 1986), S. 130/132.

1 Vgl. 4.1.3.1.
2 Dernschwam identifiziert hier Moschee und Kirche nicht inhaltlich, sondern aufgrund der vergleichbaren Funktion.
3 Dies ist eine Möglichkeit, sich für die völlige Trennung der Geschlechter eine Erklärung zurechtzulegen - alternativ können die Türken als besonders keusch und sittlich gelten (vgl. Text 4.1.7).
4 Hafte, Knebel, Schließe.
5 Sie verhalten sich auch jetzt noch wie Nomadenfrauen, vgl. Text 4.1.1, 2 und 6.

FS

4.1.4 „Die Jungfrauen gehen völlig nackt und fühlen keinerlei Scham"

Im Jahre 1341 berichteten Kaufleute aus Florenz, die in Spanien lebten, in einem Brief nach ihrer Heimatstadt über die Entdeckung der Kanarischen Inseln. Der berühmte zeitgenössische Florentiner Giovanni Boccaccio gab den Inhalt wieder. Die Expedition ging von Lissabon aus, ausgestattet vom portugiesischen König; sie bestand aus zwei Schiffen (...) und kehrte mit einigen Kanaren als Beweisen der Entdeckungen zurück. Die Einordnung ins europäische Menschenbild wurde auf den Inseln sozusagen experimentell getestet und erfolgte nach dem üblichen Muster: Zur Charakterisierung der Fremden dienen wieder ihre Speisen und die Kleidung (auch deren Fehlen) der Männer und wiederum der Frauen, dazu die Riten. In vielem werden die Eingeborenen mit den Europäern positiv verglichen. Sie sind nicht schamlose Barbaren, sondern edle Wilde wie im Paradies vor dem Sündenfall.

(...) Doch es scheint, als seien es keine reichen Inseln, denn auch die Seeleute konnten sich kaum für die Aufwendungen für die Reise schadlos halten. Die vier Männer aber, die mitgenommen wurden, wegen ihres Alters bartlos, schön von Angesicht, gehen nackt einher, doch sie haben eine Art Hosen: sie gürten ihre Lenden mit einem Seil, an dem Palmenwedel hängen oder Binsen in großer Zahl, von eineinhalb oder zwei Handbreit Länge; diese bedecken die Scham und die Obszönitäten hinten und vorne ganz, wenn sie nicht vom Wind oder einem anderen Zwischenfall angehoben werden. Sie sind aber unbeschnitten[1], haben lange helle Haare fast bis zum Bauchnabel, und von ihnen bedeckt gehen sie barfuß einher.

Die Insel aber, von der sie mitgenommen wurden, heißt Canaria; sie ist mehr als die anderen bewohnt. Sie verstehen nichts von irgendeiner Sprache, obwohl man in vielen verschiedenen versucht hat, mit ihnen zu sprechen, aber sie übertreffen uns nicht an Größe, sie sind kräftig, recht kühn und stark, und von großem Verstand, so weit man das feststellen konnte. Mit Gesten sprach man mit ihnen, und mit Gesten antworteten sie, nach Art der Stummen. Sie ehren sich gegenseitig, aber einen unter ihnen besonders, der Palmhosen hat, während die anderen gelb und rot bemalte aus Binsen tragen. Sie singen süß und tanzen fast auf französische Weise, sie lachen fröhlich und sind recht kultiviert, mehr als viele der Spanier. Nachdem man sie ins Schiff gebracht hatten, aßen sie Brot und Feigen, und das Brot schmeckte ihnen, obwohl sie niemals vorher welches gegessen hatten[2]; Wein wiesen sie gänzlich zurück und tranken Wasser. Sie essen zugleich Getreide und Gerste mit vollen Händen, auch Käse und Fleisch, das sie in großer Menge und guter Qualität haben. Ochsen und Kamele oder Esel haben sie nicht, aber viele Ziegen und Vieh und Wildschweine. Man zeigte ihnen Gold- Silbermünzen, doch sie sind ihnen völlig unbekannt, ebenso wenig kennen sie Düfte verschiedener Substanzen. Goldene Halsbänder, ziselierte Gefäße, verschiedene Schwerter wurden ihnen gezeigt, doch es schien nicht, als hätten sie so etwas je vorher gesehen oder besäßen es selbst: Sie scheinen von großer Treue und Rechtmäßigkeit zu ein; nichts Essbares nämlich konnte man einem geben, ohne dass er es, bevor er kostete, in gleiche Teile aufgeteilt und den anderen ihren Anteil gegeben hätte. Ihre Frauen heiraten und gehen, wenn sie Männer kennen, wie diese mit Hosen bekleidet[3], die Jungfrauen aber gehen völlig nackt: sie fühlen keinerlei Scham, so umherzulaufen.

Sebastiano Ciampi (Bearb.), Monumenti di un Manoscritto autografo e lettere inedite di Messer Giovanni Boccaccio, 2. Aufl., Mailand, Paolo Andrea Molina, 1830, darin: De Canaria et de insulis reliquis ultra Hispaniam in Oceano noviter repertis, S. 55–63, hier: S. 61 f.

1 Circumcisio, die Beschneidungssitte zum Beispiel der Juden.
2 Zur Bedeutung des Brotes als Nahrungsmittel für die Europäer vgl. Text 4.1.2.
3 Hosen als Frauenkleidung für die Europäer fremdartig und eigentlich unsittlich: vgl. Text 4.2.3.

FS

4.1.4 „Ein Fraw aus Peruvia [Peru]".

„Ein Fraw aus Peruvia [Peru]": Der Zürcher Holzschneider Jost Amman vereinigte 1586 in seinem „Frauentrachtenbuch" vor allem europäische Frauen, zeigt aber auch eine Indianerin wie die Kanarinnen (4.1.4) nur leicht bekleidet. Jost Ammann, Frauentrachtenbuch, Faksimile des Drucks von 1586, Frankfurt am Main, Insel, 1986.

FS

4.1.5 König und Ritter verkleiden sich als Tartaren

Ein Ausschnitt aus einem englischen Annalenwerk beschreibt ein hochadeliges Turnier im London des Jahres 1331, das prachtvoll ausgestattet und sogar vom jungen, etwa neunzehnjährigen König Edward III. und seiner schönen Schwester besucht wurde. Kein Aufwand wurde gescheut, um exotische Vergnügungen ins Bild zu setzen. Wir wissen nicht genau, woran die verkleideten Herren als Mongolen erkannt wurden, doch dem Publikum konnte das offenbar gelingen: Reiter, prächtig und grausam, und reitende Frauen.

In diesem Jahr wurde mitten in London, nämlich in Cheapside, ein höchst feierliches Turnier von dem tapferen Ritter, Herrn Wilhelm von Monteacuto, veranstaltet; er betrieb großen und vielfältigen Aufwand. Als der Termin für das Turnier festgelegt war, kamen der König, die Grafen und Barone mit dem gesamten königlichen Gefolge in London zusammen. Und am Sonntag, das heißt am 22. September, ritten der vorgenannte Wilhelm, der Gastgeber der Feierlichkeit, zusammen mit dem König und anderen ausgewählten Rittern ein, alle prachtvoll gekleidet und als Tartaren verkleidet, und mit ihnen kamen ebenso viele Damen von den edelsten und schönsten des Königreiches, die alle mit roten Samtroben bekleidet waren und mit weißen Kamelhüten, und jeder Ritter führte zu seiner Rechten eine der Damen an einer Silberkette mit sich. Der König aber hatte zu seiner Rechten seine Schwester Eleonore, ein wunderschönes Mädchen.

Annales Paulini, in: William Stubbs (Bearb.), Chronicles of the Reigns of Edward I and Edward II, Bd. 1 (Rerum Britannicarum Scriptores. Rolls Series, 76,1), London, Her Majesty's Stationery Office, 1882 (Reprint Kraus LTD), S. 354 f.

FS

„Wildheit": Auf einem Basler Bildteppich aus dem 15. Jahrhundert findet sich das beliebte Motiv des wilden, aber nicht schlechten, Mannes, den die tugendreiche Dame zähmen kann – hier führt die Dame den Wilden an der Kette, in: Anna Rapp Buri / Monica Stucky-Schürer, Zahm und wild. Basler und Straßburger Bildteppiche des 15. Jahrhunderts, Mainz, Philipp von Zabern, 1990, Nr. 31, S. 185. (s. S. 229)

FS

4.1.6 „(…) da doch die Konstitution der Frauen schwach ist"

Gegen Ende des 13. Jahrhunderts nahm der oberitalienische Dominikanerprediger Jakob von Cessoles das Schachspiel zum Bild für die menschliche Gesellschaft und für deren moralisch richtigen Zustand und ordnete allen Figuren dem Publikum bekannte soziale Funktionen und Positionen zu. Nicht immer stimmen die Bilder, manchmal muss der Prediger erklärend eingreifen, so bei der Frage, weshalb die Königin als einzige Frau auf dem Feld überhaupt in einem Kampfspiel vorkomme. Er findet die Erklärung für diesen Zug des orientalischen Spiels in den fremdartigen Verhaltensweisen der Mongolen, die ihm aus Reiseberichten wie dem des Johannes von Plano Carpini

4.1 Fremd- und Selbstbilder: Faszination und Distanzierung

4.1.5 „Wildheit": Auf einem Basler Bildteppich aus dem 15. Jahrhundert findet sich das beliebte Motiv des wilden, aber nicht schlechten, Mannes, den die tugendreiche Dame zähmen kann – hier führt die Dame den Wilden an der Kette.

(vgl. 4.1.2) bekannt sind. Jakob von Cessoles versteht diese aber nicht, weil er nicht über sein eigenes, europäisches Frauenbild hinaus denken kann, und burteilt deshalb als unsinnig.

Über die Bewegung und den Gang der Königin. (…) Die Königin aber bewegt sich von ihrem angestammten Platz zur Seite des Königs aus vorwärts und kann beim ersten Zug zwei Naturen folgen. Zum einen derjenigen der Alfil [Läufer][1]: wenn sie schwarz ist, nach rechts auf den schwarzen freien Platz vor dem Weber oder Notar, nach links aber auf den schwarzen freien Platz vor den Wächter der Bürgerschaft. Wenn sie aber der Natur der Türme folgt, dann geht sie auf drei Arten: erstens nach rechts auf den schwarzen Platz, wo der rechte Läufer steht, zweitens nach links, wo der linke Ritter steht, drittens in die Richtung auf den freien schwarzen Platz vor dem Arzt. Der Grund dafür ist, dass die Autorität der Stellvertreter, das heißt der Türme, gnadenhalber auf die Königin übertragen ist, weil sie selbst vielen Untertanen vieles aus Gnade oder gnädig gewähren kann. Die Weisheit der Läufer aber muss, weil sie Richter sind, ebenfalls in der Königin angelegt sein, was klar wird im Kapitel über die Gestalt der Figur der Königin. Die Natur der Ritter aber, die Krieger sind und Waffen tragen, ist nicht im Gang der Königin enthalten: es ist nicht Sache der Frauen, sich am Krieg zu beteiligen wegen ihrer körperlichen Schwäche. Wenn sich die Königin aber erst einmal von ihrem eigenen schwarzen Feld aus weg bewegt hat, auf dem sie zuerst aufgestellt war, kann sie nicht anders weitergehen als Feld für Feld und im Winkel, ob sie vor- oder zurückgeht, ob sie schlägt oder geschlagen wird. Es fragt sich aber, weshalb die Königin überhaupt den Kämpfen ausgesetzt wird, da doch die Konstitution der Frauen schwach und zerbrechlich ist – falls wir nicht vielleicht annehmen wollen, dass dies auf die Sitte jener Völker zurückgeht, bei denen die Männer, wenn sie in den Krieg ziehen, Frauen und Ehefrauen mit der ganzen Familie mit in die Schlacht nehmen. Die Tartaren nämlich tun das, und obgleich ihre Frauen mit dem Bogen schießen, können sie doch eher die Feinde behindern als mit ihrer Körperkraft niederstrecken. Eigentlich aber ist es als Trost des Königs gedacht und als Liebesbezeugungen vorgesehen, wenn die Königin dem König in die Schlacht folgt. Von hoher Bedeutung nämlich und Sorge ist für das Volk ein königlicher Nachfolger, und so wollen sie, dass die Gattin mit dem König (…) auch im Feld zusammen ist, damit durch Nachkommenschaft das Königreich bei ihnen bleibt.

Ferdinand Vetter (Bearb.), Das Schachzabelbuch Kunrats von Ammenhausen, Frauenfeld, J. Huber, 1892 (Paralleldruck), S. 767-770.

1 Der mittelalterliche Läufer – dessen Zug ebenso wie der der Dame von den heutigen Regeln abweicht – springt diagonal vom ersten auf das dritte Feld (H. Petschar, Schachspiel, in: Lexikon des Mittelalters VII, München 1995, Sp.1427).

FS

4.1.7 Von der Ehrbarkeit der türkischen Frauen

Georgius von Ungarn geriet als Fünfzehn- bis Sechzehnjähriger 1438 in türkische Gefangenschaft und entkam erst zwanzig Jahre später der Sklaverei. Er lernte die Türken und vor allem ihre Religion, zu der er zeitweise selbst übergetreten war, sehr gut kennen und dabei widerwillig bewundern. In seinem sehr viel später, als Dominikanermönch, niedergeschriebenen Bericht stellt er die Türken – schon zur Rechtfertigung dafür, dass er von ihnen in seiner Jugend verführt werden konnte – teilweise als leuchtende Vorbilder der Moral dar. Sein Wissen über die Türken ist hervorragend. Ihm sind die Türken so vertraut geworden, dass der Abstand zu dem fremden Volk viel kleiner ist als der Abstand, die Angst gegenüber dem feindlichen, dem anderen Geschlecht.

Wahrlich, es erfüllt mich mit großer Verwunderung, wenn ich die Ehrbarkeit betrachte, die ich in der Türkei beim weiblichen Geschlecht gesehen habe, und wenn ich dagegen den schamlosen Aufputz und die verfluchten Sitten der Frauen bei den Christen erblicke. Aber während das, was ich dort gesehen habe, so allgemein für jeden Ort in der Türkei gilt (…), ist das, was ich bei den Christen sehe, nicht so üblich und allgemein verbreitet (…). Der Tadel trifft vielmehr nur gewisse Leute (…). Ihre Vernunft ist so tief in fleischlichen Gelüsten versunken, dass sie nicht mehr erkennen können, was dem gemeinsamen Wohl ihrer Nächsten dient, sondern sie sind nur darauf aus, ihre schamlosen Herzen und Augen am hurenhaften Staat ihrer Frauen zu befriedigen. Die Frauen kann man aber nicht damit entschuldigen, dass sie das nur ihren Männern zu Gefallen tun, und sie brauchen ihren Männern nicht in Dingen zu gehorchen, die dem Seelenheil schaden. Aber nach einem verbreiteten Sprichwort ist ja jede Frau eine Hure, und deshalb übersteigt die Schuld der Männer zweifellos die der Frauen, weil sie deren zügellose Schamlosigkeit nicht mit den Zügeln der Mäßigung steuern. O welch abscheuliche, ja teuflische Schamlosigkeit! Kann sie sich schon nicht den Gliedern aller Männer unterschieben, um sich zu besudeln, so sucht sie doch wenigstens in aller Augen und Sinne einzudringen, um sich zu prostituieren. Wahrhaftig, viel seliger sind die Huren, die sich in ihren Bordellen verborgen halten, als diese schamlosen Frauen, die durch die ganze Stadt herumspazieren, um die Seelen ins Verderben zu stürzen! Du aber, du unseligste Ausgeburt aller Weiber: glaubst du denn, du hieltest die Gesetze des Ehestandes, wo du doch so oft die Ehe brichst, wie du deinen entblößten Hals und Busen, deine winkenden Augen, dein hübsches Gesicht, deinen gerade aufgerichteten Nacken und dein wallendes Haar den schamlosen Blicken zur Schau stellst? Und du, du Mann dieses schamlosen Weibes, das nicht nur Deine Frau ist, sondern aller, du Satansbordell, der du solch einen Teufelsstrick hegst und pflegst: meinst Du nicht, dass du einmal Rechenschaft ablegen musst für so viele Übeltaten? Denn wie die Schrift sagt: „Wer ein Weib ansieht, ihrer zu begehren, der hat schon mit ihr die Ehe gebrochen in seinem Herzen."[1]

Doch lasst uns nun auf unser eigentliches Thema zurückkommen. Ich darf die Türken gewiss zu Recht als echte Männer bezeichnen. Denn während jeder von ihnen nach eigener Aussage zwölf Ehefrauen haben darf, beweist er zugleich, dass er keine von ihnen durch unkontrollierte Liebe bevorzugt. Sie dienen ihm alle in gleicher Weise lediglich dazu, seine Nachkommenschaft zu empfangen und zu nähren. Und indem er so lehrt, dass ein einziger Mann zwölf Frauen überlegen ist, bestätigt er den Unwert dieses unseligen Geschlechts und den Satz des Schöpfers, wonach die Frau dem Mann untertan sein soll.[2] Zugleich macht er klar, dass alle, die sich wegen ihrer glühenden Begierden von ihren Frauen beherrschen lassen, zu Recht nicht als Männer anzusehen sind, sondern als die schlimmsten Lüstlinge und Helfershelfer des Teufels bei der Vernichtung der Seelen. Als große Schande würde es einem Mann bei den Türken angerechnet, wenn seine Frau sich zu Hause oder draußen mit unverschleiertem Gesicht vor den Männern sehen ließe. Ihre Frauen kleiden sich in der schlichtesten Art, ohne jeden Anflug von Extravaganz oder Luxus. Auf dem Kopf tragen sie Hauben mit Schleiern darüber, die sorgfältig und schicklich um die Haube gewickelt sind, wobei der eine Zipfel des Schleiers an der rechten Seite des Gesichts herabhängt; und so kann ihn die Frau, wenn sie einmal aus dem Haus geht oder sich im Haus vor den Männern zeigt, sofort vor das Gesicht ziehen und es bis auf die Augen gänzlich verhüllen. (…) Niemals wagt eine Frau, in einer Männerversammlung zu erscheinen, und dass eine Frau auf den Markt geht und etwas verkauft oder kauft, ist bei ihnen völlig ausgeschlossen.[3] In der Hauptkirche haben die Frauen einen weit von den Männern entfernten besonderen Bereich, der so abgetrennt ist, dass niemand hineinschauen oder etwa heineinkommen kann. (…) Dass Mann und Frau in der Öffentlichkeit miteinander reden, kommt so selten vor, dass du es kaum einmal erleben könntest, wenn du ein ganzes Jahr bei ihnen wärest. (…) Selbst zu Hause zeigt der Mann seiner Frau gegenüber in Verhalten, Bewegungen oder Reden niemals den kleinsten Ansatz von Ausschweifung oder Unehrenhaftigkeit, und eine solche Reife beweisen die Männer auch zu Hause, dass ihnen von der ganzen Hausgemeinschaft Furcht und Verehrung entgegengebracht wird, zumal sie die Strenge gegenüber ihren Frauen niemals lockern. Die großen Herren jedoch, die ja nicht immer bei ihren Frauen sein können, halten sich deshalb Eunuchen zu ihrer Bewachung. Und diese bewachen sie mit der größten Sorgfalt, sodass die Frauen wohl von keinem einzigen Mann etwas wissen als von ihrem Ehegatten (…).

Reinhard Klockow (Bearb.), Georgius de Hungaria, Tractatus de moribus condicionibus et nequicia Turcorum. Traktat über die Sitten, die Lebensverhältnisse und die Arglist der Türken, nach der Erstausgabe von 1481 (= Schriften zur Landeskunde Siebenbürgens, 15), Köln-Wien-Weimar, Böhlau, 1993, S. 245–253.

1 Evangelium nach Matthäus 3, 16
2 1. Buch Moses 3, 16
3 vgl. die gleichartige, aber ganz anders interpretierte Beobachtung Hans Dernschwarms (Text 4.1.3.2)

FS

4.2 Die soziale Praxis: Konfrontation und Ausgrenzung, Assimilation und Integration

Jene charakteristischen Bereiche der Beobachtung von Andersartigkeit, die im ersten Kapitel dieses Teiles als roter Faden dienten – Frauen, Kleidung, Speisen und Religion – sind, wie bereits dort angedeutet, auch geeignet, einsetzende Konfrontation und Integration zu verdeutlichen. Immer wieder wird daran abweichendes Verhalten von Minderheiten deutlich: Entweder, indem sich eine Person oder Gruppe bewusst und absichtsvoll selbst von der Gesellschaft abgrenzt, außerhalb der Gesellschaft einordnet, oder, indem die Gesellschaft besondere Gruppen ihrerseits als andersartig empfindet, marginalisiert, ausgrenzt.

Vor allem die Kleidung diente in der Gesellschaft Alteuropas als weithin sichtbares Signal. Die Menschen trugen ihrem Stand gemäß unterschiedliche Kleidung. Wenn einer bestimmten Gruppe eine besondere Kleidung vorgeschrieben war oder andere Kleidung verboten war (4.2.1.1–4.2.1.4), so bedeutete das allein keineswegs Ausgrenzung, sondern entsprach der alltäglichen Normalität. Der Kleriker, der Adelige, der Bauer, der Städter: Sie alle waren an ihrer Kleidung zu erkennen (Abb. Drei Frankfurterinnen). Aber gerade in diesem von allen Zeitgenossen lesbaren, feinen sozialen Zeichensystem konnte mit bewussten Abweichungen von den Vorschriften oder mit dem Zwang zu negativ besetzten Kleidungsteilen besonders viel ausgedrückt werden. Veränderungen in der Kleidermode wurden von den Zeitgenossen als Anzeichen für und Reaktion auf Zeitstimmungen bis hin zu politisch-gesellschaftlichen Äußerungen wahrgenommen, verstanden und gegebenenfalls kritisiert (4.2.2, vgl. 3.2.5.4). Kleidung und Religionszugehörigkeit konnten als eng miteinander verbunden empfunden und erwartet werden (4.2.3).

Dabei wurden all diese Zeichen im Kontext gelesen, vor allem, wenn es sich um Grenzbereiche der Gesellschaft handelte. So konnte die gleiche Kleidung ebenso Wildheit und Gesetzlosigkeit wie Heiligkeit ausdrücken: Es war oft nur eine Frage des Aspekts, ob jemand ausgestoßen war oder sich, wie der Heilige, von sich aus außerhalb der gesellschaftlichen Normen stellte, was zu einen guten Teil seine Heiligkeit ausmachte. Eremit oder Täufer in der Wüste, oder aber Gesetzloser – hier waren die Übergänge fließend, die äußere Erscheinung, die Kleidung signalisierte Abstand und Andersartigkeit (Abb. Eremit und Johannes der Täufer). Und wenn eine Fürstin wie die Heilige Elisabeth von Thüringen gegen die Regeln verstieß, öffentlich die Kleiderordnung brach, so erregte das erst recht Anstoß – für so etwas konnte man zu Lebzeiten zumindest ausgestoßen, manchmal sogar verfolgt werden – und dafür nach dem Tod als Heilige verehrt werden (4.2.4).

Wenn Religionszugehörigkeit und Kleidung als verbunden betrachtet wurden, so galt das besonders für die einzige größere nichtchristliche Gruppe, die im mittelalterlichen und frühneuzeitlichen christlichen Europa lebte, die Juden. Unterschieden sie sich, wie alle anderen Gruppen, ohnehin durch ihre besondere Kleidung (Abb. Judenhut), so wurden schon um 1200 Forderungen laut, diese Unterscheidbarkeit unbedingt zu überwachen und durchzusetzen (4.2.5). Erst seit dem 15. Jahrhundert jedoch – im Zuge veränderter Frömmigkeitsvorstellungen – zwang man die Juden in Deutschland dazu, zusätzlich besondere Kennzeichen an ihrer Kleidung zu tragen (4.2.6), denen durch den bekannten Gebrauch als Strafzeichen für Zauberer und Gotteslästerer eine negative Bedeutung anhaftete. Auch durch ihre abweichenden, wiederum religiös begründeten Speisesitten fielen die Juden in der sie umgebenden Gesellschaft auf. Während jedoch zum Beispiel die Heilige Elisabeth neben der Kleidung auch die Speisen instrumentalisierte, um ihre Kritik am Leben der sie umgebenden Adelswelt vielfältig zu demonstrieren (4.2.4), galten die jüdisch – christlichen Speisedifferenzen offenbar als Teil der grundsätzlichen Unterschiedlichkeit beider Gruppen. Von beiden Seiten wurde ihre Existenz und die Notwendigkeit, damit im alltäglichen Zusammenleben umzugehen, akzeptiert (4.2.7, 4.2.8). Es war die Andersartigkeit insgesamt, die die Juden grundsätzlich aus der christlichen Gesellschaft ausgrenzte und sie immer wieder zu geeigneten Sündenböcken werden ließ (4.2.9).

Religiöse Unterschiedlichkeit kennzeichnete auch den Umgang zwischen katholischen Christen und Ketzern, wie im 12. und 13. Jahrhundert den Katharern. Sie galten als Abgefallene und viel mehr als die Juden als aktive Feinde des christlichen Glaubens, sodass ihre abweichenden religiösen Überzeugungen, die ihre Andersartigkeit ausmachten, im Detail angefeindet, bekämpft, widerlegt wurden.

4.2.1 Kleidung unterscheidet – fünf Kleiderordnungen aus sieben Jahrhunderten

Kleider- und Luxusordnungen sind in Ansätzen seit dem 9. Jahrhundert bekannt und seit der Mitte des 13. Jahrhunderts immer breiter überliefert. Der Sinn dieser sich im Laufe der Jahrhunderte wandelnden, auf Modetrends und Vorlieben reagierenden obrigkeitlichen Reglementierungen zur Begrenzung des privaten Kleideraufwands ergibt sich aus sittlich-moralischen Vorstellungen, aus sozialfürsorgerischen Bemühungen, vor allem aus systemstabilisierenden Motiven, die auf die Bewahrung der sozialen Schichten und Gruppen ausgerichtet waren. Die Kleiderordnungen sollten in dieser Hinsicht nicht die je verschiedenen sozialen Unterschiede nivellieren, sondern sie konservieren, wobei gerade den Reichen ein bestimmtes Maß an Selbstbeschränkung auferlegt wurde. Diese Normen dürften in der Wirklichkeit oft übertreten worden sein, was nicht heißt, dass sie Makulatur gewesen wären. In der Frühen Neuzeit wurden Kleiderordnungen gele-

gentlich auch dazu benutzt, durch Vorschriften über die Verwendung bestimmter Stoff- und Macharten das heimische Gewerbe zu fördern.

4.2.1.1 Eine bäuerliche ‚Kleiderordnung' (um 1150)

Im bairischen Raum ist im Umkreis der Welfen durch den Pfaffen Konrad ein deutschsprachiges Werk, die ‚Kaiserchronik' geschrieben worden. Darin hat der Autor zur Abgrenzung von der Welt des Adels auch seine Ansichten über die Angemessenheit bäuerlicher Kleidung kundgetan.

Nun will ich euch über den Bauern berichten,
was er dem Recht nach tragen soll:
Es sei schwarz oder grau,
nichts anderes ist ihm erlaubt;
5 Säume dazu,
das geziemt seiner Lebensform;
sein rindslederner Schuh,
damit ist es genug;
sieben Ellen von Tuch aus rauem Gewebe
10 für das Hemd und die Hose.
Befindet sich der Saum hinten oder vorne,
dann hat er sein Standesrecht verloren.
Sechs Tage am Pflug
und genug andere Arbeit,
15 am Sonntag soll er zur Kirche gehen,
den Stecken in der Hand tragen.
Wird das Schwert dort bei ihm gefunden,
so soll man ihn in Fesseln führen
zum Kirchzaun:
20 dort halte man den Bauern
und schlage ihm Hut und Haar ab.
Sollte er sich aber zur Wehr setzen,
so wehre man sich mit dem Krückstock.
Dieses Recht setzte König Karl ein.

Kaiserchronik des Pfaffen Konrad (MGH, Deutsche Chroniken, 1), S. 349, V. 14791-14814; Günther Franz (Bearb.), Quellen zur Geschichte des deutschen Bauernstandes im Mittelalter (Ausgewählte Quellen zur deutschen Geschichte des Mittelalters. Freiherr vom Stein-Gedächtnisausgabe, 31), Darmstadt, Wissenschaftliche Buchgesellschaft, 1967, Nr. 82, S. 220–222.

CS/GF

4.2.1.2 Und noch einmal: Bäuerliche Kleidung im Bayerischen Landfrieden (1244)

Artikel 71. Von den Bauern. Die Bauern wie ihre Söhne sollen das Haar bis zu den Ohren abschneiden. Sie dürfen Panzer, Eisenhut, Koller, Joppen von feinem Gewebe, ein lateinisches Messer, irgendeinen Kettenpanzer und kriegerischen Schmuck – ein Schwert nur die Hauswirte und keine anderen – zum Kirchgang tragen. An Werktagen dürfen sie nur ein kurzes Messer und einen Reitel[1] tragen. Alles aber, was die gemeinsame Not des Landes erfordert, um die Gerichtsfolge zu leisten oder die Heimat gegen einen feindlichen Einfall zu verteidigen, können sie, wenn sie wollen, in ihren Häusern aufbewahren. Ebenso sollen sie keine vornehmere Kleidung als graue und billige und nur rindsledernes Schuhwerk tragen, mit Ausnahme derer, die ein angestammtes Amt irgendeines Herren innehaben. Wenn die übrigen mit diesen verbotenen Stücken angetroffen werden, sollen diese ihnen weggenommen werden und eine jede Person soll, für ein Talent[2] auslösbar, dem Richter überantwortet werden.

MGH, LL, Constitutiones, Bd. II, Nr. 427, S. 577; Günther Franz (Bearb.), Quellen zur Geschichte des deutschen Bauernstandes im Mittelalter (Ausgewählte Quellen zur deutschen Geschichte des Mittelalters. Freiherr vom Stein-Gedächtnisausgabe, 31), Darmstadt, Wissenschaftliche Buchgesellschaft, 1967, Nr. 122, S. 326-329.

1 Ein Stab.
2 Gewichts- und Geldmaß.

GF

4.2.1.3 Ehrbare Frauen und Jungfrauen haben dies anzuziehen – eine Nürnberger Kleiderordnung (15. Jahrhundert)

Im 15. Jahrhundert entwickelte sich der städtische Rat zur Obrigkeit. Ziel der Ratsherrschaft war es, alle Lebensbereiche der bürgerlichen Gemeinde zu durchdringen. Kleiderordnungen, in Deutschland zuerst 1340 für Göttingen bezeugt, waren ein wichtiger Teil zur Durchsetzung dieser Ratspolitik. Eine besonders ausführliche und eingehende Ordnung für die Frauen- und Männerkleidung erließ der Rat der Reichsstadt Nürnberg vor 1480. Ein kurzer Auszug aus dem Statut über die Frauenkleidung soll die Motive des Rates und einige Aspekte seines Regelungsbedürfnisses verdeutlichen.

Kleiderordnung für Frauen und Jungfrauen
Sie sollen nicht goldene, silberne, samtene, atlasseidene und andere seidene Gewänder oder Stickereien tragen.
Der ehrbare Rat dieser Stadt gebietet, dass hinfort keine seiner Bürgerinnen, Einwohnerinnen oder andere, ihnen verwandte (Frauen), irgendwelche goldene, silberne, samtene, atlasseidene und andere seidene Kleider, wie da auch wären, tragen sollen, auch keine ebenso gearteten Stickereien. Ausgenommen davon ist, dass ehrbare Frauen und Jungfrauen an ihren langen Mänteln und Röcken um Halskragen[1] und Ärmel Verbrämungen aus Samt oder anderer Seide[2] tragen, und zwar in der Breite, wie darüber den Schneidern ein Maß verordnet worden ist, das weder geringfügig noch stark überschritten werden darf, doch so, dass für solche Verbrämungen allenthalben nicht über eine halbe Elle[3] (Stoff) für ein Kleid gebraucht werde. Aber sie dürfen dergleichen oder anderes aus Seide oder, was einem Seidenstoff gleich scheint, unten an ihren Kleidern als Besäumung nicht tragen.
Ebenso dürfen ehrbare Frauen und Jungfrauen keine samtenen langen Ärmelenden, auch keine samtenen oder aus anderem Seidenstoff hergestellte Halskragen tragen. Dass auch dieselben Kragen allenthalben ohne goldene, silberne und andere Stickereien sind, wie auch immer das genannt werden mag! (…)

Vom Ausschneiden der Frauenkleider
Der ehrbare Rat ist aus merklichen Ursachen dazu bewegt worden und dazu gekommen, ernst und streng zu gebieten, dass hinfort alle Frauen, die in dieser Stadt wohnen, nicht irgendwelche Kleider machen lassen und tragen sollen, die vorne am Brustteil weiter ausgeschnitten sind als bei aufrechtem Stand einen Finger breit unter ihrem Kehlkopf am Hals und hinten am Hals eine halbe Viertel Elle tiefer gesenkt und nicht darüber. Auch sollen die Röcke und andere Frauenkleider oberhalb des Gürtels nicht offenstehen, sondern mit Schließen oder anderem vollständig geschlossen sein. Besäße aber eine Frau oder Jungfrau einen älteren Rock oder andere Kleider, die in der (vorgeschriebenen) Weise nicht umgeändert werden können, so ist es ihr gestattet, diese Kleidung, so lange sie tragbar wäre, unverändert zu tragen und zu gebrauchen, doch so, dass sie darunter ein Brusttuch habe und gebrauche sowie einen geschlossenen Halskragen darüber, sodass am Ausschnitt die Höhe und Machart erreicht werde, wie sie nun für die Kleidung verordnet worden sind (…). Auch sollen Brusttuch und Halskragen samt Stickereien, Borten, Zierbändern und Macherlohn über einen halben Gulden nicht kosten noch wert sein. (…)

Frauen und Jungfrauen sollen keine Perlen tragen.
Obwohl vormals allen Bürgern und Bürgerinnen, Einwohnern und Einwohnerinnen dieser Stadt bei einer Strafe von drei Gulden verboten worden war, Perlen zu tragen, ausgenommen Perlenkränze, Haarbänder und Bändchen, wie sie die Jungfrauen haben, tragen und gebrauchen können, wurden jene Verordnungen wegen der geringen Strafe von vielen Leuten sowohl männlichen als auch weiblichen Geschlechts übertreten. Der ehrbare Rat gebietet daher nun, dass hinfort weder Frauen, Jungfrauen noch Einwohnerinnen dieser Stadt, Perlen, gleich ob gefasst oder ungefasst, tragen sollen, und zwar weder an der Kleidung noch in anderer Form. (…) Ausgenommen sind Perlenkränze, Haarbänder, Schmuckbänder und Bändchen, die können die Jungfrauen gemäß dem nachfolgenden Statut tragen und gebrauchen. (….)

Von Paternostern (Rosenkränzen).
Auch soll keine Frau oder Jungfrau einen Rosenkranz mehr tragen, der über 20 Rheinische Gulden kostet oder wert ist. (…)

Joseph Baader (Bearb.), Nürnberger Polizeiordnungen aus dem XIII. bis XV. Jahrhundert, Stuttgart, Bibliothek des Litterarischen Vereins in Stuttgart, 1861 (ND Amsterdam, Rodopi, 1966), S. 95–103.

1 Goller = Halskragen zum Bedecken der tiefen Ausschnitte bei den Frauenkleidern.
2 Zu der Zeit wurde Samt noch vollständig aus Seide hergestellt.
3 Die Nürnberger Elle betrug 0,651–0,660 m.

GF

4.2.1.4 Das haben die Frankfurterinnen und Frankfurter gefälligst zu tragen

In den spätmittelalterlichen und frühneuzeitlichen Städten wurde immer mehr auf Abgrenzung der Stände voneinander gesehen, und die Räte, wie hier der von Frankfurt am Main, achteten mehr und mehr auf die Einhaltung der Regeln für das äußere Unterscheidungsmerkmal, die Kleidung: Zahlreiche Kleidungsstücke und vor allen Stoffe, Borten und Spitzen und anderer Schmuck, schließlich Farben waren bestimmten Ständen vorbehalten und unterschieden z.T. auch die Bürger untereinander. Zum einen sollten die Merkmale der Gelehrten geschützt werden, zum anderen versuchten gerade reichere Bürger (nicht zuletzt die Ratsherren und ihre Familien, die oft genug selbst ihre Gesetze übertraten) immer wieder, sich wie Adlige zu gebärden. Dies geschah besonders häufig und wurde sichtbar gemacht, indem Teile getragen wurden, die eigentlich dem Adel vorbehalten waren.

Von der Kleidung (1468 März 20)
(1) Gott dem Allmächtigen zu Lob und Ehren gebietet der Rat der Stadt Frankfurt [am Main], dass kein Bürger dort Samtgewänder oder Atlasstoff als Kleidung, Wams oder Ärmel tragen darf und ebenso keine Perlenstickerei oder -arbeit an der Kleidung oder anderen Schmuck, woran er auch befestigt sei, noch samtene oder gestickte Brusttücher bei 10 Gulden Bußgeld für jeden Tag, an dem er es doch tut, ausgenommen jedoch Adelige, Doktoren, Lizentiaten[1] und andere, die ihres Adels oder ihrer Kunst wegen von dieser Einschränkung befreit sind.
(2) So soll auch keine Frau oder Jungfrau Goldstücke, weder schlicht noch erhaben, zur Kleidung, an Ärmeln oder Kragen tragen und auch an den Kleidern keine Schleppen länger als eine Viertelelle, und soll auch nichts Gesticktes außen darauf haben bei einer Buße von täglich drei Gulden, gemäß der Übertretung.
(3) Es soll auch kein Schneider in Frankfurt, oder einer seiner Knechte oder Gesinde, die Schleppen an den Kleidern länger machen als oben beschrieben, bei einer Buße von drei Gulden, die halb an den Rat, halb an die Schneiderzunft fallen sollen, wobei aber von den 3 Gulden 8 Schillinge Heller dem, der dem Rat die Sache anzeigt, zufallen sollen.

Schnabel- und gefärbte Schuhe (1456 Juli 1)
Da der Rat schon früher Schnabelschuhe hier in Frankfurt verboten hat, deshalb gebietet der Rat wieder allen Bürgern, Bürgersöhnen, Einwohnern, Handwerkern und Dienstknechten[2] hier zu Frankfurt, dass keiner Schnabelschuhe tragen darf. Und besonders die Handwerker und Dienstknechte dürfen hier keine gefärbten Schuhe tragen bei einer Buße von einem Gulden je Paar bei Übertretung. Und kein Schuhmacher soll einem Einwohner oder Dienstknecht in Frankfurt Schnabelschuhe oder einem Dienstknecht gefärbte Schuhe machen, um sie hier zu tragen bei einer Buße von ebenfalls einem Gulden je Paar Schuhe. Gegeben und erneuert am ersten Juli 1456.

Armin Wolf (Bearb.), Die Gesetze der Stadt Frankfurt am Main im Mittelalter (Veröffentlichungen der Frankfurter His-

Das Eigene, das Fremde und das Andere

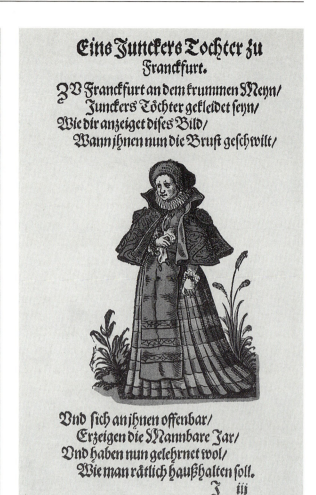

4.2.1.4

4.2.1.4

torischen Kommission, 13), Frankfurt, Waldemar Kramer, 1969, Nr. 274 (1–3); Nr. 262.

1 Erworbene Universitätsgrade (meistens von Juristen) berechtigten zu bestimmten Auszeichnungen an der Kleidung.
2 Dies gilt auch für Handwerker, ebenso wie das vorherige Verbot auch für Bürger etc., also für die vollständige Liste vom Anfang des Gesetzes, die hier nur verkürzt wiedergegeben wurde.

FS

Drei Frankfurterinnen unterschiedlichen Standes und dementsprechend unterschiedlicher Kleidung nebeneinander. Jost Ammann, Frauentrachtenbuch, Faksimile des Drucks von 1586, Frankfurt am Main, Insel, 1986.

FS

4.2.2 „weil sich mit den äußerlichen Veränderungen zugleich auch die Sitten wandeln"

Im Spätsommer des Jahres 1043 befürchtete der Abt des Klosters Gorze bei Metz, Siegfried, in einem Brief an den Abt Poppo des Klosters Stablo (Prov. Lüttich) Schlimmes für den Zustand des Reiches. Besonders symptomatisch dafür erschien ihm der Verfall der Sitten. Wie Jahrhunderte später in der Limburger Chronik (vgl. 3.2.5.4) gilt die Kleidung als äußeres Zeichen des Niedergangs, der Sündhaftigkeit der Welt. Mit der Kleidung kommt das Schlechte, ja haftet geradezu an ihr. Zudem ist hier die Schuldige rasch gefunden:

Agnes von Poitou, die südfranzösische und damit fremde Frau Kaiser Heinrichs III.

Außerdem sehen wir kommen, dass viele Dinge geschehen werden, die uns sehr missfallen und die der Verbesserung bedürfen, von denen wir aber vorläufig schweigen werden, um nicht den königlichen Ohren Beschwernis zu bereiten. Eines aber gibt es doch, das uns besonders ärgert und von dem zu schweigen uns allzu ungeduldig macht, nämlich, dass die Ehre des Reiches, die in den Zeiten der frommen Kaiser in Kleidung und Aussehen sowie bei den Waffen und dem Reiten höchst würdig blühte, in unseren Tagen zurückgesetzt wird, und die schändliche Gewohnheit der geschmacklosen Franzosen eingeführt wird, zum Beispiel beim Scheren des Bartes, bei der höchst schimpflichen und von schamhaften Betrachtern zu verfluchenden Verkürzung und Verformung der Kleidung und bei vielen anderen Neuheiten, die aufzuzählen zu lang dauern würde und die zu Zeiten der Ottonen und Heinricier[1] niemandem einzuführen erlaubt war. Aber jetzt schätzen viele die ehrenvollen Sitten der Väter gering und erstreben die Kleider der fremdländischen Menschen und gleichzeitig bald auch deren Torheiten, und versuchen, in allem auch denen gleich zu sein, von denen sie wissen, dass es ihre Feinde und Verfolger sind; und, was am meisten Schmerz bereitet, sie werden bei Derartigem nicht nur nicht verbessert,

4.2 Die soziale Praxis: Konfrontation und Ausgrenzung, Assimilation und Integration

Ein Burgers Weib zu Franckfurt.

ES haben auch ein ander Tracht/
Vor vielen Jaren auffgebracht/
Erbare Franckfurter Weiber/
Für ihre züchtige Leiber/

Wann sie zu hochzeitlichem Fest
Auch beruffen werden/als Gäst
Sind mit Bruströcken angethan/
Vnd legen schwartze Göller an.
K ij

4.2.1.4

sondern sie werden noch vom König und auch von einigen anderen Fürsten als besonders Vertraute behandelt, und derjenige erhält um so mehr Lohn, der zu solchem Trauerspiel geneigter erscheint. Das aber se-
30 hen andere und schämen sich nicht, es ihnen gleich zu tun, und beeilen sich, weil sie feststellen, das jene ungestraft handeln und noch belohnt werden, sich noch größere Wahnsinnsideen an Neuheiten auszudenken. Wegen dieser und anderer Geschehnisse, oh
35 ehrwürdiger Vater, empfinden wir deshalb so besonders großen Schmerz, weil sich mit den äußerlichen Veränderungen zugleich auch die Sitten wandeln und wir im Reich, das für andere bis dahin ehrwürdig war, Mord, Raub, Verrat und verschiedenste Betrügereien
40 allmählich anwachsen sehen, und weil wir fürchten, dass dies die vorauseilenden Anzeichen größerer Übel sind. Deshalb bitten wir Euch untertänigst und beschwören Euch bei der göttlichen Liebe, dass Ihr durch den Herrn König und durch wen immer Ihr
45 könnt diesen so großen Missständen so gut ihr könnt entgegen tretet und versucht, sie zu heilen. Lebt wohl.

Wilhelm Giesebrecht, Geschichte der Deutschen Kaiserzeit, Band 2, 3. Aufl., Braunschweig, C. A. Schwetschke und Sohn, 1863, S. 684.

1 Ottonen und Heinricier: die Könige und Kaiser von Heinrich I. bis zu Heinrich II. (919–1024), also die den Saliern, zu denen Heinrich III. gehörte, vorangehende Dynastie.

FS

4.2.3 „Was ihr über die Hosen wissen wollt, halten wir für überflüssig"

Im Jahre 866 übersandte der Khan der Bulgaren, die kurz vor dem Übertritt zum Christentum standen, sich aber noch nicht zwischen der römischen und der byzantinischen Mission entschieden hatten, dem Papst Nikolaus I. eine lange Reihe von Fragen, die in den Antworten des Papstes erhalten blieb. Unter anderem machten sich die Bulgaren offenbar Sorgen, oder es waren durch das Verhalten der Missionare Zweifel gesät worden, ob sie ihre traditionelle Kleidung beibehalten dürften. Die abweichende Kleidung der christlichen Missionare war für die Bulgaren das zuerst ins Auge springende und damit auffallendste Fremde an ihnen. So sehr war die Kleidung auch bei ihnen äußeres Abzeichen des Volkes oder auch des Standes, der Gruppe, dass sie annahmen, an sie könne auch die Religionszugehörigkeit gebunden sein – und auch wenn der Papst hier das äußere Erscheinungsbild für unbedeutend für den Glauben erklärt, macht er doch deutlich, dass auch in seinem Kulturkreis an der Kleidung viel zu erkennen war: Denn die Übernahme der europäischen Kleidung würde immerhin Fortschritt, Zivilisation bedeuten, vergleichbar mit dem als weltgeschichtlich hochbedeutend empfundenen Schritt vom Alten zum Neuen Testament (der immerhin die Christen von den Juden unterschied).

Was ihr über die Hosen so genau wissen wollt, halten wir für überflüssig; wir wünschen nämlich nicht den äußerlichen Gebrauch Eurer Kleider zu verändern, sondern die Sitten des inneren Menschen in Euch, und
5 nicht was Ihr anzieht interessiert uns – außer hinsichtlich Christus, denn „wie viele von Euch auf Christus getauft sind, die haben Christus angezogen"[1] – sondern wie Ihr im Glauben und in guten Werken vorankommt. Aber weil Ihr einfach nach den Hosen fragt,
10 weil Ihr nämlich fürchtet, dass Ihr Euch einer Sünde schuldig macht, wenn Ihr irgendeine Kleinigkeit entgegen den Gebräuchen anderer Christen tut, und damit wir uns nicht eurem Wunsch zu entziehen scheinen, antworten wir, dass in unseren Büchern vorge-
15 schrieben wird, Hosen zu machen, die nicht von Frauen getragen werden sollen, sondern von Männern. Ihr könnt aber nun, wie der Mensch vom Alten zum Neuen Testament fortgeschritten ist, in allem von den früheren Gebräuchen zu unserer Sitte übergehen;
20 wenn nicht, könnt Ihr tut, was Ihr mögt. Denn ob Ihr oder Eure Frauen Hosen ablegt oder anzieht, steht weder Eurem Heil im Wege noch trägt es zum Wachsen Eurer Tugenden bei. Die Vorschrift, von der wir gesprochen haben, Hosen anzufertigen, ist so zu verste-
25 hen, dass wir geistlich Hosen anlegen, wenn wir die Begierde des Fleisches durch Enthaltsamkeit bezwingen; denn von den Hosen werden jene Stellen verschlossen, an denen bekanntlich die Begierde sitzt, weshalb vielleicht die ersten Menschen nach dem
30 Sündenfall, die in ihren Gliedern verbotene Bewegungen spürten, zu den Blättern des Feigenbaum eilten und sich Lendenschurze anfertigten. Doch das sind geistliche Hosen, die Ihr bisher nicht tragen konntet – „auch jetzt", um mit dem Apostel zu sprechen, „könnt
35 ihr´s noch nicht, weil Ihr noch fleischlich seid"[2]. Und

235

4.2.3 Der Besuch des heiligen Antonius beim heiligen Paulus.

Eremiten tragen die Kleidung der Leute, die im Wald leben, der Ausgestoßenen, denn Heilige fallen aus der Rolle und verstoßen gegen Normen. Isenheimer Altar (1512–1515): Der Besuch des heiligen Antonius beim heiligen Paulus. Öl auf Lindenholz, Musée d' Unterlinden Colmar, in: Wilhelm Fraenger, Matthias Grünewald, München, Beck, 1982, Abb. 19.
FS

deshalb haben wir hier nur sehr wenig gesagt, obwohl wir mit Gottes Hilfe mehr sagen könnten.

Nicolaus capitulis 106 ad Bulgarorum consulta respondet = Papst Nikolaus I. Epistola 99, 866 (Nov.13), c.LVIIII, in MGH Epistolae VI = Epistolae Karolini Aevi 4), 1925, S. 588.

Die Bibelzitate wurden wiedergegeben nach: Die Bibel oder Die ganze Heilige Schrift des Alten und Neuen Testaments nach der Übersetzung Martin Luthers, Deutsche Bibelgesellschaft, Stuttgart 1968.

1 Brief des Paulus an die Galater, 3,27.
2 1. Brief des Paulus an die Korinther, 3,2–3. FS

4.2.3 Johannes der Täufer.

Im mittelalterlichen Mitteleuropa wurde die Wüste gerne als Wald, damals oft undurchdringlicher Urwald, und wegen seiner Einsamkeit und Gefährlichkeit der Wüste gleichend, dargestellt. Auch Johannes der Täufer, der in der Wüste taufte, trägt die Kleidung der unzivilisierten Wildnis, in: Anna Rapp Buri / Monika Stucky-Schürer, Zahm und wild. Basler und Straßburger Bildteppiche des 15. Jahrhunderts, Mainz, Philipp von Zabern, 1990, Nr. 45, S. 211.
FS

4.2.4 „wenn ich nicht den Widerspruch fürchtete"

Elisabeth von Thüringen, ungarische Königstochter, war im Alter von vier Jahren 1211 an den Hof der Landgrafen von Thüringen, der Eltern ihres zukünftigen Gatten, Ludwigs IV., gebracht worden. Vor allem nach dem frühen Tod ihres Mannes 1227, mit dem sie drei Kinder hatte, widmete sie sich ganz einem radikalen Armutsideal. Geleitet von ihrem Beichtvater und Mentor Konrad von Marburg betrieb sie Armenfürsorge, Krankenpflege, weshalb sie bereits zu ihren Lebzeiten als Heilige verehrt und schon 1235, kurz nach ihrem Tod 1231, heilig gesprochen wurde. Andererseits hatte sie zu ihren Lebzeiten durch ihr Verhalten, das in keiner Weise den Regeln ihres Standes entsprach, viel Unmut erregt. So hatte sie mit hartem Widerstand seitens ihrer Verwandtschaft und anderer Standesgenossen zu kämpfen. Diese störte sich an dem demokrativen Lebenswandel. Elisabeths Mann, immerhin der Herr des Hauses, wagte nicht einzugreifen, um nicht die Unterstützung der Verwandten und damit seine Machtgrundlage zu verlieren.

Elisabeths Anderssein, ihr schlechtes Benehmen oder ihre Heiligkeit, je nachdem, von welcher Warte aus man es betrachtete, äußerte sich vor allem in ihrer Kleidung, die weder ihrem Stand noch der Mode entsprach, und in ihrer öffentlichen Ablehnung von unrechtmäßig erworbenem Gut, auch wenn es um aufgetragene Speisen ging.

In Abwesenheit ihres Gemahls verbrachte sie manche Nacht mit Wachen, Kniebeugen, Geißelungen und Gebeten. In dieser Zeit trug sie keine prächtigen Kleider, wechselte den Kopfschleier und ging gekleidet wie eine Witwe oder Nonne[1]. Auf ihrem Leib trug sie Wolle oder ein Bußhemd. Das tat sie auch, wenn sie in golddurchwirkten Gewändern oder in Purpur gekleidet war. Wusste sie von der bevorstehenden Rückkehr ihres Gemahls, so schmückte sie sich festlich und erklärte: „Nicht zu fleischlicher Hoffart, sondern nur Gott zuliebe will ich mich schmücken, aber schicklich, um meinem Gemahl keinen Anlass zur Sünde zu geben, falls ihm etwas an mir missfallen sollte. Er soll nur mich in ehelicher, zärtlicher Zuneigung im Herrn so lieben, dass wir den Lohn des ewigen Lebens in gleicher Weise von dem erhoffen dürfen, der das Gesetz der Ehe geheiligt hat."

Hatte sie Besuch von weltlichen Damen, so sprach sie mit ihnen wie ein Prediger über Gott. Wenn sie diese nicht dazu bringen konnte, mehrere Eitelkeiten aufzugeben – wie z. B. Tänze und allzu eng anliegende Ärmel oder seidene, in die Haare eingeflochtene Zierbänder, sonstigen Haarschmuck oder andere Überflüssigkeiten –, dann legte sie ihnen nahe, wenigstens auf eines dieser weltlichen Dinge zu verzichten. Dann schickte sie ihnen anständige, den guten Sitten entsprechende Ärmel. Außerdem empfahl sie ihnen das Gelübde der Enthaltsamkeit für die Zeit nach dem Tod ihrer Ehemänner. Sie hatte von Jugend auf die Gewohnheit, öfters in der Messe, bei manchen Evangelien ihre Ärmel zu öffnen, Halsbänder, Ringe und sonstigen Schmuck abzulegen. Das kunstvoll gewundene Kopftuch nahm sie vor dem Evangelium und vor dem Kanon ab und legte es mit demütig gesenktem Kopf nieder, besonders von der Wandlung bis zur Kommunion.

Zur Aussegnung nach der Geburt jedes ihrer Kinder ging sie nach der üblichen Zeit in wollenen Kleidern und barfuß, ohne Aufhebens zu machen, auf einem mühseligen Abstieg von der Burg, auf hartem und steinigem Weg zur entfernt liegenden Kirche, während andere Frauen dazu gewöhnlich in großer Pracht, mit zahlreichem Gefolge und kostbaren Gewändern kamen. Dabei trug sie ihr Kind auf den Armen und brachte es nach dem Beispiel der seligen Jungfrau mit einer Kerze und einem Lamm auf dem Altar dar. Sofort nach ihrer Heimkehr schenkte sie den benutzten Rock und Mantel einer armen alten Frau.

An den Bittagen ging sie in Wollkleidern und mit bloßen Füßen in der Prozession hinter dem Kreuz und stellte sich bei den Stationspredigten unter die ärmsten Frauen. Zu Lebzeiten ihres Gatten pflegte sie mit ihren Dienerinnen Wolle zu spinnen und sie für die Kleidung der Minderbrüder[2] und der Armen weben zu lassen. Auch für Täuflinge nähte sie eigenhändig, sorgte für die Taufe und hob sie aus dem heiligen Brunnen, um Patin über sie zu werden und ihnen in dieser Eigenschaft um so freigiebiger Wohltaten erweisen zu können. Desgleichen nähte sie eigenhändig Totenhemden für die Bestattung von armen Verstorbenen; sie wusch und bekleidete sie selbst und nahm an ihrer Beerdigung teil. (…)

Ferner erklärte sie, Magister Konrad habe ihr im Gehorsam befohlen, nur solche Einkünfte ihres Gemahls zu verwenden, über deren rechtmäßige Herkunft sie ein gutes Gewissen habe. (…) Als sie einmal ihrem Gemahl auf einen großen Landtag folgen wollte und bei einer Rast keine Speisen vorfand, die sie ruhigen Gewissens zu genießen wagte, sondern nur Schwarzbrot, weichte sie es in bloßem warmem Wasser auf und aß es. Mit den Ihrigen war sie an diesem Tag mit solcher Mahlzeit zufrieden, da sie an Samstagen ja ohnehin fasteten. So ritten sie noch acht deutsche Meilen, die stark dreißig italienische Meilen ausmachen. Ihr und ihrem damit einverstandenen Gemahl wurden von der Familie wegen dieser auffallenden und ungewöhnlichen Lebensweise viele Vorwürfe ins Gesicht geschleudert, aber sie ertrug diese mit großer Gelassenheit. Sie verzichtete nicht nur auf unrechtmäßige Einkünfte, sondern sorgte auch nach Möglichkeit dafür, dass den ungerecht Behandelten Ersatz geleistet wurde.

Walter Nigg (Bearb.), Elisabeth von Thüringen, 2. Aufl., Düsseldorf, Patmos, 1967, S. 74–76.

1 Statt den Schleier der verheirateten Frau und Fürstin zu tragen.
2 Franziskaner.

FS

4.2.5 „Die Juden sollen sich von den Christen in der Kleidung unterscheiden"

Schon auf dem Vierten Laterankonzil 1215 wurde für den gesamten Bereich der römischen Kirche die Forderung beschlossen, dass sich Andersgläubige äußerlich – durch ihre Kleidung oder mithilfe spezieller Kenn-

zeichnungen – von den Christen zu unterscheiden hätten. Obwohl die Muslime in der Bestimmung miterwähnt wurden, ging es vor allem um die inzwischen in ganz Europa unter den Christen lebenden Juden.

„Die Juden sollen sich von den Christen in der Kleidung unterscheiden."
In manchen Gebieten trennt die unterschiedliche Kleidung die Juden oder Muslime von den Christen, doch in einigen anderen entsteht so große Verwirrung, dass keinerlei Unterschied festgestellt werden kann. Deshalb geschieht es bisweilen, dass sich die Christen irrig mit jüdischen oder muslimischen oder die Juden oder Muslime mit christlichen Frauen vermischen. Damit aber die Übertretung, die eine solche verdammte Vermischung darstellt, in Zukunft nicht mehr unter dem Schleier des Irrtums eine Ausflucht und Entschuldigung finde, verordnen wir, dass derart beide Geschlechter in jeder christlichen Provinz und zu jeder Zeit durch die Beschaffenheit der Kleidung öffentlich von den anderen Völkern zu unterscheiden seien, wie auch ihnen selbst dasselbe durch Moses vorgeschrieben worden ist. In der Fastenzeit aber und in der Zeit der Passion sollen sie überhaupt nicht mehr in die Öffentlichkeit gehen, weil manche von ihnen, wie wir gehört haben, sich nicht schämen, besonders geschmückt herumzulaufen, und sich nicht scheuen, die Christen, die Zeichen der Trauer in Erinnerung an die heiligste Passion tragen, zu verspotten. Das aber verbieten wir strengstens, damit sie nicht länger zum Spott des Erlösers hervorzutreten wagen. Und da wir ja nicht angesichts der Schmähung desjenigen schweigen müssen, der unsere Schmach (die Sünden) ausgemerzt hat, befehlen wir, dass derartige Anmaßungen durch die weltlichen Fürsten durch Anwendung angemessener Maßnahmen gezähmt werde, damit sie es nicht mehr wagen, den Gekreuzigten statt uns zu lästern.

J. Alberigo/J.A. Dossetti/P.-P. Joannou/C. Leonardi/P. Prodi unter Mitarbeit von Hubert Jedin (Bearb.), Conciliorum Oecumenicorum Decreta, 3. Aufl., Bologna, Istituto per le scienze religiose, 1973, S. 266.

FS

4.2.6 „Da etliche Juden ihre Zeichen nicht tragen"

Im 15. Jahrhundert veränderte sich in Mitteleuropa vor allem aufgrund veränderter Frömmigkeitsvorstellungen die Einstellung zu den Juden. Aus den meisten Städten wurden in dieser Zeit die Juden gänzlich vertrieben, in anderen, wie in Frankfurt am Main, in eine abgeschlossene und abschließbare Judengasse verwiesen. Wenn sie diese verlassen wollten, mussten sie – unter Hinweis auf die Notwendigkeit der Unterscheidbarkeit, die das Vierte Laterankonzil mehr als 200 Jahre früher gefordert hatte – Kennzeichen tragen. Diese bildeten das äußere, sofort erkennbare Zeichen von zunehmender Diskriminierung der Juden über-haupt; sie wurden nicht gerne getragen und mussten daher, wie hier 1541, immer wieder eingeschärft werden. Der gelbe Judenring dürfte im Orient entstanden sein. Aber auch Hostienfrevel – Missbrauch der heiligen Hostie für magische Zwecke – wurde mit dem Tragen eines gelben Ringes (in Form der Hostie) gebrandmarkt. Da dieses Vergehen oft auch Juden vorgeworfen wurde, sind Assoziationen gewiss beabsichtigt.

Da etliche Juden ihre Zeichen zum Teil nicht tragen, zum Teil derart verbergen, dass sie von den Christen nicht recht zu unterscheiden sind, woraus Verwirrung und Ungebührlichkeit entsteht, ordnen wir, der ehrbare Rat dieser Stadt Frankfurt [am Main] hiermit an und gebieten und wollen ernsthaft, dass hinfort alle und jeder Jude und Jüdin, sie seien fremd oder eingesessen außerhalb der Judengasse in und zwischen den Messen[1] ihr gebührendes Zeichen, namentlich einen gelben Ring in der unten verzeichneten[2] Größe und Weite, öffentlich und unverdeckt an ihren Kleidern tragen sollen gegen Buße für Eingesessene gemäß ihrer Stättigkeit[3] und für fremde von einem Gulden, unablösbar zu zahlen so oft und so sehr das geschieht[4]. Danach wisse sich ein jeder zurichten.

Einschärfung der Kennzeichnungspflicht der Juden durch den Rat der Stadt Frankfurt am Main 1541, Institut für Stadtgeschichte Frankfurt am Main Ugb E 48 F 1; Abb. In: Lothar Gall (Bearb.), FFM 1200. Tradition und Perspektiven einer Stadt, Sigmaringen, Jan Thorbecke, 1994, S. 60.

1 Die beiden Frankfurter Messen in der Fastenzeit und im Herbst als Zeiten, zu denen in der Stadt manche Regeln aufgehoben, eingeschränkt oder verändert galten.
2 Abb. des gelben Judenringes ist im Original unter dem Text abgebildet.
3 Stättigkeit: die stets für eine begrenzte Zeit geltenden Gesetze, Vereinbarungen und Rahmenbedingungen, unter denen sich die Juden seit der Mitte des 14. Jahrhunderts gegen Zahlung des Stättigkeitszinses in Frankfurt aufhalten durften.
4 Bei Übertretung dieser Regelung haben die Juden, seien sie in Frankfurt eingesessen oder Fremde, jedesmal einen Gulden Strafe zu zahlen, die durch nichts abgelöst werden kann.

FS

4.2.7 Kompromiss oder Verzicht – als Jude im christlichen Umfeld

Das Zusammenleben von Juden und Christen in Europa warf für beide Religionsgemeinschaften Probleme auf, unter anderem durch die unterschiedlichen Speisesitten. Da die christliche Mehrheit die Regeln bestimmte und es auch objektiv unvereinbare Überzeugungen gab, wie ein Tier geschlachtet werden musste, um genießbar zu sein, konnten die Juden ihre Reinheitsgebote selten vollkommen einhalten und mussten Kompromisse schließen. Daher gehören Fragen der Erlaubtheit von Speisen unter konkreten äußeren Bedingungen schon im 11. und 12. Jahrhundert zu den häufigsten Problemen, über die mitteleuropäische Rabbiner Gutachten zu erstellen hatten.

4.2.7.1 „Andernfalls dürften wir niemals mehr Fleisch essen"

Möge unser Lehrer die Vorschriften über genusstaugliche Tiere nicht zu lang machen oder noch weitere hinzufügen, da man sie unmöglich akzeptieren kann. Andernfalls dürften wir niemals mehr Fleisch essen.

4.2 Die soziale Praxis: Konfrontation und Ausgrenzung, Assimilation und Integration

Die (nichtjüdischen) Metzger unserer Stadt pflegen nämlich oftmals nach der Vollziehung des Schächtschnittes (durch einen Juden) das Messer in das Herz des Viehs zu stoßen, um dessen Blut herauszubefördern. Manchmal fährt das Messer auch mitten in die Lunge hinein; und wir können dieser Prozedur keinen Einhalt gebieten – weder mit seiner Entlohnung noch mit einem Bestechungsgeld – es sei denn, dass der ganze Preis für das Vieh (von uns) bezahlt wird, und zwar gleichgültig, ob es sich als genussuntauglich oder als genusstauglich herausstellt. Denn sie sagen uns, dass das Blut des Tieres sonst im Fleisch absorbiert werde und zu erkennen sei, dass ein Jude es geschlachtet habe. Dann aber könnten sie das geschlachtete Tier an Nichtjuden nicht mehr verkaufen. (…)

Hans-Georg von Mutius (Bearb.), Rechtsentscheide rheinischer Rabbiner vor dem ersten Kreuzzug, 2 Halbbde. (Judentum und Umwelt, 13/I+II), Bern-New York-Frankfurt a. M. u. a., Peter Lang, 1984–1985, Bd. II, S. 68–70.

FS

4.2.7.2 „Eine solche Prozedur ist streng verboten"

Du hast geschrieben, dass an eurem Ort die nichtjüdischen Metzger das Messer ausstrecken, um das Herzblut herauskommen zu lassen, während das Vieh noch zappelt und noch Leben aufweist. Eine solche Prozedur ist streng verboten; und aus zwei Gründen darf man (als Jude) von derartig geschlachtetem Vieh nicht essen. Der erste besteht in der Aussage (Rav) Samuels: WER DAS GENICK DES VIEHS BRICHT, BEVOR ES SEIN LEBEN AUSGEHAUCHT HAT, DER BERAUBT DIE MENSCHEN, WEIL ER DAS BLUT DURCH DIE GLIEDMASSEN ABSORBIEREN LÄSST: ES ERGAB SICH AUCH DIE FRAGE NACH DEM SINN DER AUSSAGE: DER BERAUBT DIE MENSCHEN, WEIL ER DAS BLUT DURCH DIE GLIEDMASSEN ABSORBIEREN LÄSST. DARF EINE SOLCHE PROZEDUR NÄMLICH BEI EINEM FLEISCHSTÜCK FÜR DEN EIGENEN BEDARF GEBILLIGT WERDEN ODER IST SIE VIELLEICHT AUCH VERBOTEN, WENN DAS VIEH FÜR DEN EIGENEN BEDARF GESCHLACHTET WIRD? DIESE FRAGE BLEIBT UNENTSCHIEDEN. Bei allen Angelegenheiten aber, wo eine Verbotsfrage unentschieden bleibt, ist nach der erschwerenden Seite hin zu entscheiden. Lediglich bei Geldangelegenheiten sind die Auffassungen geteilt. So pflegte man es als Brauch zu halten, dass man das Genick des Tieres nicht bricht, bevor es nicht sein Leben ausgehaucht hat. Der zweite Grund (, das Fleisch den Juden zu verbieten,) ist der, dass (d) er (nichtjüdische Metzger bei der oben geschilderten Prozedur) mit dem scharfen Schnitt des Messers möglicherweise schadhafte Anwachsungen an der Außenseite der Lungenlappen entfernt. Dadurch aber wird die Sache (für Juden) schärfstens verboten.

Hans-Georg von Mutius, Rechtsentscheide Raschis aus Troyes (1040–1105), 2 Hbde. (Judentum und Umwelt, 15/I+II), Bern-New York-Frankfurt a. M. u. a., Peter Lang, 1986/87, Bd. II, S. 7.

FS

4.2.8 „Wie es die Juden mit dem Fleischkauf halten sollen"

Die Juden mussten zwar während der meisten Zeit des Mittelalters bezüglich ihrer Reinheitsgebote Kompromisse eingehen, doch haben sie seitens ihrer christlichen Umgebung trotz allen Unverständnisses auch relativ viel Kulanz erfahren. Das wird vor allem aus den städtischen Gesetzen deutlich, die seit dem 15. Jahrhundert nicht nur die Kennzeichnungspflicht durchsetzten, sondern auch die bisher geltenden Freiheiten jüdischer Nahrungsbeschaffung einschränkten, wie hier eines des Frankfurter Rates. Dabei geht es nicht um Schikanen, sondern wiederum um Rücksicht auf die veränderte Einstellung der Christen, die nicht mehr das von den Juden abgelehnte oder gar geschlachtete Rindfleisch essen wollen – was ihnen einen Monat im Jahr weiterhin zugemutet wird, weil weiterhin grundsätzlich Rücksicht darauf genommen wird, dass die Juden nur koscheres Fleisch essen dürfen.

(1) Es sei zu wissen: Die Juden zu Frankfurt (am Main) haben bisher Rindfleisch, Kalbs-, Hammel- und Lammfleisch so viel sie wollten bei den Metzgern im Schlachthaus gekauft und das (Fleisch) von einem der ihren, der ihr secher (Schechter) gewesen ist, sichten, aufschneiden und dann innen untersuchen lassen, ob es koscher oder trieff[1] wäre. Was sich aber als koscher herausstellte, davon haben die Juden nicht mehr als jeweils das vorderste Teil genommen und zum Essen und Gebrauch behalten, das hintere Teil aber und auch alles, was der Schechter als trieff befand, haben die Metzger behalten und dann in ihren Schirnen[2] an Christen verkauft. Darüber kamen lange Zeit Reden und Klagen vor den Rat von Fremden und Einheimischen, Geistlichen und weltlichen Leuten. Darüber haben unsere Herren vom Rat beraten und bedacht, dass in den beiden Messen[3] aus mancherlei Ländern viel Volk und auch im restlichen Lauf des Jahres Fürsten, Herren und mancherlei Leute nach Frankfurt zu wandern und dort [Speisen] zu verzehren pflegen, sodass man auch in Zukunft solche Klage hören werde, und sind zum Besten übereingekommen festzusetzen, was die Juden, die jetzt in Frankfurt sind, beim Fleischkauf einhalten sollen, nämlich was im folgenden geschrieben und unterschieden ist.

(2) Die Juden sollen nämlich ihr Rindfleisch, das sie während des Jahres mit ihrem Gesinde in ihrem Haus gebrauchen wollen, jährlich in dem Maße, wie sie es bisher bestellt und gekauft haben, kaufen und bestellen zwischen Sankt Simon und Juda und dem Katharinentag (28.10. und 25.11.) und vorher und nachher nicht mehr. Und die Metzger sollen es ihnen in der angegebenen Zeit auch verkaufen und außerhalb nicht. Und was sich als trieff herausstellt, können die Metzger in derselben Zeit in ihren Schirnen verkaufen wie bisher und in dieser Zeit muss die Gemeinschaft ertragen werden. Zu anderen Zeiten sollen sich die Juden an Kalbs-, Hammel- und Lammfleisch halten und sich damit während des Jahres behelfen. Und außerdem sollen die Juden jemanden bestellen, der ihnen das Hinterviertel auch bereiten kann, dass sie das ebenso wie das koschere Vorderteil essen und gebrau-

239

chen sollen. Und sie sollen in diesen Wochen in ihrer Judenschule nicht mehr Hammel-, Lamm- oder Kalbfleisch feil halten[4], als es zwei Hammeln oder zwei Kälbern, die trieff wären, entspricht und nicht mehr, ohne jede Arglist oder Gewähr. Sonst sollen sie sich mit Hühnern, Gänsen und solchen Dingen behelfen wie bisher. (…)

Armin Wolf (Bearb.), Die Gesetze der Stadt Frankfurt am Main im Mittelalter (Veröffentlichungen der Frankfurter Historischen Kommission, 13), Frankfurt a. M., Waldemar Kramer, 1969, Nr. 215.

1 Gegenteil von koscher, noch blutiges Fleisch („triefend").
2 Frankfurter Verkaufsstände.
3 Die internationale Fasten- und die Herbstmesse (vor Ostern bzw. zwischen dem 15.8. und 8.9.), die Grundlage von Frankfurts wirtschaftlicher Prosperität.
4 Hier wird klar, dass es auch um Konkurrenzangst christlicher Metzger ging, wohl auch beim Rindfleisch, weil die Schächter das nicht von Juden zu gebrauchende billig an arme Christen verkaufen konnten.

FS

4.2.9 „Über die üblen Gerüchte und das Unglück der Juden in verschiedenen Ländern und Regionen"

In den Jahren 1348/49 wütete in Mitteleuropa, ursprünglich aus Asien kommend, der Schwarze Tod, die Pest, der zahllose Menschen zum Opfer fielen. Für diesen Schrecken, der als Strafe Gottes angesehen wurde, mussten Schuldige gefunden werden, und als geeignete Sündenböcke standen die Juden zur Verfügung. Sie waren und blieben fremd, obwohl sie seit Jahrhunderten mit den Christen zusammenlebten, denn sie hielten sich an abweichende Gebräuche, trugen andere Kleidung, folgten fremden Riten – und zu allem Überfluss waren sie noch als Christusmörder gebrandmarkt. An ihnen entlud sich aber nicht nur die Angst der Menschen vor dem Tod, sondern sie wurden zugleich zu Opfern vielfältiger politischer und wirtschaftlicher Spannungen, an denen sie vielfach völlig unbeteiligt waren (sieht man von der Verschuldung vieler Leute bei ihnen als Mordmotiv ab), die aber nun, in der Zeit der Krise, zum Ausbruch kamen.
Die Juden wurden zu Hunderten dahingemordet, unter den fadenscheinigsten Begründungen, und vielen Zeitgenossen – von denen manche nach dem Morden ihren finanziellen Gewinn aus Gewissensnot der Kirche stifteten – war die Problematik durchaus bewusst: So wie dem elsässischen Chronisten Mathias von Neuenburg, der das Morden kritisiert und ausdrücklich nur jenen, die versuchten, die Juden zu schützen, Vernunft und gutes Handeln zuschreibt.

(1348) Und den Juden wurde nachgesagt, dass sie diese Pest gemacht oder gefördert hätten, indem sie Gift in die Quellen und die Brunnen getan hätten. Und vom Meer bis nach Alemannien wurden sie überall verbrannt außer in Avignon, wo Papst Clemens VI. sie beschützte. Nachdem dann in Bern, in der Grafschaft Froburg und anderswo einige gefoltert worden waren, man in Zovingen Gift gefunden hatte, die Juden an vielen Orten ausgelöscht worden waren und man darüber den Räten der Städte Basel, Freiburg und Straßburg und den führenden Bürgern, die sich um den Schutz der Juden bemühten, geschrieben hatte und nachdem schließlich einige auch der Edlen in Basel wegen einiges des den Juden angetanen Unrechts für lange Zeit gebannt worden waren: Da rannte das Volk mit den Bannern zum Rathaus. Die Ratsherren erschraken und als der Bürgermeister fragte, was die Leute wollten, sagten sie, sie würden nicht eher weggehen, als bis die Gebannten zurückkehren dürften. Jenen wurde sofort die Rückkehr gestattet, und die Ratsherren wagten nicht, das Rathaus zu verlassen, bevor sie da waren. Das Volk fügte hinzu, es wolle nicht, dass weiterhin Juden in der Stadt blieben. Und Rat und Volk schworen, dass zweihundert Jahre lang niemals mehr Juden in der Stadt sesshaft sein dürften. Dann kamen zahlreiche bessere[1] Boten der drei genannten Städte zusammen, denen es am Herzen lag, die Juden zu behalten, doch sie fürchteten das Geschrei des Volkes. Überall in jener Gegend aber wurden die Juden gefangen. Ein Tag wurde nach Benvelt im Elsass einberufen, wo der Bischof, die Herren und Barone und die Städteboten zusammentrafen. Als aber die Boten Straßburgs sagten, sie wüssten nichts Schlechtes über ihre Juden, wurden sie gefragt, weshalb denn dann die Trinkgefäße von ihren Brunnen entfernt worden seien[2]. Das ganz Volk hetzte nämlich gegen sie. Der Bischof, die elsässischen Herren und die Reichsstädte beschlossen aber, keine Juden mehr haben zu wollen[3]. Und so wurden sie bald am einen Ort, bald am anderen verbrannt. Aus einigen Orten wurden sie vertrieben. Die, die das Volk zu fassen bekam, verbrannte es, andere tötete es, andere ertränkte man in den Sümpfen. Der Ammanmeister[4] Petrus Swarber und einige andere Straßburger versuchten weiterhin, sie zu beschützen, indem sie dem Volk sagten: „Wenn der Bischof und die Barone ihnen hierin Befehle erteilen könnten, dann vielleicht auch in anderem, sie würden jedenfalls keine Ruhe geben"[5]. Doch nichtsdestoweniger schrie das Volk immer mehr. Deshalb wurden ohne Verstand auf das Geschrei des Volkes hin alle Baseler Juden auf einer Rheininsel in einem eigens für sie errichteten Haus am Freitag nach Hilarius (16. Januar) des Jahres des Herrn 1349 verbrannt, und am folgenden Freitag (23. Januar) in Freiburg zwölf der Reichsten übrig gelassen, damit durch sie ihre Schuldner bedrängt werden könnten[6].
In Speyer aber und in Worms verbrannten sich die in einem Haus zusammengetriebenen Juden selbst. Und es wurden fast alle Arten von Übeltaten[7] erfunden, so zum Beispiel, die Juden hätten schließlich in Spanien die Vergiftungen beschlossen, ebensodass viele Kinder ermordet worden seien[8]; erfunden wurden Geschichten von falschen Briefen und von Münzfälschungen, Diebstählen und viele andere, die die Majestät des Allerhöchsten beleidigten. Einige aber wurden in Straßburg, damit sich der Aufruhr lege, gefoltert und sofort getötet, damit sie nicht etwas über die lebendigen Angeklagten sagen könnten. Deshalb ist gegen die führenden Bürger größeres Misstrauen aufgekommen. Besonders verhasst wegen seiner Macht aber machte sich der vorgenannte Ammanmeister Petrus von Straßburg bei den Edlen wie beim Pöbel. (…)

4.2 Die soziale Praxis: Konfrontation und Ausgrenzung, Assimilation und Integration

4.2.9 Judenhut.

Judenhut: In zahlreichen Illustrationen vor allem zum alttestamentarischen Teil von Chroniken sind Juden in typischer Kleidung dargestellt: Weltchronik Rudolfs von Ems. Karl der Große, Der Stricker, Text und Kommentare von Edmund Theil, Bozen, Verlagsanstalt Athesia, 1986, 17v.

FS

Im Jahre des Herrn 1349 nun trafen am Tage vor Valentin (13.2.) der Bischof und die Herren von Straßburg wegen der Sache der Juden zusammen, und am folgenden Tag kamen einige Metzger zum Haus des vorgenannten Petrus und forderten ihn auf, den Handwerkern doch etwas vom Vermögen der Juden abzugeben[9]. Als jener handelte und einige von ihnen im Rathaus festsetzen wollte, brachen sie bis auf einen mit Gewalt aus und riefen durch die Gassen „zu den Waffen". Und die Handwerker kamen mit ihren Bannern vor der Hauptkirche zusammen, und die Edlen und ihre Parteigänger bewaffneten sich. Und als viele Banner mit dem Amannmeister zusammenkamen, befahl dieser ihnen erschreckt, nach Hause zurückzukehren. Die Metzger blieben aber und als erste halfen ihnen die Kürschner, aus Angst, verbannt zu werden. Als dann im restlichen Volk, das sich zurückgezogen hatte, bekannt wurde, dass jene geblieben seien, kam man wieder zurück, um den Metzgern beizustehen. Als die Bürgermeister ihnen befahlen abzuziehen, griffen sie nach den Spießen. Nachdem aber Petrus nach Hause gegangen war, traten die beiden anderen Meister auf Befehl des Volkes von ihrem Amt zurück und gingen gemeinsam zum Haus des Petrus, um ihn zu bitten, sie von ihrem Eid zu entbinden, sein Amt aufzugeben und die Torschlüssel, die Glocken, die Siegel und alle derartigen Dinge herauszugeben. Nachdem er das aus Angst getan hatte und verschwunden war, bestimmten sie vier Meister und einen Metzger als Ammanmeister, alle für ein Jahr, und neue Ratsherren, nachdem sie viele Urteile gegen Petrus verkündet und verbreitet hatten. Und so wurden am folgenden Samstag die Juden, die von den früheren Bürgermeistern zum äußersten Haus am Wald geführt worden waren, als ob man sie in Sicherheit bringen könnte, zu ihrem Friedhof geführt in ein zur Verbrennung vorbereitetes Haus, und wurden auf dem Weg vom Volk all ihrer Kleider beraubt, in denen viel Geld gefunden wurde. Gerettet wurden aber einige wenige, weil sie die Taufe wählten, und viele hübsche Frauen gegen ihren Willen, und viele Kinder, die den Unwilligen entrissen und getauft wurden. Alle anderen wurden verbrannt, und viele, die aus den Flammen flohen, wurden erschlagen.

Die Herzöge aber von Österreich[10] und die Mainzer behielten die ihren. Sie waren, so sagt man, von getauften Juden und von Christen mit Geld „vergiftet" worden, und viele von diesen, die das eingestanden, wurden später verbrannt. Und viele Christen gestanden unter der Folter, dass sie von den Juden Geld angenommen hätten und dass die Juden über jene bestimmte Worte gesprochen hätten[11], und sie seien durch die Vergiftung in solchen Wahnsinn getrieben worden, dass sie gerne alle Christgläubigen getötet hätten. Deshalb sind nach und nach alle getauften Juden verbrannt worden, weil sie alle schuldig gesprochen wurden.

Adolf Hofmeister (Bearb.), Mathias von Neuenburg, Chronik, 3 Bde., in: MGH Scriptores Rerum Germanicarum NS, 4), 1924–1940, Bd. I, S. 264–268.

1 Mathias will hier die soziale Herkunft, vor allem aber die Vernunft charakterisieren.
2 Warum, so fragt man ironisch, war das nötig gewesen, wenn sie nicht glaubten, dass die Juden die Brunnen vergiftet hätten. – Ein „Tag" meint hier eine Versammlung.
3 Vor allem der elsässische Adel war bei den Juden tief verschuldet: Für ihn bedeutete die Ermordung eine dauerhafte Lösung dieses Problems.
4 Der höchste und übermächtige Funktionsträger der Stadt, vgl. Anm. 9.
5 Die Stadt Straßburg hatte sich von ihrem Stadtherrn, dem Bischof, bereits weitgehend emanzipiert; die Adeligen waren mit den von den Zünften verdrängten alten Machthabern in der Stadt verschwägert. Man versuchte hier also, den Zünften klar zu machen, dass sie im Begriff waren, ihrem ureigensten Gegner politischen Einfluss zu gewähren.
6 Während anderswo die Judenschulden meist einfach gestrichen wurde, wollte der Rat in Freiburg einige davon durch die Juden eintreiben lassen, um sie dann der Stadtkasse zuzuführen.
7 Mathias benutzt sicher nicht unabsichtlich das Wort maleficium, das auch teuflische Zaubertaten meinen kann.
8 Eine der stereotypen Vorwürfe gegen Juden ist der des Ritualmord an kleinen Christenkindern.
9 Anspielung auf die Vermutung, er sei von den Juden bestochen worden, damit er sie beschütze.
10 Die Habsburger, die die Herren auch weiter Teile des Elsaß waren.
11 Offensichtlich wird den Juden hier Bestechung und dazu noch Wortzauber an ihren Schutzherren vorgeworfen.

FS

4.3 Bessere und andere Welten: Weltflucht, Utopie und Ideologie

„Der Mensch ist frei geboren, und überall liegt er in Ketten."
Mit diesen Worten beginnt das erste Kapitel von Jean-Jacques Rousseaus berühmten „Contrat Social" (Gesellschaftsvertrag, 1762). Rousseaus Versuch, die Zeitgenossen wachzurütteln und für eine humanere Gesellschaftsordnung zu gewinnen, steht in einer langen Tradition gedanklicher Experimente ähnlicher Art. Zu allen Zeiten haben Menschen nicht nur von einer besseren und gerechteren Zukunft ohne Not und Entrechtung geträumt, sondern auch versucht, sie ihren Vorstellungen entsprechend zu gestalten. Ein Schritt, der nicht nur schöpferische Kraft, sondern auch Mut erforderte. Wer sich gegen die bestehende Ordnung und herrschende Werte auflehnte und nach Alternativen suchte, stieß nicht selten auf Widerstand und musste in letzter Konsequenz mit Verfolgung und Tod rechnen. Manch kritischer Geist begnügte sich nur mit scharfsinnigen Angriffen und sah die wichtigste Aufgabe zunächst einmal darin, bei seinen Mitmenschen ein Bewusstsein dafür zu schaffen, dass Lebensbedingungen und das soziale Gefüge wandelbar sind. Die Übergänge zwischen rein gedanklichen Neuanfängen und revolutionärem Vorgehen waren oft fließend. Utopische Entwürfe, Prophezeiungen und aufwiegelnde Reden schürten die Unzufriedenheit und konnten den Grundstein für eine tief greifende Neuordnung legen. Andererseits gab es durchaus Möglichkeiten, den „Niederungen der Welt" auf weniger spektakuläre Art und Weise zu entfliehen. Klösterliche Lebensgemeinschaften boten Männern und Frauen die Chance, in enger Verbundenheit mit Gott zu leben. Eine Form des Miteinanders, die hohe Anforderungen an den einzelnen stellte und im Zuge der Reformation nicht mehr von allen akzeptiert wurde. Wenn es darum ging, die Welt nach männlichen Vorstellungen zu verändern, blieben die Frauen meist auf der Strecke. Sie sind stets Stiefkinder utopischen Denkens gewesen. Nicht alle Frauen haben sich mit diesem Schicksal abgefunden, sondern manche haben auf ihre Weise versucht, die angeblich gottgewollte und als natürlich angesehene Geschlechterhierarchie in Frage zu stellen, um sich und ihren Geschlechtsgenossinnen neue Wege zu ebnen.
Es gibt viele Möglichkeiten, seins- und bewusstseinssprengendes Gedankengut zu ordnen, eine Variante besteht darin, sich an der fortschreitenden Vollendung neuer Ideen und Lebensideale zu orientieren:
Aufklärerisches Gedankengut:
(4.3.5.2, 4.3.5.3)
Neue Ordnungsvorstellungen:
(4.3.2.., 4.3.2.2, 4.3.2.3, 4.3.5.1)
Speziell die Geschlechterhierarchie betreffend:
(4.3.4.2, 4.3.4.., 4.3.4.4)
Alternative Gemeinschaften: (4.3.3.1–4.3.3.4,
Klosterleben: 4.3.1.1, 4.3.1.2, 4.3.1.3, 4.3.4.1)

4.3.1 Lust und Last des geistlichen Lebens

4.3.1.1 Hildegard von Bingen an die auf Abwegen wandelnden Nonnen von Zwiefalten

Ihren eigenen Worten zufolge waren die Nonnen der Benediktinerinnenabtei Zwiefalten (Baden-Württemberg) auf den „Weg der Nachlässigkeit" geraten. Hilfe suchend wandten sie sich mit einem Brief an Hildegard von Bingen (1098–1179), die ihnen raten sollte, wie sie auf den „Weg der Besserung" gelangen könnten. In ihrem von Sorge und Zuversicht erfüllten Antwortschreiben preist Hildegard von Bingen nicht nur die Vorzüge des ehelosen, geistlichen Lebens, sondern kommt auch auf die Schwierigkeiten zu sprechen, dieses Ideal zu verwirklichen. Eindringlich werden die Nonnen zur Umkehr ermahnt. Hildegard von Bingen hat nicht nur mit hochgestellten geistlichen und weltlichen Persönlichkeiten korrespondiert, sondern auch mit Menschen aus dem Volk. Die über 300 erhaltenen Briefe sind Teil ihres umfangreichen Werkes, das neben prophetischen Schriften auch natur- und heilkundliche Lehrbücher sowie Lieder umfasst.

(…) Wenn eine Frau die eheliche Bindung an einen Gatten verschmäht, weil sie – Gottes wegen – sich einem Manne nicht vermählen will: welch großer Adel ist das in ihr! Die bräutliche Verbindung mit dem höchsten König steht ihr zu, weil sie einem irdischen Mann entsagt hat. Sie muss bleiben, wie Eva war, bevor Gott diese dem Adam zuführte. Nicht auf Adam schaute sie, sondern auf Gott.
So tue die Frau, die aus Liebe zu Gott den irdischen Mann zurückweist. Sie schaue auf Gott, nicht auf einen andern Mann, den sie ja zuvor nicht haben wollte. Doch sehr hart und bitter ist es, wegen der alten Schlange, dass die Triebkraft des Fleisches immer verdorrt bleibt. Wenn aber die Frau sich mit stärksten Waffen rüstet, indem sie sich in das Brautgemach des höchsten Königs begibt und Ihn, den König, in zärtlichster Liebe umfängt, wenn sie sich nicht in Begierlichkeit dem Vollzug fleischlicher Glut ausliefert, sondern, bewusst den Blick ihres Herzens auf Gott gerichtet, die Begierde ihres Fleisches zurückweist, dann schaut sie wie ein Adler in die Sonne und wie eine Taube durch ihre Fenster. Dann sinnt und trachtet sie, wie sie ihr Herz den Reichtümern und Freuden der Welt und der Gemeinschaft mit einem irdischen Mann entzieht.
So muss die Frau, die aus Liebe zu Gott nicht in das Gemacht eines irdischen Mannes eintreten will, im geistlichen Leben bei Mir ausharren, der Ich ohne Anfang und ohne Ende bin. Sie ergebe sich nicht diebischen Umarmungen, indem sie heimlich einen gemeinen Mann liebt. Tut sie das dennoch, so ist sie nicht (mehr) bei Mir. Sie benimmt sich wie eine Viper. Ein Weib, das derart brennt, dass sie die Welt nicht verlassen kann, soll sich nicht in Gefahr begeben und einen hohen Berg ersteigen, damit sie später nicht in die Tiefe versinkt, weil sie sich zuvor Mir anvertraute und hernach sich in fleischliche Umarmung begab.

4.3 Bessere und andere Welten: Weltflucht, Utopie und Ideologie

Die Jungfrau Maria war lieblich in der Glut des Heiligen Geistes, und ihre Jungfräulichkeit blühte. Doch keine Frau möge beginnen, was nicht der Heilige Geist in sie hineingelegt hat, damit sie hernach nicht leer bleibe. Eine Frau, die auf Mich schauen will, ergebe sich nicht der Vielfältigkeit eines durch weltliche Süchte zersplitterten Herzens. Sie verunstalte sich nicht durch das Flackern stolzer Großsprecherei, sondern stehe fest im Schmuck der Gotteskräfte und im Adel der Liebe und Gerechtigkeit, die unter allen Kostbarkeiten des höchsten Königs die hervorragendsten sind. (...)

Jetzt, o Jungfrauenschar, erhebe dich rasch zur ersten, königlichen Brautschaft mit deinem ersten, fürstlichen Gemahl. Denn Er ruft dich. Bessere also und mache wieder gut, dass du Ihn beleidigt hast, dann wird Er dich zu ewiger Erlösung aufnehmen, und du wirst leben.

Adelgundis Führkötter (Bearb.), Hildegard von Bingen, Briefwechsel, Freiburg, Herder, 1997, S. 212–214.

MK-G

4.3.1.2 Wie ein Franziskaner zu leben hat

Den Namen verdanken die Franziskaner ihrem Ordensstifter, dem heiligen Franz von Assisi (1181/82 – 1226). Früh hatte sich der Sohn eines reichen Tuchhändlers in die Einsamkeit zurückgezogen, um in freiwilliger Armut ganz im Dienste Gottes und des Nächsten zu leben. Auf seinen Reisen als Wanderprediger blieb er nicht lange allein. Bald schlossen sich ihm Gefährten an, und es bildeten sich zunächst in Italien und später auch in anderen europäischen Ländern franziskanische Brüderschaften, die seit 1223 über eine endgültig vom Papst bestätigte Regel verfügten. Die Franziskaner gehören zu den Bettelorden, die im 13. Jahrhundert als Reaktion auf eine verweltlichte Kirche entstanden sind. Was sie von den alten Orden vor allem unterscheidet, ist die wirkliche Armut der Brüder, die auch über keinen gemeinsamen Besitz mehr verfügten und sich ihren Unterhalt nur erarbeiteten oder erbettelten. Als Gegenleistung dienten die nicht an Ortsbeständigkeit gebundenen Franziskaner dem Volk als Prediger und Beichtväter. Zu den Gefährten Franz von Assisi gehörte auch die junge Klara di Offreduccio, die bald in Gemeinschaft mit anderen Frauen nach den Anweisungen Franz von Assisis lebte und 1253 eine ausführliche Regel für den nach ihr benannten Klarissenorden formulierte.

Die Regel der Minderbrüder[1]

1. Kapitel
Im Namen des Herrn beginnt das Leben der Minderbrüder.
Dies ist die Regel und das Leben der Minderbrüder: Beobachtung des heiligen Evangeliums unseres Herrn Jesus Christus, ein Leben im Gehorsam, ohne Eigentum und in Keuschheit.
Bruder Franz gelobt dem Herrn Papst Honorius und seinen rechtmäßigen Nachfolgern, sowie der römischen Kirche Gehorsam und Ehrerbietung. Die übrigen Brüder seien gehalten, dem Bruder Franz und seinen Nachfolgern zu gehorchen.

2. Kapitel
Von jenen, welche dies Leben führen wollen, und von ihrer Aufnahme.
Wer diese Lebensweise annehmen will und zu unseren Brüdern kommt, werde zum Minister der betreffenden Provinz[2] gesandt. Nur dieser darf Brüder aufnehmen.
Die Minister sollen die Kandidaten sorgfältig über den katholischen Glauben und die Sakramente der Kirche prüfen. Glauben sie alles und wollen sie diesem Bekenntnis treu bleiben und bis zu ihrem Lebensende unerschütterlich beobachten und wenn sie unbeweibt sind (so werden sie zum Noviziate zugelassen). (Dies kann auch geschehen,) wenn sie verheiratet sind und ihre Frauen in ein Kloster gegangen sind, oder wenn sie von ihren Diözesanbischöfen die Erlaubnis hierzu erhalten haben. Die Frauen müssen aber dann das Keuschheitsgelübde bereits abgelegt haben und so alt sein, dass gegen sie kein Verdacht mehr möglich ist.
Man sage ihnen sodann das Wort des Evangeliums: Gehet hin und verkauft all euer Eigentum. Sie sollen dies den Armen geben. Können sie das nicht, so genügt ihnen ihr guter Wille.
Die Brüder und ihre Minister sollen sich vor der Gier nach deren zeitlichem Gut hüten. Frei sollen sie mit ihrem Besitz tun, was ihnen der Herr angibt. Fragt aber jemand nach einem guten Rate, so sollen sie die Minister zu einigen Gottesfürchtigen schicken, auf deren Bescheid hin sie ihre Güter den Armen geben.
Hierauf erhalten sie die Probekleidung: zwei Tuniken ohne Kapuze, einen Gürtel, Hosen und einen Kaparon[3] bis zum Gürtel. Der Minister kann aber mit Gott auch anders verfügen.
Nach Beendigung des Probejahres werden sie in den Gehorsam aufgenommen. Sie geloben jetzt, dies Leben und die Regel immer zu befolgen. Von da ab dürfen sie in keiner Weise mehr den Orden verlassen, wie es der Herr Papst geboten hat, weil es auch im heiligen Evangelium heißt: „Niemand, der seine Hand an den Pflug legt und rückwärts schaut, ist für Gottes Reich geeignet." (...)

6. Kapitel
Von der Eigentumslosigkeit der Brüder. Vom Bettel. Von den kranken Brüdern.
Die Brüder dürfen sich nichts aneignen; kein Haus, kein Grundstück, nichts. Sie gehen wie fremde Pilger, arme und demütige Diener des Herrn, durch diese Welt und betteln voll Vertrauen um Almosen. Sie brauchen sich dessen nicht zu schämen, ist ja unsertwegen der Herr in der Welt arm geworden. Das ist jene Höhe der erhabensten Armut, die euch, meine geliebtesten Brüder, zu Erben und Königen des Himmelreiches machte. Arm wurdet ihr dadurch an Erdengut, erhöht aber in der Tugend. Dies sei also euer Anteil, der euch in das Land der Lebenden führt. Ihm müsst ihr, geliebteste Brüder, völlig anhängen und dürft um des Namens unseres Herrn Jesus Christus willen niemals auf dieser Welt etwas anderes begehren.
Wo immer die Brüder sind und sich treffen, mögen sie unter sich wie Angehörige desselben Hauses sein. Je-

der teile dem anderen vertrauensvoll seine Nöte mit, denn wenn schon eine Mutter ihr leibliches Kind nährt und liebt, um wie viel mehr muss einer seinen geistlichen Bruder lieben und nähren?

Wenn irgendein Bruder in Krankheit fällt, müssen ihm seine Mitbrüder so dienen, wie sie wünschten, dass ihnen gedient werde.

9. Kapitel
Die Prediger.
Die Brüder dürfen nicht in einer Diözese[4] predigen, in der es ihnen der betreffende Bischof untersagt hat. – Kein Bruder wage vor dem Volke zu predigen, der nicht vom Generalminister dieser Bruderschaft geprüft und fähig befunden wurde und dem er nicht das Predigtamt übertragen hat.

Ich ermahne aber diese Brüder, dass sie in ihren Predigten wohlerwogene und anständige Worte zum Nutzen und zur Erbauung des Volkes sprechen. Sie sollen ihm von den Lastern und Tugenden, von der (ewigen) Pein und Herrlichkeit verkünden. Die Predigten seien kurz, weil auch das Herrenwort hienieden kurz war.

11. Kapitel
Die Brüder dürfen Nonnenklöster nicht betreten.
Strenge befehle ich allen Brüdern, dass sie keinen verdächtigen Umgang und Verkehr mit Frauen haben und dass sie Nonnenklöster nicht betreten. Dies darf nur, wer vom Apostolischen Stuhle eine besondere Erlaubnis hierzu hat.

Die Brüder dürfen auch nicht Paten von Männern oder Frauen werden, damit nicht bei dieser Gelegenheit Ärgernis unter den Brüdern oder über die Brüder entstehe.

Georg A. Narciß / Johannes Bühler (Bearb.), Klosterleben im Mittelalter, Frankfurt am Main, Insel, 1989, S. 380–387.

1 Minderbrüder: „Fratres Minores", so lautet die ursprüngliche Bezeichnung des Ordens vom heiligen Franz.
2 Dem Gesamtorden stand der „Minister generalis" vor, der einzelnen Provinz der „Minister provincialis". Die Provinzen wiederum waren in Distrikte unterteilt mit „Custodes" als Oberen.
3 Haube, die über der Kutte befestigt wird.
4 Diözese; Amtsbezirk eines Bischofs.

MK-G

4.3.1.3 „Wölfe und Wölfinnen kamen unter meine Schäflein" – Schwestern werden gewaltsam aus dem Kloster geholt

Entsetzen, Ohnmacht und Trauer sprechen aus einem Brief, den Caritas Pirckheimer (1467–1532), Äbtissin des St. Klara-Klosters zu Nürnberg, am 18. Juni 1525 an einen Geistlichen schrieb. Sie berichtet von antiklerikalen Angriffen auf ihr Kloster und den ganzen geistlichen Stand, der in diesen „Tagen der Trübsal" um seine Existenz bangen müsse. Im Kloster zu leben, das war aus reformatorischer Sicht nicht länger ein gottgefälliges Privileg, sondern eine Schande, die es zu beseitigen galt. So musste Caritas Pirckheimer nicht nur ständig mit der Schließung ihres Klosters rechnen, sondern auch schweren Herzens mit ansehen, wie Mitschwestern von ihren Verwandten gewaltsam in die „Welt" gerissen wurden. Obwohl alle Versuche des Nürnberger Rates, das Klara-Kloster im Zuge der Reformation aufzulösen und die Nonnen zum Austritt zu bewegen, am Widerstand des Konvents und dem entschiedenen Auftreten seiner Äbtissin scheiterten, konnte Caritas Pirckheimer nicht sein Ende durch Aussterben verhindern.

(…) Am Sonntag der heiligen Dreifaltigkeit begann leider die Tyrannei. Der Niklas Haller nahm Notar und Zeugen, lief mit Gewalt und Grimm in das Kloster St. Katharina, suchte die Tochter der Derrerin, die sich unter das Dach versteckt hatte. Er zog sie mit Gewalt hervor und zerrte sie gewaltsam aus dem Kloster, begleitet von großem Weinen und Klagen und Anrufungen der Mutter Gottes. Er brachte sie ihrer Mutter auf einem Wagen wieder heim. Am Montag (12. Juni) kamen die Wülfin, Ebnerin, Nützlin, Tetzlin und Furerin, sie wollten mit Gewalt in das Kloster herein. Da ich ihnen das abschlug, sagten sie, sie hätten Erlaubnis von einem ehrbaren Rat, dass sie hereingehen könnten, so oft sie Lust und Verlangen danach hätten. Ich sagte, mir wäre vom ehrbaren Rat etwas anderes befohlen. Ich wollte kein offenes Kloster machen lassen. Da wollten sie ihre Kinder doch mit Gewalt in der Kirche draußen haben. Das wollte ich ihnen auch nicht gestatten, sondern ich erbot mich, ich wollte sie allein am Gesichtsfenster in der Kapelle reden lassen oder wo sie sonst wollten. Das wollten sie gar nicht, zürnten ganz böse. (…)

Um 11 Uhr (14. Juni) kamen die Wölfe und Wölfinnen unter meine herzlieben Schäflein. Sie wollten, ich sollte mit ihnen in die Kirche hinausgehen. Das wollte ich nicht. Da wollten die Kinder absolut nicht über die Türschwelle hinaus. Also ließ ich die Tür in die Kirche offen. Da liefen Sebald Pfinzing und Andreas Imhof herein, die vom Rat dazu abgeordnet waren und überbrachten ihnen die armen Waislein, wie ich auf Befehl des Rates tun musste. Ich befahl sie dem obersten Hirten, der sie mit seinem teueren Blut erlöst hat. Wir verabschiedeten uns voneinander mit unzähligen Tränen auf beiden Seiten. Also ging ich mit den Schwestern weg und ließ sie in der Kapelle, sperrte die Tür an unserer Kapelle zu, dass sie nicht in das Kloster konnten. Da liefen die bösen Frauen herein wie grimmige Wölfinnen, wollten die Kinder mit Gewalt hinauszerren. Da wehrten sich die starken Ritterinnen mit Wort und Tat, soviel sie nur vermochten, mit viel Weinen, Schreien, Bitten und Flehen. Aber da war weniger Barmherzigkeit als in der Hölle. Sie sagten, sie wären ihnen Gehorsam schuldig, sie wollten ihre Seele aus der Hölle erlösen. Die Kinder schrien, sie wollten sich von dem frommen, heiligen Convent nicht trennen. Sie würden sie in den Abgrund draußen führen. Sie wollten am Jüngsten Tag vor Gott, dem strengen Richter, ihre Seelen von ihnen fordern. Sie wären ihnen keinen Gehorsam schuldig in den Dingen, die gegen ihr Seelenheil wären. Über diese und andere Worte spotteten die Frauen sehr; die Katzenbalgerei dauerte fast eine ganze Stunde. Das Ebnerlein redete so tapfer und getreu und bewies alle seine Worte mit der heiligen Schrift und fing sie in all ihren Worten und bewies ihnen, dass sie gröblich wider das

4.3 Bessere und andere Welten: Weltflucht, Utopie und Ideologie

Evangelium handelten. Die Herren sollen nachher draußen gesagt haben, sie hätten in ihrer ganzen Lebenszeit nie dergleichen gehört. (...)

Da standen meine armen Waislein unter den grimmigen Wölfen und stritten fast bis zum Blutvergießen. Unter anderen Worten sprach ich, sie wüssten, was sie Gott gelobt hätten, das könnte ich nicht lösen. Ich wollte mich darein nicht einmischen, sondern es Gott befehlen, der würde es zu seiner Zeit wohl richtig machen. Aber was sie mir bisher schuldig gewesen wären, davon wollte ich sie befreien, soviel ich könnte und vermöchte. Damit waren die Weltleute wohl zufrieden. Er sagte, ich hätte das meinige getan, was Gott gelobt wäre, gelte ohnehin nicht, das wäre schon ungültig. Die drei Kinder schrien: Wir wollen nicht freigestellt sein, sondern, was wir Gott gelobt haben, wollen wir mit seiner Hilfe halten. Wenn uns schon die Mutter hinausschickt und der ganze Convent da wäre, wollten wir nicht hinaus, denn wir müssen nicht gehorsam sein gegen unsere Gelübde. Das Ebnerlein sprach: Da stehe ich und will nicht weichen, zieht man mich aber mit Gewalt hinaus, so soll es doch ewiglich nicht mehr mein Wille sein; ich will es Gott im Himmel und aller Welt auf Erden klagen, dass mir Gewalt und Unrecht geschieht. Als sie das sagte, da nahm sie der Held unter die Arme, fing an, sie zu zerren. Ich lief mit den Schwestern davon und mochte es nimmer ansehen. Wie es weiter gegangen ist, wissen wir nicht. Wir hörten dann großes Geschrei und Scharren, Zanken, Zerren und Schleifen mit großem Geschrei, mit Klagen und Weinen. Ehe sie sie über die Türschwelle brachten, segneten sie sie in aller Teufel namen. Die Ebnerin drohte ihrer Tochter, wenn sie nicht vorangehen wollte, wollte sie sie die Stiegen von der Kanzel hinabstoßen. Als sie sie kaum hinunterbrachten, drohte sie ihr, sie wolle sie auf die Erde werfen, dass sie aufprellen müsste. Da sie nun in die Kirche kamen, hoben sie ein unglaubliches Schreien, Weinen und Klagen an, ehe sie ihnen die heiligen Ordenskleider abrissen und die weltlichen Kleider anzogen. Das Geschrei und Gefecht hörten auch die weltlichen Leute, die sich in einer solchen Menge versammelt hatten, als ob man einen armen, zum Tod verurteilten Menschen hinausführte. Da man sie auf die Wägen setzen wollte, war großer Jammer. Da riefen sie den Leuten zu und klagten, sie litten Gewalt und Unrecht, man hätte sie mit Gewalt aus dem Kloster genötigt. Da hat die Clara gesprochen: "O!", du schöne Mutter Gottes, du weißt, dass es mein Wille nicht ist! Da man sie nun hinführte, waren etlichen Wagen wohl hundert Buben und andere Leute nachgelaufen. Unsere Kinder haben in dem Wagen immer laut geschrien und geweint. Da hat die Ebnerin ihrem Kätchen auf den Mund geschlagen, dass er den ganzen Weg hinaus zu bluten anfing. Da etliche Wagen vor ihres Vaters Haus gekommen waren, fingen sie ein neues Schreien und Weinen an, sodass die Leute großes Mitleid mit ihnen gehabt haben. Auch die Landsknechte, die mit ihnen gelaufen waren, sagten, wenn sie nicht einen Auflauf gefürchtet hätten, würden sie mit dem Schwert dreingeschlagen haben. Vor des Ebners Haustür hat das Kätchen aber angefangen sehr zu weinen und hätte den Leuten geklagt wie ihm gegen seinen Willen Gewalt angetan würde, sodass die Obstfrauen fast alle mitgeweint hätten. So haben sich die frommen, unschuldigen Kinder getreulich auf das allerbeste gewehrt, so gut sie vermochten. Sie sind ja nicht aus dem Kloster gegangen, sondern mit Gewalt herausgezogen worden. Je vier Menschen haben an einem von ihnen gezogen. Zwei haben vorn gezogen, zwei hinten nachgeschoben, sodass das Ebnerlein und das Tetzlein auf der Schwelle aufeinander zu einem Haufen gefallen waren. Ein Mann hätte dem Tetzlein fast einen Fuß abgetreten. Ich weiß nicht, wie es den armen Waislein unter den grimmigen Wölfen noch geht, außer dass man sagt, sie seien noch sehr betrübt. Am 4. Tag danach sagte man mir, das Ebnerlein hätte in der Welt noch keinen Bissen gegessen. O, würdiger, heiliger, lieber Vater, lasst Euch die armen, von den Wölfen herausgezogenen Schäflein vor Gott so getreulich befohlen sein wie meine eigene Seele, wie sie dann herzlich begehrt haben. (...)

P. Georg Deichstetter / Benedicta Schrott (Bearb.), *Briefe der Äbtissin Caritas Pirckheimer des St. Klara-Klosters zu Nürnberg*, Erzabtei St. Ottilien, EOS, 1984, S. 31–35.

MK-G

4.3.2 Rufe nach Reformen

4.3.2.1 Die aufrührerische Botschaft des Pfeifers von Niklashausen

Zu Tausenden seien sie herbeigeeilt, um ihn zu hören. Was Hans Behem, der so genannte Pfeifer von Niklashausen, dem Volk im Jahre 1476 an weltlichen und geistlichen Reformvorstellungen verkündete, fußte auf landläufigen Beschwerden über Missstände, die bis zum ‚Bauernkrieg' von 1525 nicht abgestellt waren. Es werde fortan weder Fürsten, Kaiser noch andere weltliche oder geistliche Obrigkeit geben und der ‚gemeine Mann' von allen ihn bedrückenden Abgaben befreit sein, so lautete die radikale Botschaft, die der Pfeifer angeblich im Auftrage der Jungfrau Maria verkündete. Zeitgenössischen Quellen zufolge währte die Wallfahrt nach Niklashausen zwei Monate, allenfalls ein halbes Jahr. Sie verebbte nach der Gefangennahme und späteren Hinrichtung Hans Behems am 19. Juli 1476. Der Bericht des würzburgischen Sekretärs Lorenz Fries aus seiner „Historie der Bischöfe zu Würzburg" stammt aus dem Jahr 1546 und beruht auf verlorenen chronikalischen Überlieferungen.

Es war dazumahl ein junger Mann, Hans Böheim genannt, der konte auf der kleinen Pauken schlagen und spielen, zog auch allenthalben an der Tauber hin und wieder in die Wirtshäuser, und nehrete sich darmit. Und als ihme gesagt ward, wie vor etlichen Jahren ein heiliger Vater Barfüsserordens[1] in dieses Land kommen, darinne gepredigt, und allenthalben die Bretspiele verbrannt hätte, kam ihm in Sinn, dann es eben dazumahl in der Mitfasten (29. März) war, dass er seine Pauke auch verbrennen solte. Das tät er auch anno 1476 in einem Schlosse unter dem Dorfe Gamberg an der Tauber gelegen, Niclashausen genant, und fieng von Stund an, dem gemeinen Mann zu pre-

245

digen und zu sagen, wie ihm die hochgelobte Jungfrau Maria erschienen und befohlen, seine Pauke zu verbrennen, und wie er bisher zu sündigen und Tanz zu machen gedienet hätte, solte er sich jetzund befleißigen, dass er dem gemeinen Mann mit Predigen dienen solte; und wäre der Jungfrau Maria Meinung, dass ein jeder von Sünden abstehen, Geschmuck, Halsband, seiden Schnür, Brusttücher und spitzige Schuhe hinlegen, und nach Niclashausen wallen[2] solte. Denn sonst wäre kein Ablass noch Gnade in der ganzen Welt denn zu Niclashausen; wer dahin käme, und die Jungfrau Maria allda ehrete, der hätte Vergebung der Sünden. Ferner hätte ihm unsere liebe Frau befohlen zu predigen, dass hinführo keine Fürsten, Kaiser, noch andere geistliche und weltliche Obrigkeit mehr sein, sondern dieselben gar abgetan werden, ein jeder des andern Bruder sein, und die Nahrung mit seinen selbst eigenen Händen gewinnen, auch keiner mehr haben solte als der andere; dass alle Zins, Gült[3], Besthaupt[4], Handlohn[5], Zoll, Steuer, Bet[6], Zehend und anders abgetan und hinfüro nicht mehr gegeben werden, auch die Wäld, Wasser, Brünnen und Weide allenthalben frei sein solten, und dergleichen Artikel mehr.

Diß Predigen trieb er bis in die Woche nach S. Kilianstag (8. Juli) allewegen uf die Sonntage und Feiertage, oder sonsten, so eine grosse Versamlung dahin kam. Am ersten liefen die nechsten Nachbarn aus und um den Flecken an der Tauber und Schüpfersgrund zu, darnach von dem Ottenwald und Maintal, auch vom Neckar und Kocher. Zum letzten brachte das Landgeschrei und sein Gesell, der Fürwitz, sehr viel Volks dahin vom Rhein, aus Franken, Schwaben und Bayern, Frauen und Männer, jung und alt. Das auch etwas zu verwundern war, liefen die Handwerksknecht aus den Werkstätten, die Baurenknechte von dem Pflug, und die Grasemägde mit ihren Sicheln und Stümpfen, ohne allen Uhrlaub[7] ihrer Meister und Obrigkeit dahin, liessen liegen Werkzeug, Pflüge, Kötzen[8] und anders, und reiseten in den Kleidern, darinne sie diese Tobesucht begriffe, gen Niclashausen. Der mehrere Teil aus ihnen hatte keine Zehrung, die aber, zu denen sie uf dem Wege einkehreten, versahen sie mit Essen und Trinken. Und war der Gruß unter ihnen nicht anders, denn Bruder und Schwester. Fast jede Frau und Magd ließ einen Zopf da, so bracht ein jede Stadt oder Dorf eine große wächsene Kerzen dahin, und gefiel sonsten viel Opfers von Geld, Kleider, Kleinoden und andern.

Der Pauker zog in einer zottigen Kappen auf, darvon wurden ihm von den Wallern die Zotten abgerissen, und wer ein kleines Stücklein von einem Zotten gehaben mochte, der meinete, er hätte das Heu aus der Krippen zu Bethlehem, oder sonst ein köstlich Heiligtum. Er predigte auf einer umgewandten Kuefen[9], und war der Schrift ungelehrt; aber gewöhnlich stund der Pfarrherr im Dorfe bei ihm, der ihm einbließ. Und wenn er eine Predigt tät, so hieß er das Volk uf den nechsten Sonntag oder Feiertag wieder kommen, und sagte dabei, dass uf denselben Sonntag oder Feiertage zwier als viel Volks da sein würde als jetzund. Das geschahe, wie denn eines Mahls 40000 Menschen uf einen Tag dahin kommen sein. Da waren die Köche, Wirte, Krämer und Handwerksleute mit ihrer Handtierung nicht anders, dann wie in einem gewaltigen Kriegs- und Feldlager.

Günther Franz (Bearb.), Quellen zur Geschichte des Bauernkrieges, Darmstadt, Wissenschaftliche Buchgesellschaft, 1963, S. 62–64.

1 Gemeint ist der franziskanische Wanderprediger Johannes von Capestrano (1386–1456).
2 wallen; wallfahren.
3 Pachtzins, bäuerliche Abgabe.
4 Besthaupt; Abgabe an den Grundherrn aus dem Nachlass, z. B. eines Hörigen (das beste Stück Vieh).
5 Handlohn; u.a. Besitzwechselabgabe von einem Pachtgut, Zinsgut; erhält der Herr für sein Einverständnis mit dem Wechsel.
6 Bede; zunächst in bestimmten Notlagen, später vom Landesherrn regelmäßig erhobene Steuer.
7 Urlaub; Erlaubnis.
8 Kötze; Korb, Rückenkorb.
9 Kufe; offenes Gefäss, Bottich.

MK-G

4.3.2.2 Missstände über Missstände – der „Oberrheinische Revolutionär" klagt an

Zu den umstrittensten Reformschriften des ausgehenden 15. Jahrhunderts gehört das 400 Seiten umfassende „Buchli der hundert Capiteln" des so genannten „Oberrheinischen Revolutionärs". Lange Zeit galt der Tiroler Hofkanzler Maximilians I., Conrad Stürtzel, als Verfasser der anonym erschienenen Flugschrift. Neue Forschungen legen jedoch nahe, das Werk eher dem elsässischen Adligen und ehemaligen Hofkanzler Mathias Wurm von Geudertheim zuzuschreiben. Verbunden mit apokalyptischen Prophezeiungen werden vom ‚Oberrheinischen Revolutionär' nahezu alle Missstände der Zeit angeprangert und Veränderungsvorschläge unterbreitet. Insbesondere ruhen die Hoffnungen des Verfassers auf einem Friedenskaiser, der das Reich in eine bessere Zukunft führen wird. In dem ausgewählten 30. Statut kommen u. a. die vielfältigen Belastungen des gemeinen Mannes sowie rechtes bzw. unrechtes Verhalten von weltlicher und geistlicher Obrigkeit zur Sprache.

Das 30. Statut, ein Kaiser soll alle Freiheiten der Deutschen mehren, kein Beschwernis aufsetzen, es sei mit Zoll, Ungeld oder Schatzung legen, noch den bösen Pfennig aufsetzen. Und die das tun, es seien Herrn, Städte, in Dörfern oder auf dem Land, die soll ein Fiskal strafen. (…)
Ich las, es sei Diebstahl, wenn der Arme aus seinem blutigen Schweiß muss geben. Der Kaufmann schlägt den Zoll auf die Ware, die der Arme muss haben als Eisen, Salz etc., und darzu für eigene Frucht, die er verzehenet hätt. Und muss dann dem Pfarrer den Naturalzehnten geben, das ist von dem Vieh, so er von dem verzehneten Gut hätt erzogen, dazu Fall (Leibeigenschaftsabgaben, z. B. Todfall, Gewandfall, Besthaupt) und diese vier Opfer.
Und will ein Mann, dass man ihm sein Weib mit der Letzten Ölung versieht, er muss dazu dem Priester lohnen, der ihr das Sakrament bringt. Stirbt sie dann, so will der Priester sein Selgret (Stiftung zum Heil der Seele) haben. Gott geb, ob es der arm Mann hat oder nicht. Sieh an das 49. Kapitel. Da ist kein Fürst, der da sagt: ich will meine Hintersassen unbeschwert haben.

Man soll das Sakrament, so der Taufe, Beichte oder
des Abendmahls, nicht kaufen etc. Darwider sagt der
Geistliche, es sei Gerechtigkeit.
Der Pfarrer setzt einen Knecht auf die Pfarr, dem gibt
er den Halm, er nimmt das Korn. Er vertut das Opfer
Gottes unnutzlich, das der Armen ist. Kommt ein armer Mensch vor seine Tür, gefällt es der Haushälterin,
so gibt sie vielleicht einem armen Mann ein
Stückchen Brot. Aber kommt ein Taugenichts, der steht
auf dem Predigtstul und lügt mit Gewalt, der arme
Mann gibt dazu und lässt sich betrügen um einen Heller oder Pfennig. Es wär ihm vorteilhafter, er gäbe das
Almosen einer fahrenden Dirne, dass sie von Sünden
möcht lassen, als dass man es erst dem Bettelmönch
gibt, es sei für Sankt Peter oder Sankt Paulus Botschaft.
Ursach, der Bettelmönch vertut das mit anderen Dirnen, dazu hilft der gemeine Mann ihm zu sündigen.
Gäbe man es ihm nicht, so bleibt die schöne Frau
nicht in Sünden bei ihm. (…)
Wenn ein Herr übel regiert, das Böse nicht straft, so
verweise man ihn aus dem Land. Was soll ein König
in einem Land, der weder sich nützt noch dem Land?
Was soll ein Priester, der Gutes predigt und er tut Böses? Die Rechten sagen, der Fürst ist schuldig, in seinem Land all Beschwernis abzutun, wie auch allen
Falsch mit Worten oder Werken.
Weil die Lüge kann ohne Sünd nicht geschehen, wie
die Poeten mit ihren Fabeln und Schönred verblinden
sie den Fürsten. Sie wissen der Rechten nicht und lügen mit Gewalt. Wäre besser, man sagt bäurisch die
Wahrheit als mit stolzen hoffärtigen Worten die Lügen, wie der Priester auf der Kanzel gebietet beim
Bann, man soll fasten, aber er tut's nicht, sondern wird
voller am Fasttag. (…)
Darum ist not, dass man lese, was ein Gesetz ist oder
was ein Recht: Das Gesetz muss die Milde sein. Ein
Statut oder Gebot von Gott ist von Vernunft der Natur
gegeben, aber der Amtleute Gebot ist ein erdachtes
Gebot, bisweilen nützlich, bisweilen so viel wie wider
das göttliche Recht. Darum, wenn ein mächtiger Herr
lässt einen bösen Schaden wachsen über das göttliche
Recht, tut er wider Gott großlich. Er wird ausgeschrieben von dem gnadenreichen Licht Gottes wie oft vermeldet.
Ein Kaiser soll all seine Hoffnung setzen in die Liebe
Gottes, weil er dazu erwählt auf Erden ist. Dem Regierenden, dem gehört seine Gewalt wie Gott in seinem Thron. Ein Kaiser soll richten in der Liebe Gottes,
das Lehen vergeben und einziehen, in der Wahrheit
urteilen, um der Gerechtigkeit streiten, so ist er gleich
Gott. Wenn ein Kaiser den gemeinen Nutz schirmt, so
tut er nach dem Willen Gottes, so wird er ein Sohn
Gottes genannt. (…)

*Annelore Franke / Gerhard Zschäbitz (Bearb.), Das Buch der
hundert Kapitel und der vierzig Statuten des sogen. Oberrheinischen Revolutionärs, Berlin, VEB Deutscher Verlag der
Wissenschaften, 1967, S. 490–492.*

MK-G

4.3.2.3 Ein Schiff voller Narren

*Vor seinem Spott war keiner sicher. Mit untrüglichem
Blick entlarvte Sebastian Brant (1458–1521), Doktor
beider Rechte und Professor an der Juristenfakultät in
Basel, Laster, Schwächen und Vergehen seiner Mitmenschen. Allesamt müssen sie ins „Narrenschiff"
und werden auf die Reise nach Narragonien geschickt. Da sitzt der Quacksalber neben Pfründenjägern, zänkischen Weibern, närrischen Räten, Pfaffen,
Erbschleichern, Schwätzern und Betrügern. Mit seinem ursprünglich 112 Kapitel umfassenden und reich
mit Holzschnitten illustrierten Werk wollte Sebastian
Brant jedoch mehr bieten als ein Stück kurzweiliger
Unterhaltungsliteratur. Vielmehr verbirgt sich hinter
seiner Zeit- und Moralsatire die Hoffnung auf Besserung. Der Leser soll seine Schwächen bzw. Fehler erkennen und Buße tun. Das „Narrenschiff" war ein
sehr erfolgreiches Buch. Es wurde vielfach aufgelegt
und in mehrere Sprachen übersetzt.*

Missachtung der Heiligen Schrift

Der ist ein Narr, der nicht der Schrift
will glauben, die das Heil betrifft,
der meinet, dass er könne leben,
als würd es Gott und Höll nicht geben, 5
verachtend Predigt und die Lehre,
als ob er weder säh noch höre.

Käm wer zurück vom Totenreich,
das Volk lief hundert Meilen gleich
zu ihm, zu hören neue Mär: 10
wie es wohl in der Hölle wär,
ob viele Menschen führn darein,
ob dort man schenkt einen neuen Wein
und mehr noch solches Affenspiel.
Hat man nicht aufgezeichnet viel 15
im Alt und Neuen Testament,
dass man braucht sonst kein Dokument,
braucht zu besuchen nicht die Klausen
des Paukers da in Niklashausen!

Gott tut uns kund durch dies sein Wort: 20
Wer sündigt hier, muss leiden dort,
wer hier sich stets zur Weisheit kehrt,
wird in der Ewigkeit geehrt.
Gott hat gemachet (dies zuvor)
dass seh das Aug und hör das Ohr; 25
drum ist verblendet und verrückt,
wer nicht von Weisheit ist entzückt
und gern nur hört Geschichtchen sagen.
Ich fürcht, wir nähern uns den Tagen,
da „neue Mär" das Jüngst Gericht 30
uns kündet, was behagt uns nicht.
Jeremia predigte und lehrte
und ward von keinem doch gehört
(wie viele noch in jenen Tagen):
es folgten Weh und große Plagen. 35

*Dieter Wuttke (Bearb.), Sebastian Brant, Das Narrenschiff,
(Saecula spiritualia 6), Baden-Baden, Valentin Koerner,
1994, S. 30 f.; Abb. ebd. (s. S. 248)*

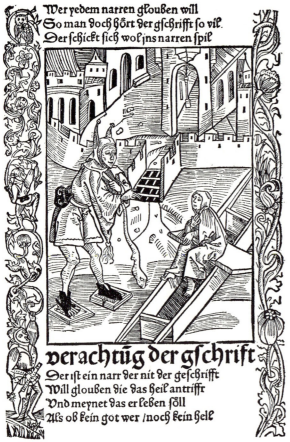

4.3.2.3 Sebastian Brant, Das Narrenschiff.

4.3.3 Wir fangen neu an

4.3.3.1 Aufruf der Täufer, nach Münster zu kommen

Anfang März 1534 erging an die täuferischen Glaubensbrüder und -schwestern in den Niederlanden der Aufruf, sich nach Münster in Westfalen zu begeben. Hier waren nur wenige Wochen zuvor, im Februar 1534, die Täufer an die Macht gelangt. Sie errichteten und festigten zunächst unter der Führung des niederländischen Propheten Jan Matthijs und nach seinem Tod im April 1534 unter der Regentschaft ihres Königs Jan van Leiden ihre Herrschaft, die am 24./25. Juni 1535 mit der Eroberung der Stadt durch Truppen des Reiches und des Fürstbischofs Franz von Waldeck endete. Der Aufruf mahnt die Gläubigen eindringlich, sich durch nichts davon abhalten zu lassen, in die von Gott auserwählte Stadt, das so genannte „neue Jerusalem" zu ziehen. Hier werden die Auserwählten vor dem Gottesgericht und drohenden Weltende sicher sein. Über 3000 Menschen versuchten auf diesem Weg die Niederlande zu verlassen, aber nur wenige schafften es. Die meisten wurden durch Truppen, die die habsburgische Obrigkeit mobilisiert hatte, an der Verwirklichung ihrer Pläne gehindert.

Liebe Brüder und Schwestern, Freude und Friede ist den Kindern Gottes beschieden; denn ihre Erlösung ist vor der Tür. Liebe Freunde, ihr sollt wissen und als ein Wort erkennen, was uns von Gott geschehen ist, dass ein jeder sich aufmache zum Zuge nach dem neuen Jerusalem, der Stadt der Heiligen; denn Gott will die Welt strafen. Jeder sehe zu, dass er durch Unachtsamkeit nicht dem Urteil verfalle. Denn Johann Bockelson[1], Prophet zu Münster, mit allen seinen Mithelfern in Christo hat uns geschrieben, dass niemand unter dem Drachen dieser Welt frei bleiben kann, sondern er wird zu Grunde gehen durch einen leiblichen oder geistigen Tod. Darum versäume niemand mitzuziehen, auf dass er Gott nicht versuche; denn es ist Aufruhr vorhanden über die ganze Welt, und es sagt der Prophet Jeremias im 51. Kapitel: Fliehet aus Babylon, damit ein jeglicher seine Seele behalte und euer Herz nicht verzagt werde wegen des Rufes, der in den Landen gehört werden soll. Ich sage euch nichts mehr, sondern ich gebiete euch im Namen des Herrn, dass ihr ohne Verzug gehorsam seid und die Zeit wahrnehmt. Ein jeglicher sehe zu und gedenke an Lots Weib. Sehet nicht um nach irgend einem Ding, das auf Erden ist, es sei Mann, Weib oder Kind, auf dass ihr nicht betrogen werdet. Niemand sehe um nach einem ungläubigen Weibe oder Mann, noch nehme er sie mit, noch nach ungläubigen Kindern, die ungehorsam sind und nicht unter der Rute stehen, weil die in der Gemeinde Gottes nichts nütze sind. Es ist Gut genug für die Heiligen vorhanden. Darum nehmt nichts mit als Geld und Kleidung und Kost auf den Weg. Wer ein Messer oder Spieß oder Büchse hat, die nehme er mit sich, und wer sie nicht hat, kaufe sie; denn der Herr wird uns durch seine mächtige Hand und durch seine Knechte Moses und Aaron erlösen. Darum seid vorsichtig und macht alles klug vor den Bösen. Kommt alle zusammen eine halbe Meile von Hasselt[2] beim Bergkloster den 24. März gegen Mittag. Seid vorsichtig in allen Dingen. Ihr sollt vor dem angegebenen Tage nicht dort sein und auch nicht später, und man wird nach dieser Zeit auf niemand warten. Keiner versäume zu kommen. Bleibt jemand zurück, so will ich an seinem Blut unschuldig sein. Emanuel[3].

Klemens Löffler (Bearb.), Die Wiedertäufer zu Münster 1534/35. Berichte, Aussagen und Aktenstücke von Augenzeugen und Zeitgenossen, Jena, Eugen Diederichs, 1923. S. 41.

1 Johann Bockelson; gemeint ist der spätere König Jan van Leiden
2 Hasselt; Stadt in der Nähe von Zwolle in Overijssel, konnte von vielen Flüchtlingen per Schiff erreicht werden.
3 Emanuel; griech.-lat. Form des männlichen Vornamens Immanuel (hebr. Ursprungs, eigentl. „Gott mit uns".

MK-G

4.3.3.2 Stephan Gerlachs Besuch bei den Hutterern in Mähren

Am 22./23. September 1578 machte der spätere Tübinger Professor Stephan Gerlach auf der Rückreise von Konstantinopel über Wien in Znaim (Mähren) Station und besuchte von hier aus seine täuferischen Verwandten. Schwere Verfolgungen hatten Tiroler und süddeutsche Täufer veranlasst, nach Mähren zu zie-

hen, wo sie sich 1526 im Schutze einer toleranten Obrigkeit zunächst in Nikolsburg niederließen. 1533 entstanden unter der Führung des Tiroler Täuferführers Jakob Huter, die sog. Hutterischen Bruderhöfe. In ihnen lebten jeweils 200 bis 400 Täufer in Gütergemeinschaft zusammen. Sie war Ausdruck dafür, dass die Menschen ihren Eigennutz überwunden hatten und bereit waren, einander in Liebe zu begegnen. Stephan Gerlachs Vater Georg, ein Steinmetz oder Steinhauer aus Knittlingen (Baden-Württemberg), war auf Veranlassung zweier Söhne aus erster Ehe 1573 nach Mähren ausgewandert. Mit ihm zogen seine Kinder aus zweiter Ehe, Stephan Gerlachs Geschwister. Ein Jahr später folgte noch eine dritte Schwester mit ihrem Mann. Anders als seine Verwandten, war Stephan Gerlach kein Anhänger der Täufer, sondern stand ihnen ablehnend gegenüber. Sein Bericht zeigt nicht nur, wie streng sich die Hutterer von der in ihren Augen „gottlosen Welt" absonderten, sondern gibt auch Einblick in die Organisation der Hutterischen Gemeinschaft. Übrigens gibt es auch heute noch Hutterer. Sie leben vor allem in Nordamerika und Canada.

Am 22. bin ich mit dem Znaimischen Stadtboten um 11 Uhr mittags gen Wischenau gekommen, wo ich gleich Michael, den Mann meiner vor zwei Jahren verstorbenen Schwester Katharina, antraf. Ich fragte ihn, ob nicht Württemberger und besonders Knittlinger unter ihnen seien. Zögernd und langsam antwortete er mir, dass etliche vorhanden seien, aber er wollte sie mir nicht eher zeigen bis er mich erkannte und in die Schneiderstube führte, wo sie, die Wiedertäufer[1], zu essen pflegen. Hier tischte er mir und dem Boten Fleisch, Wein und Bier auf und rief gleich nach meiner Schwester Margarete, die mit meinem Schwager Michael allein hier in Wischenau ist. Während der Bote aß, nahm er uns beide mit in sein Zimmer, wo wir erst nach ausdauerndem Weinen über allerlei sprachen. Meine Schwester freute sich so sehr über meine Ankunft, dass sie ihren Mann Christman rief (…). Als meine Schwester Margarete und mein Schwager Michael mit mir gerade über die natürliche Liebe und Zuneigung sprachen, wie oft sie meiner gedacht und sich meine Gegenwart gewünscht hätten, und auch ich sagte, dass sie mir nie aus dem Sinn gekommen seien, ich sie immer in mein Gebet an Gott eingeschlossen hätte, da sprach Christman: ich dürfe nicht für ihn bitten, denn das Gebet der Gottlosen erhöre Gott nicht, sondern halte es für eine Sünde. Ich könne ihm nichts Gutes wünschen oder es für ihn erlangen. Als ich ihn wegen dieser Rede als hochmütigen Heuchler schalt, sonderte er sich gleichsam von uns ab und ging hinter mir her, bis meine Schwester ihn ermahnte, ein wenig freundlicher mit mir umzugehen. So kam er wieder zu mir, fragte mich, wo ich gewesen und wie es mir bislang ergangen sei. Darüber wurden wir wieder gute Freunde und blieben es bis zum Ende.

Stignitz, ein sehr großes Dorf, gehört dem Herrn von Löben. (…) Hier fand ich meine Schwester Sara, die mit einem Weinbauern verheiratet ist und in ihrer Wiedertäuferschule die Kinder reinlich hält, denn eine jede Wiedertäuferbehausung hat eine Schule, in die die Kinder mit 2 Jahren kommen (bis dahin bleiben sie bei den Müttern), damit sie beten und lesen lernen, darüber hinaus studieren sie nichts. Die Töchter lernen gemeinhin nur beten, wenig schreiben, die Knaben aber schreiben und lesen. Wenn sie älter werden, lässt man sie ein Handwerk erlernen oder etwas anderes arbeiten. Die Kinder gehen jeden Tag mehrmals aufs Feld oder in den nächsten Wald, damit sie sich nicht zanken und frische Luft schöpfen. Es sind auch Frauen bei ihnen, die nichts anderes tun als auf die Kinder acht zu geben, sie waschen, pflegen und ihr Bett und ihre Kleidung sauber und reinlich halten. Wenn sie groß sind, schlafen jeweils 2 und 2 zusammen. (…)

Meine Schwester Sara hat ihren Mann nicht gerne genommen, aber sie durfte nichts dagegen sagen, denn mit dem Heiraten halten sie es so: die Vorsteher lassen an einem bestimmten Sonntag die mannbaren Jünglinge und Jungfrauen sich in einem Haus versammeln, stellen sie einander gegenüber und jede Jungfrau darf aus 2 oder 3 jungen Männern einen auswählen. Da muss sie einen nehmen, wird zwar nicht gezwungen, darf aber dem Vorsteher doch nicht zuwiderhandeln.

Meinen Halbbruder Sebastian habe ich beim Brauhaus angetroffen, aber so wie Christman, wollte er mir nicht die Hand geben. Seine ersten Worte waren: ich sei ein falscher Prophet, deshalb dürfe er mir die Hand nicht geben. Als ich ihm aber sanftmütig begegnete, war er mit mir zufrieden, hörte mich gerne reden, ging mit mir spazieren und beleidigte mich mit keinem Wort mehr. Er bat mich nur, wenn ein Vorsteher mit mir rede, ihn anzuhören und nicht nur allein reden zu wollen.

Am 23. kam ein Vorsteher zu mir, der absichtlich vor dem Tor auf mich gewartet hatte[2]. Er fragte Sebastian, ob ich sein Bruder sei und darnach mich, woher ich komme usw. Darauf fing er mit mir über die christliche Kirche zu sprechen an, dass sich viele als Christen rühmen und es doch nicht seien, weil sie keine guten Werke tun. Aus den Früchten müsse man den Baum erkennen. Es seien lauter gottlose Leute in der Welt, auch unter uns viel Zankens, viele Sekten; sie aber haben alles verlassen und seien Christus nachgefolgt. Ähnlich sprach er von der Gemeinschaft der Güter, die er aus 1. Kor. 10,24 erweisen wollte: niemand suche, was sein ist, sondern ein jeglicher, was des anderen ist; daraus sei klar erwiesen, dass niemand etwas Eigenes haben solle. Ich mochte ihm andere Stellen und Beispiele vorhalten, er blieb bei seiner Meinung und sprach: An Paulus Worten halten wir fest, sie sind hell und klar, keiner solle seinen eigenen Nutzen suchen. Das täten sie, wir aber nicht. (…)

Gustav Bossert (Bearb.), Quellen zur Geschichte der Wiedertäufer, I. Band: Herzogtum Württemberg, Leipzig, M. Heinsius Nachfolger, Eger & Sievers, 1930, S. 1105–1107.

1 Wiedertäufer; ein Begriff, der vor allem von Gegnern und Außenstehenden verwendet wurde; die sog. Wiedertäufer haben sich selbst als Täufer bezeichnet. Die Glaubenstaufe war für sie keine erneute Taufe im Sinne einer Wiedertaufe, sondern die einzig wahre Taufe.

2 Randbemerkung: widertäuferischer Vorsteher; ein schlechter Disputator (Teilnehmer an einem Streitgespräch).

MK-G

4.3.3.3 Wofür das Banner der wahren Leveller[1] weht oder Den Menschensöhnen zur Kenntnis, wie die Dinge im Lande stehen.

Von Gerrard Winstanley, William Everard (...), die damit begonnen haben, das brachliegende Land auf dem Georgshügel in der zur Grafschaft Surrey gehörenden Gemeinde Walton zu bepflanzen und urbar zu machen.

Am 20. April 1649 veröffentlichte Gerrard Winstanley eine Flugschrift, mit der er jene Aufsehen erregende Aktion rechtfertigte, die am 1. April in der Nähe von London stattgefunden hatte. Ausgerüstet mit Äxten und Spaten, waren arme Familien auf die Anhöhe von St. George's Hill gezogen, um Ödland in Besitz zu nehmen, das zur Allmende von Walton-on-Thames (Surrey) gehörte. Die Allmende wurde zum alleinigen Eigentum der Armen erklärt, der Boden bestellt und Hütten gebaut. Weitere mittellose Pächter, landlose Tagelöhner und andere Arme wurden aufgefordert, es ihnen gleichzutun. Nach den Vorstellungen Winstanleys und seiner Anhänger sollte die englische Klassengesellschaft aufgelöst und durch eine Gemeinschaft ersetzt werden, in der es weder Ausbeutung noch Herrschaft von Menschen über Menschen geben würde. Dieser und ein weiterer Versuch scheiterten jedoch bald. Winstanley, der an die Vernunft glaubte, sich auf die Bibel und göttliche Eingebungen berief, war davon überzeugt, dass vor allem das Privateigentum an Grund und Boden die Menschheit ins Verderben gestürzt habe.

Am Anfang der Zeit machte die Vernunft als der große Schöpfer aller Dinge die Erde zu einer gemeinsamen Schatzkammer, auf dass sie den Tieren, den Vögeln, den Fischen und dem Menschen, als der Herr über diese Schöpfung gebieten sollte, zum Lebensunterhalt diene. Dem Menschen fiel also die Herrschaft über die Tiere, die Vögel und Fische zu, doch war am Anfang mit keinem einzigen Wort davon die Rede, dass ein Teil der Menschheit über den anderen zu bestimmen hätte.

Und der Grund dessen ist, dass jeder einzelne Mensch, ob Mann oder Frau, für sich betrachtet ein vollkommenes Geschöpf ist, und derselbe Geist, der die Erde schuf, waltet auch im Menschen, damit er sich die Erde untertan mache. Da also des Menschen Fleisch der Stimme der Vernunft gehorcht, hat sein Schöpfer ihn dazu befähigt, sein eigener Lehrer und Herrscher zu sein, ohne sich nach einem fremden Lehrmeister oder Herrscher umtun zu müssen, denn er bedarf ja keiner Bevormundung von außen, weil derselbe erleuchtete Geist, der des Menschen Sohn geleitet, in allem auch sein Lehrer ist.

Als jedoch der fleischliche Mensch, jener König des Tierischen, die Dinge der Schöpfung höherzustellen begann als den Geist der Vernunft und der Gerechtigkeit, der den fünf Sinnen des Hörens, Sehens, Schmeckens, Riechens und Fühlens offenkundig innewohnt, da ward sein Verstand blind und sein Herz verzagt, und er hielt nach einem fremden Lehrmeister und Herrscher Ausschau, und so bemächtigte eine selbstsüchtige Einbildungskraft, gepaart mit Begehrlichkeit, sich der fünf Sinne, um in dem dort der Vernunft zugewiesenen Reich als König zu gebieten, und setzte den einen Menschen als Lehrmeister und Herrscher über den anderen, und dadurch wurde der Geist abgetötet, und der Mensch geriet in Knechtschaft und in schlimmere Sklaverei gegenüber seinen eigenen Artgenossen, als die Tiere auf dem Felde sie je durch ihn selbst erfahren hatten. (...)

Das Werk, das wir uns vorgenommen, besteht darin, dass wir auf dem Georgshügel und dem angrenzenden Brachland graben und Korn anbauen wollen, um im Schweiße unseres Angesichts dort gemeinsam unser Brot zu essen.

Unter all unseren Gründen steht derjenige zuoberst, dass wir für die Gerechtigkeit wirken und das Fundament legen wollen, um die Erde zu einer gemeinschaftlichen Schatzkammer für alle, Reiche wie Arme, zu machen, auf dass jeder im Lande Geborene von seiner Mutter Erde, die ihn hervorgebracht, entsprechend der in der Schöpfung waltenden Vernunft ernährt werden möge. Niemand soll zu eigenem Nutzen ein Stück Erde einhegen, sondern alle sollen eines Sinnes sein und wie die Söhne eines Vaters und die Glieder einer Familie miteinander arbeiten und miteinander essen, und niemand soll Herr sein über einen anderen, sondern alle sollen einander als gleich betrachten vor der Welt. (...)

Denn uns ward offenbart, dass wir so lange dem Fluch anhängen und die Schöpfung in Knechtschaft halten werden, wie wir selbst oder andere uns einverstanden geben, dass den großen Herren und Gutsbesitzern ein besonderes Recht auf die Erde eingeräumt wird und sie den übrigen nicht ganz genauso gehören soll; solange also wir selbst oder andere es hinnehmen, dass es einerseits Grundherren und andererseits Pächter gibt – wobei die einen das Land zu ihrem Eigentum erklären und die anderen es von ihnen abpachten, die einen Lohn geben und die anderen sich gegen einen solchen verdingen müssen –, solange bringen wir auch dem Schöpfungswerk Schmach und Schande, als ließe der gerechte Schöpfer Unterschiede gegenüber einzelnen Personen gelten und hätte er die Erde deshalb nur für einige statt für alle Menschen geschaffen. Und solange wir selbst oder andere dieses private Eigentum zulassen, willigen wir auch in den Fortbestand jener drückenden Knechtschaft ein, unter der die Schöpfung stöhnt, halten wir das Werk der Befreiung zur Freiheit auf, versündigen wir uns gegen das Licht in uns und geben so aus Furcht vor dem Fleischesmenschen unseren Frieden preis.

Und dass dieses private Eigentum der Fluch ist, wird daraus ersichtlich, dass diejenigen, die das Land kaufen und verkaufen und Grundherren sind, dieses Land entweder durch Unterdrückung, durch Mord oder durch Diebstahl an sich gebracht haben, und so leben denn alle Grundherren in Missachtung des siebenten und achten Gebots: Du sollst nicht stehlen und nicht töten. (...)

Wenn wir nun damit beginnen wollen, auf dem Georgshügel zu graben, um dort gemeinsam unser im Schweiße unseres Angesichts redlich erarbeitetes Brot zu essen, so hat sich uns, zweitens, in Traumgeschichten und darauf bezugnehmenden Visionen offenbart, dass dies der rechte Ort für den Anfang sein sollte.

Und obschon die Erde vom Standpunkt des Fleisches dort sehr karg ist, vertrauen wir getrost auf den Segen dieser Erleuchtung. Und weiter ward uns bedeutet, dass nicht allein diese Gemeindeweide oder dieses Heideland vom Volke solle eingenommen und bewirtschaftet werden, sondern gerechterweise alles Gemeinde- und Brachland in England und auf der ganzen Welt – ohne irgendwelches Eigentum gelten zu lassen, sondern getragen von dem Bewusstsein, dass die Erde eine gemeinsame Schatzkammer darstellt, wie sie ja auch am Anfang für alle dagewesen war. (…)

Hermann Klenner (Bearb.), Gerrard Winstanley, Gleichheit im Reiche der Freiheit. Sozialphilosophische Pamphlete und Traktate, Frankfurt am Main, Fischer Taschenbuch, 1988, S. 19–31.

1 Die wahren Leveller; die wahren Gleichmacher, später auch „Diggers" genannt (von to dig: graben); eine agrarkommunistische Bewegung unter der Führung Gerrard Winstanleys.

MK-G

4.3.3.4 Die ‚Statuten von 1727' der Herrnhuter Brüdergemeinde

Als Graf Nikolaus Ludwig von Zinzendorf (1700–1760) mit einigen Mitarbeitern für die Herrnhuter Brüdergemeine die ‚Statuten von 1727' entwarf, bestand die Gemeinde schon einige Jahre. Seit 1722 hatte der vom Pietismus[1] angeregte Zinzendorf Auswanderer aus Mähren, vor allem Handwerker, auf seinem Gut in Berthelsdorf (Oberlausitz) aufgenommen und mit ihnen gemeinsam Herrnhut gegründet. Später gesellten sich Pietisten aus anderen Gegenden hinzu. Spannungen und Auseinandersetzungen innerhalb der wachsenden Gemeinde verlangten nach einer strengeren, alle verpflichtenden Ordnung des Zusammenlebens, die in den ‚Statuten von 1727' ihren Niederschlag fand. Während im ersten Teil dieser Grundordnung, den so genannten „Herrschaftlichen Geboten und Verboten" vor allem kommunale Fragen behandelt werden, geht es im zweiten Teil, unter der Überschrift „Brüderlicher Verein und Willkür", um Fragen des bruderschaftlichen Miteinanders.

I. Herrschaftliche Gebote und Verbote
(…) 2. Herrnhut soll zu ewigen Zeiten von aller Dienstbarkeit, Leibeigenschaft usw. mit allen seinen statutenmäßigen Einwohnern frei gesprochen sein, und da sie eine nachkommende Herrschaft darzu nötigen wollte, Ihro diesfalls zu gehorsamen nicht schuldig sein, auch durch keinen Eid, Güte oder Ernst jemals darzu verpflichtet werden können. (…)
3. Ein jegliches Haupt jeder Familie hierselbst männlichen Geschlechts und was sonst Hantierung für sich treibt, gibt einen Taler Schutzgeld, einen Taler Grundzins von einem eigenen Hause, sonst aber den gehörigen Pacht vom Hause, Garten oder Felde, wie solcher vorher mit ihm insbesondere ausgemacht worden. Hantierungsgeld[2] aber wird von jedwedem, der dergleichen wirklich mit Nutzen treibt, für seine Person jährlich verwilligt, soviel er selbst geben mag, oder wie solches der Taxiermeister und die Gemeinde für gut erkennt. Solches Hantierungsgeld soll alsdenn dem Taxiermeister eingeliefert und als eine freiwillige Gabe, welche auch bei denen eigentlich und zu den ganzen Statuten verbundenen Brüdern einen Taler nie übersteigen, aber nach Gelegenheit drunter gesetzt werden soll, alsdenn zur Notdurft der Gemeinde redlich angewendet, und den Ältesten berechnet werden. (…)
6. Ein jeder Einwohner in Herrnhut soll sich darzu bekennen, untertan zu sein der Obrigkeit, die Gewalt über ihn hat, und dass keine Obrigkeit ohne von Gott sei.
7. Ein jeder Einwohner zu Herrnhut soll arbeiten und sein eigen Brot essen. Wenn er aber alt, krank und unvermögend ist, soll ihn die Gemeinde ernähren.
8. Wer ein eigen Haus bauen will, soll sich erst deswegen bei den Ältesten melden, das Werk überlegen, warten bis ihm der Platz angewiesen wird, nicht einen Fuß breiter weiter hinaus, auch nicht weiter herein rücken, so hoch und niedrig als es ihm anbefohlen, in solcher Gestalt und in allem nach der geschehenen Vorschrift bauen. Desgleichen soll einer gestalten Dingen nach tun, im Fall er Feld oder Garten zu seinem Hause erlangt. (…)
13. Es soll von keinem Tanzen, Gelage, Gäste setzen, außer für fremde Durchreisende, von keinem Bierzug, häufigen Speisen bei Hochzeiten, Kindtaufen oder Begräbnissen, noch von den gewöhnlichen Spielen unter den Einwohnern etwas zu hören sein. Wer aber darzu Lust hat, soll sich aus Herrnhut wegbegeben.
14. Die Hauptplätze und Straßen sollen reinlich und sauber von den daherum wohnenden gehalten und alle für Kinder, alte und gebrechliche Leute gefährlichen Örter sorgfältig verwahrt werden. (…)
18. Wer eigene Hantierung oder Handel anfangen will, soll sich deshalben zuförderst bei den Vorstehern melden, um ins Buch eingetragen zu werden, damit niemand dem andern zu Schaden oder Untergang etwas vornehme. Monopolia hergegen, da einer allein für sich und mit Ausschließung und Hinderung anderer hantieren dürfe, sollen ohne die wichtigsten Ursachen nicht geduldet werden. (…)
22. Aller Betrug und Übersetzung seines Nächsten soll für eine Infamie angesehen werden. Grobe heidnische Sünden als Hurerei und Büberei, Fressen und Saufen, Fluchen und Schwören, Lügen und Trügen, Stehlen und Rauben, Schlagen und Raufen soll in Herrnhut entweder gar nicht oder nicht lange gehört, so dergleichen Anstoß und Ärgernis entweder zeitlich oder ewig des Orts verwiesen werden. (…)
27. Es sollen ohne Licht keine Zusammenkünfte gestattet werden.
28. Wir sollen in Herrnhut durch wahre Unordnung, bösen Schein, Ungehorsam gegen die Obrigkeit sonderlich den Landesherrn, dem wir in allen Dingen untertan sein sollen, uns keine Verfolgung selbst zuziehen. (…)
31. Die Männer sollen ihre Weiber nicht hart halten oder gar schlagen, die Weiber aber ihren Männern alle Untertänigkeit leisten und sich nicht unterstehen, ihnen Regeln vorzuschreiben. Eine Frau, die für herrschend gehalten wird, soll deswegen erinnert werden.
32. Kein Sohn noch Tochter soll ohne Vorbewusst der Eltern beiderseits freien oder auch darzu Bekanntschaft machen. Keine Geschwächte (Geschwängerte)

darf ordentlicher Weise in Herrnhut heiraten weder den Täter noch einen andern.

33. Sobald ein Mann gestorben, sollen sich die darzu gesetzten Ältesten der Witwen annehmen und die Waisen ernstlich anbefohlen sein lassen. Sobald eine Frau gestorben, soll zu Erziehung der Kinder dem Witwer Rat geschafft werden. (...)

41. Weil es nicht zu vermuten, dass alle Einwohner in Herrnhut einerlei Sinn nach Christo haben, so wird davon nur ein redlich Bekenntnis verlangt, und alsdenn einem jeden von den Statuten soviel zu unterschreiben gegeben, als sich für ihn schickt. Es muss aber in äußerlichem ordentlichem und gutem Wandel darum durchgehen, weil die Zahl derer, die den Sinn Christi haben, für jetzo und bei Aufrichtung dieser Statuten die größte und Herrnhut ihrethalben erbaut. Niemand aber ist hier zu bleiben genötigt, sondern allenfalls sich im Dorf anbauen kann, der vorhin hier nicht gewohnt.

II Brüderlicher Verein und Willkür

1. In Herrnhut soll zu ewigen Zeiten nicht vergessen werden, dass es auf den lebendigen Gott erbaut und ein Werk seiner allmächtigen Hand, auch eigentlich kein neuer Ort, sondern nur eine für Brüder und um der Brüder willen errichtete Anstalt sei.

2. Herrnhut mit seinen eigentlichen alten Einwohnern soll in beständiger Liebe mit allen Brüdern und Kindern Gottes in allen Religionen stehen, kein Beurteilen, Zanken oder etwas Ungebührliches gegen Andersgesinnte vornehmen, wohl aber sich selbst und die evangelische Lauterkeit, Einfalt und Gnade unter sich zu bewahren suchen. (...)

12. Weil der meisten gegenwärtigen Einwohner Hauptzweck die Gewinnung der Seelen zu Christo ist, so soll in Herrnhut jedwedem freistehen, mit einem zu Zeiten mehr oder vertraulicher als mit dem andern umzugehen und hierinnen nach Beschaffenheit der Umstände zu ändern, wenn es nicht um Beleidigung willen geschieht. Zwischen ledigen Manns- und Weibspersonen soll der vertrauliche Umgang nicht schlechterdings erlaubt sein, vielmehr haben die Ältesten Macht solchen zu hemmen, sobald sie die geringste Bedenklichkeit dabei haben, er habe auch so guten Zweck als er wolle.

13. Neid, Verdacht und unzeitiges Ärgernis an den Brüdern soll sehr ernstlich vermieden werden. Sonderlich da jedweder frei hat den Umgang des andern zu suchen, soll keiner darüber verdrießlich sein, wenn ein anderer mehr mit den Ältesten bekannt zu sein scheint. (...)

20. Keine Ehe soll ohne Vorbewusst der Ältesten beschlossen, noch ein Verlöbnis ohne ihre Gegenwart oder Genehmhaltung gültig sein. (...)

30. Keiner soll dem anderen etwas nachtragen, sondern ihm sogleich (Herrschaft und Lehrer nicht ausgeschlossen) freundlich und geziemend entweder selbst oder durch andere über die anstößige Sache erinnern. Zusammengesparte Klagen sollen nicht einmal angehört, Zänkereien aber, Missgunst und eigenwillige Trennungen von allen verabscheut und, die daran schuld sind, nach den gebrauchten Graden (...) als Heiden angesehen werden. (...)

39. Keine Oberkeit, kein Lehrer, Ältester oder Vorsteher, oder der in einigem Stück über die andern gesetzt ist, soll sich seiner Gewalt auf andre Art bedienen, als dass er einen Gehilfen ihrer Freude und Seligkeit und einen sorgfältigen Helfer in ihren Leiden, Trübsalen oder Mangelhaftigkeit abgebe.

40. Die sämtlichen Gott liebenden Gemüter sollen in der Gemeinschaft und herzlichem Umgange mit andern ihresgleichen keinen ausnehmen. Da sie es aber gegen alle täten, sollen sie sich gegen die Ältesten erklären, dass es aus keinen andern Absichten als um ihres selbsteignen Nutzens willen, aus unverarglichen Ursachen geschehe, da denn die andern ihrer schonen sollen.

41. Es soll einem jeden frei stehen, den andern in Liebe zu erinnern und zu bestrafen, er habe gleich Grund dazu oder nicht. Es soll aber dergleichen mit großer Bescheidenheit geschehen, und solange einer in Heftigkeit ist, darf ihn der andre nicht anhören. Auch müssen wir mit des andern Entschuldigung entweder zufrieden sein oder andre Brüder dazu nehmen. (...)

Hans-Christoph Hahn / Hellmut Reichel (Bearb.), Zinzendorf und die Herrnhuter Brüder. Quellen zur Geschichte der Brüder-Unität von 1722 bis 1760, Hamburg, Friedrich Wittig, 1977, S. 70–80.

1 Pietismus; eine Bewegung im Protestantismus (17./18. Jh.), die sich durch gefühlsbetonte Frömmigkeit und tätige Nächstenliebe auszeichnet.
2 Hantierungsgeld; eine Art örtlicher Gewerbesteuer.

MK-G

4.3.4 Frauen melden sich zur Wort

4.3.4.1 Gertrud die Große und ihre Begegnungen mit Christus

Bis heute weiß niemand, wer die fünfjährige Gertrud (1256 – vermutlich 1302), später Gertrud die Große genannt, dem Kloster Helfta bei Eisleben übergab und wer ihre Eltern waren. 25 Jahre ist Gertrud die Große alt, als sie am 27. Januar 1281 ihre erste Vision oder mystische Begnadung erfährt, die sie zu ihrem später in lateinischer Sprache verfassten Werk ‚Gesandter der göttlichen Liebe' inspiriert. In ihm gibt die gebildete Klosterfrau, die die Sieben Freien Künste (Grammatik, Rhetorik, Dialektik, Arithmetik, Geometrie, Astronomie und Musik) studiert hatte und über eine umfassende Kenntnis des Alten und Neuen Testament verfügte, Auskunft über ihre göttlichen Begegnungen, ihre seelische und körperliche Verfassung und den Umgang mit den Mitschwestern. Von dem insgesamt fünf Bücher umfassenden Werk ‚Gesandter der göttlichen Liebe' hat Gertrud die Große nur Buch II eigenhändig niedergeschrieben, die anderen Teile wurden von ihr diktiert, bzw. einige Kapitel von Buch V nach ihrem Tod von einer oder mehreren Schwestern ergänzt, die noch ganz im Banne von Gertruds Persönlichkeit standen.

PROLOG
Sie stand im Konvent, es war am Gründonnerstag, dem Tag der Einsetzung des Herrn-Mahles; es war 9 Jahre, nachdem sie die Gnade empfangen hatte[1]. Die Schwestern warteten, bis der Leib des Herrn zu ei-

ner Kranken gebracht wurde, da traf sie der Zugriff des Heiligen Geistes wie ein Blitzschlag: sie griff nach der Schreibtafel an ihrer Seite und, was sie im Herzen fühlte, wenn sie – bislang im Geheimen – mit dem Geliebten sprach, das schrieb sie jetzt, von Dankbarkeit überwältigt, zum Lob Gottes nieder.

I
Der Abgrund der unerschöpflichen Weisheit ruft den Abgrund der bewundernswürdigen Allmacht (nach Ps. 42,8), sie rühmen die wunderbare Güte, aus der Seine überströmende Barmherzigkeit in das Tiefe Tal meines Elends geflossen ist.
Es war am 27. Januar, dem Montag vor dem Fest der Reinigung Deiner allerreinsten Mutter Maria, in meinem 26. Lebensjahr. Die Dämmerung brach herein, denn es war die begehrte Stunde nach der Komplet[2]. Du Wahrheit, Du Gott, der Du leuchtender bist als jedes Licht, tiefer als jedes Geheimnis, Du hattest beschlossen, die Nacht meiner Finsternis zu erhellen. Du begannst einschmeichelnd und sanft. Du hast den Sturm gestillt, den Du im Monat vorher – es war zu Beginn der Adventszeit – in meinem Herzen erregt hattest. Heute glaube ich, Du wolltest mit dieser Verwirrung meine bisherige Beschäftigung – ich hatte mit dem Einsatz aller Kräfte studiert, war mehr als wissbegierig, und meine geistige Überheblichkeit glich fast einem Turm zu Babel – Du wolltest sie zu dem führen, was sie in Wahrheit war: nichts. Ich habe also nutzlos das Ordensgewand getragen, mich sinnlos Nonne genannt. Du hast den Weg gefunden, mir Dein Heil zu zeigen (Ps. 50,23) – Ich stand in jener Stunde im Schlafsaal und erhob gerade den Kopf wieder – gemäß der Ordensregel hatte ich eine ältere Schwester gegrüßt – da sah ich an meiner Seite einen liebenswürdigen, zartgliedrigen, etwa 16-jährigen jungen Mann stehen von schöner Gestalt, wie er damals für meine äußeren Augen wünschenswert gewesen wäre und ihnen gefallen hätte. Mit strahlendem Gesicht und milden Worten sprach er zu mir: „Bald wird dein Heil kommen (Jes. 56,1). Warum verzehrst du dich in Trauer? Hast du nicht einen Ratgeber, da der Schmerz dich verändert hat?" (Micha 4,9; Responsorium des 2. Adventssonntages.) Während er so zu mir sprach, da war es mir, als sei ich im Chor, in jener Ecke, in der ich mehr mechanisch mein Gebet zu verrichten pflegte, und ich hörte die Worte: „Ich erlöse dich und ich werde dich retten, fürchte dich nicht (Ps. 7,2)."
Während ich dies hörte, sah ich, wie seine zarte rechte Hand die meine nahm, wie um das Versprechen zu bekräftigen, und er fügte hinzu: „Mit meinen Feinden hast du die Erde geleckt (Ps. 72,2) und Honig unter Dornen geleckt. Kehre endlich zu mir zurück, und ich werde dich trunken machen durch den Strom meiner göttlichen Wonne (Ps. 36,9)."
Als er dies zu mir sagte, sah ich mich um. Ich bemerkte zwischen ihm und mir – ihm zur Rechten und mir zur Linken – einen unendlich langen Zaun. Auf den Spitzen dieses Zaunes war eine so dichte Masse von Dornen aufgehäuft, dass sich für mich nirgends ein Durchgang öffnete, durch den ich hätte zu dem jungen Mann zurückkehren können. Da stand ich zögernd, vor Sehnsucht brennend und fast vergehend. Plötzlich ergriff er mich ohne jede Schwierigkeit, erhob mich in die Höhe und stellte mich neben sich. In der Hand, aus der ich das Versprechen empfing, erkannte ich die heiligen Male der Wunden, wodurch die Handschriften aller ausgetilgt wurden (Kol. 2,14). Ich lobe und preise Deine weise Barmherzigkeit, und ich sage Dank, und ich bete an Deine barmherzige Weisheit: Du, mein Schöpfer und Erlöser hast so meinen widerspenstigen Nacken unter Dein sanftes Joch (Mt. 11,30) gebeugt, und Du hast meiner Schwäche entsprechend einen angemessenen Trank des Heils bereitet.
Von nun an war ich froh und beschwingt durch eine neue Freudigkeit des Herzens; ich begann im Wohlgeruch Deiner Salben einherzugehen (H.L. 1,3), und mit einem Mal war mir Dein Joch süß und Deine Last leicht (Mt. 11,30); kurz zuvor erschien es mir unerträglich.

Johanna Lanczkowski (Bearb.), Gertrud die Große von Helfta, Gesandter der göttlichen Liebe (Legatus Divinae Pietatis), Heidelberg, Schubert-Schneider, 1989, Buch II, S. 13–15.

1 Gründonnerstag des Jahres 1289.
2 Komplet; letztes Gebet nach Vollendung des Tageswerkes.

MK-G

4.3.4.2 Christine de Pizans Stadt der Frauen

In ihrem ‚Buch von der Stadt der Frauen' lässt Christine de Pizan (1364/65 – ca. 1430) sie alle aufmarschieren, die edlen, vorbildlichen Frauen aus naher und ferner Vergangenheit. Sie werden zu Bewohnerinnen einer literarischen Wunschstadt, in der für Männer kein Platz ist. Diese Versammlung hervorragender weiblicher Gestalten soll verzagten, sich selbst geringschätzenden Geschlechtsgenossinnen Mut machen und ihnen helfen, sich in der von Männern beherrschten zeitgenössischen Gegenwart zu behaupten. Schließlich geht es Christine de Pizan nicht allein darum, herrschende Vorurteile gegenüber dem weiblichen Geschlecht zu widerlegen, sondern auch um einen Wandel in den Geschlechterbeziehungen. Ihre von der Jungfrau Maria regierte Wunschstadt errichtet die Verfasserin in engem Dialog mit drei weiblichen Allegorien (Sinnbildern): der Vernunft, der Rechtschaffenheit und der Gerechtigkeit. Vieles, was in dem Buch über das Verhältnis zwischen Mann und Frau gesagt und an Kritik geübt wird, mutet über die Zeit um 1400 hinaus auch heute noch aktuell an.

Christine fragt Frau Vernunft, ob es Gott jemals gefallen habe, den weiblichen Verstand durch die Erhabenheit der Wissenschaften zu adeln; ferner die Antwort, die Frau Vernunft daraufhin gibt.

XXVII. Nachdem ich mir dies alles angehört hatte, erwiderte ich der edlen Frau, deren Worte ohne Falsch waren: „Herrin, Gott hat wahrhaftig Erstaunliches über die Kraft jener Frauen, von denen Ihr erzählt, offenbart. Aber ich bitte Euch, klärt mich auch in einer anderen Hinsicht auf: Hat es eigentlich jenem Gott, der den Frauen so zahlreiche Begünstigungen gewährte, auch gefallen, einige von ihnen mit überlegener Intelligenz und großer Gelehrsamkeit auszuzeichnen? Außerdem: sind sie überhaupt genügend intelligent für solche Dinge? Dies interessiert mich ganz besonders, behaupten doch die Männer mit großer Beharrlichkeit, der weibliche Verstand sei von nur geringem Auffassungsvermögen."

Antwort: „Tochter, du kannst schon anhand dessen, was ich zuvor dargelegt habe, erkennen, dass das genaue Gegenteil dieser ihrer Meinung zutrifft. Dies will ich dir ausführlicher darlegen und durch Beispiele beweisen. Noch einmal sage ich dir mit allem Nachdruck: wenn es üblich wäre, die kleinen Mädchen eine Schule besuchen und sie im Anschluss daran, genau wie die Söhne, die Wissenschaften erlernen zu lassen, dann würden sie genauso gut lernen und die letzten Feinheiten aller Künste und Wissenschaften ebenso mühelos begreifen wie jene. Zudem gibt es ja solche Frauen. Wie ich dir weiter oben erläutert habe, verhält es sich folgendermaßen: je stärker die Frauen den Männern an Körperkraft unterlegen, je schwächer und je weniger geschickt sie zu gewissen Dingen sind, desto größere Klugheit und desto mehr Scharfsinn entfalten sie überall dort, wo sie sich wirklich ins Zeug legen."

„Was sagt Ihr da, hohe Frau? Ich bitte Euch, verweilt doch noch einen Augenblick bei diesem Punkt, wenn es Euch genehm ist. Dieser strittige Punkt wird für die Männer niemals entschieden sein, es sei denn, es läge überzeugendes Material vor; denn sie würden mit dem Argument kommen, man beobachte doch allenthalben, wie unendlich überlegen die Männer den Frauen hinsichtlich ihres Wissens seien." Antwort: „Weißt du denn, weshalb Frauen weniger wissen?" „Nein, edle Frau – sagt es mir bitte." „Ganz offensichtlich ist dies darauf zurückzuführen, dass Frauen sich nicht mit so vielen verschiedenen Dingen beschäftigen können, sondern sich in ihren Häusern aufhalten und sich damit begnügen, ihren Haushalt zu versehen. Nichts aber schult vernunftbegabte Wesen so sehr wie die Praxis, die konkrete Erfahrung auf zahlreichen und verschiedenartigen Gebieten." „Edle Herrin, wenn sie also über einen aufnahme- und lernfähigen Verstand verfügen: weshalb lernen sie dann nicht mehr?" Antwort: „Tochter, das hängt mit der Struktur der Gesellschaft zusammen, die es nicht erfordert, dass Frauen sich um das kümmern, was, wie ich dir zuvor erklärt habe, den Männern aufgetragen wurde. Es reicht, wenn sie den gewöhnlichen Pflichten, zu denen sie erschaffen wurden, nachkommen. Und so schließt man vom bloßen Augenschein, von der Beobachtung darauf, Frauen wüssten generell weniger als Männer und verfügten über eine geringere Intelligenz. Nun schau dir aber einmal die bäuerlichen Bewohner des Flachlandes oder die Bergbewohner an. In verschiedenen anderen Gegenden wirst du ebenfalls Wesen antreffen, die in ihrer Einfalt Tieren gleichen. Und dennoch kann es nicht den geringsten Zweifel geben: die Natur hat sie mit ebensovielen körperlichen und geistigen Gaben ausgestattet, wie die weisesten und erfahrensten Männer, die in den Städten und Kommunen leben. Dies alles ist jedoch mit mangelnder Bildung zu erklären, auch wenn ich dir gesagt habe, unter den Männern und den Frauen seien manche eben klüger als andere. Dass es sehr gelehrte und über die Maßen kluge Frauen gegeben hat, werde ich dir im folgenden darlegen, und zwar im Zusammenhang meiner These von der Ebenbürtigkeit weiblicher und männlicher Intelligenz."

Christine de Pizan, Das Buch von der Stadt der Frauen, München, dtv, 1990, Teil 1, Kap. XXVII, S. 94 f.

MK-G

4.3.4.3 Über die Vorzüglichkeit der Frauen und die Mängel der Männer

Im Jahre 1600 veröffentlichte die Schriftstellerin Lucretia Marinella (1571–1653) ein außergewöhnliches Buch („Über Adel und Vorzüglichkeiten der Frauen und Fehler und Mängel der Männer'), das in den folgenden Jahren noch zwei Auflagen erfahren sollte. In ihm räumt die theologisch-philosophisch gebildete Venezianerin mit gängigen Vorstellungen über die Eigenschaften und den Wert der Geschlechter grundlegend auf. Lucretia Marinella geht es vor allem um eins: Sie will an vielen Beispielen zeigen und beweisen, dass die Frau dem Mann gleich gestellt bzw. überlegen ist und keineswegs als minderwertiges Wesen zu gelten hat, sondern als eigentliches Meisterwerk der Schöpfung. So werden in der zwei Teile umfassenden Schrift die Frauen als tugendhafter, schöner und würdevoller, aber auch als toleranter, leidensfähiger und im Vergleich zu Männern weitaus beherrschter beschrieben. Diese schneiden in Lucretia Marinellas engagiertem Werk schlecht ab, das dem weiblichen Geschlecht zu mehr Anerkennung und besseren Bildungschancen verhelfen will.

Buch I. Kapitel II: Die Ursachen, von denen die Frauen abhängen

(...) Nun komme ich zur Materialursache, aus der die Frau gebildet ist. Dabei werde ich mich wenig anstrengen, denn da die Frau aus der Rippe des Mannes, der Mann aber aus Lehm und Erde gemacht ist, so ist sie sicherlich hervorragender als der Mann; ist doch die Rippe unvergleichlich edler als der Lehm. Fügen wir hinzu, dass sie im Paradies, der Mann außerhalb davon geschaffen wurde. Wie scheint es euch: sind nicht die Ursachen, von denen die Frauen abhängen, edler als jene der Männer? Und dass die weibliche Natur weit wertvoller und edler als die der Männer ist, beweist auch ihre Entstehung, denn da die Frau nach dem Mann entstanden ist, ist es notwendig, dass sie auch hervorragender ist als er, so wie die weisen Schriftsteller sagen, dass die zuletzt entstandenen Dinge edler seien als die ersten. Ich spreche von jenen, die zu einer gemeinsamen Ordnung oder Art gehören. Auch sind die ersten wegen der letzten geschaffen und auf sie hingeordnet. Daher könnte man sagen, der Mann sei, abgesehen von anderen Gründen, von der göttlichen Güte hervorgebracht, um aus seinem Körper die Frau zu schaffen, indem Gott für den Adel eines solchen Geschlechtes einen würdigeren Stoff suchte als bei der Erschaffung des Mannes. (...)

Kapitel III. Natur und Wesen des weiblichen Geschlechts

(...) Es können also die Seelen des weiblichen Geschlechts bei der Schöpfung edler und wertvoller sein als die der Männer; dennoch: wenn wir der allgemeinen Meinung gemäß argumentieren, sollten wir sagen, die Seele der Frau sei so edel wie die der Männer. Diese Meinung ist aber ganz falsch. Das wird allen offenbar, wenn man ohne leidenschaftlichen Eifer den anderen Teil, nämlich den Körper betrachtet: denn aus der Vortrefflichkeit des Körpers erkennt man den Adel der Seele. Dass der Körper der Frauen edler und wertvoller ist als jener der Männer, beweist ihre Zartheit und eigentümliche Konstitution oder ihre gleichmäßige Natur und die Schönheit, die eine Anmut oder ein Glanz ist, der aus der Seele entspringt.

Denn die Schönheit ist zweifellos ein Strahl und Licht der Seele, die den Körper formt, in dem sie sich wieder findet. So schrieb der weise Plotin[1] in der Nachfolge Platons[2] die Worte: „Abbild der natürlichen Schönheit ist eine noch schönere Vernunft in der Seele, woraus die Schönheit strömt." Und Marsilio Ficino[3] sagt in seinen Briefen: „Die Schönheit des Körpers besteht nicht im Schatten der Materie, sondern in Licht und Anmut der Form." Und was ist die Form des Körpers, wenn nicht die Seele? Aber noch klarer haben uns davon die feinfühligsten Dichter unterrichtet. Sie zeigten, dass die Seele aus dem Körper leuchte wie die Sonnenstrahlen aus dem reinsten Glas, und je schöner eine Frau sei, so behaupten sie, desto mehr verleihe die Seele einem solchen Körper Anmut und Leichtigkeit. (...)

Wenn also die Frauen schöner als die Männer sind, die man meistens plump und schlecht gebaut sieht, wer wird leugnen, dass sie vorzüglicher als die Männer sind? Meines Erachtens niemand. So kann man sagen, die Schönheit einer Frau sei ein wunderbares Schauspiel und ein betrachtenswertes Wunder, das niemand genug ehren und bestaunen kann. Aber ich möchte noch weitergehen und zeigen, dass die Männer verpflichtet und gezwungen sind, die Frauen zu lieben, dass aber die Frauen nicht gehalten sind, sie wiederzulieben, außer aus einfacher Höflichkeit. Und darüber hinaus möchte ich zeigen, dass die Schönheit der Frauen die Ursache dafür ist, dass die gemäßigten Männer sich dank ihrer Vermittlung zur Erkenntnis und Betrachtung des göttlichen Wesens erheben. Von all dem werden die hartnäckigen Tyrannen über die Frauen, die jeden Tag ihre Würde unverschämt zertreten, überzeugt und besiegt werden.

Dass die Freundlichkeit und Anmut der zarten Gesichter sie zu ihrem Ärger zwingt und antreibt, die Frauen zu lieben, ist völlig klar. Und dennoch ist dies für mich auch das selbstverständlichste Unterfangen, denn seiner Natur nach ist das Schöne liebenswürdig und wohl wert, geliebt zu werden, wie Marsilio Ficino im „Gastmahl Platons" mit folgenden Worten sagt: „Schönheit ist ein Glanz am Menschen, der die Seele an sich reißt, liebenswürdig kraft seiner Natur." So liebt der Mensch notwendig die schönen Dinge: aber was schmückt die Welt schöner als die Frauen? Nichts fürwahr, nichts; wie alle unsere Gegner zugeben, wenn sie sagen, dass im anmutigen Antlitz der Frauen die Gnade und der Glanz des Paradieses leuchte. Durch diese Schönheit sind sie gezwungen, die Frauen zu lieben, aber diese sind nicht damit schon gehalten, die Männer zu lieben, denn das weniger Schöne oder Rohe ist seiner Natur nach nicht wert, geliebt zu werden. Roh aber sind alle Männer im Vergleich zu den Frauen und also nicht wert, von ihnen wiedergeliebt zu werden, außer auf Grund ihrer höflichen und gütigen Natur. So erscheint es ihnen als Unhöflichkeit, den liebenden Mann nicht ein wenig wiederzulieben. Aufhören sollen also die Vorwürfe, Klagen, Seufzer und Aufschreie der Männer, die zur Verachtung der Welt von den Frauen wiedergeliebt sein wollen und sie grausam, undankbar und gottlos nennen, was nur Gelächter erregt. Davon sieht man alle Bücher der Dichter voll. Dass die Schönheit der Frauen zur Erkenntnis Gottes und der oberen Intelligenzen führt und den Weg zum Himmel zeigt, macht Petrarca[4] mit den Worten deutlich, er habe in den Augen von Madonna Laura ein Licht gesehen, das ihm den Weg zum Himmel wies. (...)

Lucretia Marinella; Le Nobiltà et Eccellenze delle Donne et i Diffetti e Mancamenti de gli Huomini (Über Adel und Vorzüglichkeiten der Frauen und Fehler und Mängel der Männer), in: Elisabeth Gössmann (Bearb.), Archiv für philosophie- und theologiegeschichtliche Frauenforschung, Bd. 2: Eva Gottes Meisterwerk, München, judicium, 1985, S. 26–29.

1 Plotin (um 205–270); griech. Philosoph.
2 Platon (427 v. Chr.–347); griech. Philosoph.
3 Marsilio Ficino (1433–1499); ital. Arzt, Humanist und Philosoph.
4 Petrarca (1304–1374); ital. Dichter, Humanist und Philologe.

MG-K

4.3.4.4 Anna Louisa Karsch berichtet aus ihrem Leben

Der Großonkel förderte sie. Bei ihm lernte Anna Louisa Karsch geb. Dürbach (1722–1791) lesen und schreiben. Obwohl sie schon als junges Mädchen großes Interesse an Büchern zeigte, war an eine literarische Karriere nicht zu denken. Widrige Lebensumstände zwangen Anna Louisa Karsch, u. a. als Magd und Viehhirtin zu arbeiten. Bereits mit 15 Jahren wurde sie an einen Tuchweber verheiratet, der die mit dem vierten Kind Schwangere nach 11-jähriger Ehe aus dem Haus jagte. Bald darauf heiratete sie den alkoholabhängigen Schneidergesellen Karsch, mit dem sie drei Kinder hatte. Mit Gelegenheitsdichtungen, die schnell großen Anklang fanden, versuchte Anna Louisa Karsch für sich und ihre Kinder den Lebensunterhalt zu sichern. Ihr Aufstieg zur gefeierten Dichterin begann. Sie schrieb u. a. Gedichte, Huldigungsgesänge, Fabeln und eine Vielzahl von Briefen. In vier autobiografischen Briefen an den Philosophen und Pädagogen Johann Georg Sulzer beschreibt die Karschin ihren steinigen Lebensweg, der nach einer triumphalen Wende zuletzt wieder in Armut endete.

Erster Brief
Den 1. September 1762.

(...) Unschuldigerweise verdrängte ich meinen Bruder, als den Erstgeborenen, von der mütterlichen

Brust. Er erlebte meine Ankunft am 1. Dezember 1722 nicht, und meine Mutter versagte mir ihren Kuss wegen der finstern Stirn, unter der ich hervorsah, als sie das erste Mal mich anblickte. Ich war niemals der Liebling ihres Herzens, und ich glaube, diese wenige Achtsamkeit auf mich ist schuld, dass ich meine ersten Jahre durchlebte, ohne mir meines Daseins bewusst zu sein. Sechs Frühlinge ungefähr mochte ich überlebt haben, als der Bruder meiner Großmutter unser Haus besuchte, um sich wegen des Verlustes seiner Gattin zu trösten. Er verlangte seine Schwester auf ein Jahr in seine Wirtschaft, und meine Mutter konnte ihm diese Bitte nicht abschlagen, so nötig sie auch selbst die Gegenwart einer alten haushälterischen Frau hatte. Die Reise ward beschlossen. Mein Oheim fragte eines Tages nach den Maßregeln meiner Erziehung. „Oh!" sagte meine Mutter, „das unartige Kind soll lernen, und es ist nichts in sie zu bringen!" Mein Oheim bewies ihr die Unmöglichkeit in dem Geräusch des Wirtshauses. Er nahm mich mit; seine Wohnung war in Polen; er genoss in einem kleinen Hause die Ruhe des Alters und lebte von dem, was er in jugendlichen Jahren als Amtmann erspart hatte. Die liebreichste Seele sprach in jedem Wort seines Unterrichts, und in weniger als einem Monat las ich ihm mit aller möglichen Fertigkeit die Sprüchwörter Salomonis vor. Ich fing an zu denken, was ich las, und von unbeschreiblicher Begierde angeflammt, lag ich unaufhörlich über dem Buche, aus welchem wir die Grundsätze unserer Religion erlernen. Mein ehrlicher Oheim freute sich heimlich, aber er riss mich oft vom Buche und wandelte mit mir durch ein kleines Gehölz oder durch eine blumige Wiese. Beides war sein Eigentum, und beides gab ihm Gelegenheit, mit mir von den Schönheiten der Natur zu reden. Ich wiederholte ihm alles Gelesene und verlangte die Erklärung derjenigen Stellen, die über meine Begriffe waren. Er vergnügte sich, mein Ausleger zu sein, und ich belohnte ihm seine fromme Mühe mit tausend kleinen Schmeicheleien. Er hatte selbst keine Kinder, und sein Herz war mir um so mehr offen, je mehr es leer war, als er die Pflichten eines Unterweisers übernahm. Ich lag ihm an, mich schreiben zu lehren; meine Großmutter widersetzte sich und wandte alle ihre Beredsamkeit an, um diesen Vorsatz zu zernichten. Es misslang ihr; ich suchte aus irgend einem Winkel ein Brett hervor und brachte es meinem gütigen Oheim. Er zeichnete mir Buchstaben darauf, ich malte sie nach, sehr bald ergriff ich die Feder, und als einstmals meine Eltern uns besuchten, hüpfte ich ihnen mit einem Papier in der Hand entgegen und rief voller Empfindung: „Vater, ich kann schreiben!" Dieser gute Vater küsste mich, und ich sah ihn nicht mehr. Er starb wenige Monate nach diesem Besuche. Meine Mutter blieb nicht lange Witwe. Sie gab ihr Herz einem andern Manne und kam in seiner Gesellschaft, uns zu besuchen. „Herr Vetter", sagte sie, „ich komme, meine Tochter abzuholen! Ich brauche sie künftig zur Wiege, und ich fürchte, sie wird verrückt im Kopfe werden, wenn sie fortfährt, Tag und Nacht über den Büchern zu liegen. Sie kann lesen und schreiben, dies ist alles, was ein Mädchen wissen muss!" – „Ja", sagte mein Oheim, „es ist wahr; aber wollte sie nicht, dass ich sie so viel Latein lehrte, als ich selbst weiß? Sie bezeigt große Lust und weiß schon eine Menge Vokabeln auswendig!" – „Das kann sein", sagte meine Mutter, „aber sie wird nicht studieren, und ich danke Ihnen für den guten Willen." Alle Vorstellungen waren umsonst. Mein Oheim segnete mich, und ich reiste mit seiner Träne auf meiner Wange fort. Meine Mutter gab ihrem zweiten Manne einen Sohn, und ich bekam das Amt einer Kindwärterin. Zehn Jahre war ich alt, mein Stiefbruder war meine einzige Beschäftigung. Traurig saß ich an seiner Wiege, weil mir Bücher fehlten, denn an meinem Geburtsort auf der Meierei fand ich keine. Endlich machte die stürmische Gemütsart meines Pflegevaters, dass wir den Ort verlassen mussten. Wir zogen nach Tirschtiegel, einem Städtchen im glogauischen Fürstentume[1], nicht fern von meinem Geburtsort. Meine Eltern pachteten ein Vorwerk[2], und ich ward eine Hirtin. (…)

Alfred Anger (Bearb.), Anna Louisa Karschin, Gedichte und Lebenszeugnisse, Stuttgart, Philipp Reclam Jun., 1987, S. 6 f.

[1] Glogau; Stadt in Niederschlesien, war seit 1251 Hauptstadt eines eigenen Fürstentums.
[2] Vorwerk; vom Hauptgut abgetrennter selbständiger Wirtschaftshof.

MK-G

4.3.5 Aufklärung und Fortschritt

4.3.5.1 Jean-Jacques Rousseaus Vorstellungen einer idealen Gesellschaft

Zu den geistigen Wegbereitern der Französischen Revolution gehört der Kulturkritiker und Philosoph Jean-Jacques Rousseau (1712–1778). In seinem umfangreichen Werk befasste er sich immer wieder mit dem seiner Natur entfremdeten Menschen, der angeblich gut aus den Händen des Schöpfers komme und erst durch die Gesellschaft verdorben werde. Den Menschen seiner Natur gemäß zu erziehen und ihn als vollkommenes Individuum für ein harmonisches gesellschaftliches Zusammenleben zu befähigen, gehört zu Rousseaus zentralen Anliegen. Wie es zur moralischen und politischen Ungleichheit unter den Menschen kommen konnte und welche Rolle das Eigentum dabei spielte, dieser Frage geht Rousseau in seiner ‚Abhandlung über den Ursprung und die Grundlagen der Ungleichheit unter den Menschen' (1753) nach. In der Vorrede zu dieser Schrift, die er der Republik Genf widmete, zeichnet Rousseau die Grundlinien eines idealen Gemeinwesens, in dem er gerne geboren worden wäre.

(…) Hätte es in meiner Macht gestanden, mir einen Geburtsort zu erlesen, so hätte ich eine Gesellschaft gewählt, deren Größe von den Grenzen der menschlichen Fähigkeiten, das heißt, von der Möglichkeit, gut regiert zu werden, eingeschränkt wäre, wo ein jeder seinem Amte hinlänglich vorstehen könnte, wo niemand gezwungen wäre, einem andern die Verwaltung aufzutragen, die ihm anvertraut worden ist, ein Staat, dessen Bürger einander kennen, wo die dunklen und geheimen Kunstgriffe des Lasters sowie die Bescheidenheit der Tugend vor den Blicken und dem Urteil des Publikums nicht verborgen bleiben können und

4.3 Bessere und andere Welten: Weltflucht, Utopie und Ideologie

wo die süße Gewohnheit, sich zu sehen und zu kennen, die Liebe zum Vaterlande mehr auf die Bürger als auf das Land lenken würde.

Ich hätte mir gewünscht, in einem Lande geboren zu sein, wo der Souverän und das Volk einerlei Interesse haben, damit alle Bewegungen der Maschine auf die allgemeine Glückseligkeit abzielen. Dieses kann nirgends anders sein, als wo der Souverän und das Volk in einer einzigen Person vereinigt sind. Folglich würde ich nur wünschen, in einer mit Weisheit gemäßigten demokratischen Regierung geboren zu sein.

Ich hätte frei leben und sterben wollen, das heißt, ich hätte mich nur solchen Gesetzen unterwerfen wollen, deren ehrwürdiges Joch weder von mir noch von einem andern abgeschüttelt werden könnte, dieses heilsame, dieses süße Joch, das die stolzesten Häupter desto folgsamer ertragen, je weniger sie irgend ein anderes zu ertragen aufgelegt sind.

Ich hätte also gewünscht, es sollte sich keiner in dem Staate über die Gesetze hinwegsetzen und keiner von außen dem Staate welche vorschreiben können. Denn eine Regierung mag eingerichtet sein, wie sie will, sobald nur ein einziger Mensch den Gesetzen nicht unterworfen ist, so stehen alle übrigen Einwohner ihm zu Gebote. (...) Gibt es aber zwei Oberherren, deren einer aus der Nation und der andere ein Fremder ist[1], so mögen sie die Autorität unter sich teilen, wie sie wollen, es wird immer noch unmöglich sein, beiden den erforderlichen Gehorsam zu leisten, und der Staat wird nicht gut regiert werden können.

Ich hätte in keiner Republik wohnen wollen, die erst jüngst entstanden wäre, ihre Gesetze hätten noch so vortrefflich sein mögen. Ich hätte befürchtet, dass die Regierung, die vielleicht anders angelegt wäre, als es zur Zeit erfordert wird, sich nicht für die Einwohner oder die Einwohner nicht für die neue Regierungsform schicken möchten und dass daher der Staat leicht erschüttert und gleich nach seiner Entstehung umgerissen werden könnte. Denn mit der Freiheit ist es nicht anders als mit jenen derben und saftigen Speisen oder mit den starken Weinen beschaffen. Für feste und starke Temperamente, die sich daran gewöhnt haben, sind sie nahrhaft, allein sie überladen, verderben und berauschen die schwachen und zärtlichen Menschen, die nicht für sie geschaffen sind. Völker, die gewohnt sind, Oberherren über sich zu haben, können sie nicht mehr entbehren. Je mehr sie sich Mühe geben, das Joch abzuschütteln, desto mehr entfernen sie sich von der Freiheit. Eine Zügellosigkeit, die der Freiheit gerade entgegengesetzt ist, nehmen sie dafür an, und sie geraten durch die vielfältigen Revolutionen lauter Verführern in die Hände, die ihre Ketten nur immer mehr beschweren. (...)

Ich hätte ein Land gewählt, wo das Recht, Gesetze zu geben, allen Bürgern gemein wäre, denn wer kann besser verstehen als sie selbst, unter welchen Bedingungen sie am besten miteinander in einer Gesellschaft leben können? Ich hätte aber jene Plebiszite[2], die zu Rom im Schwange waren, nicht gebilligt, da die Vornehmsten des Staates und diejenigen, denen am meisten an seiner Erhaltung gelegen ist, von allen Beratschlagungen ausgeschlossen gewesen sind, die nicht selten das Wohl der ganzen Republik betrafen, sodass auf eine sehr ungereimte Weise jeder schlechte Bürger sich solcher Rechte zu erfreuen hatte, deren die Obrigkeitspersonen beraubt waren.

Ich hätte vielmehr verlangt, um allen eigennützigen und schlecht überlegten Projekten sowie allen gefährlichen Neuerungen, die die Athener zugrunde gerichtet haben, zuvorzukommen, dass nicht jeder die Macht haben sollte, nach seinem Gutdünken neue Gesetze vorzuschlagen. Der Obrigkeit müsste einzig und allein dieses Recht zukommen. Die Obrigkeit selbst müsste mit diesem Recht sehr behutsam umgehen, das Volk müsste sich enthalten, so leicht in neue Gesetze zu willigen, und die Bekanntmachung derselben dürfte nicht ohne große Feierlichkeit geschehen, damit man Zeit habe, bevor man die alte Einrichtung erschüttert, wohl zu überlegen, dass die Gesetze durch ihr altes Herkommen heilig und verehrungswürdig sind, dass das Volk solche Gesetze nicht achtet, die alle Tage verändert werden, und dass man oft größere Übel einführt, um kleine zu verbessern, wenn man das Volk gewöhnt, unter dem Vorwand, es besser zu machen, die alten Gebräuche abzuschaffen.

Ich hätte besonders eine solche Republik gemieden, deren Bürger sich selbst die Verwaltung der bürgerlichen Angelegenheiten und die Ausübung ihrer eigenen Gesetze vorbehalten hätten, weil sie sich einbildeten, die Obrigkeit entbehren oder ihr wenigstens nicht mehr als eine erbettelte Autorität lassen zu können: eine solche Republik kann unmöglich gut regiert werden. Diese ungeschlachte Einrichtung scheinen jene ersten Regierungen gehabt zu haben, als sie unmittelbar aus dem Stande der Natur heraustraten, und dieses ist abermals eines der Laster gewesen, wodurch Athen zugrunde gegangen ist.

Eine solche Republik aber hätte mir gefallen, wo sich die Privatpersonen begnügten, die Gesetze zu genehmigen und in ihren Versammlungen die wichtigsten öffentlichen Angelegenheiten zu entscheiden, die ihnen die Obrigkeit vorgetragen hätte. Sie würden Gerichte einsetzen, die man in Ehren halten müsste, und diese sorgfältig in verschiedene Abteilungen gliedern. Sie würden von Jahr zu Jahr die geschicktesten und ehrlichsten Bürger aussuchen, Recht und Gerechtigkeit zu handhaben und den Staat zu regieren. Da nun also die Tugend der Obrigkeit ein Zeugnis für die Weisheit des Volkes ablegen würde, so würden das Volk und die Obrigkeit einander verehren. Wenn sich wirklich einmal betrübliche Missverständnisse zwischen ihnen entspinnen und die öffentliche Einhelligkeit stören sollten, so müsste sich dieser Zeitpunkt der Blindheit und der Irrungen durch eine gewisse Mäßigung, durch eine gegenseitige Achtung und durch eine allgemeine Ehrerbietung für die Gesetze hervortun, die alle eine aufrichtige und beständige Aussöhnung prophezeien und dafür die Gewähr leisten. (...)

Henning Ritter (Bearb.), Jean-Jacques Rousseau, Schriften, Bd. 1, München/Wien, Carl Hanser, 1978, S. 167–171

1 Mit den „zwei Oberherren" meint Rousseau ein weltliches und ein geistliches Oberhaupt, das z. B. als Papst ein Fremder wäre.
2 Plebiszit: Volksentscheid, Volksabstimmung.

MK-G

4.3.5.2 „Regierung – Gouvernement" – ein Blick in Diderots Enzyklopädie

Eigentlich sollte er nur die französische Übersetzung einer zweibändigen englischen Enzyklopädie leiten, die 1728 in London erschienen war, aber es wurde mehr daraus. Zunächst noch gemeinsam mit dem Philosophen d'Alembert, später allein, erweiterte Denis Diderot (1713–1784) das Werk unter seiner Regie zu einem 17 Bände umfassenden Kompendium zeitgenössischen Wissens. Der erste Band, der am 1. Juli 1751 erschien, sorgte für Unruhe. Was der vielseitig gebildete kritische Denker Diderot und seine Mitarbeiter hier an Gedankengut anboten, wurde nicht nur vom König als Angriff auf die bestehende Ordnung interpretiert. Der im siebenten Band der Enzyklopädie (1757) erschienene und von Jaucourt verfasste Artikel ‚Regierung – Gouvernement' vermittelt einen Eindruck vom Herrschafts- und gesellschaftskritischen Charakter dieses epochalen Werkes.

Regierung – Gouvernement (Naturrecht und Politik): (…) Es steht fest, dass eine Gesellschaft die Freiheit hat, eine Regierung so zu bilden, wie es ihr gefällt, und sie auf unterschiedliche Weise zu gestalten oder zusammenzusetzen. Wenn ein Volk die gesetzgebende Gewalt einer oder mehreren Personen auf Lebenszeit oder für eine begrenzte Zeit verliehen hat, so fällt die höchste Gewalt, sobald diese Zeit zu Ende ist, an die Gesellschaft zurück, von der sie ausgeht. Ist sie an die Gesellschaft zurückgefallen, dann kann diese wieder nach Belieben über sie verfügen, sie in die Hände derer legen, die sie für geeignet hält, und zwar in einer Weise, die ihr zweckmäßig erscheint, und so eine neue Form der Regierung errichten. (…)
Welche Form man auch vorziehen mag, es besteht jedenfalls für jede Regierung immer ein erster Zweck, der vom allgemeinen Wohl der Nation abgeleitet sein muss, und auf Grund dieses Prinzips ist die Regierung, die die meisten Menschen glücklich macht, die beste. Wie immer die Form der politischen Regierung auch sein mag, so besteht doch die Pflicht eines jeden, der in irgendeiner Weise damit beauftragt ist, immer darin, für das Glück der Untertanen zu sorgen, indem er ihnen einerseits die Annehmlichkeiten des Lebens, Sicherheit und Ruhe verschafft, andererseits aber alle Mittel, die sie in ihren Tugenden bestärken können. Höchstes Gesetz jeder guten Regierung ist das öffentliche Wohl, salus populi suprema lex esto; darum heißt man trotz der verschiedenen Meinungen, die im Hinblick auf die Regierungsformen herrschen, diese Wahrheit einstimmig gut. (…)
Es genügt nicht, jene Gesetze aufzuheben, die einem Staat zum Nachteil gereichen; es ist notwendig, dass das Wohl des Volkes der Hauptzweck der Regierung sei. Die Regierungsvertreter werden ernannt, um ihn zu erfüllen, und die Zivilverwaltung, die sie mit dieser Macht bekleidet, sieht sich dazu durch die Naturgesetze und das Gesetz der Vernunft veranlasst, das diesen Zweck in jeder Regierungsform zur Triebfeder des Glücks bestimmt hat. Das größte Gut des Volkes ist seine Freiheit. Die Freiheit ist für den Staatskörper, was die Gesundheit für jedes Individuum ist; ohne die Gesundheit kann der Mensch sich keines Vergnügens erfreuen; ohne die Freiheit ist das Glück aus den Staaten verbannt. Ein patriotischer Regierungsvertreter wird also einsehen, dass das Recht, die Freiheit zu verteidigen und aufrechtzuerhalten, die heiligste seiner Pflichten ist. (…)
Wenn die Männer, die die Zügel der Regierung in den Händen halten, auf Widerstand stoßen sollten, weil sie ihre Macht zur Vernichtung und nicht zur Erhaltung der Dinge gebrauchen, die eigentlich dem Volke gehören, so haben sie sich dies selbst zuzuschreiben; denn das öffentliche Wohl und der Nutzen der Gesellschaft sind der Zweck der Einsetzung einer Regierung. Daraus folgt notwendigerweise, dass die Gewalt nicht willkürlich sein darf, sondern gemäß den bestehenden Gesetzen ausgeübt werden muss, damit das Volk seine Pflicht erkennen und sich unter dem Schutz der Gesetze in Sicherheit fühlen kann, damit aber gleichzeitig die Macht der Regierungsvertreter in richtigen Grenzen gehalten wird und diese nicht in die Versuchung kommen, die Gewalt, die sie in Händen haben, zum Schaden der politischen Gemeinschaft anzuwenden. (…)

Manfred Naumann (Bearb.), Artikel aus der von Diderot und d'Alembert herausgegebenen Enzyklopädie, Frankfurt am Main, Röderberg, 1985, S. 510 f.

MK-G

4.3.5.3 Immanuel Kant beantwortet die Frage: Was ist Aufklärung?

Als 1784 in einer der bedeutendsten Zeitschriften der deutschen Aufklärung, der ‚Berlinischen Monatsschrift', Immanuel Kants (1724–1804) ‚Beantwortung der Frage: Was ist Aufklärung?' erschien, war der Verfasser des Beitrages bereits ein bedeutender Philosoph. Nur wenige Jahre zuvor war die ‚Kritik der reinen Vernunft' (1781) veröffentlicht worden, eines von Kants Hauptwerken. In seinem Aufsatz lässt Kant keinen Zweifel am Wert der Aufklärung. Es ist die Aufgabe und Pflicht jedes Individuums, sich aus den Fesseln seiner Unmündigkeit, hier speziell der religiösen, zu befreien. Obwohl Kant die Französische Revolution begrüßte, wollte er die Aufklärung grundsätzlich nicht auf revolutionärem, sondern reformerischem Weg verwirklicht sehen.

Aufklärung ist der Ausgang des Menschen aus seiner selbstverschuldeten Unmündigkeit. Unmündigkeit ist das Unvermögen, sich seines Verstandes ohne Leitung eines anderen zu bedienen. Selbstverschuldet ist diese Unmündigkeit, wenn die Ursache derselben nicht am Mangel des Verstandes, sondern der Entschließung und des Mutes liegt, sich seiner ohne Leitung eines andern zu bedienen. Sapere aude! Habe Mut, dich deines eigenen Verstandes zu bedienen! ist also der Wahlspruch der Aufklärung.
Faulheit und Feigheit sind die Ursachen, warum ein so großer Teil der Menschen, nachdem sie die Natur längst von fremder Leitung freigesprochen dennoch gerne zeitlebens unmündig bleiben; und warum es anderen so leicht wird, sich zu deren Vormündern aufzuwerfen. Es ist so bequem, unmündig zu sein. Habe ich ein Buch, das für mich Verstand hat, einen Seel-

sorger, der für mich Gewissen hat, einen Arzt, der für mich die Diät beurteilt u.s.w., so brauche ich mich ja nicht selbst zu bemühen. Ich habe nicht nötig zu denken, wenn ich nur bezahlen kann; andere werden das verdrießliche Geschäft schon für mich übernehmen. Dass der bei weitem größte Teil der Menschen (darunter das ganze schöne Geschlecht) den Schritt zur Mündigkeit außer dem, dass er beschwerlich ist, auch für sehr gefährlich halte: dafür sorgen schon jene Vormünder, die die Oberaufsicht über sie gütigst auf sich genommen haben. Nachdem sie ihr Hausvieh zuerst dumm gemacht haben und sorgfältig verhüteten, dass diese ruhigen Geschöpfe ja keinen Schritt außer dem Gängelwagen, darin sie sie einsperreten, wagen durften, so zeigen sie ihnen nachher die Gefahr, die ihnen droht, wenn sie es versuchen, allein zu gehen. Nun ist diese Gefahr zwar eben so groß nicht, denn sie würden durch einigemal Fallen wohl endlich gehen lernen; allein ein Beispiel von der Art macht doch schüchtern und schreckt gemeiniglich von allen ferneren Versuchen ab.

Es ist also für jeden einzelnen Menschen schwer, sich aus der ihm beinahe zur Natur gewordenen Unmündigkeit herauszuarbeiten. Er hat sie sogar lieb gewonnen und ist vorderhand wirklich unfähig, sich seines eigenen Verstandes zu bedienen, weil man ihn niemals den Versuch davon machen ließ. Satzungen und Formeln, diese mechanischen Werkzeuge eines vernünftigen Gebrauchs oder vielmehr Missbrauchs seiner Naturgaben, sind die Fußschellen einer immerwährenden Unmündigkeit. Wer sie auch abwürfe, würde dennoch auch über den schmalesten Graben einen nur unsicheren Sprung tun, weil er zu dergleichen freier Bewegung nicht gewöhnt ist. Daher gibt es nur wenige, denen es gelungen ist, durch eigene Bearbeitung ihres Geistes sich aus der Unmündigkeit herauszuwickeln und dennoch einen sicheren Gang zu tun.

Dass aber ein Publikum sich selbst aufkläre, ist eher möglich; ja es ist, wenn man ihm nur Freiheit lässt, beinahe unausbleiblich. Denn da werden sich immer einige Selbstdenkende, sogar unter den eingesetzten Vormündern des großen Haufens, finden, welche, nachdem sie das Joch der Unmündigkeit selbst abgeworfen haben, den Geist einer vernünftigen Schätzung des eigenen Werts und des Berufs jedes Menschen, selbst zu denken, um sich verbreiten werden. Besonders ist hier bei: dass das Publikum, welches zuvor von ihnen unter dieses Joch gebracht worden, sie hernach selbst zwingt, darunter zu bleiben, wenn es von einigen seiner Vormünder, die selbst aller Aufklärung unfähig sind, dazu aufgewiegelt worden; so schädlich ist es, Vorurteile zu pflanzen, weil sie sich zuletzt an denen selbst rächen, die, oder deren Vorgänger, ihre Urheber gewesen sind. Daher kann ein Publikum nur langsam zur Aufklärung gelangen. Durch eine Revolution wird vielleicht wohl ein Abfall von persönlichem und gewinnsüchtiger oder herrschsüchtiger Bedrückung, aber niemals wahre Reform der Denkungsart zustande kommen; sondern neue Vorurteile werden, ebenso wohl als die alten, zum Leitbande des gedankenlosen großen Haufens dienen. (…) Wenn denn nun gefragt wird: Leben wir jetzt in einem aufgeklärten Zeitalter? so ist die Antwort: Nein, aber wohl in einem Zeitalter der Aufklärung. Dass die Menschen, wie die Sachen jetzt stehen, im ganzen genommen, schon im Stande wären oder darin auch nur gesetzt werden könnten, in Religionsdingen sich ihres eigenen Verstandes ohne Leitung eines andern sicher und gut zu bedienen, daran fehlt noch sehr viel. Allein, dass jetzt ihnen doch das Feld geöffnet wird, sich dahin frei zu bearbeiten, und die Hindernisse der allgemeinen Aufklärung oder des Ausganges aus ihrer selbstverschuldeten Unmündigkeit allmählich weniger werden, davon haben wir doch deutliche Anzeigen (…).

Ehrhard Bahr (Bearb.), Kant, Erhard, Hamann, Herder, Lessing, Mendelssohn, Riem, Schiller, Wieland, Was ist Aufklärung? Thesen und Definitionen, Stuttgart, Philipp Reclam jun., 1976, S. 9–15.

MK-G

Personenregister

[Personen, die im Text identifiziert werden, sind mit „(id.)" gekennzeichnet]

Abaelard (id.) → 3.1.4.1
Acqui, Jacopo d` († nach 1334) → 4.1.1; 4.1.2
Adolf II. von Schauenburg, Graf von Holstein (1130–1164) → 1.3.1
Aegidius Romanus (id.) → 3.1.1.2.2
Aelfric Grammaticus (id.) → 3.1.2.2.1
Aelius Donatus (id.) → 3.1.2.3.1
Agnes von Poitou (um 1025–1077) → 4.2.2
Albertus Magnus (Hlg.), Gelehrter (um 1200–1280) → 1.1.3.1
Albrecht Achilles, Markgraf von Brandenburg, Kurfürst → 2.1.1.2.1; 2.1.2.1.5; 2.1.2.2.1; 2.2.3; 2.2.3.2.2; 2.3.1.2; 2.3.1.2.2; 3.1.3.1.2
Albrecht III., Herzog von Österreich (1365–1395) → 2.3.1.1
Albrecht IV., Herzog von Bayern-München (1469–1508) → 1.1.4.4; 3.1.3.1.2
Albrecht von Brandenburg, Erzbischof von Mainz, Kardinal (1490–1545) → 1.1.4.6
Alembert, Jean Le Ronde d' (1717–1783) → 4.3.5.2
Alfred der Große, König von Wessex (871–899) → 1.2.3.2; 2.1.2.1.2
Amman, Jost, Zeichner u. Kupferstecher (um 1539–1591) → 4.1.4; 4.2.1.4
(Fra) Angelico, Maler (1401/02–1455) → 1.1.2.5
Anna von Sachsen (1437–1512) → 2.1.2.1.5
Aragona, Luigi d´ (id.) → 3.2.2.3; 3.2.3.3.1
Arend, Servatius (id.) → 3.2.1.2.4
Aristoteles (id.) → 3.1; 3.1.1.2.1; 3.1.1.2.2
Asser von Sherborne (2. Hälfte 9.Jh.) → 2.1.2.1.2
Augustinus (id.) → 1.1.1.1; 1.1.4.6; 1.2.1.6; 2.1.2.1.1; 3.1.1.2.1
Avicenna (id.) → 3.2.4.3.3
Bacon, Francis (id.) → 1.1.2.7
Baldung (Grien), Hans, Maler (1484–1545) → 3.1
Balk, Hermann, Landmeister des Dt. Ordens in Preußen / Livland († 1239) → 1.2.2.2
Bartholomäus Anglicus, Franziskaner († um 1250) → 3.1.1.2.1
Beatis, Antonio de (id.) → 3.2.2.3; 3.2.3.3.1
Behem, Hans (um 1450–1476) → 4.3.2.1; 4.3.2.3
Benedikt von Nursia (Hlg.), (um 480 – ca. 560) → 1.1.1.2
Bernardinus von Siena (Hlg.) (id.) → 2.2.1.1.1
Berner, Alexander (id.) → 3.3.3.4.1
Bernhard von Clairvaux (id.) → 1.1.4.6
Berthold von Sternberg, Bischof von Würzburg (1274–1287) → 2.2.2.2.1
Berthold I. von Zähringen, Herzog von Kärnten († 1078) → 1.2.1.5
Berthold von Regensburg, Volksprediger → 3.2.2.1.1
Biebinger, Johann Jacob und Johann Conrad (id.) → 2.3.1.4
Blanca von Frankreich (Böhmen) (1308–1342) → 3.1.1.1.2
Boccaccio, Giovanni, Schriftsteller (1313–1375) → 3.1.5.4; 3.1.5.4.1; 4.1.4

Bockelson, Johann / Jan van Leiden, Täufer (1509–1536) → 4.3.3.1
Böhm, Johannes, Priester → 3.2.1.1.1
Boleslaw III., Fürst von Polen (1085–1138) →1.2.2.1
Brant, Sebastian (id.) → 4.3.2.3
Bracciolini, Gian Francesco Poggio (id.) → 3.2.4.3.2
Bürn von Mohnhausen, Johannes (id.) → 2.1.1.3.1
Butzbach, Dietrich → 2.1.2.2.2
Butzbach, Johannes (id.) → 3.2.1.2.3; 3.1.2.2.2
Cajetan (Thomas Vio von Gaeta) (id.) → 1.1.4.6
Calixtus II., Papst (1119–1124) → 1.2.2.1
Calvin, Jean, Reformator (1509–1564) → 1.1.4.6
Campe, Joachim Heinrich, Pädagoge (1746–1818) → 2.2.1.1.7
Camerarius, Joachim (id.) → 3.1.2.3.1
Castiglione, Baldassare (1478–1529) → 2.1.2.1.4
Cessoles, Jakob von († vor 1322) → 4.1.6
Chodowiecki, Daniel, Maler (1726–1801) → 3.1.2.2.5
Chrétien de Troyes (um 1140–1190) → 2.1.2.2.6; 2.1.4.2
Christian Friedrich Carl Alexander, Markgraf von Brandenburg (Ansbach) (1736–1806) → 2.2.2.1.1.3
Christine de Pizan (id.) → 4.3.4.2
Clemens VI., Papst (id.) → 3.1.1.1.2; 4.2.9
Closener, Fritsche († vor1396) → 3.1.5.4
Comenius, Johann Amos (1592–1670) → 3.2.4.3.4
Constantinus Africanus (id.) → 3.1.1.2.1
Cranach, Lukas d. Ä., Maler (1472–1553) → 1.1.4.5
Dante Alighieri, Dichter (1265–1321) → 1.2.1.4
Datini, Francesco di Marco (um 1335–1410) → 2.2.1.1.3
Da Vinci, Leonardo, Universalgelehrter (1452–1519) → 1.2
Deichsler, Heinrich (id.) → 3.2.4.2; 3.1.3.3.2; 2.2.3.2.2
Dernschwam, Hans, Kaufmann und Humanist (1494–1568) → 4.1.3; 4.1.3.1; 4.1.3.2
Descartes, René (id.) → 1.1.3.2
Diderot, Denis (id.) → 4.3.5.2
Dorothea von Brandenburg (Mecklenburg) (1420–1491) → 2.1.2.1.5
Dorothea von Brandenburg (Dänemark) (1430–1495) → 2.1.2.1.5
Dürer, Albrecht (id.) → 1.1.5.2
Edward III., engl. König (1313–1377) → 4.1.5
Eike von Repgow, Rechtskundiger (um 1180– nach 1233) → 2.2; 2.2.3.1.3
Einhard (id.) → 2.1.2.1.1
Elhen von Wolfhagen, Tileman, Chronist → 3.1.5.4.2; 3.2.5.3
Elisabeth von Thüringen (id.) → 1.1.4.2; 4.2; 4.2.4
Elisabeth von Böhmen (1292–1330) → 3.1.1.1.2
Elisabeth Gräfin von Montfort-Bregenz († 1458) → 2.1.2.2.8
Ernst, Herzog von Sachsen, Kurfürst (1464–1486) → 2.1.1.2.1; 3.2; 3.2.1.2.2
Erasmus von Rotterdam (id.) → 1.1.4.6; 3.1.2.3.1
Eyb, Ludwig von, d. J. (1450–1521) → 2.1.2.2.1; 2.1.2.1.3
Ferdinand II., König von Kastilien und Aragón (1468–1516) → 1.2.3.4

260

Ficino, Marsilio (id.) → 4.3.4.3
Folz, Hans (id.) → 1.1.1.6; 2.1.3.2
Franz II., dt. Kaiser (1792–1806) → 2.3.1.4
Franz I., franz. König (1515–1547) → 2.1.1.2.2
Franz von Assisi (id.) → 4.3.1.2
Franz von Waldeck, Fürstbischof von Münster (1532–1553) → 4.3.3.1
Friedrich I. Barbarossa, dt. König, Kaiser (1152–1190) → 1.2.4.1; 2.2.3.1.2 4.1.1
Friedrich II., dt. König, Kaiser (1212–1250) → 2.1.1.3.3; 2.1.2.2.9
Friedrich III., dt. König, Kaiser (1440–1493) → 1.1.4.4; 2.1.1.2.1; 2.1.1.3.1; 2.1.1.3.3; 2.1.1.4.2; 2.1.2.2.10; 3.1.3.1.2
Friedrich II. der Große, preuß. König (1740–1786) → 3.2.1.1.2
Friedrich (II.) der Sanftmütige, Herzog von Sachsen, Kurfürst (1428–1464) → 2.1.1.4.2
Friedrich der Weise, Herzog von Sachsen, Kurfürst (1486–1525) → 2.1.1.2.2;
Friedrich II, Pfalzgraf bei Rhein, Kurfürst (1544–1556) → 2.1.1.2.2
Friedrich Wilhelm II., preuß. König (1786–1797) → 2.3.1.4
Friedrich Wilhelm III., preuß. König (1797–1840) → 2.3.1.4
Fries, Lorenz (1491–1550) → 4.3.2.1
Fürstenberg, Christian Franz Dietrich von (id.) → 3.1.2.3.2
Fugger (id.) → 2.1.1.2.2; 3.2.3.3.2
Galen (id.) → 3.2.4.3.3
Galilei, Galileo, Naturforscher (1564–1642) → 1.1
Gerlach, Stephan (1546–1612) → 4.3.3.2
Gertrud die Große von Helfta (id.) → 4.3.4.1
Georg der Reiche, Herzog von Bayern-Landshut (1479–1503) → 3.1.3.1.2
Georg von Schaumberg, Bischof von Bamberg (1459–1475) → 2.2.3.1.4
Georgius von Ungarn, Dominikanermönch (1422–1502) → 4.1.7
Gerstenberg, Wigand (id.) → 3.3.3.2.1
Goethe, Johann Wolfgang (id.)
→ 2.1.1.3.2; 3.1.2.2.5; 3.2.3.2.2
Gregor XIII., Papst (1572–1585) → 1.1
Grimmelshausen, Hans Jakob Christoph von (id.) → 3.2.2.1.2
Guibert von Nogent (id.) → 3.1.1.1.1
Guillaume le Maréchal (1144–1219) → 2.1.2.2.6
Gustav II. Adolf, schwed. König (1611–1632) → 2.3.1.3.1
Hadrian I., Papst (772–795) → 2.1.2.1.1
Haendler, Johann Christoph (id.) → 2.2.2.1.3.2
Hans, Meisterkoch der Grafen von Württemberg → 3.2.2.5
Hedwig von Polen (Bayern) (1457–1501) → 3.1.3.1.2
Heinrich I., König d. ostfrk.-dt. Reiches (919–936) → 4.2.2
Heinrich II., dt. König, Kaiser (1014–1024) → 4.2.2
Heinrich III., dt. König, Kaiser (1046–1056) → 4.2.2
Heinrich IV., dt. König, Kaiser (1056–1106) → 1.2.1.5
Heinrich (VII.), dt. König (1220–1235) → 1.1.4.2; 1.2.4.4;
Heinrich VII., dt. König, Kaiser (1308–1313) → 3.1.1.1.2

Heinrich III., engl. König (1216–1272) → 2.1.2.2.6
Heinrich der Löwe, Herzog von Sachsen und Bayern (um 1129–1195) → 1.2; 1.2.5.1; 1.3.1
Heinrich III. von Neuenburg, Bischof von Basel (1263–1274) → 2.2.2.1.1.2
Helmold von Bosau (um 1120–1177) → 1.3.1
Heloise (id.) → 3.1.4.1
Hermann von Stahleck, Pfalzgraf bei Rhein (1142–1155) → 1.2.4.1
Hieronymus (id.) → 1.1.4.6
Hildegard von Bingen (id.) → 1.2.1.2; 4.3.1.1
Hippokrates (id.) → 3.2.4.3.3
Holbein, Hans d. J., Maler (1497–1543) → 3.1
Holzmann, Barnabas (id.) → 3.2.2.1.3
Honorius III., Papst (1216–1227) → 4.3.1.2
Huber, Johann Ludwig (id.) → 3.1.1.1.5
Huter, Jakob († 1536) → 4.3.3.2
Hutten, Ulrich von, Humanist → 3.2.3.1.2
Innocenz IV, Papst (1243–1254) → 4.1.2
Isabella I., Königin von Kastilien und Aragón (1474–1504) → 1.2.3.4
Isidor von Sevilla (id.) → 1.1.2.2; 3.1; 3.1.1.1.2.1
Jakob von Baden, Erzbischof von Trier (1503–1511) → 2.1.1.2.1
Joachim I., Kurfürst von Brandenburg (1499–1535) → 2.1.1.2.2; 2.1.2.2.2
Johann der Blinde, König von Böhmen (1310–1346) → 3.1.1.1.2
Johann II., König von Portugal (1481–1495) → 1.2.3.5
Johann V., Herzog von Mecklenburg (1558–1592) → 2.1.2.1.6
Johann Cicero, Markgraf von Brandenburg, Kurfürst (1486–1499) → 2.1.2.2.1
Johann II., Graf von Nassau-Saarbrücken (1442–1472) → 3.1.3.1.1
Johann von Salisbury, Gelehrter (um 1115/20–1180) → 2.1.2.2.11
Johann von Soest gen. Steinwert (id.) → 2.2.1.2.2
Johannes XXIII., Papst (1410–1415) → 3.2.4.3.2
Johannes von Capestrano (id.) → 4.3.2.1
Johannes von Plano Carpini (um 1182–1252) → 1.2.5.2; 4.1.1; 4.1.2; 4.1.6
Joseph II., dt. Kaiser (1765–1790) → 2.1.1.3.2; 3.2.1.1.2
Kant, Immanuel (id.) → 4.3.5.3
Karl I. der Große, Kaiser (768–814) → 1.2.2.1; 2.1.1.4.1; 2.1.1.4.2; 2.1.2.1.1; 2.1.2.2.9; 2.2.3.1.1; 3.2.5.2; 4.2.1.1
Karl der Dicke, frk. König, Kaiser (839–888) → 3.2.5.2
Karl IV., dt. König, Kaiser (1346–1378) → 1.3.4; 2.1.1.4.1; 3.1.1.1.2; 3.1.2.4.1
Karl V., dt. Kaiser (1519–1556) → 2.1.1.2.2; 2.1.2.2.2 2.2.3.1.4; 2.2.3.1.5; 2.2.3.1.6; 3.2.2.3
Karl IV., franz. König → 3.1.1.1.2
Karl I., ungar. König (1308–1342) → 3.1.1.1.2
Karl der Kühne, Herzog von Burgund (1467–1477) → 2.1.2.1.5; 2.1.2.1.3
Karl IV., Herzog von Lothringen (1624–1670) → 2.3.1.3.1
Karl Wilhelm Ferdinand, Herzog von Braunschweig (1735–1806) → 2.3.1.4
Karsch, Anna Louise → 4.3.4.4
Kasimir, Markgraf von Brandenburg (1481–1527) → 2.1.1.2.2

Personenregister

Klara di Offreduccio/von Assisi (1193/94–1253) 4.3.1.2
Kolumbus, Christoph (1451–1506) → 1.2.3.4; 1.2.3.5
Koenig, Heinrich (id.) → 3.1.1.3.4
Konrad, Pfaffe (id.) → 4.2.1.1
Konrad von Marburg, Inquisitor (1180/1200–1233) → 1.1.4.2; 4.2.4
Konrad von Megenberg (id.) → 3.1.1.3.1; 3.1.2.1.1
Konrad von Würzburg (id.) → 1.1.2.6
Kopernikus, Nikolaus, Astronom (1473–1543) → 1.1
Kremer, Johannes (id.) → 2.1.1.2.1
Kublai Khan, Großkhan der Mongolen (1260–1294) → 1.2.3.3
Lampert von Hersfeld, Abt und Geschichtsschreiber (vor 1028 – nach 1081) → 1.2.1.5
Leo III., Papst (795–816) → 2.1.2.1.1
Löchinger, Hans (id.) → 2.1.1.1.5
Lothar III., dt. König, Kaiser (1125–1137) → 1.2.5.1
Ludwig IV. der Bayer, dt. König, Kaiser (1314–1347) → 3.1.2.1.1
Ludwig II. der Deutsche, frk. König (843–876) → 3.2.5.2
Ludwig IX. der Heilige, franz. König (1226–1270) → 2.1.1.1.2
Ludwig V., Pfalzgraf bei Rhein, Kurfürst (1508–1544) → 2.1.1.2.2
Ludwig, Herzog von Württemberg (1568–1593) → 1.3.2
Ludwig IX., Herzog von Bayern-Landshut (1450–1479) → 1.1.4.4; 3.1.3.1.2
Ludwig II., Landgraf von Thüringen → 1.2.1.3
Ludwig IV. der Heilige, Landgraf von Thüringen (1200–1227) → 4.2.4
Ludwig, Johann (id.) → 3.2.1.1.2
Lukas, Johann (id.) → 2.1.1.2.2
Luther, Martin (id.) → 1.1; 1.1.4.5; 1.1.4.6; 2.1.2.2.2; 3.1.1.3.2
Margarethe von Österreich (1416/17–1486) → 2.1.1.4.2
Marinella, Lucretia (id.) → 4.3.4.3
Marwitz, Friedrich August Ludwig von (id.) →3.2.5.4.3
Mathias von Neuenburg (um 1295–1364) → 4.2.9
Matthias von Rammung, Bischof von Speyer → 2.1.2.2.4; 3.2.2.4.1
Matthijs, Jan (geb. 1490–1500; † 1534) → 4.3.3.1
Maximilian I., dt. König, Kaiser (1486–1519) → 2.1.1.1.3; 2.1.1.1.4; 2.1.1.1.6; 2.1.1.2.1; 2.1.1.2.2; 2.1.1.3.3; 2.1.2.2.7; 2.1.2.2.10; 3.1.3.1.2; 4.3.2.2
Maximilian I., Herzog von Bayern, Kurfürst (1597–1651) → 3.2.2.4.2
Melanchthon, Philipp, Reformator (1497–1560) → 3.1.2.3.1
Menabuoi, Giusto di Giovanni dé, Maler († 1387/1393) → 1.1.2.3
Minck, M. Johann Daniel (id.) → 2.3.1.3.2
Mirandola, Giovanni Pico della (id.) → 1.1.5.1
Montaigne, Michel de (id.) → 3.2.3.3.2
Moritz, Landgraf von Hessen-Kassel (id.) → 1.2.5.3
Muffel, Niklas, Nürnberger Patrizier → 3.1.5.3; 2.2.3.2.2
Müllner, Johannes (id.) → 2.1.1.4.1
Neidhart von Reuental (id.) → 2.1.5.1
Niklot, Fürst der Abodriten (1131–1160) → 1.3.1
Nikolaus I., Papst (858–867) → 4.2.3
Notker „der Stammler" (id.) → 2.1.2.2.9; 3.2.5.2
Oldendorp, Margarethe von (id.) → 3.1.5.2
Orosius, Geschichtsschreiber (380/85–nach 418) → 1.2.3.1
Ottheinrich, Pfalzgraf bei Rhein, Kurfürst (1556–1559) → 3.1.2.3.1
Otto I. von Pfalz-Mosbach, Pfalzgraf (1410–1461) → 2.3.1.2.2
Otto II. von Pfalz-Mosbach, Pfalzgraf (1461–1499) → 3.1.3.1.2
Otto I. von Bamberg (Hlg.), Bischof (um 1065–1139) → 1.2.2.1
Paumgartner, Balthasar (1551–1600) → 2.2.1.1.6; 3.1.1.2.3
Paumgartner, Magdalena (1555–1642) → 2.2.1.1.6; 3.1; 3.1.1.2.3
Pelayo, Alvaro (id.) → 1.1.4.6
Petrarca, Francesco (id.) → 1.2.1.6; 4.3.4.3
Petrus Lombardus (id.) → 1.1.4.6
Petrus von Eboli, Mediziner († vor 1220) → 2.1.1.1.4; 2.1.1.3.3
Philipp III., franz. König (1270–1285) → 2.1.1.1.2
Philipp IV., franz. König → 3.1.1.1.2
Philipp, Pfalzgraf bei Rhein, Kurfürst (1476–1508) → 2.1.1.2.1; 3.1.3.1.2
Philipp I. der Großmütige, Landgraf von Hessen (1518–1567) → 2.1.2.2.2
Philipp II., Graf von Nassau-Weilburg (1429–1492) → 3.1.3.1.1
Pictorius, Georg (id.) → 3.2.4.3.3
Pierias, Silvester (id.) → 1.1.4.6
Pirckheimer, Willibald (1470–1530) → 3.2.3.1.2
Pirckheimer, Caritas (id.) → 4.3.1.3
Platner, Johann Zacharias, Prof. Med., Hofrat (1694–1747) → 3.2.4.5
Platon (id.) → 4.3.4.3
Platter, Felix (id.) → 3.1.1.1.4; 3.1.1.4.1; 3.2.5.4.3
Platter, Thomas d. Ä. (id.) → 3.1.1.1.4; 3.1.1.4.1
Platter, Thomas d. J. (id.) → 1.3.4
Polo, Marco, venezianischer Kaufmann (1254–1324) → 1.2.3.3; 1.2.5.2
Poppo, Abt (1020–1048) → 4.2.2
Probst, Johann Gotthilf August (id.) → 2.2.2.1.2.3; 2.2.2.1.3.2
Ptolomäus, Geograf (85–160) → 1.1.2.9
Rapesulver, Hinrik (id.) → 3.1.2.4.2
Raschi (aus Troyes), Gelehrter → 4.2.7.2
Rem, Lucas (id.) → 3.1.2.2.4; 3.3.1.1.1
Renner, Narziss, Maler (1502/03–1535) → 3.2.5.4.2
Reuchlin, Johannes (id.) → 1.1.4.6
Reutlinger (id.) → 3.2.2.4.1
Rochow, Friedrich Eberhard von (id.) → 3.1.1.3.3
Rosenplüt, Hans (id.) → 2.1.3.2
Rousseau, Jean Jacques (id.) → 3.1.1.1.5 ; 4.3; 4.3.5.1
Rudolf von Rheinfelden, Herzog von Schwaben (ca. 1020/30–1080) → 1.2.1.5
Rumford, Graf (Benjamin Thompson), Physiker → 3.2.2.5.3
Sachs, Hans (id.) → 2.1.3.2
Salza, Hermann von, Hochmeister des Dt. Ordens (vor 1179–1239) → 1.2.2.2
Savonarola (id.) → 3.2.4.3.3
Schaumberg, Wilwolt von (ca.1446–1510) → 2.1.2.2.1; 2.1.2.1.3;

Schedel, Hartmann (id.) → 1.1.2.9
Schickhardt, Heinrich (id.) → 1.3.2
Schilling, Diebold (1430/35–1486) → 2.1.2.2.4
Schmidt, Franz († nach 1625) → 2.2.3.1.7
Schönebeck, Brun van, Dichter (13. Jh.) → 2.1.4.2
Schürstab, Erhard (id.) → 2.3.1.2.1
Schwarz, Matthäus (id.) → 3.2; 3.2.5.4.2
Schwarzenberg, Johann von, Hofmeister des Bischofs von Bamberg (1463–1528) → 2.2.3.1.4
Siegfried, Abt (1031–1055) → 4.2.2
Sigmund, dt. König, Kaiser (1410–1437) → 2.1.1.4.1; 2.1.2.2.4; 3.3.1.1; 3.3.1.1.2
Sophie von Holstein-Gottorf (1569–1634) → 2.1.2.1.6
Stolle, Konrad (id.) → 2.1.4.3
Strabo, Walafried (id.) → 1.2.1.1
Suchenwirt, Peter, Herold (um 1325–1407) → 2.3.1.1
Sulzer, Johann Georg (1720–1779) → 4.3.4.4
Tafur, Pero (id.) → 3.2.4.3.2
Tetzel, Jobst (id.) → 2.3.1.2.2
Tizian, Maler (1489/90–1576) → 3.1
Thomas von Aquin (id.) → 1.1.3.1; 1.1.4.6; 2.2.1.1.4
Treitzaurwein, Marx (id.) → 2.1.2.2.7; 2.1.2.2.10
Tucher, Endres (id.) → 3.2.1.2.1; 3.3.3.1; 3.3.3.3.1
Varthema, Ludovico di (id.) → 1.2.5.2
Vegio, Maffeo (id.) → 3.1.2.1.2
Villani, Giovanni, Chronist (um 1280–1348) → 4.1.2
Waldner, Wilhelm (id.) v 2.1.1.1.6
Weinsberg, Hermann → 1.3.3; 2.1.4.1; 2.2.1.1.5; 2.2.1.2.3; 3.1.1.4.1; 3.1.2.4.2; 3.1.3.3.3; 3.1.5.4.3; 3.2; 3.2.2.2; 3.2.3.2.1; 3.2.4.4.; 3.2.5.4.1

Welf IV., Herzog von Bayern († 1101) → 1.2.1.5
Welser (id.) → 2.1.1.2.2
Wenzel II., böhm. König (1278–1305) → 3.1.1.1.2
Wenzel, dt. König (1375–1400) → 3.1.5.3
Wernher der Gartenaere (id.) → 3.1.3.2
Wilhelm I. der Eroberer, engl. König (1066–1087) → 2.1.1.1.1
Wilhelm II.; sizil. König (1166–1189) → 2.1.1.1.4
Wilhelm V., Herzog von Bayern (1579–1597) → 2.1.2.1.4
Wilhelm IV. der Weise, Landgraf von Hessen-Kassel (id.) → 1.2.5.3
Wilhelm, Markgraf von Baden–Hochberg (1428–1441) → 2.1.2.2.8
Wilhelm von Rubruk, Franziskaner (ca. 1210–1270) → 1.2.5.2
Wilbirg (id.) → 1.1.4.1
Winstanley, Gerrard (1609 – ca. 1676) → 4.3.3.3
Wolf, Christian, Mathematiker (id.) → 3.2.1.1.2
Wolfram von Eschenbach (id.) → 2.1.2.2.5; 2.1.2.2.3; 3.2.3.1.1;
Wolkenstein, Oswald von, Dichter (um 1377–1445) → 3.1.5.1,
Zeiskam, Rudolf von († 1478) → 3.1.3.1.1
Zink, Burkard (id.) → 1.3.5; 2.2.1.1.4; 2.2.2.1.2.2; 3.1.1.1.3; 3.1.2.2.3
Zinzendorf, Nikolaus Ludwig Graf von (id.) → 4.3.3.4

Weiterführende Literatur

I. Räume, Städte, Regionen, Grenzen
Angenendt, Arnold: Geschichte der Religiosität im Mittelalter, Darmstadt, 2. überarb. Aufl. 2000.
Borst, Arno: Lebensformen im Mittelalter, Berlin, 4. Aufl.1987.
Dirlmeier, Ulf (Hg.): Geschichte des Wohnens, Bd. II: 500–1800. Hausen – Wohnen – Residieren, Stuttgart 1998.
Dohrn-van Rossum, Gerhard: Die Geschichte der Stunde. Uhren und moderne Zeitordnung, München, Wien 1992.
Hammel-Kiesow, Rolf: Die Hanse, München 2000.
Isenmann, Eberhard: Die deutsche Stadt im Spätmittelalter 1250–1500. Stadtgestalt, Recht, Stadtregiment, Kirche, Gesellschaft, Wirtschaft, Stuttgart 1988.
Mayer, Hans Eberhard: Geschichte der Kreuzzüge, Stuttgart, 8. verb. u. erw. Aufl. 1995.
Schubert, Ernst, Bernd Herrmann (Hg.): Von der Angst zur Ausbeutung. Umwelterfahrung zwischen Mittelalter und Neuzeit, Frankfurt/M. 1994.

II. Politik, Herrschaft und Rituale
Blickle, Peter: Die Revolution von 1525, München, 3. erw. Aufl. 1993.
Delort, Robert: Der Elefant, die Biene und der heilige Wolf. Die wahre Geschichte der Tiere, München, Wien 1987.

Hergemöller, Bernd-Ulrich (Hg.): Randgruppen der spätmittelalterlichen Gesellschaft, Warendorf 1990.
Möhring, Hannes: Der Weltkaiser der Endzeit. Entstehung, Wandel und Wirkung einer tausendjährigen Weissagung, Stuttgart 2000.
Paravicini, Werner: Die ritterlich-höfische Kultur des Mittelalters, München 1994.
Reininghaus, Wilfried: Gewerbe in der Frühen Neuzeit, München 1990.
Schulz, Knut: Handwerksgesellen und Lohnarbeiter. Untersuchungen zur oberrheinischen und oberdeutschen Stadtgeschichte des 14. bis 17. Jahrhunderts, Sigmaringen 1985.
Schuster, Peter: Eine Stadt vor Gericht. Recht und Alltag im spätmittelalterlichen Konstanz, Paderborn, München, Wien, Zürich 2000.
Willoweit, Dietmar: Deutsche Verfassungsgeschichte. Vom Frankenreich bis zur Teilung Deutschlands, München, 2. Aufl. 1992.

III. Lebensphasen und Lebensformen
Ariès, Philippe, Georges Duby (Hg.): Geschichte des privaten Lebens, Bd. II: Vom Feudalzeitalter zur Renaissance, hg. v. Georges Duby; Bd. III: Von der Renaissance zur Aufklärung, hg. v. Philippe Ariès u. Roger Chartier, Frankfurt/M., 3.–4. Aufl. 1990/91.
Arnold, Klaus: Kind und Gesellschaft in Mittelalter und Renaissance, Paderborn 1980.

Weiterführende Literatur

Delumeau, Jean: Angst im Abendland. Die Geschichte kollektiver Ängste im Europa des 14. bis 18. Jahrhundert, 2 Bde., Reinbek 1985.

Dinzelbacher, Peter (Hg.): Europäische Mentalitätsgeschichte. Hauptthemen in Einzeldarstellungen, Stuttgart 1993.

Duby, Georges, Michelle Perrot (Hg.), Geschichte der Frauen, Bd. II: Mittelalter, hg. v. Christiane Klapisch-Zuber, Frankfurt/M., New York 1993.

van Dülmen, Richard: Kultur und Alltag in der Frühen Neuzeit, 3 Bde., München 1990/94.

Ennen, Edith: Frauen im Mittelalter, München, 5. Aufl. 1994.

Fouquet, Gerhard: Bauen für die Stadt. Finanzen, Organisation und Arbeit in kommunalen Baubetrieben des Spätmittelalters. Eine vergleichende Studie vornehmlich zwischen den Städten Basel und Marburg, Köln, Weimar, Wien 1999.

Kühnel, Harry (Hg.): Alltag im Spätmittelalter, Graz, Wien, Köln, 3. Aufl. 1986.

Montanari, Massimo: Der Hunger und der Überfluß. Kulturgeschichte der Ernährung in Europa, München 1993.

Münch, Paul: Lebensformen in der Frühen Neuzeit 1500 bis 1800, Frankfurt/M., Berlin 1992.

Sachße, Christoph, Florian Tennstedt: Geschichte der Armenfürsorge in Deutschland vom Spätmittelalter bis zum 1. Weltkrieg, Stuttgart, Berlin, Köln, Mainz 1980.

Spiess, Karl-Heinz: Familie und Verwandtschaft im deutschen Hochadel des Spätmittelalters. 13. bis Anfang des 16. Jahrhunderts, Stuttgart 1993.

IV. Das Eigene, das Fremde und das Andere

Angenendt, Arnold: Heilige und Reliquien. Die Geschichte ihres Kultes vom frühen Christentum bis zur Gegenwart, München 1994.

Bitterli, Urs: Die „Wilden" und die „Zivilisierten". Grundzüge einer Geistes- und Kulturgeschichte der europäisch-überseeischen Begegnung, München 1976.

Bock, Gisela: Frauen in der europäischen Geschichte. Vom Mittelalter bis zur Gegenwart, München 2000.

Goertz, Hans-Jürgen (Hg.): Alles gehört allen. Das Experiment Gütergemeinschaft vom 16. Jahrhundert bis heute, München 1984.

Graus, František: Pest – Geissler – Judenmorde. Das 14. Jahrhundert als Krisenzeit, Göttingen 1987.

Reichert, Folker E.: Begegnungen mit China. Die Entdeckung Ostasiens im Mittelalter, Sigmaringen 1992.

Schmieder, Felicitas: Europa und die Fremden. Die Mongolen im Urteil des Abendlandes vom 13. bis in das 15. Jahrhundert, Sigmaringen 1994.

Schubert, Ernst: Fahrendes Volk im Mittelalter, Bielefeld 1995.

Seibt, Ferdinand: Utopica. Modelle totaler Sozialplanung, Düsseldorf 1972.

Bildnachweis

Umschlag: Pieter Brueghel d. Ä. „Bauernhochzeit" um 1568, Archiv für Kunst und Geschichte, Berlin (Erich Lessing)

S. 19: AKG, Berlin (S. Domingie);
S. 20: The Pierpont Library, New York;
S. 21: Bildarchiv ÖNB, Wien;
S. 22: Isidor von Sevilla „Ethmologiae". St. Galle, Cod. Sang. 236, S. 89;
S. 25: AKG, Berlin (Erich Lessing);
S. 28: AKG, Berlin (Orsi Battaglini);
S. 29: BPK, Berlin;
S. 36: AKG, Berlin;
S. 43: Instituto Fotografico Editorale Scala, Florenz;
S. 49: Rheinisches Bildarchiv, Köln;
S. 51 o re, u re+li: BPK, Berlin;
S. 55: Josef Stein (Hrsg.): Das Haus Weinsberg. Kölner Denkwürdigkeiten aus dem 16. Jahrhundert, Bd. 5. Bonn: Hanstein Verlag 1926;
S. 61: Herzog August Bibliothek, Wolfenbüttel;
S. 77: „Diebold-Schilling-Chronik 1513, ZHB Luzern (Eigentum Korporation)",
S. 96: Bridgeman Art Library, London;
S. 99: „Diebold-Schilling-Chronik 1513, ZHB Luzern (Eigentum Korporation)";
S. 106/107: Bibliothéque Nationale, Paris;
S. 127: „Diebold-Schilling-Chronik 1513, ZHB Luzern (Eigentum Korporation)";
S. 145: Österreichisches Museum für Volkskunde, Wien;
S. 147: Herzog Anton Ulrich-Museum, Braunschweig (Museumsfoto: B. P. Keiser);
S. 156: Johann Gottwerth Müller: Siegfried von Lindenberg. Eine komische Geschichte. Leipzig 1790;
S. 164: AKG, Berlin;
S. 207–210: Herzog Anton Ulrich-Museum, Braunschweig (Museumsfoto: B. P. Keiser);
S. 224: Biblioteca Apostolica Vaticana;
S. 228: AKG, Berlin;
S. 229: Nationalmuseet Copenhagen Denmark;
S. 229: AKG, Berlin;
S. 234/235: AKG, Berlin;
S. 236 li: AKG, Berlin;
S. 236 re: SLUB/Deutsche Fotothek, Dresden.